# PREMIÈRE PARTIE

# CHAPITRE PREMIER

## I
### Astronomes et Cartographes.

Cassini, Picard et La Hire. — La méridienne et la carte de France. — G. Delisle et d'Anville. — La figure de la Terre. — Maupertuis en Laponie. — La Condamine à l'équateur.

Avant d'entreprendre le récit des grandes expéditions du XVIIIe siècle, nous devons signaler les immenses progrès accomplis par les sciences durant cette période. Ils rectifièrent une foule d'erreurs consacrées, donnèrent une base sérieuse aux travaux des astronomes et des géographes. Pour ne parler que du sujet qui nous occupe, ils modifièrent radicalement la cartographie et assurèrent à la navigation une sécurité inconnue jusqu'alors.

Bien que Galilée eût observé, dès 1610, les éclipses des satellites de Jupiter, l'indifférence des gouvernements, le défaut d'instruments d'une puissance suffisante, les erreurs commises par les disciples du grand astronome italien avaient rendu stérile cette importante découverte.

En 1668, Jean-Dominique Cassini avait publié ses *Tables des satellites de Jupiter*, qui le firent mander l'année suivante par Colbert et lui valurent la direction de l'Observatoire de Paris.

Au mois de juillet 1671, Philippe de La Hire était allé faire des observations à Uraniborg, dans l'île de Huen, sur l'emplacement même de l'observatoire de Tycho-Brahé. Là, mettant à profit les tables de Cassini, il calcula, avec une exactitude qu'on n'avait pas encore atteinte, la différence entre les longitudes de Paris et d'Uraniborg.

La même année, l'Académie des Sciences envoyait à Cayenne l'astronome Jean Richer, pour y étudier les parallaxes du soleil et de la lune et les distances de Mars et de Vénus à la Terre. Ce voyage, qui réussit de tout point, eut des conséquences inattendues, et fut l'occasion des travaux entrepris bientôt après sur la figure de la Terre. Richer observa que le pendule retardait de deux minutes vingt-huit secondes à Cayenne, ce qui prouvait que la pesanteur était moindre en ce dernier lieu qu'à Paris. Newton et Huyghens en conclurent donc l'aplatissement du globe aux pôles. Mais, bientôt après, les mesures d'un degré terrestre, données par l'abbé Picard, les travaux de la méridienne, exécutés par Cassini père et fils, conduisaient ces savants à un résultat entièrement opposé et leur faisaient considérer la Terre comme un ellipsoïde allongé vers ses régions polaires. Ce fut l'origine de discussions passionnées et de travaux immenses, qui profitèrent à la géographie astronomique et mathématique.

# Les grands navigateurs du XVIIIe siècle

Jules Verne

**Alpha Editions**

This edition published in 2024

ISBN : 9789362992604

Design and Setting By
**Alpha Editions**
www.alphaedis.com
Email - info@alphaedis.com

As per information held with us this book is in Public Domain.
This book is a reproduction of an important historical work. Alpha Editions uses the best technology to reproduce historical work in the same manner it was first published to preserve its original nature. Any marks or number seen are left intentionally to preserve its true form.

# Contents

**PREMIÈRE PARTIE** ................................................. - 1 -
   CHAPITRE PREMIER ........................................ - 2 -
   II La guerre de course au XVIII$^e$ siècle. .............. - 12 -
   CHAPITRE II LES PRÉCURSEURS DU
   CAPITAINE COOK ........................................... - 23 -
   CHAPITRE III PREMIER VOYAGE DU
   CAPITAINE COOK ........................................... - 112 -
   CHAPITRE IV SECOND VOYAGE DU
   CAPITAINE COOK ........................................... - 149 -
   CHAPITRE V TROISIÈME VOYAGE DU
   CAPITAINE COOK ........................................... - 198 -

**DEUXIÈME PARTIE** ............................................... - 227 -
   CHAPITRE I LES NAVIGATEURS FRANÇAIS ........ - 228 -
   CHAPITRE II LES EXPLORATEURS
   DE L'AFRIQUE ................................................. - 359 -
   CHAPITRE III L'ASIE ET SES PEUPLES ............... - 409 -
   CHAPITRE IV LES DEUX AMÉRIQUES ................ - 431 -

Picard avait entrepris de déterminer l'espace compris entre les parallèles d'Amiens et de Malvoisine, qui comprend un degré un tiers. Mais l'Académie, jugeant qu'on pourrait arriver à un résultat plus exact en calculant une distance plus grande, résolut de mesurer en degrés toute la longueur de la France du nord au sud. On choisit pour cela le méridien qui passe par l'Observatoire de Paris. Ce gigantesque travail de triangulation, commencé vingt ans avant la fin du XVII$^e$ siècle, fut interrompu, repris et terminé vers 1720.

En même temps, Louis XIV, poussé par Colbert, donnait l'ordre de travailler à une carte de la France. Des voyages furent exécutés, de 1679 à 1682, par des savants, qui fixèrent, au moyen d'observations astronomiques, la position des côtes sur l'Océan et la Méditerranée.

Cependant ces travaux, ceux de Picard complétés par la mesure de la méridienne, les relèvements qui fixaient la latitude et la longitude de certaines grandes villes de France, une carte détaillée des environs de Paris dont les points avaient été déterminés géométriquement, ne suffisaient pas encore pour dresser une carte de France. On fut donc obligé de procéder, comme on l'avait fait pour la méridienne, en couvrant toute l'étendue de la contrée d'un réseau de triangles reliés ensemble. Telle fut la base de la grande carte de France, qui a pris si justement le nom de Cassini.

Les premières observations de Cassini et de La Hire amenèrent ces deux astronomes à resserrer la France dans des limites beaucoup plus étroites que celles qui lui étaient jusqu'alors assignées.

> «Ils lui ôtèrent, dit Desborough Cooley dans son *Histoire des voyages*, plusieurs degrés de longitude le long de la côte occidentale, à partir de la Bretagne jusqu'à la baie de Biscaye, et retranchèrent de la même façon environ un demi-degré sur les côtes du Languedoc et de la Provence. Ces changements furent l'occasion d'une plaisanterie de Louis XIV, qui, complimentant les académiciens à leur retour, leur dit en propres termes: «Je vois avec peine, messieurs, que votre voyage m'a coûté une bonne partie de mon royaume.»

Au reste, les cartographes n'avaient jusqu'alors tenu aucun compte des corrections des astronomes. Au milieu du XVII$^e$ siècle, Peiresc et Gassendi avaient corrigé sur les cartes de la Méditerranée une différence de «cinq cents» milles de distance entre Marseille et Alexandrie. Cette rectification si importante fut regardée comme non avenue, jusqu'au jour où l'hydrographe Jean-Mathieu de Chazelles, qui avait aidé Cassini dans ses travaux de la méridienne, fut envoyé dans le Levant pour dresser le portulan de la Méditerranée.

> «On s'était également aperçu, disent les mémoires de l'Académie des Sciences, que les cartes étendaient trop les continents de l'Europe, de l'Afrique et de l'Amérique, et rétrécissaient la grande mer Pacifique entre l'Asie et l'Europe. Aussi ces erreurs causaient-elles de singulières méprises. Les pilotes, se fiant à leurs cartes, dans le voyage de M. de Chaumont, ambassadeur de Louis XIV à Siam, se méprirent dans leur estime, tant en allant qu'en revenant, faisant plus de chemin qu'ils ne jugeaient. En allant du cap de Bonne-Espérance à l'île de Java, ils croyaient être encore éloignés du détroit de la Sonde, quand ils se trouvèrent à plus de soixante lieues au delà, et il fallut reculer deux jours par un vent favorable pour y entrer, et, en revenant du cap de Bonne-Espérance en France, ils se trouvèrent à l'île de Florès, la plus occidentale des Açores, quand ils croyaient en être à plus de cent cinquante lieues à l'est; il leur fallut naviguer encore douze jours vers l'est pour arriver aux côtes de France.»

Les rectifications apportées à la carte de France furent considérables, comme nous l'avons dit plus haut. On reconnut que Perpignan et Collioures, notamment, se trouvaient être beaucoup plus à l'est qu'on ne le supposait. Au reste, pour s'en faire une idée bien nette, il suffit de regarder la carte de France publiée dans la première partie du tome VII des *Mémoires* de l'Académie des Sciences. Il y est tenu compte des observations astronomiques dont nous venons de parler, et l'ancien tracé de la carte, publiée par Sanson en 1679, y rend sensibles les modifications apportées.

Cassini proclamait avec raison que la cartographie n'était plus à la hauteur de la science. En effet, Sanson avait suivi aveuglément les longitudes de Ptolémée, sans tenir compte des progrès des connaissances astronomiques. Ses fils et ses petits-fils n'avaient fait que rééditer ses cartes en les complétant, et les autres géographes se traînaient dans la même ornière. Le premier, Guillaume Delisle, construisit de nouvelles cartes, en mettant à profit les données modernes et rejeta de parti pris tout ce qu'on avait fait avant lui. Son ardeur fut telle, qu'il avait entièrement exécuté ce projet à vingt-cinq ans. Son frère, Joseph-Nicolas, enseignait l'astronomie en Russie, et envoyait à Guillaume des matériaux pour ses cartes. Pendant ce temps, Delisle de la Coyère, son dernier frère, visitait les côtes de la mer Glaciale, fixait astronomiquement la position des points les plus importants, s'embarquait sur le vaisseau de Behring et mourait au Kamtchatka.

Voilà ce que furent les trois Delisle. Mais à Guillaume revient la gloire d'avoir révolutionné la cartographie.

> «Il parvint, dit Cooley, à faire concorder les mesures anciennes et modernes et à combiner une masse plus considérable de documents; au lieu de limiter ses corrections à une partie du globe, il les étendit

au globe entier, ce qui lui donne un droit très positif à être regardé comme le créateur de la géographie moderne. Pierre le Grand, à son passage à Paris, lui rendit hommage, en le visitant pour lui donner tous les renseignements qu'il possédait lui-même sur la géographie de la Russie.»

Est-il rien de plus concluant que ce témoignage d'un étranger? Et, si nos géographes sont dépassés aujourd'hui par ceux de l'Allemagne et de l'Angleterre, n'est-ce pas une consolation et un encouragement de savoir que nous avons excellé dans une science où nous travaillons à reprendre notre ancienne supériorité?

Delisle vécut assez pour voir les succès de son élève J.-B. d'Anville. Si ce dernier fut inférieur, sous le rapport de la science historique, à Adrien Valois, il mérita sa haute renommée par la correction relative de son dessin, par l'aspect clair et artistique de ses cartes.

«On a peine à comprendre, dit M. E. Desjardins dans sa *Géographie de la Gaule romaine*, le peu d'importance qu'on attribue à ses œuvres de géographe, de mathématicien et de dessinateur. C'est cependant dans ces dernières qu'il a surtout donné la mesure de son incomparable mérite. D'Anville a, le premier, su construire une carte par des procédés scientifiques, et cela suffit à sa gloire.... Dans le domaine de la géographie historique, d'Anville a fait preuve surtout d'un rare bon sens dans la discussion et d'un merveilleux instinct topographique dans les identifications; mais, il faut bien le reconnaître, il n'était ni savant, ni même suffisamment versé dans l'étude des textes classiques.»

Le plus beau travail de d'Anville est sa carte d'Italie, dont la dimension, jusqu'alors exagérée, se prolongeait de l'est à l'ouest, suivant les idées des anciens.

En 1735, Philippe Buache, dont le nom est justement célèbre comme géographe, inaugurait une nouvelle méthode en appliquant, dans une carte des fonds de la Manche, les courbes de niveau à la représentation des accidents du sol.

Dix ans plus tard, d'Après de Mannevillette publiait son *Neptune oriental*, dans lequel il rectifiait les cartes des côtes d'Afrique, de Chine et de l'Inde. Il y joignait une instruction nautique, d'autant plus précieuse pour l'époque que c'était le premier ouvrage de ce genre. Jusqu'à la fin de sa vie, il perfectionna ce recueil qui servit de guide à tous nos officiers pendant la fin du XVIII$^e$ siècle.

Chez les Anglais, Halley occupait le premier rang parmi les astronomes et les physiciens. Il publiait une théorie des *Variations magnétiques* et une *Histoire des moussons*, qui lui valaient le commandement d'un vaisseau, afin qu'il pût soumettre sa théorie à l'expérience.

Ce qu'avait fait d'Après chez les Français, Alexandre Dalrymple l'accomplit pour les Anglais. Seulement, ses vues gardèrent jusqu'au bout quelque chose d'hypothétique, et il crut à l'existence d'un continent austral. Il eut pour successeur Horsburgh, dont le nom sera toujours cher aux navigateurs.

Mais il nous faut parler de deux expéditions importantes qui devaient mettre fin à la querelle passionnée sur la figure de la Terre. L'Académie des Sciences venait d'envoyer une mission composée de Godin, Bouguer et La Condamine en Amérique, pour mesurer l'arc du méridien à l'équateur. Elle résolut de confier la direction d'une expédition semblable, dans le nord, à Maupertuis.

> «Si l'aplatissement de la terre, disait ce savant, n'est pas plus grand que Huyghens l'a supposé, la différence des degrés du méridien déjà mesuré en France d'avec les premiers degrés du méridien voisin de l'équateur ne sera pas assez considérable pour qu'elle ne puisse pas être attribuée aux erreurs possibles des observateurs et à l'imperfection des instruments. Mais, si on l'observe au pôle, la différence entre le premier degré du méridien voisin de la ligne équinoxiale et le 66$^e$ degré, par exemple, qui coupe le cercle polaire, sera assez grande, même dans l'hypothèse de Huyghens, pour se manifester sans équivoque, malgré les plus grandes erreurs commissibles, parce que cette différence se trouvera répétée autant de fois qu'il y aura de degrés intermédiaires.»

Le problème était ainsi nettement posé, et il devait recevoir au pôle, aussi bien qu'à l'équateur, une solution qui allait terminer le débat en donnant raison à Huyghens et à Newton.

L'expédition partit sur un navire équipé à Dunkerque. Elle se composait, outre Maupertuis, de Clairaut, Camus et Lemonnier, académiciens, de l'abbé Outhier, chanoine de Bayeux, d'un secrétaire, Sommereux, d'un dessinateur, Herbelot, et du savant astronome suédois Celsius.

Lorsqu'il reçut les membres de la mission à Stockholm, le roi de Suède leur dit: «Je me suis trouvé dans de sanglantes batailles, mais j'aimerais mieux retourner à la plus meurtrière que d'entreprendre le voyage que vous allez faire.»

Assurément, ce ne devait pas être une partie de plaisir. Des difficultés de toute sorte, des privations continues, un froid excessif, allaient éprouver ces savants physiciens. Mais que sont leurs souffrances auprès des angoisses, des dangers, des épreuves qui attendaient les navigateurs polaires, Ross, Parry, Hall, Payer et tant d'autres!

«A Tornea, au fond du golfe de Bothnie, presque sous le cercle polaire, les maisons étaient enfouies sous la neige, dit Damiron, dans son *Éloge de Maupertuis*. Lorsqu'on sortait, l'air semblait déchirer la poitrine, les degrés du froid croissant s'annonçaient par le bruit avec lequel le bois, dont toutes les maisons sont bâties, se fendait. A voir la solitude qui régnait dans les rues, on eût cru que les habitants de la ville étaient morts. On rencontrait à chaque pas des gens mutilés, ayant perdu bras ou jambes par l'effet d'une si dure température. Et cependant ce n'était pas à Tornea que les voyageurs devaient s'arrêter.»

Aujourd'hui que ces lieux sont mieux connus, que l'on sait ce qu'est la rigueur du climat arctique, on peut se faire une idée plus juste des difficultés que devaient y rencontrer des observateurs.

Ce fut en juillet 1736 qu'ils commencèrent leurs opérations. Au delà de Tornea, ils ne virent plus que des lieux inhabités. Il leur fallut se contenter de leurs propres ressources pour escalader les montagnes, où ils plantaient les signaux qui devaient former la chaîne ininterrompue des triangles. Partagés en deux troupes, afin d'obtenir deux mesures au lieu d'une et de diminuer ainsi les chances d'erreur, les hardis physiciens, après nombre de péripéties dont on trouvera le récit dans les *Mémoires* de l'Académie des Sciences de 1737, après des fatigues inouïes, parvinrent à constater que la longueur de l'arc du méridien compris entre les parallèles de Tornea et Kittis était de 55,023 toises 1/2. Ainsi donc, sous le cercle polaire, le degré du méridien avait environ mille toises de plus que ne l'avait supposé Cassini, et le degré terrestre dépassait de 377 toises la longueur que Picard lui avait trouvée entre Paris et Amiens. La Terre était donc considérablement aplatie aux pôles, résultat que se refusèrent longtemps à reconnaître Cassini père et fils.

Courrier de la physique, argonaute nouveau,

Qui, franchissant les monts, qui, traversant les eaux,

Ramenez des climats soumis aux trois couronnes,

Vos perches, vos secteurs et surtout deux Laponnes,

Vous avez confirmé, dans ces lieux pleins d'ennui,

Ce que Newton connut sans sortir de chez lui.

Ainsi s'exprimait Voltaire, non sans une pointe de malice; puis, faisant allusion aux deux sœurs que Maupertuis ramenait avec lui, et dont l'une avait su le séduire, il disait:

Cette erreur est trop ordinaire,

Et c'est la seule que l'on fit
En allant au cercle polaire.

> «Toutefois, dit M. A. Maury dans son *Histoire de l'Académie des Sciences*, l'importance des instruments et des méthodes dont faisaient usage les astronomes envoyés dans le nord, donna aux défenseurs de l'aplatissement de notre globe plus raison qu'ils n'avaient en réalité; et, au siècle suivant, l'astronome suédois Svanberg rectifiait leurs exagérations involontaires par un beau travail qu'il publia dans notre langue.»

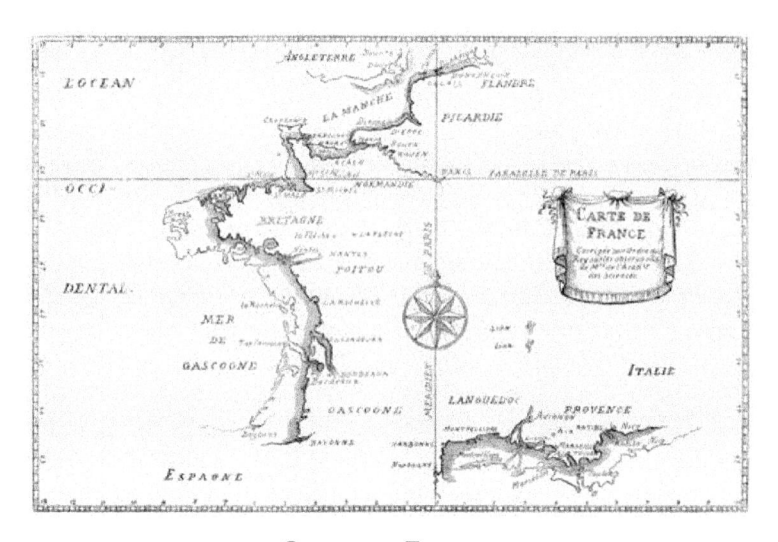

CARTE DE FRANCE
*Corrigée par Ordre du Roy sur les observations
de M$^{rs}$ de l'Acad$^{ie}$ des Sciences*

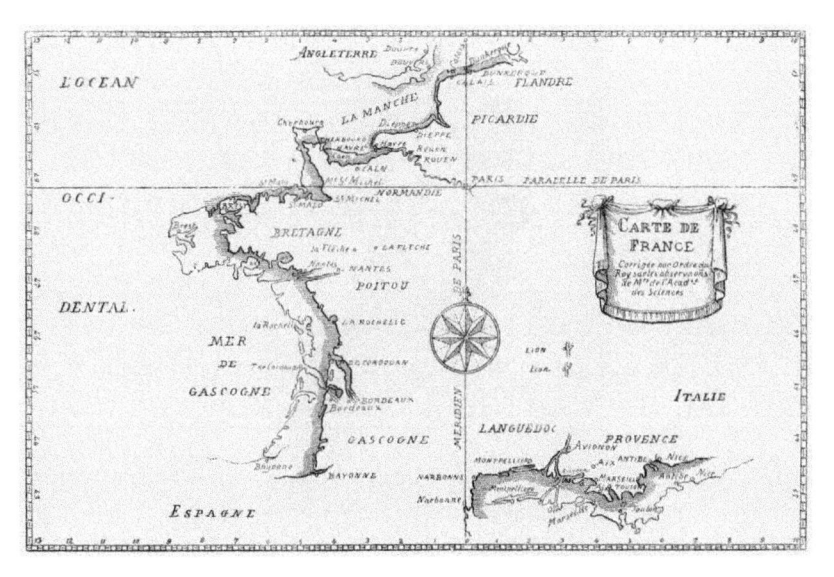

CARTE DE FRANCE
*Corrigée par Ordre du Roy sur les observations
de M$^{rs}$ de l'Acad$^{ie}$ des Sciences*

Pendant ce temps, la mission que l'Académie avait expédiée au Pérou procédait à des opérations analogues. Composée de La Condamine, Bouguer et Godin, tous trois académiciens, de Joseph de Jussieu, régent de la Faculté de médecine, chargé de la partie botanique, du chirurgien Seniergues, de l'horloger Godin des Odonais, et d'un dessinateur, elle quitta La Rochelle le 16 mai 1635. Ces savants gagnèrent Saint-Domingue, où furent faites quelques observations astronomiques, Carthagène, Puerto-Bello, traversèrent l'isthme de Panama, et débarquèrent, le 9 mars 1736, à Manta, sur la terre du Pérou.

Portrait de Maupertuis. *(Fac-similé. Gravure ancienne.)*

Là, Bouguer et La Condamine se séparèrent de leurs compagnons, étudièrent la marche du pendule, puis gagnèrent Quito par des chemins différents.

La Condamine suivit la côte jusqu'au Rio de las Esmeraldas et leva la carte de tout ce pays qu'il traversa avec des fatigues infinies.

Bouguer, lui, se dirigea par le sud vers Guayaquil, en franchissant des forêts marécageuses, et atteignit Caracol, au pied de la Cordillère, qu'il mit sept jours à traverser. C'était la route autrefois suivie par P. d'Alvarado, où soixante-dix de ses gens avaient péri, et notamment les trois premières Espagnoles qui avaient tenté de pénétrer dans le pays. Bouguer atteignit Quito le 10 juin. Cette ville avait alors trente ou quarante mille habitants, un évêque président de l'Audience, nombre de communautés religieuses et deux collèges. La vie y était assez bon marché; seules, les marchandises étrangères y atteignaient un prix extravagant, à ce point qu'un gobelet de verre valait dix-huit ou vingt francs.

Les savants escaladèrent le Pichincha, montagne voisine de Quito, dont les éruptions ont été plus d'une fois fatales à cette ville; mais ils ne tardèrent pas à reconnaître qu'il fallait renoncer à porter si haut les triangles de leur méridienne, et ils durent se contenter de placer les signaux sur les collines.

> «On voit presque tous les jours sur le sommet de ces mêmes montagnes, dit Bouguer dans le mémoire qu'il lut à l'Académie des Sciences, un phénomène extraordinaire qui doit être aussi ancien que le monde et dont il y a bien cependant de l'apparence que personne avant nous n'avait été témoin. La première fois que nous le

remarquâmes, nous étions tous ensemble sur une montagne nommée Pambamarca. Un nuage, dans lequel nous étions plongés et qui se dissipa, nous laissa voir le soleil qui se levait et qui était très éclatant. Le nuage passa de l'autre côté. Il n'était pas à trente pas, lorsque chacun de nous vit son ombre projetée dessus et ne voyait que la sienne, parce que le nuage n'offrait pas une surface unie. Le peu de distance permettait de distinguer toutes les parties de l'ombre; on voyait les bras, les jambes, la tête; mais, ce qui nous étonna, c'est que cette dernière partie était ornée d'une gloire ou auréole formée de trois ou quatre petites couronnes concentriques d'une couleur très-vive, chacune avec les mêmes variétés que l'arc-en-ciel, le rouge étant en dehors. Les intervalles entre ces cercles étaient égaux; le dernier cercle était plus faible; et enfin, à une grande distance, nous voyions un grand cercle blanc qui environnait le tout. C'est comme une espèce d'apothéose pour le spectateur.»

Comme les instruments dont ces savants se servaient n'avaient pas la précision de ceux qui sont employés aujourd'hui, et étaient sujets aux changements de la température, il fallut procéder avec le plus grand soin et la plus minutieuse attention pour que de petites erreurs multipliées ne finissent pas par en causer de considérables. Aussi, dans leurs triangles, Bouguer et ses compagnons ne conclurent jamais le troisième angle de l'observation des deux premiers: il les observèrent tous.

Après avoir obtenu en toises la mesure du chemin parcouru, il restait à découvrir quelle partie du circuit de la Terre formait cet espace; mais on ne pouvait résoudre cette question qu'au moyen d'observations astronomiques.

Après nombre d'obstacles, que nous ne pouvons décrire ici en détail, et de remarques curieuses, entre autres la déviation que l'attraction des montagnes fait éprouver au pendule, les savants français arrivèrent à des conclusions qui confirmèrent pleinement le résultat de la mission de Laponie. Ils ne rentrèrent pas tous en France en même temps. Jussieu continua pendant plusieurs années encore ses recherches d'histoire naturelle, et La Condamine choisit pour revenir en Europe la route du fleuve des Amazones, voyage important, sur lequel nous aurons l'occasion de revenir un peu plus tard.

## II
# La guerre de course au XVIIIᵉ siècle.

Voyage de Wood-Rodgers. — Aventures d'Alexandre Selkirk. — Les îles Galapagos. — Puerto-Seguro. — Retour en Angleterre. — Expédition de Georges Anson. — La Terre des États. — L'île de Juan-Fernandez. — Tinian. — Macao. — La prise du galion. — La rivière de Canton. — Résultats de la croisière.

On était en pleine guerre de la succession d'Espagne. Certains armateurs de Bristol résolurent alors d'équiper quelques bâtiments pour courir sus aux navires espagnols dans l'océan Pacifique et ravager les côtes de l'Amérique du Sud. Les deux vaisseaux qui furent choisis, le *Duc* et la *Duchesse*, sous le commandement des capitaines Rodgers et Courtney, furent armés avec soin et pourvus de toutes les provisions nécessaires pour un si long voyage. Le célèbre Dampier, qui s'était acquis tant de réputation par ses courses aventureuses et ses pirateries, ne dédaigna pas d'accepter le titre de premier pilote. Bien que cette expédition ait été plus riche en résultats matériels qu'en découvertes géographiques, sa relation contient cependant quelques particularités curieuses qui méritent d'être conservées.

Ce fut le 2 août 1708, que le *Duc* et la *Duchesse* quittèrent la rade royale de Bristol. Remarque intéressante à faire d'abord: pendant toute la durée du voyage, un registre, sur lequel devaient être consignés tous les événements de la campagne, fut tenu à la disposition de l'équipage, afin que les moindres erreurs et les plus petits oublis fussent réparés, avant que le souvenir des faits eût pu s'altérer.

Rien à dire sur ce voyage jusqu'au 22 décembre. Ce jour-là, furent découvertes les îles Falkland, que peu de navigateurs avaient encore reconnues. Rodgers n'y aborda point; il se contente de dire que la côte présente le même aspect que celle de Portland, quoiqu'elle soit moins haute.

> «Tous les coteaux, ajoute-t-il, avaient l'apparence d'un bon terrain; la pente en est facile, garnie de bois, et le rivage ne manque pas de bons ports.»

Ces îles ne possèdent pas un seul arbre, et les bons ports sont loin d'être fréquents, comme nous le verrons plus tard. On voit si les renseignements que nous devons à Rodgers sont exacts. Aussi les navigateurs ont-ils bien fait de ne pas s'y fier.

Après avoir dépassé cet archipel, les deux bâtiments piquèrent droit au sud, et s'enfoncèrent dans cette direction jusqu'à 60° 58 ' de latitude. Il n'y avait pas de nuit, le froid était vif, et la mer si grosse, que la *Duchesse* fit quelques avaries. Les principaux officiers des deux bâtiments, assemblés en conseil, jugèrent alors qu'il n'était pas à propos de s'avancer plus au sud, et route fut faite à l'ouest. Le 15 janvier 1709, on constata qu'on avait doublé le cap Horn, et qu'on était entré dans la mer du Sud.

A cette époque, presque toutes les cartes différaient sur la position de l'île Juan-Fernandez. Aussi, Wood Rodgers, qui voulait y relâcher pour y faire de l'eau et s'y procurer un peu de viande fraîche, la rencontra presque sans la chercher.

Le 1er février, il mit en mer une embarcation pour aller à la découverte d'un mouillage. Tandis qu'on attendait son retour, on aperçut un grand feu sur le rivage. Quelques vaisseaux espagnols ou français avaient-ils atterri en cet endroit? Faudrait-il livrer combat, pour se procurer l'eau et les vivres dont on avait besoin? Toutes les dispositions furent prises pendant la nuit; mais, au matin, aucun bâtiment n'était en vue. Déjà l'on se demandait si l'ennemi s'était retiré, lorsque l'arrivée de la chaloupe vint fixer toutes les incertitudes, en ramenant un homme vêtu de peaux de chèvres, à la figure encore plus sauvage que ses vêtements.

C'était un marin écossais, nommé Alexandre Selkirk, qui, à la suite d'un démêlé avec son capitaine, avait été abandonné depuis quatre ans et demi sur cette île déserte. Le feu qu'on avait aperçu avait été allumé par lui.

Pendant son séjour à Juan-Fernandez, Selkirk avait vu passer beaucoup de vaisseaux; deux seulement, qui étaient espagnols, y avaient mouillé. Découvert par les matelots, Selkirk, après avoir essuyé leur feu, n'avait échappé à la mort que grâce à son agilité, qui lui avait permis de grimper sur un arbre sans être aperçu.

> «Il avait été mis à terre, dit la relation, avec ses habits, son lit, un fusil, une livre de poudre, des balles, du tabac, une hache, un couteau, un chaudron, une Bible et quelques autres livres de piété, ses instruments et ses livres de marine. Le pauvre Selkirk pourvut à ses besoins du mieux qu'il lui fut possible; mais, durant les premiers mois, il eut beaucoup de peine à vaincre la tristesse et à surmonter l'horreur que lui causait une si affreuse solitude. Il construisit deux cabanes, à quelque distance l'une de l'autre, avec du bois de myrte-piment. Il les couvrit d'une espèce de jonc et les doubla de peaux de chèvres, qu'il tuait à mesure qu'il en avait besoin, tant que sa poudre dura. Lorsqu'elle approcha de sa fin, il trouva le moyen de faire du feu avec deux morceaux de bois de piment, qu'il frottait l'un contre l'autre.... Quand sa poudre fut finie, il prenait les chèvres à la course, et il s'était rendu si agile par un exercice continuel, qu'il courait à travers les bois, sur les rochers et les collines, avec une vitesse

incroyable. Nous en eûmes la preuve lorsqu'il vint à la chasse avec nous; il devançait et mettait sur les dents nos meilleurs coureurs et un chien excellent que nous avions à bord; il atteignait bientôt les chèvres, et nous les apportait sur son dos. Il nous dit qu'un jour il poursuivait un de ces animaux avec tant d'ardeur, qu'il le saisit sur le bord d'un précipice caché par des buissons, et roula du haut en bas avec sa proie. Il fut si étourdi de sa chute, qu'il en perdit connaissance; quand il reprit ses sens, il trouva sa chèvre morte sous lui. Il resta près de vingt-quatre heures sur la place, et il eut assez de peine à se traîner à sa cabane, qui en était distante d'un mille, et dont il ne put sortir qu'au bout de dix jours.»

Des navets semés par l'équipage de quelque vaisseau, des choux palmistes, du piment et du poivre de la Jamaïque servaient à cet abandonné pour assaisonner ses aliments. Quand ses souliers et ses habits furent en pièces, ce qui ne tarda guère, il s'en fit en peau de chèvres, avec un clou qu'il employait comme aiguille. Lorsque son couteau fut usé jusqu'au dos, il s'en fabriqua avec des cercles de barrique qu'il avait trouvés sur le rivage. Il avait si bien perdu l'habitude de parler, qu'il avait de la peine à se faire comprendre. Rodgers l'embarqua et lui donna sur son vaisseau l'office de contre-maître.

Selkirk n'avait pas été le premier marin délaissé sur l'île de Juan-Fernandez. On se rappelle peut-être que Dampier y avait déjà recueilli un malheureux Mosquito, abandonné de 1681 à 1684, et l'on voit, dans le récit des aventures de Sharp et d'autres flibustiers, que le seul survivant de l'équipage d'un vaisseau naufragé sur ces côtes y vécut cinq ans, jusqu'à ce qu'un autre bâtiment vînt le reprendre. Les malheurs de Selkirk ont été racontés par un écrivain moderne, par Saintine, dans le roman intitulé: *Seul!*

Les deux bâtiments quittèrent Juan-Fernandez le 14 février, et commencèrent leurs courses contre les Espagnols. Rodgers s'empara de Guyaquil, dont il tira une grosse rançon, et captura plusieurs vaisseaux, qui lui fournirent plus de prisonniers que d'argent.

De toute cette partie de son voyage, dont nous n'avons pas à nous occuper, nous ne retiendrons que quelques détails sur l'île de la Gorgone, où il remarqua un singe à qui son excessive lenteur a fait donner le nom de «paresseux», sur Tecamez, dont les habitants, armés de flèches empoisonnées et de fusils, le repoussèrent avec perte, et sur les îles Galapagos, situées à deux degrés de latitude nord. Cet archipel est très nombreux, d'après Rodgers; mais, de la cinquantaine d'îles qui le composent, il n'en trouva pas une seule qui fournît de l'eau douce. Il y vit en quantité des tourterelles, des tortues de terre et de mer d'une grosseur extraordinaire,—dont le nom a été donné par les Espagnols à ce groupe,—et des chiens marins extrêmement redoutables, dont l'un eut même l'audace de l'attaquer.

«J'étais sur le rivage, dit-il, lorsqu'il sortit de l'eau, la gueule béante, avec autant de vitesse et de férocité que le chien le plus furieux qui a rompu sa chaîne. Il m'attaqua trois fois. Je lui enfonçai ma pique dans la poitrine, et, chaque fois, je lui fis une large blessure qui l'obligea de se retirer avec d'horribles cris. Ensuite, se retournant vers moi, il s'arrêta pour gronder et me montrer les dents. Il n'y avait pas vingt-quatre heures qu'un homme de mon équipage avait failli être dévoré par un des mêmes animaux.»

Au mois de décembre, Rodgers se retira avec un galion de Manille, dont il s'était emparé, sur la côte de Californie, à Puerto-Seguro. Plusieurs de ses hommes s'enfoncèrent dans l'intérieur. Ils y virent quantité d'arbres de haute futaie, pas la moindre apparence de culture, et de nombreuses fumées qui indiquaient que le pays était peuplé.

«Les habitants, dit l'abbé Prévost dans son *Histoire des Voyages*, étaient d'une taille droite et puissante, mais beaucoup plus noirs qu'aucun des Indiens qu'il avait vus dans la mer du Sud. Ils avaient les cheveux longs, noirs et plats, qui leur pendaient jusqu'aux cuisses. Tous les hommes étaient nus, mais les femmes portaient des feuilles ou des morceaux d'une espèce d'étoffe qui en paraît composée, ou des peaux de bêtes et d'oiseaux... Quelques-uns portaient des colliers et des bracelets de brins de bois et de coquilles; d'autres avaient au cou de petites baies rouges et des perles, qu'ils n'ont pas sans doute l'art de percer, puisqu'elles sont entaillées dans leur rondeur et liées l'une à l'autre avec un fil. Ils trouvaient cet ornement si beau, qu'ils refusaient les colliers de verre des Anglais. Leur passion n'était ardente que pour les couteaux et les instruments qui servent au travail.»

Le *Duc* et la *Duchesse* quittèrent Puerto-Seguro le 12 janvier 1710 et atteignirent l'île Guaham, l'une des Mariannes, deux mois plus tard. Ils y prirent des vivres, et, passant par les détroits de Boutan et de Saleyer, gagnèrent Batavia. Après la relâche obligée dans cette ville et au cap de Bonne-Espérance, Rodgers mouilla aux Dunes le 1er octobre.

Bien qu'il ne donne pas le détail des immenses richesses qu'il rapportait, on peut cependant s'en faire une haute idée, lorsqu'on entend Rodgers parler des lingots, de la vaisselle d'or et d'argent et des perles dont il remit le compte à ses heureux armateurs.

Le voyage de l'amiral Anson, dont nous allons maintenant faire le récit, appartient encore à la catégorie des guerres de course; mais il clôt la série de ces expéditions de forbans qui déshonoraient les vainqueurs sans ruiner les vaincus. Bien qu'il n'apporte, lui non plus, aucune nouvelle acquisition à la géographie, sa relation est cependant semée de réflexions judicieuses, d'observations intéressantes sur des régions peu connues. Elles sont dues, non pas au chapelain de l'expédition, Richard Walter, comme le titre l'indique, mais bien à Benjamin Robins, d'après les *Nichol's literary anecdotes*.

Georges Anson était né en 1697 dans le Staffordshire. Marin dès son enfance, il n'avait pas tardé à se faire remarquer. Il jouissait de la réputation d'un habile et heureux capitaine, lorsqu'en 1639 il reçut le commandement d'une escadre composée du *Centurion*, de 60 canons, du *Glocester*, de 50, du *Sévère*, de la même force, de la *Perle*, de 40 canons, du *Wager*, de 28, de la chaloupe le *Trial* et de deux bâtiments porteurs de vivres et de munitions. Outre ses 1,460 hommes d'équipage, cette flotte avait reçu un renfort de 470 invalides ou soldats de marine.

Partie d'Angleterre le 18 septembre 1740, l'expédition passa par Madère, par l'île Sainte-Catherine, sur la côte du Brésil, par le havre Saint-Julien, et traversa le détroit de Lemaire.

> «Quelque affreux que soit l'aspect de la Terre de Feu, dit la relation, celui de la Terre des États a quelque chose de plus horrible. Il n'offre qu'une suite de rochers inaccessibles, hérissés de pointes aiguës, d'une hauteur prodigieuse, couverts d'une neige éternelle et ceints de précipices. Enfin l'imagination ne peut rien se représenter de plus triste et de plus sauvage que cette côte.»

A peine les derniers vaisseaux de l'escadre avaient-ils débouqué du détroit, qu'une série de coups de vents, de rafales et de bourrasques fit avouer aux matelots les plus expérimentés que tout ce qu'ils avaient appelé tempête n'était rien en comparaison. Ce temps épouvantable dura sept semaines sans discontinuer. Inutile de demander si les navires subirent des avaries, s'ils perdirent nombre de matelots enlevés par les lames, décimés par les maladies qu'une humidité constante et une nourriture malsaine eurent bientôt développées.

*Selkirk roula du haut en bas avec sa proie.*

Deux bâtiments, le *Sévère* et la *Perle*, furent engloutis, et quatre autres perdus de vue. Anson ne put s'arrêter à Valdivia, qu'il avait fixée comme rendez-vous en cas de séparation. Emporté bien au delà, il ne lui fut possible de s'arrêter qu'à Juan-Fernandez, où il arriva le 9 juin. Le *Centurion* avait le plus grand besoin de cette relâche. Quatre-vingts hommes de son équipage avaient péri, il n'avait plus d'eau, et le scorbut avait tellement affaibli les matelots qu'il n'y en avait pas dix en état de faire le quart. Trois autres bâtiments en aussi mauvais état ne tardèrent pas à le rejoindre.

Je lui enfonçai ma pique dans la poitrine.

Il fallut avant tout refaire les équipages épuisés et réparer les avaries majeures des bâtiments. Anson débarqua les malades, les installa en plein air, dans un hôpital bien abrité ; puis, à la tête des plus vaillants matelots, il parcourut l'île dans toutes les directions afin d'en relever les rades et les côtes. Le meilleur mouillage serait, d'après Anson, la baie Cumberland. La partie sud-est de Juan-Fernandez,—petite île qui n'aurait pas plus de cinq lieues sur deux,— est sèche, pierreuse, sans arbres, le terrain est bas et fort uni comparativement à la partie septentrionale. Le cresson, le pourpier, l'oseille, les navets, les raves de Sicile, croissaient en abondance, ainsi que l'avoine et le trèfle. Anson fit semer des carottes, des laitues, planter des noyaux de prunes, d'abricots et de pêches. Il ne tarda pas à se rendre compte que le nombre des boucs et des chèvres, laissés par les boucaniers dans cette île et qui y avaient si merveilleusement multiplié, était bien diminué. Les Espagnols, pour enlever cette ressource précieuse à leurs ennemis, avaient débarqué quantité de chiens affamés qui firent la chasse aux chèvres et en dévorèrent un si grand nombre qu'il en restait à peine deux cents à cette époque.

Le chef d'escadre,—ainsi Anson est-il toujours appelé dans la relation du voyage,—fit reconnaître l'île de Mas-a-fuero, qui est éloignée de vingt-cinq lieues de Juan-Fernandez. Plus petite, elle est aussi plus boisée, mieux arrosée, et elle possédait plus de chèvres.

Au commencement de décembre, les équipages avaient pu reprendre assez de forces pour qu'Anson songeât à exécuter ses projets de faire la course contre les Espagnols. Il s'empara d'abord de plusieurs vaisseaux, chargés de marchandises précieuses et de lingots d'or, puis brûla la ville de Paita. Les Espagnols estimèrent leur perte en cette circonstance à un million et demi de piastres.

Anson se rendit ensuite à la baie de Quibo, près de Panama, afin de guetter le galion qui, tous les ans, apporte les richesses des Philippines à Acapulco. Là, si les Anglais n'aperçurent aucun habitant, ils trouvèrent, auprès de quelques misérables huttes, de grands amas de coquilles et de belle nacre, que les pêcheurs de Panama y laissent pendant l'été. Parmi les provisions abondantes en cet endroit, il faut citer les tortues franches, qui pèsent ordinairement deux cents livres, et dont la pêche se faisait d'une façon singulière. Lorsqu'on en voyait une flotter endormie à la surface de la mer, un bon nageur plongeait à quelques toises, remontait, et, saisissant l'écaille vers la queue, s'efforçait d'enfoncer la tortue. En se réveillant, celle-ci se débattait, et ce mouvement suffisait à la soutenir ainsi que l'homme, jusqu'à ce qu'une embarcation vînt les recueillir tous deux.

Après une vaine croisière, Anson dut se déterminer à brûler trois vaisseaux espagnols qu'il avait pris et armés. Leur équipage et leur chargement une fois répartis sur le *Centurion* et le *Glocester*, les deux seuls bâtiments qui lui restassent, Anson, le 6 mai 1742, résolut de gagner la Chine, où il espérait trouver des renforts et des rafraîchissements. Mais cette traversée, qu'il comptait faire en soixante jours, il lui fallut quatre mois pour l'accomplir. A la suite d'une violente tempête, le *Glocester*, coulant bas et ne pouvant plus être manœuvré par un équipage réduit, dut être brûlé. Seuls l'argent et les vivres furent transbordés sur le *Centurion*, dernier débris de cette flotte magnifique partie depuis deux ans à peine des côtes d'Angleterre.

Jeté hors de sa route, très loin dans le nord, Anson découvrit, le 26 août, les îles d'Atanacan et de Serigan; le lendemain, celles de Saypan, Tinian et Agnigan, qui font partie de l'archipel des Mariannes. Un sergent espagnol, qu'il captura dans ces parages sur une petite embarcation, lui apprit que l'île de Tinian était inhabitée et qu'on y trouvait en abondance des bœufs, des volailles et des fruits excellents, tels qu'oranges, limons, citrons, cocos, arbres à pain, etc. Nulle relâche ne pouvait mieux convenir au *Centurion*, dont l'équipage ne comptait plus que 71 hommes épuisés par les privations et les maladies, seuls survivants des 2,000 matelots qui montaient la flotte à son départ.

> «Le terrain y est sec et un peu sablonneux, dit la relation, ce qui rend le gazon des prés et des bois plus fin et plus uni qu'il n'est ordinairement dans les climats chauds; le pays s'élève insensiblement depuis l'aiguade des Anglais jusqu'au milieu de l'île; mais, avant que d'arriver à sa plus grande hauteur, on trouve plusieurs clairières en pente, couvertes d'un trèfle fin, qui est entremêlé de différentes sortes de fleurs, et bordées de beaux bois, dont les arbres portent d'excellents fruits... Les animaux, qui pendant la plus grande partie de l'année sont les seuls maîtres de ce beau séjour, font partie de ses charmes romanesques et ne contribuent pas peu à lui donner un air de merveilleux. On y voit quelquefois des milliers de bœufs paître ensemble dans une grande prairie, spectacle d'autant plus singulier que tous ces animaux sont d'un véritable blanc de lait, à l'exception des oreilles, qu'ils ont ordinairement noires. Quoique l'île soit déserte, les cris continuels et la vue d'un grand nombre d'animaux domestiques, qui courent en foule dans les bois, excitent des idées de fermes et de villages.»

Tableau vraiment trop enchanteur! L'auteur ne lui aurait-il pas prêté bien des charmes qui n'existaient que dans son imagination? Après une si longue croisière, après tant de tempêtes, il n'est pas étonnant que les grands bois verdoyants, l'exubérance de la végétation, l'abondance de la vie animale, aient fait une profonde impression sur l'esprit des compagnons de lord Anson. Au reste, nous saurons bientôt si ses successeurs à Tinian ont été aussi émerveillés que lui.

Cependant, Anson n'était pas sans inquiétude. Il avait fait réparer son bâtiment, il est vrai, mais beaucoup de malades demeuraient à terre pour s'y rétablir définitivement, et il ne restait plus à bord qu'un petit nombre de matelots. Le fond étant de corail, on dut prendre des précautions pour que les câbles ne fussent pas coupés. Malgré cela, au moment de la nouvelle lune, un vent impétueux s'éleva et fit chasser le navire. Les ancres tinrent bon, mais il n'en fut pas de même des aussières, et le *Centurion* fut emporté en pleine mer. Le tonnerre ne cessait de gronder, la pluie tombait avec une telle violence, que, de terre, on n'entendait même pas les signaux de détresse qui partaient du bâtiment. Anson, la plupart des officiers, une grande partie de l'équipage, au nombre de cent treize individus, étaient demeurés à terre, et ils se trouvaient privés de l'unique moyen qu'ils possédassent de quitter Tinian.

La désolation fut extrême, la consternation inexprimable. Mais Anson, homme énergique et fécond en ressources, eut bientôt arraché ses compagnons au désespoir. Une barque, celle qu'ils avaient prise aux Espagnols, leur restait, et ils eurent la pensée de l'allonger, afin qu'elle pût contenir tout le monde, avec les provisions nécessaires pour gagner la Chine. Mais dix-neuf jours plus tard, le *Centurion* était de retour, et les Anglais, s'y embarquant le 21 octobre, ne tardèrent pas à atteindre Macao. Depuis deux ans, depuis leur départ d'Angleterre, c'était la première fois qu'ils relâchaient dans un port ami et civilisé.

> «Macao, dit Anson, autrefois très riche, très peuplée et capable de se défendre contre les gouverneurs chinois du voisinage, est extrêmement déchue de son ancienne splendeur. Quoiqu'elle continuât d'être habitée par des Portugais et commandée par un gouverneur que nomme le roi de Portugal, elle est à la discrétion des Chinois, qui peuvent l'affamer et s'en rendre maîtres; aussi le gouverneur portugais se garde-t-il soigneusement de les choquer.»

Il fallut qu'Anson écrivît une lettre hautaine au gouverneur chinois pour obtenir la permission d'acheter, même à très haut prix, les vivres et les rechanges dont il avait besoin. Puis il annonça publiquement qu'il partait pour Batavia et mit à la voile le 19 avril 1743. Mais, au lieu de gagner les possessions hollandaises, il fit voile pour les Philippines, où il attendit, pendant plusieurs jours, le galion qui revenait d'Acapulco, après y avoir richement vendu sa cargaison. D'habitude ces bâtiments portaient quarante-quatre canons et comptaient plus de cinq cents hommes d'équipage. Anson ne comptait que deux cents matelots, dont une trentaine n'étaient que des mousses; mais la disproportion des forces ne pouvait l'arrêter, car il avait pour lui l'appât d'un riche butin, et l'avidité de ses hommes lui répondait de leur courage.

> «Pourquoi, dit un jour Anson à son maître d'hôtel, pourquoi ne me servez-vous plus de ces moutons que nous avons achetés en Chine? Sont-ils donc tous mangés?—Que monsieur le chef d'escadre m'excuse, répondit celui-ci, il en reste deux à bord, mais j'avais le dessein de les garder pour en traiter le capitaine du galion.»

Personne, pas même le maître d'hôtel, ne doutait donc du succès! D'ailleurs, Anson prit habilement ses dispositions et sut compenser le petit nombre de ses hommes par leur mobilité. Le combat fut vif; les nattes dont les bastingages du galion étaient remplis, prirent feu, et les flammes s'élevèrent jusqu'à la hauteur du mât de misaine. C'était trop, pour les Espagnols, de deux ennemis à combattre. Ils se rendirent après une lutte de deux heures qui leur coûta soixante-sept tués et quatre-vingt-quatre blessés.

La prise était riche: «1,313,843 pièces de huit[1] et 35,682 onces d'argent en lingots, outre une partie de cochenille et quelques autres marchandises d'assez peu de valeur en comparaison de l'argent. Cette proie, jointe aux autres, faisait à peu près la somme de 400,000 livres sterling, sans y comprendre les vaisseaux, les marchandises, etc., que l'escadre anglaise avait brûlés ou détruits aux Espagnols et qui ne pouvaient aller à moins de 600,000 livres sterling.»

[1] Monnaie d'or espagnole, ainsi nommée parce qu'elle est le huitième du doublon; elle vaut 10 fr. 75 de notre monnaie.

Anson regagna la rivière de Canton avec sa prise, qu'il y vendit, bien au-dessous de sa valeur, pour la somme de 6,000 piastres, partit le 10 décembre, et rentra à Spithead, le 15 juin 1744, après une absence de trois ans et neuf mois. Son entrée à Londres fut triomphale. Trente-deux chariots y transportèrent, au son des tambours et des trompettes, aux acclamations de la multitude, les dix millions montant de ses nombreuses prises, que lui-même, ses officiers et ses matelots se partagèrent, sans que le roi lui-même eût le droit de figurer au partage.

Anson fut nommé contre-amiral, peu de temps après son retour en Angleterre, et reçut plusieurs commandements importants. En 1747, il s'empara, après une lutte héroïque, du marquis de La Jonquière-Taffanel. Nommé, à la suite de cet exploit, premier lord de l'Amirauté et amiral, il protégea, en 1758, la tentative de descente faite par les Anglais auprès de Saint-Malo, et mourut à Londres quelque temps après son retour.

# CHAPITRE II
# LES PRÉCURSEURS DU CAPITAINE COOK

## I

Roggewein. — Le peu qu'on sait de lui. — Incertitude de ses découvertes. — L'île de Pâques. — Les îles Pernicieuses. — Les Bauman. — Nouvelle-Bretagne. — Arrivée à Batavia. — Byron. — Relâches à Rio-de-Janeiro et au Port-Désiré. — Entrée dans le détroit de Magellan. — Les îles Falkland et le port Egmont. — Les Fuégiens. — Mas-a-fuero. — Les îles du Désappointement. — Les îles du Danger. — Tinian. — Retour en Europe.

Dès l'année 1669, le père de Roggewein avait présenté à la Compagnie des Indes Occidentales de Hollande un mémoire dans lequel il demandait l'armement de trois vaisseaux pour faire des découvertes dans l'océan Pacifique. Son projet avait été favorablement accueilli, mais un refroidissement, survenu dans les relations entre l'Espagne et la Hollande, força le gouvernement batave à renoncer provisoirement à cette expédition. En mourant, Roggewein fit promettre à son fils Jacob de poursuivre l'exécution du plan qu'il avait conçu.

Des circonstances indépendantes de sa volonté empêchèrent longtemps celui-ci de tenir sa promesse. Ce n'est qu'après avoir navigué dans les mers de l'Inde, après avoir même été conseiller à la cour de justice de Batavia, que nous voyons Jacob Roggewein faire des démarches auprès de la Compagnie des Indes Occidentales. Quel âge pouvait avoir Roggewein en 1721? Quels étaient ses titres au commandement d'une expédition de découvertes? on ne sait. La plupart des dictionnaires biographiques ne lui consacrent pas même deux lignes, et Fleurieu, qui, dans une belle et savante étude, a cherché à fixer les découvertes du navigateur hollandais, n'a rien pu découvrir à cet égard. Bien plus: ce n'est pas lui, mais un Allemand appelé Behrens, qui a écrit la relation de son voyage. Aussi doit-on attribuer plutôt au narrateur qu'au navigateur les obscurités, les contradictions, le manque de précision qu'on y remarque. Il semble même souvent, ce qui paraît pourtant bien invraisemblable, que Roggewein ne soit pas au courant des voyages et des découvertes de ses prédécesseurs et de ses contemporains.

Le 21 août 1721, trois navires partirent du Texel, sous son commandement: l'*Aigle*, de 36 canons et 111 hommes d'équipage, le *Tienhoven*, de 28 canons et 100 hommes, capitaine Jacques Bauman, la galère l'*Africaine*, de 14 canons et 60 hommes d'équipage, capitaine Henri Rosenthall. Cette navigation dans l'Atlantique n'offre aucune particularité intéressante. Après avoir touché à Rio, Roggewein se mit à la recherche d'une île qu'il appelle Auke's Magdeland, et qui doit être la terre de la Vierge, la Virginie de Hawkins, l'archipel des Falkland ou des Malouines, à moins que ce soit la Georgie Australe. Bien que ces îles fussent alors très connues, il faut croire que les Hollandais n'avaient sur leur position que des notions bien incertaines, puisque, après avoir abandonné la recherche des Falkland, ils se mirent à celle des îles Saint-Louis des Français, sans penser que ce fût le même archipel.

Au reste, il est peu de terres qui aient porté plus de noms, îles de Pepys, îles Conti, sans compter ceux que nous négligeons. On voit qu'il ne serait pas difficile d'arriver à la douzaine.

Après avoir découvert ou plutôt aperçu, sous le parallèle du détroit de Magellan et à quatre-vingts lieues de la terre d'Amérique, une île de «deux cents lieues» de circuit qu'il appela Belgique Australe, Roggewein embouqua le détroit de Lemaire, où les courants l'entraînèrent dans le sud jusque par le 62$^e$ degré 1/2 de latitude; puis, il regagna la côte du Chili, jeta l'ancre devant l'île de la Mocha, qu'il trouva abandonnée, gagna ensuite l'île de Juan-Fernandez, où il rallia le *Tienhoven*, dont il était séparé depuis le 21 décembre.

Les trois vaisseaux quittèrent cette relâche avant la fin de mars et firent route à l'ouest-nord-ouest dans la direction où devait se trouver la terre découverte par Davis, entre 27 et 28° sud. Après une recherche de plusieurs jours, Roggewein arriva, le 6 avril 1722, en vue d'une île qu'il nomma île de Pâques.

Nous ne nous arrêterons pas sur les dimensions exagérées que le navigateur hollandais donne à cette terre, non plus que sur ses observations des mœurs et des usages des naturels. Nous aurons l'occasion d'y revenir avec les relations plus exactes et plus détaillées de Cook et de La Pérouse.

> «Mais, ce qu'on ne trouvera pas dans ces relations, dit Fleurieu, c'est le trait d'érudition du sergent-major de Roggewein, qui, après avoir décrit la feuille du bananier, dont la longueur est de six ou huit pieds et la largeur de deux ou trois, nous apprend que c'est avec cette feuille que nos premiers parents, après leur chute, couvrirent leur nudité;» et il ajoute, pour plus grand éclaircissement, que «ceux qui le prétendent, se fondent sur ce que cette feuille est la plus grande de toutes les plantes qui croissent dans les pays de l'Orient et de l'Occident.»

Cette remarque prouve la haute idée que Behrens se faisait des proportions de nos premiers parents.

Combat du *Centurion* avec un galion espagnol. (*Fac-simile. Gravure ancienne.*)

Un indigène monta sans crainte à bord de l'*Aigle*. Il y réjouit tout le monde par sa bonne humeur, sa gaieté et ses démonstrations amicales. Le lendemain, Roggewein aperçut sur la plage, plantée de hautes statues, une foule nombreuse, qui paraissait attendre, avec impatience et curiosité, l'arrivée des étrangers. Sans que l'on sache pour quel motif, un coup de fusil fut tiré, un insulaire tomba mort, et la foule épouvantée se dispersa dans toutes les directions. Bientôt, cependant, elle revint plus pressée. Roggewein, à la tête de cent cinquante hommes, fit faire alors une décharge générale, qui coucha à terre un grand nombre de victimes. Épouvantés, les naturels s'empressèrent, pour apaiser ces terribles visiteurs, de déposer à leurs pieds tout ce qu'ils possédaient.

Le Conseil de guerre adopta ce dernier parti.

Fleurieu ne pense pas que l'île de Pâques soit la terre de Davis; mais, malgré les raisons dont il étaie son opinion, en dépit des différences qu'il relève dans la description et la situation de ces deux îles, on ne peut faire autrement que d'identifier la découverte de Davis avec celle de Roggewein, aucune autre île n'existant dans ces parages aujourd'hui bien connus.

Chassé de son mouillage sur la côte orientale de l'île de Pâques, par un violent coup de vent, Roggewein fit route à l'ouest-nord-ouest, traversa la mer Mauvaise de Schouten, et, après avoir fait huit cents lieues depuis l'île de Pâques, il aperçut une île qu'il crut être l'île des Chiens de Schouten, et à laquelle il donna le nom de Carlshoff, qu'elle a conservé.

L'escadre passa devant cette île sans la visiter, et fut poussée, la nuit suivante, par le vent et les courants, au milieu d'un groupe d'îles basses qu'on ne s'attendait pas à rencontrer. La galère *l'Africaine* se brisa contre un écueil, et les deux conserves faillirent éprouver le même sort. Ce ne fut qu'après cinq jours d'efforts, d'inquiétudes et de dangers qu'elles parvinrent à se dégager et à regagner la haute mer.

Les habitants de cet archipel étaient grands, leurs cheveux lisses et longs, leur corps peint de différentes couleurs. On est absolument d'accord aujourd'hui pour reconnaître dans la description que Roggewein nous a laissée du groupe des îles Pernicieuses, l'archipel auquel Cook a donné le nom d'îles Palliser.

Le lendemain matin du jour où il avait échappé aux dangers des îles Pernicieuses, Roggewein découvrit une île à laquelle il imposa le nom d'Aurore. Très-basse, elle s'élevait à peine au-dessus de l'eau, et si le soleil avait tardé de paraître, le *Tienhoven* s'y serait perdu.

La nuit allait venir, lorsqu'on aperçut une nouvelle terre, qui reçut le nom de Vesper, et qu'il est assez difficile de reconnaître, si elle n'appartient pas aux Palliser.

Roggewein continua de cingler à l'ouest entre le quinzième et le seizième parallèle, et ne tarda pas à se trouver «tout à coup» au milieu d'îles à demi noyées.

> «A mesure que nous en approchâmes, dit Behrens, nous vîmes un grand nombre de canots naviguant le long des côtes, et nous ne doutâmes pas que le pays fût bien peuplé. En approchant de plus près encore, nous reconnûmes que c'est un amas de plusieurs îles situées tout près les unes des autres; enfin, nous y entrâmes insensiblement si avant que nous commençâmes à craindre de ne pouvoir nous en dégager, et l'amiral fit monter en haut du mât un des pilotes pour découvrir par où l'on en pouvait sortir. Nous dûmes notre salut au calme qui régnait alors; la moindre agitation eût fait échouer nos vaisseaux contre les rochers sans qu'il eût été possible d'y apporter le moindre secours. Nous sortîmes donc sans fâcheux accident. Ces îles sont au nombre de six, toutes fort riantes, et, prises ensemble, elles peuvent avoir une étendue de trente lieues. Elles sont situées à vingt-cinq lieues à l'ouest des îles Pernicieuses. Nous leur donnâmes le nom de *Labyrinthe*, parce que, pour en sortir, nous fûmes obligés de faire plusieurs détours.»

Certains auteurs ont identifié ce groupe avec les îles du Prince-de-Galles, de Byron. Telle n'est pas l'opinion de Fleurieu. Dumont d'Urville croit qu'il s'agit ici du groupe de Vliegen, déjà vu par Schouten et Lemaire.

Après trois jours de navigation toujours vers l'ouest, les Hollandais aperçurent une île de belle apparence. Des cocotiers, des palmiers, et une luxuriante verdure annonçaient sa fertilité. Comme on ne trouva pas de fond près du rivage, il fallut se contenter de la faire visiter par des détachements bien armés.

Les Hollandais versèrent, encore une fois bien inutilement, le sang d'une population inoffensive qui les attendait sur le rivage et n'avait d'autre tort que d'être trop nombreuse. A la suite de cette exécution, plus digne de barbares que d'hommes civilisés, on essaya de faire revenir les naturels par des présents aux chefs et des démonstrations d'amitié bien trompeuses. Ceux-ci ne s'y laissèrent pas prendre. Mais, ayant attiré les matelots dans l'intérieur, ils se ruèrent sur eux et les attaquèrent à coups de pierres. Bien qu'une décharge en eût jeté bon nombre par terre, ils continuèrent cependant, avec une grande bravoure, à assaillir les étrangers, et ils les forcèrent à se rembarquer en emportant leurs blessés et leurs morts.

Nécessairement, les Hollandais crièrent à la trahison, ne sachant de quelle épithète flétrir la félonie et la déloyauté de leurs adversaires! Mais, qui donc eut les premiers torts? Qui donc fut l'agresseur? Et, en admettant que quelques vols eussent été commis, ce qui est possible, fallait-il punir si sévèrement, et sur toute une population, le tort de quelques individus qui ne pouvaient pas avoir des idées bien nettes touchant la propriété?

Malgré les pertes qu'ils venaient d'éprouver, les Hollandais donnèrent à cette terre, en souvenir des rafraîchissements qu'ils y avaient rencontrés, le nom d'île de la Récréation. Roggewein la place sous le seizième parallèle; mais sa longitude est si mal indiquée, qu'il a été impossible de la reconnaître.

Roggewein devait-il poursuivre dans l'ouest la recherche de l'île Espiritu-Santo de Quiros? Devait-il, au contraire, remonter au nord pour gagner les Indes Orientales avec la mousson favorable? Le conseil de guerre, auquel il soumit cette alternative, adopta ce dernier parti.

Le troisième jour de cette navigation, furent découvertes, à la fois, trois îles, qui reçurent le nom de Bauman, du capitaine du *Tienhoven*, qui les avait aperçues le premier. Les insulaires vinrent trafiquer autour des navires, pendant que le rivage était couvert d'une foule nombreuse de naturels armés d'arcs et de lances. Ils étaient blancs et ne différaient des Européens qu'en ce que quelques-uns avaient la peau brûlée par les ardeurs du soleil. Leur corps n'était pas orné de peintures. Une bande d'étoffe, artistement tissée et garnie de franges, les enveloppait de la ceinture aux talons. Un chapeau de même étoffe les abritait, et des colliers de fleurs odorantes entouraient leur cou.

> «Il faut avouer, dit Behrens, que c'est la nation la plus humanisée et la plus honnête que nous ayons vue dans les îles de la mer du Sud; charmés de notre arrivée, ils nous reçurent comme des dieux, et, lorsque nous nous disposâmes à partir, ils témoignèrent les regrets les plus vifs.»

Selon toute vraisemblance, ce sont les habitants des îles des Navigateurs.

Après avoir reconnu des îles que Roggewein crut être celles des Cocos et des Traîtres, visitées déjà par Schouten et Lemaire, et que Fleurieu, les considérant comme une découverte hollandaise, appelle îles Roggewein; après avoir aperçu les îles Tienhoven et Groningue, que Pingré croit être la Santa-Cruz de Mendana, l'expédition atteignit enfin les côtes de la Nouvelle-Irlande, où elle se signala par de nouveaux massacres. De là, elle gagna les rivages de la Nouvelle-Guinée, et, après avoir traversé les Moluques, jeta l'ancre à Batavia.

Là, ses compatriotes, moins humains que quelques-unes des peuplades que Roggewein avait visitées, confisquèrent les deux bâtiments, emprisonnèrent matelots et officiers, sans distinction de grade, et les envoyèrent en Europe pour qu'on leur fît leur procès. Crime impardonnable, ils avaient mis le pied sur des terres appartenant à la Compagnie des Indes Orientales, alors qu'eux-mêmes étaient sous les ordres de la Compagnie des Indes Occidentales! Il s'ensuivit un procès, et la Compagnie d'Orient fut condamnée à restituer tout ce qu'elle avait saisi et à payer des dommages considérables.

Depuis son retour au Texel, le 11 juillet 1723, nous perdons complètement de vue Roggewein, et nous n'avons aucun détail sur les dernières années de son existence. Il faut savoir le plus grand gré à Fleurieu d'avoir débrouillé le chaos de cette longue navigation, et d'avoir jeté un peu de lumière sur une expédition qui mériterait d'être mieux connue.

Le 17 juin 1764, des instructions signées du lord de l'Amirauté étaient remises au commodore Byron. Elles commençaient ainsi:

> «Comme rien n'est plus propre à contribuer à la gloire de cette nation en qualité de puissance maritime, à la dignité de la couronne de la Grande-Bretagne et aux progrès de son commerce et de sa navigation, que de faire des découvertes de régions nouvelles; et comme il y a lieu de croire qu'on peut trouver dans la mer Atlantique, entre le cap de Bonne-Espérance et le détroit de Magellan, des terres et des îles fort considérables, inconnues jusqu'ici aux puissances de l'Europe, situées dans des latitudes commodes pour la navigation et dans des climats propres à la production de différentes denrées utiles au commerce; enfin, comme les îles de Sa Majesté, appelées îles de Pepys ou îles de Falkland, situées dans l'espace qu'on vient de désigner, n'ont pas été examinées avec assez de soin pour qu'on puisse avoir une idée exacte de leurs côtes et de leurs productions, quoi qu'elles aient été découvertes et visitées par des navigateurs anglais; Sa Majesté, ayant égard à ces considérations et n'imaginant aucune conjoncture aussi favorable à une entreprise de ce genre que l'état de paix profonde

dont jouissent heureusement ses royaumes, a jugé à propos de la mettre à exécution....»

Quel était donc le marin éprouvé sur qui le choix du gouvernement anglais s'était arrêté? C'était le Commodore John Byron, né le 8 novembre 1723. Dès son enfance, il avait montré la passion la plus vive pour la carrière maritime et s'était embarqué à dix-sept ans sur un des bâtiments de l'escadre de l'amiral Anson, chargée d'aller détruire les établissements Espagnols sur les côtes du Pacifique.

Nous avons raconté plus haut les malheurs qui fondirent sur cette expédition, avant l'incroyable fortune qui devait marquer sa dernière partie.

Le bâtiment sur lequel Byron était embarqué, le *Wager*, fit naufrage en débouquant du détroit de Magellan, et l'équipage, fait prisonnier par les Espagnols, fut emmené au Chili. Après une captivité qui n'avait pas duré moins de trois ans, Byron parvint à s'échapper et fut recueilli par un bâtiment de Saint-Malo, qui le ramena en Europe. Il reprit aussitôt du service, se signala en plusieurs rencontres pendant la guerre contre la France, et ce fut, sans doute, le souvenir de son premier voyage autour du monde, si malheureusement interrompu, qui attira sur lui l'attention de l'Amirauté.

Les bâtiments qu'on lui confiait étaient armés avec soin. Le *Dauphin* était un navire de guerre de sixième rang qui portait 24 canons, 150 matelots, 3 lieutenants et 37 bas officiers. La *Tamar* était un sloop de 16 canons, sur lequel embarquèrent, sous le commandement du capitaine Mouat, 90 matelots, 3 lieutenants et 27 bas officiers.

Le début ne fut pas heureux. Le 21 juin, l'expédition quitta les Dunes; mais, en descendant la Tamise, le *Dauphin* toucha, et il fallut entrer à Plymouth pour l'abattre en carène.

Le 3 juillet, l'ancre fut définitivement levée, et, dix jours plus tard, Byron s'arrêtait à Funchal, dans l'île de Madère, pour prendre quelques rafraîchissements. Il fut également obligé de relâcher aux îles du cap Vert pour faire de l'eau, celle qui était embarquée n'ayant pas tardé à se corrompre.

Rien ne vint contrarier la navigation des deux bâtiments anglais jusqu'à la vue du cap Frio. Seulement, Byron fit cette singulière remarque, plusieurs fois constatée depuis, que le doublage en cuivre de ses bâtiments semblait écarter le poisson, qu'il aurait dû rencontrer en abondance dans ces parages. Les chaleurs accablantes et les pluies continuelles avaient couché sur les cadres une bonne partie des équipages. Aussi le besoin d'une relâche et de vivres frais se faisait-il sentir.

On devait la trouver à Rio-Janeiro, où l'on arriva le 12 décembre. Byron y reçut un accueil empressé de la part du vice-roi, et il raconte ainsi sa première entrevue:

> «Lorsque je vins lui faire visite, j'en fus reçu avec le plus grand appareil; environ soixante officiers étaient rangés devant le palais. La garde était sous les armes. C'étaient de très beaux hommes, très bien tenus. Son Excellence, accompagnée de la noblesse, vint me recevoir sur l'escalier. Je fus salué par quinze coups de canon tirés du fort le plus voisin. Nous entrâmes ensuite dans la salle d'audience, où, après une conversation d'un quart d'heure, je pris congé et fus reconduit avec les mêmes cérémonies....»

Nous dirons un peu plus tard combien la réception faite au capitaine Cook, quelques années après, ressemble peu à celle qui venait d'être faite à Byron.

Le commodore obtint sans peine la permission de débarquer ses malades et rencontra les plus grandes facilités pour se procurer des rafraîchissements. Il n'eut à se plaindre que des tentatives réitérées des Portugais pour amener la désertion de ses matelots. Les chaleurs insupportables que les équipages éprouvèrent à Rio, abrégèrent la durée de la relâche. Le 16 octobre, l'ancre fut enfin levée, mais il fallut attendre à l'entrée de la baie, pendant quatre ou cinq jours, qu'un vent de terre permît aux navires de gagner la haute mer.

Jusqu'alors, la destination des bâtiments avait été tenue secrète. Byron appela à son bord le commandant de la *Tamar*, et, en présence des matelots assemblés, il lut ses instructions, qui lui prescrivaient, non pas de se rendre aux Indes Orientales, comme il en avait été question jusqu'alors, mais d'entrer dans la mer du Sud pour y faire des découvertes qui pourraient être d'une grande importance pour l'Angleterre. Dans cette vue, les lords de l'Amirauté accordaient aux équipages une double paye, sans parler de l'avancement et des gratifications, si l'on était content d'eux. De cette courte harangue, la seconde partie fut la plus agréable aux matelots, qui l'accueillirent avec des acclamations joyeuses.

Jusqu'au 29 octobre, on fit voile au sud sans incidents. Alors, des grains subits et de violentes rafales se succédèrent et dégénérèrent en une épouvantable tempête, pendant laquelle le commodore fit jeter par-dessus bord quatre canons, pour éviter de sombrer sous voiles. Le lendemain, le temps devint un peu plus maniable; mais il faisait aussi froid qu'en Angleterre à cette époque de l'année, bien que novembre répondît au mois de mai de l'hémisphère boréal. Comme le vent faisait continuellement dériver le bâtiment dans l'est, Byron commença à craindre qu'il fût très difficile de ranger la côte de Patagonie.

Tout à coup, le 12 novembre, quoique aucune côte ne fût marquée en cet endroit sur les cartes, retentit à plusieurs reprises le cri: Terre! terre à l'avant! Les nuages obscurcissaient à ce moment presque tout le tour de l'horizon, et le tonnerre succédait aux éclairs presque sans relâche.

> «Je crus remarquer, dit Byron, que ce qui avait tout d'abord paru être une île, présentait deux montagnes escarpées; mais, en regardant du côté du vent, il me sembla que la terre qui se joignait à ces montagnes s'étendait au loin dans le sud-est; en conséquence, nous gouvernâmes S.-O. Je fis monter des officiers au haut des mâts pour observer au vent et vérifier cette découverte; tous assurèrent qu'ils voyaient une grande étendue de terre..... Puis, nous portâmes à l'E.-S.-E. La terre semblait se montrer toujours sous la même apparence. Les montagnes paraissaient bleues, comme cela est assez ordinaire par un temps obscur et pluvieux, lorsqu'on n'en est pas éloigné.... Bientôt, quelques-uns crurent entendre et voir la mer briser sur un rivage de sable; mais, ayant gouverné encore environ une heure avec toute la circonspection possible, ce que nous avions pris pour la terre s'évanouit tout d'un coup, et nous fûmes convaincus, à notre grand étonnement, que ce n'avait été qu'une terre de brume.... J'ai été presque continuellement en mer, continue Byron, depuis vingt-sept ans; mais je n'ai point d'idée d'une illusion si générale et si soutenue..... Il n'est pas douteux que, si le temps ne se fût pas éclairci assez promptement pour faire disparaître, à nos yeux, ce que nous avions pris pour la terre, tout ce qu'il y avait à bord aurait fait serment qu'il avait découvert la terre à cette hauteur. Nous nous trouvions alors par les 43° 46' de lat. S. et 60° 5' de long. O.»

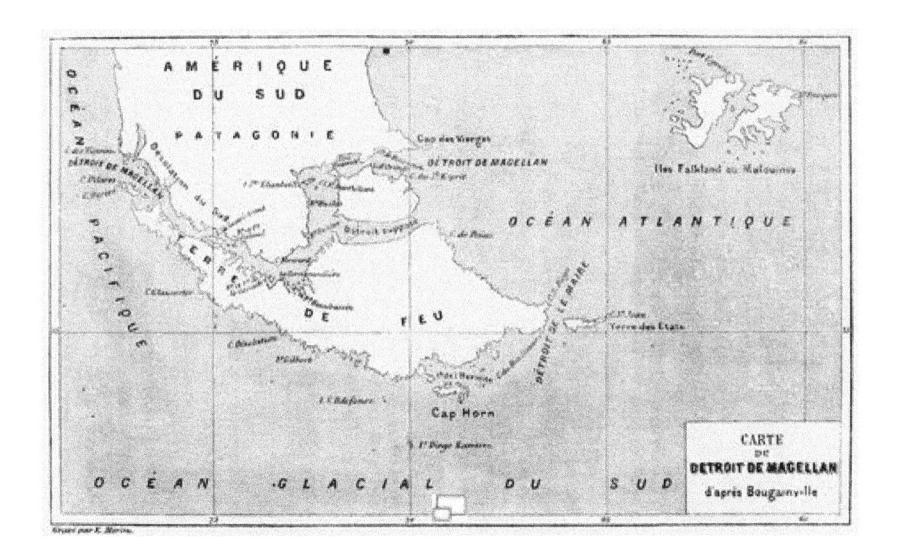

CARTE DU **DÉTROIT DE MAGELLAN** d'après Bougainville

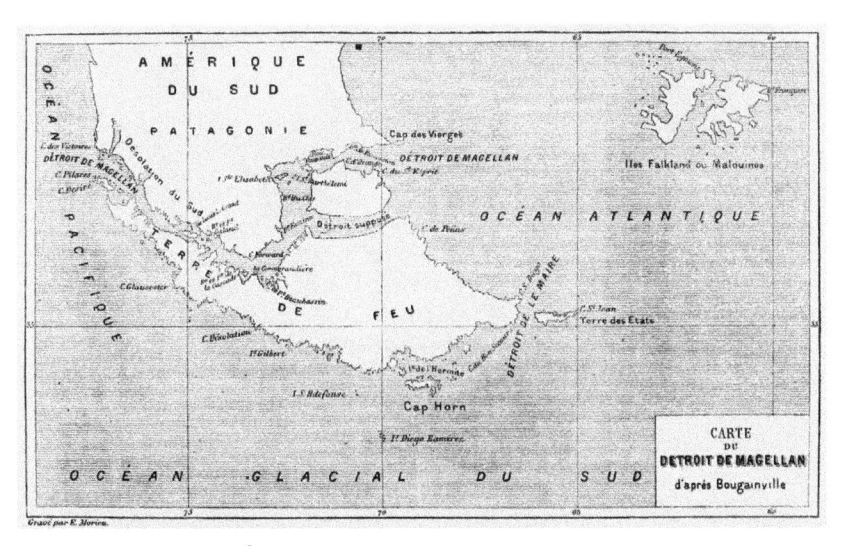

CARTE DU **DÉTROIT DE MAGELLAN** d'après Bougainville

Le lendemain, survint un coup de vent épouvantable, annoncé par les cris perçants de plusieurs centaines d'oiseaux qui fuyaient. Il ne dura pas plus de vingt minutes. Cependant ce fut assez pour coucher le navire sur le flanc avant qu'on eût pu larguer la grande amure, qui fut coupée. En même temps, l'écoute de la grand'voile renversait le premier lieutenant, l'envoyait rouler au loin, et la misaine, qui n'était pas entièrement amenée, était mise en pièces.

Une troupe d'hommes à cheval arboraient un pavillon blanc.

Les jours qui suivirent ne furent pas beaucoup plus favorisés. En outre, le navire était si peu calé que sa dérive devenait très considérable, dès qu'il ventait bon frais.

A la suite d'une navigation aussi tourmentée, le 24 novembre, Byron atteignit,—avec quel bonheur, on le comprend!—l'île des Pingouins et le port Désiré. Mais les agréments de cette station ne devaient pas justifier l'impatience qu'avait eue l'équipage d'y parvenir.

Descendus à terre, les marins anglais ne découvrirent, en s'avançant dans l'intérieur, qu'une campagne déserte, des collines aréneuses, pas un seul arbre. En fait de gibier, quelques guanacos furent aperçus de trop loin pour être tirés, mais on put prendre un certain nombre de gros lièvres, qu'on n'eut pas de peine à forcer. Seule, la chasse des veaux marins et des oiseaux aquatiques fournit assez pour «régaler toute une flotte».

D'une mauvaise tenue, mal abrité, le port Désiré offrait encore ce grave inconvénient, qu'on ne pouvait s'y procurer qu'une eau saumâtre. Quant aux habitants, on n'en vit pas trace. Une longue station en cet endroit étant inutile et dangereuse, Byron se mit, le 25, à la recherche de l'île Pepys.

La position de cette terre était des plus incertaines. Halley la plaçait à 80° à l'est du continent. Cowley, le seul qui assurât l'avoir vue, prétendait qu'elle gisait par 47° de latitude S., mais sans fixer sa longitude. Il y avait là un problème intéressant à résoudre.

Après avoir croisé au N., au S. et à l'E., Byron, persuadé que cette île n'existait pas, fit route pour gagner les Sébaldines et le premier port où il pourrait trouver l'eau et le bois dont il avait le plus pressant besoin. Une tempête l'assaillit, pendant laquelle les vagues furent si terribles, que Byron n'avait rien vu de pareil, même lorsqu'il avait doublé le cap Horn avec l'amiral Anson. La tourmente passée, il reconnut le cap des Vierges, qui forme l'entrée septentrionale du détroit de Magellan.

Dès que le bâtiment fut assez près du rivage, les matelots purent distinguer une troupe d'hommes à cheval qui arboraient un pavillon blanc et faisaient signe de descendre à terre. Curieux de voir ces Patagons sur lesquels les voyageurs précédents étaient si peu d'accord, Byron gagna la côte avec un fort détachement de soldats armés.

Il trouva là près de cinq cents hommes, presque tous à cheval, d'une taille gigantesque, et qui semblaient être des monstres à figure humaine. Leur corps était peint de la manière la plus hideuse, leur visage était sillonné de lignes de diverses couleurs, leurs yeux entourés de cercles bleus, noirs ou rouges, de sorte qu'ils semblaient porter d'immenses lunettes. Presque tous étaient sans vêtements, à l'exception d'une peau jetée sur leurs épaules, le poil en dedans, et plusieurs portaient des bottines. Singulier costume, primitif et peu coûteux!

Avec eux, on voyait des chiens en grande quantité, des chevaux fort petits, d'une très vilaine apparence, mais qui n'en étaient pas moins extrêmement rapides. Les femmes montaient à cheval comme les hommes, sans étriers, et tous galopaient sur le rivage de la mer, bien qu'il fût semé de très grosses pierres excessivement glissantes.

Cette entrevue fut amicale. Byron distribua à cette race de géants une foule de babioles, des rubans, de la verroterie et du tabac.

Aussitôt qu'il eut rallié le *Dauphin*, Byron entra avec le flot dans le détroit de Magellan. Il n'avait pas l'intention de le traverser, mais voulait seulement y chercher un havre sûr et commode où il pût faire de l'eau et du bois, avant de se remettre à la recherche des îles Falkland.

Au sortir du second goulet, Byron releva les îles Sainte-Élisabeth, Saint-Barthélemy, Saint-Georges, la pointe Sandy. Près de cette dernière, il rencontra un pays délicieux, des sources, des bois, des prairies émaillées de fleurs qui répandaient dans l'air un parfum exquis. Le paysage était animé par des centaines d'oiseaux, dont une espèce reçut le nom «d'oie peinte», que lui valut son plumage nuancé des plus brillantes couleurs. Mais nulle part on ne rencontra un endroit où le canot pût accoster sans courir les plus grands dangers. Partout l'eau était très basse et la mer brisait avec force. Des poissons, et notamment de magnifiques mulets, des oies, des bécasses, des sarcelles et beaucoup d'autres oiseaux d'un excellent goût furent pêchés ou tués par les équipages.

Byron fut donc forcé de continuer sa route jusqu'au port Famine, où il arriva le 27 décembre.

> «Nous étions, dit-il, à l'abri de tous les vents, à l'exception de celui du S.-E. qui souffle rarement, et si un vaisseau venait à chasser en côte dans l'intérieur de la baie, il n'y recevrait aucun dommage, parce qu'il y règne un fond doux. Il flotte le long des côtes une quantité de bois assez considérable pour en charger aisément mille vaisseaux, de sorte que nous n'étions point dans le cas d'en aller couper dans la forêt.»

Au fond de cette baie débouche une rivière, la Sedger, dont l'eau est excellente. Ses bords sont plantés de grands et superbes arbres, propres à faire d'excellents mâts. Sur leurs branches perchaient une multitude de perroquets et autres oiseaux au plumage étincelant. Dans ce port Famine, l'abondance ne cessa de régner pendant tout le séjour de Byron.

Le 5 janvier 1765, aussitôt que ses équipages furent complètement remis de leurs fatigues, et les navires approvisionnés, le commodore reprit la recherche des îles Falkland. Sept jours plus tard, il découvrait une terre dans laquelle il crut reconnaître les îles de Sebald de Weert; mais, en s'en approchant, il s'aperçut que ce qu'il avait pris pour trois îles n'en formait qu'une seule, qui s'étendait au loin dans le sud. Il ne douta pas qu'il ne fût en présence de l'archipel marqué sur les cartes de cette époque sous le nom de New-Islands, par 51° de latitude S. et 63° 32' de longitude O.

Tout d'abord, Byron tint le large, car il importait de ne pas être jeté par des courants sur une côte qu'il ne connaissait pas. Puis, après ce relevé sommaire, une embarcation fut détachée, afin de suivre la côte de plus près et d'y chercher un havre sûr et commode, qu'elle ne tarda pas à rencontrer. Il reçut le nom de port Egmont, en l'honneur du comte d'Egmont, alors premier lord de l'Amirauté.

> «Je ne pense pas, dit Byron, qu'on puisse trouver un plus beau port; le fond est excellent, l'aiguade est facile, tous les vaisseaux de l'Angleterre pourraient y être mouillés à l'abri de tous les vents. Les oies, les canards, les sarcelles s'y trouvaient en telle abondance, que les matelots étaient las d'en manger. Le défaut de bois est ici général, à l'exception de quelques troncs d'arbres qui flottent le long des côtes et qui y sont portés vraisemblablement du détroit de Magellan.»

L'oseille sauvage, le céleri, ces excellents anti-scorbutiques, se rencontraient de tous côtés. Le nombre des loups et des lions marins, ainsi que celui des pingouins, était si considérable, qu'on ne pouvait marcher sur la grève sans les voir fuir en troupes nombreuses. Des animaux semblables au loup, mais qui avaient plutôt la figure du renard, sauf la taille et la queue, attaquèrent plusieurs fois les matelots, qui eurent toutes les peines du monde à se défendre. Il ne serait pas facile de dire comment ils sont venus en cette contrée, éloignée du continent d'au moins cent lieues, ni dans quel endroit ils trouvent un refuge, car ces îles ne produisent, en fait de végétaux, que des joncs, des glaïeuls et pas un seul arbre.

Le récit de cette partie du voyage de Byron ne forme, dans la biographie Didot, qu'un tissu inextricable d'erreurs. «La flottille, dit M. Alfred de Lacaze, s'engagea, le 17 février, dans le détroit de Magellan, mais fut forcée de relâcher près du port Famine dans une baie qui prit le nom de port Egmont...» Confusion singulière, qui démontre la légèreté avec laquelle sont parfois rédigés les articles de cet important recueil.

Byron prit possession du port Egmont et des îles adjacentes, appelées Falkland, au nom du roi d'Angleterre. Cowley leur avait donné le nom d'îles Pepys, mais, suivant toute probabilité, le premier qui les ait découvertes est le capitaine Davis, en 1592. Deux ans plus tard, sir Richard Hawkins vit une terre qu'on suppose être la même et à laquelle il donna le nom de Virginie, en l'honneur de sa souveraine, la reine Élisabeth. Enfin, des bâtiments de Saint-Malo visitèrent cet archipel. C'est sans doute ce qui lui a fait donner par Frézier le nom d'îles Malouines.

Après avoir nommé un certain nombre de rochers, d'îlots et de caps, le 27 janvier Byron quitta le port Egmont et fit voile pour le port Désiré, qu'il atteignit neuf jours plus tard. Il y trouva la *Floride*, vaisseau-transport, qui lui apportait d'Angleterre les vivres et les rechanges nécessaires à sa longue navigation. Mais ce mouillage était trop périlleux, la *Floride* et la *Tamar* étaient en trop mauvais état pour qu'il fût possible de procéder à une opération aussi longue qu'un transbordement. Byron envoya donc sur la *Floride* un de ses bas officiers, qui avait une parfaite connaissance du détroit de Magellan, et mit à la voile avec ses deux conserves pour le port Famine.

A plusieurs reprises, il rencontra, dans le détroit, un bâtiment français qui semblait faire la même route que lui. A son retour en Angleterre, il apprit que c'était l'*Aigle*, commandé par M. de Bougainville, qui venait sur la côte de Patagonie faire des coupes de bois nécessaires à la nouvelle colonie française des îles Falkland.

Pendant ses différentes escales dans le détroit, l'expédition anglaise reçut la visite de plusieurs hordes de Fuégiens.

> «Je n'avais pas encore vu, dit Byron, de créatures si misérables. Ils étaient nus, à l'exception d'une peau très puante de loup de mer, jetée sur leurs épaules; ils étaient armés d'arcs et de flèches, qu'ils me présentèrent pour quelques grains de collier et d'autres bagatelles. Les flèches, longues de deux pieds, étaient faites de roseau et armées d'une pierre verdâtre; les arcs, dont la corde était de boyau, avaient trois pieds de longueur.
>
> «Quelques fruits, des moules, des débris de poisson pourri, jetés par la tempête sur le rivage, constituaient toute leur nourriture. Il n'y eut guère que les cochons qui voulurent goûter de leurs mets; c'était un gros morceau de baleine déjà en putréfaction et dont l'odeur infectait l'air au loin. L'un d'eux découpait, avec les dents, cette charogne et en présentait les morceaux à ses compagnons, qui les mangeaient avec la voracité de bêtes féroces.
>
> «Plusieurs de ces misérables sauvages se déterminèrent à monter à bord. Voulant leur faire fête, un de mes bas officiers joua du violon, et quelques matelots dansèrent. Ils furent enchantés de ce petit spectacle. Impatients d'en marquer leur reconnaissance, l'un d'eux se hâta de descendre dans sa pirogue; il en rapporta un petit sac de peau de loup de mer où était une graisse rouge dont il frotta le visage du joueur de violon. Il aurait bien souhaité me faire le même honneur, auquel je me refusai; mais il fit tous ses efforts pour vaincre ma modestie, et j'eus toutes les peines du monde à me défendre de recevoir la marque d'estime qu'il voulait me donner.»

Il n'est pas inutile de rapporter ici l'opinion de Byron, marin expérimenté, sur les avantages et les inconvénients qu'offre la traversée du détroit de Magellan. Il n'est pas d'accord avec la plupart des autres navigateurs qui ont visité ces parages.

> «Les dangers et les difficultés que nous avons essuyés, dit-il, pourraient faire croire qu'il n'est pas prudent de tenter ce passage et

que les vaisseaux qui partent d'Europe, pour se rendre dans la mer du Sud, devraient tous doubler le cap Horn. Je ne suis point du tout de cette opinion, quoique j'aie doublé deux fois le cap Horn. Il est une saison de l'année où, non pas un seul vaisseau, mais toute une flotte peut en trois semaines traverser le détroit, et, pour profiter de la saison la plus favorable, il convient d'y entrer dans le mois de décembre. Un avantage inestimable, qui doit toujours décider les navigateurs, est qu'on y trouve en abondance du céleri, du cochléaria, des fruits, et plusieurs autres végétaux anti-scorbutiques.... Les obstacles que nous eûmes à vaincre et qui nous retinrent dans le détroit, du 17 février au 8 avril, ne peuvent être imputés qu'à la saison de l'équinoxe, saison ordinairement orageuse, et qui, plus d'une fois, mit notre patience à l'épreuve.»

Jusqu'au 26 avril, jour où il eut connaissance de Mas-a-fuero, l'une des îles du groupe de Juan-Fernandez, Byron avait fait route au N.-O. Il s'empressa d'y débarquer quelques matelots, qui, après avoir fait provision d'eau et de bois, chassèrent des chèvres sauvages, auxquelles ils trouvèrent un goût aussi délicat qu'à la meilleure venaison d'Angleterre.

Durant cette relâche, il se produisit un fait assez singulier. Un violent ressac brisait sur la côte et empêchait les embarcations d'approcher la grève. Bien qu'il fût muni d'une ceinture de sauvetage, l'un des matelots débarqués, qui ne savait pas nager, ne voulut jamais se jeter à la mer pour regagner la chaloupe. Menacé d'être abandonné sur cette île déserte, il se refusait énergiquement à se risquer, lorsqu'un de ses camarades vint lui passer adroitement, autour du corps, une corde à laquelle il avait fait un nœud coulant et dont l'autre bout était resté dans la chaloupe. Lorsqu'il y arriva, le malheureux avait avalé, dit la relation d'Hawkesworth, une si grande quantité d'eau, qu'en le retirant il paraissait être sans vie. On le suspendit par les pieds; il reprit bientôt ses sens, et, le jour suivant, il était parfaitement rétabli. Malgré cette cure, véritablement merveilleuse, nous ne prendrons pas sur nous de la recommander aux Sociétés de sauvetage.

En quittant Mas-a-fuero, Byron changea de route, afin de chercher la terre de Davis,—aujourd'hui l'île de Pâques,—que les géographes plaçaient par 27° 30' et à cent lieues environ à l'ouest de la côte américaine. Huit jours furent consacrés à cette recherche.

Byron, n'ayant rien découvert après cette croisière qu'il ne pouvait prolonger plus longtemps, parce qu'il avait l'intention de visiter l'archipel Salomon, fit route au nord-ouest. Le 22 mai, le scorbut apparut sur les vaisseaux et ne tarda pas à faire des progrès alarmants. Par bonheur, le 7 juin, par 14° 58' de longitude ouest, la terre fut aperçue du haut des mâts.

Le lendemain, on se trouvait en présence de deux îles qui semblaient offrir une riante perspective. C'étaient de grands arbres touffus, des arbrisseaux et des bosquets, au milieu desquels circulaient quelques naturels, qui ne tardèrent pas à se réunir sur la plage et à allumer des feux.

Byron détacha aussitôt une embarcation pour chercher un mouillage. Elle revint sans avoir trouvé de fond à une encâblure du littoral. Les pauvres scorbutiques, qui s'étaient traînés sur les gaillards, regardaient avec une douloureuse envie cette île fertile, où se trouvait le remède à leurs maux, mais dont la nature leur défendait l'entrée.

> «Ils voyaient, dit la relation, des cocotiers en abondance, chargés de fruits dont le lait est peut-être le plus puissant antiscorbutique qu'il y ait au monde; ils supposaient avec raison qu'il devait y avoir des limons, des bananes et d'autres fruits des tropiques, et, pour comble de désagrément, ils voyaient des écailles de tortues éparses sur le rivage. Tous ces rafraîchissements, qui les auraient rendus à la vie, n'étaient pas plus à leur portée que s'ils en eussent été séparés par la moitié du globe; mais, en les voyant, ils sentaient plus violemment le malheur d'en être privés.»

Byron ne voulut pas prolonger plus longtemps le supplice de Tantale auquel étaient soumis ses malheureux matelots; après avoir donné à ce groupe le nom d'îles du Désappointement, il remit à la voile le 8 juin. Le lendemain même, il eut connaissance d'une nouvelle terre, longue, basse, couverte de cocotiers. Au milieu s'étendait un lagon avec un petit îlot. Ce seul aspect indiquait la formation madréporique de cette terre, simple «attoll» qui n'était pas encore, mais qui allait devenir une île. Aussi l'embarcation, envoyée pour sonder, trouva-t-elle partout une côte accore, aussi escarpée qu'un mur.

L'un d'eux découpait avec les dents...

Pendant ce temps, les indigènes se livraient à des démonstrations hostiles. Deux d'entre eux pénétrèrent même dans l'embarcation. L'un vola la veste d'un matelot, l'autre mit la main à la corne du chapeau du quartier-maître; mais, ne sachant comment s'en emparer, il le tira à lui au lieu de le lever, ce qui permit au quartier-maître de s'opposer à cette tentative. Deux grandes pirogues, montées chacune par une trentaine de rameurs, firent mine alors d'attaquer les chaloupes, mais celles-ci leur donnèrent aussitôt la chasse. Au moment où elles vinrent s'échouer au rivage, une lutte s'engagea, et les Anglais, sur le point d'être accablés par le nombre, durent faire usage de leurs armes. Trois ou quatre insulaires restèrent sur le carreau.

Seul, un miroir eut le don d'exciter leur étonnement.

Le lendemain, quelques matelots et les scorbutiques qui avaient pu quitter leur hamac descendirent à terre. Les naturels, effrayés par la leçon qu'ils avaient reçue la veille, se tinrent cachés, tandis que les Anglais cueillaient des noix de coco et récoltaient des plantes antiscorbutiques. Ces rafraîchissements leur furent d'un si grand secours, que, peu de jours après, il n'y avait plus un seul malade à bord. Des perroquets, des colombes d'une rare beauté et très familières, d'autres oiseaux inconnus composaient toute la faune de cette île, qui reçut le nom du Roi-Georges. Celle qui fut découverte ensuite fut appelée île du Prince-de-Galles. Toutes ces terres faisaient partie de l'archipel des Pomotou, également appelées îles Basses, nom qui leur convient parfaitement.

Le 21, nouvelle chaîne d'îles avec ceinture de brisants. Aussi, Byron renonça-t-il à en prendre plus ample connaissance, car il aurait fallu courir plus de risques que l'atterrissement ne promettait d'avantages. Byron les nomma îles du Danger.

Six jours plus tard, l'île du Duc d'York fut découverte. Les Anglais n'y rencontrèrent pas d'habitants, mais en tirèrent deux cents noix de coco, qui leur parurent d'un prix inestimable.

Un peu plus loin, par 1° 18' de latitude sud et 173° 46' de longitude ouest, une île isolée, située à l'est de l'archipel Gilbert, reçut le nom de Byron. La chaleur était alors accablante, et les matelots, affaiblis par ce long voyage, ne mangeant qu'une nourriture insuffisante et malsaine, ne buvant qu'une eau putride, furent presque tous attaqués de la dysenterie.

Enfin, le 28 juillet, Byron reconnut avec joie les îles Saypan et Tinian, qui font partie de l'archipel des Mariannes ou des Larrons, et il vint mouiller dans l'endroit même où le lord Anson avait jeté l'ancre avec le *Centurion*.

Aussitôt furent dressées les tentes pour les scorbutiques. Presque tous les matelots avaient ressenti les atteintes de cette terrible maladie, plusieurs même étaient à toute extrémité. Le commandant entreprit alors de pénétrer dans les bois épais qui descendaient jusqu'à l'extrême limite du rivage, pour y chercher ces paysages délicieux dont on lit les descriptions enchanteresses dans le récit du chapelain de lord Anson. Qu'ils étaient loin de la réalité, ces récits enthousiastes! De tous côtés, c'étaient des forêts impénétrables, des fouillis de plantes, de ronces ou d'arbustes enchevêtrés, qu'on ne pouvait traverser sans laisser, à chaque pas, des lambeaux de ses vêtements. En même temps, des nuées de moustiques s'abattaient sur les explorateurs et les piquaient cruellement. Le gibier était rare, farouche, l'eau détestable, la rade on ne peut plus dangereuse en cette saison.

La relâche s'annonçait donc sous de mauvais auspices. Cependant, on finit par découvrir des limons, des oranges amères, des cocos, le fruit à pain, des goyaves et quelques autres fruits. Si ces productions offraient des ressources excellentes pour les scorbutiques, qu'elles eurent bientôt remis sur pied, l'air, chargé d'émanations marécageuses, détermina des accès de fièvre si violents, que deux matelots en moururent. De plus, la pluie ne cessait de tomber, et la chaleur était accablante. «J'avais été, dit Byron, sur les côtes de Guinée, aux Indes Occidentales et dans l'île Saint-Thomas, qui est sous la ligne, et jamais je n'avais éprouvé une si vive chaleur.»

Toutefois, on parvenait à se procurer assez facilement de la volaille et des cochons sauvages, pesant ordinairement deux cents livres; mais il fallait consommer ces viandes sur place, sinon elles étaient pourries au bout d'une heure. Enfin, le poisson qu'on prenait sur cette côte était si malsain, que tous ceux qui en mangèrent, même sobrement, furent très dangereusement malades et coururent risque de la vie.

Le 1ᵉʳ octobre, les deux bâtiments, amplement pourvus de rafraîchissements et de provisions, quittèrent la rade de Tinian, après un séjour de neuf semaines. Byron reconnut l'île d'Anatacan, déjà vue par Anson, et continua à faire route au nord, dans l'espoir de rencontrer la mousson du N.-E. avant d'arriver aux Bashees, archipel qui forme l'extrémité nord des Philippines. Le 22, il aperçut l'île Grafton, la plus septentrionale de ce groupe, et, le 3 novembre, il atteignit l'île de Timoan, que Dampier avait signalée comme un lieu où l'on pouvait se procurer facilement des rafraîchissements. Mais les habitants, qui sont de race malaise, repoussèrent avec mépris les haches, les couteaux et les instruments de fer qu'on leur offrait en échange de quelques volailles. Ils voulaient des roupies. Ils finirent cependant par se contenter de quelques mouchoirs pour prix d'une douzaine de volailles, d'une chèvre et de son chevreau. Par bonheur, la pêche fut abondante, car il fut à peu près impossible de se procurer des vivres frais.

Byron remit donc à la voile le 7 novembre, passa au large de Poulo-Condor, relâcha à Poulo-Taya, où il rencontra un sloop portant pavillon hollandais, mais sur lequel ne se trouvaient que des Malais. Puis, il atteignit Sumatra, dont il rangea la côte, et laissa tomber l'ancre, le 28 novembre, à Batavia, siège principal de la puissance hollandaise aux Indes Orientales.

Sur la rade, il y avait alors plus de cent vaisseaux, grands ou petits, tant florissait, à cette époque, le commerce de la Compagnie des Indes. La ville était dans toute sa prospérité. Ses rues larges et bien percées, ses canaux admirablement entretenus et bordés de grands arbres, ses maisons régulières, lui donnaient un aspect qui rappelait singulièrement les villes des Pays-Bas. Portugais, Chinois, Anglais, Hollandais, Persans, Maures et Malais s'y croisaient sur les promenades et dans les quartiers d'affaires. Les fêtes, les réceptions, les plaisirs de tout genre donnaient à l'étranger une haute idée de la prospérité de cette ville, et contribuaient à en rendre le séjour agréable. Le seul inconvénient,—et il était considérable pour des équipages qui venaient de faire une si longue campagne,—était l'insalubrité du lieu, où les fièvres sont endémiques. Byron, qui le savait, se hâta d'embarquer ses approvisionnements et remit à la voile, après douze jours de relâche.

Si court qu'eût été ce séjour, il avait encore été trop long. Les bâtiments venaient à peine de franchir le détroit de la Sonde, qu'une terrible fièvre putride coucha sur les cadres la moitié de l'équipage et détermina la mort de trois matelots.

Le 10 février, après quarante-huit jours de navigation, Byron aperçut la côte d'Afrique, et jeta l'ancre trois jours plus tard dans la baie de la Table.

La ville du Cap lui fournit toutes les ressources dont on pouvait avoir besoin. Vivres, eau, médicaments, tout fut embarqué avec une rapidité qu'expliquait l'impatience du retour, et la proue des navires fut enfin dirigée vers les rives de la patrie.

Deux incidents marquèrent la traversée de l'Atlantique:

> «A la hauteur de Sainte-Hélène, dit Byron, par un beau temps et un vent frais, à une distance considérable de la terre, le vaisseau reçut une secousse aussi rude que s'il eût donné sur un banc. La violence de ce mouvement nous alarma tous, et nous courûmes sur le pont. Nous vîmes la mer se teindre de sang sur une très grande étendue, ce qui dissipa nos craintes. Nous en conclûmes que nous avions touché sur une baleine ou sur un grampus, et que, vraisemblablement, notre vaisseau n'en avait reçu aucun dommage, ce qui était vrai.»

Enfin, quelques jours plus tard, la *Tamar* se trouvait dans un tel état de délabrement, des avaries si graves étaient survenues à son gouvernail, qu'on fut obligé d'inventer une machine pour le remplacer et l'aider à gagner les Antilles, car c'eût été trop risquer que de lui faire continuer le voyage.

Le 9 mai 1766, le *Dauphin* jetait l'ancre aux Dunes, après un voyage autour du monde qui avait duré près de vingt-trois mois.

De toutes les circumnavigations qu'avaient tentées les Anglais, celle-ci était la plus heureuse. Jusqu'à cette époque, aucun voyage purement scientifique n'avait été essayé. Si les résultats n'en furent pas aussi féconds qu'on pouvait l'espérer, il faut s'en prendre, non au commandant qui fit preuve d'habileté, mais bien plutôt aux lords de l'Amirauté, dont les instructions ne furent pas assez précises et qui n'eurent pas le soin d'embarquer, comme on le fit plus tard, des savants spéciaux pour les diverses branches de la science.

Au reste, pleine justice fut rendue à Byron. On lui conféra le titre d'amiral, et on lui donna un commandement important dans les Indes Orientales. Mais cette dernière partie de sa vie, qui finit en 1686, n'est pas de notre ressort. Nous n'en parlerons donc pas.

## II

Wallis et Carteret. — Préparatifs de l'expédition. — Pénible navigation dans le détroit de Magellan. Séparation du *Dauphin* et du *Swallow*. — L'île Whitsunday. — L'île de la Reine-Charlotte. — Iles Cumberland, Henri, etc. — Tahiti. — Les îles Howe, Boskaven et Keppel. — L'île Wallis. — Batavia. — Le Cap. — Les Dunes. — Découverte des îles Pitcairn, Osnabruck, Glocester, par Carteret. — L'archipel Santa-Cruz. — Les îles Salomon. — Le canal Saint-Georges et la Nouvelle-Irlande. — Les îles Portland et de l'Amirauté. — Macassar et Batavia. — Rencontre de Bougainville dans l'Atlantique.

L'élan était enfin donné, et l'Angleterre entrait dans la voie de ces grandes expéditions scientifiques qui devaient être si fécondes et porter si haut la réputation de sa marine. Quelle admirable école, que ces voyages de circumnavigation, où les équipages, officiers et matelots, sont à toute heure en présence de l'imprévu, où les qualités du marin, du militaire, de l'homme même trouvent à s'exercer! Si, pendant les guerres de la Révolution et de l'Empire, la marine anglaise nous écrasa presque toujours de sa supériorité, ne faut-il pas l'attribuer autant à ce que ses matelots s'étaient formés à cette rude besogne qu'aux déchirements de notre patrie, qui nous avaient privés des services de presque tout l'état-major maritime?

Quoiqu'il en soit, l'Amirauté anglaise organisa, aussitôt le retour de Byron, une nouvelle expédition. Il semble même qu'elle ait mis beaucoup trop de hâte dans ses préparatifs. Le *Dauphin* était rentré aux Dunes au commencement de mai, et six semaines après, le 19 juin, le capitaine Samuel Wallis en recevait le commandement.

Cet officier, après avoir conquis tous ses grades dans la marine militaire, avait exercé un important commandement au Canada et contribué à la prise de Louisbourg. Quelles furent les qualités qui le recommandèrent, plus que tel autre de ses compagnons d'armes, au choix de l'Amirauté pour une expédition de ce genre? nous ne le savons; mais les nobles lords n'eurent pas lieu de se repentir du choix qu'ils avaient fait.

Wallis procéda sans retard aux réparations dont le *Dauphin* avait besoin, et, le 21 août, c'est-à-dire moins d'un mois après avoir reçu sa commission, il rejoignit, sur la rade de Plymouth, le sloop *Swallow* et la flûte *Prince-Frédéric*. De ces deux bâtiments, le second était commandé par le lieutenant Brine; le premier avait pour capitaine Philippe Carteret, officier des plus distingués, qui venait d'accomplir le tour du monde avec le commodore Byron, et dont ce second voyage allait tout particulièrement accroître la réputation.

Malheureusement, le *Swallow* semblait peu propre à la campagne qu'on allait exiger de lui. Ayant déjà trente ans de services, ce bâtiment était très légèrement doublé, sa quille n'était même pas garnie de clous qui, à défaut d'un doublage, auraient pu le défendre des vers; enfin, les vivres et les marchandises d'échange furent si singulièrement répartis, que le *Swallow* n'en reçut qu'une quantité bien moindre que le *Dauphin*. Vainement Carteret réclama du fil de caret, une forge, du fer et différents objets qu'il savait par expérience lui devoir être indispensables. L'Amirauté répondit que le vaisseau et l'armement étaient très propres à l'usage qu'on en attendait. Cette réponse confirma Carteret dans l'idée qu'il n'irait pas plus loin que les îles

Falkland. Il n'en prit pas moins toutes les mesures que son expérience lui dictait.

Dès que le chargement fut complet, c'est-à-dire le 22 août 1766, les navires mirent à la voile. Il ne fallut pas longtemps à Wallis pour s'apercevoir que le *Swallow* était aussi mauvais voilier que possible et qu'il lui réservait plus d'un embarras pendant la campagne. Cependant, nul incident ne vint marquer la traversée jusqu'à Madère, où les bâtiments s'arrêtèrent pour remplacer les provisions déjà consommées.

En quittant ce port, le commandant remit à Carteret copie de ses instructions et lui assigna le port Famine, dans le détroit de Magellan, pour lieu de rendez-vous, dans le cas où ils viendraient à être séparés. Le séjour au port Praya, dans l'île Santiago, fut abrégé, parce que la petite vérole y faisait de grands ravages, et Wallis empêcha même ses équipages de descendre à terre. Peu de temps après avoir passé l'équateur, le *Prince-Frédéric* fit signal d'avarie, et il fallut lui envoyer le charpentier pour aveugler une voie d'eau sous la joue de bâbord. Ce bâtiment, dont les vivres étaient de mauvaise qualité, comptait déjà un grand nombre de malades.

Le 19 novembre, vers 8 heures du soir, les équipages aperçurent dans le N.-E. un météore d'une apparence très extraordinaire, qui courut horizontalement vers le S.-O. avec une prodigieuse rapidité. Pendant près d'une minute, il fut visible, et il laissa derrière lui une traînée de lumière si vive, que le tillac en fut éclairé comme en plein midi.

Le 8 décembre fut enfin reconnue la côte de la Patagonie. Wallis la longea jusqu'au cap de la Vierge-Marie, où il descendit à terre avec des détachements armés du *Swallow* et du *Prince-Frédéric*. Une troupe d'indigènes, qui les attendait sur le rivage, reçut, avec des témoignages de satisfaction, les couteaux, les ciseaux et les autres bagatelles qu'on a l'habitude de distribuer en semblable occurrence; mais ils ne voulurent céder à aucun prix les guanaques, les autruches et le peu de gibier qu'on vit entre leurs mains.

> «Nous prîmes, dit Wallis, la mesure de ceux qui étaient les plus grands. L'un d'eux avait six pieds six pouces, plusieurs avaient cinq pieds cinq pouces, mais la taille du plus grand nombre était de cinq pieds six pouces ou six pieds.»

Notez qu'il s'agit ici de pieds anglais, qui ne sont que de 305 millimètres. Si la taille de ces naturels n'égalait pas celle des géants dont avaient parlé les premiers voyageurs, elle n'en était pas moins très extraordinaire.

> «Chacun, ajoute la relation, avait à sa ceinture une arme de trait singulière: c'étaient deux pierres rondes couvertes de cuir et pesant chacune environ une livre, qui étaient attachées aux deux bouts d'une corde d'environ huit pieds de long. Ils s'en servent comme

d'une fronde, en tenant une des pierres dans la main et en faisant tourner l'autre autour de la tête jusqu'à ce qu'elle ait acquis une force suffisante; alors, ils la lancent contre l'objet qu'ils veulent atteindre. Ils sont si adroits à manier cette arme, qu'à la distance de quinze verges, ils peuvent frapper des deux pierres à la fois un but qui n'est pas plus grand qu'un shilling. Ce n'est cependant pas leur usage d'en frapper le guanaque ni l'autruche quand ils font la chasse à ces animaux.»

Wallis emmena huit de ces Patagons à son bord. Ces sauvages ne se montrèrent pas aussi surpris qu'on l'aurait cru, à la vue de tant d'objets extraordinaires et nouveaux pour eux. Seul, un miroir eut le don d'exciter leur étonnement. Ils avançaient, reculaient, faisaient mille tours et grimaces devant la glace, riaient aux éclats et se parlaient avec animation les uns aux autres. Les cochons vivants les arrêtèrent un moment; mais ils s'amusèrent surtout à regarder les poules de Guinée et les dindons. On eut beaucoup de peine à les décider à quitter le vaisseau. Ils regagnèrent pourtant le rivage, en chantant et en faisant des signes de joie à leurs compatriotes qui les attendaient sur la grève.

Le 17 décembre, Wallis fit signal au *Swallow* de prendre la tête de l'escadrille pour pénétrer dans le détroit de Magellan. Au port Famine, le commandant fit dresser à terre deux grandes tentes pour les malades, les coupeurs de bois et les voiliers. Du poisson en quantité suffisante pour en faire un repas chaque jour, une grande abondance de céleri et des fruits acides semblables à la canneberge et à l'épine-vinette, telles furent les ressources qu'offrit cette relâche, et qui, en moins de quinze jours, remirent complètement sur pied les nombreux scorbutiques du bord. Quant aux bâtiments, ils furent radoubés et calfatés en partie, les voiles raccommodées, les agrès et les manœuvres, qui avaient considérablement fatigué, dépassés et visités, et l'on fut bientôt en état de reprendre la mer.

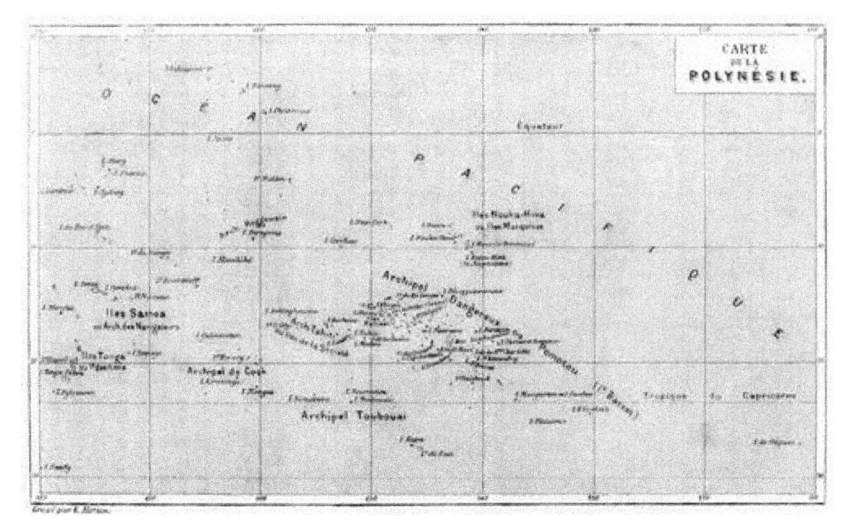

CARTE DE LA **POLYNÉSIE**.

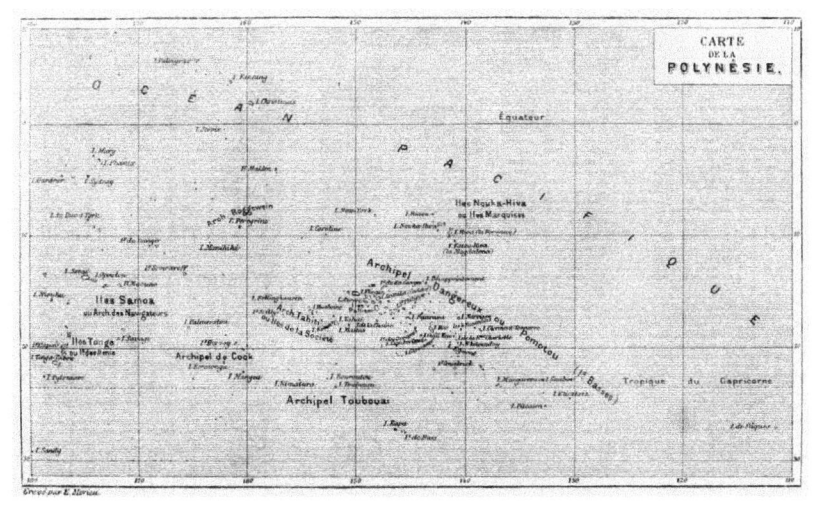

CARTE DE LA **POLYNÉSIE**.

Mais, auparavant, Wallis fit couper une grande quantité de bois, que l'on chargea sur le *Prince-Frédéric* pour être transporté aux îles Falkland, où il n'en pousse pas. Il fit en même temps arracher avec le plus grand soin plusieurs milliers de jeunes arbres, dont les racines furent entourées d'une motte de terre afin de faciliter leur transplantation au port Egmont,—ce qui devait fournir, s'ils reprenaient, comme il y avait lieu de l'espérer, une ressource précieuse pour cet archipel déshérité. Enfin, les provisions de la flûte furent réparties sur le *Dauphin* et le *Swallow*. Le premier en prit pour un an et le second pour dix mois.

Des indigènes tenaient à la main des rameaux de bananiers.

Nous ne nous étendrons pas sur les divers incidents qui marquèrent la navigation des deux bâtiments dans le détroit de Magellan, tels que coups de vent imprévus, tempêtes et rafales de neige, courants incertains et rapides, grandes marées et brouillards, qui mirent plus d'une fois les deux navires à deux doigts de leur perte. Le *Swallow*, surtout, était dans un état de délabrement si fâcheux, que le capitaine Carteret pria Wallis de considérer que son navire ne pouvait plus être utile à l'expédition, et de lui prescrire ce qui serait le plus avantageux au bien public.

«Les ordres de l'Amirauté sont formels, répondit Wallis, vous devez vous y conformer et accompagner le *Dauphin* tant qu'il sera possible. Je sais que le *Swallow* est mauvais voilier, je prendrai donc son temps et suivrai ses mouvements, car il importe que, si l'un des deux bâtiments éprouve quelque accident, l'autre soit à portée de lui donner toute l'assistance en son pouvoir.»

Carteret n'avait rien à répondre; il se tut, mais il augurait mal de la fin de l'expédition.

Lorsque les bâtiments s'approchèrent de l'ouverture du détroit sur le Pacifique, le temps devint détestable. Une brume épaisse, des rafales de neige et de pluie, des courants qui chassaient les navires sur des brisants, une mer démontée, tels furent les obstacles qui retinrent les navigateurs dans le détroit jusqu'au 10 avril. Ce jour-là, à la hauteur du cap Pilar, le *Dauphin* et le *Swallow* furent séparés et ne se retrouvèrent plus, Wallis ayant négligé de fixer un lieu de rendez-vous en cas de séparation.

Avant de suivre Wallis dans son voyage à travers le Pacifique, nous donnerons avec lui quelques détails sur les misérables habitants de la Terre de Feu et sur l'aspect général du pays. Aussi grossiers, aussi misérables que possible, ces naturels se nourrissaient de la chair crue des veaux marins et des pingouins.

«Un de nos gens, qui pêchait à la ligne, dit Wallis, donna à l'un de ces Américains un poisson vivant qu'il venait de prendre et qui était un peu plus gros qu'un hareng. L'Américain le prit avec l'avidité d'un chien à qui on donne un os. Il tua d'abord le poisson en lui donnant un coup de dents près des ouïes et se mit à le manger en commençant par la tête et en allant jusqu'à la queue, sans rejeter les arêtes, les nageoires, les écailles ni les boyaux.»

Au reste, ces indigènes avalaient tout ce qu'on leur donnait, que ce fût cru ou cuit, frais ou salé, mais ils ne voulurent jamais boire que de l'eau. Ils n'avaient pour se couvrir qu'une misérable peau de phoque, leur tombant jusqu'aux genoux. Leurs armes n'étaient que des javelines armées d'un os de poisson. Tous avaient les yeux malades, ce que les Anglais attribuèrent à leur habitude de vivre au milieu de la fumée pour se garantir des moustiques. Enfin, ils exhalaient une odeur insupportable, comparable à celle des renards, et qui provenait, sans doute, de leur excessive malpropreté.

Pour n'être pas engageant, ce tableau n'en est pas moins d'une ressemblance frappante, comme tous les voyageurs ont pu le constater. Il semble, pour ces sauvages si voisins de la brute, que le monde n'ait pas marché. Les progrès de la civilisation sont pour eux lettre morte, et ils continuent à végéter misérablement comme leurs pères, sans souci d'améliorer leur existence, sans éprouver le besoin d'un plus grand confortable.

«Nous quittâmes ainsi, dit Wallis, cette sauvage et inhabitable région, où, pendant près de quatre mois, nous fûmes presque sans cesse en danger de faire naufrage, où, au milieu de l'été, le temps était nébuleux, froid et orageux, où presque partout les vallées étaient sans verdure et les montagnes sans bois, enfin, où la terre qui se présente à la vue ressemble plus aux ruines d'un monde qu'à l'habitation d'êtres animés.»

A peine hors du détroit, Wallis fit route à l'ouest avec des vents impétueux, des brouillards intenses et une si grosse mer, que, pendant plusieurs semaines de suite, il n'y eut pas un seul endroit sec sur le vaisseau. Cette humidité constante engendra des rhumes et de grosses fièvres, auxquelles succéda bientôt le scorbut. Lorsqu'il eut atteint 32° de latitude sud et 100° de longitude ouest, le navigateur piqua droit au nord.

Le 6 juin, deux îles furent découvertes à la joie générale. Les canots, aussitôt armés et équipés, gagnèrent le rivage sous la conduite du lieutenant Furneaux.

Quelques cocos et une grande quantité de plantes antiscorbutiques furent recueillis; mais les Anglais, s'ils virent des huttes et des hangars, ne rencontrèrent pas un seul habitant. Cette île, découverte la veille de la Pentecôte, dont elle prit le nom—*Whitsunday*—et située par 19° 26' de latitude S. et 137° 56' de longitude O, appartient, comme les suivantes, à l'archipel des Pomotou.

Le lendemain, les Anglais essayèrent d'entrer en relations avec les habitants d'une autre île; mais les dispositions des indigènes parurent si hostiles, le rivage était tellement accore, qu'il fut impossible de débarquer. Après avoir louvoyé toute la nuit, Wallis renvoya les embarcations, avec ordre de ne faire aucun mal aux habitants, à moins d'y être forcé par la nécessité.

En approchant de la terre, le lieutenant Furneaux fut surpris de voir sept grandes pirogues à deux mâts, dans lesquelles tous les indigènes allaient s'embarquer. Aussitôt après leur départ, les Anglais descendirent sur la plage et parcoururent l'île en tous sens. Ils y trouvèrent plusieurs citernes remplies de très bonne eau. Le sol était uni, sablonneux, couvert d'arbres, surtout de palmiers et de cocotiers, et parsemé de végétaux antiscorbutiques.

> «Les habitants de cette île, dit la relation, étaient d'une taille moyenne, leur teint était brun et ils avaient de longs cheveux noirs, épars sur les épaules. Les hommes étaient bien faits et les femmes belles. Leur vêtement était une espèce d'étoffe grossière, attachée à la ceinture, et qui paraissait faite pour être relevée autour des épaules.»

L'après-midi, Wallis renvoya le lieutenant à terre pour faire de l'eau et prendre possession de cette nouvelle découverte au nom de Georges III, en lui donnant le nom d'île de la Reine-Charlotte, en l'honneur de la reine d'Angleterre.

Après avoir opéré en personne une reconnaissance, Wallis résolut de s'arrêter en cet endroit pendant une semaine, à cause des facilités d'approvisionnement qu'il y rencontrait.

Durant leurs promenades, les marins anglais ramassèrent des outils de coquilles et de pierres aiguisées, façonnées et emmanchées en forme de doloires, de ciseaux et d'alènes. Ils aperçurent également plusieurs canots, en construction, faits de planches cousues ensemble. Mais, ce qui les surprit le plus, ce fut des tombeaux où les cadavres étaient exposés sous une sorte de toit et pourrissaient à l'air libre. En partant, ils laissèrent des haches, des clous, des bouteilles et d'autres objets, en réparation des torts qu'ils avaient causés aux indigènes.

Si le XVIII$^e$ siècle afficha de grandes prétentions à la philanthropie, on voit, par les récits de tous les voyageurs, que ces théories, si fort à la mode, furent pratiquées presque en toute circonstance. L'humanité avait fait un grand pas. La différence de couleur n'empêchait plus de voir un frère en tout homme, et la Convention allait, à la fin du siècle, en décrétant l'affranchissement des noirs, consacrer définitivement une idée qui rencontrait de nombreux adeptes.

Le même jour fut relevée, à l'ouest de l'île de la Reine-Charlotte, une nouvelle terre dont le *Dauphin* rangea la côte sans trouver de fond. Basse, couverte d'arbres, sans cocotiers, sans trace d'habitations, elle ne semblait servir que de rendez-vous de chasse et de pêche aux naturels des îles voisines. Aussi Wallis ne jugea-t-il pas à propos de s'y arrêter. Il lui donna le nom d'Egmont, en l'honneur du comte d'Egmont, alors premier lord de l'Amirauté.

Les jours suivants, nouvelles découvertes. Ce furent tour à tour les îles Glocester, Cumberland, Guillaume-Henri et Osnabruck. Le lieutenant Furneaux, sans débarquer sur cette dernière, put se procurer quelques rafraîchissements. Ayant aperçu sur la grève plusieurs pirogues doubles, il jugea qu'il devait y avoir, à peu de distance, des îles plus étendues où l'on pourrait sans doute trouver des provisions en abondance, et dont l'accès serait, peut-être, moins difficile.

Ces prévisions n'allaient pas tarder à se réaliser. Le 19, au lever du soleil, les marins anglais furent fort étonnés de se voir environnés de plusieurs centaines de pirogues, grandes et petites, montées par plus de huit cents individus. Après s'être concertés quelque temps à l'écart, quelques-uns des indigènes s'approchèrent, tenant à la main des rameaux de bananier. Ils s'étaient décidés à monter sur le bâtiment, et les échanges avaient commencé, lorsqu'un incident assez grotesque faillit compromettre ces relations amicales.

Un des naturels, qui se tenait sur le passavant, fut heurté par une chèvre. Il se retourne, aperçoit cet animal inconnu dressé sur ses pieds de derrière, qui se prépare à l'assaillir de nouveau. Frappé de terreur, il se précipite à la mer, et tous les autres en font autant. On eût dit des moutons de Panurge! Ils se remirent cependant de cette alarme, remontèrent à bord et firent appel à toute leur adresse et à leur subtilité pour dérober quelques objets. Seul, un officier eut son chapeau volé. Pendant ce temps, le bâtiment continuait à suivre le rivage, à la recherche d'un havre sûr et bien abrité, tandis que les embarcations côtoyaient la terre au plus près, pour sonder.

Jamais, durant ce voyage, les Anglais n'avaient vu pays si pittoresque et si attrayant. Sur le bord de la mer, des bosquets de bois, d'où émergeaient les gracieux panaches des cocotiers, ombrageaient les cabanes des naturels. Dans l'intérieur, une série de collines, aux croupes plantureuses, s'élevaient par étages, et l'on distinguait, au milieu de la verdure, les sillons argentés d'une multitude de ruisseaux qui descendaient jusqu'à la mer.

A l'entrée d'une large baie, les chaloupes, qui s'étaient éloignées pour sonder, furent tout à coup entourées d'une multitude de pirogues. Afin d'éviter une collision, Wallis fit tirer neuf coups de pierriers par-dessus la tête des indigènes; mais, malgré la frayeur que leur causèrent les détonations, ceux-ci continuèrent à se rapprocher. Le capitaine fit alors signal à ses embarcations de rallier le bord. Quelques naturels, se voyant à portée, commencèrent à lancer des pierres qui blessèrent plusieurs matelots. Mais le patron de la chaloupe répondit à cette agression par un coup de fusil chargé à plomb, qui atteignit l'un des assaillants et mit tous les autres en fuite.

Le lendemain, à l'embouchure d'une belle rivière, le *Dauphin* put jeter l'ancre par vingt brasses d'eau. La joie fut universelle parmi les matelots. Tout d'abord, les pirogues entourèrent en foule le bâtiment, apportant des cochons, de la volaille et quantité de fruits, bientôt échangés contre de la quincaillerie et des clous. Mais une des embarcations envoyées pour sonder près de terre fut assaillie à coups de pagaie et de bâton, et les matelots furent forcés de se servir de leurs armes. Un des naturels fut tué, un second grièvement blessé; les autres se jetèrent à l'eau. Voyant qu'on ne les poursuivait pas, ayant conscience qu'eux-mêmes s'étaient attiré ce châtiment, ils revinrent trafiquer auprès du *Dauphin*, comme si rien ne s'était passé.

En rentrant à bord, les officiers rapportèrent que les indigènes les avaient pressés de descendre à terre, les femmes surtout, dont les gestes n'étaient pas équivoques. D'ailleurs, près de la côte, il y avait un bon mouillage, à portée de l'aiguade. Le seul inconvénient était une houle assez forte. Le *Dauphin* releva donc ses ancres, et il prenait le large pour gagner le dessus du vent, lorsque s'ouvrit, à sept ou huit milles, une baie où Wallis résolut d'atterrir.

Un dicton veut que le mieux soit l'ennemi du bien. Le capitaine en devait faire l'expérience.

Bien que les chaloupes marchassent devant pour sonder, le *Dauphin* toucha sur un récif, et l'avant fut engagé. Les mesures recommandées en pareille circonstance furent prises sans retard. Mais, en dehors de la chaîne des roches madréporiques, on ne trouva pas de fond. Impossible, par conséquent, de laisser tomber les ancres et de se touer sur elles en virant au cabestan. Que faire en cette situation critique? Le bâtiment battait sur l'écueil avec violence, et plusieurs centaines de pirogues semblaient attendre un naufrage certain pour se ruer à la curée. Au bout d'une heure, heureusement, une brise favorable, soufflant de terre, dégagea le *Dauphin*, qui put gagner sans accident un bon ancrage. Les avaries n'étaient pas sérieuses. On les eut aussi vite oubliées que réparées.

Wallis, que les tentatives réitérées des naturels engageaient à la prudence, répartit son monde en quatre quarts, dont l'un devait être toujours armé, et il fit charger les canons. Cependant, après quelques échanges, le nombre des pirogues augmenta. Au lieu d'être chargées de volailles, de cochons et de fruits, elles ne semblaient porter que des pierres. Les plus grandes avaient des équipages plus nombreux.

Tout à coup, à un signal donné, une grêle de cailloux tomba sur le bâtiment. Wallis ordonna une décharge générale, et fit tirer deux pièces chargées à mitraille. Après un peu de désordre et d'hésitation, les assaillants revinrent deux fois à la charge avec une grande bravoure, et le capitaine, voyant la multitude toujours plus serrée des combattants, n'était pas sans crainte sur l'issue de la lutte, lorsqu'un incident inattendu vint y mettre fin.

Parmi les pirogues qui attaquaient avec le plus d'ardeur l'avant du *Dauphin*, il en était une qui semblait porter quelque chef, car c'était d'elle qu'était venu le signal du combat. Un coup de canon bien dirigé vint séparer en deux cette pirogue double. Il n'en fallut pas davantage pour décider les naturels à la retraite. Ils l'opérèrent même avec une telle précipitation, qu'une demi-heure plus tard, pas une seule embarcation ne restait en vue. Le navire fut alors toué dans le port et disposé pour protéger le débarquement. A la tête d'un fort détachement de matelots et de soldats de marine, le lieutenant Furneaux prit terre, planta le pavillon anglais et prit possession de l'île au nom du roi d'Angleterre, en l'honneur duquel elle reçut le nom de Georges III. C'est la Taïti des indigènes.

Après s'être prosternés et avoir donné des marques de leur repentir, les naturels semblaient vouloir nouer avec les étrangers un commerce amical et de bonne foi, lorsque Wallis, qu'une grave indisposition retenait à bord, s'aperçut qu'une attaque simultanée par terre et par mer se préparait contre ses hommes occupés à faire de l'eau. Plus courte serait la lutte, moins elle serait meurtrière. Aussi, quand il vit les naturels à portée du canon, il fit tirer quelques volées qui suffirent à disperser leur flottille.

Pour éviter le retour de ces tentatives, il fallait faire un exemple. Wallis s'y détermina à regret. Il expédia immédiatement à terre un fort détachement avec ses charpentiers, pour détruire toutes les pirogues qui avaient été hâlées sur le rivage. Plus de cinquante, dont quelques-unes longues de soixante pieds, furent mises en pièces. Cette exécution détermina les Taïtiens à se soumettre. Ils déposèrent des cochons, des chiens, des étoffes et des fruits sur le rivage, puis se retirèrent. On leur laissa en échange des haches et des babioles, qu'ils emportèrent dans les forêts avec de grandes démonstrations de joie. La paix était faite, et dès le lendemain s'établit un commerce régulier et abondant, qui procura à discrétion des vivres frais aux équipages.

Il y avait lieu d'espérer que les relations amicales se continueraient durant le séjour des Anglais, maintenant que les naturels avaient éprouvé la puissance et la portée des armes des étrangers. Wallis fit donc dresser une tente près de l'aiguade et débarqua ses nombreux scorbutiques, pendant que les hommes valides s'occupaient à raccommoder les agrès, à rapiécer les voiles, à calfater, à repeindre le navire, à le mettre, en un mot, en état de fournir la longue course qui devait le ramener en Angleterre.

A ce moment, la maladie de Wallis prit un caractère alarmant. Le premier lieutenant n'était guère en meilleure santé. Toute la responsabilité retomba donc sur le lieutenant Furneaux, qui ne resta pas au-dessous de sa tâche. Au bout de quinze jours, pendant lesquels la paix n'avait pas été troublée, Wallis retrouva tout son monde remis sur pied et bien portant.

Coiffures des habitants de Taïti. (*Fac-simile. Gravure ancienne.*)

Cependant, les vivres se faisaient plus rares. Les naturels, rendus plus difficiles par l'abondance des clous et des haches, se montraient plus exigeants. Le 15 juillet, une grande femme, d'environ quarante-cinq ans, au port majestueux, et à laquelle les indigènes témoignaient un grand respect, vint à bord du *Dauphin*. Wallis, à la dignité de son maintien, à cette liberté d'allures qui distingue les personnes habituées à commander, reconnut qu'elle devait occuper une haute situation. Il lui fit présent d'un grand manteau bleu, d'un miroir et d'autres babioles, qu'elle reçut avec les marques d'un profond contentement. En quittant le navire, elle engagea le commandant à descendre à terre et à lui rendre visite. Wallis n'y manqua pas le lendemain, bien qu'il fût encore très-faible. Il fut admis dans une grande case, qui occupait un espace de terrain long de 327 pieds et large de 42; elle était couverte d'un toit en feuilles de palmiers que supportaient cinquante-trois piliers. Une foule considérable, réunie pour la circonstance, faisait la haie sur le passage de Wallis, et le reçut respectueusement. Cette visite fut égayée par un incident assez comique. Le chirurgien du bâtiment, que la marche avait mis tout en sueur, enleva sa perruque pour se rafraîchir.

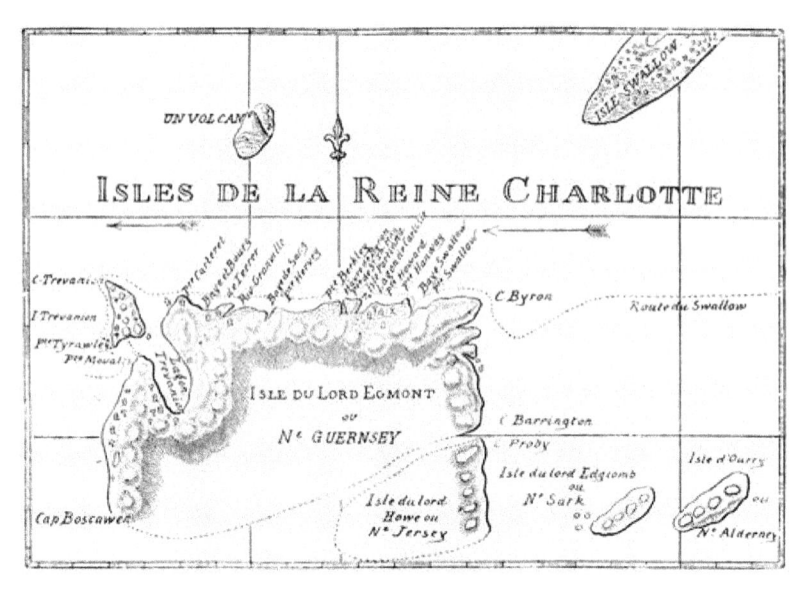

Isles de la Reine Charlotte (*Fac-simile. Gravure ancienne.*)

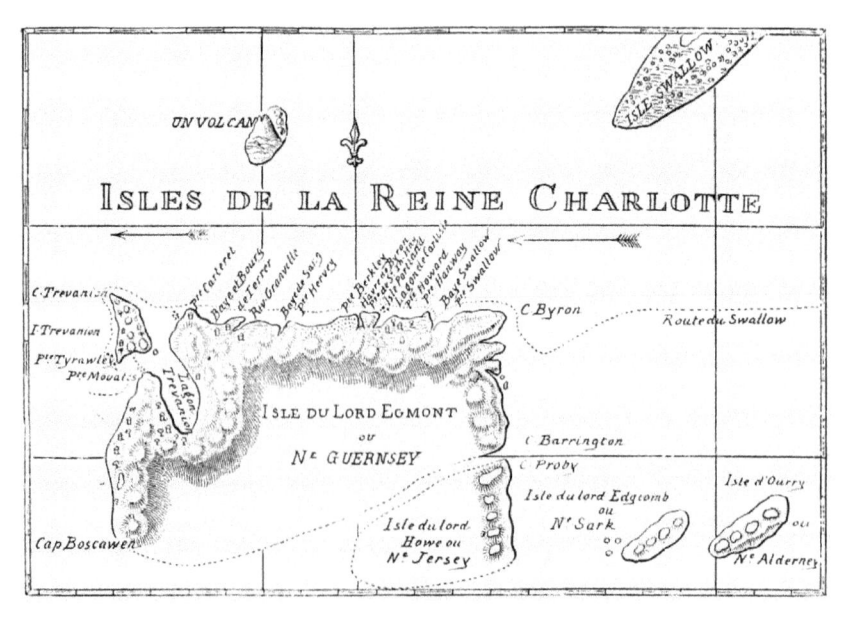

Isles de la Reine Charlotte (*Fac-simile. Gravure ancienne.*)

«Une exclamation subite d'un des Indiens, à cette vue, attira l'attention de tous les autres sur ce prodige, qui fixa tous les yeux. Toute l'assemblée demeura quelque temps sans mouvement, et dans le silence de l'étonnement, qui n'eût pas été plus grand, s'ils eussent vu un des membres de notre compagnon séparé de son corps.»

Le lendemain, un messager, qui allait porter un présent à la reine Obéroa, en remerciement de sa gracieuse réception, la trouva qui donnait un festin à un millier de personnes.

> «Ses domestiques lui portaient les mets tout préparés, la viande dans des noix de coco, et les coquillages dans des espèces d'augets de bois, semblables à ceux dont nos bouchers se servent; elle les distribuait de ses propres mains à tous ses hôtes, qui étaient assis et rangés autour de la grande maison. Quand cela fut fait, elle s'assit elle-même sur une espèce d'estrade, et deux femmes placées à ses côtés lui donnèrent à manger. Les femmes lui présentaient les mets avec leurs doigts, et elle n'avait que la peine d'ouvrir la bouche.»

Le contre-coup de cet échange de procédés amicaux ne tarda pas à se faire sentir, et le marché fut encore une fois amplement approvisionné, mais sans que les prix redevinssent aussi bas qu'à l'arrivée des Anglais.

Une reconnaissance fut opérée par le lieutenant Furneaux, le long de la côte, à l'ouest, pour prendre une idée de l'île, et voir ce qu'il serait possible d'en tirer. Partout les Anglais furent bien reçus. Ils virent un pays agréable, très peuplé, dont les habitants ne semblaient pas pressés de vendre leurs denrées. Tous les outils étaient de pierre ou d'os, ce qui fit conjecturer au lieutenant Furneaux que les Taïtiens ne connaissaient aucun métal. Ne possédant pas de vases de terre, ils ne se faisaient, par cela même, aucune idée que l'eau pût être chauffée. On s'en aperçut un jour que la reine déjeunait à bord. Un des principaux personnages de sa suite, ayant vu le chirurgien verser l'eau de la bouilloire dans la théière, tourna le robinet et reçut le liquide bouillant sur la main. Se sentant brûlé, il jeta des cris épouvantables et se mit à courir autour de la cabine, en faisant les contorsions les plus extravagantes. Ses compagnons, ne pouvant concevoir ce qui lui était arrivé, restaient les yeux fixés sur lui, avec un mélange d'étonnement et de frayeur. Le chirurgien s'empressa d'intervenir, mais il se passa quelque temps avant que le pauvre Taïtien pût être soulagé.

Quelques jours plus tard, Wallis s'aperçut que les matelots dérobaient des clous pour les donner aux femmes. Ils en étaient même venus à soulever et à détacher les planches du vaisseau afin de se procurer les vis, les clous, les tenons et tous les morceaux de fer qui les fixaient à la membrure. Wallis eut beau sévir, rien n'y fit, et, malgré la précaution qu'il prit de ne laisser personne descendre à terre avant d'être fouillé, ces faits se renouvelèrent à plusieurs reprises.

Une expédition, envoyée dans l'intérieur de l'île, reconnut une large vallée qu'arrosait une belle rivière. Partout le terrain était cultivé avec un soin extrême, et des saignées avaient été pratiquées pour arroser les jardins et les plantations d'arbres fruitiers. Plus on s'enfonçait dans l'intérieur, plus les sinuosités de la rivière devenaient capricieuses; la vallée se rétrécissait, les collines tournaient à la montagne, la route devenait de plus en plus difficile. Un pic, éloigné d'environ six milles du lieu du débarquement, fut escaladé dans l'espoir que l'on découvrirait l'île tout entière jusque dans ses moindres replis. Mais la vue était bornée par des montagnes encore plus élevées. Du côté de la mer, cependant, aucun obstacle ne venait cacher le tableau enchanteur qui se développait sous les yeux: partout des collines tapissées de bois magnifiques; sur leur verdure, les cases des indigènes se détachaient en clair; dans les vallées, le spectacle était encore plus riant, avec cette multitude de cabanes et de jardins entourés de haies vives. La canne à sucre, le gingembre, le tamarin, des fougères arborescentes, telles étaient, avec les cocotiers, les principales essences de ce pays fertile.

Wallis, qui voulait enrichir cette contrée de plusieurs productions de nos climats, fit planter des noyaux de pêches, de cerises et de prunes, ainsi que des pépins de citron, d'orange et de limon, et semer les graines d'une quantité de légumes. En même temps, il faisait présent à la reine d'une chatte pleine, de deux coqs, de poules, d'oies et de plusieurs autres animaux, qu'il supposait pouvoir se reproduire facilement.

Cependant, le temps pressait, et Wallis dut se résoudre au départ. Lorsqu'il annonça sa résolution à la reine, celle-ci se jeta dans un fauteuil et pleura longtemps, avec tant de sensibilité, que rien ne pouvait la calmer. Elle resta jusqu'au dernier moment sur le vaisseau, et quand il eut mis à la voile, «elle nous embrassa de la manière la plus tendre, dit Wallis, en versant beaucoup de pleurs, et nos amis les Taïtiens nous dirent adieu avec tant de regret et d'une façon si touchante, que j'eus le cœur serré et que mes yeux se remplirent de larmes.»

La façon peu courtoise dont les Anglais avaient été accueillis, les tentatives réitérées des indigènes pour s'emparer du bâtiment, n'étaient pas pour faire soupçonner une séparation si pénible; mais, dit le proverbe, tout est bien qui finit bien.

Des renseignements que Wallis recueillit sur les mœurs et les habitudes des Taïtiens, nous ne retiendrons que les suivants, car nous aurons l'occasion d'y revenir en racontant les voyages de Bougainville et de Cook.

Grands, bien faits, agiles, le teint un peu basané, ces indigènes sont vêtus d'une espèce d'étoffe blanche fabriquée avec l'écorce d'un arbre. Des deux pièces d'étoffe qui composent tout leur costume, l'une est carrée et ressemble à une couverture. Percée d'un trou au centre pour passer la tête, elle rappelle le «zarape» des Mexicains et le «poncho» des indigènes de l'Amérique du Sud. L'autre s'enroule autour du corps, sans être serrée. Presque tous, hommes et femmes, ont l'habitude de se tatouer de lignes noires très rapprochées, qui représentent différentes figures. Cette opération se pratique de la manière suivante: la peau est piquée, et les trous sont remplis d'une sorte de pâte, composée d'huile et de suif, qui laisse une trace indélébile.

La civilisation était peu avancée. Nous avons dit plus haut que les Taïtiens ne connaissaient pas les vases de terre. Aussi, Wallis fit-il présent à la reine d'une marmite que tout le monde vint voir avec une extrême curiosité.

Quant à la religion de ces indigènes, le commandant n'en constata nulle trace. Il lui sembla seulement qu'ils entraient dans certains lieux, qu'il supposa être des cimetières, avec une contenance respectueuse et l'appareil de la douleur.

Un des Taïtiens, qui semblait plus disposé que ses compagnons à imiter et à adopter les manières anglaises, reçut un habillement complet qui lui allait très bien. Jonathan,—c'est ainsi qu'on l'avait nommé,—était tout fier de sa nouvelle parure. Pour mettre le comble à la distinction de ses manières, il voulut apprendre à se servir de la fourchette; mais il ne put parvenir à manier ce dernier instrument. Emporté par la force de l'habitude, il portait toujours sa main à sa bouche, et le morceau, piqué aux dents de la fourchette, passait à côté de son oreille.

Ce fut le 27 juillet que Wallis quitta l'île de Georges III. Après avoir rangé la côte de l'île du duc d'York, il découvrit successivement plusieurs îles ou îlots, sur lesquels il n'atterrit pas. Telles sont les îles de Charles-Saunders, de Lord-Howe, de Scilly, de Boscawen et de Keppel, où les dispositions hostiles des indigènes et la difficulté du débarquement l'empêchèrent de prendre terre.

L'hiver allait commencer dans la région australe. Le bâtiment faisait eau de toutes parts, l'arrière surtout était très-fatigué par le gouvernail. Était-il bien prudent, dans ces conditions, de faire voile pour le cap Horn ou le détroit de Magellan? Ne serait-ce pas courir au-devant d'un naufrage certain? Ne vaudrait-il pas mieux gagner Tinian ou Batavia, où l'on pourrait se réparer, et rentrer en Europe par le cap de Bonne-Espérance? C'est à ce dernier parti que Wallis s'arrêta. Il gouverna donc dans le nord-ouest, et, le 19 septembre, après une navigation trop heureuse pour avoir une histoire, il jeta l'ancre dans le havre de Tinian.

Les incidents qui avaient marqué la relâche de Byron en cet endroit se reproduisirent avec une beaucoup trop grande régularité. Pas plus que son prédécesseur, Wallis n'eut à se louer des facilités d'approvisionnement et de la température du pays. Si les scorbutiques guérirent en peu de jours, si les voiles purent être raccommodées, si le bâtiment put être radoubé et calfaté, l'équipage eut le bonheur inattendu de ne pas contracter de fièvres.

Le 16 octobre 1767, le *Dauphin* reprit la mer; mais, cette fois, il essuya une série d'épouvantables tempêtes qui déchirèrent les voiles, rouvrirent la voie d'eau, démolirent en partie le gouvernail et emportèrent les dunettes avec tout ce qui se trouvait sur le château d'avant.

Les Bashees furent cependant doublées et le détroit de Formose franchi. Les îles Sandy, Small-Key, Long-Island, New-Island, furent reconnues, ainsi que Condor, Timor, Aros et Pisang, Pulo-Taya, Pulo-Toté et Sumatra, avant d'arriver à Batavia, le 30 novembre.

La dernière partie du voyage s'accomplit dans des localités dont nous avons eu déjà plusieurs fois occasion de parler. Il nous suffira donc de dire que, de Batavia, où l'équipage avait pris les fièvres, Wallis gagna le Cap, puis Sainte-Hélène, et arriva, le 20 mai 1768, aux Dunes, après six cent trente-sept jours de navigation.

Il est regrettable qu'Hawkesworth n'ait pas reproduit les instructions données à Wallis par l'Amirauté. Faute de les connaître, nous ne pouvons décider si ce hardi marin exécuta rigoureusement les ordres qui lui avaient été remis. Nous voyons qu'il suivit, sans guère s'en écarter, la route tracée par ses prédécesseurs dans l'océan Pacifique. En effet, presque tous abordent à l'archipel Dangereux, laissant de côté la partie de l'Océanie où les îles sont le plus nombreuses et où Cook devait faire tant et de si importantes découvertes. Habile navigateur, Wallis sut tirer d'un armement hâtif, et par cela même incomplet, des ressources imprévues, qui lui permirent de mener à bien une entreprise aventureuse. Il faut également le louer de son humanité et des efforts qu'il fit pour rassembler des documents sérieux sur les populations qu'il visita. S'il eût possédé, à son bord, quelques savants spéciaux, nul doute que la moisson scientifique n'eût été plus abondante. La faute en revient à l'Amirauté.

Nous avons dit que, le 10 avril 1767, au moment où le *Dauphin* et le *Swallow* débouchaient dans l'océan Pacifique, le premier de ces bâtiments, emporté par une bonne brise, n'avait pas tardé à perdre de vue le second, incapable de le suivre. Cette séparation fut très pénible au capitaine Carteret. Mieux que personne de son équipage, il connaissait le lamentable état de son bâtiment et l'insuffisance des provisions. Il savait, enfin, qu'il ne devait plus espérer revoir le *Dauphin* qu'en Angleterre, puisque aucun plan d'opérations n'avait été concerté, puisque aucun lieu de rendez-vous n'avait été fixé,— faute très grave de la part de Wallis, qui était cependant instruit du délabrement de sa conserve. Néanmoins, Carteret ne laissa rien soupçonner de ses inquiétudes à son équipage.

D'ailleurs, le temps détestable qui accueillit le *Swallow* dans l'océan Pacifique, au nom trompeur, ne permettait guère aux hommes de réfléchir. Les dangers du moment présent, auxquels il fallait parer sous peine d'être englouti, leur cachaient les périls de l'avenir.

Carteret gouverna au nord, en longeant la côte du Chili. Lorsqu'il se rendit compte de la quantité d'eau douce qui restait à bord, il reconnut qu'elle était insuffisante pour la traversée qu'il entreprenait. Aussi, avant de faire voile dans l'ouest, il résolut de faire provision d'eau à l'île Juan-Fernandez ou à Mas-a-fuero.

Cependant, le temps continuait à être mauvais. Le 27, dans la soirée, une rafale très forte fit tout à coup sauter le vent, qui prit le vaisseau droit au cap. La violence de l'ouragan manqua d'emporter les mâts et de faire sombrer le bâtiment. La tempête continuait dans toute sa fureur, et les voiles, étant extrêmement mouillées, se collèrent si bien aux mâts et aux agrès, qu'il était à peine possible de les manœuvrer.

Le lendemain, un coup de mer rompit la vergue d'artimon à l'endroit où la voile était risée et mit, pendant quelques minutes, tout le bâtiment sous l'eau. La tempête ne s'apaisa que pour donner à l'équipage du *Swallow* le temps de se reposer un peu et de réparer les avaries du bâtiment; puis elle recommença et continua par violentes bourrasques jusqu'au 7 mai. Le vent devint alors favorable, et, trois jours plus tard, l'île Juan-Fernandez fut découverte.

Carteret ignorait que les Espagnols eussent fortifié cette île. Aussi fut-il fort surpris de voir un grand nombre d'hommes sur le rivage, d'apercevoir au bord de l'eau une batterie de quatre pièces, et, sur une colline, un fort percé de vingt embrasures, qui portait pavillon espagnol. Des coups de vent l'empêchèrent d'entrer dans la baie Cumberland, et, après avoir croisé une journée entière, il dut se résigner à gagner Mas-a-fuero. Mais les mêmes obstacles et la houle qui brisait au rivage contrarièrent ses opérations; ce fut à grand'peine qu'il parvint à embarquer quelques futailles pleines d'eau. Plusieurs de ses hommes, que l'état de la mer avait contraints de rester à terre, tuèrent assez de pintades pour régaler tout l'équipage. Ce furent, avec des veaux marins et quantité de poissons, les seuls avantages d'un séjour marqué par une série de rafales et d'orages, qui mirent plus d'une fois le vaisseau en perdition sur cette côte.

Carteret, qui, chassé par des vents impétueux, eut, chaque fois qu'il la regagnait, l'occasion d'observer l'île de Mas-a-fuero, relève plusieurs erreurs du rédacteur du voyage de l'amiral Anson et fournit quelques détails précieux pour les navigateurs.

A son départ de Mas-a-fuero, Carteret porta dans le nord avec l'espoir de rencontrer l'alizé du sud-est. Emporté plus loin qu'il ne comptait, il résolut de chercher les îles Saint-Ambroise et Saint-Félix ou Saint-Paul. Maintenant que Juan-Fernandez était occupée et fortifiée par les Espagnols, ces îles pouvaient être utiles aux Anglais en cas de guerre. Mais les cartes de M. Green et les *Éléments de navigation* de Robertson n'étaient pas d'accord sur leur position. Carteret, plus confiant dans ce dernier ouvrage, les chercha dans le nord et les manqua. En relisant la description qu'en avait donnée Waser, le chirurgien de Davis, il pensa que ces deux îles étaient la terre rencontrée par ce flibustier dans sa route au sud des îles Galapagos, et que la Terre de Davis n'existait point. C'était une double erreur, d'identifier les îles Saint-Félix avec la Terre de Davis et de nier l'existence de cette dernière, qui n'est autre que l'île de Pâques.

> «Nous eûmes, dit Carteret, dans ce parallèle (à 18° à l'ouest de son point de départ), de petites fraîcheurs, un fort courant au nord et d'autres raisons de conjecturer que nous étions près de cette Terre de Davis que nous recherchions avec grand soin. Mais, un bon vent s'élevant de rechef, nous gouvernâmes 1/4 S.-O. et nous arrivâmes au 28ᵉ degré et demi de latitude sud; d'où il suit que, si cette terre ou quelque chose de semblable existait, je l'aurais infailliblement rencontrée, ou qu'au moins je l'aurais vue. Je me tins ensuite au 28ᵉ degré de latitude sud, 40° à l'ouest de mon point de départ, et, suivant mon estime, à 121° ouest de Londres.»

Tous les navigateurs continuant à admettre l'existence d'un continent austral, Carteret ne pouvait s'imaginer que la Terre de Davis ne fût qu'une petite île, un point perdu au milieu de l'immensité de l'Océan. De ce qu'il ne rencontrait pas de continent, il concluait à la non-existence de cette Terre de Davis. C'est encore en cela qu'il se trompait.

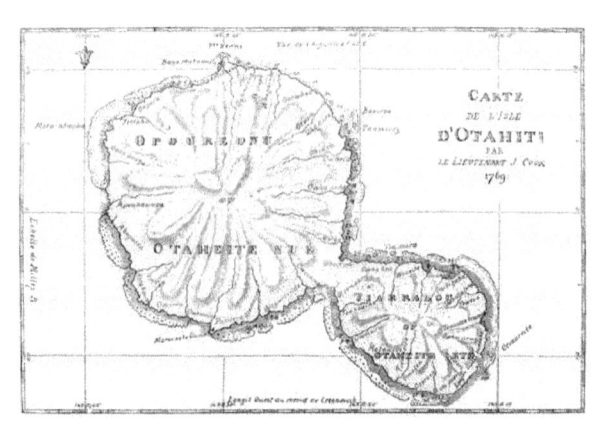

**Carte** *de l'Isle* **d'Otahiti**
PAR
*Le Lieutenant J. Cook*
1769.

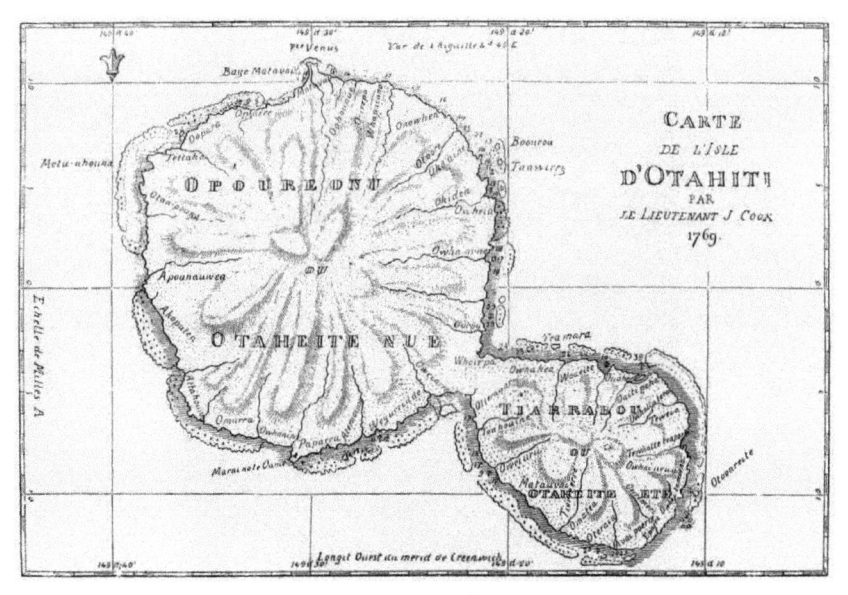

NOUVELLE ZÉLANDE.

**CARTE** *DE L'ISLE* **D'OTAHITI**
PAR
*LE LIEUTENANT J. COOK*
1769.

Jusqu'au 7 juin, Carteret continua sa recherche. Il était par 28° de latitude sud et 112° de longitude ouest, c'est-à-dire qu'il se trouvait dans le voisinage immédiat de l'île de Pâques. On était alors au milieu de l'hiver. La mer était continuellement grosse, les vents violents et variables, le temps sombre, brumeux et froid, avec accompagnement de tonnerre, de pluie et de neige. C'est sans doute cette obscurité prodigieuse, ce brouillard épais sous lequel le soleil se cacha pendant plusieurs jours, qui empêcha Carteret d'apercevoir l'île de Pâques, car certains indices, la multitude des oiseaux, les algues flottantes, lui avaient dénoncé le voisinage de quelque terre.

Combat du *Swallow* et d'un prao malais.

Ces troubles atmosphériques étaient faits pour ralentir encore le voyage. En outre le *Swallow*, était aussi mauvais voilier que possible, et l'on peut juger de l'ennui, des préoccupations, de l'angoisse même du capitaine, qui voyait son équipage à la veille de mourir de faim. Quoi qu'il en soit, la route fut continuée toutes voiles dehors, de jour et de nuit, dans la direction de l'ouest, jusqu'au 2 juillet.

Ce jour-là, une terre fut aperçue dans le nord, et, le lendemain, Carteret la rangea d'assez près pour la reconnaître. Ce n'était qu'un grand rocher de cinq milles de circonférence, couvert d'arbres, qui paraissait inhabité, et que la houle, très violente en cette saison, l'empêcha d'accoster. On l'appela Pitcairn, du nom de celui qui l'avait découverte le premier. Ce fut dans ces parages que les matelots, jusqu'alors en bonne santé, ressentirent les premières atteintes du scorbut.

Le 11, une nouvelle terre fut aperçue par 22° de latitude sud et 141° 34' de longitude. On lui donna le nom d'Osnabruck, en l'honneur du second fils du roi.

Le lendemain, Carteret expédia un détachement sur deux autres îles, où l'on ne trouva ni végétaux comestibles ni eau. On y prit à la main plusieurs oiseaux, si peu sauvages, qu'ils ne fuyaient pas à l'approche de l'homme.

Toutes ces terres faisaient partie de l'archipel Dangereux, longue chaîne d'îles basses, d'attolls, qui firent le désespoir de tous les navigateurs par le peu de ressources qu'elles leur offraient. Carteret crut reconnaître la terre vue par Quiros; mais cette dernière, qui porte le nom indigène de Taïti, est située plus au nord.

Cependant, la maladie faisait tous les jours de nouveaux progrès. Les sautes de vent, et, par-dessus tout, les avaries du vaisseau rendant la marche très lente, Carteret jugea nécessaire de prendre la route sur laquelle il avait chance de rencontrer les rafraîchissements et les facilités de réparations dont il avait un si pressant besoin.

> «J'avais dessein, dit Carteret, si le vaisseau pouvait être réparé, de poursuivre mon voyage dans le sud au retour de la saison convenable, pour faire de nouvelles, découvertes dans cette partie du globe. Je projetais enfin, si je découvrais un continent, et que je pusse y trouver une quantité suffisante de provisions, de me maintenir le long de la côte du sud jusqu'à ce que le soleil eût passé l'équateur, de gagner alors une latitude sud fort avancée et de tirer à l'ouest vers le cap de Bonne-Espérance ou de m'en revenir à l'est, après avoir touché aux îles Falkland, s'il était nécessaire, et de partir promptement de là pour aborder en Europe.»

Ces louables projets, qui dénotent en Carteret le véritable explorateur, plutôt stimulé qu'intimidé par le péril, il allait être dans l'impuissance absolue de les mettre à exécution.

En effet, il ne rencontra l'alizé que par 16°, et le temps continua d'être détestable. Aussi, quoi qu'il naviguât dans le voisinage de l'île du Danger, découverte par Byron en 1765, et de certaines autres, il ne vit aucune terre.

> «Nous passâmes probablement, dit-il, près de quelqu'une, que la brume nous empêcha de voir, car, dans cette traversée, un grand nombre d'oiseaux de mer voltigèrent souvent autour du vaisseau. Le commodore Byron, dans son dernier voyage, avait dépassé les limites septentrionales de cette partie de l'Océan, dans laquelle on dit que les îles Salomon sont situées; et, comme j'ai été moi-même au delà des limites sud sans les voir, j'ai de grandes raisons de conclure que, si ces îles existent, leur situation est mal déterminée dans toutes les cartes.»

Cette dernière supposition était exacte; mais les îles Salomon existaient si bien, que Carteret allait, quelques jours plus tard, y atterrir sans les reconnaître.

Cependant, les vivres étaient presque entièrement consommés ou corrompus, les manœuvres et les voiles hachées par la tempête, les rechanges épuisées, la moitié de l'équipage clouée sur les cadres, lorsque survint, pour le capitaine, un nouveau sujet d'alarmes. Une voie d'eau fut signalée. Placée au-dessous de la ligne de flottaison, il était, impossible de l'aveugler tant qu'on serait en pleine mer. Par une chance inespérée, le lendemain, la terre fut découverte. Dire de quels cris de joie, de quelles acclamations elle fut saluée, ce serait superflu. Le sentiment de surprise et de soulagement qu'éprouva l'équipage ne peut être comparé, suivant les expressions mêmes de Carteret, qu'à celui que ressent le criminel qui reçoit sur l'échafaud l'annonce de sa grâce. C'était l'île de Nitendit, déjà vue par Mendana.

A peine l'ancre avait-elle touché le fond, qu'une embarcation fut expédiée à la recherche d'une aiguade. Des indigènes, noirs, à la tête laineuse, entièrement nus, parurent sur le rivage et s'enfuirent avant que le canot pût accoster. Un beau courant d'eau douce au milieu d'une forêt impénétrable d'arbres et d'arbustes qui poussaient jusque dans la mer même, une contrée sauvage, hérissée de montagnes, voilà le tableau que fit du pays le patron de l'embarcation.

Le lendemain, le maître fut renvoyé à la recherche d'un lieu de débarquement plus facile, avec l'ordre de gagner par des cadeaux la bienveillance des naturels. Il lui était expressément recommandé de ne pas s'exposer, de regagner le bord si plusieurs pirogues se dirigeaient vers lui, de ne point quitter lui-même l'embarcation, et de ne laisser descendre à terre que deux hommes à la fois, tandis que les autres se tiendraient sur la défensive. De son côté, Carteret envoya son canot à terre pour faire de l'eau. Quelques naturels lui décochèrent des flèches, qui n'atteignirent heureusement personne. Pendant ce temps, la chaloupe regagnait le *Swallow*. Le maître avait trois flèches dans le corps, et la moitié de son équipage était si dangereusement blessée, que lui-même ainsi que trois matelots moururent quelques jours après.

Voici ce qui s'était passé. Débarqué, lui cinquième, dans un endroit où il avait aperçu plusieurs cabanes, le maître était entré en relations d'échange avec les indigènes. Bientôt le nombre de ceux-ci augmenta, et plusieurs grandes pirogues se dirigeant vers sa chaloupe, il n'avait pu la rejoindre qu'au moment où l'attaque commençait. Poursuivi à coups de flèches par les naturels, qui entrèrent dans l'eau jusqu'aux épaules, chassé par les pirogues, il n'était parvenu à s'échapper qu'après avoir tué plusieurs indigènes et coulé une de leurs embarcations.

Cette tentative, à la recherche d'un endroit plus favorable pour échouer le *Swallow*, avait été si malheureuse, que Carteret fit abattre son navire en carène, à l'endroit même où il était, et là, on travailla à boucher la voie d'eau. Si le charpentier, seul homme de l'équipage dont la santé fût passable, ne put parvenir à l'aveugler entièrement, il la diminua cependant beaucoup. Tandis qu'une nouvelle embarcation était dirigée vers l'aiguade, on balaya les bois, du vaisseau à coups de canon, de la chaloupe à coups de mousquet. Cependant, les matelots travaillaient depuis un quart d'heure, lorsqu'ils furent assaillis par une volée de flèches, qui blessa grièvement l'un d'eux à la poitrine. Il fallut recourir aux mêmes mesures toutes les fois qu'on voulut faire de l'eau.

A ce moment, trente hommes étaient incapables de faire leur service. Le maître se mourait de ses blessures. Le lieutenant Gower était très mal. Carteret, lui-même, attaqué d'une maladie bilieuse et inflammatoire, était obligé de garder le lit. Ces trois officiers étaient seuls capables de reconduire le *Swallow* en Angleterre, et ils étaient sur le point de succomber!

Si l'on voulait enrayer les progrès de la maladie, il fallait à tout prix se procurer des rafraîchissements, et il était impossible de le faire en cet endroit. Carteret leva donc l'ancre le 17 août, après avoir donné à cette île le nom d'Egmont, en l'honneur du lord de l'Amirauté, et appelé baie Swallow celle où il avait mouillé. Persuadé que c'était la terre à laquelle les Espagnols ont donné le nom de Santa-Cruz, le navigateur n'en céda pas moins à la manie, alors à la mode, d'imposer de nouveaux vocables à tous les endroits qu'on visitait. Puis il longea la côte à peu de distance, constata que la population était très nombreuse, et eut, mainte fois, maille à partir avec ses habitants. Ces obstacles, ainsi que l'impossibilité de se procurer des rafraîchissements, empêchèrent Carteret de reconnaître les autres îles de ce groupe, auquel il imposa le nom d'îles de la Reine-Charlotte.

> «Les habitants de l'île d'Egmont, dit-il, sont extrêmement agiles, vigoureux, actifs. Ils semblent aussi propres à vivre dans l'eau que sur terre, car ils sautent de leurs pirogues dans la mer presque à toutes les minutes... Une des flèches qu'ils tirèrent traversa les planches du bateau et blessa dangereusement un officier de poupe à la cuisse. Ces flèches ont une pointe de pierre, et nous ne vîmes parmi eux aucune espèce de métal. Le pays, en général, est couvert de bois et de montagnes et entrecoupé d'un grand nombre de vallées.»

Ce fut le 18 août 1767 que Carteret quitta cet archipel, avec le projet de gagner la Nouvelle-Bretagne. Avant de l'atteindre, il comptait bien rencontrer quelques îles où il serait plus heureux. En effet, le 20, il découvrit une petite île basse qu'il appela Gower, où il put se procurer quelques cocos.

Le lendemain, il reconnut les îles Simpson et Carteret, plus un groupe de neuf îles qu'il estima être les Ohang-Java, découvertes par Tasman; puis, successivement, celles de sir Charles Hardy, Winchelsea, qu'il ne supposa pas faire partie de l'archipel des Salomon, l'île Saint-Jean de Schouten, et enfin la Nouvelle-Bretagne, qu'il atteignit le 28 août.

Carteret longea la côte de cette île, cherchant un port commode et sûr, et s'arrêta en diverses baies, où il se procura du bois, de l'eau, des cocos, des muscades, de l'aloès, des cannes à sucre, des bambous et des choux palmistes.

> «Ce chou, dit-il, est blanc, frisé, d'une substance remplie de suc; lorsqu'on le mange cru, il a une saveur ressemblant à celle de la châtaigne, et, quand il est bouilli, il est supérieur au meilleur panais. Nous le coupâmes en petites tranches dans du bouillon fait avec nos tablettes, et ce bouillon, épaissi ensuite avec du gruau d'avoine, nous fournit un très bon mets.»

Les bois étaient animés par des vols nombreux de pigeons, de tourterelles, de perroquets et de divers oiseaux inconnus. Les Anglais visitèrent plusieurs habitations abandonnées. S'il est permis de juger de la civilisation d'un peuple par ses demeures, ces insulaires devaient être au dernier degré de l'échelle, car ils habitaient les plus misérables huttes que Carteret eût jamais rencontrées.

Le commandant profita de son séjour en ce lieu pour mettre encore une fois le *Swallow* à la bande et visiter sa voie d'eau, que les charpentiers arrêtèrent de leur mieux. Le doublage étant fort usé et la quille toute rongée des vers, on l'enduisit de poix et de goudron chaud mêlés ensemble.

Le 7 septembre, Carteret accomplit cette ridicule cérémonie de la prise de possession du pays au nom de Georges III; puis il expédia en reconnaissance une de ses embarcations, qui rapporta quantité de cocos et de choux palmistes, rafraîchissements des plus précieux pour les nombreux malades du bord.

Bien que la mousson dût continuer à souffler de l'est longtemps encore, le commandant, qui appréciait le mauvais état de son vaisseau, résolut de partir aussitôt pour Batavia, où il espérait pouvoir refaire son équipage et réparer le *Swallow*. Il quitta donc, le 9 septembre, le havre de Carteret, le meilleur qu'il eût rencontré depuis son départ du détroit de Magellan.

Il pénétra bientôt dans un golfe que Dampier avait appelé baie Saint-Georges et qu'il ne tarda pas à reconnaître pour un détroit qui séparait la Nouvelle-Bretagne de la Nouvelle-Irlande. Il reconnut ce canal, auquel il laissa le nom de Saint-Georges, et le décrit, dans sa relation, avec un soin que durent hautement apprécier les navigateurs de son temps. Puis il suivit la côte de la Nouvelle-Irlande jusqu'à son extrémité occidentale. Près d'une petite île, qu'il nomma Sandwich, le capitaine Carteret eut quelques relations avec les indigènes.

> «Ces insulaires, dit-il, sont noirs et ont de la laine à la tête comme les nègres, mais ils n'ont pas le nez plat et les lèvres grosses. Nous pensâmes que c'était la même race d'hommes que les habitants de l'île d'Egmont. Comme eux, ils sont entièrement nus, si l'on excepte quelques parures de coquillages qu'ils attachent à leurs bras et à leurs jambes. Ils ont pourtant adopté une pratique sans laquelle nos dames et nos petits-maîtres ne sont pas supposés être habillés complètement. Leurs cheveux, ou plutôt la laine de leurs têtes, étaient chargés de poudre blanche, d'où il suit que la mode de se poudrer est probablement d'une plus haute antiquité et d'un usage plus étendu qu'on ne le croit communément..... Ils sont armés de piques et de grands bâtons en forme de massue, mais nous n'avons aperçu parmi eux ni arcs ni flèches.»

A l'extrémité sud-ouest de la Nouvelle-Irlande, Carteret reconnut encore une terre, à laquelle il donna le nom de Nouvelle-Hanovre, puis, bientôt après, l'archipel du Duc-de-Portland.

Bien que toute cette partie de sa relation de voyage, dans des contrées inconnues avant lui, abonde en détails précieux, Carteret, navigateur bien plus exact, bien plus zélé que ses prédécesseurs Byron et Wallis, s'excuse encore de n'avoir pu en réunir davantage.

> «La description du pays, dit-il, de ses productions et de ses habitants aurait été beaucoup plus complète et plus détaillée, si je n'avais pas été tellement affaibli et épuisé par la maladie que je succombais presque sous les fonctions qui retombaient sur moi faute d'officiers. Lorsque je pouvais à peine me traîner, j'étais obligé de faire quart sur quart et de partager d'autres travaux avec mon lieutenant, dont la santé était aussi en fort mauvais état.»

En débouquant du canal Saint-Georges, la route fut faite à l'ouest. Carteret découvrit encore plusieurs îles; mais, la maladie l'ayant, pendant plusieurs jours, empêché de monter sur le pont, il ne put en déterminer exactement la position. Il leur donna le nom d'îles de l'Amirauté et se vit contraint d'employer, à deux reprises, les armes à feu pour repousser les attaques des naturels. Il reconnut ensuite l'île Durour, Matty et les Cuèdes, dont les habitants furent tout joyeux de recevoir quelques morceaux d'un cercle de fer. Carteret déclare que, pour quelques instruments de ce métal, il aurait acheté toutes les productions du pays. Bien qu'ils fussent voisins de la Nouvelle-Guinée et des archipels qu'il venait d'explorer, ces peuples n'étaient pas noirs, mais cuivrés. Ils avaient de beaux cheveux noirs très longs, les traits réguliers et des dents d'une blancheur éclatante. De taille moyenne, forts et agiles, ils étaient gais, familiers, et montèrent sans crainte à bord du bâtiment. L'un d'eux demanda même à Carteret de l'accompagner dans son voyage, et, malgré tout ce que ses compatriotes et le capitaine lui-même purent lui dire, il refusa de quitter le *Swallow*. Carteret, devant une volonté aussi ferme, céda, mais le pauvre Indien, qui avait reçu le nom de Joseph Freewill, ne tarda pas à dépérir et mourut à Célèbes.

Le 29 octobre, les Anglais atteignirent la partie nord-est de Mindanao. Toujours à la poursuite d'eau et de vivres frais, Carteret chercha, vainement, la baie que Dampier avait signalée comme très giboyeuse. Un peu plus loin, il rencontra une aiguade, mais les dispositions hostiles des habitants le forcèrent encore une fois à reprendre la mer.

En quittant Mindanao, le commandant fit voile pour gagner le détroit de Macassar, entre les îles Bornéo et Célèbes. Il l'emboqua le 14 novembre. Le vaisseau marchait alors si mal qu'il mit quinze jours à faire vingt-huit lieues.

> «Malades, dit-il, affaiblis, mourants, voyant des terres où nous ne pouvions pas arriver, exposés à des tempêtes qu'il nous était impossible de surmonter, nous fûmes attaqués par un pirate.»

Celui-ci, espérant trouver l'équipage anglais endormi, attaqua le *Swallow* au milieu de la nuit. Mais, loin de se laisser abattre par ce nouveau danger, les matelots se défendirent avec tant de vaillance et d'habileté, qu'ils coulèrent bas le prao malais.

Le 12 décembre, Carteret eut le chagrin de voir que la mousson d'ouest avait commencé. Le *Swallow* n'était pas en état de lutter contre ce vent et le courant pour atteindre Batavia par l'ouest. Il fallut donc se résigner à gagner Macassar, qui était alors le principal établissement des Hollandais dans les Célèbes. Lorsque les Anglais y arrivèrent, il y avait trente-cinq semaines qu'ils avaient quitté le détroit de Magellan.

A peine l'ancre fut-elle jetée en vue du port, qu'un Hollandais, dépêché par le gouverneur, monta à bord du *Swallow*. En apprenant que ce bâtiment appartenait à la marine militaire anglaise, il parut très alarmé. Aussi, le lendemain, lorsque Carteret envoya son lieutenant, M. Gower, demander l'accès du port, afin d'y acheter des rafraîchissements pour son équipage mourant, d'y réparer son bâtiment délabré, et d'attendre le renversement de la mousson, non seulement on ne lui permit pas de descendre à terre, mais les Hollandais s'empressèrent de réunir leurs troupes et d'armer leurs bâtiments. Enfin, au bout de cinq heures, la réponse du gouverneur fut apportée à bord. C'était un refus aussi peu poli que peu déguisé. En même temps, il était fait défense aux Anglais de débarquer dans aucun endroit soumis au gouvernement hollandais.

Poursuivis à coups de flèches.

Toutes les représentations de Carteret, qui fit remarquer l'inhumanité de ce refus, ses démonstrations hostiles mêmes, n'amenèrent d'autres résultats que la vente de quelques provisions et l'autorisation de gagner une petite baie voisine. Il y trouverait, disait-on, un abri assuré contre la mousson; il pourrait y installer un hôpital pour ses malades; enfin, il s'y procurerait des rafraîchissements plus abondants qu'à Macassar, d'où on lui enverrait, d'ailleurs, tout ce dont il pourrait avoir besoin. Sous peine de mourir de faim et de couler bas, il fallut en passer par ces exigences, et Carteret dut se résoudre à gagner la rade de Bonthain.

Portrait de Bougainville. (*Fac-simile. Gravure ancienne.*)

Là, les malades, installés dans une maison, se virent refuser la permission de s'écarter à plus de trente verges de leur hôpital. Ils étaient gardés à vue et ne pouvaient communiquer avec les naturels. Enfin, il leur était défendu de rien acheter que par l'entremise des soldats hollandais, qui abusèrent étrangement de leur pouvoir, car ils faisaient quelquefois plus de mille pour cent de profit. Toutes les plaintes des Anglais furent inutiles; ils durent se soumettre, pendant tout leur séjour, à une surveillance humiliante au suprême degré.

Ce fut seulement le 22 mai 1768, au retour de la mousson, que le capitaine Carteret put quitter Bonthain, après une longue série d'ennuis, de vexations et d'alarmes qu'il nous est impossible de raconter en détail, et qui avaient mis sa patience à une rude épreuve.

> «Célèbes, dit-il, est la clé des Moluques, ou îles à Épiceries, qui sont nécessairement sous la domination du peuple qui est maître de cette île. La ville de Macassar est bâtie sur une pointe de terre, et elle est arrosée par une rivière ou deux, qui la traversent ou qui coulent dans son voisinage. Le terrain est uni et d'une très belle apparence. Il y a beaucoup de plantations et de bois de cocotiers, entremêlés d'un grand nombre de maisons, qui font juger que le pays est bien peuplé.... A Bonthain, le bœuf est excellent, mais il serait difficile d'en trouver pour approvisionner une escadre. On peut s'y procurer autant de riz, de volailles et de fruits qu'on le désirera; il y a aussi, dans les bois, une grande abondance de cochons sauvages, qu'il est

facile d'avoir à bon marché, parce que les naturels du pays, qui sont mahométans, n'en mangent jamais...»

Ces informations, tout incomplètes qu'elles sont, avaient leur intérêt à l'époque où elles furent recueillies, et nous penchons à croire que, bien que vieilles de plus de cent ans, elles présentent encore aujourd'hui un certain fond de vérité.

Aucun incident ne vint marquer la traversée jusqu'à Batavia. Après plusieurs retards, causés par le désir qu'avait la Compagnie hollandaise de se faire délivrer par le commandant un *satisfecit* de la conduite qu'avait tenue à son égard le gouverneur de Macassar, et qu'il refusa avec beaucoup de fermeté, Carteret obtint la permission de faire réparer son bâtiment.

Le 15 septembre, le *Swallow*, radoubé tant bien que mal, mit à la voile. Il était muni d'un supplément de matelots anglais, sans lesquels il lui eût été impossible de regagner l'Europe. Vingt-quatre hommes de son équipage primitif étaient morts, et vingt-quatre autres étaient dans un tel état, que sept d'entre eux périrent avant d'atteindre le Cap.

Après un séjour dans ce port, séjour très salutaire à l'équipage, qui se prolongea jusqu'au 6 janvier 1769, Carteret reprit la mer, et rencontra, un peu plus haut que l'Ascension, où il avait touché, un bâtiment français. C'était la frégate *la Boudeuse*, sur laquelle Bougainville venait de faire le tour du monde.

Le 20 mars 1769, le *Swallow* jetait l'ancre sur la rade de Spithead, après trente et un mois d'un voyage aussi pénible que dangereux.

Il avait fallu toute l'habileté nautique, tout le sang-froid, toute l'ardeur de Carteret pour ne pas périr sur un bâtiment aussi insuffisant, et pour faire des découvertes importantes, dans de telles conditions. Si sa gloire tire un nouveau lustre des obstacles qu'il dut surmonter, la honte d'un si misérable armement retombe tout entière sur l'Amirauté anglaise, qui, au mépris des représentations de l'habile capitaine, exposa sa vie et celle de tant de braves marins dans un si long voyage.

### III

Bougainville. — Les métamorphoses d'un fils de notaire. — Colonisation des Malouines. — Buenos-Ayres et Rio-de-Janeiro. — Remise des Malouines aux Espagnols. — Hydrographie du détroit de Magellan. — Les Pécherais. — Les Quatre-Facardins. — Taïti. — Incidents de la relâche. — Productions du pays et mœurs des habitants. — Les Samoa. — La Terre du Saint-Esprit ou les Nouvelles-Hébrides. — La Louisiade. — Les îles des Anachorètes. — La Nouvelle-Guinée. — Bourou. — De Batavia à Saint-Malo.

Tandis que Wallis achevait de faire le tour du monde, pendant que Carteret continuait sa longue et pénible circumnavigation, une expédition française était armée dans le but de faire des découvertes dans la mer du Sud.

Sous l'ancien régime, où tout était arbitraire, les titres, les grades et les places se donnaient à la faveur. Il n'était donc pas étonnant qu'un militaire, qui venait de quitter depuis quatre ans à peine le service de terre et le grade de colonel, pour entrer dans la marine avec celui de capitaine de vaisseau, reçût cet important commandement.

Par extraordinaire, cette singulière mesure se trouva justifiée, grâce aux talents de celui qui en fut l'objet.

Louis-Antoine de Bougainville était né à Paris, le 13 novembre 1729. Fils d'un notaire, il fut d'abord destiné au barreau et se fit recevoir avocat. Mais, sans goût pour la profession paternelle, il s'adonnait particulièrement aux sciences et publiait un *Traité de calcul intégral*, tandis qu'il se faisait recevoir aux mousquetaires noirs. Des trois carrières qu'il avait commencé à parcourir, il abandonna sans retour les deux premières, fit quelques infidélités à la troisième pour une quatrième, la diplomatie, jusqu'à ce qu'il la quittât définitivement pour une cinquième, la marine. Il devait mourir sénateur, après un sixième avatar.

Aide de camp de Chevert, puis secrétaire d'ambassade à Londres, où il fut reçu membre de la Société royale, il partit de Brest, en 1756, avec le grade de capitaine de dragons, pour rejoindre Montcalm au Canada. Aide de camp de ce général, il se fit remarquer en différentes occasions, qui lui méritèrent la confiance de son chef, et fut envoyé en France demander des renforts.

Notre malheureuse patrie ne comptait plus ses revers en Europe, où elle avait besoin de toutes ses ressources. Aussi, lorsque le jeune Bougainville exposa à M. de Choiseul l'objet de sa mission, le ministre répondit-il avec brusquerie:

«Lorsque le feu est à la maison, on ne s'occupe guère des écuries. — Au moins, monsieur, répondit Bougainville, on ne dira pas que vous parlez comme un cheval.»

Cette saillie était trop spirituelle et trop mordante pour lui concilier la bienveillance du ministre. Heureusement, M$^{me}$ de Pompadour aimait les gens d'esprit; elle présenta au roi Bougainville, qui, s'il ne put rien obtenir pour son général, eut le talent de se faire nommer colonel et chevalier de Saint-Louis, bien qu'il n'eût que sept ans de service. De retour au Canada, il eut à cœur de justifier la confiance de Louis XV et se fit remarquer dans plusieurs affaires. Après la perte de cette colonie, il servit en Allemagne sous M. de Choiseul-Stainville.

La paix de 1763 vint arrêter sa carrière militaire. La vie de garnison ne pouvait convenir à un esprit aussi actif, aussi amoureux du mouvement que celui de Bougainville. Il conçut alors le singulier projet de coloniser les îles Falkland, à l'extrémité méridionale de l'Amérique du Sud, et d'y transporter, de bonne volonté, les colons canadiens qui avaient émigré en France, pour échapper au joug tyrannique de l'Angleterre. Enthousiasmé de cette idée, il s'adressa à certains armateurs de Saint-Malo, qui, depuis le commencement du siècle, fréquentaient cet archipel et lui avaient donné le nom d'îles Malouines.

Dès qu'il eut gagné leur confiance, Bougainville fit miroiter aux yeux du ministère les avantages, cependant bien problématiques, de cet établissement, qui, par son heureuse situation, pouvait servir de relâche aux bâtiments allant dans la mer du Sud. Fortement épaulé, il obtint l'autorisation qu'il demandait et enleva sa nomination de capitaine de vaisseau.

On était en 1763. Il y a peu d'apparence que les officiers de marine, qui avaient conquis leur avancement en passant par tous les grades, aient vu d'un bon œil une nomination que rien n'avait justifiée jusqu'alors. Peu importait, d'ailleurs, au ministre de la marine, M. de Choiseul-Stainville. Il avait eu Bougainville sous ses ordres, et était trop grand seigneur pour ne pas mépriser les criailleries du corps des officiers de vaisseau.

Bougainville, après avoir converti à ses projets MM. de Nerville et d'Arboulin, son cousin et son oncle, fit aussitôt construire et armer à Saint-Malo, par les soins de M. Guyot-Duclos, l'*Aigle*, de 20 canons, et le *Sphinx*, de 12, sur lesquels il embarqua plusieurs familles canadiennes. Parti de Saint-Malo le 15 septembre 1763, il relâcha à l'île Sainte-Catherine, sur la côte du Brésil, à Montevideo, où il prit beaucoup de chevaux et de bêtes à cornes, et débarqua aux Malouines, dans une grande baie qui lui parut tout à fait propre à ses projets; mais il ne lui fallut pas longtemps pour voir que ce qui avait été pris par tous les navigateurs pour des bois de moyenne hauteur n'était que roseaux. Pas un arbre, pas un arbrisseau ne poussait sur ces îles. On pouvait heureusement les remplacer comme combustible par une excellente tourbe. La pêche et la chasse y offraient aussi d'abondantes ressources.

La colonie ne fut d'abord composée que de vingt-neuf personnes, auxquelles on bâtit des cases et un magasin aux vivres. En même temps, on traçait et on commençait un fort capable de contenir quatorze pièces de canon. M. de Nerville consentit à rester à la tête de l'établissement, tandis que Bougainville repartait pour la France, le 5 avril. Là, il racola de nouveaux colons et prit un chargement considérable de provisions de toute espèce, qu'il débarqua le 5 janvier 1765. Puis, il alla chercher dans le détroit de Magellan une cargaison de bois, et rencontra, comme nous l'avons dit plus haut, les bâtiments du Commodore Byron, qu'il suivit jusqu'au port Famine. Il y embarqua plus de dix mille plants d'arbres de différents âges, qu'il avait l'intention de transporter aux Malouines. Lorsqu'il quitta cet archipel, le 27 avril suivant, la colonie se composait de quatre-vingts personnes, en y comprenant un état-major payé par le roi. Vers la fin de 1765, les deux mêmes bâtiments furent renvoyés avec des vivres et de nouveaux habitants.

L'établissement commençait alors à prendre figure, lorsque les Anglais vinrent s'établir au port Egmont reconnu par Byron. En même temps, le capitaine Macbride essayait de se faire livrer l'établissement en prétendant que ces terres appartenaient au roi d'Angleterre, bien que Byron n'eût reconnu les Malouines qu'en 1765, alors que les Français y étaient établis depuis deux ans. Sur ces entrefaites, l'Espagne les revendiqua à son tour, comme une dépendance de l'Amérique méridionale. L'Angleterre, pas plus que la France, ne voulut rompre la paix pour la possession de cet archipel sans grande importance commerciale, et Bougainville fut obligé d'abandonner son entreprise, sous la condition que la cour de Madrid l'indemniserait de ses frais. Bien plus, il fut chargé par le gouvernement français d'effectuer la remise des Malouines aux commissaires espagnols.

Cette tentative insensée de colonisation fut l'origine et la source de la fortune de Bougainville, car, pour utiliser ce dernier armement, le ministère le chargea de revenir par la mer du Sud et d'y faire des découvertes.

Dans les premiers jours de novembre 1766, Bougainville se rendit à Nantes, où son second, M. Duclos-Guyot, capitaine de brûlot et habile marin vieilli dans les rangs inférieurs parce qu'il n'était pas noble, surveillait les détails de l'armement de la frégate *la Boudeuse*, de 26 canons.

Ce fut le 15 novembre que Bougainville partit de la rade de Mindin, à l'embouchure de la Loire, pour la rivière de la Plata, où il devait trouver les deux frégates espagnoles *la Esmeralda* et *la Liebre*. Mais à peine la *Boudeuse* avait-elle pris le large, qu'une horrible tempête s'éleva. La frégate, dont le gréement était neuf, fit des avaries assez sérieuses pour être obligée de venir se réparer à Brest, où elle entra le 21 novembre. Cette épreuve avait suffi à son commandant pour se rendre compte que la *Boudeuse* était peu propre au service qu'on en attendait. Il fit donc diminuer la hauteur des mâts, changea son artillerie pour une autre plus légère; mais, malgré ces modifications, *la Boudeuse* ne convenait nullement pour les grosses mers et les tempêtes du cap Horn. Cependant, le rendez-vous était fixé avec les Espagnols, et Bougainville dut reprendre la mer. L'état-major de la frégate se composait de onze officiers et trois volontaires, au nombre desquels était le prince de Nassau-Sieghen. L'équipage comprenait deux cent trois matelots, mousses ou domestiques.

Jusqu'à la Plata, la mer fut assez calme pour permettre à Bougainville de faire nombre d'observations sur les courants, causes fréquentes des erreurs commises par les navigateurs dans leur estime.

Le 31 janvier, la *Boudeuse* mouilla dans la baie de Montevideo, où l'attendaient, depuis un mois, les deux frégates espagnoles, sous le commandement de D. Philippe Ruis-Puente. Le séjour de Bougainville sur cette rade et bientôt à Buenos-Ayres, où il alla s'entendre avec le gouverneur au sujet de sa mission, le mit à même de recueillir sur la ville et les mœurs de ses habitants des renseignements trop curieux pour que nous les passions sous silence. Buenos-Ayres lui parut beaucoup trop grand pour le nombre de ses habitants, qui ne dépassait pas 20,000. Cela tient à ce que les maisons n'ont qu'un seul étage avec une grande cour et un jardin. Non seulement cette ville n'a pas de port, mais pas même de môle. Aussi les navires sont-ils forcés de décharger leur cargaison sur des allèges, qui entrent dans une petite rivière où des chariots viennent prendre les ballots pour les porter à la ville.

Ce qui donne à Buenos-Ayres un caractère original, c'est le grand nombre de ses communautés d'hommes et de femmes.

> «L'année y est remplie, dit Bougainville, des fêtes de saints qu'on célèbre par des processions et des feux d'artifice. Les cérémonies du culte tiennent lieu de spectacles.... Les jésuites offraient à la piété des femmes un moyen de sanctification plus austère que les précédents. Il avaient, attenant à leur couvent, une maison nommée *casa de los ejercicios de las mujeres*, c'est-à-dire maison des exercices des femmes. Les femmes et les filles, sans le consentement des maris ni des parents, venaient s'y sanctifier par une retraite de douze jours. Elles y étaient logées et nourries aux dépens de la compagnie. Nul homme ne pénétrait dans ce sanctuaire, s'il n'était revêtu de l'habit de Saint-Ignace; les domestiques, même du sexe féminin, n'y pouvaient accompagner leurs maîtresses. Les exercices dans ce lieu saint étaient la méditation, la prière, les catéchismes, la confession et la flagellation. On nous a fait remarquer les murs de la chapelle encore teints du sang que faisaient, nous a-t-on dit, rejaillir les disciplines dont la pénitence armait les mains de ces Madeleines.»

Les environs de la ville étaient bien cultivés et égayés par un grand nombre de maisons de campagne appelées «quintas». Mais, à deux ou trois lieues seulement de Buenos-Ayres, ce n'étaient plus que des plaines immenses, sans une ondulation, abandonnées aux taureaux et aux chevaux, qui en sont à peu près les seuls habitants. Ces animaux étaient en telle abondance, dit Bougainville, «que les voyageurs, lorsqu'ils ont faim, tuent un bœuf, en prennent ce qu'ils peuvent manger et abandonnent le reste, qui devient la proie des chiens sauvages et des tigres».

Les Indiens qui habitent les deux rives de la Plata n'avaient encore pu être soumis par les Espagnols. Ils portaient le nom d'«Indios bravos.»

«Ils sont d'une taille médiocre, fort laids et presque tous galeux. Leur couleur est très basanée, et la graisse, dont ils se frottent continuellement, les rend encore plus noirs. Ils n'ont d'autre vêtement qu'un grand manteau de peau de chevreuil qui leur descend jusqu'aux talons et dans lequel ils s'enveloppent…. Ces Indiens passent leur vie à cheval, du moins auprès des établissements espagnols. Ils viennent quelquefois avec leurs femmes pour y acheter de l'eau-de-vie, et ils ne cessent d'en boire que quand l'ivresse les laisse absolument sans mouvement…. Quelquefois, ils s'assemblent en troupe de deux ou trois cents pour venir enlever des bestiaux sur les terres des Espagnols, ou pour attaquer les caravanes de voyageurs. Ils pillent, massacrent et emmènent en esclavage. C'est un mal sans remède; comment dompter une nation errante, dans un pays immense et inculte, où il serait même difficile de la rencontrer?»

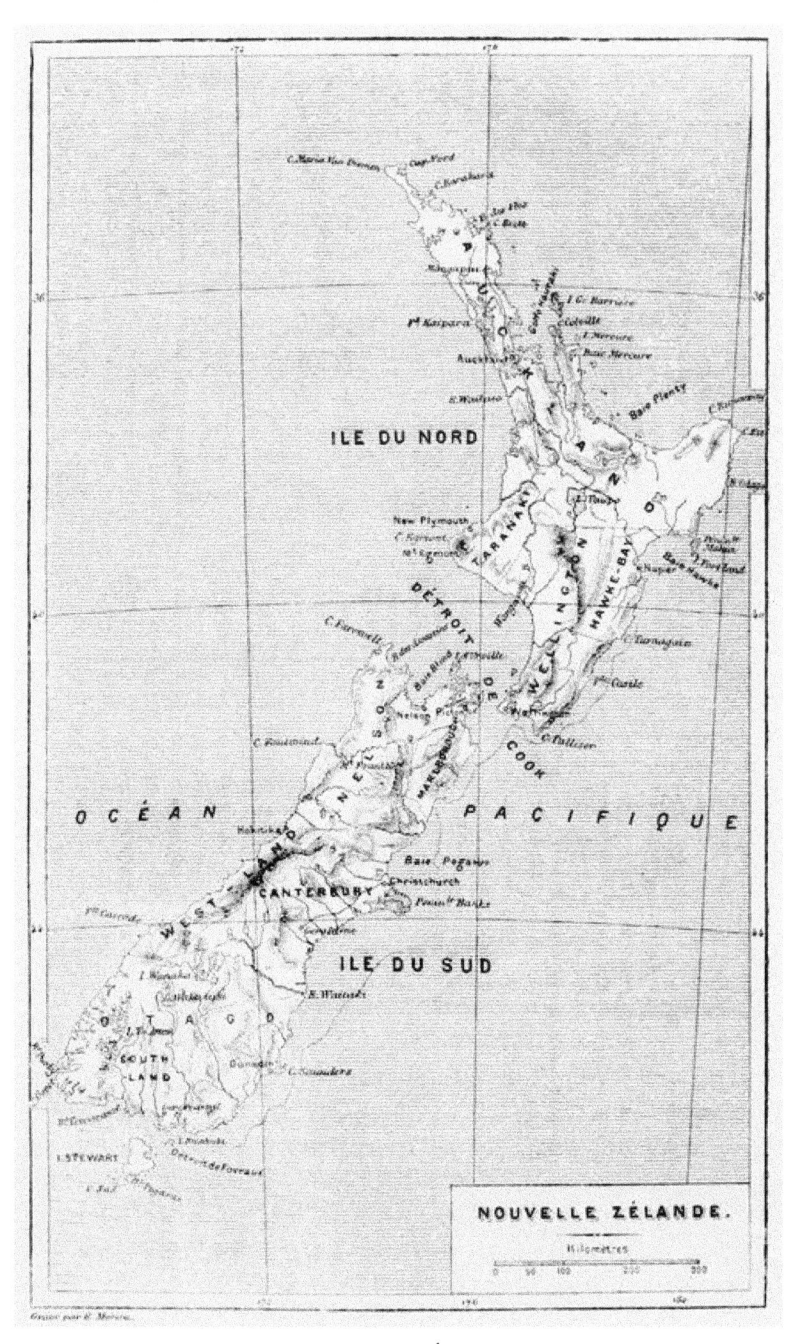

NOUVELLE ZÉLANDE.

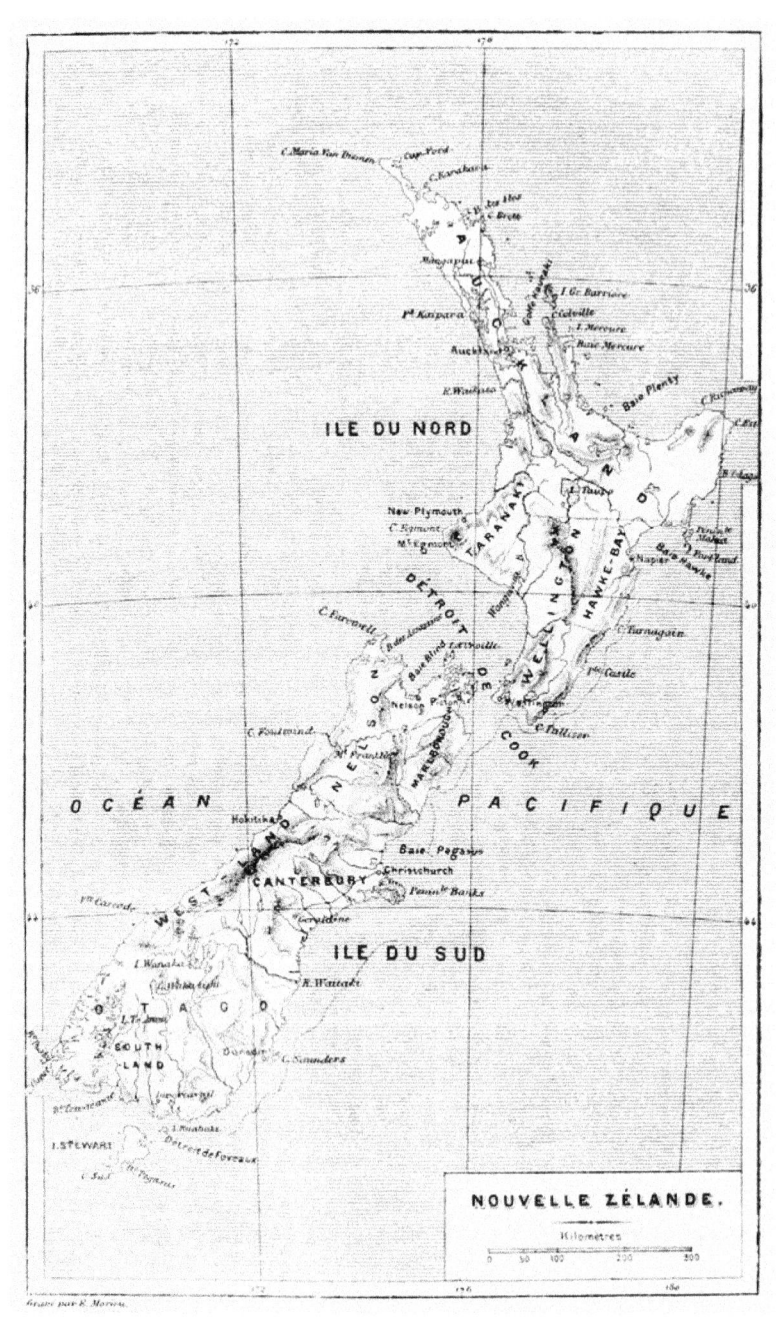

NOUVELLE ZÉLANDE.

On les fit danser.

Quant au commerce, il était loin d'être florissant depuis qu'il était défendu de faire passer, par terre, au Pérou et au Chili, les marchandises d'Europe. Cependant, Bougainville vit encore sortir de Buenos-Ayres un vaisseau porteur d'un million de piastres, «et si tous les habitants de ce pays, ajoute-t-il, avaient le débouché de leurs cuirs en Europe, ce commerce seul suffirait à les enrichir.»

Le mouillage de Montevideo est sûr, quoiqu'on y essuie quelquefois des «pamperos», tourmentes du sud-ouest accompagnées d'orages affreux. La ville n'offre rien d'intéressant; ses environs sont si incultes, qu'il faut faire venir de Buenos-Ayres la farine, le biscuit et tout ce qui est nécessaire aux bâtiments. On y trouve cependant en abondance des fruits, tels que figues, pêches, pommes, coings, etc., ainsi que la même quantité de viande de boucherie que dans le reste du pays.

Ces documents, qui datent de cent ans, sont curieux à rapprocher de ceux que nous fournissent les voyageurs contemporains, et notamment M. Émile Daireaux, dans son livre sur la Plata. Sous bien des rapports, ce tableau est encore exact; mais il est certains autres détails,—tels que l'instruction, dont Bougainville n'avait pas à parler puisqu'elle n'existait pas,—qui ont fait des progrès immenses.

Lorsque les vivres, les provisions d'eau et de viande sur pied furent embarqués, les trois bâtiments firent voile, le 28 février 1767, pour les îles Malouines. La traversée ne fut pas heureuse. Des vents variables, un gros temps et une mer démontée causèrent quelques avaries à la *Boudeuse*. Ce fut le 23 mars qu'elle jeta l'ancre dans la baie Française, où elle fut rejointe le lendemain par les deux bâtiments espagnols, qui avaient été sérieusement éprouvés par la tempête.

Le 1$^{er}$ avril eut lieu la remise solennelle de l'établissement aux Espagnols. Peu de Français profitèrent de la permission que le roi leur donnait de rester aux Malouines; presque tous préférèrent s'embarquer sur les frégates espagnoles en partance pour Montevideo. Quant à Bougainville, il était obligé d'attendre la flûte *l'Étoile*, qui devait lui apporter des provisions et l'accompagner dans son voyage autour du monde.

Cependant, les mois de mars, d'avril et de mai s'écoulèrent sans que *l'Étoile* parût. Il était impossible de traverser l'océan Pacifique avec les six mois de vivres seulement que portait la *Boudeuse*. Bougainville se détermina donc, le 2 juin, à gagner Rio-de-Janeiro, qu'il avait indiqué à M. de La Giraudais, commandant de *l'Étoile*, comme lieu de réunion, dans le cas où des circonstances imprévues l'empêcheraient de se rendre aux Malouines.

La traversée se fit par un temps si favorable, qu'il ne fallut que dix-huit jours pour gagner cette colonie portugaise. *L'Étoile*, qui l'y attendait depuis quatre jours, avait quitté la France plus tard qu'on ne l'espérait. Elle avait dû chercher un refuge contre la tempête à Montevideo, d'où elle avait gagné Rio, suivant ses instructions.

Fort bien accueillis par le comte d'Acunha, vice-roi du Brésil, les Français purent voir, à l'Opéra, les comédies de Métastase représentées par une troupe de mulâtres, et entendre les chefs-d'œuvre des grands maîtres italiens, exécutés par un mauvais orchestre, que dirigeait un abbé bossu, en costume ecclésiastique.

Mais les bons procédés du comte d'Acunha ne durèrent pas. Bougainville, qui, avec la permission du vice-roi, avait acheté un senau, s'en vit, sans motifs, refuser la livraison. Il lui fut défendu de prendre dans le chantier royal les bois qui lui étaient nécessaires et pour lesquels il avait conclu un marché; enfin, on l'empêcha de se loger avec son état-major, pendant le temps que durèrent les réparations de la *Boudeuse*, dans une maison voisine de la ville, qu'un particulier avait mise à sa disposition. Pour éviter toute altercation, Bougainville fit à la hâte ses préparatifs de départ.

Avant de quitter la capitale du Brésil, le commandant français entre dans quelques détails sur la beauté du port et le pittoresque de ses environs, et termine par une très-curieuse digression sur les richesses prodigieuses du pays, dont le port est l'entrepôt.

> «Les mines appelées *générales*, dit-il, sont les plus voisines de la ville, dont elles sont distantes d'environ soixante-quinze lieues. Elles rendent au roi tous les ans, pour son droit de quint, au moins cent douze arobes d'or; l'année 1762, elles en rapportèrent cent dix-neuf. Sous la capitainerie des mines générales, on comprend celles de *Rio-des-Morts*, de *Sabara* et de *Sero-Frio*. Cette dernière, outre l'or qu'on en retire, produit encore tous les diamants qui viennent du Brésil. Toutes ces pierres, excepté les diamants, ne sont point de contrebande; elles appartiennent aux entrepreneurs, qui sont obligés de donner un compte exact des diamants trouvés et de les remettre entre les mains de l'intendant préposé par le roi à cet effet. Cet intendant les dépose aussitôt dans une cassette cerclée de fer et fermée avec trois serrures. Il a une des clés, le vice-roi une autre et le *Provedor de hacienda reale* la troisième. Cette cassette est renfermée dans une seconde, où sont posés les cachets des trois personnes mentionnées ci-dessus et qui contient les trois clefs de la première. Le vice-roi n'a pas le pouvoir de visiter ce qu'elle renferme. Il consigne seulement le tout à un troisième coffre-fort, qu'il envoie à Lisbonne, après avoir apposé son cachet sur la serrure.»

Malgré toutes ces précautions et la sévérité avec laquelle étaient punis les voleurs de diamants, il se faisait une contrebande effrénée. Mais ce n'était pas la seule branche de revenus, et Bougainville calcule qu'en défalquant l'entretien des troupes, la solde des officiers civils et toutes les dépenses d'administration, le revenu que le roi de Portugal tirait du Brésil dépassait dix millions de livres.

De Rio à Montevideo, aucun incident ne se produisit; mais, sur la Plata, pendant une tourmente, l'*Étoile* fut abordée par un bâtiment espagnol, qui lui rompit son beaupré, sa poulaine et quantité de manœuvres. Les avaries et la violence du choc qui avait augmenté la voie d'eau du navire, le forcèrent à remonter à Enceñada de Baragan, où il était plus facile qu'à Montevideo de faire les réparations nécessaires. Il ne fut donc possible de sortir de la rivière que le 14 novembre.

Treize jours plus tard, les deux bâtiments étaient en vue du cap des Vierges, à l'entrée du détroit de Magellan, où ils ne tardèrent pas à pénétrer. La baie Possession, la première qu'on y rencontre, est un grand enfoncement ouvert à tous les vents et n'offrant que de très mauvais mouillages. Du cap des Vierges au cap d'Orange, on compte près de quinze lieues, et le détroit est partout large de cinq à sept lieues. Le premier goulet fut franchi sans difficulté, et l'ancre fut alors jetée dans la baie Boucault, où une dizaine d'officiers et de matelots descendirent à terre.

Ils ne tardèrent pas à lier connaissance avec les Patagons et à échanger quelques bagatelles, précieuses pour ceux-ci, contre des peaux de vigogne et de guanaco. Ces naturels étaient d'une taille élevée, mais pas un n'avait six pieds.

> «Ce qui m'a paru être gigantesque en eux, dit Bougainville, c'est leur énorme carrure, la grosseur de leur tête et l'épaisseur de leurs membres. Ils sont robustes et bien nourris; leurs nerfs sont tendus, leur chair est ferme et soutenue; c'est l'homme qui, livré à la nature et à un aliment plein de sucs, a pris tout l'accroissement dont il est susceptible.»

Du premier au second goulet, qui fut passé aussi heureusement, il peut y avoir six ou sept lieues. Ce goulet n'a qu'une lieue et demie de largeur et quatre de longueur. Dans cette partie du détroit, les bâtiments ne tardèrent pas à rencontrer les îles Saint-Barthélemy et Sainte-Élisabeth. Les Français descendirent sur cette dernière. Ils n'y trouvèrent ni bois ni eau. C'est une terre absolument stérile.

A partir de cet endroit, la côte américaine du détroit est abondamment garnie de bois. Si les premiers pas difficiles avaient été franchis avec bonheur, Bougainville allait cependant trouver à exercer sa patience. En effet, le caractère distinctif de ce climat, c'est que les variations de l'atmosphère s'y succèdent avec une telle promptitude qu'il est impossible de prévoir leurs brusques et dangereuses révolutions. De là des avaries qu'il est impossible de prévenir, qui retardent les bâtiments, lorsqu'elles ne les forcent pas à chercher un abri à la côte pour se réparer.

La baie Guyot-Duclos est un excellent mouillage, où l'on trouve, avec un bon fond, six ou huit brasses d'eau. Bougainville s'y arrêta pour remplir quelques futailles et tâcher de s'y procurer un peu de viande fraîche; mais il n'y rencontra qu'un petit nombre d'animaux sauvages. La pointe Sainte-Anne fut ensuite relevée. C'est là qu'avait été établie, en 1581, la colonie de

Philippeville par Sarmiento. Nous avons raconté dans un volume précédent l'épouvantable catastrophe qui a valu à ce lieu le nom de port Famine.

Les Français reconnurent ensuite plusieurs baies, caps et havres où ils entrèrent en relâche. Ce sont la baie Bougainville, où l'*Étoile* fut radoubée, le port Beau-Bassin, la baie de la Cormandière, à la côte de la Terre de Feu, le cap Forward, qui forme la pointe la plus méridionale du détroit et de la Patagonie, la baie de la Cascade, sur la Terre de Feu, dont la sûreté, la commodité de l'ancrage, la facilité à faire de l'eau et du bois font un asile qui ne laisse rien à désirer aux navigateurs. Ces ports, que Bougainville venait de découvrir, sont précieux en ce qu'ils permettent de prendre des bordées avantageuses pour doubler le cap Forward, un des points les plus redoutés des marins à cause des vents impétueux et contraires qu'on y rencontre ordinairement.

L'année 1768 fut commencée dans la baie Fortescue, au fond de laquelle s'ouvre le port Galant, dont le plan avait été autrefois très exactement levé par M. de Gennes. Un temps détestable, dont le plus mauvais hiver de Paris ne peut donner une idée, y retint l'expédition française pendant plus de trois semaines. Elle y fut visitée par une bande de «Pécherais», habitants de la Terre de Feu, qui montèrent à bord des navires.

> «On les fit chanter, dit la relation, danser, entendre des instruments et surtout manger, ce dont ils s'acquittèrent avec grand appétit. Tout leur était bon: pain, viande salée, suif, ils dévoraient tout ce qu'on leur présentait..... Ils ne témoignèrent aucune surprise, ni à la vue des navires, ni à celle des objets divers qu'on offrit à leurs regards; c'est sans doute que, pour être surpris de l'ouvrage des arts, il en faut avoir quelques idées élémentaires. Ces hommes bruts traitaient les chefs-d'œuvre de l'industrie humaine comme ils traitent les lois de la nature et ses phénomènes.... Ces sauvages sont petits, vilains, maigres, et d'une puanteur insupportable. Ils sont presque nus, n'ayant pour vêtement que de mauvaises peaux de loups marins, trop petites pour les envelopper...... Leurs femmes sont hideuses, et les hommes semblent avoir pour elles peu d'égards.... Ces sauvages habitent pêle-mêle, hommes, femmes et enfants, dans des cabanes, au milieu desquelles est allumé le feu. Ils se nourrissent principalement de coquillages; cependant, ils ont des chiens et des lacs faits de barbe de baleine... Au reste, ils paraissent assez bonnes gens, mais ils sont si faibles, qu'on est tenté de ne pas leur en savoir gré... De tous les sauvages que j'ai vus, les Pécherais sont les plus dénués de tout.»

La relâche en cet endroit fut attristée par un pénible événement. Un enfant d'une douzaine d'années était venu à bord, où on lui avait donné des morceaux de verre et de glace, ne prévoyant pas l'usage qu'il en devait faire. Ces sauvages ont, paraît-il, l'habitude de s'enfoncer dans la gorge des morceaux de talc en guise de talisman. Ce garçon en avait, sans doute, voulu faire autant avec le verre; aussi, lorsque les Français débarquèrent, ils le trouvèrent en proie à des vomissements violents et à des crachements de sang. Son gosier et ses gencives étaient coupés et ensanglantés. Malgré les enchantements et les frictions enragées d'un jongleur, ou peut-être même à cause de ce massage par trop énergique, l'enfant souffrait énormément, et il ne tarda pas à mourir. Ce fut pour les Pécherais le signal d'une fuite précipitée. Ils craignaient sans doute que les Français ne leur eussent jeté un sort et qu'ils ne vinssent tous à mourir de la même manière.

Le 16 janvier, alors qu'elle essayait de gagner l'île Rupert, la *Boudeuse* fut entraînée par le courant à une demi-encâblure du rivage. L'ancre, qui avait été aussitôt jetée, cassa, et, sans une petite brise de terre, la frégate échouait. Il fallut regagner le havre Galant. C'était à propos, car, le lendemain, se déchaînait un épouvantable ouragan.

> «Après avoir essuyé pendant vingt-six jours, au port Galant, des vents constamment mauvais et contraires, trente-six heures d'un bon vent, tel que jamais nous n'eussions osé l'espérer, ont suffi pour nous amener dans la mer Pacifique, exemple que je crois unique d'une navigation sans mouillage depuis le port Galant jusqu'au débouquement. J'estime la longueur entière du détroit, depuis le cap des Vierges jusqu'au cap des Piliers, d'environ cent quatorze lieues. Nous avons employé cinquante-deux jours à les faire.... Malgré les difficultés que nous avons essuyées dans le passage du détroit de Magellan (et ici Bougainville est absolument d'accord avec Byron), je conseillerai toujours de préférer cette route à celle du cap Horn, depuis le mois de septembre jusqu'à la fin de mars. Pendant les autres mois de l'année, je prendrais le parti de passer à mer ouverte. Le vent contraire et la grosse mer ne sont pas des dangers, au lieu qu'il n'est pas sage de se mettre à tâtons entre des terres. On sera sans doute retenu quelque temps dans le détroit, mais ce retard n'est pas en pure perte. On y trouve en abondance de l'eau, du bois et des coquillages, quelquefois aussi de très bons poissons, et assurément je ne doute pas que le scorbut ne fît plus de dégât dans un équipage qui serait parvenu à la mer Occidentale en doublant le cap Horn que dans celui qui y sera entré par le détroit de Magellan. Lorsque nous en sortîmes, nous n'avions personne sur les cadres.»

Cette opinion de Bougainville a, jusqu'à ces derniers temps, rencontré de nombreux contradicteurs, et la route qu'il avait si chaudement recommandée demeura tout à fait abandonnée des navigateurs. A plus forte raison en est-il de même aujourd'hui que la vapeur a transformé complètement la marine et changé toutes les conditions de l'art nautique.

A peine avait-il pénétré dans la mer du Sud, que Bougainville, à sa grande surprise, trouva les vents du sud. Aussi dut-il renoncer à gagner l'île de Juan-Fernandez, comme il l'avait résolu.

Il avait été convenu avec le commandant de l'*Étoile*, M. de La Giraudais, que, dans le but de découvrir un plus grand espace de mer, les deux bâtiments se tiendraient aussi éloignés l'un de l'autre qu'il serait nécessaire pour ne pas se perdre de vue, et que chaque soir la flûte rallierait la frégate en se tenant à la distance d'une demi-lieue, de façon que, si la *Boudeuse* venait à rencontrer quelque danger, l'*Étoile* pût facilement l'éviter.

Bougainville chercha quelque temps l'île de Pâques sans la trouver. Puis, il gagna, pendant le mois de mars, le parallèle des terres et des îles marquées par erreur, sur la carte de M. Bellin, sous le nom d'îles de Quiros. Le 22 du même mois, il eut connaissance de quatre îlots, auxquels il donna le nom des Quatre-Facardins, et qui faisaient partie de cet archipel Dangereux, amas d'îlots madréporiques, bas et noyés, que tous les navigateurs, qui pénétraient dans l'océan Pacifique par le détroit de Magellan ou le cap Horn, semblaient s'être donné le mot pour rencontrer. Un peu plus loin fut découverte une île fertile, habitée par des sauvages entièrement nus et armés de longues piques qu'ils brandissaient avec des démonstrations de menace, ce qui lui valut le nom d'île des Lanciers.

Nous ne répéterons pas ce que nous avons eu déjà l'occasion de dire à plusieurs reprises au sujet de la nature de ces îles, de leur difficulté d'accès, de leur population sauvage et inhospitalière. Cette même île des Lanciers fut appelée par Cook Thrum-Cap; et l'île de la Harpe, que Bougainville reconnut le 24, est l'île Bow du même navigateur.

L'île des Lanciers.

Le commandant, sachant que Roggewein avait failli périr en visitant ces parages et pensant que l'intérêt de leur exploration ne valait pas les dangers qu'on pourrait courir, marcha au sud et perdit bientôt de vue cet immense archipel, qui s'étend sur une longueur de cinq cents lieues et ne comprend pas moins de soixante îles ou groupes d'îles.

Le 2 avril, Bougainville aperçut une montagne haute et escarpée, à laquelle il imposa le nom de pic de la Boudeuse. C'était l'île Maïtea, que Quiros avait déjà nommée la Dezana. Le 4, au lever du soleil, les navires étaient en présence de Taïti, longue île composée de deux presqu'îles réunies par une langue de terre qui n'a pas plus d'un mille de large.

Pirogues des îles Marquises. (*Fac-simile. Gravure ancienne.*)

Plus de cent pirogues à balancier ne tardèrent pas à entourer les deux bâtiments; elles étaient chargées de cocos et d'une foule de fruits délicieux, qu'on échangea facilement contre toute sorte de bagatelles. Lorsque la nuit survint, le rivage s'éclaira de mille feux, auxquels on répondit du bord en lançant quelques fusées.

«L'aspect de cette côte, élevée en amphithéâtre, dit Bougainville, nous offrait le plus riant spectacle. Quoique les montagnes y soient d'une grande hauteur, le rocher n'y montre nulle part son aride nudité; tout y est couvert de bois. A peine en crûmes nous nos yeux, lorsque nous découvrîmes un pic chargé d'arbres jusqu'à sa cime isolée, qui s'élevait au niveau des montagnes, dans l'intérieur de la

> partie méridionale de l'île; il ne paraissait pas avoir plus de trente toises de diamètre et il diminuait de grosseur en montant; on l'eût pris de loin pour une pyramide immense, que la main d'un décorateur habile aurait parée de guirlandes de feuillage. Les terrains moins élevés sont entrecoupés de prairies et de bosquets, et, dans toute l'étendue de la côte, il règne sur les bords de la mer, au pied du pays haut, une lisière de terre basse et unie couverte de plantations. C'est là que, au milieu des bananiers, des cocotiers et d'autres arbres chargés de fruits, nous aperçûmes les maisons des insulaires.»

Toute la journée du lendemain se passa en échanges. Outre des fruits, les indigènes offraient des poules, des pigeons, des instruments de pêche, des outils, des étoffes, des coquilles, pour lesquels ils demandaient des clous et des pendants d'oreilles.

Le 6 au matin, après trois jours passés à louvoyer pour reconnaître la côte et y chercher une rade, Bougainville se détermina à mouiller dans la baie qu'il avait vue le jour de son arrivée.

> «L'affluence des pirogues, dit-il, fut si grande autour des vaisseaux, que nous eûmes beaucoup de peine à nous amarrer au milieu de la foule et du bruit. Tous venaient en criant «Tayo!» qui veut dire «ami», et nous donnant mille témoignages d'amitié.... Les pirogues étaient remplies de femmes, qui ne le cèdent pas pour l'agrément de la figure au plus grand nombre des Européennes, et qui, pour la beauté du corps, pourraient le disputer à toutes avec avantage.»

Le cuisinier de Bougainville avait trouvé moyen de s'échapper, malgré les défenses qui avaient été faites, et de gagner le rivage. Mais il ne fut pas plus tôt arrivé à terre, qu'il se vit entouré d'une foule considérable, qui le déshabilla entièrement pour considérer toutes les parties de son corps. Il ne savait ce qu'on allait faire de lui et déjà il se croyait perdu, lorsque les indigènes lui remirent ses habits et le ramenèrent à bord plus mort que vif. Bougainville voulait le réprimander; mais le pauvre homme lui avoua qu'il aurait beau le menacer, jamais il ne lui ferait autant de peur qu'il venait d'en avoir à terre.

Dès que le bâtiment fut amarré, Bougainville descendit sur le rivage avec quelques officiers pour reconnaître l'aiguade. Une foule énorme ne tarda pas à les entourer et à les considérer avec une extrême curiosité tout en criant: «Tayo! tayo!» Un indigène les reçut dans sa maison et leur fit servir des fruits, des poissons grillés et de l'eau. En regagnant la plage, les Français furent arrêtés par un insulaire d'une belle figure qui, couché sous un arbre, leur offrit de partager le gazon qui lui servait de siège.

«Nous l'acceptâmes, dit Bougainville. Cet homme alors se pencha vers nous, et d'un air tendre, aux accords d'une flûte dans laquelle un autre Indien soufflait avec le nez, il nous chanta lentement une chanson, sans doute anacréontique; scène charmante et digne du pinceau de Boucher. Quatre insulaires vinrent avec confiance souper et coucher à bord. Nous leur fîmes entendre flûte, basse, violon, et nous leur donnâmes un feu d'artifice composé de fusées et de serpenteaux. Ce spectacle leur causa une surprise mêlée d'effroi.»

Avant d'aller plus loin et de reproduire d'autres extraits du récit de Bougainville, nous croyons à propos de prévenir le lecteur de ne pas prendre au pied de la lettre ces tableaux dignes des *Bucoliques*. L'imagination fertile du narrateur veut tout embellir. Les scènes ravissantes qu'il a sous les yeux, cette nature pittoresque ne lui suffisent pas, et il croit ajouter de nouveaux agréments au tableau, quand il ne fait que le charger. Ce travail, il l'accomplit de bonne foi, presque inconsciemment. Il n'en est pas moins vrai qu'il ne faut accepter toutes ces descriptions qu'avec une extrême réserve. De cette tendance générale à cette époque, nous trouvons un exemple assez singulier dans le récit du second voyage de Cook. Le peintre qui avait été attaché à l'expédition, M. Hodges, voulant représenter le débarquement des Anglais dans l'île de Middelbourg, nous peint des individus qui n'ont pas le moins du monde l'air océanien, et qu'avec leur toge on prendrait bien plutôt pour des contemporains de César ou d'Auguste. Et, cependant, il avait eu les originaux sous les yeux, et rien ne lui eût été plus facile que de représenter avec fidélité une scène dont il avait été témoin! Comme nous savons mieux aujourd'hui respecter la vérité! Nulle broderie, nul enjolivement dans les relations de nos voyageurs! Si quelque fois ce n'est qu'un procès-verbal un peu sec, qui ne plaît que médiocrement à l'homme du monde, le savant y trouve presque toujours les éléments d'une étude sérieuse, les bases d'un travail utile à l'avancement de la science.

Ces réserves faites, continuons à suivre le narrateur.

Sur les bords de la petite rivière qui débouchait au fond de la baie, Bougainville fit installer ses malades et ses pièces à eau avec une garde pour leur sûreté. Ces dispositions ne furent pas sans éveiller la susceptibilité et la méfiance des indigènes. Ceux-ci voulaient bien permettre aux étrangers de débarquer et de se promener dans leur île pendant le jour, mais à la condition de les voir coucher à bord des bâtiments. Bougainville insista, et, finalement, il dut fixer la durée de son séjour.

Dès ce moment, la bonne harmonie se rétablit. Un hangar très vaste fut désigné pour recevoir les scorbutiques, au nombre de trente-quatre, et leur garde, qui se composait de trente hommes. Ce hangar fut soigneusement fermé de tous les côtés, et l'on n'y laissa qu'une issue devant laquelle les indigènes apportaient en masse les objets qu'ils voulaient échanger. Le seul ennui qu'on eut à supporter, ce fut d'avoir constamment l'œil sur tout ce qui avait été débarqué, car «il n'y a point en Europe de plus adroits filous que ces gens-là.» Suivant une louable coutume qui commençait à se généraliser, Bougainville fit cadeau au chef de ce canton d'un couple de dindes et de canards mâles et femelles, puis il fit défricher un terrain, où il sema du blé, de l'orge, de l'avoine, du riz, du maïs, des oignons, etc.

Le 10, un insulaire fut tué d'un coup de feu, sans que Bougainville, malgré les plus exactes perquisitions, pût connaître l'auteur de cet abominable assassinat. Les naturels crurent sans doute que leur compatriote s'était mis dans son tort, car ils continuèrent à alimenter le marché avec leur confiance accoutumée. Cependant, le capitaine savait que la rade n'était pas bien abritée; de plus, le fond était d'un gros corail.

Le 12, pendant un coup de vent, la *Boudeuse*, dont le grelin d'une ancre avait été coupé par le corail, faillit causer de grosses avaries à l'*Étoile*, sur laquelle elle avait dérivé. Tandis que les hommes restés à bord étaient occupés à réparer les avaries, et qu'un canot était allé à la recherche d'une seconde passe qui aurait permis aux bâtiments de sortir par tous les vents, Bougainville apprit que trois insulaires avaient été tués ou blessés dans leurs cases à coups de bayonnette, et que, l'alarme s'étant répandue, tous les naturels avaient fui dans l'intérieur du pays.

Malgré le danger que pouvaient courir les bâtiments, le capitaine descendit aussitôt à terre et fit mettre aux fers les auteurs présumés d'un crime qui aurait pu soulever contre les Français toute la population. Grâce à cette mesure rigoureuse et immédiate, les indigènes se calmèrent et la nuit se passa sans incident.

D'ailleurs, les inquiétudes les plus vives de Bougainville n'étaient pas de ce côté. Il rentra donc à son bord dès que ce fut possible. Pendant un fort grain accompagné de rafales, d'une grosse houle et de tonnerre, les deux navires eussent été jetés à la côte sans un vent de terre qui s'éleva fort à propos. Les grelins des ancres se rompirent, et peu s'en fallut que les bâtiments ne s'échouassent sur des brisants, où ils n'auraient pas tardé à être démolis. Par bonheur, l'*Étoile* put prendre le large, et bientôt la *Boudeuse* fit de même, abandonnant sur cette rade foraine six ancres, qui lui eussent été d'un grand secours pendant le reste de la campagne.

Dès qu'ils s'étaient aperçus du prochain départ des Français, les insulaires étaient venus, en foule, avec des rafraîchissements de toute sorte. En même temps, un indigène, appelé Aotourou, demanda et finit par obtenir la permission de suivre Bougainville dans son voyage. Arrivé en Europe, Aotourou demeura onze mois à Paris, où il trouva, auprès de la meilleure société, l'accueil le plus empressé et le plus bienveillant. En 1770, lorsqu'il voulut retourner dans sa patrie, le gouvernement saisit une occasion pour le faire passer à l'Ile de France. Il devait se rendre à Taïti aussitôt que la saison le permettrait; mais il mourut dans cette île, sans avoir pu transporter dans son pays l'immense cargaison d'outils de première nécessité, de graines et de bestiaux qui lui avait été remise par le gouvernement français.

Taïti, qui reçut de Bougainville le nom de Nouvelle-Cythère, à cause de la beauté de ses femmes, est la plus grande du groupe de la Société. Bien qu'elle ait été visitée par Wallis, comme nous l'avons dit plus haut, nous reproduirons certains des renseignements que nous devons à Bougainville.

Les principales productions étaient alors le coco, la banane, l'arbre à pain, l'igname, le curassol, la canne à sucre, etc. M. de Commerson, naturaliste, embarqué sur l'*Étoile*, y reconnaissait la flore des Indes. Les seuls quadrupèdes étaient les cochons, les chiens et les rats, qui pullulaient.

> «Le climat est si sain, dit Bougainville, que, malgré les travaux forcés que nous y avons faits, quoique nos gens y fussent continuellement dans l'eau et au grand soleil, qu'ils couchassent sur le sol nu et à la belle étoile, personne n'y est tombé malade. Les scorbutiques que nous y avions débarqués et qui n'y ont pas eu une seule nuit tranquille, y ont repris des forces et s'y sont rétablis en très peu de temps, au point que quelques-uns ont été depuis parfaitement guéris à bord. Au reste, la santé et la force des insulaires, qui habitent des maisons ouvertes à tous les vents, et couvrent à peine de quelques feuillages la terre qui leur sert de lit, l'heureuse vieillesse à laquelle ils parviennent sans aucune incommodité, la finesse de tous leurs sens et la beauté singulière de leurs dents, qu'ils conservent dans le plus grand âge, quelles meilleures preuves et de la salubrité de l'air et de la bonté du régime que suivent les habitants!»

Le caractère de ces peuples parut doux et bon. S'il ne semble pas qu'il y ait chez eux de guerres civiles, bien que le pays soit partagé en petits cantons dont les chefs sont indépendants les uns des autres, ils sont toutefois assez fréquemment en guerre avec les habitants des îles voisines. Non contents de massacrer les hommes et les enfants mâles pris les armes à la main, ils leur enlèvent la peau du menton avec la barbe, et conservent précieusement ce hideux trophée. Bougainville ne recueillit sur leur religion et leurs cérémonies, que des notions extrêmement vagues. Il fut cependant à même de constater le culte qu'ils rendent aux morts. Ils conservent longtemps les cadavres à l'air libre, sur une sorte d'échafaud abrité par un hangar. Malgré la puanteur qu'exhalent ces corps en décomposition, les femmes vont pleurer dans le voisinage de ces monuments une partie du jour, et arrosent de leurs larmes et d'huile de coco les dégoûtantes reliques de leur affection.

Les productions du sol sont tellement abondantes, elles exigent si peu de travail, que les hommes et les femmes vivent dans une oisiveté presque continuelle. Aussi ne faut-il pas s'étonner que le soin de plaire soit l'unique occupation de ces dernières. La danse, les chants, les longues conversations où règne la plus franche gaieté, avaient développé chez les Taïtiens une mobilité d'impressions, une légèreté d'esprit qui surprirent même les Français, peuple qui ne passe cependant pas pour sérieux, sans doute parce qu'il est plus vif, plus gai, plus spirituel que ceux qui lui font ce reproche. Impossible de fixer l'attention de ces indigènes. Un rien les frappait, mais rien ne les occupait. Malgré ce manque de réflexion, ils étaient industrieux et adroits. Leurs pirogues étaient construites d'une façon aussi ingénieuse que solide. Leurs hameçons et tous leurs instruments de pêche étaient délicatement travaillés. Leurs filets ressemblaient aux nôtres. Leurs étoffes, faites avec l'écorce d'un arbre, étaient habilement tissées et teintes de diverses couleurs.

Nous croyons résumer les impressions de Bougainville, en disant que les Taïtiens sont un peuple de «lazzaroni».

Le 16 avril, à huit heures du matin, Bougainville était à dix lieues environ dans le nord de Taïti, lorsqu'il aperçut une terre sous le vent. Bien qu'elle parût former trois îles séparées, ce n'en était qu'une en réalité. Elle se nommait Oumaitia, suivant Aotourou. Le commandant, ne jugeant pas à propos de s'y arrêter, dirigea sa route de manière à éviter les îles Pernicieuses, que le désastre de Roggewein lui commandait de fuir. Pendant tout le reste du mois d'avril, le temps fut très beau, mais avec peu de vent.

Le 3 mai, Bougainville fit porter sur une nouvelle terre, qu'il venait de découvrir, et ne tarda pas, dans la même journée, à en apercevoir plusieurs autres. Les côtes de la plus grande étaient partout escarpées; ce n'était, à vrai dire, qu'une montagne couverte d'arbres jusqu'à son sommet, sans vallées ni plage. On y vit quelques feux, des cabanes construites à l'ombre des cocotiers et une trentaine d'hommes qui couraient au bord de la mer.

Le soir, plusieurs pirogues s'approchèrent des navires, et, après quelques instants d'une hésitation bien naturelle, les échanges commencèrent. Les insulaires, pour des cocos, des ignames et des étoffes moins belles que celles de Taïti, exigeaient des morceaux de drap rouge, et repoussaient avec mépris le fer, les clous et ces pendants d'oreilles qui venaient pourtant d'obtenir un si grand succès dans l'archipel Bourbon, nom sous lequel Bougainville désigne le groupe taïtien. Les naturels avaient la poitrine, et les cuisses, jusqu'au-dessus du genou, peintes d'un bleu foncé; ils ne portaient pas de barbe, et leurs cheveux étaient relevés en touffe sur le haut de la tête.

Le jour suivant, de nouvelles îles, qui appartenaient au même archipel, furent reconnues. Leurs habitants, qui semblaient assez sauvages, ne voulurent jamais accoster les navires.

> «La longitude de ces îles, dit la relation, est à peu près la même par laquelle s'estimait être Abel Tasman, lorsqu'il découvrit les îles d'Amsterdam et de Rotterdam, des Pilstaars, du Prince-Guillaume, et les bas-fonds de Fleemskerk. C'est aussi celle qu'on assigne, à peu de chose près, aux îles de Salomon. D'ailleurs, les pirogues que nous avons vues voguer au large et dans le sud semblent indiquer d'autres îles dans cette partie. Ainsi, ces terres paraissent former une chaîne étendue sous le même méridien. Les îles qui composent cet archipel des Navigateurs gisent sous le quatorzième parallèle austral entre 171 et 172 degrés de longitude à l'ouest de Paris.»

Le scorbut commençait à reparaître avec l'épuisement des vivres frais. Il fallait donc songer à relâcher de nouveau. Le 22 du même mois et les jours suivants, furent reconnues les îles de la Pentecôte, Aurore et l'île des Lépreux, qui font partie de l'archipel des Nouvelles-Hébrides, qu'avait découvert Quiros en 1606. L'abordage paraissant facile, le commandant résolut d'envoyer à terre un détachement qui rapporterait des cocos et d'autres fruits antiscorbutiques. Pendant la journée, Bougainville alla le rejoindre. Les matelots coupaient du bois, et les indigènes les aidaient à l'embarquer. Malgré ces bonnes dispositions apparentes, ces derniers n'avaient pas abandonné toute méfiance et conservaient leurs armes à la main; ceux mêmes qui n'en avaient pas, tenaient de grosses pierres, qu'ils étaient prêts à lancer. Quand les bateaux furent chargés de bois et de fruits, Bougainville fit rembarquer tout son monde. Les indigènes s'approchèrent à ce moment en troupe nombreuse, firent voler une grêle de flèches, de lances et de zagaies; quelques-uns entrèrent même dans l'eau pour mieux ajuster les Français. Plusieurs coups de fusil tirés en l'air n'ayant produit aucun effet, une décharge bien nourrie fit fuir les naturels.

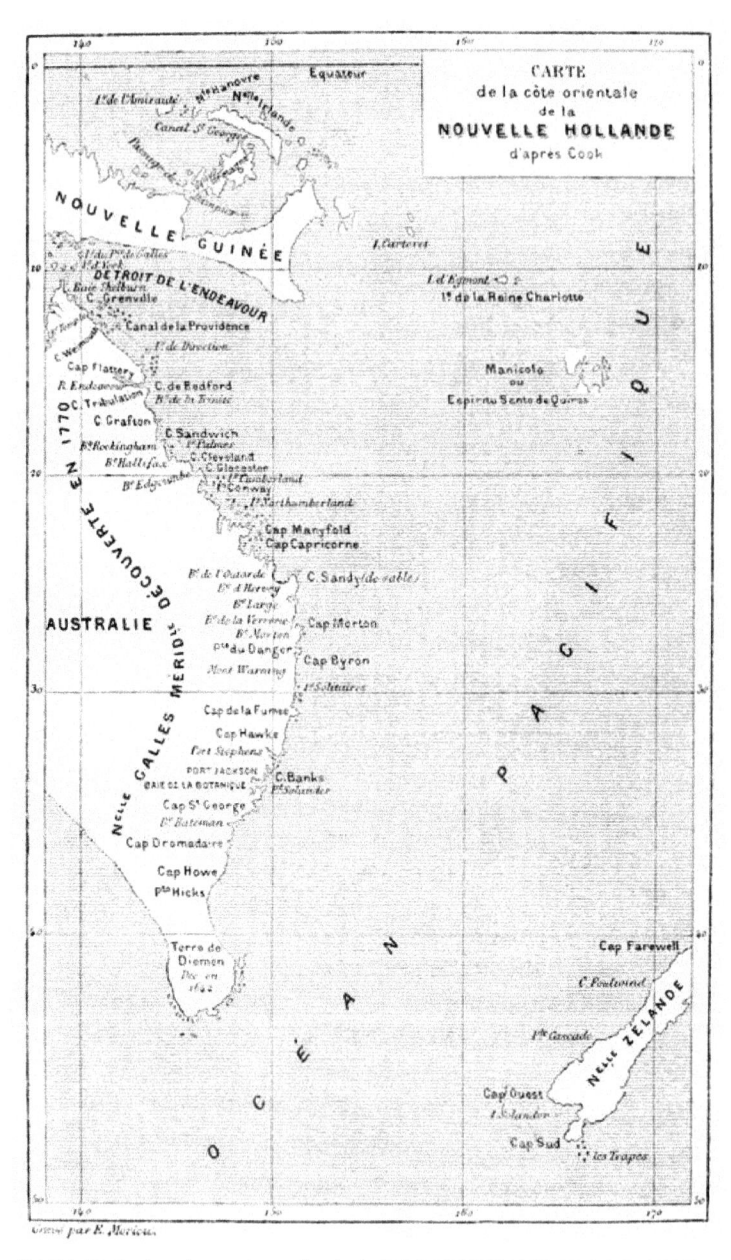

CARTE de la côte orientale de la **NOUVELLE HOLLANDE** d'après Cook.

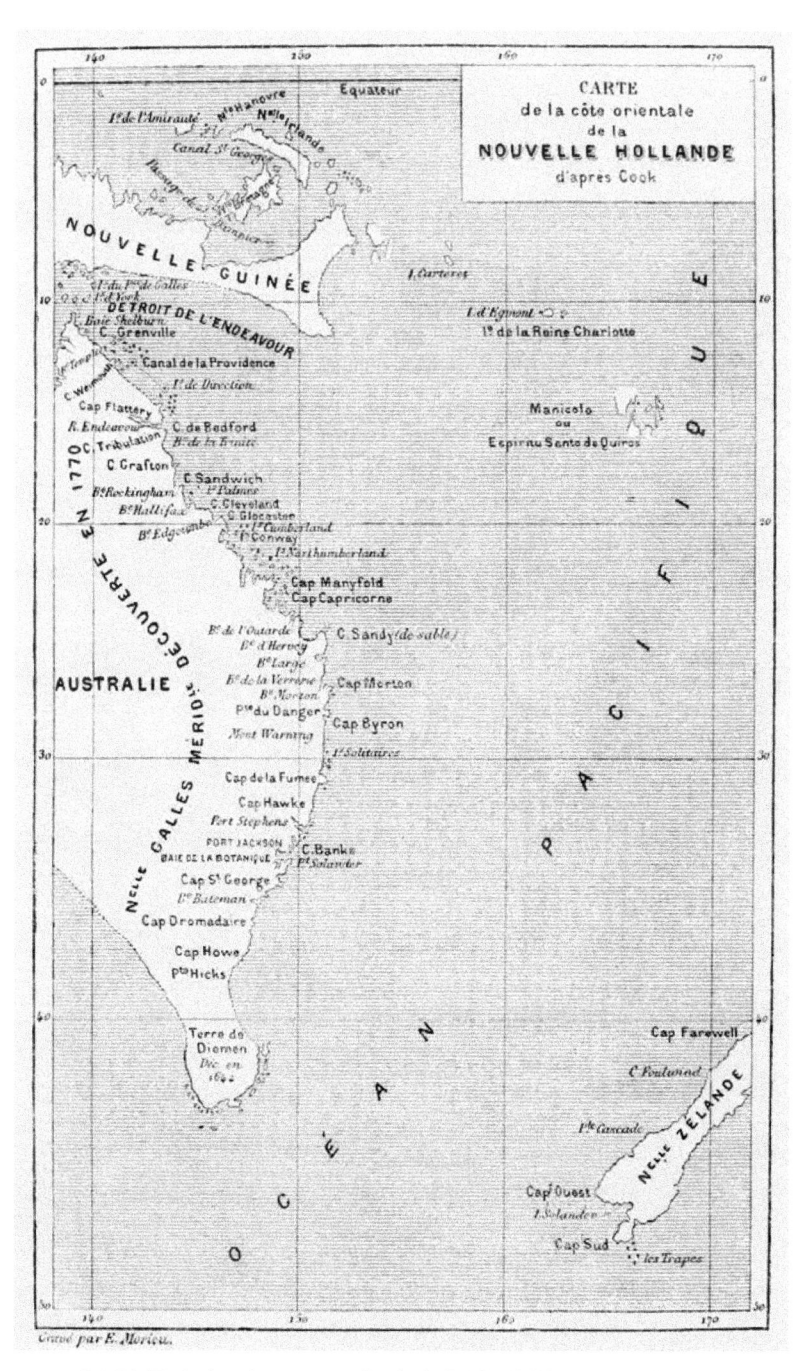

CARTE de la côte orientale de la **NOUVELLE HOLLANDE** d'après Cook.

*L'aventure de Barré.*

Quelques jours plus tard, un canot, qui cherchait un mouillage sur la côte de l'île aux Lépreux, se mit dans le cas d'être attaqué. Deux flèches, qui lui furent tirées, servirent de prétexte à la première décharge, bientôt suivie d'un feu si nourri, que Bougainville crut son embarcation en grand danger. Le nombre des victimes fut considérable; les indigènes poussaient des cris épouvantables dans les bois où ils s'étaient réfugiés. Ce fut un véritable massacre. Le commandant, très inquiet de cette mousquetade prolongée, allait détacher au secours de son canot une nouvelle embarcation, lorsqu'il le vit doubler une pointe. Il lui fit aussitôt le signal de ralliement. «Je pris, dit-il, des mesures pour que nous ne fussions plus déshonorés par un pareil abus de la supériorité de nos forces.»

Qu'elle est triste, cette facilité de tous les navigateurs à abuser de leur puissance! Cette manie de la destruction, sans aucun mobile, sans nécessité, sans attrait même, ne soulève-t-elle pas l'indignation? A quelque nation qu'appartiennent les explorateurs, nous les voyons commettre les mêmes actes. Ce n'est donc pas à tel ou tel peuple qu'il faut faire ce reproche de cruauté, mais bien à l'humanité tout entière.

Après s'être procuré les ressources dont il avait besoin, Bougainville reprit la mer.

Il semble que ce navigateur ait tenu surtout à faire beaucoup de découvertes, car toutes les terres qu'il rencontre, il les reconnaît très superficiellement, à la hâte, et de toutes les cartes, pourtant assez nombreuses, qui illustrent sa relation de voyage, il n'en est aucune qui embrasse en entier un archipel, qui résolve les diverses questions que peut faire naître une nouvelle découverte. Ce n'est pas ainsi que devait procéder le capitaine Cook. Ses explorations, toujours conduites avec soin, avec une persévérance très rare, l'ont, par cela même, classé bien au-dessus du navigateur français.

Ces terres, que les Français venaient de rencontrer, n'étaient autres que les îles du Saint-Esprit, de Mallicolo, avec Saint-Barthélemy et les îlots qui en dépendent. Bien qu'il eût parfaitement reconnu l'identité de ce groupe avec la *Tierra del Espiritu-Santo* de Quiros, Bougainville ne put se dispenser de lui donner un nouveau nom, et l'appela archipel des «Grandes-Cyclades»,— dénomination à laquelle on a préféré celle de «Nouvelles-Hébrides».

> «Je croirais volontiers, dit-il, que c'est son extrémité septentrionale que Roggewein a vue sous le onzième parallèle, et qu'il a nommée *Thienhoven* et *Groningue*. Pour nous, quand nous y atterrîmes, tout devait nous persuader que nous étions à la *Terre australe du Saint-Esprit*. Les apparences semblaient se conformer au récit de Quiros, et ce que nous découvrions chaque jour encourageait nos recherches. Il est bien singulier que, précisément par la même latitude et la même longitude où Quiros place sa grande baie de *Saint-Jacques et Saint-Philippe*, sur une côte qui paraissait, au premier coup d'œil, celle d'un continent, nous ayons trouvé un passage de largeur égale à celle qu'il donne à l'ouverture de sa baie. Le navigateur espagnol a-t-il mal vu? A-t-il voulu masquer ses découvertes? Les géographes avaient-ils deviné, en faisant de la Terre du Saint-Esprit un même continent avec la Nouvelle-Guinée?

Pour résoudre ce problème, il fallait suivre encore le même parallèle pendant plus de 350 lieues. Je m'y déterminai, quoique l'état et la quantité de nos vivres nous avertissent d'aller promptement chercher quelque établissement européen. On verra qu'il s'en est peu fallu que nous n'ayons été les victimes de notre constance.»

Tandis que Bougainville était dans ces parages, certaines affaires de service l'ayant appelé sur sa conserve l'*Étoile*, il y vérifia un fait singulier, objet, depuis quelque temps déjà, des conversations de tout l'équipage. M. de Commerson, le naturaliste, avait pour domestique un nommé Barré. Infatigable, intelligent, déjà botaniste très exercé, on avait vu Barré prendre part à toutes les herborisations, porter les boîtes, les provisions, les armes et les cahiers de plantes avec un courage qui lui avait mérité du botaniste le surnom de sa «bête de somme». Or, depuis quelque temps déjà, Barré passait pour être une femme. Son visage glabre, le son de sa voix, sa réserve, et certains autres indices semblaient justifier cette supposition, lorsqu'un fait, arrivé à Taïti, vint changer les soupçons en certitude.

M. de Commerson était descendu à terre pour herboriser, et, suivant sa coutume, Barré le suivait avec les boîtes, lorsqu'il est entouré par les indigènes, qui, criant que c'est une femme, se mettent en devoir de vérifier leurs assertions. Un enseigne, M. de Bournand, eut toutes les peines du monde à le tirer des mains des naturels et à l'escorter jusqu'à l'embarcation.

Durant sa visite à l'*Étoile*, Bougainville reçut la confession de Barré. Tout en pleurs, l'aide naturaliste lui avoua son sexe, et s'excusa d'avoir trompé son maître, en se présentant sous des habits d'homme, au moment même de l'embarquement. N'ayant plus de famille, ruinée par un procès, cette fille avait pris le vêtement masculin pour se faire respecter. Elle savait, d'ailleurs, en s'embarquant, qu'elle devait faire un voyage de circumnavigation, et cette perspective, loin de l'effrayer, l'avait affermie dans sa résolution.

> «Elle sera la première femme qui ait fait le tour du monde, dit Bougainville, et je lui dois la justice qu'elle s'est toujours conduite à bord avec la plus scrupuleuse sagesse. Elle n'est ni laide ni jolie, et n'a pas plus de vingt-six ou vingt-sept ans. Il faut convenir que, si les deux vaisseaux eussent fait naufrage sur quelque île déserte, la chance eût été fort singulière pour Barré.»

Ce fut le 29 mai que l'expédition cessa de voir la terre. La route fut dirigée à l'ouest. Le 4 juin, par 15° 50' de latitude et 148° 10' de longitude est, fut aperçu un très dangereux écueil, qui émerge si peu de l'eau, qu'à deux lieues de distance on ne le voit pas du haut des mâts. La rencontre d'autres brisants, de quantité de troncs d'arbres, de fruits et de goémons, la tranquillité de la mer, tout indiquait le voisinage d'une grande terre au sud-est. C'était la Nouvelle-Hollande.

Bougainville résolut alors de sortir de ces parages dangereux, où il n'avait chance de rencontrer qu'une région ingrate, une mer semée d'écueils et de bas-fonds. Une autre raison le pressait de changer de route: ses provisions tiraient à leur fin, la viande salée infectait, et l'on préférait se nourrir des rats que l'on pouvait prendre. Il ne restait plus que pour deux mois de pain et quarante jours de légumes. Tout commandait de remonter au nord.

Malheureusement, les vents du sud cessèrent, et, lorsqu'ils se rétablirent, ce fut pour mettre l'expédition à deux doigts de sa perte. Le 10 juin, la terre fut aperçue au nord. C'était le fond du golfe de la Louisiade qui a reçu le nom de Cul-de-Sac-de-l'Orangerie. Le pays était splendide. Au bord de la mer, une plaine basse, couverte d'arbres et de bosquets, dont les senteurs embaumées parvenaient jusqu'aux navires, se relevait en amphithéâtre vers les montagnes qui perdaient leur cime dans les nues.

Bientôt, il devint impossible de visiter cette riche et fertile contrée, tout autant que de chercher, dans l'ouest, un passage au sud de la Nouvelle-Guinée, qui, par le golfe de Carpentarie, aurait rapidement conduit aux Moluques. D'ailleurs, ce passage existait-il? Rien n'était plus problématique, car on croyait avoir vu la terre s'étendre au loin dans l'ouest. Il fallait sortir au plus tôt du golfe où l'on s'était imprudemment engagé.

Mais il y a loin du désir à la réalité. Jusqu'au 21 juin, les deux bâtiments s'efforcèrent, vainement, de s'éloigner, dans l'ouest, de cette côte semée d'écueils et de brisants, sur laquelle le vent et les courants semblaient vouloir les affaler. La brume et la pluie se mirent si bien de la partie qu'il n'y avait moyen de marcher de conserve avec l'*Étoile* qu'en tirant des coups de canon. Si le vent venait à changer, on en profitait aussitôt pour prendre du large; mais il ne tardait pas à souffler encore de l'est-sud-est, et le chemin qu'on avait gagné était bientôt reperdu. Pendant cette rude croisière, il fallut diminuer la ration de pain et de légumes, défendre, sous des peines sévères, de manger les vieux cuirs, et sacrifier la dernière chèvre qui fût à bord.

Le lecteur, tranquillement assis au coin de son feu, se figure difficilement avec quelles inquiétudes on naviguait sur ces mers inconnues, menacé de toutes parts de la rencontre inopinée d'écueils et de brisants, avec des vents contraires, des courants ignorés et un brouillard qui cachait la vue des dangers.

Ce fut seulement le 26 que fut doublé le cap de la Délivrance. Il était désormais possible de faire route au nord-nord-est.

Deux jours plus tard, on avait fait à peu près soixante lieues dans le nord, lorsqu'on aperçut plusieurs terres à l'avant. Bougainville, dans sa pensée, les rattachait au groupe de la Louisiade; mais elles sont plus ordinairement considérées comme dépendant de l'archipel Salomon, que Carteret, qui les avait vues l'année précédente, ne croyait pas plus avoir retrouvées que le navigateur français.

De nombreuses pirogues sans balancier ne tardèrent pas à entourer les deux navires. Elles étaient montées par des hommes aussi noirs que des Africains, aux cheveux crépus, longs et de couleur rousse. Armés de zagaies, ils poussaient de grands cris et annonçaient des dispositions peu pacifiques. Au reste, il fallut renoncer à accoster. La lame brisait partout avec violence, et la plage était si étroite qu'à peine semblait-il y en avoir.

Entouré d'îles de tous côtés, noyé dans une brume épaisse, Bougainville donna, d'instinct, dans un passage large de quatre ou cinq lieues, où la mer était si mauvaise que l'*Étoile* fut forcée de fermer ses écoutilles. Sur la côte orientale fut aperçue une jolie baie, qui promettait un bon mouillage. Des embarcations furent envoyées pour sonder. Tandis qu'elles étaient occupées à ce travail, une dizaine de pirogues, sur lesquelles pouvaient être embarqués cent cinquante hommes armés de boucliers, de lances et d'arcs, s'avancèrent contre elles. Ces pirogues se séparèrent bientôt en deux bandes pour envelopper les embarcations françaises. Les naturels, dès qu'ils furent arrivés à portée, firent pleuvoir sur les bateaux une nuée de flèches et de javelots. Une première décharge ne les arrêta pas. Il en fallut une seconde pour les mettre en fuite. Deux pirogues, dont l'équipage s'était jeté à la mer, furent capturées. Longues et bien travaillées, elles étaient décorées, à l'avant, d'une tête d'homme sculptée, dont les yeux étaient de nacre, les oreilles d'écaille de tortue, les lèvres peintes en rouge. Le cours d'eau où cette attaque s'était produite reçut le nom de rivière des Guerriers, et l'île prit celui de Choiseul, en l'honneur du ministre de la marine.

A la sortie de ce passage, une nouvelle terre fut découverte: c'est l'île Bougainville, dont l'extrémité septentrionale ou cap de Laverdy semble se joindre à l'île de Bouka. Cette dernière, que Carteret avait vue l'année précédente et qu'il avait appelée Winchelsea, paraissait excessivement peuplée, si l'on en juge d'après le nombre de cases dont elle était couverte. Les habitants, que Bougainville qualifie de nègres, sans doute pour les distinguer des Polynésiens et des Malais, sont des Papuas, de la même race que les indigènes de la Nouvelle-Guinée. Leurs cheveux crépus et courts étaient teints de rouge, leurs dents avaient emprunté la même couleur au bétel, qu'ils mâchent constamment. La côte, plantée de cocotiers et d'autres arbres, promettait des rafraîchissements en abondance; mais les vents contraires et les courants entraînèrent rapidement les deux navires.

Le 6 juillet, Bougainville jetait l'ancre sur la côte méridionale de la Nouvelle-Irlande, qui avait été découverte par Schouten, dans le port Praslin, à l'endroit même où Carteret s'était arrêté.

«Nous envoyâmes à terre nos pièces à l'eau, dit la relation; nous y dressâmes quelques tentes, et l'on commença à faire l'eau, le bois et les lessives, toutes choses de première nécessité. Le débarquement était magnifique, sur un sable fin, sans aucune roche ni vague; l'intérieur du port, dans un espace de quatre cents pas, contenait quatre ruisseaux. Nous en prîmes trois pour notre usage; un destiné à faire l'eau de la *Boudeuse*, un second pour celle de l'*Étoile*, le troisième pour laver. Le bois se trouvait au bord de la mer, et il y en avait de plusieurs espèces, toutes très bonnes à brûler, quelques-unes superbes pour les ouvrages de charpente, de menuiserie et même de tabletterie. Les deux vaisseaux étaient à portée de la voix l'un de l'autre et de la rive. D'ailleurs, le port et ses environs, fort au loin, étaient inhabités, ce qui nous procurait une paix et une liberté précieuses. Ainsi, nous ne pouvions désirer un ancrage plus sûr, un lieu plus commode pour faire l'eau, le bois et les diverses réparations dont les navires avaient le plus urgent besoin, et pour laisser errer à leur fantaisie nos scorbutiques dans les bois. Tels étaient les avantages de cette relâche; elle avait aussi ses inconvénients. Malgré les recherches que l'on en fit, on n'y découvrit ni cocos, ni bananes, ni aucune des ressources qu'on aurait pu, de gré ou de force, tirer d'un pays habité. Si la pêche n'était pas abondante, on ne devait attendre, ici, que la sûreté et le strict nécessaire. Il y avait alors tout lieu de craindre que les malades ne s'y rétablissent pas. A la vérité, nous n'en avions pas qui fussent attaqués fortement; mais plusieurs étaient atteints, et, s'ils ne s'amendaient point ici, le progrès du mal ne pouvait plus être que rapide.»

Il y avait à peine quelques jours que les Français étaient arrêtés en cet endroit, lorsqu'un matelot trouva un morceau de plaque de plomb, sur lequel se lisait encore un fragment d'inscription en anglais. On n'eut pas de peine à retrouver l'endroit où Carteret avait campé l'année précédente.

Les ressources que le pays offrait aux chasseurs étaient des plus médiocres. Ils aperçurent bien quelques sangliers ou cochons marrons, mais il leur fut impossible de les tirer. En revanche, ils abattirent des pigeons de la plus grande beauté, au ventre et au cou d'un gris blanc, au plumage vert doré, des tourterelles, des veuves, des perroquets, des oiseaux couronnés et une espèce de corbeau dont le cri ressemble, à s'y méprendre, à l'aboiement d'un chien. Les arbres étaient grands et magnifiques; c'étaient le bétel, l'arec, le jonc, le poivrier, etc.

Les reptiles malfaisants fourmillaient dans ces terrains marécageux, au milieu de ces forêts vierges, serpents, scorpions et quantité d'autres animaux venimeux. Il n'y en avait malheureusement pas que sur terre. Un matelot qui cherchait des «marteaux», molusque bivalve très rare, fut piqué par une espèce de serpent. Après cinq ou six heures de souffrances terribles et de convulsions effrayantes, les douleurs diminuèrent, et enfin, la thériaque et l'eau de lusse, qu'on lui avait administrées après la morsure, le remirent sur pied. Cet accident ralentit singulièrement le zèle des amateurs de conchyliologie.

Le 22, après une grosse tourmente, les navires ressentirent plusieurs secousses de tremblement de terre, la mer haussa et baissa plusieurs fois de suite, ce qui effraya terriblement les matelots occupés à pêcher. Malgré la pluie et les orages, qui se succédaient sans discontinuer, tous les jours, un détachement partait à la recherche des lataniers, des palmistes et des tourterelles. On se promettait monts et merveilles; mais, le plus souvent, on revenait les mains vides et sans autre résultat que d'être trempé jusqu'aux os. Une curiosité naturelle, mille fois plus belle que les merveilles inventées pour l'ornement des palais des souverains, attirait chaque jour, à quelque distance du mouillage, de nombreux visiteurs qui ne se lassaient pas de l'admirer.

> «C'était une cascade. La décrire serait impossible. Il faudrait, pour en faire comprendre toute la beauté, reproduire par le pinceau les feux étincelants des nappes frappées par le soleil, l'ombre vaporeuse des arbres tropicaux qui s'élançaient de l'eau même, et les jeux fantastiques de la lumière sur un paysage grandiose, que la main de l'homme n'avait pas encore gâté.»

Dès que le temps changea, les vaisseaux quittèrent le port Praslin et continuèrent à suivre la côte de la Nouvelle-Bretagne, jusqu'au 3 août. L'*Étoile*, attaquée en route par une multitude de pirogues, avait été obligée de répondre aux pierres et aux flèches par quelques coups de fusil qui avaient mis en fuite les assaillants. Le 4, furent aperçues les terres nommées par Dampier île Mathias et île Orageuse. Trois jours plus tard fut reconnue l'île des Anachorètes, ainsi nommée parce qu'un grand nombre de pirogues, occupées à la pêche, ne se dérangèrent pas à la vue de l'*Étoile* et de la *Boudeuse*, dédaignant de nouer aucune relation avec ces étrangers.

Après une série d'îlots à demi submergés, sur lesquels les bâtiments faillirent s'échouer, et que Bougainville nomma l'Échiquier, la côte de la Nouvelle-Guinée fut aperçue. Haute et montueuse, elle courait dans l'ouest-nord-ouest. Le 12, fut découverte une grande baie; mais les courants qui, jusqu'alors, avaient été contraires, ne tardèrent pas à entraîner les bâtiments loin de cette baie, signalée, à plus de vingt lieues au large, par deux sentinelles gigantesques, les monts Cyclope et Bougainville.

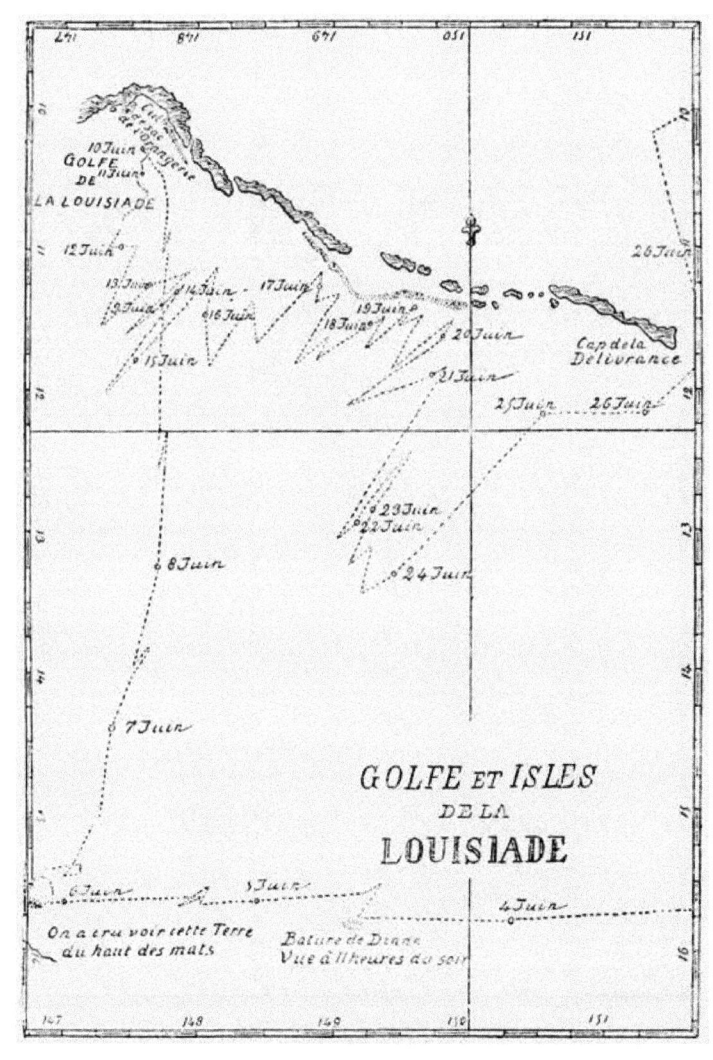

GOLFE ET ISLES DE LA **LOUISIADE** *(Fac-simile. Gravure ancienne.)*

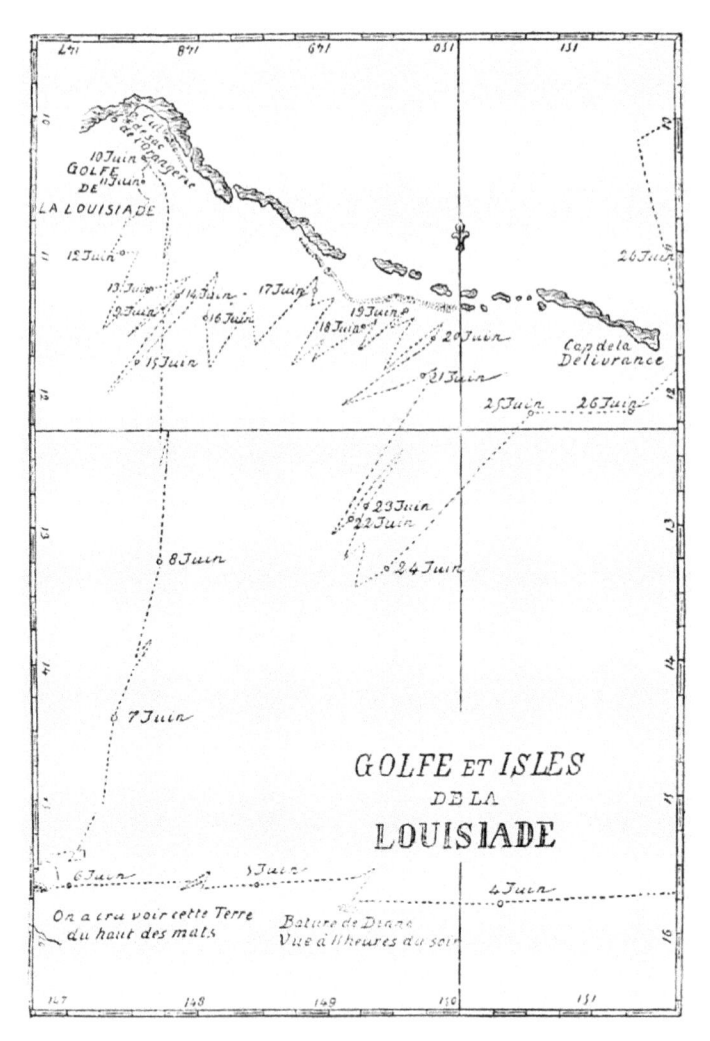

GOLFE ET ISLES DE LA **LOUISIADE** (*Fac-simile. Gravure ancienne.*)

Les îles Arimoa, dont la plus grande n'a que quatre milles d'étendue, furent reconnues ensuite; mais le mauvais temps et les courants obligèrent les deux navires à tenir la haute mer et à cesser toute exploration. Il fallut cependant se rapprocher de la terre pour ne pas commettre quelque erreur dangereuse, et manquer le débouquement dans la mer des Indes. Les îles Mispulu et Waigiou, cette dernière à l'extrémité nord-est de la Nouvelle-Guinée, furent successivement dépassées.

Portrait de Cook. (*Fac-similé. Gravure ancienne.*)

Le canal des Français, qui permit aux bâtiments de quitter cet amas de petites îles et de rochers, fut heureusement franchi. Dès lors, Bougainville pénétrait dans l'archipel des Moluques, où il comptait trouver les rafraîchissements nécessaires pour les quarante-cinq scorbutiques qu'il comptait à son bord.

Dans l'ignorance absolue des événements qui avaient pu se passer en Europe depuis son départ, Bougainville ne voulait pas se risquer dans une colonie où il n'aurait pas été le plus fort. Le petit comptoir que les Hollandais avaient établi sur l'île de Boero ou Bourou, convenait parfaitement à ses projets, d'autant mieux qu'il était facile de s'y procurer des rafraîchissements. Les équipages reçurent, avec la joie la plus vive, l'ordre de pénétrer dans le golfe de Cajeti. Il n'était personne à bord qui n'eût ressenti les atteintes du scorbut, et la moitié des équipages se trouvait, dit Bougainville, dans l'impossibilité absolue de faire son service.

> «Les vivres qui nous restaient étaient si pourris et d'une odeur si cadavéreuse, que les moments les plus durs de nos tristes journées étaient ceux où la cloche avertissait de prendre ces aliments dégoûtants et malsains. Combien cette situation embellissait encore à nos yeux le charmant paysage des îles Boero! Dès le milieu de la nuit, une odeur agréable, exhalée des plantes aromatiques dont les îles Moluques sont couvertes, s'était fait sentir à plusieurs lieues en mer et avait semblé l'avant-coureur qui annonçait la fin de nos maux.

L'aspect du bourg assez grand, situé au fond du golfe, celui des vaisseaux à l'ancre, la vue des bestiaux errant dans les prairies qui environnent le bourg, causèrent des transports, que j'ai partagés sans doute, et que je ne saurais dépeindre.»

A peine la *Boudeuse* et l'*Étoile* avaient-elles mouillé, que le résident du comptoir envoya deux soldats s'informer, auprès du commandant français, des motifs qui le faisaient s'arrêter en cet endroit, alors qu'il devait savoir que l'entrée n'en était permise qu'aux seuls navires de la Compagnie des Indes. Bougainville lui dépêcha aussitôt un officier chargé d'expliquer que, pressé par la faim et la maladie, il était forcé d'entrer dans le premier port qu'il rencontrait sur sa route. D'ailleurs, il quitterait Boero dès qu'il aurait reçu les secours dont il avait le plus urgent besoin, et qu'il réclamait au nom de l'humanité. Le résident lui renvoya alors l'ordre du gouverneur d'Amboine qui lui défendait expressément de recevoir dans son port aucun navire étranger, et pria Bougainville de vouloir bien consigner par écrit les motifs de sa relâche, afin de pouvoir prouver à son supérieur qu'il n'avait enfreint ses ordres que sous la pression de la plus impérieuse nécessité.

Lorsque Bougainville eut signé ce certificat, la plus franche cordialité présida aux rapports qui s'établirent aussitôt avec les Hollandais. Le résident voulut recevoir à sa table l'état-major des deux navires, et une convention fut conclue pour la fourniture de la viande fraîche. Le pain fut remplacé par le riz, nourriture ordinaire des Hollandais, et les légumes frais, qui ne sont point communément cultivés dans cette île, furent fournis aux équipages par le résident, qui les tira du jardin de la Compagnie. Certes, il eût été à souhaiter pour le rétablissement des malades qu'on pût prolonger cette relâche; mais la fin de la mousson d'est pressait Bougainville de partir pour Batavia.

Ce fut le 7 septembre que le commandant quitta Boero, avec la persuasion que la navigation dans cet archipel n'était pas aussi difficile que les Hollandais voulaient bien le dire. Quant à se fier aux cartes françaises, il n'y fallait pas compter; elles étaient plus propres à faire perdre les navires qu'à les guider. Bougainville dirigea donc sa route par les détroits de Button et de Saleyer. Ce chemin, fréquenté par les Hollandais, était très peu connu des autres nations. Aussi la relation décrit-elle avec le plus grand soin et de cap en cap le chemin qu'il a suivi. Nous n'insisterons pas sur cette partie du voyage, bien qu'elle ait été très instructive; mais, par cela même, elle s'adresse spécialement aux hommes du métier.

Le 28 septembre, après dix mois et demi de voyage depuis le départ de Montevideo, l'*Étoile* et la *Boudeuse* arrivaient à Batavia, l'une des plus belles colonies de l'univers. On peut dire que, dès lors, le voyage était terminé. Après avoir touché à l'île de France, au cap de Bonne-Espérance et à l'île de l'Ascension, près de laquelle il rencontra Carteret, Bougainville rentra, le 16 février 1769, à Saint-Malo, n'ayant perdu que sept hommes, depuis deux ans et quatre mois qu'il avait quitté Nantes.

Le reste de la carrière de cet heureux navigateur ne rentre pas dans notre cadre; aussi n'en dirons-nous que peu de mots. Il prit part à la guerre d'Amérique et soutint, en 1781, un combat honorable devant le Fort-Royal de la Martinique. Chef d'escadre depuis 1780, il fut chargé, dix ans plus tard, de rétablir l'ordre dans la flottille mutinée de M. d'Albert de Rions. Nommé vice-amiral en 1792, il ne crut pas devoir accepter un grade éminent, qu'il considérait, suivant ses propres expressions, comme un titre sans fonctions. Successivement appelé au Bureau des longitudes et à l'Institut, élevé à la dignité de sénateur, créé comte par Napoléon Ier, Bougainville mourut, le 31 août 1811, chargé d'ans et d'honneurs.

Ce qui a rendu populaire le nom de Bougainville, c'est d'avoir été le premier Français qui ait accompli le tour du monde. S'il eut le mérite de découvrir et de reconnaître, sinon d'explorer, plusieurs archipels ignorés ou peu connus avant lui, on peut dire qu'il dut sa réputation bien plutôt au charme, à la facilité, à l'animation de son récit de voyage qu'à ses travaux. S'il est plus connu que tant d'autres marins français, ses émules, ce n'est pas qu'il ait fait plus ou mieux qu'eux, c'est qu'il sut raconter ses aventures de manière à charmer ses contemporains.

Quant à Guyot-Duclos, son poste secondaire dans l'entreprise et sa roture ne lui valurent aucune récompense. S'il fut nommé plus tard chevalier de Saint-Louis, il le mérita par son sauvetage de la *Belle-Poule*. Bien qu'il fût né en 1722, et qu'il naviguât depuis 1734, il n'était encore que lieutenant de vaisseau en 1791. Il fallut l'avènement de ministres imbus de l'esprit nouveau pour qu'il obtînt à cette époque le grade de capitaine de vaisseau, tardive récompense de longs et signalés services. Il mourut à Saint-Servan le 10 mars 1794.

# CHAPITRE III
# PREMIER VOYAGE DU CAPITAINE COOK

## I

Les commencements de sa carrière maritime. — Le commandement de l'*Aventure* lui est confié. — La Terre de Feu. — Découverte de quelques îles de l'archipel Pomotou. — Arrivée à Taïti. — Mœurs et coutumes des habitants. — Reconnaissance des autres îles de l'archipel de la Société. — Arrivée à la Nouvelle-Zélande. — Entrevues avec les naturels. — Découverte du détroit de Cook. — Circumnavigation des deux grandes îles. — Mœurs et productions du pays.

Lorsqu'il s'agit de raconter la carrière d'un homme célèbre, il est bon de ne négliger aucun de ces petits faits qui paraîtraient d'un mince intérêt chez tout autre. Ils prennent, alors, une importance singulière, car on y découvre souvent les indices d'une vocation qui s'ignore elle-même, et jettent toujours une vive lumière sur le caractère du héros qu'on veut peindre. Aussi nous étendrons-nous quelque peu sur les humbles commencements de l'un des plus illustres navigateurs dont l'Angleterre puisse s'enorgueillir.

Le 27 octobre 1728, James Cook naquit à Morton, dans le Yorkshire. Il était le neuvième enfant d'un valet de ferme et d'une paysanne nommée Grace. A peine en sa huitième année, le petit James aidait son père dans ses rudes travaux à la ferme d'Airy-Holme, près d'Ayton. Sa gentillesse, son ardeur au travail intéressèrent le fermier, qui lui fit apprendre à lire. Puis, lorsqu'il eut treize ans, il fut mis en apprentissage chez William Sanderson, mercier à Staith, petit havre de pêche assez important. Mais, d'être assidu derrière un comptoir, cela ne pouvait plaire au jeune Cook, qui profitait de ses moindres instants de liberté pour aller causer avec les marins du port.

Du consentement de ses parents, James quitta bientôt la boutique du mercier, pour s'engager comme mousse, sous le patronage de Jean et Henri Walker, dont les bâtiments servaient au transport du charbon sur les côtes d'Angleterre et d'Irlande. Mousse, matelot, puis patron, Cook se familiarisa rapidement avec tous les détails de sa nouvelle profession.

Au printemps de 1755, lorsque éclatèrent les premières hostilités entre la France et l'Angleterre, le bâtiment sur lequel Cook servait était ancré dans la Tamise. La marine militaire recrutait alors ses équipages au moyen de la «presse» des matelots. Cook commença par se cacher; mais, poussé sans doute par quelque pressentiment, il alla s'engager sur l'*Aigle*, navire de soixante canons, que devait presque aussitôt commander le capitaine sir Hugues Palliser.

Intelligent, actif, au courant de tous les travaux du métier, Cook fut en peu de temps remarqué de ses officiers et signalé à l'attention du commandant. Ce dernier recevait, en même temps, une lettre du membre du Parlement pour Scarborough qui lui recommandait chaudement, sur les sollicitations pressantes de tous les habitants du village d'Ayton, le jeune Cook, qui ne tarda pas à obtenir une commission de maître d'équipage. Le 15 mai 1759, il embarqua sur le vaisseau le *Mercure*, à destination du Canada, où il rejoignit l'escadre de sir Charles Saunders, qui, de concert avec le général Wolf, faisait le siège de Québec.

Ce fut pendant cette campagne que Cook trouva la première occasion de se signaler. Chargé de sonder le Saint-Laurent entre l'île d'Orléans et la rive septentrionale du fleuve, il remplit cette mission avec habileté et put dresser une carte du canal, malgré les difficultés et les dangers de l'entreprise. Si exacts et si complets furent reconnus ces relevés hydrographiques, qu'il reçut l'ordre d'examiner les passages de la rivière au-dessous de Québec. Il s'acquitta de cette opération avec tant de soin et d'intelligence, que sa carte du Saint-Laurent fut publiée par les soins de l'Amirauté anglaise.

Après la prise de Québec, Cook passa à bord du *Northumberland*, commandé par lord Colville, et profita de sa station sur les côtes de Terre-Neuve pour s'appliquer à l'étude de l'astronomie. Bientôt, des travaux importants lui furent confiés. Il dressa le plan de Placentia et releva les côtes de Saint-Pierre et Miquelon. Nommé en 1764 ingénieur de la marine pour Terre-Neuve et le Labrador, il fut employé pendant trois années consécutives à des travaux hydrographiques, qui appelèrent sur lui l'attention du ministère et servirent à relever les innombrables erreurs des cartes de l'Amérique. En même temps, il adressait à la Société royale de Londres un mémoire sur une éclipse de soleil, dont il fit observation à Terre-Neuve en 1766, mémoire qui parut dans les *Transactions philosophiques*. Cook ne devait pas tarder à recevoir la récompense de tant de travaux si habilement conduits, d'études patientes et d'autant plus méritoires, que l'instruction première lui avait fait défaut, et qu'il avait dû se former sans le secours d'aucun maître.

Une question scientifique d'une haute importance, le passage de Vénus sur le disque du soleil, annoncé pour 1769, passionnait alors les savants du monde entier. Le gouvernement anglais, persuadé que cette observation ne pouvait être faite avec fruit que dans la mer du Sud, avait résolu d'y envoyer une expédition scientifique. Le commandement en fut offert au fameux hydrographe A. Dalrymple, aussi célèbre par ses connaissances astronomiques que par ses recherches géographiques sur les mers australes. Mais ses exigences, sa demande d'une commission de capitaine de vaisseau, que lui refusait obstinément sir Edouard Hawker, déterminèrent le secrétaire de l'Amirauté à proposer un autre commandant pour l'expédition projetée. Son choix s'arrêta sur James Cook, chaleureusement appuyé par sir Hugues

Palliser, et qui reçut, avec le rang de lieutenant de vaisseau, le commandement de l'*Endeavour*.

Cook avait alors quarante ans. C'était son premier commandement dans la marine royale. La mission qu'on lui confiait exigeait des qualités multiples, qu'on trouvait alors rarement réunies chez un marin. En effet, si l'observation du passage de Vénus était le principal objet du voyage, il n'en était pas le seul, et Cook devait faire une campagne de reconnaissance et de découverte dans l'océan Pacifique. L'humble enfant du Yorkshire ne devait pas se trouver au-dessous de la tâche difficile qu'on lui imposait.

Tandis qu'on procédait à l'armement de l'*Endeavour*, qu'on choisissait les quatre-vingt-quatre hommes de son équipage, qu'on embarquait ses dix-huit mois de vivres, ses dix canons et ses douze pierriers avec les munitions nécessaires, le capitaine Wallis, qui venait de faire le tour du monde, rentrait en Angleterre. Consulté sur le lieu le plus favorable à l'observation du passage de Vénus, ce navigateur désigna une île qu'il avait découverte, à laquelle il donnait le nom de Georges III, et qu'on sut, depuis, être appelée Taïti par les indigènes. Ce fut l'endroit fixé à Cook pour faire ses observations.

Avec lui s'embarquèrent Charles Green, assistant du docteur Bradley à l'observatoire de Greenwich, à qui était confiée la partie astronomique, le docteur Solander, médecin suédois, disciple de Linné, professeur au British Museum, chargé de la partie botanique, et enfin sir Joseph Banks, qui cherchait dans les voyages l'emploi de son activité et de son immense fortune. En sortant de l'université d'Oxford, cet homme du monde avait visité les côtes de Terre-Neuve et du Labrador et pris, durant ce voyage, un goût très vif pour la botanique. Il s'adjoignit deux peintres, l'un pour le paysage et la figure, l'autre pour les objets d'histoire naturelle, plus un secrétaire et quatre domestiques, dont deux nègres.

Le 26 août 1768, l'*Endeavour* quitta Plymouth et relâcha, le 13 septembre, à Funchal, dans l'île de Madère, pour y prendre des vivres frais et faire quelques recherches. L'accueil qu'y reçut l'expédition fut des plus empressés. Pendant une visite que fit l'état-major de l'*Endeavour* à un couvent de religieuses Clarisses, ces pauvres et ignorantes recluses les prièrent sérieusement de leur dire quand il tonnerait et leur demandèrent de leur trouver dans l'enceinte du couvent une source de bonne eau, dont elles avaient besoin. Si instruits qu'ils fussent, Banks, Solander et Cook furent dans l'impossibilité de répondre à ces naïves demandes.

De Madère à Rio-de-Janeiro, où l'expédition arriva le 13 novembre, aucun incident ne marqua le voyage; mais l'accueil que Cook reçut des Portugais ne fut pas celui qu'il attendait. Tout le temps de la relâche se passa en altercations avec le vice-roi, homme fort peu instruit et tout à fait hors d'état de comprendre l'importance scientifique de l'expédition. Il ne put cependant se refuser à fournir aux Anglais les vivres frais dont ils manquaient absolument. Toutefois, le 5 décembre, au moment ou Cook passait devant le fort Santa-Cruz pour sortir de la baie, on lui tira deux coups de canon à boulet, ce qui lui fit immédiatement jeter l'ancre et demander raison de cette insulte. Le vice-roi répondit que le commandant du fort avait ordre de ne laisser sortir aucun bâtiment sans être prévenu, et que, bien que le vice-roi eût reçu de Cook l'annonce de son départ, c'était par pure négligence qu'on n'avait pas averti le commandant du fort. Était-ce un parti pris extrêmement désobligeant de la part du vice-roi? Était-ce simplement incurie? Si ce fonctionnaire était aussi négligent pour tous les détails de son administration, la colonie portugaise devait être bien gouvernée!

Ce fut le 14 janvier 1769, que Cook pénétra dans le détroit de Lemaire.

> «La marée était alors si forte, dit Kippis dans sa *Vie du capitaine Cook*, que l'eau s'élevait jusqu'au-dessus du cap San-Diego, et le vaisseau, poussé avec violence, eut longtemps son beaupré sous les flots. Le lendemain, on jeta l'ancre dans un petit havre, qu'on reconnut pour le port Maurice, et, bientôt après, on alla mouiller dans la baie de Bon-Succès. Pendant que l'*Endeavour* était mouillé en cet endroit, il arriva une singulière et fâcheuse aventure à MM. Banks et Solander, au docteur Green, à M. Monkhouse, chirurgien du vaisseau, et aux personnes de leur suite. Ils s'étaient acheminés vers une montagne pour y chercher des plantes, ils la gravissaient, lorsqu'ils furent surpris par un froid si vif et si imprévu, qu'ils furent tous en danger de périr. Le docteur Solander éprouva un engourdissement général. Deux domestiques nègres moururent sur la place; enfin, ce ne fut qu'au bout de deux jours que ces messieurs purent regagner le vaisseau. Ils se félicitèrent de leur délivrance, avec une joie qui ne peut être comprise que par ceux qui ont échappé à semblables dangers, tandis que Cook leur témoignait le plaisir de voir cesser les inquiétudes que lui avait causées leur absence. Cet événement leur donna une preuve de la rigueur du climat. C'était alors le milieu de l'été pour cette partie du monde, et le commencement du jour où le froid les surprit avait été aussi chaud que le mois de mai l'est ordinairement en Angleterre.»

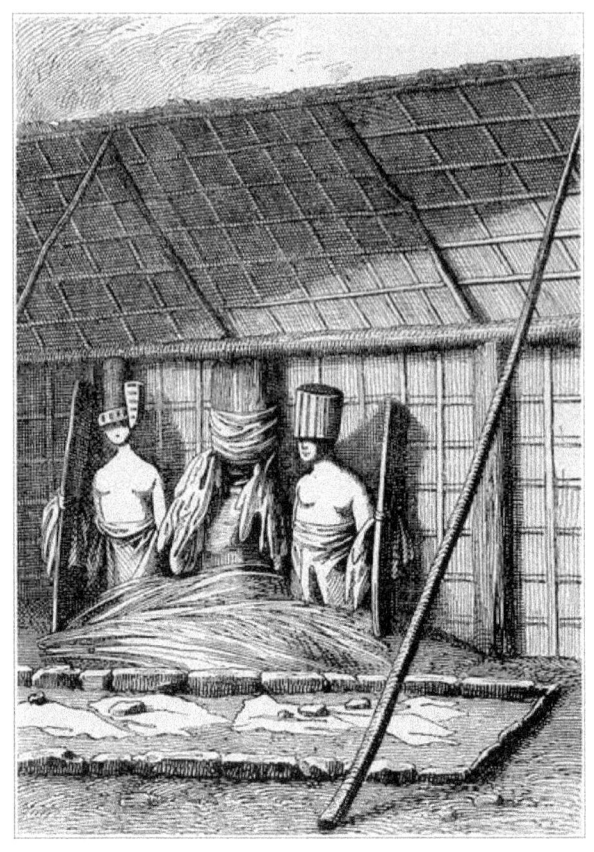

Intérieur d'un Moraï d'Otooi. (*Fac-simile. Gravure ancienne.*)

James Cook put faire aussi quelques curieuses observations sur les sauvages habitants de ces terres désolées. Dépourvus de toutes les commodités de l'existence, sans vêtements, sans abri sérieux contre les intempéries presque continuelles de ces climats glacés, sans armes, sans industrie qui leur permette de fabriquer les ustensiles les plus nécessaires, ils mènent une vie misérable, et ne peuvent qu'à grand'peine pourvoir à leur existence. Cependant, de tous les objets d'échange qu'on leur offrit, ce furent ceux qui pouvaient leur être le moins utiles qu'ils préférèrent. Ils acceptèrent avec empressement les bracelets et les colliers, en laissant de côté les haches, les couteaux et les hameçons. Insensibles au bien-être qui nous est si précieux, le superflu était pour eux le nécessaire.

Un «ι-pah.» (*Fac-simile. Gravure ancienne.*)

Cook n'eut qu'à s'applaudir d'avoir suivi cette route. En effet, il ne mit que trente jours à doubler la Terre de Feu, depuis l'entrée du détroit de Lemaire, jusqu'à trois degrés au nord de celui de Magellan. Nul doute qu'il lui eût fallu un temps bien plus considérable pour traverser les passes sinueuses du détroit de Magellan. Les très-exactes observations astronomiques qu'il fit, de concert avec Green, les instructions qu'il rédigea pour cette navigation dangereuse, ont rendu plus facile la tâche de ses successeurs, et rectifié les cartes de L'Hermite, de Lemaire et de Schouten.

Depuis le 21 janvier, jour où il doubla le cap Horn, jusqu'au 1er mars, sur un espace de six cent soixante lieues de mer, Cook ne remarqua aucun courant sensible. Il découvrit un certain nombre d'îles de l'archipel Dangereux, auxquelles il donna les noms d'îles du Lagon, du Bonnet, de l'Arc, des Groupes, des Oiseaux et de la Chaîne. La plupart étaient habitées, couvertes d'une végétation qui parut luxuriante à des marins habitués depuis trois mois à ne voir que le ciel, l'eau et les rocs glacés de la Terre de Feu. Puis, ce fut l'île Maïtea, que Wallis avait appelée Osnabruck, et, le lendemain 11 juin au matin, fut découverte l'île de Taïti.

Deux jours plus tard, l'*Endeavour* jeta l'ancre dans le port de Mataväi, appelé par Wallis baie de Port-Royal, et où ce capitaine avait dû lutter contre les indigènes, dont il n'avait, d'ailleurs, pas eu de peine à triompher. Cook, connaissant les incidents qui avaient marqué la relâche de son prédécesseur à Taïti, voulut à tout prix éviter le retour des mêmes scènes. De plus, il importait à la réussite de ses observations de n'être troublé par aucune inquiétude, ni distrait par aucune préoccupation. Aussi, son premier soin fut-il de lire à son équipage un règlement, qu'il était défendu d'enfreindre sous les peines les plus sévères.

Cook déclara tout d'abord qu'il chercherait, par tous les moyens en son pouvoir, à gagner l'amitié des naturels; puis, il désigna ceux qui devaient acheter les provisions nécessaires et défendit à qui que ce fût d'entreprendre aucune espèce d'échange sans une permission spéciale. Enfin, les hommes débarqués ne devaient, sous aucun prétexte, s'éloigner de leur poste, et si un ouvrier ou un soldat se laissait enlever son outil ou son arme, non seulement le prix lui en serait retenu sur la paye, mais il serait puni suivant l'exigence des cas.

De plus, pour garantir les observateurs contre toute attaque, Cook résolut de construire une sorte de fort, dans lequel ils seraient renfermés à portée de canon de l'*Endeavour*. Il descendit donc à terre avec MM. Banks, Solander et Green, trouva bientôt l'endroit favorable et traça immédiatement devant les indigènes l'enceinte du terrain qu'il entendait occuper. Un de ceux-ci, nommé Owhaw, qui avait eu de bons rapports avec Wallis, se montra particulièrement prodigue de démonstrations amicales. Aussitôt que le plan du fort eut été tracé, Cook laissa treize hommes avec un officier pour garder les tentes et s'enfonça avec ses compagnons dans l'intérieur du pays. Des détonations d'armes à feu les rappelèrent presque aussitôt.

Un incident très pénible, et dont les conséquences pouvaient être fort graves, venait de se produire.

Un des naturels qui rôdaient autour des tentes avait surpris une sentinelle et s'était emparé de son fusil. Une décharge générale fut aussitôt faite sur la foule inoffensive, mais qui heureusement n'atteignit personne. Toutefois, le voleur, ayant été poursuivi, fut pris et tué.

Il est facile de comprendre l'émotion qui s'ensuivit. Cook dut prodiguer ses protestations pour ramener les indigènes. Il leur paya tout ce dont il avait besoin pour la construction de son fort, et ne permit pas qu'on touchât à un arbre sans leur autorisation. Enfin, il fit attacher au mât et frapper de coups de garcette le boucher de l'*Endeavour*, qui avait menacé de mort la femme de l'un des principaux chefs. Ces procédés firent oublier ce qu'avait eu de pénible le premier incident, et, sauf quelques larcins commis par les insulaires, les relations ne cessèrent d'être amicales.

Cependant, le moment d'exécuter le principal objet du voyage approchait. Cook prit aussitôt ses mesures pour mettre à exécution les instructions qu'il avait reçues. A cet effet, il expédia une partie des observateurs avec Joseph Banks à Eimeo, l'une des îles voisines. Quatre autres gagnèrent un endroit commode et assez éloigné du fort, où Cook lui-même se proposait d'attendre le passage de la planète, et qui a gardé le nom de «pointe de Vénus».

La nuit qui précéda l'observation s'écoula dans la crainte que le temps ne fût pas favorable; mais, le 3 juin, le soleil se montra dès le matin dans tout son éclat, et pas un nuage ne vint pendant toute la journée gêner les observateurs.

> «L'observation fut très fatigante pour les astronomes, dit M. W. de Fonvielle dans un article de la *Nature* du 28 mars 1874, car elle commença à 9 heures 21 minutes du matin et se termina à 3 heures 10 minutes du soir, à un moment où la chaleur était étouffante. Le thermomètre marquait 120 degrés Fahrenheit. Cook nous avertit, et on le croit facilement, qu'il n'était pas sûr lui-même de la fin de son observation. Dans de pareilles circonstances thermométriques, l'organisme humain, cet admirable instrument, perd toujours de sa puissance.»

En entrant sur le soleil, le bord de Vénus s'allongea comme s'il avait été attiré par l'astre; il se forma un point noir ou ligament obscur un peu moins noir que le corps de l'astre. Le même phénomène se produisit lors du second contact intérieur.

> «En somme, dit Cook, l'observation fut faite avec un égal succès au fort et par les personnes que j'avais envoyées à l'est de l'île. Depuis le lever du soleil jusqu'à son coucher, il n'y eut pas un seul nuage au ciel, et nous observâmes, M. Green, le D$^r$ Solander et moi, tout le passage de Vénus avec la plus grande facilité. Le télescope de M. Green et le mien étaient de la même force, et celui du D$^r$ Solander était plus grand. Nous vîmes tout autour de la planète une atmosphère ou brouillard lumineux qui rendait moins distinct les temps des contacts et surtout des contacts intérieurs, ce qui nous fit différer les uns des autres dans nos observations plus qu'on ne devait l'attendre.»

Tandis que les officiers et les savants étaient occupés de cette observation importante, quelques gens de l'équipage, enfonçant la porte du magasin aux marchandises, volèrent un quintal de clous. C'était là un fait grave, qui pouvait avoir des conséquences désastreuses pour l'expédition. Le marché se trouvait tout d'un coup encombré de cet article d'échange, que les indigènes montraient le plus vif désir de posséder, et il y avait à craindre de voir augmenter leurs exigences. Un des voleurs fut découvert, mais on ne lui trouva que soixante-dix clous, et, bien qu'on lui appliquât vingt-quatre coups de verge, il ne voulut pas dénoncer ses complices.

D'autres incidents du même genre se produisirent encore, mais les relations ne furent pas sérieusement troublées. Les officiers purent donc faire quelques promenades dans l'intérieur de l'île, pour se rendre compte des mœurs des habitants et se livrer aux recherches scientifiques.

Ce fut pendant l'une de ces excursions que Joseph Banks rencontra une troupe de musiciens ambulants et d'improvisateurs. Il ne s'aperçut pas sans étonnement que la venue des Anglais et les diverses particularités de leur séjour formaient le sujet des chansons indigènes. Banks remonta assez loin dans l'intérieur la rivière qui se jetait dans la mer à Matavaï, et put distinguer plusieurs traces d'un volcan depuis longtemps éteint. Il planta et distribua aux indigènes un grand nombre de graines potagères, telles que melons d'eau, oranges, limons, etc., et fit tracer près du fort un jardin, où il sema quantité de graines qu'il avait prises à Rio-de-Janeiro.

Avant de lever l'ancre, Cook et ses principaux collaborateurs voulurent accomplir le périple entier de l'île, à laquelle ils donnèrent une trentaine de lieues de tour. Pendant ce voyage, ils se mirent en relations avec les chefs des différents districts et recueillirent une foule d'observations intéressantes sur les mœurs et les coutumes des naturels.

L'une des plus curieuses consiste à laisser les morts se décomposer à l'air libre et à n'enterrer que les ossements. Le cadavre est placé sous un hangar de quinze pieds de long sur onze de large, avec une hauteur proportionnée; l'un des bouts est ouvert, et les trois autres côtés sont enfermés par un treillage d'osier. Le plancher sur lequel repose le corps est élevé d'environ cinq pieds au-dessus de terre. Là, le cadavre est étendu enveloppé d'étoffes, avec sa massue et une hache de pierre. Quelques noix de coco, enfilées en chapelet, sont suspendues à l'extrémité ouverte du hangar; une moitié de noix de coco, placée à l'extérieur, est remplie d'eau douce, et un sac, renfermant quelques morceaux de l'arbre à pain tout grillé, est attaché à un poteau. Cette espèce de monument porte le nom de «toupapow». Comment a été introduit cet usage singulier d'élever le mort au-dessus de la terre jusqu'à ce que la chair soit consumée par la putréfaction? C'est ce qu'il fut impossible de savoir. Cook remarqua seulement que les cimetières, appelés «moraï», sont des lieux où les indigènes vont rendre une sorte de culte religieux, et que jamais ceux-ci ne les virent s'en approcher sans inquiétude.

Un mets qui est considéré comme des plus délicats, c'est le chien. Tous ceux qu'on élève pour la table ne mangent jamais de viande, mais seulement des fruits à pain, des noix de coco, des ignames et autres végétaux. Étendu dans un trou sur des pierres brûlantes, recouvert de feuilles vertes et de pierres chaudes sur lesquelles on rejette la terre, en quatre heures l'animal est cuit à l'étuvée, et Cook, qui en mangea, convient que c'est une chair délicieuse.

Le 7 juillet, on commença les préparatifs du départ. En peu de temps, les portes et les palissades de la forteresse furent démontées, les murailles abattues.

C'est à ce moment qu'un des naturels, qui avaient le plus familièrement reçu les Européens, vint à bord de l'*Endeavour* avec un jeune garçon de treize ans qui lui servait de domestique. Il avait nom Tupia. Autrefois premier ministre de la reine Oberea, il était alors un des prêtres principaux de Taïti. Il demanda à partir pour l'Angleterre. Plusieurs raisons décidèrent Cook à le prendre à bord. Très au courant de tout ce qui regardait Taïti, par la haute situation qu'il avait occupée, par les fonctions qu'il remplissait encore, cet indigène était en état de donner les renseignements les plus circonstanciés sur ses compatriotes, en même temps qu'il pourrait initier ceux-ci à la civilisation européenne. Enfin, il avait visité les îles voisines et connaissait parfaitement la navigation de ces parages.

Le 13 juillet, il y eut foule à bord de l'*Endeavour*. Les naturels venaient prendre congé de leurs amis les Anglais et de leur compatriote Tupia. Les uns, pénétrés d'une douleur modeste et silencieuse, versaient des larmes; les autres semblaient, au contraire, se disputer à qui pousserait les plus grands cris, mais il y avait dans leurs démonstrations moins de véritable douleur que d'affectation.

Dans le voisinage immédiat de Taïti se trouvaient, au dire de Tupia, quatre îles: Huaheine, Ulietea, Otaha et Bolabola, où il serait facile de se procurer des cochons, des volailles et d'autres rafraîchissements qui avaient un peu fait défaut pendant la dernière partie du séjour à Mataväi. Cependant, Cook préférait visiter une petite île appelée Tethuroa, placée à huit lieues dans le nord de Taïti; mais les indigènes n'y avaient pas d'établissement fixe. Aussi jugea-t-on inutile de s'y arrêter.

Lorsqu'on fut en vue d'Huaheine, des pirogues s'approchèrent de l'*Endeavour*, et ce fut seulement après avoir vu Tupia, que les naturels consentirent à monter à bord. Le roi Orée, qui se trouvait au nombre des passagers, fut frappé de surprise à la vue de tout ce que contenait le vaisseau. Bientôt calmé par l'accueil amical des Anglais, il se familiarisa au point de vouloir changer de nom avec Cook; pendant tout le temps de la relâche, il ne s'appela que Cookée et ne désignait le commandant que sous son propre nom. L'ancre tomba dans un beau havre, et l'état-major débarqua aussitôt. Mêmes mœurs, même langage, mêmes productions qu'à Taïti.

A sept ou huit lieues dans le sud-ouest, se trouve Ulietea. Cook y descendit également, et prit solennellement possession de cette île et de ses trois voisines. En même temps, il mit à profit son séjour en procédant au relevé hydrographique des côtes, pendant qu'on aveuglait une voie d'eau qui s'était déclarée sous la sainte-barbe de l'*Endeavour*. Puis, après avoir reconnu quelques autres petites îles, il donna au groupe tout entier le nom d'îles de la Société.

Cook remit à la voile le 7 août. Six jours plus tard, il reconnaissait l'île d'Oteroah. Les dispositions hostiles des habitants empêchèrent l'*Endeavour* de s'y arrêter, et il fit voile au sud.

Le 25 août, fut célébré par l'équipage l'anniversaire de son départ d'Angleterre. Le 1er septembre, par 40° 22' de latitude sud et 174° 29' de longitude occidentale, la mer, que soulevait un violent vent d'ouest, devint très forte; l'*Endeavour* fut obligé de mettre le cap au nord et de fuir devant la tempête. Jusqu'au 3, le temps fut le même, puis il se rétablit, et il fut possible de reprendre la route de l'ouest.

Pendant les derniers jours du mois, différents indices, pièces de bois, paquets d'herbes flottantes, oiseaux de terre, annoncèrent le voisinage d'une île ou d'un continent. Le 5 octobre, l'eau changea de couleur, et, le 6 au matin, on aperçut une grande côte qui courait à l'ouest quart nord-ouest. A mesure qu'on s'en approchait, elle paraissait plus considérable. De l'avis unanime, ce fameux continent, depuis si longtemps cherché et déclaré nécessaire pour faire contrepoids au reste du monde, d'après les cosmographes, la *Terra australis incognita*, était enfin découverte. C'était la côte orientale de la plus septentrionale des deux îles qui ont reçu le nom de Nouvelle-Zélande.

On ne tarda pas à apercevoir de la fumée qui s'élevait de différents points du rivage, dont on discerna bientôt tous les détails. Les collines étaient couvertes de bois, et, dans les vallées, on distinguait de très gros arbres. Ensuite apparurent des maisons petites, mais propres, des pirogues, puis des naturels, assemblés sur la grève. Enfin, sur une petite éminence, on aperçut une palissade haute et régulière qui enfermait tout le sommet de la colline. Les uns voulurent y voir un parc à daims, les autres un enclos à bestiaux, sans compter nombre de suppositions aussi ingénieuses, mais qui toutes furent reconnues fausses, lorsqu'on sut plus tard ce qu'était un «i-pah».

Le 8, vers les quatre heures de l'après-midi, l'ancre fut jetée dans une baie à l'embouchure d'une petite rivière. De chaque côté, de hautes roches blanches; au milieu, un sol brun qui se relevait par degrés et paraissait, par une succession de croupes étagées, rejoindre une grande chaîne de montagnes, qui semblait fort loin dans l'intérieur; tel était l'aspect de cette partie de la côte.

Cook, Banks et Solander se jetèrent dans deux embarcations, montées par un détachement de l'équipage. Lorsqu'ils approchèrent de l'endroit où les naturels étaient rassemblés, ceux-ci prirent la fuite. Cela n'empêcha pas les Anglais de débarquer en laissant quatre mousses à la garde d'une des embarcations, tandis que l'autre restait au large.

A peine étaient-ils à quelque distance de la chaloupe, que quatre hommes, armés de longues lances, sortirent des bois et se précipitèrent pour s'en emparer. Ils y seraient arrivés facilement, si l'équipage de l'embarcation, restée au large, ne les avait aperçus et n'eût crié aux mousses de se laisser entraîner par le courant. Ceux-ci furent poursuivis de si près, que le maître de la pinasse dut tirer un coup de fusil au-dessus de la tête des indigènes. Après s'être arrêtés un instant, les naturels reprirent leur poursuite, lorsqu'un second coup de feu étendit l'un d'eux mort sur place. Ses compagnons essayèrent, un instant, de l'emporter avec eux, mais ils durent l'abandonner pour ne pas retarder leur fuite. Au bruit des détonations, les officiers débarqués regagnèrent le vaisseau, d'où ils entendirent bientôt les indigènes, revenus sur la plage, discuter avec animation sur ce qui s'était passé.

Ceux-ci furent poursuivis de si près...

Cependant, Cook désirait entrer en relations avec eux. Il fit donc équiper trois embarcations et descendit à terre avec MM. Banks, Solander et Tupia. Une cinquantaine d'indigènes, assis sur la rive, les attendaient. Pour armes, ils portaient de longues lances ou un instrument de talc vert, bien poli, long d'un pied et qui pouvait peser quatre ou cinq livres. C'était le «patou-patou» ou «toki», sorte de hache de bataille en talc ou en os avec un tranchant très aigu. Tous se levèrent aussitôt et firent signe aux Anglais de s'éloigner.

Joueur de flûte taïtien. (*Fac-similé. Gravure ancienne.*)

Dès que les soldats de marine furent descendus à terre, Cook et ses compagnons s'avancèrent vers les naturels. Tupia leur dit que les Anglais étaient venus avec des intentions pacifiques, qu'ils ne voulaient que de l'eau et des provisions, qu'ils payeraient tout ce qu'on leur apporterait avec du fer, dont il leur expliqua l'usage. On vit avec plaisir que ces peuples l'entendaient parfaitement, leur langue n'étant qu'un dialecte particulier de celle qu'on parle à Taïti.

Après différents pourparlers, une trentaine de sauvages traversèrent la rivière. On leur donna de la verroterie et du fer, dont il ne parurent pas faire grand cas. Mais l'un d'eux, étant parvenu à s'emparer par surprise du coutelas de M. Green, et les autres recommençant leurs démonstrations hostiles, il fallut tirer sur le voleur, qui fut abattu, et tous se jetèrent à la nage pour regagner la rive opposée.

Ces diverses tentatives, pour entrer en relations commerciales avec les naturels, étaient trop malheureuses pour que Cook y persévérât plus longtemps. Il résolut donc de chercher ailleurs une aiguade. Sur ces entrefaites, deux pirogues, qui tâchaient de regagner la côte, furent aperçues. Cook prit ses dispositions pour leur en couper le chemin. L'une échappa à force de rames, l'autre fut rattrapée, et, bien que Tupia criât aux naturels que les Anglais venaient en amis, ils saisirent leurs armes et commencèrent l'attaque. Une décharge en tua quatre, et les trois autres, qui s'étaient jetés à la mer, furent saisis malgré une vive résistance.

Les réflexions que ce fâcheux incident suggère à Cook sont trop à son honneur, elles sont en contradiction trop flagrante avec la manière de procéder alors en usage, pour que nous ne les rapportions pas textuellement.

> «Je ne peux pas me dissimuler, dit-il, que toutes les âmes humaines et sensibles me blâmeront d'avoir fait tirer sur ces malheureux Indiens, et il me serait impossible de ne pas blâmer moi-même une telle violence, si je l'examinais de sang-froid. Sans doute, ils ne méritaient pas la mort pour avoir refusé de se fier à mes promesses et de venir à mon bord, quand même ils n'y eussent vu aucun danger; mais la nature de ma commission m'obligeait à prendre connaissance de leur pays, et je ne pouvais le faire qu'en y pénétrant à force ouverte ou en obtenant la confiance et la bonne volonté des habitants. J'avais déjà tenté, sans succès, la voie des présents; le désir d'éviter de nouvelles hostilités m'avait fait entreprendre d'en avoir quelques-uns à mon bord, comme l'unique moyen de les convaincre que, loin de vouloir leur faire aucun mal, nous étions disposés à leur être utiles. Jusque-là, mes intentions n'avaient certainement rien de criminel; il est vrai que dans le combat, auquel je ne m'étais pas attendu, notre victoire eût pu être également complète sans ôter la vie à quatre de ces Indiens, mais il faut considérer que, dans une semblable situation, quand l'ordre de faire feu a été donné, on n'est plus le maître d'en prescrire ni d'en modérer les effets.»

Accueillis à bord avec toutes les démonstrations nécessaires, sinon pour leur faire oublier, du moins pour leur rendre moins pénible le souvenir de leur capture, comblés de présents, parés de bracelets et de colliers, on se disposait à débarquer ces naturels, lorsqu'ils déclarèrent, en voyant les bateaux se diriger vers l'embouchure de la rivière, que leurs ennemis habitaient en cet endroit et qu'ils seraient bientôt tués et mangés. Cependant, ils furent débarqués, et l'on eut lieu de penser que rien de fâcheux ne leur était advenu.

Le lendemain 11 octobre au matin, Cook quitta ce canton misérable. Il lui donna le nom de «baie de la Pauvreté», parce que, de toutes les choses dont il avait besoin, il n'avait pu s'y procurer que du bois. Située par 38° 42' de latitude sud et 181° 36' de longitude ouest, cette baie a la forme d'un fer à cheval et offre un bon mouillage, bien qu'elle soit ouverte aux vents entre le sud et l'est.

Cook continua de longer la côte en descendant vers le sud, nommant les points remarquables, et appelant Portland une île à laquelle il trouva une grande ressemblance avec celle du même nom qui se trouve dans la Manche. Les relations avec les naturels étaient toujours mauvaises; si elles ne dégénéraient pas en lutte ouverte, c'est que les Anglais montraient une patience à toute épreuve.

Un jour, plusieurs pirogues entouraient le vaisseau, on échangeait des clous et de la verroterie pour du poisson, lorsque les naturels s'emparèrent de Tayeto, le domestique de Tupia, et firent aussitôt force de rames pour s'échapper. Il fallut tirer sur les ravisseurs; le petit Taïtien profita du désordre, causé par la décharge, pour sauter à la mer, où il fut recueilli par la pinasse de l'*Endeavour*.

Le 17 octobre, Cook n'ayant pu trouver de havre, et considérant que, la mer devenant de plus en plus mauvaise, il perdrait un temps qui serait mieux employé à reconnaître la côte au nord, vira de bord et reprit la route qu'il venait de suivre.

Le 23 octobre, l'*Endeavour* atteignit une baie, appelée Tolaga, où ne se faisait sentir aucune houle. L'eau était excellente, et il était facile d'y compléter les provisions, d'autant plus que les naturels montraient des dispositions amicales.

Après avoir tout réglé pour la protection des travailleurs, MM. Banks et Solander descendirent à terre afin de recueillir des plantes, et ils virent dans leur promenade plusieurs choses dignes de remarque. Au fond d'une vallée, encaissée au milieu de montagnes escarpées, se dressait un rocher percé à jour, si bien que d'un côté on apercevait la mer et de l'autre on découvrait une partie de la baie et les collines environnantes. En revenant à bord, les excursionnistes furent arrêtés par un vieillard, qui les fit assister aux exercices militaires du pays avec la lance et le patou-patou. Pendant une autre promenade, le docteur Solander acheta une toupie entièrement semblable aux toupies européennes, et les indigènes lui firent entendre par signes qu'il fallait la fouetter pour la faire aller.

Sur une île à gauche de l'entrée de la baie, les Anglais virent la plus grande pirogue qu'ils eussent encore rencontrée. Elle n'avait pas moins de soixante-huit pieds et demi de long, cinq de large, trois pieds six pouces de haut, et portait à l'avant des sculptures en relief d'un goût bizarre où dominaient les lignes en spirale et des figures étrangement contournées.

Le 30 octobre, dès qu'il eut achevé ses provisions de bois et d'eau, Cook remit à la voile et continua de suivre la côte vers le nord.

Dans les environs d'une île, à laquelle le capitaine donna le nom de Maire, les naturels se montrèrent plus insolents et plus voleurs encore qu'ils ne l'avaient été jusque-là. Cependant, il fallait s'arrêter cinq ou six jours dans ce canton pour observer le passage de Mercure. Afin de prouver à ces sauvages que les Anglais ne pouvaient être maltraités impunément, on tira à plomb sur un voleur qui venait de dérober une pièce de toile; mais la décharge, qu'il reçut dans le dos, ne lui fit pas plus d'effet qu'un violent coup de rotin. Mais alors un boulet, qui ricocha à la surface de l'eau et passa plusieurs fois par-dessus les pirogues, frappa les indigènes d'une terreur telle, qu'ils regagnèrent la côte à force de rames.

Le 9 novembre, Cook et Green descendirent à terre pour observer le passage de Mercure. Green observa seul l'immersion, pendant que Cook prenait la hauteur du soleil.

Notre intention n'est pas de suivre jour par jour, heure par heure, les navigateurs anglais dans leur reconnaissance très approfondie de la Nouvelle-Zélande. Les mêmes incidents sans cesse répétés, le récit des mêmes luttes avec les habitants, les descriptions de beautés naturelles, si attrayantes qu'elles soient, ne pourraient longtemps plaire au lecteur. Il vaut donc mieux passer rapidement sur la partie hydrographique du voyage, pour ne nous attacher qu'à la peinture des mœurs des indigènes, aujourd'hui si profondément modifiées.

La baie Mercure est située à la base de la longue péninsule découpée qui, courant de l'est au nord-est, forme l'extrémité septentrionale de la Nouvelle-Zélande. Le 15 novembre, au moment où l'*Endeavour* quitta cette baie, plusieurs canots s'avancèrent à la fois vers le bâtiment.

> «Deux d'entre eux, dit la relation, qui portaient environ soixante hommes armés, s'approchèrent à portée de la voix, et les naturels commencèrent à chanter leur chanson de guerre; mais, voyant qu'on faisait peu d'attention à eux, ils commencèrent à jeter des pierres aux Anglais, et pagayèrent du côté du rivage. Bientôt, ils revinrent à la charge, en apparence résolus à combattre nos voyageurs, et s'animant entre eux par leur chanson. Sans que personne l'y eût excité, Tupia leur adressa quelques reproches et leur dit que les Anglais avaient des armes en état de les foudroyer dans l'instant. Mais ils répondirent en propres termes: «Venez à terre, et nous vous tuerons tous. — A la bonne heure, dit Tupia, mais pourquoi venez-vous nous insulter pendant que nous sommes en mer? Nous ne désirons pas combattre et nous n'acceptons pas votre défi, parce qu'il n'y a entre vous et nous aucun sujet de querelle. La mer ne vous appartient pas plus qu'elle n'appartient à notre vaisseau.» Une

éloquence si simple et si juste n'avait point été suggérée à Tupia. Aussi surprit-elle beaucoup Cook et les autres Anglais.»

Pendant qu'il était à la baie des îles, le capitaine reconnut une rivière assez considérable, à laquelle il donna le nom de Tamise. Elle était bordée de beaux arbres, de la même espèce que ceux qu'on avait rencontrés dans la baie Pauvreté. L'un deux, à six pieds au-dessus de terre, mesurait dix-neuf pieds de circonférence; un autre n'avait pas moins de quatre-vingt-dix pieds depuis le sol jusqu'aux premières branches.

Si les altercations avec les naturels étaient fréquentes, ces derniers pourtant n'avaient pas toujours tort.

> «Quelques hommes du vaisseau, dit Kippis, qui, dès que les Indiens étaient surpris en faute, ne manquaient pas de montrer une sévérité digne de Lycurgue, jugèrent à propos d'entrer dans une plantation zélandaise et d'y dérober beaucoup de patates. M. Cook les condamna à douze coups de verge. Deux d'entre eux les reçurent tranquillement; mais le troisième soutint que ce n'était point un crime pour un Anglais de piller les plantations des Indiens. La méthode que M. Cook jugea convenable pour répondre à ce casuiste fut de l'envoyer à fond de cale et de ne pas permettre qu'il en sortît jusqu'à ce qu'il eût consenti à recevoir six coups de plus.»

Le 30 décembre, les Anglais doublèrent ce qu'ils jugèrent être le cap Maria-Van-Diemen de Tasman, mais ils furent aussitôt assaillis par des vents contraires, qui obligèrent Cook à ne faire que dix lieues en trois semaines. Fort heureusement, il se tint, pendant tout ce temps, à une certaine distance du rivage. Sans cela, nous n'aurions probablement pas, aujourd'hui, à raconter ses aventures.

Le 16 janvier 1770, après avoir nommé un certain nombre d'accidents de la côte occidentale, Cook arriva en vue d'un pic imposant et couvert de neige, qu'il appela mont Egmont, en l'honneur du comte de ce nom. A peine ce pic fut-il doublé, qu'on vit la côte décrire un grand arc de cercle. Elle était découpée en un grand nombre de rades, où Cook résolut d'entrer, afin de caréner et de réparer son bâtiment et de faire provision d'eau et de bois. Il débarqua au fond d'une anse où il trouva un beau ruisseau et des arbres en très grande abondance, car la forêt ne finissait qu'au bord de la mer, là où le sol lui manquait. Il profita des bonnes relations, qui furent entretenues en cet endroit avec les naturels, pour leur demander s'ils avaient jamais vu un vaisseau semblable à l'*Endeavour*. Mais il constata que toute tradition relative à Tasman était effacée, bien qu'on fût seulement à quinze milles au sud de la baie des Assassins.

Dans un des paniers à provisions des Zélandais, on aperçut deux os à demi rongés. Il ne semblait pas que ce fussent des os de chien, et lorsqu'on les examina de près, on reconnut que c'étaient des débris humains. Les indigènes interrogés ne firent pas difficulté de répondre qu'ils avaient l'habitude de manger leurs ennemis. Quelques jours plus tard, ils apportèrent même à bord de l'*Endeavour* sept têtes d'hommes, auxquelles adhéraient encore les cheveux et la chair, mais dont ils avaient tiré la cervelle, qu'ils considèrent comme un mets très-délicat. La chair était molle, et, sans doute, on l'avait préservée de la putréfaction au moyen de quelque ingrédient, car elle n'avait point d'odeur désagréable. Banks acheta avec beaucoup de peine une de ces têtes; mais il ne put décider le vieillard qui les avait apportées à lui en céder une seconde, peut-être parce que les Zélandais les considèrent comme un trophée et une preuve de leur bravoure.

Les jours suivants furent consacrés à la visite des environs et à quelques promenades. Pendant l'une de ces excursions, Cook, ayant gravi une très haute colline, aperçut distinctement tout le détroit, auquel il avait donné le nom de canal de la Reine-Charlotte, et la côte opposée, qui lui parut éloignée d'environ quatre lieues. A cause du brouillard, il lui fut impossible de la découvrir au loin dans le S.-E. Mais il en avait assez vu pour comprendre que là finissait la grande île dont il venait de suivre tous les contours. Il lui restait donc à explorer celle qu'il découvrait au sud. C'est ce qu'il se promit de faire, aussitôt qu'il se serait assuré, en le parcourant dans toute sa longueur, que le canal de la Reine-Charlotte était bien un détroit.

Dans les environs, Cook eut l'occasion de visiter un «i-pah». Bâti sur une petite île ou un rocher d'accès très difficile, l'i-pah n'est autre chose qu'un village fortifié.

Le plus souvent, les naturels ont ajouté aux difficultés naturelles des fortifications qui en rendent l'abord des plus périlleux. Plusieurs de ceux qu'on visita étaient défendus par un double fossé, dont l'intérieur avait un parapet et une double palissade. Le second fossé ne mesurait pas moins de vingt-quatre pieds de profondeur. En dedans de la palissade intérieure s'élevait, à vingt pieds de haut, une plate-forme de quarante pieds de long sur six de large. Soutenue par de gros poteaux, elle était destinée à porter les défenseurs de la place, qui, de là, pouvaient facilement accabler les agresseurs de dards et de pierres, dont il y a toujours des tas énormes préparés en cas de besoin. Ces places fortes sont impossibles à forcer pour les naturels, à moins que, par un long blocus, la garnison ne soit obligée à se rendre.

> «Il est très surprenant, remarque Cook, que l'industrie et le soin qu'ils ont employés à bâtir, presque sans instruments, des places si propres à la défense, ne leur aient pas fait inventer, par la même raison, une seule arme de trait, à l'exception de la lance qu'ils jettent

avec la main. Ils ne connaissent point l'arc pour les aider à décocher un dard, ni la fronde pour lancer une pierre, ce qui est d'autant plus étonnant que l'invention des frondes, des arcs et des flèches est beaucoup plus simple que celle des ouvrages que construisent ces peuples, et qu'on trouve d'ailleurs ces deux armes dans presque tous les pays du monde, chez les nations les plus sauvages.»

Le 6 février, Cook sortit de la baie et fit voile à l'est, dans l'espérance de trouver l'entrée du détroit facile avant le reflux de la marée. A sept heures du soir, le vaisseau fut entraîné, par la violence du courant, jusqu'auprès d'une petite île en dehors du cap Koamaroo. Des rochers très pointus s'élevaient du fond de la mer. A chaque instant le danger augmentait. Un unique moyen restait de sauver le vaisseau. On le tenta, il réussit. La longueur d'un câble séparait seulement l'*Endeavour* de l'écueil, lorsqu'on laissa tomber l'ancre par soixante-quinze brasses d'eau. Par bonheur, l'ancre mordit, et le courant, qui changeait de direction après avoir frappé l'île, entraîna le navire au delà de l'écueil. Mais il n'était pas encore sauvé, car il était toujours très-près des rocs, et le courant faisait cinq milles à l'heure.

Cependant, lorsque le flux diminua, le bâtiment put se relever, et, le vent devenant favorable, il fut rapidement entraîné dans la partie la plus resserrée du détroit, qu'il franchit sans danger.

L'île la plus septentrionale de la Nouvelle-Zélande, qui porte le nom d'Eaheinomauwe, n'était cependant pas encore reconnue dans toutes ses parties; il restait une quinzaine de lieues de côtes qu'on n'avait pas relevées. Certains officiers profitèrent de cette circonstance pour soutenir, malgré le sentiment de Cook, que ce n'était pas une île, mais bien un continent. Quoique son opinion fût faite, le commandant dirigea sa navigation de manière à éclaircir le doute qui pouvait subsister dans l'esprit de ses officiers. Après deux jours de route, pendant lesquels on dépassa le cap Palliser, il les appela sur le pont et leur demanda s'ils étaient convaincus. Sur leur réponse affirmative, Cook, renonçant à remonter jusqu'au point le plus méridional qu'il avait atteint sur la côte orientale d'Eaheinomauwe, résolut de prolonger dans toute sa longueur la terre dont il venait d'avoir connaissance, et qui portait le nom de Tawai-Pounamou.

Une fia-toka. (*Fac-simile. Gravure ancienne.*)

Une famille néo-zélandaise. (*Fac-simile. Gravure ancienne.*)

La côte était le plus souvent stérile et ne paraissait pas habitée. Au reste, il fallut presque toujours se tenir à quatre ou cinq lieues du rivage.

Dans la nuit du 9 mars, l'*Endeavour* passa sur quelques rochers, et l'on reconnut, au matin, qu'il avait couru les plus grands dangers. On donna le nom de «Pièges» à ces récifs, qui semblent placés pour surprendre les navigateurs trop confiants.

Le même jour, Cook reconnut ce qui lui parut être l'extrémité méridionale de la Nouvelle-Zélande, et l'appela cap Sud. C'était la pointe de l'île Steward. Les grosses lames venant du sud-ouest, qui frappèrent le bâtiment, tandis qu'il doublait ce cap, convainquirent le capitaine Cook qu'il n'y avait pas de terre dans cette direction. Aussi reprit-il la route du nord pour achever, par la rive occidentale, le périple de la Nouvelle-Zélande.

Presque à l'extrémité méridionale de cette côte, on découvrit une baie à laquelle fut donné le nom de Dusky. Cette région était stérile, escarpée, couverte de neige. Mesurant à son entrée trois ou quatre milles, la baie Dusky, qui semblait être aussi profonde que large, renfermait plusieurs îles, derrière lesquelles un navire aurait trouvé, sans doute, un excellent abri. Mais Cook crut prudent de ne pas s'y arrêter, sachant que le vent nécessaire pour sortir ne souffle qu'une fois par mois dans ces parages. Il ne fut pas d'accord, en cette circonstance, avec plusieurs de ses officiers, qui, ne considérant que l'avantage présent, ne songeaient pas aux inconvénients d'une relâche dont on ne pouvait prévoir la durée.

Aucun incident ne marqua la reconnaissance du rivage occidental de Tawai-Pounamou.

> «Depuis la baie Dusky, dit Cook, jusqu'à 44° 20' de latitude, il y a une chaîne étroite de collines qui s'élèvent directement de la mer et qui sont couvertes de forêts. Derrière et tout près de ces collines, on voit des montagnes qui forment une autre chaîne d'une élévation prodigieuse et qui est composée de rochers entièrement stériles et dépouillés, excepté dans les endroits où ils sont couverts de neige, qu'on aperçoit sur la plupart en grandes masses.... Il n'est pas possible d'imaginer une perspective plus sauvage, plus brute et plus effrayante que celle de ce pays, lorsqu'on le contemple de la mer, car, dans toute la portée de la vue, on n'aperçoit rien que les sommets des rochers, qui sont si près les uns des autres, qu'au lieu de vallées, il n'y a que des fissures entre eux.»

De 44° 20' jusqu'à 42° 81', l'aspect change; les montagnes s'enfoncent dans l'intérieur; la mer est bordée de collines et de vallées fertiles.

De 42° 8' jusqu'à 41° 30', il n'y a qu'une côte, qui surgit verticalement de la mer et que coiffent de sombres forêts. D'ailleurs, l'*Endeavour* se tint trop loin du rivage, et le temps était trop sombre pour qu'on pût distinguer les particularités du littoral. Après avoir ainsi achevé le tour du pays, le navire regagna l'entrée de la Reine-Charlotte.

Cook fit là provision d'eau et de bois; puis, il résolut de regagner l'Angleterre, en suivant la route qui lui permettrait de mieux remplir l'objet de son voyage. A son grand regret, car il aurait voulu décider s'il existe ou non un continent austral; il lui était aussi impossible de rentrer en Europe par le cap Horn que par le cap de Bonne-Espérance. Au milieu de l'hiver, sous une latitude très méridionale, son bâtiment n'était pas en état de mener à bonne fin cette entreprise. Il n'y avait donc pas d'autre parti à prendre que de faire route par les Indes-Orientales, et, dans ce but, de gouverner à l'ouest jusqu'à la côte orientale de la Nouvelle-Hollande.

Mais, avant de raconter les péripéties de cette seconde partie de la campagne, il est bon de jeter un regard en arrière, et de résumer les observations que les voyageurs avaient recueillies sur la situation, les productions et les habitants de la Nouvelle-Zélande.

Dans le volume précédent, on a vu que ce pays avait été découvert par Abel Tasman, et nous avons rapporté les incidents qui en avaient marqué d'un trait de sang la reconnaissance par le capitaine hollandais. Jamais la Nouvelle-Zélande, sauf les côtes vues par Tasman en 1642, n'avait été visitée par un navire européen. Elle était à ce point inconnue, qu'on ne savait si elle ne faisait pas partie du continent austral, ainsi que le croyait Tasman, qui lui avait donné le nom de Terre des États. A Cook appartenait la gloire de déterminer la position et de relever les côtes de ces deux grandes îles, situées entre 34° et 48° de latitude sud et 180° et 194° de longitude ouest.

Tawai-Pounamou était montueuse, stérile, et ne semblait que très peu peuplée. Eaheinomauwe présentait un aspect plus engageant, des collines, des montagnes et des vallées couvertes de bois, arrosées par de gais ruisseaux. D'après les remarques faites par MM. Banks et Solander, sur le climat et le sol, Cook formulait ainsi ses conclusions, que les événements devaient confirmer: «Que, si les Européens formaient un établissement dans ce pays, il leur en coûterait peu de soins et de travaux pour y faire croître, en grande abondance, tout ce dont on a besoin.»

En fait de quadrupèdes, la Nouvelle-Zélande ne nourrissait que des rats et des chiens, ces derniers réservés pour la table. Mais si la faune était pauvre, la flore semblait fort riche. Parmi les végétaux qui frappèrent le plus vivement les Anglais, voici ce que dit la relation:

> «Les habitants se servent, en guise de chanvre et de lin, d'une plante qui surpasse toutes celles qu'on emploie aux mêmes usages dans les autres pays.... L'habillement ordinaire des Néo-Zélandais est

> composé de feuilles de cette plante sans beaucoup de préparations; ils en fabriquent d'ailleurs leurs cordons, leurs lignes et leurs cordages, qui sont beaucoup plus forts que tous ceux qu'on fait avec du chanvre et auxquels ils ne peuvent être comparés. Ils tirent de la même plante, préparée d'une autre manière, de longues fibres minces, luisantes comme de la soie et aussi blanches que de la neige; ils manufacturent leurs plus belles étoffes avec ces fibres, qui sont aussi d'une force surprenante. Leurs filets, d'une grandeur énorme, sont formés de ces feuilles; tout le travail consiste à les couper en bandes de largeur convenable, qu'on noue ensemble.»

Cette plante merveilleuse, de laquelle on s'était tellement engoué, après la description lyrique qu'on vient de lire et celle non moins enthousiaste qu'en devait faire quelques années plus tard La Billardière, est aujourd'hui connue sous le nom de «phormium tenax».

En effet, il a fallu rabattre des espérances que ces récits avaient fait naître! Suivant l'opinion de l'éminent chimiste Duchartre, l'action prolongée de la chaleur humide et surtout le blanchissage désagrègent en peu de temps les cellules de cette plante, et, après un ou deux lessivages, les tissus qui en sont fabriqués se réduisent en étoupe. Cependant, elle donne lieu à un commerce d'exportation considérable. M. Al. Kennedy, dans son très curieux ouvrage sur la Nouvelle-Zélande, nous apprend que si, en 1865, on n'exportait que quinze balles de phormium, quatre ans plus tard, ce qui est presque invraisemblable, ce chiffre s'était élevé à 12,162 balles, pour monter, en 1870, à 32,820 balles, dont la valeur était de 132,578 livres sterling.

Quant aux habitants, grands et bien proportionnés, ils étaient alertes, vigoureux et très adroits. Les femmes n'avaient pas cette délicatesse d'organes, cette gracilité de formes qui les distinguent dans tout autre pays. Vêtues de la même façon que les hommes, on ne pouvait les reconnaître qu'à la douceur de leur voix et à la vivacité de leur physionomie. Si les naturels d'une même tribu avaient entre eux les relations les plus affectueuses, implacables envers leurs ennemis, ils ne leur faisaient pas de quartier, et les cadavres servaient à d'horribles festins, que le défaut de nourriture animale explique sans les excuser.

> «Peut-être, dit Cook, paraîtra-t-il étrange qu'il y ait des guerres fréquentes dans un pays où il y a si peu d'avantages à obtenir la victoire.»

Mais, outre la nécessité de se procurer de la viande, qui amène la fréquence de ces guerres, ce qu'ignorait Cook, c'est que la population était partagée en deux races distinctes, naturellement ennemies.

D'anciennes traditions rapportent que les Maoris sont venus, il y a environ treize cents ans, des îles Sandwich. On a lieu de les croire exactes, si l'on réfléchit que cette belle race polynésienne a peuplé tous les archipels semés sur cette immense partie de l'océan Pacifique. Partis de l'île Haouaïki, qui serait l'Havaï des îles Sandwich ou la Saouaï de l'archipel des Navigateurs, les Maoris auraient refoulé ou presque détruit la race autochtone.

En effet, les premiers colons ont observé chez les indigènes de la Nouvelle-Zélande deux types parfaitement distincts; l'un, le plus important, rappelait, à ne pouvoir s'y méprendre, les naturels des Havaï, des Marquises, des Tonga, tandis que l'autre offrait la plus grande ressemblance avec la race mélanésienne. Ces informations, recueillies par Freycinet, et plus récemment confirmées par Hochstetter, sont en parfait accord avec ce fait curieux, rapporté par Cook, que Tupia, originaire de Taïti, put se faire comprendre sans difficulté des Néo-Zélandais.

Les migrations des Polynésiens sont aujourd'hui bien connues, grâce aux progrès de la linguistique et de l'anthropologie; mais elles n'étaient que soupçonnées du temps de Cook, qui fut l'un des premiers à recueillir les légendes relatives à ce sujet.

> «Chacun de ces peuples, dit-il, croit par tradition que ses pères vinrent, il y a longtemps, d'un autre pays, et ils pensent tous, d'après cette même tradition, que ce pays s'appelait Heawise.»

Le sol ne nourrissait, à cette époque, aucun autre quadrupède que le chien; encore avait-il dû être importé. Aussi les Néo-Zélandais n'avaient-ils guère pour subsistance quotidienne que des végétaux et certains volatiles, en petit nombre, qui restèrent inconnus aux Anglais. Heureusement, les côtes étaient excessivement poissonneuses, ce qui permettait aux habitants de ne pas mourir de faim.

Accoutumés à la guerre et regardant tout étranger comme un ennemi, ne voyant peut-être en lui qu'un animal de boucherie, les indigènes étaient tout naturellement portés à attaquer les Anglais. Mais, dès qu'ils eurent été bien convaincus de la faiblesse de leurs moyens et de la puissance de leurs adversaires dès qu'ils se furent rendu compte que l'on évitait, le plus possible, de se servir des engins de mort dont ils avaient vu les terribles effets, ils traitèrent les navigateurs en amis, et se conduisirent toujours avec une loyauté qui n'était pas sans surprendre.

Si les insulaires, que les navigateurs avaient fréquentés jusqu'alors, n'avaient aucune idée de la décence et de la pudeur, il n'en était pas de même des Néo-Zélandais, et Cook en donne plus d'une preuve curieuse. Sans être aussi propres que les habitants de Taïti, dont le climat est beaucoup plus chaud, sans se baigner aussi souvent, cependant, ils avaient soin de leur personne, et faisaient preuve d'une certaine coquetterie. C'est ainsi qu'ils oignaient leur chevelure avec une huile ou graisse de poisson et d'oiseau, qui, devenue rance en peu de temps, les rendait presque aussi désagréables à l'odorat que des Hottentots. Ils avaient l'habitude de se tatouer, et certains de ces tatouages dénotaient, en même temps qu'une habileté de main prodigieuse, un goût qu'on ne s'attendait pas à rencontrer chez ces populations primitives.

A leur grande surprise, les Anglais constatèrent que les femmes donnaient moins d'attention à leur toilette que les hommes. Leurs cheveux étaient coupés court, sans ornements, et elles portaient les mêmes vêtements que leurs maris. Pour toute coquetterie, elles se passaient dans les oreilles les choses les plus extraordinaires, étoffes, plumes, os de poisson, morceaux de bois, sans compter qu'elles y suspendaient, au moyen d'un cordon, des aiguilles en talc vert, des ongles ou des dents de leurs parents défunts, et généralement tous les objets qu'elles pouvaient se procurer.

Ceci rappelle une aventure, arrivée à une Taïtienne, que Cook rapporte dans sa relation. Envieuse de tous les objets qu'elle voyait, cette femme voulut se faire passer un cadenas dans le lobe de l'oreille. On y consentit, puis, devant elle, on jeta la clé à la mer. Au bout d'un certain temps, soit qu'elle fût gênée par le poids de ce singulier ornement, soit qu'elle voulût le remplacer par un autre, elle demanda à plusieurs reprises qu'on le lui enlevât. En lui refusant d'accéder à ce désir, on lui fit comprendre que sa demande avait été indiscrète, et que, puisqu'elle avait désiré ce singulier pendant d'oreille, il était juste qu'elle en supportât les inconvénients.

Quant aux vêtements des Zélandais, ils ne consistaient qu'en une première pièce d'étoffe, tenant le milieu entre le roseau et le drap, attachée aux épaules et pendant sur les genoux, et en une seconde enroulée autour de la ceinture, qui descendait jusqu'à terre. Cette dernière partie de leur costume n'était pas d'un usage habituel. Aussi, lorsqu'ils n'avaient que la partie supérieure de cet habillement et qu'ils s'accroupissaient, ils ressemblaient à une maison couverte de chaume. Ces sortes de couvertures étaient quelquefois décorées d'une façon très élégante, au moyen de franges de diverses couleurs, et, plus rarement, de fourrure de chien, découpée par bandes.

C'était surtout la construction de leurs pirogues qui marquait l'industrie de ces peuples. Les embarcations de guerre pouvaient porter de quarante à cinquante hommes armés, et l'une d'elles, qui fut mesurée à Ulaga, n'avait pas moins de soixante-huit pieds de long. Elles étaient magnifiquement décorées d'ouvrages à jour et garnies de franges flottantes en plumes noires. Ce sont ordinairement les plus petites qui ont des balanciers. Il arrive aussi quelquefois que deux pirogues sont jointes ensemble. Quant aux embarcations de pêche, elles étaient ornées à la proue et à la poupe d'une figure d'homme grimaçante, au visage hideux, à la langue pendante, aux yeux formés de deux coquillages blancs. Souvent deux pirogues étaient accouplées, et les plus petites portaient seules des balanciers destinés à assurer leur équilibre.

«Comme l'intempérance et le défaut d'exercice sont peut-être l'unique principe des maladies, dit Cook, il ne paraîtra pas surprenant que ces peuples jouissent sans interruption d'une santé parfaite. Toutes les fois que nous sommes allés dans leurs bourgs, les enfants et les vieillards, les hommes et les femmes se rassemblaient autour de nous, excités par la même curiosité qui nous portait à les regarder; nous n'en avons jamais aperçu un seul qui parût affecté de quelque maladie, et, parmi ceux que nous avons vus entièrement nus, nous n'avons jamais remarqué la plus légère éruption sur la peau, ni aucune trace de pustules ou de boutons.»

## II

Reconnaissance de la côte orientale de l'Australie. — Observations sur les naturels et les productions de la contrée. — Échouage de l'*Endeavour*. — Dangers continuels de la navigation. — Traversée du détroit de Torrès. — Les indigènes de la Nouvelle-Guinée. — Retour en Angleterre.

Ce fut le 31 mars 1770 que Cook quitta le cap Farewell et la Nouvelle-Zélande, pour faire route à l'ouest. Le 19 avril, il aperçut une terre qui s'étendait du nord-est à l'ouest par 37° 58' de latitude sud et 210° 39' de longitude ouest. C'était, suivant lui, d'après la carte de Tasman, le pays appelé par ce navigateur Terre de Van-Diemen. En tout cas, il ne lui fut pas loisible de vérifier si la partie de la côte qu'il avait devant lui se rattachait à la Tasmanie. En remontant vers le nord, il en nomma tous les accidents: pointe de Hicks, Ram-head, cap Howe, mont Dromadaire, pointe Upright, Pigeon-House, etc.

Cette portion de l'Australie était montagneuse et couverte d'arbres espacés. Quelques fumées indiquaient que le littoral était habité; mais la population, assez clairsemée, d'ailleurs, n'eut rien de plus pressé que de s'enfuir, aussitôt que les Anglais se préparèrent à débarquer.

Les premiers naturels qui furent aperçus étaient armés de longues piques et d'une pièce de bois dont la forme ressemblait assez à celle d'un cimeterre. C'était le fameux «boomerang», arme de jet si terrible dans la main des indigènes, si inoffensive entre celles des Européens.

Le visage de ces sauvages semblait être couvert d'une poudre blanche; leur corps était zébré de larges raies de la même couleur, qui, passant obliquement sur la poitrine, ressemblaient aux bandoulières des soldats, et ils portaient, aux cuisses et aux jambes, des raies de même nuance qu'on aurait prises à distance pour des jarretières, s'ils n'eussent été complètement nus.

Tête de Néo-Zélandais tatouée. (*Fac-simile. Gravure ancienne.*)

Un peu plus loin, les Anglais essayèrent encore de débarquer. Mais deux naturels qu'on avait d'abord essayé d'apprivoiser en leur jetant des clous, de la verroterie et d'autres bagatelles, se livrèrent à des démonstrations si menaçantes, qu'on se vit obligé de tirer un coup de fusil au-dessus de leur tête. La détonation les frappa tout d'abord de stupeur; mais, dès qu'ils ne se sentirent pas blessés, ils commencèrent les hostilités, en lançant des pierres et des javelots. Un coup de fusil, chargé à plomb, fut alors tiré dans les jambes du plus âgé. Le pauvre sauvage s'enfuit sur-le-champ vers une des cases, et revint aussitôt avec un bouclier pour recommencer le combat, qui finit cependant, dès qu'il fut convaincu de son impuissance. Les Anglais en profitèrent pour prendre terre et gagner les habitations, où ils trouvèrent un grand nombre de lances. Dans cette même baie, on débarqua un détachement avec des futailles pour faire de l'eau; mais il fut impossible d'entrer en communication avec les indigènes, qui s'enfuyaient, dès qu'on se dirigeait de leur côté.

C'étaient des Kanguros.

Pendant une excursion qu'ils firent à terre, Cook, Banks et Solander aperçurent les traces de plusieurs animaux. Les oiseaux étaient nombreux et d'une remarquable beauté. La grande quantité de plantes que les naturalistes trouvèrent en cet endroit engagea Cook à lui donner le nom de Botany-Bay (baie Botanique). Étendue, sûre et commode, cette baie est située par 34° de latitude et 208° 37' de longitude ouest. On pouvait s'y procurer facilement de l'eau et du bois.

> «Les arbres, dit Cook, sont pour le moins aussi grands que les chênes d'Angleterre, et j'en vis un qui y ressemblait assez. C'est le même qui distille une gomme rouge pareille au *sang de dragon*.»

Ce devait être, sans doute, une espèce d'eucalyptus. Parmi les différentes sortes de poissons qui fourmillaient dans ces parages, il faut citer la raie bouclée, dont l'une, après qu'on l'eut vidée, pesait encore trois cent trente-six livres.

Le 6 mai, Cook quitta Botany-Bay et continua de remonter le littoral vers le nord, en s'en tenant éloigné de deux ou trois milles. La navigation, le long de cette côte, fut assez monotone. Les seuls incidents qui vinrent un peu l'animer furent les différences subites et imprévues des fonds de la mer et les lignes de brisants qu'il fallut éviter.

Dans une descente qu'ils effectuèrent un peu plus loin, les explorateurs reconnurent que le pays était manifestement plus mauvais qu'aux environs de Botany-Bay. Le sol était sec et sablonneux, les rampes des collines étaient couvertes d'arbres, clair-semés, isolés et sans broussailles. Les matelots y tuèrent une outarde, qui fut déclarée le meilleur gibier qu'on eût mangé depuis le départ d'Angleterre. C'est pourquoi cet endroit reçut le nom de Bustard-Bay. On y recueillit également une grande quantité d'huîtres de toute espèce et notamment de petites huîtres perlières.

Le 25 mai, l'*Endeavour* se trouva, à un mille de terre, vis-à-vis d'une pointe qui coupait exactement le tropique du Capricorne. On constata le lendemain que la marée monta et descendit de sept pieds. Le flux portait à l'ouest et le reflux à l'est, juste le contraire de ce qu'on avait éprouvé à Bustard-Bay. En cet endroit, les îles étaient nombreuses, le chenal étroit et très peu profond.

Le 29, Cook, espérant trouver un endroit commode pour nettoyer la quille et les fonds de son bâtiment, débarqua, avec Banks et Solander, dans une large baie. Mais à peine furent-ils descendus à terre qu'ils se trouvèrent fort empêchés dans leur marche par une herbe épaisse, barbue et remplie de graines piquantes,—sans doute une sorte de spinifex,—qui s'attachait aux vêtements, les transperçait et pénétrait jusqu'à la chair. En même temps, des nuages de maringouins et de moustiques s'abattaient sur eux et les accablaient de piqûres douloureuses. On découvrit un lieu commode pour les réparations à faire, mais ce fut inutilement que l'on chercha une aiguade. Des gommiers, semés çà et là, perlaient d'énormes nids de fourmis blanches, qui, s'attaquant aux bourgeons, les avaient bientôt vidés de leur gomme. Des vols nombreux de papillons aux couleurs éclatantes se jouaient autour des explorateurs.

C'étaient là, sans doute, des observations curieuses, intéressantes à plus d'un point de vue; mais elles ne satisfaisaient guère le commandant, qui ne trouvait pas à refaire sa provision d'eau. Ainsi se décelait au premier abord ce qui forme le caractère le plus tranché de ce nouveau monde, le manque de sources, de rivières et de fleuves.

Une seconde excursion, faite dans la soirée du même jour, ne fut pas plus fructueuse. Toutefois, Cook constata que la baie était très profonde, et il résolut d'en faire le tour dès le lendemain. Il ne tarda pas à remarquer que la largeur du passage, où il était entré, augmentait rapidement et finissait par former un vaste lac en communication avec la mer par le nord-ouest. Un autre bras s'enfonçait aussi dans l'est, et on pouvait penser que ce lac devait avoir une autre communication avec la mer par le fond de la baie.

Cette partie de l'Australie reçut de Cook le nom de Nouvelle-Galles du Sud. Stérile, sablonneuse, aride, elle était dépourvue de tout ce qui est indispensable à l'établissement d'une colonie. Cet examen superficiel, cette reconnaissance purement hydrographique, ne pouvait apprendre aux Anglais que c'était là, cependant, au point de vue minéralogique, une des parties les plus riches de ce nouveau monde.

Du 31 mai au 10 juin, la navigation se poursuivit aussi monotone. A cette dernière date, l'*Endeavour*, qui venait de parcourir sans accident, sur cette côte inconnue, au milieu des bas-fonds et des brisants, un espace de vingt-deux degrés, soit treize cents milles, se trouva tout à coup exposé au danger le plus grand qu'il soit possible d'imaginer.

On était alors par 16 degrés de latitude sud et 214° 39' de longitude ouest, lorsque Cook, voyant devant lui deux îlots bas et couverts de bois, ordonna de tenir le large pendant la nuit, afin de chercher les îles découvertes par Quiros dans ces parages, archipel que certains géographes ont mal à propos réuni à la grande terre. A partir de neuf heures du soir, la sonde accusa, de quart d'heure en quart d'heure, une profondeur moins grande. Tout le monde était sur le pont, et l'ancre était parée, lorsque l'eau devint plus profonde. On en conclut que le bâtiment avait passé sur l'extrémité des bancs de sable aperçus au coucher du soleil, et l'on se réjouit de voir ce danger évité. La profondeur augmentant toujours, Cook et les officiers qui n'étaient pas de quart rentrèrent dans leurs cabines.

Cependant, à onze heures, la sonde, après avoir marqué vingt brasses, passa tout à coup à dix-sept, et, avant qu'on eût le temps de la rejeter, l'*Endeavour* avait touché, et, battu par les vagues, talonnait sur les pointes d'un roc.

La situation était très grave. Enlevé par la lame par-dessus le bord d'un récif de corail, l'*Endeavour* était retombé dans un creux de l'écueil. Déjà, à la clarté de la lune, on pouvait voir flotter autour du bâtiment une partie de la fausse quille et du doublage.

Par malheur, l'échouage avait eu lieu à marée haute. Il ne fallait donc pas compter sur le flot pour dégager le bâtiment. Sans perdre de temps, on jeta par-dessus bord les six canons, les barils, les tonneaux, le lest de fer et tout ce qui pouvait alléger le navire, qui continuait à raguer contre le roc. La chaloupe fut mise à la mer, les vergues et les huniers furent abattus, l'amarre de toue fut jetée à tribord, et l'on allait laisser tomber du même côté l'ancre d'affourche, lorsqu'on s'aperçut que l'eau était plus profonde à l'arrière. Mais, bien qu'on virât avec ardeur au cabestan, il fut impossible de dégager le bâtiment.

Au jour naissant, la position apparut dans toute son horreur. Huit lieues séparaient le bâtiment de la terre. Pas une île intermédiaire où se réfugier, s'il venait à s'entr'ouvrir, comme c'était à craindre. Bien qu'on se fût débarrassé de plus de cinquante tonneaux en poids, la pleine mer ne fit gagner qu'un pied et demi de flot. Heureusement, le vent s'était apaisé, sans quoi l'*Endeavour* n'eût bientôt plus été qu'une épave. Cependant, la voie d'eau augmentait rapidement, bien que deux pompes fussent sans cesse en mouvement. Il fallut en monter une troisième.

Terrible alternative! Si le bâtiment était dégagé, il coulait bas dès qu'il cesserait d'être soutenu par le roc; s'il restait échoué, il serait bientôt démoli par les lames qui en disjoignaient les membrures! Et les embarcations étaient insuffisantes pour porter, à la fois, tout l'équipage à terre!

N'y avait-il pas à craindre qu'en cette circonstance, la discipline ne fût foulée aux pieds? Qui pouvait répondre qu'une lutte fratricide ne rendrait pas le désastre irréparable? Et quand bien même une partie des matelots gagnerait la côte, quel sort leur était réservé sur une plage inhospitalière, où les filets et les armes à feu suffiraient à peine à leur procurer la nourriture? Que deviendraient, enfin, ceux qui auraient dû rester sur le navire? Ces réflexions terribles, tous les faisaient alors. Mais, tant est grand le sentiment du devoir, si fort le pouvoir d'un chef qui a su se faire aimer de son équipage, que ces alarmes ne se traduisirent par aucun cri, par aucun désordre.

Les forces des hommes qui n'étaient pas employés aux pompes furent sagement ménagées pour l'instant où allait se décider le sort commun. Les mesures furent si habilement prises, qu'au moment où la mer battit son plein, tout le monde s'attela au cabestan, et, le navire dégagé, on constata qu'il ne faisait pas plus d'eau que lorsqu'il était sur le récif.

Mais ces matelots qui, depuis vingt-quatre heures, avaient passé par tant d'angoisses, étaient à bout de forces. On fut bientôt obligé de les remplacer aux pompes toutes les cinq minutes, car ils tombaient épuisés.

A ce moment, une mauvaise nouvelle vint porter le découragement à son comble. L'homme chargé de mesurer la hauteur de l'eau dans la cale annonça qu'elle avait monté de dix-huit pouces en quelques instants. Fort heureusement, on s'aperçut presque aussitôt qu'il avait mal pris ses mesures, et la joie de l'équipage fut telle, que tout danger lui parut passé.

Un officier, nommé Monkhouse, eut alors une idée excellente. Sur le flanc du navire, il fit appliquer une bonnette, dans laquelle on avait mélangé du fil de caret, de la laine et les excréments des animaux embarqués. On parvint de cette manière à aveugler en partie la voie d'eau. De ce moment, les hommes qui parlaient d'échouer le navire sur la côte, pour reconstruire avec ses débris une embarcation qui les conduirait aux Indes-Orientales, ne songèrent plus qu'à trouver un havre convenable pour le radouber.

Ce havre désiré, ils l'atteignirent le 17 juin, à l'embouchure d'un cours d'eau que Cook appela rivière de l'Endeavour. Les travaux nécessaires pour le carénage du bâtiment furent aussitôt entrepris et menés le plus rapidement possible. Les malades furent débarqués, et l'état-major descendit à terre, à plusieurs reprises, afin d'essayer de tuer quelque gibier et de procurer aux scorbutiques un peu de viande fraîche. Tupia aperçut un animal, que Banks, d'après sa description, jugea devoir être un loup. Mais, quelques jours après, on en chassa plusieurs autres, qui sautaient sur leurs deux pieds de derrière et faisaient des bonds prodigieux. C'étaient des kanguroos, grands marsupiaux qu'on ne rencontre qu'en Australie, et que n'avait encore observés aucun Européen.

En cet endroit, les naturels se montrèrent bien moins farouches que partout ailleurs sur cette côte. Non seulement, ils se laissèrent approcher, mais, traités avec cordialité par les Anglais, ils demeurèrent plusieurs jours dans leur société.

> «Ils étaient, en général, dit la relation, d'une taille ordinaire, mais ils avaient les membres d'une petitesse remarquable; leur peau était couleur de suie ou de ce qu'on peut nommer couleur chocolat foncé; leurs cheveux, noirs sans être laineux, étaient coupés courts; les uns les avaient lisses, et les autres bouclés... Plusieurs parties de leur corps avaient été peintes en rouge, et l'un d'eux portait, sur la lèvre supérieure et sur la poitrine, des raies de blanc qu'il appelait «carbanda». Les traits de leur visage étaient bien loin d'être désagréables; ils avaient les yeux très vifs, les dents blanches et unies, la voix douce et harmonieuse.»

Plusieurs portaient un ornement singulier, dont Cook n'avait encore vu d'exemple qu'à la Nouvelle-Zélande: c'était un os d'oiseau de la grosseur du doigt, passé dans le cartilage qui sépare les deux narines.

Un peu plus tard, une querelle éclata à propos de tortues, dont l'équipage s'était emparé et dont les naturels prétendaient avoir leur part, sans avoir, cependant le moins du monde participé à leur capture. Voyant qu'on ne voulait pas accéder à leur demande, ils se retirèrent furieux et mirent le feu aux herbes au milieu desquelles était assis le campement des Anglais. Ceux-ci perdirent dans l'incendie tout ce qui était combustible, et le feu, courant au loin sur les collines, leur offrit durant la nuit un spectacle magnifique.

MM. Banks, Solander et plusieurs autres avaient fait, pendant ce temps, des chasses heureuses; ils avaient tué des kanguroos, des opossums, une espèce de putois, des loups, plusieurs sortes de serpents, dont quelques-uns étaient venimeux. Ils virent aussi des volées d'oiseaux, milans, faucons, cacatois, loriots, perroquets, pigeons, et nombre d'autres qui leur étaient inconnus.

Dès qu'il fut sorti de la rivière Endeavour, Cook put juger de la difficulté de la navigation dans ces parages. De tous côtés, ce n'étaient qu'écueils et hauts fonds. Le soir même, on fut forcé de jeter l'ancre, car il était impossible d'avancer pendant la nuit, à travers ce dédale de brisants, sans risquer d'échouer. A l'extrême portée de la vue, la mer semblait déferler sur une ligne d'écueils avec plus de violence que sur les autres, et il semblait que ce dût être la dernière.

Lorsque Cook y arriva, après cinq jours de lutte contre un vent contraire, il découvrit trois îles, qui gisaient à quatre ou cinq lieues dans le nord. Mais ses tribulations n'étaient pas près de leur fin. Le navire se trouva de nouveau entouré de récifs et de chaînes d'îlots bas et rapprochés, entre lesquels il semblait impossible de se risquer. Cook se demanda s'il ne serait pas plus prudent de retourner en arrière pour chercher un autre passage. Mais le retard que devait occasionner un pareil détour l'aurait certainement empêché d'arriver à temps dans les Indes. Enfin, il y avait à ce projet un obstacle insurmontable: il ne restait que trois mois de provisions sur le bâtiment.

Au moment où la situation semblait désespérée, Cook résolut de s'éloigner le plus possible de la côte et de tenter de franchir la barre extérieure des brisants. Il ne tarda pas à trouver un chenal, qui le conduisit en peu de temps en pleine mer.

> «Un si heureux changement de situation se fit vivement sentir, dit Kippis. L'âme des Anglais en était remplie, et leur contenance annonçait leur satisfaction. Ils avaient été près de trois mois continuellement menacés de périr. Quand ils passaient la nuit à l'ancre, ils entendaient autour d'eux une mer impétueuse qui se brisait contre les rochers, et ils savaient que, si malheureusement le câble de l'ancre cassait, ils n'échapperaient pas au naufrage. Ils avaient parcouru trois cent soixante milles, obligés d'avoir sans cesse un homme occupé à jeter le plomb et à sonder les écueils à travers lesquels ils naviguaient, chose dont aucun autre vaisseau ne pourrait peut-être fournir un aussi long exemple.»

Flotte d'Otaïti rassemblée à Oparée. (*Fac-simile. Gravure ancienne.*)

S'ils ne venaient pas d'échapper à un danger si imminent, les Anglais auraient encore eu plus d'un sujet d'inquiétude, en songeant à la longueur de la route qu'il leur restait à parcourir, à travers des mers peu connues, sur un navire qui faisait neuf pouces d'eau à l'heure, avec des pompes en mauvais état et des provisions qui tiraient à leur fin.

D'ailleurs, les navigateurs n'avaient échappé à ces dangers terribles que pour être exposés, le 16 août, à un péril presque aussi grand. Entraînés par la marée vers une ligne de brisants, au-dessus de laquelle l'écume de la mer jaillissait à une hauteur prodigieuse, dans l'impossibilité de jeter l'ancre, sans le moindre souffle de vent, il ne leur restait d'autre ressource que de mettre les canots à la mer pour remorquer le navire. Malgré les efforts des matelots, l'*Endeavour* n'était plus qu'à cent pas du récif, lorsqu'une brise légère, si faible même qu'en toute autre circonstance on ne l'aurait pas remarquée, s'éleva et suffit pour écarter le bâtiment. Mais, dix minutes plus tard, elle tombait, les courants reprenaient leur force, et l'*Endeavour* était encore une fois emporté à deux cents pieds des brisants. Après plusieurs alternatives non moins décevantes, une ouverture étroite fut aperçue.

> «Le danger qu'elle offrait était moins cruel que de demeurer dans une situation si horrible, dit la relation. Un vent léger qui se leva heureusement, le travail des canots et le flux conduisirent le vaisseau devant l'ouverture, à travers laquelle il passa avec une épouvantable rapidité. La force de ce torrent empêcha l'*Endeavour* de dériver d'aucun côté du canal, qui n'avait pourtant pas plus d'un mille de large, et dont la profondeur était extrêmement inégale, donnant tantôt trente brasses, tantôt sept, d'un fond sale.»

Trois Indiens sortirent du bois.

Si nous nous sommes arrêté un peu longuement sur les péripéties de cette campagne, c'est qu'elle s'accomplissait sur des mers inexplorées, au milieu de brisants et de courants, qui, dangereux encore pour les marins, lorsqu'ils sont marqués sur les cartes, le deviennent bien davantage, lorsqu'on s'avance, comme le faisait Cook depuis qu'il suivait la côte de la Nouvelle-Hollande, au milieu d'obstacles inconnus, que la sûreté du coup d'œil et l'instinct du marin ne réussissent pas toujours à éviter.

Une dernière question restait à éclaircir: la Nouvelle-Hollande et la Nouvelle-Guinée ne forment-elles qu'une seule terre? Sont-elles séparées par un bras de mer ou par un détroit?

Cook se rapprocha donc de terre, malgré les dangers de cette route, et suivit la côte de l'Australie vers le nord. Le 21 août, il doubla la pointe la plus septentrionale de la Nouvelle-Hollande, à laquelle il donna le nom de cap

York, et s'engagea dans un chenal semé d'îles près de la grande terre, ce qui lui fit concevoir l'espoir d'avoir enfin découvert le passage de la mer de l'Inde. Puis, il atterrit encore une fois, arbora le pavillon anglais, prit solennellement possession, au nom du roi Georges III, de toute la côte orientale, depuis le trente-huitième degré de latitude jusqu'à cet endroit, situé au dixième et demi sud, donna à ce pays le nom de Nouvelle-Galles du Sud, et, pour clore dignement cette cérémonie, fit tirer trois volées de canon.

Cook alors pénétra dans le détroit de Torrès, qu'il appela détroit de l'*Endeavour*, découvrit et nomma les îles Wallis, situées au milieu de l'entrée sud-ouest, l'île Booby, les îles du prince de Galles, et il se dirigea vers la côte méridionale de la Nouvelle-Guinée, qu'il suivit jusqu'au 3 septembre, sans pouvoir débarquer.

Ce jour-là, avec onze personnes bien armées, parmi lesquelles étaient Solander, Banks et ses domestiques, Cook descendit à terre. A peine étaient-ils éloignés du bateau d'un quart de mille, que trois Indiens sortirent des bois en poussant de grands cris et coururent sus aux Anglais.

> «Celui qui s'approcha le plus, dit la relation, lança de sa main quelque chose qui fut porté sur un de ses côtés et qui brûlait comme de la poudre à canon; mais nous n'entendions point de bruit.»

Cook et ses compagnons furent obligés de tirer sur ces naturels pour regagner leur embarcation, d'où ils purent les examiner à loisir. Ils ressemblaient tout à fait aux Australiens, portaient comme eux les cheveux courts et étaient entièrement nus; seulement, leur peau paraissait un peu moins foncée,—sans doute parce qu'elle n'était pas aussi sale.

> «Pendant ce temps, les indigènes lâchaient leurs feux par intervalles, quatre ou cinq à la fois. Nous ne pouvons imaginer ce que c'est que ces feux, ni quel était leur but en les jetant; ils avaient dans leurs mains un bâton court, peut-être une canne creuse, qu'ils agitaient de côté et d'autre, et à l'instant nous voyions du feu et de la fumée, exactement comme il en part d'un coup de fusil, et qui ne duraient pas plus longtemps. On observa du vaisseau ce phénomène surprenant, et l'illusion y fut si grande, que les gens à bord crurent que les Indiens avaient des armes à feu; et nous n'aurions pas douté nous-mêmes qu'ils ne tirassent sur nous des coups de fusil, si notre bateau n'avait pas été assez près pour entendre dans ce cas le bruit de l'explosion.»

C'est là un fait resté inexpliqué, malgré le grand nombre de commentaires auxquels il a donné lieu, et que peut seul rendre croyable le témoignage toujours véridique du grand navigateur.

Plusieurs des officiers anglais demandaient instamment à débarquer pour récolter des noix de coco et certains autres fruits; mais le commandant ne voulut pas risquer la vie de ses matelots pour une satisfaction aussi futile. D'ailleurs, il avait hâte de gagner Batavia, afin d'y faire caréner son navire. Enfin, il jugeait inutile de demeurer plus longtemps dans des parages, depuis longtemps fréquentés par les Espagnols et les Hollandais, où il n'y avait plus de découvertes à faire.

Cependant, il rectifia, en passant, la position des îles Arrow et Weasel; puis, il gagna Timor et relâcha à l'île de Savu, où les Hollandais s'étaient établis depuis peu de temps. Là, Cook se ravitailla, et, par une observation soigneuse, détermina sa position par 10° 35' de latitude sud et 237° 30' de longitude ouest.

Après cette courte relâche, l'*Endeavour* atteignit Batavia, où il fut caréné. Mais, après tant de fatigues éprouvées, ce séjour dans un pays malsain, où la fièvre est endémique, fut fatal à l'équipage. Banks, Solander, Cook et la plupart des matelots tombèrent malades; plusieurs moururent, notamment Monckhouse le chirurgien, Tupia et le petit Tayeto. Dix hommes seulement n'éprouvèrent pas les atteintes de la fièvre. Le 27 décembre, l'*Endeavour* mit en mer, et s'arrêta, le 5 janvier 1771, à l'île du Prince, pour prendre des vivres.

Depuis ce moment, les maladies, qui avaient commencé à sévir parmi l'équipage, s'aggravèrent. Vingt-trois personnes succombèrent, parmi lesquelles on doit particulièrement regretter l'astronome Green.

Après avoir relâché au cap de Bonne-Espérance, où il reçut l'excellent accueil dont il avait si grand besoin, Cook reprit la mer, toucha à Sainte-Hélène, et mouilla aux Dunes, le 11 juin 1772, après une absence qui avait duré près de quatre années.

Ainsi finit le premier voyage de Cook, «voyage, dit Kippis, dans lequel il éprouva tant de dangers, découvrit tant de pays et montra tant de fois qu'il possédait une âme supérieure, digne des périlleuses entreprises et des efforts courageux auxquels il s'était exposé!»

# CHAPITRE IV
# SECOND VOYAGE DU CAPITAINE COOK

## I

La recherche du continent austral. — Deuxième relâche à la Nouvelle-Zélande. — L'archipel Pomotou. — Second séjour à Taïti. — Reconnaissance des îles Tonga. — Troisième relâche à la Nouvelle-Zélande. — Seconde croisière dans l'océan Austral. — Reconnaissance de l'île de Pâques. — Visite aux îles Marquises.

Quand bien même le gouvernement n'aurait pas voulu récompenser James Cook pour la manière dont il venait de s'acquitter de la mission qui lui avait été confiée, la voix publique se serait prononcée en sa faveur. Nommé dans la marine royale au grade de «commander», à la date du 29 août, le grand navigateur, fier des services qu'il avait rendus à l'Angleterre et à la science, ne trouva pas la récompense à la hauteur de son mérite. Il aurait vivement désiré le grade de capitaine de vaisseau. Lord Sandwich, alors à la tête de l'Amirauté, lui fit observer qu'on ne pouvait le lui donner sans déroger à tous les usages admis et blesser l'ordre du service naval.

Quoi qu'il en fût, Cook s'occupait à réunir tous les matériaux nécessaires à la rédaction de son voyage; mais, bientôt, chargé d'une besogne trop importante, il remit ses notes et ses journaux entre les mains du docteur Hawkesworth, qui devait se charger d'en mener à bien la publication.

En même temps, les observations qu'il avait faites, de concert avec M. Green, sur le passage de Vénus, ses calculs et ses relèvements astronomiques, étaient soumis à la Société royale, qui ne tarda pas à en reconnaître tout le mérite.

Les résultats si importants que le capitaine Cook avait obtenus n'étaient cependant pas complets, en ce sens qu'ils ne détruisaient pas d'une manière irrécusable la croyance à un continent austral. Cette chimère tenait encore au cœur de bien des savants. Tout en étant forcés de reconnaître que ni la Nouvelle-Zélande ni l'Australie ne faisaient partie de ce continent, et que l'*Endeavour* avait navigué par des latitudes sous lesquelles on aurait dû le rencontrer, ils affirmaient qu'il se trouvait plus au sud et déduisaient toutes les conséquences que sa découverte devait produire.

Le gouvernement résolut alors de vider une question en suspens depuis tant d'années et d'envoyer dans ce but une expédition, dont le commandant était tout naturellement désigné. La nature de ce voyage exigeait des bâtiments d'une construction particulière. L'*Endeavour* ayant été envoyé aux îles Falkland, le bureau de la marine reçut ordre d'acheter les deux navires qui lui paraîtraient le plus propres à ce service. Cook, consulté, exigea qu'ils fussent solides, qu'ils eussent un faible tirant d'eau, et cependant une capacité suffisante pour contenir des vivres et des munitions proportionnés à la force de l'équipage et à la durée de la campagne.

L'Amirauté acheta donc deux bâtiments, construits à Whitby par celui-là même qui avait fait l'*Endeavour*. Le plus grand jaugeait 462 tonneaux et fut nommé *la Résolution*. Le second n'en portait que 336, et s'appela *l'Aventure*. Ils furent armés à Deptford et à Woolwich. Cook reçut le commandement de *la Résolution*, et le capitaine Tobias Furneaux, qui avait été second lieutenant de Wallis, fut élevé à celui de *l'Aventure*. Les second et troisième lieutenants, ainsi que plusieurs des bas officiers et des matelots embarqués, avaient déjà fait la campagne de l'*Endeavour*.

Comme il est facile de le penser, tous les soins imaginables furent donnés à l'armement. Lord Sandwich et le capitaine Palliser en suivirent eux-mêmes les diverses phases.

Chaque vaisseau emportait pour deux ans et demi de provisions de toute espèce. Des articles extraordinaires furent accordés à Cook, qui les avait réclamés comme antiscorbutiques. C'étaient de la drèche, de la choucroute, des choux salés, des tablettes de bouillon, du salep, de la moutarde, ainsi que de la marmelade de carottes et du jus de moût de bière épaissi, qu'on l'avait chargé d'essayer sur la recommandation du baron Storch, de Berlin, et de M. Pelham, secrétaire du Bureau des commissaires aux vivres.

On eut soin également d'embarquer sur chaque bâtiment les couples d'une petite embarcation de vingt tonneaux, destinée à transporter l'équipage pour le cas où les navires viendraient à périr.

Un peintre de paysage, William Hodges, deux naturalistes, Jean Reinhold Forster et son fils Georges, deux astronomes, W. Wales et W. Bayley, furent répartis sur les deux bâtiments avec les meilleurs instruments d'observation.

Rien, en un mot, n'avait été négligé pour tirer parti de cette expédition. Elle allait apporter, en effet, un immense contingent d'informations nouvelles, qui devait singulièrement contribuer aux progrès des sciences naturelles et physiques, de l'ethnographie, de la navigation et de la géographie.

> «Je reçus à Plymouth, dit Cook, mes instructions datées du 25 juin. On m'enjoignit de me rendre avec promptitude à l'île Madère; d'y embarquer du vin et de marcher au delà du cap de Bonne-Espérance, où je devais rafraîchir les équipages et me fournir des provisions et des autres choses dont j'aurais besoin; de m'avancer au sud, et de tâcher de retrouver le cap de la Circoncision, qu'on dit avoir été découvert par M. Bouvet dans le 54ᵉ parallèle sud et à environ 11° 20' de longitude est du méridien de Greenwich; si je rencontrais ce cap, de m'assurer s'il fait partie du continent ou si c'est une île; dans le premier cas, de ne rien négliger pour en

parcourir la plus grande étendue possible; d'y faire les remarques et observations de toute espèce qui seraient de quelque utilité à la navigation et au commerce et qui tendraient au progrès des sciences naturelles.

«On me recommandait aussi d'observer le génie, le tempérament, le caractère et le nombre des habitants, s'il y en avait, et d'employer tous les moyens honnêtes afin de former avec eux une liaison d'alliance et d'amitié.

«Mes instructions portaient ensuite de tenter des découvertes à l'est ou à l'ouest, suivant la situation où je me trouverais, et de m'approcher du pôle austral le plus qu'il me serait possible et aussi longtemps que l'état des vaisseaux, la santé de l'équipage et les provisions le permettraient; d'avoir soin de toujours réserver assez de provisions pour atteindre quelque port connu, où j'en chargerais de nouvelles pour le retour en Angleterre.

«Elles me prescrivaient en outre, si le cap de la Circoncision est une île, ou si je ne venais pas à bout de le retrouver, d'en faire, dans le premier cas, le relèvement nécessaire, et, dans tous les deux, de cingler au sud tant qu'il me resterait l'espoir de rencontrer le continent; de marcher ensuite à l'est afin de rechercher ce continent et de découvrir les îles qui pourraient être situées dans cette partie de l'hémisphère austral; de tenir toujours des latitudes élevées et de poursuivre mes découvertes, comme on l'a dit ci-dessus, au plus près du pôle, jusqu'à ce que j'eusse fait le tour du globe; de me rendre enfin au cap de Bonne-Espérance et de là à Spithead.»

Le 13 juillet, Cook appareilla du canal de Plymouth et arriva, le 29 du même mois, à Funchal, dans l'île de Madère. Là, il prit quelques rafraîchissements et continua sa route vers le sud. Mais, bientôt, convaincu que l'approvisionnement d'eau ne pourrait suffire pour atteindre le cap de Bonne-Espérance, il résolut de couper sa traversée en s'arrêtant aux îles du Cap-Vert, et mouilla, le 10 août, dans le port de Praya, qu'il quitta quatre jours plus tard.

Cook avait profité de sa relâche dans ce port pour réunir, comme il avait l'habitude de le faire, tous les renseignements qui pouvaient être utiles aux navigateurs. Sa description est aujourd'hui d'autant plus précieuse que les lieux ont complètement changé, et que les conditions de la relâche ont été modifiées par suite des travaux accomplis dans le port.

Le 23 du même mois, à la suite de rafales violentes qui avaient forcé tout le monde à se tenir sur le pont, Cook, connaissant les effets pernicieux de l'humidité dans les climats chauds, et continuellement préoccupé de maintenir son équipage en bonne santé, ordonna d'aérer l'entrepont. Il y fit même allumer du feu, afin de le fumer et de le sécher rapidement, et prit non seulement les précautions qui lui avaient été recommandées par lord Sandwich et sir Hugh Palliser, mais aussi celles qui lui étaient suggérées par l'expérience de sa précédente campagne.

Aussi, grâce à cette prévoyance de tous les instants, n'y avait-il pas un seul malade sur la *Résolution* lorsqu'elle arriva, le 30 octobre, au cap de Bonne-Espérance. Accompagné du capitaine Furneaux et de MM. Forster, Cook alla rendre aussitôt visite au gouverneur hollandais, le baron de Plettemberg, qui s'empressa de mettre à sa disposition toutes les ressources de la colonie. Là, il apprit que deux vaisseaux français, partis de l'île Maurice au mois de mars, avaient touché au Cap avant de se diriger vers les mers australes, où ils allaient tenter des découvertes sous le commandement du capitaine Marion.

Ce fut également pendant cette relâche, plus longue qu'on n'avait compté, que Forster rencontra le botaniste suédois, Sparmann, élève de Linné, et qu'il l'engagea à l'accompagner en lui promettant des appointements élevés. On ne saurait trop louer, en cette circonstance, le désintéressement de Forster, qui ne craignit pas de s'adjoindre un rival, et qui le paya même de ses deniers, afin de rendre plus complètes les études qu'il devait faire sur l'histoire naturelle des pays à visiter.

Le 22 novembre, l'ancre fut levée, et les deux bâtiments reprirent la route du sud, afin de se mettre à la recherche du cap de la Circoncision, découvert par le capitaine Bouvet, le 1er janvier 1739. Comme la température ne devait pas tarder à se refroidir, Cook fit distribuer à ses matelots les vêtements chauds qui lui avaient été fournis par l'Amirauté.

Du 29 novembre au 6 décembre, une terrible tempête se déchaîna. Les bâtiments, jetés hors de leur route, furent entraînés dans l'est, à ce point qu'il fallut renoncer à chercher le cap de la Circoncision. Une autre conséquence de ce mauvais temps et du passage subit de la chaleur à l'extrême froid, fut la perte de presque tous les animaux vivants, embarqués au Cap. Enfin, l'humidité incommoda si gravement les matelots, qu'il fallut augmenter les rations d'eau-de-vie pour les exciter au travail.

Iles de glace.

Le 10 décembre, par 50° 40' de latitude australe, furent rencontrées les premières glaces. La pluie, la neige, se succédaient sans interruption. Le brouillard même ne tarda pas à devenir si intense, que les bâtiments n'aperçurent un de ces écueils flottants que lorsqu'ils en étaient à peine éloignés d'un mille. Une de ces îles, dit la relation, n'avait pas moins de 200 pieds de haut, 400 de large et 2,000 de long.

> «En supposant que ce morceau fût d'une forme absolument régulière, sa profondeur au-dessous de l'eau devait être de 1,800 pieds, et sa hauteur entière d'environ 2,000 pieds, et, d'après les dimensions qu'on vient d'énoncer, toute sa masse devait contenir 1,600 millions de pieds cubes de glace.»

Pirogue de guerre néo-zélandaise. (*Fac-simile. Gravure ancienne.*)

Plus on s'enfonçait dans le sud, plus le nombre de ces blocs augmentait. La mer était si agitée, que les lames escaladaient ces montagnes glacées et retombaient de l'autre côté, en une fine et impalpable poussière. Le spectacle frappait l'âme d'admiration! Mais à ce sentiment succédait aussitôt la terreur, quand on songeait que si le bâtiment était frappé d'une de ces masses prodigieuses, il coulerait immédiatement à pic! Cependant, l'habitude du danger ne tardait pas à engendrer l'indifférence, et l'on ne pensait plus qu'aux sublimes beautés de ces luttes du terrible élément.

Le 14 décembre, une énorme banquise, dont l'extrémité se perdait sous l'horizon, empêcha les deux bâtiments de piquer plus longtemps au sud, et il fallut la longer. Ce n'était pas une plaine unie, car on y voyait çà et là des montagnes semblables à celles qu'on avait rencontrées les jours précédents. Quelques personnes crurent apercevoir la terre sous la glace. Cook, lui-même, y fut un instant trompé; mais le brouillard, en se dissipant, rendit évidente une erreur facilement explicable.

On constata le lendemain que les bâtiments étaient entraînés par un vif courant. Forster père et Wales, l'astronome, descendirent dans une embarcation pour mesurer sa vitesse. Tandis qu'ils procédaient à cette opération, le brouillard s'épaissit tellement, qu'ils perdirent complètement de vue le navire. Dans une misérable chaloupe, sans instruments et sans provisions, au milieu d'une mer immense, loin de toute côte, environnés de glaces, leur situation était terrible. Ils errèrent longtemps sur ce désert, ne pouvant parvenir à se faire entendre. Puis, ils cessèrent de ramer afin de ne pas trop s'écarter. Enfin, ils commençaient à perdre tout espoir, lorsque le son lointain d'une cloche parvint à leurs oreilles. Ils firent aussitôt force de rames dans cette direction; l'*Aventure* répondit à leurs cris et les recueillit, après quelques heures d'une terrible angoisse.

L'opinion alors généralement admise était que les glaces se formaient dans les baies ou à l'embouchure des rivières. Aussi, les explorateurs se croyaient-ils dans le voisinage d'une terre, située sans doute au sud, derrière l'infranchissable banquise.

Déjà plus de trente lieues avaient été parcourues à l'ouest, sans qu'il eût été possible de trouver dans la glace une ouverture qui conduisît au sud. Le capitaine Cook résolut alors de faire une route aussi longue dans l'est. S'il ne rencontrait pas la terre, il espérait du moins doubler la banquise, pénétrer plus avant vers le pôle, et mettre fin aux incertitudes des physiciens.

Cependant, bien qu'on fût au milieu de l'été pour cette partie du globe, le froid devenait chaque jour plus intense. Les matelots s'en plaignaient, et des symptômes de scorbut apparaissaient à bord. Des distributions de vêtements plus chauds et le recours aux médicaments indiqués en pareil cas, moût de bière et jus de citron, eurent bientôt raison de la maladie et permirent aux équipages de supporter les rigueurs de la température.

Le 29 décembre, Cook acquit la certitude que la banquise n'était jointe à aucune terre. Il résolut alors de se porter dans l'est aussi loin que le méridien de la Circoncision, à moins que quelque obstacle ne vînt l'arrêter.

Tandis qu'il mettait ce projet à exécution, le vent devint si violent, la mer si agitée, que la navigation, au milieu des glaces flottantes, qui s'entrechoquaient avec un bruit effrayant, devint excessivement périlleuse. Le danger s'accrut encore, lorsqu'on aperçut dans le nord un champ de glace qui s'étendait à perte de vue. Le navire n'allait-il pas être emprisonné pendant de longues semaines, «pincé», pour employer la locution propre aux baleiniers, et ne courait-il pas risque d'être immédiatement écrasé?

Cook n'essaya de fuir ni à l'ouest ni à l'est. Il s'enfonça droit dans le sud. D'ailleurs, il était par la latitude attribuée au cap de la Circoncision et à soixante-quinze lieues au sud du point où celui-ci avait été relevé. Il était donc prouvé que, si la terre signalée par Bouvet existait réellement,—ce dont on est certain aujourd'hui,—ce ne pouvait être qu'une île peu importante et non pas un grand continent.

Le commandant n'avait plus de raisons pour rester dans les mêmes parages. Par 67° 15' de latitude sud, une nouvelle barrière de glace, courant de l'est à l'ouest, lui fermait le passage, et il n'y rencontrait aucune ouverture. Enfin, la prudence lui commandait de ne pas demeurer plus longtemps dans cette région, car les deux tiers de l'été étaient écoulés déjà. Il résolut donc de chercher, sans retard, la terre récemment découverte par les Français.

Le 1er février 1773, les bâtiments étaient par 48°30' de latitude et 38°7' de longitude ouest, ce qui est presque le méridien attribué à l'île Saint-Maurice. Après une vaine croisière à l'est et à l'ouest, qui ne produisit aucun résultat, on fut amené à conclure que, s'il y avait dans ces parages quelque terre, ce ne pouvait être qu'une très petite île; autrement, elle n'aurait pas échappé à ses recherches.

Le 8 février, le capitaine constata avec peine que l'*Aventure* ne voguait plus de conserve avec lui. Pendant deux jours, il l'attendit vainement, faisant tirer le canon à intervalles rapprochés et allumer de grands feux sur le tillac durant toute la nuit. La *Résolution* dut continuer seule la campagne.

Dans la matinée du 17 février, entre minuit et trois heures, l'équipage fut témoin d'un magnifique spectacle, que jamais jusqu'alors Européen n'avait contemplé. C'était une aurore australe.

> «L'officier de quart, dit la relation, observa que, de temps en temps, il en partait des rayons en forme spirale et circulaire, et qu'alors sa clarté augmentait et la faisait paraître extrêmement belle. Elle semblait n'avoir aucune direction; au contraire, immobile dans les cieux, elle en remplissait de temps en temps l'étendue en versant sa lumière de toutes parts.»

Après une nouvelle tentative pour franchir le cercle arctique,—tentative à laquelle les brouillards, la pluie, la neige et les blocs énormes de glace flottante le forcèrent à renoncer,—Cook reprit la route du nord, convaincu qu'il ne laissait aucune grande terre derrière lui, et il regagna la Nouvelle-Zélande, où il avait donné rendez-vous à l'*Aventure*, en cas de séparation.

Le 25 mars, il mouillait dans la baie Dusky, après cent soixante-dix jours de mer consécutifs, pendant lesquels il n'avait pas fait moins de trois mille six cent soixante lieues, sans voir la terre une seule fois.

Aussitôt qu'il eut trouvé un mouillage commode, le commandant s'empressa de prodiguer à son équipage les nombreuses ressources que fournissait le pays en volailles, poissons et végétaux, tandis que lui-même parcourait, le plus souvent la sonde à la main, les environs de la baie, où il ne rencontra qu'un petit nombre d'indigènes, avec lesquels il n'eut que des rapports peu fréquents. Cependant, une famille, se familiarisant un peu, s'établit à cent pas de l'aiguade. Cook lui fit donner un concert, où le fifre et la cornemuse rivalisèrent sans succès, les Néo-Zélandais donnant la palme au tambour.

Le 18 avril, un chef se rendit à bord avec sa fille. Mais, avant d'entrer dans le bâtiment, il en frappa les flancs avec un rameau vert qu'il tenait à la main, et adressa aux étrangers une sorte de harangue ou d'invocation à cadence régulière—coutume générale chez les insulaires de la mer du Sud. A peine eut-il mis le pied sur le pont, qu'il offrit au commandant une pièce d'étoffe et une hache de talc vert, générosité sans précédent chez les Zélandais.

Le chef visita le navire en détail; pour témoigner sa reconnaissance au commandant, il plongea ses doigts dans un sac qu'il portait à sa ceinture et voulut lui oindre les cheveux avec l'huile infecte qu'il contenait. Cook eut toutes les peines du monde à se soustraire à cette preuve d'affection, qui n'avait pas eu le don de plaire davantage à Byron dans le détroit de Magellan; mais le peintre Hodges fut obligé de subir l'opération, à la joie de tout l'équipage. Puis, ce chef disparut pour ne plus revenir, emportant neuf haches et une trentaine de ciseaux de menuisier, dont les officiers lui avaient fait présent. Plus riche que tous les Zélandais réunis, il s'empressa, sans doute, d'aller mettre en sûreté ses trésors, dans la crainte qu'on ne voulût les lui reprendre.

Avant de partir, Cook lâcha cinq oies, les dernières de celles qu'il avait apportées du Cap, pensant qu'elles pourraient se multiplier dans cet endroit peu habité, et il fit défricher un terrain, où il sema quelques graines potagères. C'était travailler à la fois pour les naturels et pour les voyageurs futurs, qui pourraient trouver en ce lieu des ressources précieuses.

Dès que Cook eut fini la reconnaissance hydrographique de la baie Dusky, il mit le cap sur le détroit de la Reine-Charlotte, rendez-vous assigné au capitaine Furneaux.

Le 17 mai, l'équipage fut témoin d'un spectacle magnifique. Six trombes, dont l'une, large de soixante pieds à sa base, passa à cent pieds du vaisseau, s'élevèrent successivement, mettant, par une aspiration énergique, les nuages et la mer en communication. Ce phénomène dura près de trois quarts d'heure, et, au sentiment de frayeur dont il avait tout d'abord frappé l'équipage, avait bientôt succédé l'admiration qu'excitaient, surtout à cette époque, ces météores peu connus.

Le lendemain, au moment où la *Résolution* pénétrait dans le canal de la Reine-Charlotte, on aperçut l'*Aventure*, arrivée déjà depuis six semaines. Après avoir atteint, le 1er mars, la Terre de Van-Diemen, Furneaux l'avait suivie pendant dix-sept jours; mais il avait dû la quitter avant d'avoir pu s'assurer, comme il le pensait, si elle faisait partie de la Nouvelle-Hollande. Il était réservé au chirurgien Bass de réfuter cette erreur. Le 9 avril, après avoir atteint le détroit de la Reine-Charlotte, le commandant de l'*Aventure* avait mis à profit ses loisirs pour ensemencer un jardin et entretenir quelques relations avec les Zélandais, qui lui avaient fourni des preuves irréfutables de leur anthropophagie.

Avant de continuer son voyage de découvertes, Cook obéit à la même pensée qui avait inspiré sa conduite à la baie Dusky. Il mit à terre un bélier et une brebis, un bouc et une chèvre, un cochon et deux truies pleines. Il planta aussi des pommes de terre, dont il n'existait jusqu'alors des échantillons que sur la plus septentrionale des deux îles qui composent la Nouvelle-Zélande.

Les indigènes ressemblaient beaucoup à ceux de la baie Dusky; mais ils paraissaient plus insouciants, couraient d'une chambre à l'autre, pendant le souper, et dévoraient tout ce qu'on leur offrait. Il fut impossible de leur faire avaler une goutte de vin ou d'eau-de-vie, mais ils étaient très sensibles à l'eau mélangée de sucre.

> «Ils mettaient les mains, dit Cook, sur tout ce qu'ils voyaient, mais ils le rendaient, du moment où on leur disait par signes que nous ne voulions ou ne pouvions le leur donner. Ils estimaient particulièrement les bouteilles de verre, qu'ils appelaient «Tawhaw»; mais, lorsqu'on leur eut expliqué la dureté et l'usage du fer, ils le préférèrent aux verroteries, aux rubans et au papier blanc. Parmi eux se trouvaient plusieurs femmes, dont les lèvres étaient remplies de petits trous peints en bleu noirâtre; un rouge vif, formé de craie et d'huile, couvrait leurs joues. Elles avaient, comme celles de la baie Dusky, les jambes minces et torses et de gros genoux, ce qui provient sûrement du peu d'exercice qu'elles font, et de l'habitude de s'asseoir les jambes croisées; l'accroupissement presque continuel où elle se tiennent sur leurs pirogues y contribue d'ailleurs un peu. Leur teint était d'un brun clair, leurs cheveux très noirs, leur visage rond; le nez et les lèvres un peu épais, mais non aplatis, les yeux noirs assez vifs et ne manquant pas d'expression... Placés de file, les naturels se dépouillèrent de leurs vêtements supérieurs; l'un d'eux chanta d'une manière grossière, et le reste accompagna les gestes qu'il faisait. Ils étendaient leurs bras et frappaient alternativement du pied contre terre, avec des contorsions de frénétiques; ils répétaient en chœur les derniers mots, et nous y distinguions aisément une sorte de mètre; mais je ne suis pas sûr qu'il y eût de la rime; la musique était très sauvage et peu variée.»

Certains des Zélandais demandèrent des nouvelles de Tupia; lorsqu'ils apprirent sa mort, ils exprimèrent leur douleur par une sorte de lamentation plus factice que réelle.

Cook ne reconnut pas un seul des indigènes qu'il avait vus à son premier voyage. Il en conclut, avec toute apparence de raison, que les naturels qui habitaient le détroit en 1770 en avaient été chassés, ou, de leur plein gré, s'étaient retirés ailleurs. Au surplus, le nombre des habitants était diminué des deux tiers, et «l'i-pah» était abandonné, ainsi qu'un grand nombre d'habitations le long du canal.

Les deux bâtiments étant prêts à remettre en mer, Cook donna ses instructions au capitaine Furneaux. Il voulait s'avancer dans le sud par 41° à 46° de latitude jusqu'à 140° de longitude ouest, et, s'il ne trouvait pas de terre, cingler vers Taïti, où était fixé le lieu de rendez-vous, puis revenir à la Nouvelle-Zélande, et reconnaître toutes les parties inconnues de la mer entre cette île et le cap Horn.

Vers la fin de juillet, le scorbut commença à attaquer l'équipage de l'*Aventure*, à la suite de quelques jours de chaleur. Celui de la *Résolution*, grâce aux précautions dont Cook ne s'était pas départi un seul jour, et à l'exemple que lui-même avait constamment donné de manger du céleri et du cochléaria, échappa à la maladie.

Le 1er juillet, les deux navires étaient par 25°1' de latitude et par 134°6' de longitude ouest, situation attribuée par Carteret à l'île Pitcairn. Cook la chercha sans la trouver. Il faut dire que l'état des malades de l'*Aventure* abrégea sa croisière, à son grand regret. Il désirait vérifier ou rectifier la longitude de cette île, et, par cela même, celles de toutes les terres environnantes, découvertes par Carteret, et qui n'avaient pu être confirmées par des observations astronomiques. Mais, n'ayant plus l'espoir de trouver un continent austral, il fit voile au N.-O. et ne tarda pas à reconnaître plusieurs des îles vues par Bougainville.

> «Ces îles basses dont la mer du Sud est remplie entre les tropiques, dit-il, sont de niveau avec les flots dans les parties inférieures, et élevées à peine d'une verge ou deux dans les autres. Leur forme est souvent circulaire; elles renferment à leur centre un bassin d'eau de la mer, et la profondeur de l'eau tout autour est incommensurable. Elles produisent peu de chose; les cocotiers sont vraisemblablement ce qu'il y a de meilleur: malgré cette stérilité, malgré leur peu d'étendue, la plupart sont habitées. Il n'est pas aisé de dire comment ces petits cantons ont pu se peupler, et il n'est pas moins difficile de déterminer d'où les îles les plus élevées de la mer du Sud ont tiré leurs habitants.»

Le 15 août, Cook reconnut l'île d'Osnabruck ou Mairea, découverte par Wallis, et fit route pour la baie d'Oaiti-Piha, où il comptait embarquer le plus de rafraîchissements possible, avant de gagner Matavaï.

> «A la pointe du jour, dit Forster, nous jouîmes d'une de ces belles matinées que les poètes de toutes les nations ont essayé de peindre. Un léger souffle de vent nous apportait de la terre un parfum délicieux et ridait la surface des eaux. Les montagnes, couvertes de forêts, élevaient leurs têtes majestueuses, sur lesquelles nous apercevions déjà la lumière du soleil naissant. Très près de nous, on voyait une allée de collines, d'une pente plus douce, mais boisées comme les premières, agréablement entremêlées de teintes vertes et brunes; au pied, une plaine parée de fertiles arbres à pain, et par derrière une quantité de palmiers, qui présidaient à ces bocages ravissants. Tout semblait dormir encore. L'aurore ne faisait que poindre, et une obscurité paisible enveloppait le paysage. Nous distinguions cependant des maisons parmi les arbres et des pirogues sur la côte. A un demi-mille du rivage, les vagues mugissaient contre un banc de rochers de niveau avec la mer, et rien n'égalait la tranquillité des flots dans l'intérieur du havre. L'astre du jour commençait à éclairer la plaine; les insulaires se levaient et animaient peu à peu cette scène charmante. A la vue de nos vaisseaux, plusieurs se hâtèrent de lancer leurs pirogues et ramèrent près de nous, qui avions tant de joie à les contempler. Nous ne pensions guère que nous allions courir le plus grand danger et que la destruction menacerait bientôt les vaisseaux et les équipages sur les bords de cette rive fortunée.»

L'habile écrivain, l'heureux peintre, qui sait trouver des couleurs si fraîches et si variées! Peu d'expressions ont vieilli dans ce tableau enchanteur. On regrette de n'avoir pas accompagné ces hardis matelots, ces savants qui comprenaient si bien la nature! Que n'avons-nous avec eux visité ces populations innocentes et paisibles, dans cet âge d'or dont notre siècle de fer nous rend la disparition plus pénible encore!

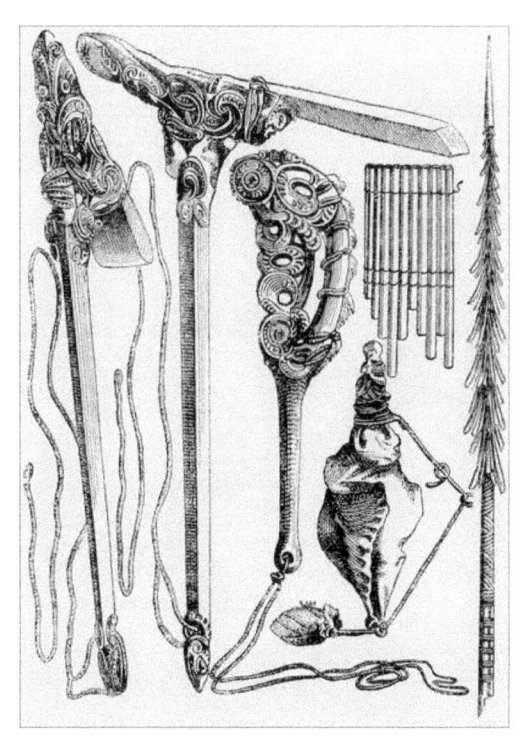

Ustensiles et armes des Néo-Zélandais. (*Fac-simile. Gravure ancienne.*)

Les bâtiments étaient à une demi-lieue d'un récif, lorsque le vent tomba. Malgré tous les efforts des chaloupes, ils allaient échouer misérablement sur les écueils, en vue de cette terre si ardemment désirée, quand une habile manœuvre du commandant, heureusement secondée par la marée et par la brise de terre, vint les tirer du danger. Ils avaient fait, cependant, quelques avaries, et l'*Aventure* avait perdu trois ancres.

Un insulaire qui passait sa journée à se faire gaver.

Une foule de pirogues entouraient les navires, et des fruits de toute espèce étaient échangés pour quelques grains de verre. Cependant, les indigènes n'apportaient ni volailles ni cochons. Ceux qu'on apercevait autour des cases appartenaient au roi, et ils n'avaient pas la permission de les vendre. Beaucoup de Taïtiens demandaient des nouvelles de Banks et des autres compagnons de Cook à son premier voyage. Quelques-uns s'informèrent aussi de Tupia; mais ils ne parlèrent plus de lui, dès qu'ils eurent appris les circonstances de sa mort.

Le lendemain, les deux bâtiments mouillaient dans la rade d'Oaiti-Piha, à deux encâblures du rivage, et furent encombrés de visiteurs et de marchands. Quelques-uns profitèrent de l'encombrement pour rejeter dans leurs pirogues les denrées qu'ils avaient vendues, afin de les faire payer une seconde fois. Pour mettre fin à cette friponnerie, Cook fit chasser les fripons, après les avoir fait fustiger, châtiment qu'ils supportèrent, d'ailleurs, sans se plaindre.

L'après-midi, les deux capitaines descendirent à terre pour examiner l'aiguade, qu'ils trouvèrent très convenable. Pendant cette petite excursion, une foule d'indigènes vinrent à bord qui se plurent à confirmer la fâcheuse réputation que leur avaient faite les récits antérieurs de Bougainville et de Cook.

> «Un des officiers, placé sur le gaillard d'arrière, dit la relation, voulant donner des grains de verre a un enfant de six ans, qui était sur une pirogue, les laissa tomber dans la mer. L'enfant se précipita aussitôt à l'eau, et il plongea jusqu'à ce qu'il les eût rapportés du fond. Afin de récompenser son adresse, nous lui jetâmes d'autres bagatelles; cette générosité tenta une foule d'hommes et de femmes, qui nous amusèrent par des tours surprenants d'agilité au milieu des flots. A voir leur position aisée dans l'eau et la souplesse de leurs membres, nous les regardions presque comme des animaux amphibies.»

Cependant, les Taïtiens, montés à bord, furent surpris à voler différents objets. L'un d'eux, qui était resté la plus grande partie de la journée dans la chambre de Cook, s'empressa de sauter à la mer, et le capitaine, outré de sa conduite, tira deux coups de feu par-dessus sa tête. Un bateau, détaché pour saisir les pirogues des voleurs, fut assailli de pierres, lorsqu'il arriva près du rivage, et il fallut tirer un coup de canon pour déterminer les assaillants à la retraite. Ces hostilités n'eurent pas de suite; les naturels revinrent à bord comme si rien ne s'était passé. Cook apprit d'eux que la plupart de ses anciens amis des environs de Mataval avaient péri dans une bataille qui avait eu lieu entre les habitants des deux péninsules.

Les officiers firent à terre plusieurs promenades; Forster, poussé par son ardeur pour les recherches botaniques, n'en manqua aucune. Pendant une de ces courses, il fut témoin de la façon dont les Taïtiennes préparent leurs étoffes.

> «A peine eûmes-nous marché quelques pas, dit-il, qu'un bruit venant de la forêt frappa nos oreilles. En suivant le son, nous parvînmes à un petit hangar, où cinq ou six femmes, assises sur les deux côtés d'une longue pièce de bois carrée, battaient l'écorce fibreuse du mûrier, afin d'en fabriquer leurs étoffes. Elles se servaient pour cela d'un morceau de bois carré, qui avait des sillons longitudinaux et parallèles, plus ou moins serrés selon les différents côtés. Elles s'arrêtèrent un moment pour nous laisser examiner l'écorce, le maillet et la poutre qui leur servait de table; elles nous montrèrent aussi, dans une grosse noix de coco, une espèce d'eau glutineuse, dont elles se servaient de temps à autre afin de coller ensemble les pièces de l'écorce. Cette colle, qui, à ce que nous comprîmes, vient de l'*hibiscus esculentus*, est absolument nécessaire dans la fabrique de ces immenses pièces d'étoffe qui, ayant quelquefois deux ou trois verges de large et cinquante de long, sont composées de petits morceaux d'écorce d'arbre d'une très petite épaisseur.... Les femmes

occupées à ce travail portaient de vieux vêtements sales et déguenillés, et leurs mains étaient très dures et très calleuses.»

Le même jour, Forster aperçut un homme qui portait des ongles extrêmement longs, ce dont il était très fier, comme d'une preuve qu'il n'était pas obligé de travailler pour vivre. Dans l'empire d'Annam, en Chine, dans bien d'autres contrées, cette manie singulière et puérile a été signalée. Un seul doigt est pourvu d'un ongle moins long; c'est celui qui sert à se gratter, occupation très fréquente dans tous les pays d'extrême Orient.

Pendant une autre de ses promenades, Forster vit un insulaire mollement étendu sur un tapis d'herbe épaisse, qui passait sa journée à se faire gaver par ses femmes. Ce triste personnage, qui s'engraissait sans rendre aucun service à la société, rappela au naturaliste anglais la colère de sir John Mandeville, s'indignant de voir «un pareil glouton qui consumait ses jours sans se distinguer par aucun fait d'armes, et qui vivait dans le plaisir comme un cochon qu'on engraisse dans une étable.»

Le 22 août, Cook, ayant appris que le roi Waheatua était dans le voisinage et manifestait le désir de le voir, descendit à terre avec le capitaine Furneaux, MM. Forster et plusieurs naturels. Il le rencontra qui venait au-devant de lui avec une nombreuse suite, et le reconnut aussitôt, car il l'avait vu plusieurs fois en 1769.

Ce roi était alors enfant et s'appelait Té-Arée, mais il avait changé de nom à la mort de son père Waheatua. Il fil asseoir le capitaine sur son tabouret, et s'informa avec sollicitude de plusieurs Anglais qu'il avait fréquentés au précédent voyage. Cook, après les compliments ordinaires, lui fit présent d'une chemise, d'une hache, de clous et d'autres bagatelles; mais, de tous ces cadeaux, celui qui sembla le plus précieux et qui excita de la part des naturels des cris d'admiration, ce fut une touffe de plumes rouges, montée sur un fil d'archal.

Waheatua, roi de la petite Taïti, pouvait être âgé de dix-sept ou dix-huit ans. Grand, bien fait, il aurait eu l'air majestueux, si l'expression habituelle de sa physionomie n'eût été celle de la crainte et de la méfiance. Il était entouré de plusieurs chefs et nobles personnages, remarquables par leur stature, et dont l'un, tatoué d'une façon singulière, était d'une corpulence énorme. Le roi, qui montrait pour lui beaucoup de déférence, le consultait à tout moment. Cook apprit alors qu'un vaisseau espagnol avait relâché à Taïti, quelques mois auparavant; il sut plus tard que c'était celui de Domingo Buenechea, qui venait de Callao.

Tandis qu'Etée, le gros confident du roi, s'entretenait avec quelques officiers de matières religieuses, et demandait aux Anglais s'ils avaient un dieu, Waheatua s'amusait avec la montre du commandant. Tout étonné du bruit qu'elle faisait, ce qu'il exprimait en disant: «Elle parle,» il demandait à quoi elle pouvait servir. On lui expliqua qu'elle mesurait le temps et qu'en cela elle ressemblait au soleil. Waheatua lui donna aussitôt le nom de «petit soleil» pour montrer qu'il avait compris l'explication.

Les bâtiments mirent à la voile le 24 au matin, et furent longtemps suivis par une quantité de pirogues, chargées de noix de coco et de fruits. Plutôt que de manquer cette occasion d'acquérir des marchandises d'Europe, les indigènes vendirent leurs denrées très bon marché. Il fut même possible de se procurer une douzaine des plus belles noix de coco pour un seul grain de verre. Cette abondance de rafraîchissements ne tarda pas à ramener la santé à bord des bâtiments, et la plupart des matelots, qui, en arrivant à Osnabruck, pouvaient à peine marcher, allaient et venaient au départ.

Le 26, la *Résolution* et l'*Aventure* atteignirent la baie de Matavaï. Une foule de Taïtiens eut bientôt envahi les ponts. Le capitaine les connaissait pour la plupart, et le lieutenant Pickersgill, qui avait accompagné Wallis en 1767 et Cook deux ans plus tard, reçut un accueil particulièrement empressé.

Cook fit dresser les tentes pour les malades, les tonneliers et les voiliers; puis, il partit pour Oparrée avec le capitaine Furneaux et les deux Forster. L'embarcation qui les portait ne tarda pas à passer devant un moraï de pierre et un cimetière déjà connu sous le nom de moraï de Tootahah. Lorsque Cook le désigna sous ce nom, un des indigènes qui l'accompagnaient l'interrompit en lui disant que, depuis la mort de Tootahah, on l'appelait moraï d'O-Too.

> «Belle leçon pour les princes, qu'on fait souvenir ainsi pendant leur vie qu'ils sont mortels, et qu'après leur mort le terrain qu'occupera leur cadavre ne sera pas à eux! Le chef et sa femme ôtèrent, en passant, leurs vêtements de dessus leurs épaules, marque de respect que donnent les insulaires de tous les rangs devant un moraï, et qui semble attacher à ces lieux une idée particulière de sainteté.»

Cook fut bientôt admis en présence du roi O-Too. Après quelques compliments, il lui offrit tout ce qu'il pensait avoir du prix à ses yeux, car il sentait combien il serait avantageux de gagner l'amitié de cet homme, dont les moindres paroles dénotaient la timidité de caractère. Grand et bien fait, ce roi pouvait avoir trente ans. Il s'informa de Tupia et des compagnons de Cook, bien qu'il n'en eût vu aucun. De nombreux présents furent ensuite distribués à ceux qui parurent les plus influents dans son entourage.

Les femmes envoyèrent aussitôt leurs domestiques «chercher de grandes pièces de leurs plus belles étoffes, teintes en écarlate, de couleur de rose ou de paille, et parfumées de leur huile la plus odorante. Elles les mirent sur nos premiers habits, et nous chargèrent si bien qu'il nous était difficile de remuer.»

Le lendemain, O-Too vint rendre visite au capitaine. Il n'entra dans le bâtiment qu'après que Cook eut été enveloppé d'une quantité considérable d'étoffes indigènes des plus précieuses, et il n'osa descendre dans l'entrepont que lorsque son frère l'eut d'abord visité. On fit asseoir le roi et sa suite pour déjeuner, et tous les indigènes s'extasièrent aussitôt sur la commodité des chaises. O-Too ne voulut goûter à aucun plat, mais ses compagnons furent loin d'imiter sa réserve. Il admira beaucoup un superbe épagneul qui appartenait à Forster et témoigna le désir de l'avoir. On le lui donna immédiatement, et il le fit dès lors porter derrière lui par un des seigneurs de sa suite. Après le déjeuner, le commandant reconduisit lui-même dans sa chaloupe O-Too, à qui le capitaine Furneaux avait fait présent d'une chèvre et d'un bouc. Pendant une excursion qu'il fit dans l'intérieur, M. Pickersgill rencontra la vieille Obéréa, qui avait montré tant d'attachement à Wallis. Elle semblait avoir perdu toutes ses dignités, et elle était si pauvre qu'elle fut dans l'impossibilité de faire un présent à ses amis.

Lorsque Cook partit, le 1er septembre, un jeune Taïtien, nommé Poreo, lui demanda la faveur de l'accompagner. Le commandant y consentit dans l'espoir qu'il pourrait lui être utile. Au moment où il vit disparaître la terre à l'horizon, Poreo ne put retenir ses larmes. Il fallut que les officiers le consolassent en l'assurant qu'ils lui serviraient de pères.

Cook se dirigea alors vers l'île d'Huaheine, qui n'était pas éloignée de plus de vingt-cinq lieues, et y mouilla le 3 au matin. Les insulaires apportèrent quantité de grosses volailles; elles firent d'autant plus de plaisir, qu'il avait été impossible de s'en procurer a Taïti. Bientôt affluèrent sur le marché les cochons, les chiens et les fruits, qu'on échangea avec avantage pour des haches, des clous et de la verroterie.

Cette île, comme Taïti d'ailleurs, présentait des traces d'éruptions volcaniques, et le sommet d'une de ses collines rappelait beaucoup la forme d'un cratère. L'aspect du pays est le même, mais en petit, qu'à Taïti, car la circonférence de Huaheine n'est que de sept ou huit lieues.

Cook alla rendre visite à son vieil ami Orée. Le roi, bannissant tout cérémonial, se jeta au cou du capitaine en pleurant de joie; puis, il lui présenta ses amis, auxquels le capitaine fit quelques présents. Quant au roi, il lui offrit ce qu'il possédait de plus précieux, car il considérait cet homme comme un père. Orée promit d'approvisionner les Anglais de tout ce dont ils auraient besoin, et tint parole avec la plus grande loyauté.

Cependant, le 6 au matin, les matelots qui présidaient aux échanges furent insultés par un naturel couvert de rouge, en habit de guerre, et qui, tenant une massue de chaque main, menaçait tout le monde. Cook, arrivant à terre en ce moment-là, se jeta sur l'indigène, lutta avec lui et finit par s'emparer de sa massue, qu'il brisa.

Le même jour, un autre incident se produisit. Sparrman avait imprudemment pénétré dans l'intérieur de l'île pour y faire des recherches de botanique. Quelques naturels, profitant du moment où il examinait une plante, lui arrachèrent de la ceinture une dague, seule arme qu'il portât sur lui, lui en donnèrent un coup sur la tête et, se précipitant sur lui, arrachèrent par lambeaux une partie de ses vêtements. Cependant, Sparrman parvint à se relever, et se mit à courir vers la plage. Mais, embarrassé par des buissons et des ronces, il fut rejoint par les naturels, qui allaient lui couper les mains pour s'emparer de sa chemise, dont les manches étaient boutonnées, lorsqu'il put déchirer les poignets avec ses dents. D'autres insulaires, le voyant nu et meurtri, lui passèrent leurs vêtements et le conduisirent sur la place du marché, où se trouvait une foule de naturels. Au moment où Sparrman parut en cet état, tous prirent la fuite sans s'être consultés. Cook crut d'abord qu'ils venaient de commettre quelque vol. Détrompé en apercevant le naturaliste, il rappela aussitôt quelques indigènes, les assura qu'il ne se vengerait pas sur des innocents, et porta sa plainte immédiatement à Orée. Celui-ci, désolé et furieux de ce qui s'était passé, accabla son peuple de reproches véhéments, et promit de tout faire pour retrouver les voleurs et les objets volés.

En effet, malgré les supplications des naturels, le roi s'embarqua dans la chaloupe du commandant, et se mit avec lui à la recherche des coupables. Ceux-ci s'étaient dérobés, et, pour le moment, il fallut renoncer à les atteindre. Orée accompagna donc Cook à son bord, dîna avec lui, et, lorsqu'il revint à terre, fut accueilli avec les démonstrations de joie les plus vives par ses sujets, qui n'espéraient plus le revoir.

> «C'est une des réflexions les plus agréables que nous ait suggérées ce voyage, dit Forster, qu'au lieu de trouver les habitants de ces îles entièrement plongés dans la volupté, comme l'ont dit faussement les premiers voyageurs, nous avons remarqué parmi eux les sentiments les plus humains et les plus délicats. Dans toutes les sociétés, il y a des caractères vicieux; mais on comptera cinquante fois plus de méchants en Angleterre ou dans tout autre pays civilisé que dans ces îles.»

Au moment où les vaisseaux mettaient à la voile, Orée vint prévenir le commandant que les voleurs étaient pris, et l'invita à descendre à terre pour assister à leur supplice. C'était impossible. Le roi voulut alors accompagner Cook pendant une demi-lieue en mer et lui fit les plus tendres adieux.

Cette relâche avait été très productive. Les deux bâtiments emportaient plus de trois cents cochons, sans compter les volailles et les fruits. Nul doute qu'ils n'eussent pu s'en procurer bien davantage, si leur séjour avait été plus long.

Le capitaine Furneaux avait consenti à prendre à son bord un jeune homme nommé Omaï, dont la retenue et l'intelligence devaient donner une haute idée des habitants des îles de la Société. A son arrivée en Angleterre, ce Taïtien fut présenté au roi par le comte de Sandwich, premier lord de l'Amirauté. En même temps, il trouva en MM. Banks et Solander des protecteurs et des amis, qui lui ménagèrent une réception amicale auprès des premières familles de la Grande-Bretagne. Il résida deux ans dans ce pays, et s'embarqua avec Cook, à son troisième voyage, pour regagner sa patrie.

Le commandant gagna ensuite Uliétea, où l'accueil que lui firent les indigènes fut des plus sympathiques. Ils s'informèrent avec intérêt de Tupia et des Anglais qu'ils avaient vus sur l'*Endeavour*. Le roi Oreo s'empressa de renouer connaissance avec le capitaine, et lui fournit tous les rafraîchissements que son île produisait. Durant cette relâche, Poreo, qui s'était embarqué sur la *Résolution*, descendit à terre avec une jeune Taïtienne, qui avait su le captiver, et ne reparut plus à bord. Il y fut remplacé par un jeune homme de dix-sept ou dix-huit ans, natif de Bolabola, appelé Œdidi, qui déclara vouloir venir en Angleterre. La douleur que cet indigène montra en se séparant de ses compatriotes fit bien augurer de son cœur.

Les bâtiments, encombrés de plus de quatre cents cochons, de volailles et de fruits, quittèrent définitivement les îles de la Société, le 17 septembre, et cinglèrent à l'ouest. Six jours plus tard était reconnue l'une des îles Harvey, et, le 1er octobre, l'ancre tombait devant Eoa, l'île Middelbourg de Tasman et de Cook.

O-Too, roi de Taïti. (*Fac-simile. Gravure ancienne.*)

L'accueil des naturels fut cordial. Un chef, nommé Taï-One, monta à bord, toucha le nez du capitaine avec une racine de poivrier, et s'assit sans mot dire. L'alliance était conclue et fut ratifiée par le don de quelques babioles.

Taï-One guida les Anglais dans l'intérieur de l'île. Tant que dura cette promenade, les nouveaux venus furent entourés d'une foule compacte d'indigènes, qui leur offraient des étoffes et des nattes pour des clous. Souvent même, les naturels poussèrent la libéralité jusqu'à ne rien vouloir accepter en retour de leurs cadeaux.

Taï-One emmena ses nouveaux amis à son habitation, agréablement située au fond d'une belle vallée, à l'ombre de quelques sadhecks. Il leur fit servir une liqueur qui fut extraite devant eux du jus de l'«eava», et dont l'usage est commun dans presque toutes les îles de la Polynésie.

Monuments de l'île de Pâques. (*Fac-simile. Gravure ancienne.*)

Voici de quelle manière elle fut préparée. On commença par mâcher des morceaux de cette racine, qui est une sorte de poivrier, puis on la mit dans un grand vase de bois, et l'on versa de l'eau dessus. Lorsque la liqueur fut potable, les indigènes la transvasèrent dans des feuilles vertes pliées en forme de coupe, qui contenaient plus d'une demi-pinte. Cook fut le seul qui y goûta. La façon dont s'était faite la liqueur, avait éteint la soif de ses compagnons; mais les naturels n'eurent pas la même réserve, et le vase fut bientôt vide.

Les Anglais visitèrent ensuite plusieurs plantations ou jardins séparés par des haies de roseaux entrelacés, qui communiquaient entre eux par des portes formées de planches et pendues à des gonds. La perfection de la culture, cet instinct si développé de la propriété, tout annonçait un degré de civilisation supérieur à celui de Taïti.

Malgré l'affabilité de la réception qui lui fut faite, Cook, qui ne pouvait obtenir à aucun prix ni cochons ni volailles, quitta cette île pour gagner celle d'Amsterdam, la Tonga-Tabou des indigènes, où il espérait obtenir les vivres dont il avait besoin.

Les navires ne tardèrent pas à mouiller dans la rade de Van-Diemen, par dix-huit brasses d'eau, à une encâblure des brisants qui bordent la côte. Les naturels, très confiants, apportèrent des étoffes, des nattes, des outils, des armes, des ornements, et, bientôt après, des cochons et des volailles. Œdidi leur acheta avec beaucoup d'empressement des plumes rouges, qui, à ce qu'il assurait, auraient une valeur extraordinaire à Taïti.

Cook descendit à terre avec un indigène, nommé Attago, qui s'était attaché à lui dès le premier moment. Pendant cette promenade, il remarqua un temple assez semblable aux moraïs, et qui était désigné sous le nom générique de Faïtoka. Élevé sur une butte construite de main d'homme à seize ou dix-huit pieds au-dessus du sol, ce temple avait une forme oblongue, et l'on y parvenait par deux escaliers de pierre. Construit comme les habitations des naturels, c'est-à-dire avec des poteaux et des solives, il était couvert de feuilles de palmier. Deux images en bois, grossièrement sculptées, longues de deux pieds, en occupaient les coins.

> «Comme je ne voulais offenser ni eux ni leurs dieux, dit le commandant, je n'osai pas les toucher, mais je demandai à Attago si c'étaient des «Eatuas» ou dieux. J'ignore s'il me comprit, mais à l'instant il les mania et les retourna aussi grossièrement que s'il avait touché un morceau de bois, ce qui me convainquit qu'elles ne représentaient pas la divinité.»

Quelques vols se produisirent; mais ils ne troublèrent pas les relations, et l'on put se procurer une quantité considérable de rafraîchissements.

Avant son départ, le capitaine eut une entrevue avec un personnage entouré d'un respect extraordinaire, et que tous les naturels s'accordaient à qualifier de roi.

> «Je le trouvai assis, dit Cook, avec une gravité si stupide et si sombre, que, malgré tout ce qu'on m'en avait dit, je le pris pour un idiot que le peuple adorait d'après quelques idées superstitieuses. Je le saluai et je lui parlai, mais il ne me répondit point, et ne fit pas même attention à moi... J'allais le quitter, lorsqu'un naturel s'expliqua de manière à ne me laisser aucun doute que c'était le roi. Je lui offris en présent une chemise, une hache, un morceau d'étoffe rouge, un miroir, quelques clous, des médailles et des verroteries. Il les reçut, ou plutôt souffrit qu'on les mît sur sa personne et autour de lui, sans rien perdre de sa gravité, sans dire un mot, sans même tourner la tête ni à droite ni à gauche.»

Cependant, le lendemain, ce chef envoya des paniers de bananes et un cochon rôti, en disant que c'était un présent de l'«ariki» de l'île à l'«ariki» du vaisseau.

Cet archipel reçut de Cook le nom d'îles des Amis. Ces îles avaient été vues par Schouten et Tasman, qui les désignent sous les noms d'îles des Cocos, des Traîtres, de l'Espérance, et de Horn.

Cook, qui n'avait pu se procurer d'eau douce, fut donc obligé de quitter Tonga plus tôt qu'il l'aurait voulu. Il eut cependant le temps de rassembler un certain nombre d'observations sur les productions du pays et les mœurs des habitants. Nous allons en résumer les plus saillantes.

La nature a semé avec prodigalité ses plus riches trésors sur les îles Tonga et Eoa. Les cocotiers, les palmiers, les arbres à pain, les ignames, les cannes à sucre sont les plus ordinaires. En fait d'animaux comestibles, on n'y rencontre guère que les cochons et la volaille, mais si le chien n'y existe pas, son nom est cependant connu. Les poissons les plus délicats fourmillent sur les côtes.

De même taille, presque aussi blancs que les Européens, les habitants de ces îles sont bien proportionnés et ont des traits agréables. Leurs cheveux sont originairement noirs, mais ils ont l'habitude de les teindre avec une poudre, de sorte qu'il y en a de blancs, de rouges, de bleus, ce qui produit un assez singulier effet. La pratique du tatouage est universelle. Quant aux vêtements, ils sont des plus simples. Une pièce d'étoffe, enroulée autour de la ceinture et pendant jusqu'aux genoux, en fait tous les frais. Mais les femmes, qui sont, à Tonga comme ailleurs, plus coquettes que les hommes, se font un tablier en fibres de cocos, qu'elles parsèment de coquillages, de bouts d'étoffes de couleur et de plumes.

Ces naturels ont quelques coutumes singulières que les Anglais n'avaient pas encore observées. C'est ainsi qu'ils mettent sur leur tête tout ce qu'on leur donne et emploient cette pratique pour conclure un marché. Lorsqu'un de leurs amis ou de leurs parents vient à mourir, ils ont aussi l'habitude de se couper une ou plusieurs phalanges et même plusieurs doigts. Enfin, leurs habitations ne sont pas réunies en villages; elles sont éparses et semées au milieu des plantations. Faites des mêmes matériaux et conçues sur le même plan que celles des îles de la Société, elles sont seulement plus élevées au-dessus du sol.

L'*Aventure* et la *Résolution* appareillèrent le 7 octobre, reconnurent le lendemain l'île Pylstart, découverte par Tasman, et jetèrent l'ancre, le 21 du même mois, dans la baie Hawke, à la Nouvelle-Zélande.

Cook débarqua un certain nombre d'animaux, qu'il voulait acclimater dans le pays, et remit à la voile pour entrer dans le canal de la Reine-Charlotte; mais, assailli par une violente tempête, il fut séparé de l'*Aventure* et ne la revit plus qu'en Angleterre.

Le 5 novembre, le commandant répara les avaries de son bâtiment, et, avant d'entreprendre une nouvelle campagne dans les mers australes, il voulut se rendre compte de la quantité et de la qualité de son approvisionnement. Il constata que quatre mille cinq cents livres de biscuit étaient entièrement gâtées, et que plus de trois milliers n'étaient guère en un meilleur état.

Pendant son séjour en cet endroit, Cook eut une nouvelle preuve, et plus complète que les précédentes, de l'anthropophagie des Néo-Zélandais. Un officier ayant acheté la tête d'un jeune homme qui venait d'être tué et mangé, plusieurs indigènes, qui l'aperçurent, témoignèrent le désir d'en avoir quelque morceau. Cook la leur céda, et, par l'avidité avec laquelle ils se jetèrent sur ce mets répugnant, il put se convaincre du plaisir que ces cannibales éprouvent à se repaître d'un aliment qu'il leur est difficile de se procurer.

La *Résolution* quitta la Nouvelle-Zélande, le 26 novembre, s'enfonçant dans les régions glacées qu'elle avait déjà parcourues. Mais qu'elles étaient plus pénibles, les circonstances dans lesquelles se faisait cette seconde tentative! Si l'équipage était en bonne santé, les hommes, très affaiblis par les fatigues, offriraient sans doute moins de résistance aux maladies, d'autant plus qu'il n'y avait pas de vivres frais à bord! La *Résolution* n'avait plus sa conserve, et l'on était maintenant persuadé de la non-existence du continent austral! C'était donc, pour ainsi dire, un voyage «platonique». Il fallait prouver jusqu'à la dernière évidence qu'on ne découvrirait pas de nouvelles terres un peu importantes dans ces parages désolés.

Ce ne fut que le 12 décembre qu'on rencontra les premières glaces, et beaucoup plus au sud que l'année précédente. Depuis ce moment, les incidents propres aux navigations sous ces latitudes se reproduisirent tous les jours. Œdidi était stupéfait de cette pluie blanche, de cette neige qui lui fondait dans la main; mais son étonnement n'eut plus de bornes, lorsqu'il découvrit la première glace, qu'il qualifia de terre blanche.

> «Un premier phénomène avait déjà frappé son esprit sous la zone torride, dit la relation. Tant que les vaisseaux étaient restés dans ces parages, nous n'avions eu presque point de nuit et nous avions pu écrire à minuit à la lueur du soleil. Œdidi pouvait à peine en croire ses yeux, et il nous assura que ses compatriotes le traiteraient de menteur, quand il leur parlerait de la pluie pétrifiée et du jour perpétuel.»

Le jeune Taïtien eut d'ailleurs le temps de s'habituer à ce phénomène, car le navire s'avança jusqu'au 76e degré de latitude sud, au travers des glaces flottantes. Alors, convaincu que, s'il existait un continent, les glaces en rendaient l'accès presque impossible, Cook se détermina à porter au nord.

La satisfaction fut générale, il n'était personne à bord qui ne souffrît de rhumes tenaces et violents, ou qui ne fût attaqué du scorbut. Le capitaine était lui-même très sérieusement atteint d'une maladie bilieuse, qui le força de se mettre au lit. Pendant huit jours, il fut en danger de mort, et sa convalescence devait être aussi longue que pénible. La même route fut suivie jusqu'au 11 mars. Quelle joie, lorsque, au soleil levant, la vigie cria: Terre! Terre!

C'était l'île de Pâques de Roggewein, la terre de Davis. En approchant du rivage, la première chose qui frappa les regards des navigateurs, ce furent ces gigantesques statues dressées sur la plage, qui avaient autrefois excité l'étonnement des Hollandais.

> «La latitude de l'île de Pâques, dit Cook, correspond, à une minute ou deux près, avec celle qui est marquée dans le journal manuscrit de Roggewein, et sa longitude n'est fautive que d'un degré.»

Ce rivage, composé de roches brisées à l'aspect noir et ferrugineux, annonçait les traces d'une violente éruption souterraine. Au milieu de cette île, stérile et déserte, on apercevait quelques plantations éparses.

Singularité merveilleuse! Le premier mot que prononcèrent les insulaires, en s'approchant du vaisseau pour demander une corde, fut un terme taïtien. Tout, d'ailleurs, annonçait que les habitants avaient la même origine. Comme les Taïtiens, ils étaient tatoués et vêtus d'étoffes qui ressemblaient à celles des îles de la Société.

> «L'action du soleil sur leur tête, dit la relation, les a contraints d'imaginer différents moyens de s'en garantir. La plupart des

> hommes portent un cercle d'environ deux pouces d'épaisseur tressé avec de l'herbe d'un bord à l'autre et couvert d'une grande quantité de ces longues plumes noires qui décorent le col des frégates. D'autres ont d'énormes chapeaux de plumes de goëland brun, presque aussi larges que les vastes perruques des jurisconsultes européens; et plusieurs, enfin, un simple cerceau de bois, entouré de plumes blanches de mouettes, qui se balancent dans l'air. Les femmes mettent un grand et large chapeau d'une natte très propre, qui forme une pointe en avant, un faîte le long du sommet et deux gros lobes derrière chaque côté.»

Toute la campagne, qui fut parcourue par plusieurs détachements, était couverte de pierres noirâtres et poreuses, et offrait l'image de la désolation. Deux ou trois espèces d'herbes ridées, qui croissaient au milieu des rochers, de maigres arbrisseaux, notamment le mûrier à papier, l'hibiscus, le mimosa, quelques bananiers, voilà toute la végétation qui pouvait pousser au milieu de cet amas de lave.

Tout près du lieu de débarquement, s'élevait une muraille perpendiculaire, de pierres de taille carrées, jointes suivant toutes les règles de l'art, et s'emboîtant de manière à durer fort longtemps. Plus loin, au milieu d'une aire bien pavée, se dressait un monolithe, représentant une figure humaine à mi-corps, d'environ vingt pieds[2] de haut et de plus de cinq de large, très grossièrement sculptée, dont la tête était mal dessinée, les yeux, le nez et la bouche à peine indiqués; seules les oreilles, très longues, comme il est de mode de les porter dans le pays, étaient plus finies que le reste.

> [2] Dans la première édition de la traduction française du deuxième voyage de Cook (Paris, 1878, 7 vol. in-4), on n'a donné que *deux* pieds de haut à cette statue, évidemment par suite d'un lapsus typographique. Cette faute, que nous corrigeons ici, avait été reproduite dans les éditions subséquentes.

Ces monuments, très nombreux, ne paraissaient pas avoir été dressés et sculptés par la race que rencontraient les Anglais, ou cette race s'était bien abâtardie. D'ailleurs, si les habitants ne rendaient aucun culte à ces statues, ils les entouraient cependant d'une certaine vénération, car ils témoignaient leur mécontentement lorsqu'on marchait sur l'aire pavée qui les entoure. Ce n'était pas seulement sur le bord de la mer que se voyaient ces sentinelles gigantesques. Sur les flancs des montagnes, dans les anfractuosités des rochers, il s'en trouvait d'autres, les unes debout ou tombées à terre à la suite de quelque commotion, les autres encore imparfaitement dégagées du bloc dans lequel elles étaient taillées. Quelle catastrophe subite a interrompu ces travaux? Que représentent ces monolithes? A quelle époque lointaine remontent ces témoignages de l'activité d'un peuple à jamais disparu ou dont les souvenirs se sont perdus dans la nuit des âges? Problèmes à jamais insolubles!

Les échanges s'étaient faits avec assez de facilité. On n'avait eu qu'à réprimer l'adresse vraiment trop merveilleuse avec laquelle les insulaires savaient vider les poches. Les quelques rafraîchissements qu'on avait pu se procurer avaient été d'un grand secours; toutefois, le manque d'eau potable empêcha Cook de faire un plus long séjour à l'île de Pâques.

Il dirigea donc sa course vers l'archipel des Marquises de Mendana, qui n'avait pas été revu depuis 1595. Mais son navire n'eut pas plus tôt repris la mer, qu'il eut une nouvelle attaque de cette maladie bilieuse dont il avait si grandement souffert. Les scorbutiques retombèrent malades, et tous ceux qui avaient fait de longues courses à travers l'île de Pâques avaient le visage brûlé par le soleil.

Le 7 avril 1774, Cook aperçut enfin le groupe des Marquises, après avoir passé pendant cinq jours consécutifs sur les différentes positions que les géographes lui avaient données. On mouilla à Tao-Wati, la Santa-Cristina de Mendana. La *Résolution* fut bientôt entourée de pirogues, dont l'avant était chargé de pierres, et chaque homme avait une fronde entortillée autour de la main. Cependant, les relations amicales et les échanges commencèrent.

> «Ces insulaires étaient bien faits, dit Forster, d'une jolie figure, d'un teint jaunâtre ou tanné, et des piqûres répandues sur tout leur corps les rendaient presque noirs.... Les vallées de notre havre étaient remplies d'arbres, et tout y répondait à la description qu'en ont faite les Espagnols. Nous voyions plusieurs feux à travers les forêts, fort loin du rivage, et nous conclûmes que le pays était bien peuplé.»

La difficulté de se procurer des vivres décida Cook à un prompt départ. Il eut cependant le temps de réunir un certain nombre d'observations intéressantes sur ce peuple, qu'il considère comme un des plus beaux de l'Océanie. Ces naturels paraissent surpasser tous les autres par la régularité de leurs traits. Cependant, la ressemblance de leur langue avec celle que parlent les Taïtiens, semble dénoter une communauté d'origine.

Les Marquises sont au nombre de cinq: la Magdalena, San-Pedro, Dominica, la Santa-Cristina et l'île Hood, ainsi appelée du volontaire qui la découvrit le premier. Santa-Cristina est coupée par une chaîne de montagnes d'une élévation considérable, sur laquelle viennent s'embrancher des collines qui sortent de la mer. Des vallées resserrées, profondes, fertiles, ornées d'arbres fruitiers et arrosées par des ruisseaux d'une eau excellente, coupent ces montagnes. Le port de Madre-de-Dios, que Cook appela port de la Résolution, gît à peu près au milieu de la côte occidentale de Santa-Cristina.

On y trouve deux anses sablonneuses, où viennent déboucher deux ruisseaux.

Homme et femme de l'île de Pâques. (*Fac-simile. Gravure ancienne.*)

## II

Nouvelle visite à Taïti et à l'archipel des Amis. — Exploration des Nouvelles-Hébrides. — Découverte de la Nouvelle-Calédonie et de l'île des Pins. — Relâche dans le détroit de la Reine-Charlotte. — La Géorgie australe. — Catastrophe de l'*Aventure*.

Cook avait quitté ces îles le 12 avril et faisait voile pour Taïti, lorsque, cinq jours plus tard, il tomba au milieu de l'archipel des Pomotou. Il aborda à l'île Tioukea de Byron, dont les habitants, qui avaient eu à se plaindre de ce navigateur, accueillirent avec froideur les avances des Anglais. Ceux-ci ne purent s'y procurer que deux douzaines de cocos et cinq cochons, qui paraissaient abonder dans cette île. Dans un autre canton, la réception fut plus amicale. Les indigènes embrassèrent les étrangers et touchèrent leurs nez à la façon des Néo-Zélandais. Œdidi acheta plusieurs chiens, dont le poil long et blanc sert dans son pays à orner les cuirasses des guerriers.

Indigènes des îles Marquises.

«Les indigènes, dit Forster, nous apprirent qu'ils brisent le cochléaria, qu'ils le mêlent avec des poissons à coquille, et qu'ils le jettent dans la mer lorsqu'ils aperçoivent un banc de poissons. Cette amorce enivre les poissons pour quelque temps, et alors ils viennent à la surface de l'eau, où on les prend très aisément.»

Le commandant vit ensuite plusieurs autres îles de cet immense archipel, qu'il trouva semblables à celle qu'il venait de quitter, et notamment le groupe des îles Pernicieuses, où Roggewein avait perdu sa galère *l'Africaine*, et auxquelles Cook donna le nom d'îles Palliser. Puis, il mit le cap sur Taïti, que ses matelots, assurés de la bienveillance des indigènes, considéraient comme une nouvelle patrie. La *Résolution* jeta l'ancre, le 22 avril, dans la baie Matavaï, où la réception fut aussi amicale qu'on l'espérait. Quelques jours plus tard, le roi O-Too et plusieurs autres chefs rendirent visite aux Anglais et leur apportèrent un présent de dix ou douze gros cochons avec des fruits.

Cook avait d'abord eu l'intention de ne rester en cet endroit que le temps nécessaire pour que l'astronome, M. Wales, fît plusieurs observations, mais l'abondance des vivres l'engagea à y prolonger son séjour.

Le 26 au matin, le capitaine, qui était allé à Oparrée avec quelques-uns de ses officiers pour faire au roi une visite en forme, aperçut une immense flotte de plus de trois cents pirogues, rangées en ordre le long de la côte, toutes complètement équipées. En même temps se massait sur la plage un nombre considérable de guerriers. Cet armement formidable, rassemblé en une seule nuit, excita tout d'abord les soupçons des officiers; mais l'accueil qui leur fut fait les rassura bientôt.

Cent soixante grosses doubles pirogues de guerre, décorées de pavillons et de banderolles, cent soixante-dix autres plus petites destinées à transporter les provisions, composaient cette flotte, qui ne comptait pas moins de sept mille sept cent soixante hommes, guerriers ou pagayeurs.

> «Le spectacle de cette flotte, dit Forster, agrandissait encore les idées de puissance et de richesse que nous avions de cette île, et tout l'équipage était dans l'étonnement. En pensant aux outils que possèdent ces peuples, nous admirions la patience et le travail qu'il leur a fallu pour abattre des arbres énormes, couper et polir les planches, et, enfin, porter ces lourds bâtiments à un si haut degré de perfection. C'est avec une hache de pierre, un ciseau, un morceau de corail et une peau de raie qu'ils avaient produit ces ouvrages. Les chefs et tous ceux qui occupaient les plates-formes de combat étaient revêtus de leurs habits militaires, c'est-à-dire d'une grande quantité d'étoffes, de turbans, de cuirasses et de casques. La longueur de quelques-uns de ces casques embarrassait beaucoup ceux qui les portaient. Tout leur équipement semblait mal imaginé pour un jour de bataille, et plus propre à la représentation qu'au service. Quoi qu'il en soit, il donnait sûrement de la grandeur à ce spectacle, et ces guerriers ne manquaient pas de se montrer sous le point de vue le plus avantageux.»

En arrivant à Mataväi, Cook apprit que cet armement formidable était destiné à l'attaque d'Eimeo, dont le chef avait secoué le joug de Taïti et s'était rendu indépendant.

Les jours suivants, le capitaine reçut la visite de quelques-uns de ses anciens amis. Tous se montrèrent très désireux de posséder des plumes rouges, qui avaient une valeur considérable. Une seule formait un présent très supérieur à un grain de verre et à un clou. L'empressement était tel de la part des Taïtiens, qu'ils offrirent en échange ces singuliers habits de deuil qu'ils avaient refusé de vendre pendant le premier voyage de Cook.

« Ces vêtements, composés des productions les plus rares de l'île et de la mer qui l'environne, et travaillés avec un soin et une adresse extrêmes, doivent être, parmi eux, d'un prix considérable. Nous n'en achetâmes pas moins de dix, qu'on a rapportés en Angleterre. »

Œdidi, qui avait eu soin de se procurer un nombre considérable de ces plumes, put se passer tous ses caprices. Les Taïtiens le regardaient comme un prodige et semblaient écouter avidement toutes ses histoires. Non seulement les principaux de l'île, mais encore la famille royale, recherchaient sa société. Il épousa la fille du chef de Mataväi et conduisit sa femme à bord, où chacun se plut à lui faire quelque présent. Puis, il se décida à rester à Taïti, où il venait de retrouver sa sœur mariée à un chef puissant.

Malgré les vols, qui troublèrent plus d'une fois ces relations, les Anglais se procurèrent, pendant cette relâche, plus de provisions qu'ils n'avaient fait jusque-là. La vieille Oberea, qui passait pour la reine de l'île, pendant la relâche du *Dauphin* en 1767, vint elle-même apporter des cochons et des fruits, avec le projet secret de se procurer de ces plumes rouges, qui avaient un si grand succès. On fut très libéral dans les présents, et on amusa les Indiens par des feux d'artifice et des manœuvres militaires.

Le capitaine fut, quelques jours avant son départ, témoin d'une nouvelle revue maritime. O-Too ordonna un simulacre de combat; mais il dura si peu de temps, qu'il fut impossible d'en suivre toutes les péripéties. Cette flotte devait livrer bataille cinq jours après le départ de Cook, et celui-ci avait envie de rester jusque-là; mais, jugeant que les naturels craignaient qu'il n'écrasât vainqueurs et vaincus, il se décida à partir.

A peine la *Résolution* était-elle hors de la baie, qu'un aide-canonnier, séduit par les délices de Taïti, et peut-être bien aussi par les promesses d'O-Too, qui comptait qu'un Européen lui procurerait de grands avantages, se jeta à la mer. Mais il ne tarda pas à être repris par une embarcation que Cook dépêcha à sa poursuite. Le capitaine regretta beaucoup que la discipline le forçât d'agir ainsi, car, si cet homme, qui n'avait ni parents ni amis en Angleterre, lui avait demandé la permission de rester à Taïti, il ne la lui aurait pas refusée.

Le 15 mai, la *Résolution* mouilla au havre O-Wharre, à l'île Huaheine. Le vieux chef Orée fut un des premiers à féliciter les Anglais de leur retour et à leur apporter les présents de bienvenue. Le capitaine lui fit cadeau de plumes rouges; mais, ce que semblait préférer le vieux chef, c'était le fer, les haches et les clous. Il semblait plus indolent qu'à la première visite; sa tête était bien affaiblie, ce qu'il faut sans doute attribuer au goût immodéré qu'il montrait pour la boisson enivrante que ces naturels tirent du poivrier. Son autorité semblait aussi de plus en plus méprisée; il fallut que Cook se mît à la poursuite d'une bande de voleurs, réfugiés au centre de l'île, dans les montagnes, qui ne craignaient pas de piller le vieux chef lui-même.

Orée se montra reconnaissant des bons procédés qu'avaient toujours eus les Anglais à son égard. Il quitta le dernier le vaisseau quand celui-ci mit à la voile, le 24 avril, et, lorsque Cook lui eut dit qu'ils ne se reverraient plus, il se prit à pleurer, et répondit: «Laissez venir ici vos enfants, nous les traiterons bien.»

Une autre fois, Orée avait demandé au capitaine le nom du lieu où il serait enterré. «Stepney,» répondit Cook. Orée le pria de répéter ce mot jusqu'à ce qu'il fût en état de le prononcer. Alors cent individus s'écrièrent à la fois: «Stepney, moraï no Toote! Stepney, le tombeau de Cook!» Le grand navigateur ne se doutait guère, en faisant cette réponse, du triste sort qui l'attendait et de la peine que ses compatriotes auraient à retrouver ses restes!

Œdidi, qui avait fini par venir à Huaheine avec les Anglais, n'avait pas trouvé le même accueil empressé qu'à Taïti. D'ailleurs ses richesses étaient singulièrement diminuées, et son crédit s'en ressentait.

> «Il vérifiait bien, dit la relation, la maxime qu'on n'est jamais prophète dans sa patrie... Il nous quitta avec des regrets qui montraient bien son estime pour nous; lorsqu'il fallut nous séparer, il courut de chambre en chambre pour embrasser tout le monde. Enfin, je ne puis pas décrire les angoisses qui remplirent l'âme de ce jeune homme, quand il s'en alla; il regardait le vaisseau, il fondit en larmes et se coucha de désespoir au fond de sa pirogue. En sortant des récifs, nous le vîmes encore qui étendait ses bras vers nous.»

Le 6 juin, Cook reconnut l'île Hove de Wallis, appelée Mohipa par les indigènes; puis, quelques jours après, un groupe de plusieurs îlots inhabités, entourés d'une chaîne de brisants, auxquels on donna le nom de Palmerston, en l'honneur d'un des lords de l'Amirauté.

Le 20, une île, escarpée et rocheuse, fut découverte. Tapissée de grands bois et d'arbrisseaux, elle n'offrait qu'une grève sablonneuse étroite, sur laquelle accoururent bientôt plusieurs naturels de couleur très foncée. Une pique, une massue à la main, ils se livrèrent à des démonstrations menaçantes, mais eurent soin de se retirer dès qu'ils virent débarquer les Anglais. Des champions ne tardèrent pas à venir provoquer les étrangers et les assaillir d'une grêle de flèches et de pierres. Sparrman fut blessé au bras, et Cook faillit être traversé par une javeline. Une décharge générale dispersa ces insulaires inhospitaliers, et leur réception peu courtoise valut à leur patrie le nom d'île Sauvage.

Quatre jours plus tard, Cook revoyait l'archipel des Tonga. Il s'arrêta, cette fois, à Namouka, la Rotterdam de Tasman.

A peine le vaisseau avait-il laissé tomber l'ancre, qu'il était entouré d'une multitude de pirogues, chargées de bananes et de fruits de toute sorte, qu'on échangeait pour des clous et de vieux morceaux d'étoffe. Cette réception amicale détermina les naturalistes à descendre à terre et à s'enfoncer dans l'intérieur à la recherche de nouvelles plantes et de productions inconnues. A leur retour, ils ne tarissaient pas sur la beauté et le pittoresque des paysages romantiques qu'ils avaient rencontrés, ni sur l'affabilité et l'empressement des indigènes.

Cependant, plusieurs vols avaient eu lieu, lorsqu'un larcin plus important que les autres vint forcer le commandant à sévir. En cette circonstance, un naturel, qui avait tenté de s'opposer à la capture de deux pirogues que les Anglais voulaient garder jusqu'à ce qu'on leur eût rendu des armes dérobées, fut grièvement blessé d'un coup de feu. C'est durant cette seconde visite que Cook donna à ces îles le nom d'archipel des Amis,—sans doute par antiphrase,—appellation aujourd'hui remplacée par le vocable indigène Tonga.

Continuant à faire voile à l'ouest, l'infatigable explorateur reconnut successivement l'île des Lépreux, Aurore, l'île Pentecôte, et enfin Mallicolo, archipel qui avait reçu de Bougainville le nom de Grandes-Cyclades.

Les ordres qu'avait donnés le capitaine étaient, comme toujours, de tâcher de lier avec les naturels des relations de commerce et d'amitié. La première journée s'était passée sans encombre, et les insulaires avaient célébré par des jeux et des danses l'arrivée des Anglais, lorsqu'un incident faillit, le lendemain, amener une collision générale.

Un des indigènes, qui se vit refuser l'entrée du bâtiment, fit mine de lancer une flèche contre un des matelots. Ses compatriotes l'en empêchèrent tout d'abord. A ce moment, Cook montait sur le pont, un fusil à la main. Son premier soin fut d'interpeller l'insulaire, qui visait une seconde fois le matelot. Sans l'écouter, le sauvage allait décocher sa flèche contre lui, lorsqu'il le prévint et le blessa d'un coup de fusil. Ce fut le signal d'une volée de flèches, qui tombèrent sur le bâtiment sans faire grand mal. Cook dut alors faire tirer un coup de canon par-dessus la tête des assaillants pour les disperser.

Cependant, quelques heures plus tard, les naturels entouraient de nouveau le navire, et les échanges recommençaient, comme si rien ne s'était passé.

Cook profita de ces bonnes dispositions pour descendre à terre avec un détachement en armes, afin de faire du bois et de l'eau. Quatre ou cinq insulaires armés étaient réunis sur la grève. Un chef se détacha du groupe et vint au-devant du capitaine, tenant comme lui une branche verte. Les deux rameaux furent échangés, la paix fut conclue, et quelques menus présents achevèrent de la cimenter. Cook obtint alors la permission de faire du bois, mais sans s'écarter du rivage, et les naturalistes, qui voulaient s'enfoncer dans l'intérieur pour procéder à leurs recherches ordinaires, furent ramenés sur la plage, malgré leurs protestations.

Ces indigènes n'attachaient aucune valeur aux outils en fer. Aussi fut-il très difficile de se procurer des rafraîchissements. Un petit nombre consentit seulement à échanger des armes contre des étoffes et fit preuve, dans ces transactions, d'une probité à laquelle les Anglais n'étaient pas habitués. La *Résolution* était déjà à la voile que les échanges continuaient encore, et les naturels, sur leurs pirogues, s'efforçaient de la suivre pour livrer les objets dont ils avaient reçu le prix. L'un d'eux, après de très vigoureux efforts, parvint à rejoindre le navire, apportant ses armes à un matelot qui les avait payées et qui ne s'en souvenait plus, tant il y avait longtemps de cela. Lorsque celui-ci voulut lui donner quelque chose, le sauvage s'y refusa, faisant comprendre qu'il en avait déjà reçu le prix.

Cook donna à ce havre, qu'il quitta le 23 juillet au matin, le nom de port Sandwich.

Si le commandant était favorablement impressionné par les qualités morales des insulaires de Mallicolo, il n'en était pas de même de leurs qualités physiques. Petits et mal proportionnés, de couleur bronzée, le visage plat, ces sauvages étaient hideux. Si les théories du darwinisme eussent alors été connues, nul doute que Cook n'eût reconnu en eux cet échelon perdu entre l'homme et le singe, qui fait le désespoir des transformistes. Leurs cheveux noirs, gros, crépus et courts, leur barbe touffue, étaient loin de les avantager. Mais, ce qui achevait de les rendre grotesques, c'est qu'ils avaient l'habitude de se serrer le ventre avec une corde, à ce point qu'ils ressemblaient à une grosse fourmi. Des pendants d'oreille en écaille de tortue, des bracelets de dents de cochon, de grands anneaux d'écaille, une pierre blanche et plate qu'ils se passaient dans la cloison du nez, voilà quels étaient leurs bijoux et leurs parures. Pour armes, ils portaient l'arc et la flèche, la lance et la massue. Les pointes de leurs flèches, qui sont quelquefois au nombre de deux ou de trois, étaient enduites d'une substance que les Anglais crurent être venimeuse, à voir le soin avec lequel les naturels les serraient toujours dans une sorte de carquois.

A peine la *Résolution* venait-elle de quitter le port Sandwich, que tout l'équipage fut pris de coliques, de vomissements et de violentes douleurs dans la tête et les os. On avait pêché et mangé deux très gros poissons, qui étaient peut-être sous l'influence de la drogue narcotique dont nous avons parlé plus haut. Toujours est-il que dix jours se passèrent avant que les malades fussent entièrement guéris. Un perroquet et un chien, qui s'étaient nourris de ces poissons, moururent le lendemain. Les compagnons de Quiros avaient éprouvé les mêmes effets, et l'on a plus d'une fois constaté dans ces parages, depuis cette époque, les mêmes symptômes d'empoisonnement.

En partant de Mallicolo, Cook gouverna sur l'île d'Ambrym, qui paraît contenir un volcan, et découvrit bientôt un groupe de petites îles, auxquelles il donna le nom de Shepherd, en l'honneur du professeur d'astronomie de Cambridge. Puis il vit l'île des Deux-Collines, Montagu, Hinchinbrook, et, la plus considérable de toutes, l'île Sandwich, qu'il ne faut pas confondre avec le groupe de ce nom. Toutes ces îles, reliées et protégées par des brisants, étaient couvertes d'une riche végétation et comptaient de nombreux habitants.

Deux légers accidents vinrent troubler la tranquillité dont on jouissait à bord. Un incendie se déclara, qui fut bientôt éteint, et l'un des soldats de marine, tombé à la mer, fut sauvé presque aussitôt.

Le 3 août, fut découverte l'île de Koro-Mango, dont, le lendemain, Cook gagna le rivage, dans l'espérance d'y trouver une aiguade et un lieu de débarquement. La plupart de ceux qui avaient été empoisonnés par les poissons de Mallicolo n'avaient pas encore recouvré la santé, et ils espéraient obtenir une amélioration notable dans un séjour à terre. Mais la réception qui leur fut faite par des indigènes, armés de massues, de lances et d'arcs, semblait manquer de franchise. Aussi le capitaine se tint-il sur ses gardes. Voyant qu'ils ne pouvaient déterminer les Anglais à haler leur embarcation sur la plage, les naturels voulurent les y contraindre. Un chef et plusieurs hommes s'efforcèrent d'arracher les avirons des mains des matelots. Cook voulut tirer un coup de fusil, mais l'amorce seule partit. Les Anglais furent aussitôt accablés de pierres et de traits. Le capitaine ordonna alors une décharge générale; heureusement, plus de la moitié des mousquets ratèrent. Sans cette circonstance, le massacre eût été épouvantable.

Types des îles Sandwich. (*Fac-simile. Gravure ancienne.*)

«Ces insulaires, dit Forster, paraissent être une race différente de celle qui habite Mallicolo; aussi ne parlent-ils pas la même langue. Ils sont d'une médiocre stature, mais bien pris dans leur taille, et leurs traits ne sont point désagréables; leur teint est très bronzé, et ils se peignent le visage, les uns de noir et d'autres de rouge; leurs cheveux sont bouclés et un peu laineux. Le peu de femmes que j'ai aperçues semblaient être fort laides.... Je n'ai vu de pirogues en aucun endroit de la côte; ils vivent dans des maisons couvertes de feuilles de palmiers, et leurs plantations sont alignées et entourées d'une haie de roseaux.»

*Les indigènes eurent assez de confiance.*

Il ne fallait pas songer à tenter une nouvelle descente. Cook, après avoir donné à l'endroit où s'était produite cette collision le nom de cap des Traîtres, gagna une île, reconnue la veille, et que les indigènes appellent Tanna.

> «La colline la plus basse de toutes celles de la même rangée, et d'une forme conique, dit Forster, avait un cratère au milieu; elle était d'un brun rouge et composée d'un amas de pierres brûlées parfaitement stériles. Une épaisse colonne de fumée, pareille à un grand arbre, en jaillissait de temps en temps, et sa tête s'élargissait à mesure qu'elle montait.»

La *Résolution* fut aussitôt entourée d'une vingtaine de pirogues, dont les plus grandes portaient vingt-cinq hommes. Ceux-ci cherchèrent aussitôt à s'approprier tout ce qui était à leur portée, bouées, pavillons, gonds du gouvernail, qu'ils essayèrent de faire sauter. Il fallut tirer une pièce de quatre au-dessus de leurs têtes pour les déterminer à regagner la côte. On atterrit; mais, malgré toutes les babioles qui furent distribuées, on ne put jamais faire quitter à ces peuples leur attitude de défiance et de bravade. Il était évident que le moindre malentendu eût suffi pour amener l'effusion du sang.

Cook crut comprendre que ces naturels étaient anthropophages, bien qu'ils possédassent des cochons, des poules, des racines et des fruits en abondance.

Pendant cette relâche, la prudence défendait de s'écarter du bord de la mer. Cependant, Forster s'aventura quelque peu, et découvrit une source d'eau si chaude, qu'on ne pouvait y tenir le doigt plus d'une seconde.

Malgré toute l'envie qu'en avaient les Anglais, il fut impossible d'arriver jusqu'au volcan central, qui projetait jusqu'aux nues des torrents de feu et de fumée, et lançait en l'air des pierres d'une prodigieuse grosseur. Le nombre des solfatares était considérable dans toutes les directions, et le sol était en proie à des convulsions plutoniennes très accusées.

Cependant, sans jamais se départir de leur réserve, les Tanniens se familiarisèrent un peu, et les relations devinrent moins difficiles.

> «Ces peuples, dit Cook, se montrèrent hospitaliers, civils et d'un bon naturel, quand nous n'excitions pas leur jalousie.... On ne peut guère blâmer leur conduite, car, enfin, sous quel point de vue devaient-ils nous considérer? Il leur était impossible de connaître notre véritable dessein. Nous entrons dans leurs ports sans qu'ils osent s'y opposer; nous tâchons de débarquer comme amis; mais nous descendons à terre et nous nous y maintenons par la supériorité de nos armes. En pareille circonstance, quelle opinion pouvaient prendre de nous les insulaires? Il doit leur paraître bien plus plausible que nous sommes venus pour envahir leur contrée que pour les visiter amicalement. Le temps seul et les liaisons plus intimes leur apprirent nos bonnes intentions.»

Quoi qu'il en soit, les Anglais ne purent deviner le motif pour lequel les naturels les empêchèrent de pénétrer dans l'intérieur du pays. Était-ce l'effet d'un caractère naturellement ombrageux? Les habitants étaient-ils exposés à des incursions fréquentes de la part de leurs voisins, comme auraient pu le faire supposer leur bravoure et leur adresse à se servir de leur armes? On ne sait.

Comme les indigènes n'attachaient aucun prix aux objets que les Anglais pouvaient leur offrir, ils ne leur apportèrent jamais en grande abondance les fruits et les racines dont ceux-ci avaient besoin. Jamais ils ne consentirent à se défaire de leurs cochons, même pour des haches, dont ils avaient pu cependant constater l'utilité.

L'arbre à pain, les noix de coco, un fruit qui ressemble à la pêche et qu'on nomme «pavie», l'igname, la patate, la figue sauvage, la noix muscade, et plusieurs autres dont Forster ignorait les noms, telles étaient les productions de cette île.

Cook quitta Tanna le 21 août et découvrit successivement les îles Erronam et Annatom, prolongea l'île de Sandwich, et, passant devant Mallicolo et la Terre du Saint-Esprit de Quiros, où il n'eut pas de peine à reconnaître la baie de Saint-Jacques et Saint-Philippe, il quitta définitivement cet archipel, après lui avoir donné le nom de Nouvelles-Hébrides, sous lequel il est aujourd'hui connu.

Le 5 septembre, le commandant fit une nouvelle découverte. La terre qu'il avait en vue n'avait jamais été foulée par le pied d'un Européen. C'était l'extrémité septentrionale de la Nouvelle-Calédonie. Le premier point aperçu fut appelé cap Colnett, du nom de l'un des volontaires qui en eut le premier connaissance. La côte était bordée d'une ceinture de brisants, derrière laquelle deux ou trois pirogues semblaient diriger leur course, de manière à venir à la rencontre des étrangers. Mais, au lever du soleil, elles carguèrent leurs voiles et on ne les vit plus.

Après avoir louvoyé pendant deux heures le long du récif extérieur, Cook aperçut une échancrure, qui devait lui permettre d'accoster. Il y donna, et débarqua à Balade.

Le pays paraissait stérile, uniquement couvert d'une herbe blanchâtre. On n'y voyait que de loin en loin quelques arbres à la tige blanche, dont la forme rappelait celle du saule. C'étaient des «niaoulis». En même temps, on apercevait plusieurs maisons ressemblant à des ruches d'abeilles.

L'ancre ne fut pas plus tôt jetée, qu'une quinzaine de pirogues entourèrent le bâtiment. Les indigènes eurent assez de confiance pour s'approcher et procéder à des échanges. Quelques-uns entrèrent même dans le navire, dont ils visitèrent tous les coins avec une extrême curiosité. Ils refusèrent de toucher aux différents mets qu'on leur offrit, purée de pois, bœuf et porc salés; mais ils goûtèrent volontiers aux ignames. Ce qui les surprit le plus, ce furent les chèvres, les cochons, les chiens et les chats, animaux qui leur étaient totalement inconnus, puisqu'ils n'avaient pas même de mots pour les désigner. Les clous, en général tous les instruments de fer, les étoffes rouges, semblaient avoir un grand prix pour eux. Grands et forts, bien proportionnés, cheveux et barbe frisés, teint d'un châtain foncé, ces indigènes parlaient une langue qui semblait n'avoir aucun rapport avec toutes celles que les Anglais avaient entendues jusqu'alors.

Lorsque le commandant débarqua, il fut reçu avec des démonstrations de joie et la surprise naturelle à un peuple qui voit pour la première fois des objets dont il n'a pas l'idée. Plusieurs chefs, ayant fait faire silence, prononcèrent de courtes harangues, et Cook commença sa distribution de quincaillerie habituelle. Puis, les officiers se mêlèrent à la foule pour faire leurs observations.

Plusieurs de ces indigènes paraissaient affectés d'une sorte de lèpre, et leurs bras ainsi que leurs jambes étaient prodigieusement enflés. Presque entièrement nus, ils n'avaient pour vêtement qu'un cordon, serré à la taille, auquel pendait un lambeau d'étoffe de figuier. Quelques-uns portaient d'énormes chapeaux cylindriques, à jour des deux côtés, qui ressemblaient aux bonnets des hussards hongrois. A leurs oreilles, fendues et allongées, étaient suspendus des boucles en écaille ou des rouleaux de feuilles de canne à sucre. On ne tarda pas à rencontrer un petit village, au-dessus des mangliers qui bordaient le rivage. Il était entouré de plantations de cannes à sucre, d'ignames et de bananiers, arrosées par de petits canaux, très-habilement dérivés du cours d'eau principal.

Cook n'eut pas de peine à constater qu'il ne devait rien attendre de ce peuple, que la permission de visiter librement la contrée.

>«Ces indigènes, dit-il, nous apprirent quelques mots de leur langue, qui n'avait aucun rapport avec celles des autres îles. Leur caractère était doux et pacifique, mais très indolent; ils nous accompagnaient rarement dans nos courses. Si nous passions près de leurs huttes, et si nous leur parlions, ils nous répondaient; mais, si nous continuions notre route sans leur adresser la parole, ils ne faisaient pas attention à nous. Les femmes étaient cependant un peu plus curieuses, et elles se cachaient dans des buissons écartés pour nous observer; mais elles ne consentaient à venir près de nous qu'en présence des hommes.

>«Ils ne parurent ni fâchés ni effrayés de ce que nous tuions des oiseaux à coups de fusil; au contraire, quand nous approchions de leurs maisons, les jeunes gens ne manquaient pas de nous en montrer, pour avoir le plaisir de les voir tirer. Il semble qu'ils étaient peu occupés à cette saison de l'année; ils avaient préparé la terre et planté des racines et des bananes dont ils attendaient la récolte l'été suivant; c'est peut-être pour cela qu'ils étaient moins en état que dans un autre temps de vendre leurs provisions, car, d'ailleurs, nous avions lieu de croire qu'ils connaissaient ces principes d'hospitalité, qui rendent les insulaires de la mer du Sud si intéressants pour les navigateurs.»

Ce que dit Cook de l'indolence des Néo-Calédoniens est parfaitement exact. Quant à leur caractère, son séjour sur cette côte fut trop court pour qu'il pût l'apprécier avec justesse, et, certainement, il ne soupçonna jamais qu'ils étaient adonnés aux horribles pratiques de l'anthropophagie. Il n'aperçut que fort peu d'oiseaux, bien que la caille, la tourterelle, le pigeon, la poule sultane, le canard, la sarcelle et quelques menus oiseaux vécussent là à l'état sauvage.

Il ne constata la présence d'aucun quadrupède, et ses efforts pour se procurer des rafraîchissements furent continuellement infructueux.

A Balade, le commandant fit plusieurs courses dans l'intérieur et escalada une chaîne de montagnes afin d'avoir une vue générale de la contrée. Du sommet d'un rocher, il aperçut la mer des deux côtés et se rendit compte que la Nouvelle-Calédonie, dans cet endroit, n'avait pas plus de dix lieues de large. En général, le pays ressemblait beaucoup à quelques cantons de la Nouvelle-Hollande, situés sous le même parallèle. Les productions naturelles paraissaient être identiques, et les forêts y manquaient encore de sous-bois, comme dans cette grande île. Une autre observation qui fut faite, c'est que les montagnes renfermaient des minéraux,—remarque qui s'est trouvée vérifiée par la découverte récente de l'or, du fer, du cuivre, du charbon et du nickel.

Le même accident, qui avait failli être funeste à une partie de l'équipage dans les parages de Mallicolo, se reproduisit pendant cette relâche.

> «Mon secrétaire, dit Cook, acheta un poisson qu'un Indien avait harponné dans les environs de l'aiguade, et me l'envoya à bord. Ce poisson, d'une espèce absolument nouvelle, avait quelque ressemblance avec ceux qu'on nomme soleil; il était du genre que M. Linné nomme *tetrodon*. Sa tête hideuse était grande et longue. Ne soupçonnant point qu'il eût rien de venimeux, j'ordonnai qu'on le préparât pour le servir le soir même à table. Mais, heureusement, le temps de le dessiner et de le décrire ne permit pas de le cuire, et l'on n'en servit que le foie. Les deux MM. Forster et moi en ayant goûté, vers les trois heures du matin nous sentîmes une extrême faiblesse et une défaillance dans tous les membres. J'avais presque perdu le sentiment du toucher, et je ne distinguais plus les corps pesants des corps légers quand je voulais les mouvoir. Un pot plein d'eau et une plume étaient dans ma main du même poids. On nous fit d'abord prendre de l'émétique, et ensuite on nous procura une sueur dont nous nous sentîmes extrêmement soulagés. Le matin, un des cochons, qui avait mangé les entrailles du poisson, fut trouvé mort. Quand les habitants vinrent à bord, et qu'ils virent le poisson qu'on avait suspendu, ils nous firent entendre aussitôt que c'était une nourriture malsaine; ils en marquèrent de l'horreur; mais, au moment de le vendre et même après qu'on l'eut acheté, aucun d'eux n'avait témoigné cette aversion.»

Cook fit procéder au relèvement d'une grande partie de la côte orientale. Pendant cette excursion, on aperçut un indigène aussi blanc qu'un Européen, blancheur qui fut attribuée à quelque maladie. C'était un albinos semblable à ceux qu'on avait déjà rencontrés à Taïti et aux îles de la Société.

Le commandant, qui voulait acclimater les cochons à la Nouvelle-Calédonie, eut beaucoup de peine à faire accepter aux indigènes un vérat et une truie. Il eut besoin de vanter l'excellence de ces animaux, la facilité de leur reproduction, et d'en exagérer même la valeur, pour qu'ils consentissent à les lui laisser mettre à terre.

En résumé, Cook peint les Néo-Calédoniens comme grands, robustes, actifs, civils, paisibles; il leur reconnaît une qualité bien rare: ils ne sont pas voleurs. Ses successeurs en ce pays, et notamment d'Entrecasteaux, se sont aperçus, à leurs dépens, que ces insulaires n'avaient pas persévéré dans cette honnêteté.

Quelques-uns avaient les lèvres épaisses, le nez aplati, et tout à fait l'aspect du nègre. Leurs cheveux, naturellement bouclés, contribuaient aussi à leur donner cette ressemblance.

> «S'il me fallait juger, dit Cook, de l'origine de cette nation, je la prendrais pour une race mitoyenne entre les peuples de Tanna et des îles des Amis, ou entre ceux de Tanna et de la Nouvelle-Zélande, ou même entre les trois, par la raison que leur langue n'est à quelques égards qu'un mélange de celles de ces différentes terres.»

La quantité des armes offensives de ces indigènes, massues, lances, dards, frondes, était un indice de la fréquence de leurs guerres. Les pierres qu'ils lançaient avec leurs frondes étaient polies et ovoïdes. Quant aux maisons construites sur un plan circulaire, la plupart ressemblaient à des ruches d'abeilles, et leur toit, d'une élévation considérable, se terminait en pointe au sommet. Elles avaient un ou deux foyers toujours allumés; mais, la fumée n'ayant d'autre issue que la porte, il était presque impossible à des Européens d'y demeurer.

Ces naturels ne se nourrissaient que de poissons, de racines, entre autres l'igname et le taro, et de l'écorce d'un arbre qui est fort peu succulente. Les bananes, les cannes à sucre, le fruit à pain étaient rares dans ce pays, et les cocotiers n'y poussaient pas aussi vigoureux que dans les îles déjà visitées par la *Résolution*. Quant au nombre des habitants, on aurait pu croire qu'il était considérable; mais Cook remarque avec justesse, que son arrivée avait provoqué la réunion de tous les indigènes voisins, et le lieutenant Pickersgill eut l'occasion de constater, pendant sa reconnaissance hydrographique, que le pays était très peu peuplé.

Les Néo-Calédoniens étaient dans l'usage d'enterrer leurs morts. Plusieurs personnes de l'équipage visitèrent leurs cimetières, et notamment le tombeau d'un chef, sorte de grande taupinière, décorée de lances, de javelots, de pagaies et de dards, fichés autour.

Le 13 septembre, Cook quitta le havre de Balade et continua à ranger la côte de la Nouvelle-Calédonie, sans pouvoir se procurer de nourriture fraîche. Le pays présentait à peu près partout le même aspect de stérilité. Enfin, tout à fait au sud de cette grande terre, on en découvrit une plus petite, qui reçut le nom d'île des Pins, à cause du grand nombre d'arbres de cette espèce qui l'ombrageaient.

C'était une espèce de pin de Prusse, très propre à faire les espars dont la *Résolution* avait besoin. Aussi, Cook envoya-t-il une chaloupe et des travailleurs pour choisir et couper les arbres qui lui étaient nécessaires. Quelques-uns avaient vingt pouces de diamètre et soixante-dix pieds de haut, de sorte qu'on en aurait pu faire un mât pour le navire, si cela eût été nécessaire. La découverte de cette île parut donc précieuse, car, avec la Nouvelle-Zélande, elle était la seule qui pût fournir des mâts et des vergues dans tout l'océan Pacifique.

En faisant route au sud vers la Nouvelle-Zélande, Cook eut connaissance, le 10 octobre, d'une petite île inhabitée, sur laquelle les botanistes firent une ample moisson de végétaux inconnus. C'est l'île Norfolk, ainsi nommée en l'honneur de la famille Howard, et que devaient plus tard coloniser une partie des révoltés du *Bounty*.

Le 18, la *Résolution* mouillait encore une fois dans le canal de la Reine-Charlotte. Les jardins, que les Anglais avaient plantés avec tant de zèle, avaient été entièrement négligés par les Zélandais, et, cependant, plusieurs plantes s'y étaient merveilleusement développées.

Tout d'abord, les habitants ne se montrèrent qu'avec circonspection et parurent peu désireux d'entamer de nouvelles relations. Cependant, lorsqu'ils eurent reconnu leurs anciens amis, ils témoignèrent leur joie par les démonstrations les plus extravagantes. Interrogés sur le motif qui les avait poussés à garder tout d'abord cette réserve et cette sorte de crainte, ils répondirent d'une façon évasive, et l'on put comprendre qu'il était question de batailles et de meurtres.

Les craintes de Cook sur le sort de l'*Aventure*, dont il n'avait pas eu de nouvelles depuis la dernière relâche en cet endroit, devinrent alors fort vives; mais, quelque question qu'il pût faire, il ne parvint pas à savoir la vérité. Il ne devait apprendre ce qui s'était passé pendant son absence qu'au cap de Bonne-Espérance, où il trouva des lettres du capitaine Furneaux.

Le toit, d'une élévation considérable...

Après avoir débarqué de nouveaux cochons, dont il tenait absolument à doter la Nouvelle-Zélande, le commandant mit à la voile, le 10 novembre, et fit route pour le cap Horn.

La première terre qu'il aperçut, après une vaine croisière, fut la côte occidentale de la Terre de Feu, près de l'entrée du détroit de Magellan.

> «La partie de l'Amérique qui frappait nos regards, dit le capitaine Cook, était d'un aspect fort triste; elle semblait découpée en petites îles qui, quoique peu hautes, étaient cependant très noires et presque entièrement stériles. Par derrière, nous apercevions de hautes terres hachées, et couvertes de neige presque au bord de l'eau.... C'est la côte la plus sauvage que j'aie jamais vue. Elle paraît remplie entièrement de montagnes, de roches, sans la moindre apparence de végétation. Ces montagnes aboutissent à d'horribles précipices, dont les sommets escarpés s'élèvent à une grande hauteur. Il n'y a peut-être rien dans la nature qui offre des points de vue aussi sauvages.

Les montagnes de l'intérieur étaient couvertes de neige, mais celles de la côte de la mer ne l'étaient pas. Nous jugeâmes que les premières appartenaient à la Terre de Feu et que les autres étaient de petites îles rangées de manière qu'en apparence, elles formaient une côte non interrompue.»

Vue du canal de Noël.

Cependant, le commandant jugea bon de s'arrêter quelque temps dans cette contrée désolée, afin de procurer à son équipage quelques vivres frais. Il trouva un ancrage sûr dans le canal de Noël, dont il fit avec son soin habituel la reconnaissance hydrographique.

La chasse procura quelques oiseaux, et M. Pickersgill rapporta au navire trois cents œufs d'hirondelles de mer et quatorze oies. «Je pus ainsi, dit Cook, en distribuer à tout l'équipage, ce qui fit d'autant plus de plaisir aux matelots que Noël approchait; sans cette heureuse circonstance, ils n'auraient eu pour régal que du bœuf et du porc salés.»

Quelques naturels, appartenant à la nation que Bougainville avait appelée Pécherais, montèrent à bord, sans qu'il fût besoin de beaucoup les presser. Ces sauvages, Cook nous les dépeint sous des couleurs qui rappellent celles qu'avait employées le navigateur français. De la chair de veau marin pourrie dont ils se nourrissaient, ils préféraient la partie huileuse, sans doute, remarque le capitaine, parce que cette huile échauffe leur corps contre la rigueur du froid.

> «Si jamais, ajoute-t-il, on a pu révoquer en doute la prééminence de la vie civilisée sur la vie sauvage, la vue seule de ces Indiens suffirait pour déterminer la question. Jusqu'à ce qu'on me prouve qu'un homme tourmenté continuellement par la rigueur du climat est heureux, je ne crois point aux déclamations éloquentes des philosophes, qui n'ont pas eu l'occasion de contempler la nature humaine dans toutes ses modifications, ou qui n'ont pas senti ce qu'ils ont vu.»

La *Résolution* ne tarda pas à reprendre la mer et à doubler le cap Horn; puis, elle traversa le détroit de Lemaire et reconnut la Terre des États, où elle rencontra un bon mouillage. Ces parages étaient animés par une quantité prodigieuse de baleines, dont c'était la saison de l'appariage, par des veaux et des lions de mer, par des pingouins et des nigauds en vols innombrables.

> «Nous manquâmes, le docteur Sparrman et moi, dit Forster, d'être attaqués par un de ces vieux ours de mer, sur un rocher où il y en avait plusieurs centaines de rassemblés, qui semblaient tous attendre l'issue du combat. Le docteur avait tiré son coup de fusil sur un oiseau, et il allait le ramasser, lorsque le vieil ours gronda, montra les dents et parut se disposer à s'opposer à mon camarade. Dès que je fus assis, j'étendis l'animal raide mort d'un coup de fusil, et, au même instant, toute la troupe, voyant son champion terrassé, s'enfuit du côté de la mer. Plusieurs s'y jetèrent avec tant de hâte, qu'ils sautèrent à dix ou quinze verges perpendiculaires sur des rochers pointus. Je crois qu'ils ne se firent point de mal, parce que leur peau est très dure et que leur graisse, très élastique, se prête aisément à la compression.»

Après avoir quitté la Terre des États, le 3 janvier, Cook fit voile au sud-est, afin d'explorer cette partie de l'Océan, la seule qui lui eût échappé jusqu'alors. Il atteignit bientôt la Géorgie australe, vue en 1675 par Laroche, et en 1756 par M. Guyot-Duclos, qui commandait alors le vaisseau espagnol *le Lion*. Cette découverte fut faite le 14 janvier 1775. Le commandant débarqua en trois différents endroits et en prit possession au nom du roi d'Angleterre, Georges III, dont il lui donna le nom. Le fond de la baie Possession était bordé de rochers de glace perpendiculaires, de tout point semblables à ceux qui avaient été vus dans les hautes latitudes australes.

«L'intérieur du pays, dit la relation, n'était ni moins sauvage ni moins affreux. Les rochers perdaient leurs hautes cimes dans les nues, et les vallées étaient couvertes d'une neige éternelle. On ne voyait pas un arbre, et il n'y avait pas le plus petit arbrisseau.»

En quittant la Géorgie, Cook s'enfonça encore davantage dans le sud-est, au milieu des glaces flottantes. Les dangers continuels de cette navigation avaient épuisé l'équipage. Successivement, la Thulé australe, l'île Saunders, les îles de la Chandeleur et enfin la terre de Sandwich furent découvertes.

Ces archipels stériles et désolés seront toujours sans utilité pratique pour le commerçant et le géographe. Leur existence une fois signalée, il n'y avait plus qu'à passer outre, car c'était risquer, à vouloir les reconnaître en détail, de compromettre les documents si précieux que la *Résolution* rapportait en Angleterre.

La découverte de ces terres isolées eut pour résultat de convaincre Cook «qu'il y a près du pôle une étendue de terre où se forment la plupart des glaces répandues sur ce vaste océan méridional.» Remarque ingénieuse, que sont venues confirmer de tout point les découvertes des explorateurs du XIXe siècle.

Après une nouvelle recherche infructueuse du cap de la Circoncision de Bouvet, Cook se détermina à regagner le cap de Bonne-Espérance, où il arriva le 22 mars 1775.

L'*Aventure* avait relâché en cet endroit, et le capitaine Furneaux avait laissé une lettre, qui relatait ce qui s'était passé à la Nouvelle-Zélande.

Arrivé dans le canal de la Reine-Charlotte, le 13 novembre 1773, le capitaine Furneaux avait fait ses provisions d'eau et de bois, puis envoyé un de ses canots, commandé par M. Rowe, lieutenant de poupe, afin de recueillir des plantes comestibles. Mais, ne l'ayant vu rentrer à bord ni le soir ni le lendemain, le capitaine Furneaux, sans se douter de l'accident qui était arrivé, envoya à sa recherche, et voici en résumé ce qu'on apprit:

Après plusieurs allées et venues inutiles, l'officier qui commandait la chaloupe aperçut quelques indices, en débarquant sur une grève près de l'anse de l'Herbe. Des débris du canot et plusieurs souliers, dont l'un avait appartenu à un officier de poupe, furent découverts. En même temps, un des matelots apportait un morceau de viande fraîche, que l'on crut être de la chair de chien, car on ignorait encore que cette peuplade fût anthropophage.

«Nous ouvrîmes, dit le capitaine Furneaux, environ vingt paniers placés sur la grève et fermés avec des cordages. Les uns étaient remplis de chair rôtie et d'autres de racines de fougère, qui servent de pain aux naturels. En continuant nos recherches, nous trouvâmes un plus grand nombre de souliers et une main, que nous reconnûmes sur-le-champ pour celle de Thomas Hill, parce qu'elle représentait T. H. tatoués à la manière des Taïtiens.»

Un peu plus loin, l'officier aperçut quatre pirogues et une multitude de naturels, rassemblés autour d'un grand feu. En débarquant, les Anglais firent une décharge, qui mit en fuite tous les Zélandais, sauf deux, qui se retirèrent avec beaucoup de sang-froid. L'un de ceux-ci fut blessé grièvement, et les matelots s'avancèrent sur la grève.

«Bientôt, une scène affreuse de carnage s'offrit à nos yeux: les têtes, les cœurs et les poumons de plusieurs de nos gens étaient répandus sur le sable, et, à peu de distance de là, les chiens en rongeaient les entrailles.»

L'officier avait trop peu de monde avec lui,—dix hommes seulement,—pour essayer de tirer vengeance de cet abominable massacre. En outre, le temps devenait mauvais, et les sauvages se rassemblaient en grand nombre. Il dut regagner l'*Aventure*.

«Je ne crois pas, dit le capitaine Furneaux, que cette boucherie ait été l'effet d'un dessein prémédité de la part des sauvages, car, le matin où M. Rowe partit du vaisseau, il rencontra deux pirogues, qui descendirent près de nous et restèrent toute la matinée dans l'anse du vaisseau. Le carnage fut probablement amené par quelque querelle qui se décida sur-le-champ; peut-être aussi que, nos gens n'ayant pris aucune précaution pour leur sûreté, l'occasion tenta les Indiens. Ce qui encouragea les Zélandais, dès qu'ils eurent vu la première explosion, c'est qu'ils sentirent qu'un fusil n'était pas une arme infaillible, qu'il manquait quelquefois de partir et qu'après le premier coup il fallait le charger de nouveau avant de pouvoir s'en servir.»

Dans ce fatal guet-apens, l'*Aventure* perdit dix de ses meilleurs matelots. Furneaux avait quitté la Nouvelle-Zélande le 23 décembre 1773, doublé le cap Horn, relâché au cap de Bonne-Espérance et atteint l'Angleterre, le 14 juillet 1774.

Cook, après avoir embarqué les rafraîchissements nécessaires et réparé son bâtiment, quitta False-Bay le 27 mai, relâcha à Sainte-Hélène, à l'Ascension, à Fernando de Noronha, à Fayal, l'une des Açores, et rentra enfin à Plymouth, le 29 juillet 1775. Il n'avait à regretter, pendant ce long voyage de trois ans et dix-huit jours, que la perte de quatre hommes, sans compter, il est vrai, les dix matelots qui avaient été massacrés à la Nouvelle-Zélande.

Jamais jusqu'alors expédition n'avait rapporté aussi riche moisson de découvertes et d'observations hydrographiques, physiques et ethnographiques. Bien des points obscurs dans les relations des anciens voyageurs étaient élucidés par les savantes et ingénieuses recherches du capitaine Cook. Des découvertes importantes, notamment celles de la Nouvelle-Calédonie et de l'île de Pâques, avaient été faites. La non-existence du continent austral était définitivement prouvée. Le grand navigateur reçut presque aussitôt la récompense méritée de ses fatigues et de ses travaux. Il fut nommé capitaine de vaisseau, neuf jours après son débarquement, et membre de la Société royale de Londres, le 29 février 1776.

# CHAPITRE V
# TROISIÈME VOYAGE DU CAPITAINE COOK

## I

La recherche des terres découvertes par les Français. — Les îles Kerguelen. — Relâche à Van-Diemen. — Le détroit de la Reine-Charlotte. — L'île Palmerston. — Grandes fêtes aux îles Tonga.

A cette époque, l'idée qui avait autrefois déterminé tant de voyageurs à explorer les mers du Groenland était à l'ordre du jour. Existait-il un passage au nord qui mît en communication l'Atlantique et le Pacifique, en suivant les côtes de l'Asie ou celles de l'Amérique? Et ce passage, s'il existait, était-il praticable? On avait bien tenté, tout dernièrement encore, la recherche de cette voie maritime par les baies d'Hudson et de Baffin: on voulut l'essayer par l'océan Pacifique.

La tâche était ardue. Les lords de l'Amirauté comprirent qu'ils devaient, avant tout, s'adresser à quelque navigateur au courant des périls des mers polaires, qui eût donné plus d'une preuve de sang-froid dans les occasions difficiles, dont les talents, l'expérience et les connaissances scientifiques fussent à même de tirer parti du puissant armement en cours d'exécution.

Nul autre que le capitaine Cook ne réunissait au même degré les qualités requises. On s'adressa donc à lui. Bien qu'il eût pu passer en paix le reste de ses jours dans la place qui lui avait été donnée, à l'Observatoire de Greenwich, et jouir en repos de l'estime et de la gloire que lui avaient conquises ses deux voyages autour du monde, Cook n'hésita pas un instant.

Deux bâtiments lui furent confiés, la *Résolution* et la *Discovery*, cette dernière sous les ordres du capitaine Clerke, et ils reçurent le même armement qu'à la précédente campagne.

Les instructions du commandant de l'expédition lui prescrivaient de gagner le cap de Bonne-Espérance et de cingler au sud pour chercher les îles récemment découvertes par les Français, par 48 degrés de latitude, et vers le méridien de l'île Maurice. Il devait ensuite toucher à la Nouvelle-Zélande, s'il le jugeait à propos, se rafraîchir aux îles de la Société et y débarquer le Taïtien Maï, puis gagner la Nouvelle-Albion, éviter de débarquer dans aucune des possessions espagnoles de l'Amérique, et de là se diriger par l'océan Glacial arctique vers les baies d'Hudson et de Baffin,—en d'autres termes, chercher, par l'est, le passage du nord-ouest. Cela fait, après avoir rafraîchi ses équipages au Kamtchatka, il devait faire une nouvelle tentative et regagner l'Angleterre par la route qu'il croirait la plus utile aux progrès de la géographie et de la navigation.

Les deux bâtiments ne partirent pas ensemble. La *Résolution* mit à la voile, de Plymouth, le 12 juillet 1776, et fut rejointe au Cap, le 10 novembre suivant, par la *Discovery*, qui n'avait pu quitter l'Angleterre que le 1er août. Cette dernière, éprouvée par la tempête, avait besoin d'être calfatée, et ce travail retint les deux navires au Cap jusqu'au 30 novembre. Le commandant profita de ce long séjour pour acheter des animaux vivants qu'il devait déposer à Taïti et à la Nouvelle-Zélande, et pour approvisionner ses bâtiments en vue d'un voyage de deux ans.

Après douze jours de route au sud-est, deux îles furent découvertes par 46° 53' de latitude sud et 37° 46' de longitude est. Le canal qui les sépare fut traversé, et l'on reconnut que leur côte escarpée, stérile, était inhabitée. Elles avaient été découvertes, ainsi que quatre autres, situées de neuf à douze degrés plus à l'est, par les capitaines français Marion-Dufresne et Crozet, en 1772.

Le 24 décembre, Cook retrouva les îles que M. de Kerguelen avait relevées dans ses deux voyages de 1772 et 1773.

Nous ne relaterons pas ici les observations que le navigateur anglais recueillit sur cet archipel. Comme elles sont de tout point d'accord avec celles de M. de Kerguelen, nous les réservons pour le moment où nous raconterons le voyage de ce navigateur. Contentons-nous de dire que Cook en releva soigneusement les côtes, et les quitta le 31 décembre. Pendant plus de trois cents lieues, les deux navires firent route au milieu d'une brume épaisse.

Le 26 janvier, l'ancre tomba dans la baie de l'Aventure, à la terre de Van-Diemen, à l'endroit même où le capitaine Furneaux avait touché quatre ans auparavant. Quelques naturels vinrent visiter les Anglais, et reçurent tous les présents qu'on leur fit, sans témoigner aucune satisfaction.

> «Ils étaient, dit la relation, d'une stature ordinaire, mais un peu mince; ils avaient la peau noire, la chevelure de même couleur et aussi laineuse que celle des nègres de la Nouvelle-Guinée, mais ils n'avaient pas les grosses lèvres et le nez plat des nègres de l'Afrique. Leurs traits ne présentaient rien de désagréable; leurs yeux nous parurent assez beaux, et leurs dents bien rangées, mais très sales. Les cheveux et la barbe de la plupart étaient barbouillés d'une espèce d'onguent rouge; le visage de quelques-uns se trouva peint avec la même drogue.»

Cette description, pour concise qu'elle soit, n'en est pas moins précieuse. En effet, le dernier des Tasmaniens est mort, il y a quelques années, et cette race a complètement disparu.

Cook leva l'ancre le 30 janvier, et vint mouiller à son point de relâche habituel, dans le canal de la Reine-Charlotte. Les pirogues des indigènes ne tardèrent pas à environner les bâtiments; mais pas un indigène n'osa monter à bord, tant ils étaient persuadés que les Anglais n'étaient venus que pour venger le massacre de leurs compatriotes. Lorsqu'ils furent convaincus que telle n'était pas l'intention des Anglais, ils bannirent toute défiance et toute réserve. Le commandant apprit bientôt, par l'intermédiaire de Maï, qui comprenait le zélandais, quelle avait été la cause de cet épouvantable événement.

Assis sur l'herbe, les Anglais prenaient leur repas du soir, lorsque les indigènes volèrent différentes choses. L'un de ceux-ci fut surpris et frappé par l'un des matelots. Aux cris du sauvage, ses compatriotes se ruèrent sur les marins de l'*Aventure*, qui en tuèrent deux, mais ne tardèrent pas à succomber sous le nombre. Plusieurs Zélandais désignèrent au capitaine le chef qui avait présidé au carnage, et l'engagèrent vivement à le mettre à mort. Cook s'y refusa, à la grande surprise des naturels, et à la stupéfaction de Maï, qui lui dit: «En Angleterre, on tue un homme qui en a assassiné un autre; celui-ci en a tué dix, et vous ne vous vengez pas!»

Les îles de Kerguelen.

Avant de partir, Cook mit à terre des cochons et des chèvres, dans l'espoir que ces animaux finiraient par s'acclimater à la Nouvelle-Zélande.

Maï avait formé le dessein d'emmener à Taïti un Néo-Zélandais. Deux se présentèrent pour l'accompagner. Cook consentit à les recevoir, en les prévenant toutefois qu'ils ne reverraient plus leur patrie. Aussi, lorsque les bâtiments perdirent de vue les côtes de la Nouvelle-Zélande, ces deux jeunes gens ne purent retenir leurs larmes. A leur douleur vint se joindre le mal de mer. Toutefois leur chagrin disparut avec lui, et il ne leur fallut pas longtemps pour s'attacher à leurs nouveaux amis.

Le 29 mars fut découverte une île que ses habitants appellent Mangea. Sur les représentations de Maï, ces indigènes se décidèrent à monter à bord des vaisseaux.

Une fête aux îles des Amis.

Petits, mais vigoureux et bien proportionnés, ils portaient leur chevelure nouée sur le dessus de la tête, leur barbe longue, et ils étaient tatoués sur différentes parties du corps. Cook aurait vivement désiré mettre pied à terre, mais les dispositions hostiles de la population l'en empêchèrent.

Quatre lieues plus loin, une nouvelle île fut reconnue, en tout semblable à la première. Ses habitants se montrèrent d'abord mieux disposés que ceux de Mangea, et Cook en profita pour envoyer à terre un détachement, sous les ordres du lieutenant Gore, avec Maï pour interprète. Anderson le naturaliste, Gore, un autre officier, nommé Burney, et Maï, débarquèrent, seuls et sans armes, au risque d'être maltraités.

Reçus avec solennité, conduits, au milieu d'une haie d'hommes portant la massue sur l'épaule, auprès de trois chefs dont les oreilles étaient ornées de plumes rouges, ils aperçurent bientôt une vingtaine de femmes, qui dansaient sur un air d'un mode grave et sérieux et ne firent aucune attention à leur arrivée. Séparés les uns des autres, les officiers ne tardèrent pas à s'apercevoir que les naturels s'efforçaient de vider leurs poches, et ils commençaient à craindre pour leur sûreté, lorsqu'ils furent rejoints par Maï. Ils furent ainsi retenus toute la journée et mainte fois forcés d'ôter leurs vêtements pour que les naturels pussent examiner de près la couleur de leur peau; mais enfin la nuit arriva sans incident désagréable, et les visiteurs regagnèrent leur chaloupe, où leur furent apportées des noix de coco, des bananes et d'autres provisions. Peut-être les Anglais durent-ils leur salut à la description que Maï avait faite de la puissance des armes à feu, et à l'expérience qu'il fit devant les indigènes d'enflammer la poudre d'une cartouche.

Maï avait rencontré trois de ses compatriotes au milieu de la foule qui se pressait sur le rivage. Partis sur une pirogue, au nombre de vingt, pour se rendre à Ulitea, ces Taïtiens avaient été jetés hors de leur route par un vent impétueux. La traversée devant être courte, ils n'avaient guère emporté de vivres. Aussi, la fatigue et la faim avaient-elles réduit l'équipage à quatre hommes à demi morts, lorsque la pirogue chavira. Ces naufragés eurent cependant la force de saisir les bordages de l'embarcation et de s'y cramponner jusqu'à ce qu'ils eussent été recueillis par les habitants de cette Wateroo. Il y avait douze ans que les hasards de la mer les avaient jetés sur cette côte, éloignée de plus de deux cents lieues de leur île. Ils avaient contracté des liens de famille et des liaisons d'amitié avec ces peuples, dont les mœurs et le langage étaient conformes aux leurs. Aussi refusèrent-ils de regagner Taïti.

> «Ce fait, dit Cook, peut servir à expliquer, mieux que tous les systèmes, comment toutes les parties détachées du globe, et en particulier les îles de la mer Pacifique, ont pu être peuplées, surtout celles qui sont éloignées de tout continent, et à une grande distance les unes des autres.»

Cette île Wateroo gît par 20° 1' de latitude sud et 201° 45' de longitude orientale.

Les deux bâtiments gagnèrent ensuite une île voisine, appelée Wenooa, sur laquelle M. Gore débarqua pour y prendre du fourrage. Elle était inhabitée, quoiqu'on y vît des débris de huttes et des tombeaux.

Le 5 avril, Cook arriva en vue de l'île Harvay, qu'il avait découverte en 1773, pendant son second voyage. Il lui avait semblé, à cette époque, qu'elle était déserte. Aussi fut-il surpris de voir plusieurs pirogues se détacher de la côte et se diriger vers les vaisseaux. Mais ces indigènes ne purent se décider à monter à bord. Leur maintien farouche et leurs propos bruyants n'annonçaient pas des dispositions amicales. Leur idiome se rapprochait encore plus de la langue de Taïti que celle des îles qu'on venait de rencontrer.

Le lieutenant King, qui avait été envoyé à la recherche d'un mouillage, n'en put trouver un convenable. Les naturels, armés de piques et de massues, semblaient prêts à repousser par la force toute tentative de débarquement.

Cependant, Cook, ayant besoin d'eau et de fourrage, résolut alors de gagner les îles des Amis, où il était certain de trouver des rafraîchissements pour ses hommes et du fourrage pour ses bestiaux. D'ailleurs, la saison était trop avancée, la distance qui séparait ces parages du pôle trop considérable, pour pouvoir rien tenter dans l'hémisphère septentrional.

Forcé par le vent de renoncer à atteindre Middelbourg ou Eoa, comme il en avait d'abord l'intention, le commandant se dirigea vers l'île Palmerston, où il arriva le 14 avril, et sur laquelle il trouva des oiseaux en abondance, du cochléaria et des cocotiers. Cette île n'est qu'une réunion de neuf ou dix îlots peu élevés, qui peuvent être considérés comme les pointes du récif d'un même banc de corail.

Le 28 avril, les Anglais atteignirent l'île Komango, dont les naturels apportèrent en foule des cocos, des bananes et d'autres provisions. Puis, ils gagnèrent Annamooka, qui fait également partie de l'archipel Tonga ou des Amis.

Cook reçut, le 6 mai, la visite d'un chef de Tonga-Tabou, nommé Finaou, qui se donnait comme le roi de toutes les îles des Amis.

> «Je reçus de ce grand personnage, dit-il, un présent de deux poissons, que m'apporta un de ses domestiques, et j'allai lui faire une visite l'après-dînée. Il s'approcha de moi, dès qu'il me vit à terre. Il paraissait âgé d'environ trente ans; il était grand, mais d'une taille mince, et je n'ai pas rencontré sur ces îles une physionomie qui ressemblât davantage à la physionomie des Européens.»

Lorsque toutes les provisions de cette île furent épuisées, Cook visita un groupe d'îlots appelé Hapaee, où la réception, grâce aux ordres de Finaou, fut amicale, et dans laquelle il put se procurer des cochons, de l'eau, des fruits et des racines. Des guerriers donnèrent aux Anglais le spectacle de plusieurs combats singuliers, combats à coups de massue et pugilat.

> «Ce qui nous étonna le plus, dit la relation, ce fut de voir arriver deux grosses femmes au milieu de la lice et se charger à coups de poing, sans aucune cérémonie et avec autant d'adresse que les hommes. Leur combat ne dura pas plus d'une demi-minute, et l'une d'elles s'avoua vaincue. L'héroïne victorieuse reçut de l'assemblée les applaudissements qu'on donnait aux hommes dont la force ou la souplesse avait triomphé de leur rival.»

Les fêtes et les jeux ne s'arrêtèrent pas là. Une danse fut exécutée par cent cinq acteurs au son de deux tambours ou plutôt de deux troncs d'arbres creusés, auxquels se joignait un chœur de musique vocale. Cook répondit à ces démonstrations en faisant faire l'exercice à feu par ses soldats de marine et en tirant un feu d'artifice, qui causa aux naturels un étonnement qu'on ne peut concevoir. Ne voulant pas se montrer vaincus dans cette lutte de divertissements, les insulaires donnèrent d'abord un concert, puis une danse exécutée par vingt femmes, couronnées de guirlandes de roses de la Chine. Ce grand ballet fut suivi d'un autre exécuté par quinze hommes. Mais nous n'en finirions pas, si nous voulions raconter par le menu les merveilles de cette réception enthousiaste, qui mérita à l'archipel de Tonga le nom d'îles des Amis.

Le 23 mai, Finaou, qui s'était donné pour le roi de l'archipel tout entier, vint annoncer à Cook son départ pour l'île voisine de Vavaoo. Il avait de bonnes raisons pour cela, car il venait d'apprendre l'arrivée du véritable souverain, qui s'appelait Futtafaihe ou Poulaho.

Tout d'abord, Cook refusa de reconnaître au nouveau venu le caractère qu'il s'attribuait; mais il ne tarda pas à recueillir des preuves irréfutables que le titre de roi lui appartenait.

Poulaho était d'un embonpoint extrême, ce qui le faisait, avec sa petite taille, ressembler à un tonneau. Si le rang est proportionné chez ces insulaires à la grosseur du corps, c'était assurément le plus gros des chefs que les Anglais eussent rencontrés. Intelligent, grave, posé, il examina en détail et avec beaucoup d'intérêt le vaisseau et tout ce qui était nouveau pour lui, fit des questions judicieuses et s'informa du motif de la venue des navires. Ses courtisans s'opposèrent à ce qu'il descendît dans l'entrepont, parce qu'il était «tabou», disaient-ils, et qu'il n'était pas permis de marcher au-dessus de sa tête. Cook fit répondre par l'intermédiaire de Maï, qu'il défendrait de marcher au-dessus de sa chambre, et Poulaho dîna avec le commandant. Il mangea peu, but encore moins, et engagea Cook à descendre à terre. Les marques de respect que prodiguaient à Poulaho tous les insulaires convainquirent le commandant qu'il avait réellement affaire au roi de l'archipel.

Cependant, Cook remit à la voile le 29 mai, retourna à Annamooka, puis à Tonga-Tabou, où une fête ou «heiva», dont la magnificence dépassait toutes celles dont il avait témoin, fut donnée en son honneur.

> «Le soir, dit-il, nous eûmes le spectacle d'un *bomaï*, c'est-à-dire qu'on exécuta les danses de la nuit devant la maison occupée par Finaou. Elles durèrent environ trois heures; durant cet intervalle, nous vîmes douze danses. Il y en eut d'exécutées par des femmes, et, au milieu de celles-ci, nous vîmes arriver une troupe d'hommes qui formèrent un cercle en dedans de celui des danseuses. Vingt-quatre hommes, qui en exécutèrent une troisième, firent avec leurs mains une multitude de mouvements très applaudis, que nous n'avions pas encore vus. L'orchestre se renouvela une fois. Finaou parut sur la scène à la tête de cinquante danseurs; il était magnifiquement habillé; de la toile et une longue pièce de gaze composaient son vêtement, et il portait de petites figures suspendues à son cou.»

Cook, après un séjour de trois mois, jugeant qu'il fallait quitter ces lieux enchanteurs, distribua une partie du bétail qu'il avait apporté du Cap, et fit expliquer par Maï, avec la manière de le nourrir, les services qu'il pourrait rendre. Puis, avant de partir, il visita un «fiatooka» ou cimetière, qui appartenait au roi, composé de trois maisons assez vastes, plantées au bord d'une espèce de colline. Les planchers de ces édifices, ainsi que les collines artificielles qui les portaient, étaient couverts de jolis cailloux mobiles, et des pierres plates, posées de champ, entouraient le tout.

> «Ce que nous n'avions pas vu jusqu'alors, l'un de ces édifices était ouvert à l'un des côtés, et il y avait en dedans deux bustes de bois grossièrement façonnés, l'un près de l'entrée et l'autre un peu plus avant dans l'intérieur. Les naturels nous suivirent jusqu'à la porte, mais ils n'osèrent pas en passer le seuil. Nous leur demandâmes ce que signifiaient ces bustes; on nous répondit qu'ils ne représentaient aucune divinité et qu'ils servaient à rappeler le souvenir des chefs enterrés dans le fiatooka.»

Parti de Tonga-Tabou le 10 juillet, Cook se rendit à la petite île Eoa, où son ancien ami Taï-One le reçut avec cordialité. Le commandant apprit de lui que la propriété des différentes îles de l'archipel appartient aux chefs de Tonga-Tabou, qu'ils appellent la «Terre des Chefs». C'est ainsi que Poulaho a sous sa domination cent cinquante-trois îles. Les plus importantes sont Vavao et Hamao. Quant aux îles Viti ou Fidgi, comprises dans cette nomenclature, elles étaient habitées par une race belliqueuse bien supérieure par l'intelligence à celle des îles des Amis.

Des nombreuses et très intéressantes observations recueillies par le commandant et le naturaliste Anderson, nous ne retiendrons que celles qui sont relatives à la douceur, à l'affabilité des indigènes. Si Cook, pendant ses différentes relâches dans cet archipel, n'eut qu'à se louer de l'accueil des habitants, c'est qu'il ne soupçonna jamais le projet qu'avaient conçu Finaou et les autres chefs de l'assassiner pendant la fête nocturne de Hapaee et de surprendre les vaisseaux. Les navigateurs, qui le suivirent, n'eurent pas lieu de prodiguer les mêmes éloges, et si l'on ne connaissait la sincérité de l'illustre marin, on croirait que c'est par antiphrase qu'il a donné à cet archipel le nom d'îles des Amis.

A la mort d'un parent, les insulaires de Tonga ne manquent jamais de se donner de grands coups de poing dans les joues et de se les déchirer avec des dents de requin, ce qui explique les nombreuses tumeurs et cicatrices qu'ils portent au visage. S'ils sont en danger de mort, ils sacrifient une ou deux phalanges du petit doigt pour apaiser la divinité, et Cook ne vit pas un indigène sur dix qui ne fût ainsi mutilé.

> «Le mot «tabou», dit-il, qui joue un si grand rôle dans les usages de ce peuple, a une signification très étendue.... Lorsqu'il n'est pas permis de toucher à une chose, ils disent qu'elle est tabou. Ils nous apprirent aussi que, si le roi entre dans une maison qui appartienne à un de ses sujets, cette maison devient tabou, et le propriétaire ne peut plus l'habiter.»

Quant à leur religion, Cook crut la démêler assez bien. Leur dieu principal, Kallafoutonga, détruit dans ses colères les plantations, sème les maladies et la mort. Toutes les îles n'ont pas les mêmes idées religieuses, mais partout on est unanime à admettre l'immortalité de l'âme. Enfin, s'ils n'apportent point à leurs dieux des offrandes et des fruits ou d'autres productions de la terre, ces sauvages leur offrent, cependant, en sacrifice des victimes humaines.

Le 17 juillet, Cook perdit de vue les îles Tonga, et, le 8 août, l'expédition, après une série de coups de vent qui causèrent des avaries assez sérieuses à la *Discovery*, arriva en vue d'une île appelée Tabouaï par ses habitants.

Tous les frais d'éloquence des Anglais, pour persuader aux naturels de monter à bord, furent inutiles. Jamais ceux-ci ne consentirent à quitter leurs canots et ils se contentèrent d'inviter les étrangers à venir les visiter. Mais, comme le temps pressait et que Cook n'avait pas besoin de provisions, il passa sans s'arrêter devant cette île, qui lui parut fertile, et qui, suivant le dire des insulaires, abondait en cochons et en volailles. Forts, grands, actifs, ces naturels, à l'air dur et farouche, parlaient la langue taïtienne. Les relations furent donc faciles avec eux.

Quelques jours plus tard, les cimes verdoyantes de Taïti se dessinaient à l'horizon, et les deux bâtiments ne tardèrent pas à s'arrêter en face de la presqu'île de Taïrabou, où l'accueil que Maï reçut de ses compatriotes fut aussi indifférent que possible. Son beau-frère lui-même, le chef Outi, consentit à peine à le reconnaître; mais, lorsque Maï lui eut montré les trésors qu'il rapportait et surtout ces fameuses plumes rouges, qui avaient eu un si grand succès au précédent voyage de Cook, Outi changea de manière d'agir, traita Maï avec affabilité, et lui proposa de changer de nom avec lui. Maï se laissa prendre à ces nouvelles démonstrations de tendresse, et, sans l'intervention de Cook, il se fût laissé dépouiller de tous ses trésors.

Les navires étaient approvisionnés de plumes rouges. Aussi, les fruits, les cochons, les volailles arrivèrent-ils en abondance pendant cette relâche. Cependant, Cook gagna bientôt la baie de Mataväi, et le roi Otoo quitta sa résidence de Paré pour venir rendre visite à son ancien ami. Là, aussi, Maï fut dédaigneusement traité par les siens, et il eut beau se jeter aux pieds du roi en lui présentant une touffe de plumes rouges et deux ou trois pièces de drap d'or, il fut à peine regardé. Toutefois, ainsi qu'à Taïrabou, les dispositions changèrent subitement, lorsqu'on connut la fortune de Maï; mais celui-ci, ne se plaisant que dans la compagnie des vagabonds qui exploitèrent sa rancune, tout en le dépouillant, ne sut pas acquérir sur Otoo et les principaux chefs l'influence nécessaire au développement de la civilisation.

Cook avait depuis longtemps appris que les sacrifices humains étaient en usage à Taïti, mais il s'était toujours refusé de le croire. Une cérémonie solennelle, dont il fut témoin à Atahourou, ne lui permit pas de douter de l'existence de cette pratique. Afin de rendre l'Atoua, ou Dieu, favorable à l'expédition qui se préparait contre l'île d'Eimeo, un homme de la plus basse extraction fut assommé à coups de massue en présence du roi. On déposa en offrande devant celui-ci les cheveux et un œil de la victime, derniers symboles de l'anthropophagie qui existait autrefois dans cet archipel. A la fin de cette barbare cérémonie, qui faisait tache chez un peuple de mœurs si douces, un martin-pêcheur voltigea dans le feuillage. «C'est l'Atoua!» s'écria Otoo, tout heureux de cet excellent augure.

Le lendemain, la cérémonie devait se continuer par un holocauste de cochons. Les prêtres, comme avaient coutume de le faire les aruspices Romains, cherchèrent à lire dans les dernières convulsions des victimes le sort réservé à l'expédition.

Sacrifice humain à Otaïti. (*Fac-simile. Gravure ancienne.*)

Cook, qui avait assisté silencieux à toute cette cérémonie, ne put cacher, dès qu'elle fut finie, l'horreur qu'elle lui inspirait. Maï fut son interprète éloquent et vigoureux. Aussi, Towha eut-il peine à contenir sa colère. «Si le roi avait tué un homme en Angleterre, dit le jeune Taïtien, comme il venait de le faire ici de la malheureuse et innocente victime qu'il offrait à son Dieu, il aurait été impossible de le soustraire à la corde, seul châtiment réservé aux meurtriers et aux assassins.»

Cette réflexion violente de Maï était pour le moins hors de propos, et Cook aurait dû se souvenir que les mœurs varient avec les pays. Il était absurde de vouloir appliquer à Taïti, pour ce qui y était passé dans les usages, le châtiment réservé à Londres pour ce qu'on y regarde comme un crime. Le charbonnier doit être maître chez lui, dit un dicton populaire. Les nations européennes l'ont trop oublié. Sous prétexte de civilisation, elles ont souvent fait couler plus de sang qu'il n'en aurait été versé, si elles s'étaient abstenues d'intervenir.

Arbre sous lequel Cook a observé le passage de Vénus. (*Fac-simile. Gravure ancienne.*)

Avant de quitter Taïti, Cook remit à Otoo les animaux qu'il avait eu tant de peine à rapporter d'Europe. C'étaient des oies, des canards, des coqs d'Inde, des chèvres, des moutons, des chevaux et des bœufs. Otoo ne sut comment exprimer sa reconnaissance à «l'areeke no Pretone» (au roi de la Bretagne), surtout lorsqu'il vit que les Anglais ne purent embarquer, à cause de sa dimension, une magnifique pirogue double qu'il avait fait construire par ses plus habiles artistes, pour être offerte au roi d'Angleterre, son ami.

La *Résolution* et la *Discovery* quittèrent Taïti le 30 septembre, et vinrent mouiller à Eimeo. Le séjour, en cet endroit, fut attristé par un pénible incident. Des vols fréquents avaient eu lieu déjà depuis quelques jours, lorsqu'une chèvre fut dérobée. Cook, pour faire un exemple, brûla cinq ou six cases, incendia un plus grand nombre de pirogues, et menaça le roi de toute sa colère, si l'animal ne lui était pas immédiatement ramené.

Dès qu'il eut obtenu satisfaction, le commandant partit pour Huaheine avec Maï, qui devait s'établir sur cette île.

Un terrain assez vaste fut cédé par les chefs du canton de Ouare, moyennant de riches cadeaux. Cook y fit construire une maison et planter un jardin, qu'on sema de légumes européens. Puis, on laissa à Maï deux chevaux, des chèvres, de la volaille. En même temps, on lui faisait cadeau d'une cotte de mailles, d'une armure complète, de poudre, de balles et de fusils. Un orgue portatif, une machine électrique, des pièces d'artifice et des instruments de culture ou de ménage, complétaient la collection des cadeaux, ingénieux ou bizarres, destinés à donner aux Taïtiens une haute idée de la civilisation européenne. Maï avait bien une sœur mariée à Huaheine, mais son mari occupait une position trop humble pour l'empêcher d'être dépouillé. Cook déclara donc solennellement que l'indigène était son ami, qu'il reviendrait, dans peu de temps, s'informer de la manière dont il aurait été traité, et qu'il punirait sévèrement ceux qui se seraient mal conduits à son égard.

Ces menaces devaient produire leur effet, car, peu de jours avant, des voleurs, saisis en flagrant délit par les Anglais, avaient eu la tête rasée et les oreilles coupées. Un peu plus tard, à Raiatea, afin d'obtenir qu'on lui renvoyât des matelots déserteurs, Cook avait enlevé, d'un seul coup de filet, toute la famille du chef Oreo. La modération dont le capitaine avait fait preuve à son premier voyage allait toujours diminuant. Il devenait chaque jour plus exigeant et plus sévère. Cette conduite devait finir par lui être fatale.

Les deux Zélandais qui avaient demandé à accompagner Maï furent débarqués avec lui. Le plus âgé consentait sans peine à vivre à Huaheine; mais le plus jeune avait conçu tant d'affection pour les Anglais, qu'il fallut le descendre, pour ainsi dire, de force, au milieu des témoignages d'affection les plus touchants. Cook, au moment où il leva l'ancre, reçut les adieux de Maï, dont la contenance et les larmes exprimaient qu'il comprenait toute la perte qu'il allait faire.

Si Cook partait satisfait d'avoir comblé de trésors le jeune Taïtien qui s'était confié à lui, il éprouvait des craintes sérieuses sur son avenir. En effet, il connaissait son caractère inconstant et léger, et il ne lui avait laissé qu'à regret des armes, dont il craignait qu'il ne fît mauvais usage. Ces appréhensions devaient être malheureusement justifiées. Comblé d'attentions par le roi de Huaheine, qui lui donna sa fille en mariage et changea son nom en celui de Paori, sous lequel il fut connu désormais, Maï profita de sa haute situation pour se montrer cruel et inhumain. Toujours armé, il en vint à essayer son adresse sur ses compatriotes, à coups de fusil et de pistolet. Aussi sa mémoire est-elle en horreur à Huaheine, où le souvenir de ses meurtres est demeuré longtemps associé à celui du voyage des Anglais.

Après avoir quitté cette île, Cook visita Raiatea, où il retrouva son ami Orée, déchu de la puissance suprême; puis, il descendit à Bolabola, le 8 décembre, et y acheta du roi Pouni une ancre que Bougainville avait perdue au mouillage.

Pendant ces longues relâches dans les différentes îles de la Société, Cook compléta sa provision de renseignements géographiques, hydrographiques, ethnographiques et ses études d'histoire naturelle. Il fut secondé dans cette tâche délicate par Anderson et par tout son état-major, qui ne cessa de déployer le zèle le plus louable pour l'avancement de la science.

Le 24 décembre, Cook découvrait une nouvelle île basse, inhabitée, où les équipages trouvèrent une abondante provision de tortues, et qui reçut le nom de Christmas, en l'honneur de la fête solennelle du lendemain.

Bien que dix-sept mois se fussent déjà passés depuis son départ d'Angleterre, Cook ne considérait pas son voyage comme commencé. En effet, il n'avait encore pu mettre à exécution la partie de ses instructions relative à l'exploration de l'Atlantique septentrional et à la recherche d'un passage par le nord.

## II

Découverte des îles Sandwich. — Exploration de la côte occidentale de l'Amérique. — Au delà du détroit de Behring. — Retour à l'archipel Havaï. — Histoire de Rono. — Mort de Cook. — Retour de l'expédition en Angleterre.

Le 18 janvier 1778, par 160° de longitude et 20° de latitude nord, les deux navires aperçurent les premières terres de l'archipel Sandwich ou Hawaï. Il ne fallut pas longtemps aux navigateurs pour se convaincre que ce groupe était habité. Un grand nombre de pirogues se détachèrent de l'île Atooi ou Tavaï, et s'assemblèrent autour des vaisseaux.

Les Anglais ne furent pas médiocrement surpris d'entendre ces indigènes parler la langue de Taïti. Aussi, les relations furent-elles bientôt amicales, et, le lendemain, nombre d'insulaires consentirent à monter sur les vaisseaux. Leur étonnement, leur admiration à la vue de tant d'objets inconnus, s'exprimaient par leurs regards, leurs gestes et leurs exclamations continuelles. Cependant, ils connaissaient le fer, qu'ils nommaient «hamaïte».

Mais tant de curiosités, d'objets précieux, ne tardèrent pas à exciter leur convoitise, et ils s'efforcèrent de se les approprier par tous les moyens licites ou non.

Leur adresse, leur goût pour le vol étaient aussi vifs que chez tous les peuples de la mer du Sud; il fallut prendre mille précautions,—encore furent-elles vaines le plus souvent,—pour s'opposer à leurs larcins. Lorsque les Anglais, sous la conduite du lieutenant Williamson, s'approchèrent du rivage afin de sonder et de chercher un mouillage, ils durent repousser les tentatives des naturels par la force. La mort d'un de ces sauvages servit à réprimer leur turbulence et à leur donner une haute idée de la puissance des étrangers.

Cependant, aussitôt que la *Résolution* et la *Discovery* eurent laissé tomber l'ancre dans la baie de Ouai-Mea, Cook se fit porter à terre. Il n'eut pas plus tôt touché le rivage, que les naturels, assemblés en troupe nombreuse sur la grève, se prosternèrent à ses pieds, et l'accueillirent avec les témoignages du respect le plus profond. Cette réception extraordinaire promettait une relâche agréable, car les provisions semblaient abondantes, et les fruits, les cochons, la volaille, commencèrent à affluer de toutes parts. En même temps, une partie des indigènes aidait les matelots anglais à remplir d'eau les futailles et à les embarquer dans les chaloupes.

Ces dispositions conciliantes déterminèrent Anderson et le dessinateur Webber à s'enfoncer dans l'intérieur du pays. Ils ne tardèrent pas à se trouver en présence d'un moraï, de tout point semblable aux moraïs taïtiens. Cette découverte confirma les Anglais dans les idées qu'avait fait naître en eux la ressemblance de la langue de Hawaï avec celle de Taïti. Une gravure de la relation de Cook représente l'intérieur de ce moraï. On y voit deux figures debout, dont le haut de la tête disparaît en partie sous un haut bonnet cylindrique, semblable à ceux qui coiffent les statues de l'île de Pâques. Il y a là, à tout le moins, un rapprochement singulier, qui donne à réfléchir.

Cook resta deux jours encore à ce mouillage, n'ayant qu'à se louer de son commerce avec les indigènes; puis, il explora l'île voisine de Oneehoow. Malgré tout le désir qu'avait le commandant de visiter en détail cet archipel, si intéressant, il appareilla, et aperçut de loin l'île Ouahou et le récif de Tahoora, qu'il désigna sous le nom générique d'archipel Sandwich,—nom qui a été remplacé par le vocable indigène Hawaï.

Vigoureux et bien découplés, quoique de taille moyenne, les Hawaïens sont représentés par Anderson comme ayant un caractère franc et loyal. Moins sérieux que les habitants des îles des Amis, ils sont aussi moins légers que les Taïtiens. Industrieux, adroits, intelligents, ils avaient des plantations qui prouvaient des connaissances développées en économie rurale, et un goût bien entendu pour l'agriculture. Non seulement ils n'éprouvaient pas pour les objets européens cette curiosité banale et enfantine que les Anglais avaient tant de fois remarquée, mais ils s'informaient de leur usage et laissaient percer un certain sentiment de tristesse, inspiré par leur infériorité.

La population semblait considérable, et est estimée à trente mille individus pour la seule île de Tavaï. Dans la façon de s'habiller, dans le choix de la nourriture, dans la manière de l'apprêter, comme dans les habitudes générales, on reconnaissait les usages de Taïti. C'était donc pour les Anglais matière à réflexions, que l'identité de ces deux populations, séparées par un espace de mer considérable.

Pendant ce premier séjour, Cook ne fut en rapport avec aucun chef; mais le capitaine Clerke, de la *Discovery*, reçut enfin la visite de l'un d'eux. C'était un homme jeune et bien fait, enveloppé d'étoffes des pieds à la tête, à qui les naturels témoignaient leur respect en se prosternant devant lui. Clerke lui fit quelques cadeaux, et reçut en retour un vase décoré de deux figurines assez habilement sculptées, qui servait au «kava», boisson favorite des Hawaïens, aussi bien que des indigènes de Tonga. Leurs armes consistaient en arcs, massues et lances, ces dernières d'un bois dur et fort, et en une sorte de poignard, nommé «paphoa», terminé en pointe aux deux extrémités. La coutume du tabou était aussi universellement pratiquée qu'aux îles des Amis, et les naturels, avant de toucher aux objets qu'on leur montrait, avaient toujours soin de demander s'ils n'étaient pas tabou.

Le 27 février, Cook reprit sa route vers le nord, et rencontra bientôt ces algues des rochers dont parle le rédacteur du voyage de lord Anson. Le 1er mars, il fit route à l'est, afin de se rapprocher de la côte d'Amérique, et, cinq jours plus tard, il eut connaissance de la terre de Nouvelle-Albion, ainsi nommée par Francis Drake.

L'expédition continua de la prolonger au large, releva le cap *Blanc*, déjà vu par Martin d'Aguilar, le 19 janvier 1603, et près duquel les géographes avaient placé une large entrée au détroit dont ils attribuaient la découverte à ce navigateur. On arriva bientôt dans les parages du détroit de Juan de Fuca, mais on ne découvrit rien qui y ressemblât, bien que ce détroit existe réellement, et sépare du continent l'île de Vancouver.

Cook reconnut bientôt par 49° 15' de latitude une baie à laquelle il donna le nom de baie Hope. Il y mouilla pour faire de l'eau et donner un peu de repos à ses équipages fatigués. Cette côte était habitée, et trois canots s'approchèrent des navires.

> «L'un des sauvages, dit-il, se leva, fit un long discours et des gestes que nous prîmes pour une invitation à descendre à terre. Sur ces entrefaites, il jeta des plumes vers nous, et plusieurs de ses camarades nous lancèrent des poignées de poussière ou d'une poudre rouge; celui qui remplit les fonctions d'orateur était couvert d'une peau, et il tenait dans chaque main quelque chose qu'il secouait, et d'où il tirait un son pareil à celui des grelots de nos enfants. Lorsqu'il se fut fatigué à débiter sa harangue et ses exhortations, dont nous ne

comprîmes pas un seul mot, il se reposa; mais deux autres hommes prirent successivement la parole; leur discours ne fut pas aussi long, et ils ne le débitèrent pas avec autant de véhémence.»

Plusieurs de ces naturels avaient le visage peint d'une manière extraordinaire, et des plumes étaient fichées sur leur tête. Bien qu'ils montrassent des dispositions pacifiques, il fut absolument impossible d'en décider un seul à monter à bord.

Cependant, lorsque les vaisseaux eurent jeté l'ancre, le commandant fit désenverguer les voiles, rentrer les mâts de hune et dégréer le mât de misaine de la *Résolution*, afin d'y faire quelques réparations. Les échanges commencèrent bientôt avec les Indiens, et l'honnêteté la plus rigoureuse présida à ce commerce. Les objets qu'ils offraient, c'étaient des peaux d'ours, de loup, de renard, de daim, de putois, de martre, et en particulier de ces loutres de mer qu'on trouve aux îles situées à l'est du Kamtchatka, puis des habits faits d'une espèce de chanvre, des arcs, des lances, des hameçons, des figures monstrueuses, une espèce d'étoffe de poil ou de laine, des sacs remplis d'ocre rouge, des morceaux de bois sculpté, des colifichets de cuivre et de fer en forme de fer à cheval, qu'ils suspendaient à leur nez.

> «Des crânes et des mains d'hommes, qui n'étaient pas encore dépouillés de leurs chairs, furent ce qui nous frappa le plus parmi les choses qu'ils nous offrirent; ils nous firent comprendre d'une manière claire qu'ils avaient mangé ce qui manquait, et nous reconnûmes, en effet, que ces crânes et ces mains avaient été sur le feu.»

Les Anglais ne tardèrent pas à s'apercevoir que ces indigènes étaient aussi habiles voleurs qu'aucun de ceux qu'ils avaient rencontrés jusqu'alors. Ils étaient même plus dangereux, car, possesseurs d'instruments en fer, ils ne se faisaient pas faute de couper les cordages. D'ailleurs, ils combinaient leurs vols avec intelligence, et les uns amusaient la sentinelle à l'une des extrémités de l'embarcation, tandis que les autres arrachaient le fer à l'extrémité opposée. Ils vendirent une quantité d'huile très bonne, et beaucoup de poissons, notamment des sardines.

Lorsque furent achevées les nombreuses réparations dont les navires avaient besoin, et qu'on eut embarqué l'herbe nécessaire pour le peu de chèvres et de moutons qui restaient a bord, Cook remit à la voile, le 26 avril 1778. Il avait donné à l'endroit où il venait de séjourner le nom d'Entrée-du-Roi-Georges, bien qu'il fût appelé Nootka par les indigènes.

A peine les navires eurent-ils gagné la haute mer, qu'ils furent assaillis par une violente tempête, pendant laquelle la *Résolution* fit une voie d'eau sous sa joue de tribord. Emporté par l'ouragan, Cook dépassa le lieu où les géographes avaient placé le détroit de l'amiral de Fonte, ce qu'il regretta vivement, car il aurait voulu dissiper tous les doutes à ce sujet.

Le commandant continua donc à suivre la côte d'Amérique, relevant et nommant tous les points principaux. Pendant cette croisière, il eut de nombreuses relations avec les Indiens, et ne tarda pas à remarquer qu'aux embarcations étaient substitués des canots, dont la charpente seule était de bois, et sur laquelle s'adaptaient des peaux de veaux marins.

Après une relâche à l'Entrée-du-Prince-Guillaume, où fut réparée la voie d'eau de la *Résolution*, Cook reprit sa route, reconnut et nomma les caps Élisabeth et Saint-Hermogènes, la pointe de Banks, les caps de Douglas, Bede, le mont Saint-Augustin, la rivière de Cook, l'île Kodiak, l'île de la Trinité et les îles que Behring a nommées Schumagin. Puis, ce furent la baie de Bristol, l'île Ronde, la pointe Calme, le cap Newenham, où le lieutenant Williamson débarqua, et l'île Anderson, ainsi nommée en l'honneur du naturaliste qui mourut en cet endroit d'une maladie de poitrine; puis, l'île King et le cap du Prince-de-Galles, extrémité la plus occidentale de l'Amérique.

Alors, Cook passa sur la côte d'Asie et se mit en rapport avec les Tchouktchis, pénétra, le 11 août, dans le détroit de Behring, et se trouva la semaine suivante en contact avec la glace. Vainement il essaya de s'élever dans plusieurs directions. Partout la banquise lui offrit une barrière infranchissable.

Entrée du Prince-Guillaume.

Le 17 août 1778, l'expédition était par 70° 41' de latitude. Pendant tout un mois, on côtoya la banquise avec l'espoir d'y trouver quelque ouverture qui permît de s'élever plus au nord, mais ce fut en vain. On remarqua d'ailleurs que la glace «était partout pure et transparente, excepté dans la partie supérieure, qui se trouvait un peu poreuse.

> «Je jugeai, dit Cook, que c'était de la neige glacée, et il me parut qu'elle s'était toute formée à la mer, car, outre qu'il est invraisemblable ou plutôt impossible que des masses si énormes flottent dans les rivières où il y a à peine assez d'eau pour un canot, nous n'y aperçûmes aucune des choses que produit la terre, et l'on aurait dû y en voir, si elle s'était formée dans des rivières grandes ou petites.»

Il lui présenta un petit cochon.

Jusqu'ici, la voie du détroit de Behring a été la moins suivie pour atteindre les latitudes boréales; cette observation est donc très précieuse, car elle prouve qu'en face de cette ouverture, il doit exister une vaste étendue de mer sans aucune terre. Peut-être même,—c'est du moins ce que pensait le regretté Gustave Lambert,—cette mer est-elle libre. Toujours est-il qu'on ne s'est pas élevé, depuis Cook, beaucoup plus haut dans cette direction, si ce n'est sur la côte de Sibérie, où ont été découvertes les îles Long et Plover, et où se trouve, au moment même où nous écrivons, le professeur Nordenskjold.

Après cette exploration si soigneuse, après ces tentatives répétées pour gagner de hautes latitudes, Cook, voyant la saison avancée, rencontrant chaque jour des glaces plus nombreuses, n'avait d'autre parti à prendre que d'aller chercher ses quartiers d'hiver dans une contrée plus clémente, afin de reprendre son exploration l'été suivant. Il refit donc une partie de la route qu'il avait suivie jusqu'à l'île d'Ounalaska, et cingla, le 26 octobre, vers les îles

Sandwich, dont il comptait compléter la reconnaissance pendant ce dernier hivernage.

Le 26 novembre fut découverte une île, dont les habitants vendirent aux équipages une quantité assez considérable de fruits et de racines, fruits à pain, patates, «taro» et racines d'«eddy», qu'ils échangèrent contre des clous et des outils en fer. C'était l'île Mowee, qui fait partie de l'archipel des Sandwich. Bientôt après, on aperçut Owhyhee ou Hawaï, dont les sommets étaient couverts de neige.

> «Je n'avais jamais rencontré de peuples sauvages aussi libres dans leur maintien que ceux-ci, dit le capitaine. Ils envoyaient communément aux vaisseaux les différents articles qu'ils voulaient vendre; ils montaient ensuite eux-mêmes à bord et ils faisaient leur marché sur le gaillard d'arrière; les Taïtiens, malgré nos relâches multipliées, n'ont pas autant de confiance en nous. J'en conclus que les habitants d'Owhyhee doivent être plus exacts et plus fidèles dans leur commerce réciproque que les naturels de Taïti; car s'ils n'avaient pas de la bonne foi entre eux, ils ne seraient pas aussi disposés à croire à la bonne foi des étrangers.»

Le 17 janvier, Cook et Clerke mouillèrent dans une baie appelée par les naturels Karakakooa. Les voiles furent aussitôt désenverguées, les vergues et les mâts de hune dépassés. Les navires étaient encombrés de visiteurs, entourés de pirogues, et le rivage était couvert d'une foule innombrable de curieux. Jusqu'alors, Cook n'avait jamais vu pareil empressement.

Parmi les chefs qui vinrent à bord de la *Résolution*, on ne tarda pas à remarquer un jeune homme appelé Pareea. Il était, disait-il, «Jakanee», sans que l'on pût savoir si c'était le nom d'une dignité, ou si ce terme désignait un degré d'alliance ou de parenté avec le roi. Toujours est-il qu'il avait une grande autorité sur le bas peuple. Quelques présents, faits à propos, l'attachèrent aux Anglais, et il leur rendit plus d'un service dans ces circonstances.

Si, pendant son premier séjour à Hawaï, Cook avait constaté que les habitants n'avaient que peu de penchant au vol, il n'en fut pas de même cette fois. Leur grand nombre leur donnait mille facilités pour dérober de menus objets, et les portait à croire qu'on craindrait de punir leurs larcins. Enfin, il devint bientôt évident qu'ils étaient encouragés par leurs chefs, car on aperçut entre les mains de ceux-ci plusieurs des objets qui avaient été dérobés.

Pareea, et un autre chef nommé Kaneena, amenèrent à bord de la *Résolution* un certain Koah, vieillard fort maigre, dont le corps était couvert d'une gale blanche due à l'usage immodéré de l'ava. C'était un prêtre. Lorsqu'il fut en présence de Cook, il lui mit sur les épaules une sorte de manteau rouge qu'il avait apporté, et débita fort gravement un long discours en lui présentant un petit cochon. C'était, comme on en eut bientôt la preuve, en voyant toutes les idoles revêtues d'une étoffe pareille, une formule d'adoration. Les Anglais furent profondément étonnés des cérémonies bizarres du culte dont on semblait entourer la personne du capitaine Cook. Ils n'en comprirent que plus tard la signification, grâce aux recherches du savant missionnaire Ellis. Nous allons résumer brièvement ici son intéressante découverte. Cela rendra plus compréhensible le récit des événements qui suivirent.

Une antique tradition voulait qu'un certain Rono, qui vivait sous un des plus anciens rois d'Hawaï, eût tué, dans un emportement de jalousie, sa femme, qu'il aimait tendrement. Rendu fou par la douleur et le chagrin de l'acte qu'il avait commis, il aurait parcouru l'île, querellant, frappant tout le monde; puis, fatigué, mais non rassasié de massacres, il se serait embarqué en promettant de revenir un jour sur une île flottante, portant des cocotiers, des cochons et des chiens. Cette légende avait été consacrée par un chant national et était devenue article de foi pour les prêtres, qui avaient mis Rono au nombre de leurs dieux. Confiants dans sa prédiction, ils attendaient sa venue, chaque année, avec une patience que rien ne pouvait lasser.

N'y a-t-il pas un curieux rapprochement à faire entre cette légende et celle qui nous montre le dieu mexicain Quetzalcoatl, obligé de fuir la colère d'une divinité plus puissante, s'embarquant sur un esquif de peaux de serpent, et promettant à ceux qui l'avaient accompagné, de revenir, plus tard, visiter le pays avec ses descendants?

Lorsque les navires anglais parurent, le grand-prêtre Koah et son fils One-La déclarèrent que c'était Rono lui-même qui accomplissait sa prédiction. Dès lors, pour la population tout entière, Cook fut véritablement Dieu. Sur sa route, les indigènes se prosternaient, les prêtres lui adressaient des discours ou des prières; on l'aurait encensé, si c'eût été la mode à Hawaï. Le commandant sentait bien qu'il y avait dans ces démonstrations quelque chose d'extraordinaire, mais, n'y pouvant rien comprendre, il se résigna à tirer parti, pour la commodité de ses équipages et pour l'avancement de la science, de circonstances mystérieuses qu'il lui était impossible d'éclaircir.

Cependant, il était obligé de se prêter à toute sorte de cérémonies, qui lui paraissaient, pour le moins, ridicules. C'est ainsi qu'il fut conduit vers un moraï, solide construction en pierre de quarante verges de long et de quatorze de hauteur. Le sommet, bien battu, était entouré d'une balustrade en bois, sur laquelle étaient alignés les crânes des captifs qu'on avait sacrifiés à la divinité.

A l'entrée de la plate-forme se dressaient deux grosses figures de bois au masque grimaçant, au corps drapé d'étoffe rouge, la tête surmontée d'une longue pièce de bois sculptée en forme de cône renversé. Là, sur une sorte de table sous laquelle gisait un cochon pourri et des tas de fruits, Koah monta avec le capitaine Cook. Une dizaine d'hommes apportèrent alors processionnellement un cochon vivant, offert au capitaine, et une pièce d'étoffe écarlate dont il fut revêtu. Puis, les prêtres chantèrent quelques hymnes religieux, tandis que les assistants étaient dévotement prosternés à l'entrée du moraï.

Après différentes autres cérémonies qu'il serait trop long de décrire, un cochon, cuit au four, fut remis au capitaine, ainsi que des fruits et des racines qui servent à la composition de l'ava.

> «L'ava fut ensuite servie à la ronde, dit Cook, et, lorsque nous en eûmes goûté, Koah et Pareea divisèrent la chair du cochon en petits morceaux qu'ils nous mirent dans la bouche. Je n'avais point de répugnance à souffrir que Pareea, qui était très propre, me donnât à manger, dit le lieutenant King, mais M. Cook, à qui Koah rendait le même office, en songeant au cochon pourri, ne put avaler un seul morceau; le vieillard, voulant redoubler de politesse, essaya de lui donner les morceaux tout mâchés, et l'on imagine bien que le dégoût de notre commandant ne fit que s'accroître.»

Après cette cérémonie, Cook fut reconduit à son canot par des hommes porteurs de baguettes, qui répétaient les mêmes mots et les mêmes phrases qu'au débarquement, au milieu d'une haie d'habitants agenouillés.

Les mêmes cérémonies se pratiquaient toutes les fois que le capitaine descendait à terre. Un des prêtres marchait toujours devant lui, annonçant que Rono était débarqué, et il ordonnait au peuple de se prosterner à terre.

Si les Anglais avaient tout lieu d'être contents des prêtres, qui les accablaient de politesses et de cadeaux, il n'en était pas de même des «earees» ou guerriers. Ceux-ci encourageaient les vols qui se commettaient journellement, et l'on constata également plusieurs autres supercheries déloyales.

Cependant, jusqu'au 24 janvier 1779, aucun événement important ne s'était passé. Ce jour-là, les Anglais furent tout surpris de voir qu'aucune des pirogues ne quittait le rivage pour venir commercer auprès des navires. L'arrivée de Terreeoboo avait fait «tabouer» la baie et empêché toute communication avec les étrangers. Le même jour, ce chef, ou plutôt ce roi, vint sans appareil visiter les bâtiments. Il n'avait qu'une pirogue, dans laquelle se trouvaient sa femme et ses enfants. Le 26, nouvelle visite, officielle cette fois, de Terreeoboo.

> «Cook, dit la relation, ayant remarqué que ce prince venait à terre, le suivit, et il arriva presque en même temps que lui. Nous les conduisîmes dans la tente; ils y furent à peine assis, que le prince se leva, jeta d'une manière gracieuse son manteau sur les épaules du commandant; il mit de plus un casque de plumes sur la tête et un

éventail curieux dans les mains de M. Cook, aux pieds duquel il étendit encore cinq ou six manteaux très jolis et d'une grande valeur.»

Cependant, Terreeoboo et les chefs de sa suite faisaient aux Anglais beaucoup de questions sur l'époque de leur départ. Le commandant voulut savoir l'opinion que les Hawaïens s'étaient formée des Anglais. Tout ce qu'il put apprendre, c'est qu'ils les supposaient originaires d'un pays où les provisions avaient manqué, et qu'ils étaient venus uniquement pour «remplir leurs ventres». La maigreur de quelques matelots et le soin que l'on prenait d'embarquer des vivres frais, leur avaient donné cette conviction. Cependant, ils ne craignaient pas d'épuiser leurs provisions, malgré l'immense quantité qui avait été consommée depuis l'arrivée des Anglais. Il est plutôt probable que le roi voulait avoir le temps de préparer le présent qu'il comptait offrir aux étrangers au moment de leur départ.

En effet, la veille du jour fixé, le roi pria les capitaines Cook et Clerke de l'accompagner à sa résidence. Des monceaux énormes de végétaux de toute espèce, des paquets d'étoffes, des plumes jaunes et rouges, un troupeau de cochons, y étaient rassemblés. C'était un don gratuit, fait au roi par ses sujets. Terreeoboo choisit à peu près le tiers de tous ces objets et donna le reste aux deux capitaines, présent d'une valeur considérable, comme ils n'en avaient jamais reçu ni à Tonga ni à Taïti.

Le 4 février, les deux bâtiments sortirent de la baie; mais des avaries, survenues à la *Résolution*, l'obligèrent à y rentrer quelques jours après.

A peine les vaisseaux eurent-ils jeté l'ancre, que les Anglais s'aperçurent d'un changement dans les dispositions des indigènes. Cependant, tout se passa paisiblement jusqu'au 13 dans l'après-dîner. Ce jour-là, quelques chefs voulurent empêcher les naturels d'aider les matelots à remplir leurs futailles à l'aiguade. Un tumulte s'ensuivit. Les indigènes s'armèrent de pierres et devinrent menaçants. L'officier, qui commandait le détachement, reçut de Cook l'ordre de tirer à balle sur les naturels, s'ils continuaient à lancer des pierres ou à devenir insolents. Sur ces entrefaites, une pirogue fut poursuivie à coups de fusil, et l'on jugea aussitôt qu'un vol avait été commis par son équipage.

Une autre dispute plus sérieuse s'élevait en même temps. Une chaloupe, appartenant à Pareea, fut saisie par un officier, qui l'emmena jusqu'à la *Discovery*. Le chef ne tarda pas à venir réclamer son bien, protestant de son innocence. La discussion s'anima, et Pareea fut renversé d'un coup d'aviron. Spectateurs paisibles jusqu'alors, les naturels s'armèrent aussitôt de pierres, forcèrent les matelots à se retirer précipitamment et s'emparèrent de la pinasse qui les avait amenés. A ce moment, Pareea, oubliant son ressentiment, s'interposa, rendit la pinasse aux Anglais, et leur fit restituer quelques menus objets qui avaient été volés.

> «Je crains bien que les Indiens ne me forcent à des mesures violentes, dit Cook en apprenant ce qui s'était passé; il ne faut pas leur laisser croire qu'ils ont eu de l'avantage sur nous.»

Pendant la nuit du 13 au 14 février, la chaloupe de la *Discovery* fut volée. Le commandant résolut alors de s'emparer de Terreeoboo ou de quelques-uns des principaux personnages, et de les garder en otages jusqu'à ce que les objets volés lui eussent été rendus.

En effet, il descendit à terre avec un détachement de soldats de marine, et se dirigea aussitôt vers la résidence du roi. Il reçut les marques de respect accoutumées sur sa route, et, apercevant Terreeoboo et ses deux fils, auxquels il dit quelques mots du vol de la chaloupe, il les détermina à passer la journée à bord de la *Résolution*.

Les affaires prenaient une heureuse tournure, et déjà les deux jeunes princes étaient embarqués dans la pinasse, lorsque l'une des épouses de Terreeoboo le supplia tout en larmes de ne pas se rendre à bord. Deux autres chefs se joignirent à elle, et les insulaires, effrayés des préparatifs d'hostilités dont ils étaient témoins, commencèrent à se précipiter en foule autour du roi et du commandant. Ce dernier pressait de s'embarquer, mais, lorsque le prince sembla disposé à le suivre, les chefs s'interposèrent et eurent recours à la force pour l'en empêcher.

Cook, voyant que son projet était manqué ou qu'il ne pourrait le mettre à exécution qu'en versant beaucoup de sang, y avait renoncé, et il marchait paisiblement sur le rivage pour regagner son canot, lorsque le bruit se répandit qu'un des principaux chefs venait d'être tué. Les femmes, les enfants furent aussitôt renvoyés, et tout ce monde se dirigea vers les Anglais.

Un indigène, armé d'un «pahooa», se mit à défier le capitaine, et, comme il ne voulait pas cesser ses menaces, Cook lui tira un coup de pistolet chargé à petit plomb. Protégé par une natte épaisse, celui-ci, ne se sentant pas blessé, devint plus audacieux; mais, plusieurs autres naturels s'avançant, le commandant déchargea son fusil sur celui qui était le plus rapproché et le tua.

Ce fut le signal d'une attaque générale. La dernière fois qu'on aperçut Cook, il faisait signe aux canots de cesser le feu et d'approcher pour embarquer sa petite troupe. Ce fut en vain! Cook était frappé et gisait sur le sol.

> «Les insulaires poussèrent des cris de joie lorsqu'ils le virent tomber, dit la relation; ils traînèrent tout de suite son corps sur le rivage et, s'enlevant le poignard les uns aux autres, ils s'acharnèrent tous avec

une ardeur féroce à lui porter des coups, lors même qu'il ne respirait plus.»

Ainsi périt ce grand navigateur, le plus illustre assurément de ceux qu'a produits l'Angleterre. La hardiesse de ses plans, sa persévérance à les exécuter, l'étendue de ses connaissances, en ont fait le type du véritable marin de découvertes.

Que de services il avait rendus à la géographie! Dans son premier voyage, il avait relevé les îles de la Société, prouvé que la Nouvelle-Zélande est formée de deux îles, parcouru le détroit qui les sépare et reconnu son littoral; enfin, il avait visité toute la côte orientale de la Nouvelle-Hollande.

Dans son second voyage, il avait relégué dans le pays des chimères ce fameux continent austral, rêve des géographes en chambre; il avait découvert la Nouvelle-Calédonie, la Géorgie australe, la terre de Sandwich, et pénétré dans l'hémisphère sud plus loin qu'on n'avait fait avant lui.

Dans sa troisième expédition, il avait découvert l'archipel Hawaï, et relevé la côte occidentale de l'Amérique depuis le 43e degré, c'est-à-dire sur une étendue de plus de 3,500 milles. Il avait franchi le détroit de Behring, et s'était aventuré dans cet océan Boréal, effroi des navigateurs, jusqu'à ce que les glaces lui eussent opposé une barrière infranchissable.

Ses talents de marin n'ont pas besoin d'être vantés; ses travaux hydrographiques sont restés; mais, ce qu'il faut surtout apprécier, ce sont les soins dont il sut entourer ses équipages, et qui lui permirent d'accomplir ces rudes et longues campagnes en ne faisant que des pertes insignifiantes.

A la suite de cette fatale journée, les Anglais consternés plièrent leurs tentes et rentrèrent à bord. Vainement firent-ils des tentatives et des offres pour se faire rendre le corps de leur infortuné commandant. Dans leur colère, ils allaient recourir aux armes, lorsque deux prêtres, amis du lieutenant King, rapportèrent, à l'insu des autres chefs, un morceau de chair humaine, qui pesait neuf à dix livres. C'était tout ce qui restait, dirent-ils, du corps de Rono, qui avait été brûlé, suivant la coutume.

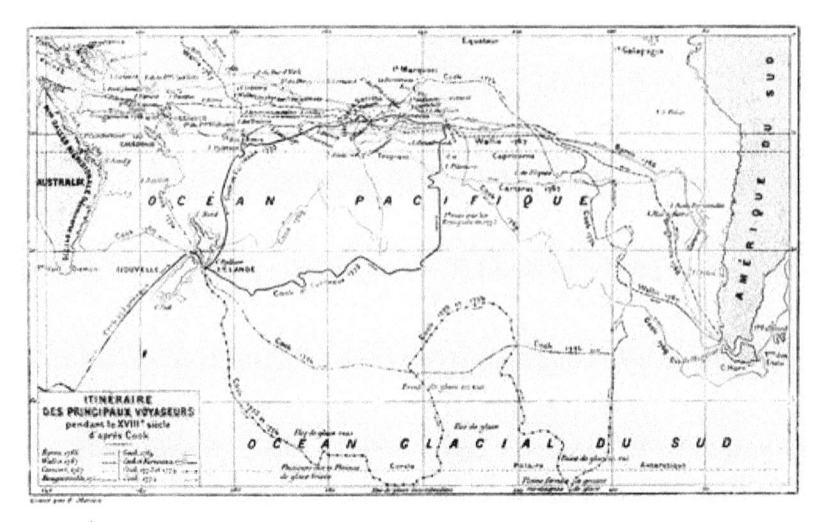

ITINÉRAIRE DES PRINCIPAUX VOYAGEURS pendant le XVIIIe
siècle
d'après Cook. *Fac-simile. Gravure ancienne.*

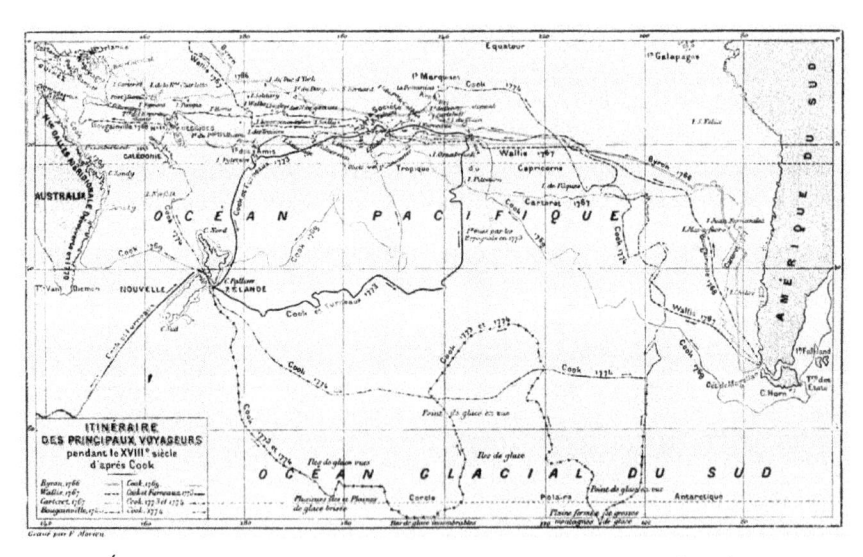

ITINÉRAIRE DES PRINCIPAUX VOYAGEURS pendant le XVIIIe
siècle
d'après Cook. *Fac-simile. Gravure ancienne.*

Cook accueilli par les indigènes.

Cette vue ne fit que rendre plus ardente chez les Anglais la soif des représailles. De leur côté, les insulaires avaient à venger la mort de cinq chefs et d'une vingtaine des leurs. Aussi, chaque fois que les Anglais descendaient à l'aiguade, trouvaient-ils une foule furieuse, armée de pierres et de bâtons. Pour faire un exemple, le capitaine Clerke, qui avait pris le commandement de l'expédition, dut livrer aux flammes le village des prêtres et massacrer ceux qui s'opposèrent à cette exécution.

Cependant, on finit par s'aboucher, et, le 19 février, les restes de Cook, ses mains, reconnaissables à une large cicatrice, sa tête dépouillée de chair et divers autres débris furent remis aux Anglais, qui, trois jours après, rendirent à ces restes précieux les derniers devoirs.

Dès lors, les échanges reprirent comme si rien ne s'était passé, et aucun incident ne marqua la fin de la relâche aux îles Sandwich.

Le capitaine Clerke avait laissé le commandement de la *Discovery* au lieutenant Gore, et mis son pavillon à bord de la *Résolution*. Après avoir achevé la reconnaissance des îles Hawaï, il fit voile pour le nord, toucha au Kamtchatka, où les Russes lui firent bon accueil, franchit le détroit de Behring, et s'avança jusqu'à 69° 50' de latitude nord, où les glaces lui barrèrent le chemin.

Le 22 août 1779, le capitaine Clerke mourait des suites d'une phthisie pulmonaire à l'âge de trente-huit ans. Le capitaine Gore prit alors le commandement en chef, relâcha de nouveau au Kamtchatka, puis à Canton et au cap de Bonne-Espérance, et mouilla dans la Tamise, le 1er octobre 1780, après plus de quatre ans d'absence.

La mort du capitaine Cook fut un deuil général en Angleterre. La Société royale de Londres, qui le comptait parmi ses membres, fit frapper en son honneur une médaille, dont les frais furent couverts par une souscription publique, à laquelle prirent part les plus grands personnages.

Si le nom de ce grand navigateur est éteint aujourd'hui, sa mémoire est toujours vivante, comme on a pu s'en convaincre à la séance solennelle de la Société française de géographie du 14 février 1879.

Une nombreuse assistance s'était réunie pour célébrer le centenaire de la mort de Cook. On y comptait plusieurs représentants des colonies australiennes, aujourd'hui si florissantes, et de cet archipel Hawaï où il avait trouvé la mort. Une grande quantité de reliques, provenant du grand navigateur, ses cartes, les magnifiques aquarelles de Webber, des instruments et des armes des insulaires de l'Océanie, décoraient la salle.

Ce touchant hommage, à cent ans de distance, rendu par un peuple, dont le roi avait recommandé de ne pas inquiéter la mission scientifique et civilisatrice de Cook, était bien fait pour trouver de l'écho en Angleterre et cimenter les liens de bonne amitié qui rattachent désormais la France au Royaume-Uni.

**FIN DE LA PREMIÈRE PARTIE.**

# DEUXIÈME PARTIE

# CHAPITRE I
# LES NAVIGATEURS FRANÇAIS

### I

Découvertes de Bouvet de Lozier dans les mers australes. — Surville. — La terre des Arsacides. — Incident de la relâche au port Praslin. — Arrivée à la côte de la Nouvelle-Zélande. — Mort de Surville. — Découvertes de Marion dans la mer Antarctique. — Son massacre à la Nouvelle-Zélande. — Kerguelen en Islande et aux terres australes. — Les campagnes des montres: Fleurieu et Verdun de la Crenne.

Une découverte avait été faite pendant la première moitié du XVIIIe siècle, qui devait exercer une heureuse influence sur les progrès de la géographie. Un capitaine de vaisseau de la Compagnie des Indes, Jean-Baptiste-Charles Bouvet de Lozier, frappé de ce vide immense autour du pôle austral, que les géographes appelaient: *Terra australis incognita*, sollicita l'honneur de découvrir ces terres inconnues. Ses instances furent longtemps sans résultat; mais enfin, en 1738, la Compagnie céda, dans l'espoir d'ouvrir un nouvel entrepôt à son commerce.

Deux petites frégates, l'*Aigle* et la *Marie*, convenablement équipées, partirent de Brest, le 19 juillet 1738, sous le commandement de Bouvet de Lozier. Elles s'arrêtèrent pendant plus d'un mois à l'île Sainte-Catherine, sur la côte du Brésil, reprirent la mer le 13 novembre, et firent voile au sud-est.

Dès le 26, les deux frégates rencontrèrent une brume si épaisse, qu'il leur fallait tirer le canon pour continuer à marcher de conserve, qu'elles furent plusieurs fois obligées de changer de route et qu'un abordage était à craindre à chaque instant. Le 5 décembre, bien que cela parût impossible, le brouillard s'épaissit encore, si bien que de l'*Aigle* on entendait la *Marie* manœuvrer, sans pouvoir la distinguer. La mer était couverte de goémons, et bientôt on aperçut des poules mauves, oiseaux qui ne s'éloignent jamais beaucoup de la terre.

> «Le 15 décembre, dit M. Fabre dans son étude sur les Bouvet, étant par les 48° 50' de latitude sud (la latitude de Paris au nord) et par les 7° de longitude est (méridien de Ténériffe), on aperçut, vers cinq à six heures du matin, une énorme glace; puis plusieurs autres, entourées d'un grand nombre de glaçons de différentes grosseurs. La frégate *la Marie* fit signal de danger et changea ses amures. Bouvet, vivement contrarié de cette manœuvre, qui pouvait diminuer la confiance des équipages, força de voiles à bord de l'*Aigle*, et, en passant le long de la *Marie*, fit connaître son intention de continuer sa route au sud. Pour rassurer les esprits, il dit que la

rencontre des glaces devait être considérée comme un heureux présage, puisqu'elles étaient un indice certain de terre.»

La route fut continuée au sud, et bientôt la persévérance de Bouvet se trouva récompensée par la découverte d'une terre, à laquelle il donna le nom de cap de la Circoncision. Elle était fort haute, couverte de neige et enserrée de grosses glaces qui en défendaient l'approche à sept ou huit lieues tout autour. Elle paraissait avoir quatre ou cinq lieues du nord au sud.

> «Cette terre fut estimée, dit M. Fabre d'après les cartes de Piétergos, dont se servait Bouvet, être par les 54° de latitude sud et les 26 et 27° de longitude est du méridien de Ténériffe, ou entre les 5° 30' et 6° 30' est du méridien de Paris.»

Bouvet aurait bien voulu reconnaître cette terre de plus près et y débarquer; mais les brumes et les vents contraires lui en défendirent l'accès, et il dut se contenter de l'observer à distance.

> «Le 3 janvier 1739, dit Bouvet dans son rapport à la Compagnie, on regagna ce qu'on avait perdu les jours précédents, et, vers les quatre heures de l'après-midi, le temps étant moins couvert, on vit distinctement la terre; la côte, escarpée dans toute son étendue, formait plusieurs enfoncements; le haut des montagnes était couvert de neige; les versants paraissaient boisés.»

Après plusieurs tentatives infructueuses pour se rapprocher de la terre, Bouvet dut céder. Ses matelots étaient harassés de fatigue, découragés, épuisés par le scorbut. La *Marie* fut expédiée à l'île de France, et l'*Aigle* se dirigea vers le cap de Bonne-Espérance, qu'il atteignit le 28 février.

> «Nous avons fait, dit Bouvet dans le rapport déjà cité, nous avons fait douze à quinze cents lieues dans une mer inconnue. Nous avons eu pendant soixante-dix jours une brume presque continuelle. Nous avons été pendant quarante jours parmi les glaces; nous y avons eu de la grêle et de la neige presque tous les jours. Plusieurs fois, nos ponts et nos agrès en ont été couverts. Nos haubans et nos manœuvres ont été glacés. Le 10 janvier, nous ne pûmes amener notre petit hunier. Le froid était excessif pour des gens qui venaient des pays chauds et qui étaient mal vêtus. Plusieurs avaient des engelures aux pieds et aux mains. Il fallait pourtant manœuvrer continuellement, mettre en travers, appareiller et sonder au moins une fois le jour. Un matelot de l'*Aigle*, venant d'envoyer la vergue du petit hunier en bas, est tombé gelé dans la hune de misaine. Il fallut le descendre avec un cartahu, et l'on eut quelque peine à le réchauffer. J'en ai vu d'autres à qui les larmes tombaient des yeux en halant la ligne de sonde. Nous étions pourtant dans la belle saison,

et j'étais attentif à apporter à leur peine tout l'adoucissement qui dépendait de moi.»

Ce mince résultat obtenu, on comprend facilement que la Compagnie des Indes n'ait pas renouvelé ses tentatives dans ces parages. Si elles ne pouvaient apporter aucun bénéfice, elles étaient susceptibles de coûter beaucoup par la perte des vaisseaux et des hommes. Mais la découverte de Bouvet était un premier coup porté à cette croyance à l'existence d'un continent austral. L'exemple était donné, et plusieurs navigateurs, parmi lesquels deux autres Français, allaient suivre ses traces. En disant quelques mots de cette expédition peu connue, nous avons tenu à rendre hommage à celui de nos compatriotes qui fut le pionnier des navigations australes, et qui eut la gloire de montrer l'exemple au grand explorateur anglais, à James Cook.

Un autre capitaine de la Compagnie des Indes, qui s'était illustré dans maint combat contre les Anglais, Jean-François-Marie de Surville, devait faire, trente ans plus tard, des découvertes importantes en Océanie, et retrouver, presque en même temps que Cook, la terre autrefois découverte par Tasman et nommée par lui Terre des États. Voici dans quelles circonstances:

MM. Law et Chevalier, administrateurs dans l'Inde française, avaient résolu d'armer, à leurs frais, un vaisseau pour faire le commerce dans les mers australiennes. Ils associèrent Surville à leurs projets et l'envoyèrent en France afin d'obtenir de la Compagnie les autorisations nécessaires et présider à l'armement du navire. Le *Saint-Jean-Baptiste* fut équipé à Nantes et reçut trois ans de vivres avec tout ce qui était indispensable pour une expédition aussi lointaine. Puis, Surville gagna l'Inde, où Law lui donna vingt-quatre soldats indigènes. Parti de la baie de l'Angely le 3 mars 1769, le *Saint-Jean-Baptiste* se rendit successivement à Masulipatam, à Yanaon et à Pondichéry, où il reçut le complément de sa cargaison.

Ce fut le 2 juin que Surville quitta cette dernière ville et se dirigea vers les Philippines. Il jeta l'ancre, le 20 août, aux îles Bashees ou Baschy. Dampier leur avait donné ce nom, qui est celui d'une boisson enivrante que les insulaires composaient avec du jus de canne à sucre, dans lequel on laissait infuser, pendant plusieurs jours, une certaine graine noire.

Quelques matelots de Dampier avaient autrefois déserté dans ces îles; ils y avaient reçu des indigènes une femme, un champ et des instruments aratoires. Ce souvenir détermina trois matelots du *Saint-Jean-Baptiste* à suivre leur exemple. Mais Surville n'était pas homme à laisser s'émietter ainsi son équipage. Il fit donc saisir vingt-six Indiens, qu'il se proposait de retenir pour otages jusqu'à ce que ses hommes lui eussent été ramenés.

«Parmi ces Indiens qui étaient ainsi garrottés, dit Crozet dans la relation qu'il a publiée du voyage de Surville, il y en eut plusieurs qui eurent le courage de se précipiter dans la mer, et, au grand étonnement de l'équipage, ils eurent le courage et l'adresse de nager jusqu'à une de leurs pirogues, qui se tenait à une assez grande distance du vaisseau pour n'en avoir rien à redouter.»

On expliqua aux sauvages qu'on n'avait agi de la sorte avec eux que pour déterminer leurs camarades à ramener les trois déserteurs. Ils firent signe alors qu'ils comprenaient, et tous furent relâchés, à l'exception de six qui avaient été pris à terre. Leur hâte à quitter le vaisseau et à se jeter dans leurs pirogues ne rendait pas leur retour probable. Aussi fut-on fort surpris de les voir revenir peu de temps après avec des exclamations de joie. Le doute n'était plus possible, ce ne pouvaient être que les déserteurs qu'ils ramenaient au commandant. En effet, ils montèrent à bord et déposèrent liés, garrottés et ficelés,... trois superbes cochons!

Surville trouva la plaisanterie détestable, si c'en était une; il repoussa les indigènes avec un air si courroucé, qu'ils se jetèrent dans leurs pirogues et disparurent. Vingt-quatre heures plus tard, le *Saint-Jean-Baptiste* quittait les Bashees et emmenait trois des Indiens capturés pour remplacer les déserteurs.

Le 7 octobre, après une assez longue route dans le sud-est, une terre fut aperçue par 6° 56' de latitude méridionale et par 151° 30' de longitude à l'est du méridien de Paris, à laquelle fut donné le nom d'île de la Première-Vue.

«On la côtoya jusqu'au 13 octobre, jour où l'on découvrit un excellent port, à l'abri de tout vent, formé par une multitude de petites îles. M. de Surville y jeta l'ancre et le nomma port Praslin; il est situé par 7° 25' de latitude sud et par 151° 55' de longitude estimée à l'est du méridien de Paris.»

En entrant dans ce port, les Français aperçurent quelques Indiens armés de lances, qui portaient sur le dos une espèce de bouclier. Bientôt, le *Saint-Jean-Baptiste* fut entouré de pirogues, montées par une foule d'Indiens, très prodigues de démonstrations hostiles. On parvint cependant à les apaiser. Une trentaine des plus hardis grimpèrent à bord et examinèrent avec la plus grande attention tout ce qu'ils avaient sous les yeux. Bientôt même, il fallut contenir les autres, car, l'équipage comptant beaucoup de malades, il importait de ne pas laisser un trop grand nombre d'indigènes envahir le bâtiment.

Cependant, malgré le bon accueil qu'ils recevaient, les sauvages ne paraissaient pas rassurés, et leur contenance indiquait une défiance excessive. Au moindre mouvement qui se faisait sur le vaisseau, ils sautaient dans leurs pirogues ou se jetaient à la mer. L'un d'eux semblait toutefois témoigner un peu plus de confiance. Surville lui fit quelques présents. L'Indien répondit à cette politesse en faisant entendre qu'il se trouvait au fond du port un endroit où l'on pourrait faire de l'eau.

Le commandant donna ordre d'armer les embarcations, et en remit le commandement à son second, nommé Labbé.

> «Les sauvages paraissaient impatients de voir les canots quitter le vaisseau, dit Fleurieu dans ses *Découvertes des Français*, et, à peine eurent-ils débordé, qu'ils furent suivis par toutes les pirogues. Une des embarcations semblait servir de guide aux autres, c'était celle que montait l'Indien qui avait fait à Surville des offres de service. Sur l'arrière du bâtiment, un personnage, debout, ayant dans ses mains des paquets d'herbe, les tenait élevés à la hauteur de sa tête et faisait divers gestes en cadence. Dans le milieu de la même pirogue, un jeune homme, debout aussi et appuyé sur une longue lance, conservait la contenance la plus grave. Des paquets de fleurs rouges étaient passés dans ses oreilles et dans la cloison de son nez, et ses cheveux étaient poudrés de chaux à blanc.»

Cependant, certaines allées et venues éveillèrent les soupçons des Français, qui furent conduits dans une sorte de cul-de-sac, où les naturels affirmaient qu'on trouverait de l'eau douce. Labbé, malgré les invitations pressantes des indigènes, ne voulut pas engager ses embarcations, par deux ou trois pieds d'eau, sur un fond de vase. Il se contenta donc de débarquer un caporal et quatre soldats. Ceux-ci revinrent bientôt, en déclarant qu'ils n'avaient vu de tous côtés que marais où l'on enfonçait jusqu'à la ceinture. Évidemment les sauvages avaient médité une trahison. Labbé se garda bien de leur montrer qu'il avait pénétré leur dessein, et leur demanda de lui indiquer une source.

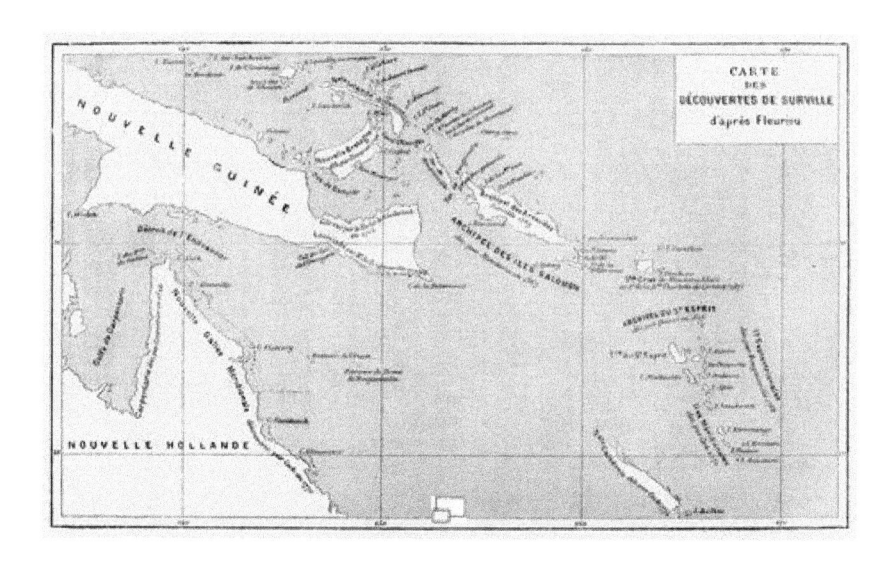

CARTE DES **DÉCOUVERTES DE SURVILLE**
d'après Fleurieu.

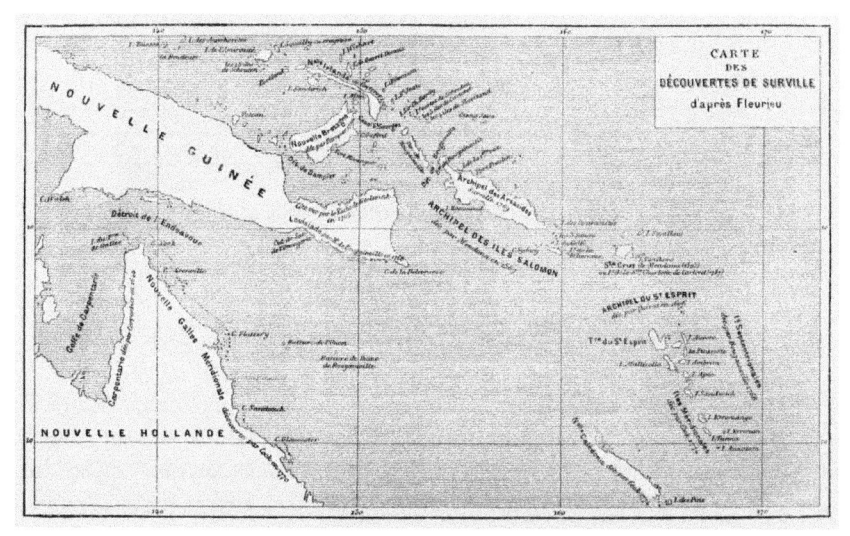

CARTE DES **DÉCOUVERTES DE SURVILLE**
d'après Fleurieu.

On rassembla celles de leurs armes qu'on trouva éparses.

Les indigènes conduisirent alors les embarcations dans un endroit éloigné de trois lieues et d'où il était impossible de voir le navire. Le caporal fut détaché de nouveau avec quelques hommes; mais il ne trouva qu'une source très pauvre, à peine suffisante pour le désaltérer, lui et ses compagnons. Pendant son absence, les naturels avaient tout mis en œuvre pour déterminer Labbé à descendre à terre, lui montrant l'abondance des cocos et des autres fruits, essayant même de s'emparer de la bosse ou de la gaffe de la chaloupe.

«Plus de deux cent cinquante insulaires, dit la relation, armés de lances de sept à huit pieds de long, d'épées ou de massues en bois, de flèches et de pierres, quelques-uns portant des boucliers, étaient rassemblés sur la plage et observaient les mouvements des bateaux.

> Lorsque les cinq hommes qui avaient formé le détachement mirent le pied à bord pour se rembarquer, les sauvages fondirent sur eux, blessèrent un soldat d'un coup de massue, le caporal d'un coup de lance et plusieurs autres personnes de différentes manières. M. Labbé reçut lui-même deux flèches dans les cuisses et une pierre à la jambe. On fit feu sur les traîtres. Une première décharge les étourdit au point qu'ils restèrent comme immobiles; elle fut d'autant plus meurtrière, qu'étant réunis en peloton à une ou deux toises seulement des bateaux, tous les coups portèrent. Leur stupéfaction donna le temps d'en faire une seconde, qui les mit en déroute; mais il parut que la mort de leur chef contribua beaucoup à précipiter leur fuite. M. Labbé, l'ayant distingué, séparé des combattants, levant les mains au ciel, se frappant la poitrine et les encourageant de la voix, l'ajusta et le renversa d'un coup de fusil. Ils traînèrent ou emportèrent leurs blessés, et laissèrent trente ou quarante morts sur le champ de bataille. On mit alors pied à terre; on rassembla celles de leurs armes qu'on trouva éparses; on détruisit leurs pirogues, et l'on se contenta d'en emmener une à la remorque.»

Cependant, Surville désirait ardemment capturer quelque indigène qui pût lui servir de guide, et qui, comprenant la supériorité des armes européennes, engageât ses compatriotes à ne rien entreprendre contre les Français. Dans ce but, il imagina un expédient singulier. Par son ordre, on embarqua, dans la pirogue dont il s'était emparé, deux matelots nègres, auxquels il avait poudré la tête et qu'il avait déguisés de telle manière, que les naturels devaient s'y méprendre.

En effet, une pirogue s'approcha bientôt du *Saint-Jean-Baptiste*, et ceux qui la montaient, voyant deux des leurs qui paraissaient faire quelques échanges avec les étrangers, s'avancèrent davantage. Lorsque les Français jugèrent qu'elle était à bonne distance, ils lancèrent deux embarcations à sa poursuite. Les naturels gagnaient du terrain. On se décida donc à tirer pour les arrêter. En effet, un des indigènes, tué sur le coup, fit chavirer l'embarcation en tombant à la mer, et le second, qui n'avait pas plus de quatorze à quinze ans, essaya de gagner la côte à la nage.

> «Il se défendit avec le plus grand courage, faisant quelquefois semblant de se mordre, mais mordant bien réellement ceux qui le tenaient. On lui lia les pieds et les mains, et on le conduisit au vaisseau. Il y contrefit le mort pendant une heure; mais, lorsqu'on l'avait mis sur son séant et qu'il se laissait retomber sur le pont, il avait grande attention que l'épaule portât avant la tête. Quand il fut las de jouer ce rôle, il ouvrit les yeux, et, voyant que l'équipage mangeait, il demanda du biscuit, en mangea de fort bon appétit, et

fit divers signes très expressifs. On eut soin de le lier et de le veiller pour empêcher qu'il ne se jetât à la mer.»

Pendant la nuit, il fallut employer la mousquetade pour écarter les embarcations qui s'approchaient dans l'intention de surprendre le vaisseau. Le lendemain, on embarqua le naturel et on le conduisit sur un îlot qu'on appela, depuis, île de l'Aiguade. A peine était-il débarqué, qu'on s'aperçut qu'il avait presque entièrement coupé ses liens avec une coquille tranchante.

On ramena le jeune sauvage par un autre chemin au bord de la mer; lorsqu'il vit qu'on voulait le rembarquer, il se roula sur le rivage en poussant des hurlements, et, dans sa fureur, il mordait le sable.

Les matelots parvinrent enfin à découvrir une source assez abondante, et ils purent faire du bois. Un des arbres que l'on coupa parut propre à la teinture, car il teignait en rouge l'eau de la mer. On fit bouillir l'écorce, et les pièces de coton qu'on trempa dans cette décoction prirent une teinte rouge très prononcée.

Quelques choux palmistes, de très bonnes huîtres et plusieurs sortes de coquillages fournirent de précieux rafraîchissements à l'équipage. Le *Saint-Jean-Baptiste* comptait, en effet, beaucoup de scorbutiques. Surville avait espéré que cette relâche les remettrait; mais la pluie, qui ne cessa pas de tomber pendant six jours, empira tellement leur mal, que trois d'entre eux périrent avant même qu'on eût quitté le mouillage.

Ce port reçut le nom de port Praslin, et la grande île ou l'archipel auquel il appartient, celui de terre des Arsacides, à cause de la duplicité de ses habitants.

> «Le port Praslin, dit Fleurieu, serait un des plus beaux ports de l'univers si la qualité du fond ne s'opposait à ce qu'il fût un bon port. Il est de forme à peu près circulaire, si l'on y comprend toutes les îles que l'on découvrait du point où le *Saint-Jean-Baptiste* était mouillé.... La férocité des peuples qui habitent les îles du port Praslin n'a pas permis de pénétrer dans l'intérieur du pays, et l'on n'a pu examiner que les parties voisines de la mer. On n'a aperçu aucun terrain cultivé, ni dans la course que les bateaux ont faite jusqu'au fond du port, ni sur l'île de l'Aiguade, qu'on a visitée dans toute son étendue.»

Tels sont les renseignements assez superficiels que Surville put se procurer, soit par lui-même, soit par ses gens. Ils furent heureusement complétés par ceux que fournit l'indigène capturé, dont le nom était Lova-Salega, et qui était doué d'une merveilleuse faculté pour apprendre les langues.

Les productions de l'île étaient, suivant ce dernier, le palmiste, le cocotier et plusieurs autres arbres à amande, le caféier sauvage, l'ébénier, le tacamaca, ainsi que divers arbres résineux ou gommiers, le bananier, la canne à sucre, l'igname, l'anis, enfin une plante appelée *binao* dont les indigènes se servaient comme de pain. Les bois étaient animés par des vols de cacatois, de lauris, de pigeons ramiers, de merles un peu plus gros que ceux d'Europe. Dans les marais, on trouvait le courlis, l'alouette de mer, une sorte de bécasse et des canards. En fait de quadrupèdes, le pays ne nourrissait que des chèvres et des cochons à demi sauvages.

> «Les habitants de port Praslin, dit Fleurieu, d'après les journaux manuscrits qu'il eut entre les mains, sont d'une stature assez commune, mais ils sont forts et nerveux. Ils ne paraissent pas avoir une même origine—remarque précieuse;—les uns sont parfaitement noirs, d'autres ont le teint cuivré. Les premiers ont les cheveux crépus et fort doux au toucher. Leur front est petit, les yeux sont médiocrement enfoncés, le bas du visage est pointu et garni d'un peu de barbe, leur figure porte une empreinte de férocité. Quelques-uns des cuivrés ont les cheveux lisses. En général, ils les coupent autour de la tête à la hauteur des oreilles. Quelques-uns n'en conservent que sur la tête en forme de calotte, rasent tout le reste avec une pierre tranchante et en réservent seulement en bas un cercle de la largeur d'un pouce. Ces cheveux et les sourcils sont poudrés avec de la chaux, ce qui leur donne l'apparence d'être teints en jaune.»

Les hommes et les femmes sont absolument nus; mais il faut avouer que l'impression causée par cette nudité n'est pas aussi choquante que si l'on voyait un Européen sans vêtement, car le visage, les bras et généralement toutes les parties du corps de ces indigènes sont tatoués, et quelques-uns de ces dessins annoncent même un goût tout à fait singulier. Leurs oreilles sont percées ainsi que la cloison de leur nez, et le cartilage, sous le poids des objets qu'ils y suspendent, retombe souvent jusqu'à la lèvre supérieure.

L'ornement le plus ordinaire que portent les habitants du port Praslin est un chapelet de dents d'hommes. On en avait tout aussitôt conclu qu'ils étaient anthropophages, bien qu'on eût rencontré la même mode chez des peuplades qui n'étaient nullement cannibales; mais les réponses embrouillées de Lova et la tête d'homme à demi grillée que Bougainville trouva sur une pirogue de l'île Choiseul, ne laissent aucun doute sur l'existence de cette pratique barbare.

Ce fut le 21 octobre, c'est-à-dire après neuf jours de relâche, que le *Saint-Jean-Baptiste* quitta le port Praslin. Le lendemain et les jours suivants, des terres hautes et montagneuses ne cessèrent d'être en vue. Le 2 novembre, Surville aperçut une île, qui reçut le nom d'île des Contrariétés, à cause des vents qui s'opposèrent, pendant trois jours, à la marche du navire.

Cette île présentait un paysage délicieux. Elle était bien cultivée et devait être fort peuplée, à en juger d'après le nombre de pirogues qui ne cessèrent d'entourer le *Saint-Jean-Baptiste*.

Les indigènes se décidèrent avec peine à monter à bord. Enfin, un chef grimpa sur le pont. Son premier soin fut de s'emparer des hardes d'un matelot, et il ne se décida que difficilement à les rendre. Il se dirigea ensuite vers la poupe et amena le pavillon blanc, qu'il voulait s'approprier. Ce ne fut pas sans peine qu'on parvint à l'en détourner. Enfin il grimpa jusqu'à la hune d'artimon, contempla, de ce poste élevé, toutes les parties du bâtiment, et, une fois descendu, se mit à gambader; puis, s'adressant à ses compagnons restés dans les canots, il les engagea par ses paroles et par des gestes, au moins fort singuliers, à venir le rejoindre.

Une douzaine d'entre eux s'y hasardèrent. Ils ressemblaient aux indigènes du port Praslin, mais ils parlaient une autre langue et ne pouvaient se faire entendre de Lova-Salega. Leur séjour à bord ne fut pas de longue durée, car, l'un d'eux s'étant emparé d'un flacon et l'ayant jeté à la mer, le commandant en témoigna quelque mécontentement; ce qui les détermina aussitôt à regagner leurs pirogues.

L'aspect de la terre était si riant et les scorbutiques avaient un tel besoin de rafraîchissements, que Surville résolut d'expédier une chaloupe afin de tâter les dispositions des habitants.

L'embarcation n'eut pas plus tôt quitté le bord qu'elle fut entourée de pirogues, montées par une foule de guerriers. Il fallut prévenir les hostilités imminentes en tirant quelques coups de fusil, qui dispersèrent les assaillants. Pendant la nuit, une flottille se dirigea vers le *Saint-Jean-Baptiste*, et, dans une pensée d'humanité, Surville n'attendit pas que les naturels fussent tout près pour faire tirer quelques pièces chargées à mitraille, ce qui les mit aussitôt en fuite.

Il ne fallait donc pas songer à débarquer, et Surville reprit la mer. Il découvrit successivement les îles des Trois-Sœurs, du Golfe et les îles de la Délivrance, les dernières du groupe.

Cet archipel, que Surville venait de reconnaître, n'était autre que celui des îles Salomon, dont nous avons déjà raconté la première découverte par Mendana. L'habile navigateur venait de remonter cent quarante lieues de côtes dont il avait levé la carte, et il avait en outre dessiné une série de quatorze vues très curieuses de ce littoral.

Cependant, à tout prix, s'il ne voulait pas voir la mort décimer son équipage, il fallait que Surville gagnât une terre où il pût débarquer ses malades et leur procurer des vivres frais. Il se résolut donc à gagner la Nouvelle-Zélande, qui n'avait pas été visitée depuis Tasman.

Ce fut le 12 décembre 1769 que Surville en aperçut les côtes par 35° 37' de latitude australe, et, cinq jours après, il jetait l'ancre dans une baie qu'il appela baie Lauriston. Au fond se trouvait une anse, qui reçut le nom de Chevalier, en l'honneur des promoteurs de l'expédition. Il est bon de remarquer que le capitaine Cook était en train de reconnaître cette terre depuis le commencement d'octobre, et qu'il devait passer quelques jours après devant la baie Lauriston, sans apercevoir le bâtiment français.

Au mouillage de l'anse Chevalier, Surville fut surpris par une épouvantable tempête qui le mit à deux doigts de sa perte; mais son habileté nautique était si bien connue de ses matelots qu'ils ne se troublèrent pas un instant, et exécutèrent les manœuvres ordonnées par leur capitaine avec un sang-froid dont les Zélandais furent malheureusement seuls à être témoins.

En effet, la chaloupe qui portait les malades à terre n'avait pas eu le temps de rallier le bord, lorsque l'orage éclata dans toute sa fureur, et elle fut jetée dans une anse qui prit le nom d'anse du Refuge. Les matelots et les malades trouvèrent un accueil empressé auprès d'un chef nommé Naginoui, qui les reçut dans sa case et leur prodigua tous les rafraîchissements qu'il put se procurer pendant leur séjour.

Un des canots, qui était à la traîne derrière le *Saint-Jean-Baptiste*, avait été enlevé par les vagues. Surville l'aperçut échoué dans l'anse du Refuge. Il l'envoya chercher; mais on n'en trouva plus que l'amarre; les naturels l'avaient enlevé. Ce fut en vain qu'on remonta la rivière; il n'y avait nulle trace de l'embarcation. Surville ne voulut pas laisser ce vol impuni; il fit signe à quelques Indiens qui se tenaient auprès de leurs pirogues de venir près de lui. L'un d'entre eux accourut, fut aussitôt saisi et emmené à bord. Les autres prirent la fuite.

> «On s'empara d'une pirogue, dit Crozet, on brûla les autres, on mit le feu aux cases et l'on se rendit au vaisseau. L'Indien qui fut arrêté fut reconnu par le chirurgien pour être le chef qui les avait si généreusement secourus pendant la tempête; c'était l'infortuné Naginoui, qui, après les services qu'il avait rendus, devait être bien éloigné de s'attendre au traitement qu'on lui préparait, lorsqu'il accourut au premier signe de Surville.»

Il mourut le 24 mars 1770, devant l'île Juan-Fernandez.

Nous passerons sous silence les observations que le navigateur français fit sur les habitants et les productions de la Nouvelle-Zélande, car elles feraient double emploi avec celles de Cook.

Surville, convaincu qu'il ne pourrait pas se procurer les vivres dont il avait besoin, reprit la mer quelques jours après, et fit route par 27 à 28° de latitude sud; mais le scorbut, qui faisait tous les jours de nouveaux ravages, le détermina à gagner au plus vite la côte du Pérou. Il l'aperçut le 5 avril 1770, et, trois jours plus tard, il jetait l'ancre devant la barre de Chilca, à l'entrée du Callao.

Dans son empressement à descendre à terre pour procurer des secours à ses malades, Surville ne voulut confier à personne le soin d'aller voir le gouverneur. Par malheur, son embarcation fut renversée par les lames qui brisaient sur la barre, et un seul des matelots qui la montaient put se sauver. Surville et tous les autres furent noyés.

Ainsi périt misérablement cet habile navigateur, trop tôt pour les services qu'il était en état de rendre à la science et à sa patrie. Quant au *Saint-Jean-Baptiste*, il fut retenu «pendant trois années» devant Lima, par les délais interminables des douanes espagnoles. Ce fut Labbé qui en prit le commandement et le ramena à Lorient, le 23 août 1773.

Comme nous l'avons raconté précédemment, M. de Bougainville avait conduit en Europe un Taïtien du nom d'Aoutourou. Lorsque cet indigène manifesta le désir de revoir sa patrie, le gouvernement français l'avait envoyé à l'île de France, avec l'ordre aux administrateurs de cette colonie de lui faciliter son retour à Taïti.

Un officier de la marine militaire, Marion-Dufresne, saisit avec empressement cette occasion et vint proposer à Poivre, intendant des îles de France et de Bourbon, de transporter, à ses frais et sur un bâtiment qui lui appartenait, le jeune Aoutourou à Taïti. Il demandait seulement qu'un navire de l'État lui fût adjoint, et qu'on lui avançât quelque argent pour l'aider dans les préparatifs de l'expédition.

Nicolas-Thomas Marion-Dufresne, né à Saint-Malo le 22 décembre 1729, était entré fort jeune dans la marine. Nommé le 16 octobre 1746 lieutenant de frégate, il n'était encore que capitaine de brûlot à cette époque. Il avait cependant servi partout avec distinction, mais nulle part avec plus de bonheur que dans les mers de l'Inde.

Pirogues des îles de l'Amirauté. (*Fac-simile. Gravure ancienne.*)

La mission qu'il s'offrait à remplir n'était pour lui que le prétexte d'un voyage de découvertes qu'il voulait faire dans les mers océaniennes. Au reste, ces projets furent approuvés par Poivre, administrateur intelligent et ami du progrès, qui lui remit des instructions détaillées sur les recherches qu'il allait tenter dans l'hémisphère sud. A cette époque, Cook n'avait pas encore démontré la non-existence du continent austral.

Poivre aurait vivement désiré découvrir la partie septentrionale de ces terres, qu'il jugeait voisines de nos colonies et où il espérait rencontrer un climat plus tempéré. Il comptait également y trouver des bois de mâture et la plupart des ressources et des approvisionnements qu'il était obligé de faire venir à grands frais de la métropole; enfin, peut-être y existait-il un port sûr, où les navires seraient à l'abri de ces ouragans qui désolent presque périodiquement les îles de France et de Bourbon. D'ailleurs, la cour venait d'envoyer un lieutenant de vaisseau, M. de Kerguelen, pour faire des découvertes dans ces mers inconnues. L'expédition de Marion, qui allait tenter une route différente, ne pouvait que concourir sérieusement à la solution du problème.

On leur présenta un brandon enflammé.

Ce fut le 18 octobre 1771 que le *Mascarin*, commandé par Marion, et le *Marquis de Castries*, sous les ordres du chevalier Du Clesmeur, enseigne de vaisseau, mirent à la voile. Ils relâchèrent tout d'abord à Bourbon. Là, ils prirent Aoutourou, qui emportait malheureusement en lui le germe de la petite vérole, qu'il avait contracté à l'île de France. La maladie se déclara, et il fallut quitter Bourbon pour ne pas la communiquer aux habitants. Les deux navires gagnèrent alors le fort Dauphin, à la côte de Madagascar, afin de donner au mal le temps de faire son effet avant d'atteindre le Cap, où il fallait compléter les approvisionnements. Le jeune Aoutourou ne tarda pas à succomber.

Dans ces conditions, fallait-il rentrer à l'île de France, désarmer les bâtiments et abandonner la campagne? Marion ne le pensa pas. Rendu plus libre de ses mouvements, il résolut de s'illustrer par quelque voyage nouveau et fit passer dans l'esprit de ses compagnons l'enthousiasme qui l'animait.

Il gagna donc le cap de Bonne-Espérance, où il compléta en peu de jours les vivres nécessaires à une campagne de dix-huit mois.

La route fut aussitôt dirigée au sud vers les terres découvertes, en 1739, par Bouvet de Lozier et qu'il fallait chercher à l'est du méridien de Madagascar.

Depuis le 28 décembre 1771, jour où les navires avaient quitté le Cap, jusqu'au 11 janvier, la navigation n'eut rien de remarquable. On reconnut alors, par l'observation de la latitude, 20° 43' à l'est du méridien de Paris, qu'on se trouvait sous le parallèle (40 à 41 degrés sud) des îles désignées dans les cartes de Van Keulen sous les noms de Dina et Marvézen, et non marquées sur les cartes françaises.

Bien que le nombre des oiseaux terrestres fît conjecturer à Marion qu'il n'était pas loin de ces îles, il quitta ces parages le 9 janvier, persuadé que la recherche du continent austral devait uniquement fixer son attention.

Le 11 janvier, on était par 45° 43' de latitude sud, et bien qu'on fût alors dans l'été de ces régions, le froid était très vif et la neige ne cessait de tomber. Deux jours plus tard, au milieu d'un brouillard épais, auquel la pluie avait succédé, Marion découvrit une terre, qui s'étendait de l'ouest-sud-ouest à l'ouest-nord-ouest, à quatre à cinq lieues de distance. La sonde indiqua quatre-vingts brasses avec un fond de gros sable mêlé de corail. Cette terre fut prolongée jusqu'à ce qu'on la vît derrière les bâtiments, c'est-à-dire pendant un parcours de six à sept lieues. Elle paraissait très élevée et couverte de montagnes. Elle reçut le nom de terre d'Espérance. C'était marquer combien Marion espérait atteindre le continent austral. Cette île, Cook devait la désigner, quatre ans plus tard, sous le nom d'île du Prince-Édouard.

Une autre terre gisait dans le nord de la première:

> «Je remarquai, dit Crozet, rédacteur du voyage de Marion, en rangeant cette île, qu'à sa partie du N.-E. il y avait une anse vis-à-vis de laquelle paraissait une grande caverne. Autour de cet antre, on voyait une multitude de grosses taches blanches, qui ressemblaient de loin à un troupeau de moutons. Il y avait apparence que, si le temps l'eût permis, nous eussions trouvé un mouillage vis-à-vis de cette anse. Je crus y apercevoir une cascade qui tombait des montagnes. En doublant l'île, nous découvrîmes trois îlots qui en étaient détachés; deux étaient en dedans d'un grand enfoncement que forme la côte, et le troisième terminait sa pointe septentrionale. Cette île nous parut aride, d'environ sept à huit lieues de

circonférence, sans verdure, sa côte assez saine et sans danger. M. Marion la nomma l'île de la Caverne.»

Ces deux terres australes sont situées par la latitude de 45° 45' sud et par 34° 31' à l'est du méridien de Paris, un demi-degré à l'est de la route suivie par Bouvet. Le lendemain, la terre d'Espérance fut reconnue à six lieues du rivage et parut très verte. Le sommet des montagnes était fort élevé et couvert de neige. Les navigateurs se préparaient à chercher un mouillage, lorsque les deux bâtiments s'abordèrent pendant les opérations de sondage, et se firent de mutuelles avaries. Les réparations prirent trois jours. Le temps, qui avait été favorable, se gâta, le vent devint violent. Il fallut continuer la route en suivant le quarante-sixième parallèle.

Le 24 janvier furent découvertes de nouvelles terres.

> «Elles nous parurent d'abord former deux îles, dit Crozet; j'en dessinai la vue à la distance de huit lieues, et bientôt on les prit pour deux caps et l'on crut voir dans l'éloignement une continuité de terre entre deux. Elles sont situées par 45° 5' sud et par la longitude estimée à l'est du méridien de Paris de 42°. M. Marion les nomma les îles Froides.»

Bien qu'on eût fait peu de voile pendant la nuit, il fut impossible de revoir ces îles le lendemain. Le *Castries* fit, ce jour-là, signal qu'il apercevait terre. Elle gisait à dix ou douze lieues dans l'est-sud-est de la première. Mais une brume épaisse, qui ne dura pas moins de douze heures, la pluie continuelle, le froid, très vif et très rude pour des hommes peu vêtus, empêchèrent d'en approcher à plus de six ou sept lieues.

Le lendemain 24, cette côte fut revue, ainsi qu'une nouvelle terre, qui reçut le nom d'île Aride et qui est aujourd'hui connue sous le nom d'île Crozet. Marion put enfin mettre un canot à la mer et ordonna à Crozet d'aller prendre possession, au nom du roi, de la plus grande des deux îles, qui est située par la latitude méridionale de 46° 30' et par la longitude estimée à l'orient du méridien de Paris de 43°.

> «M. Marion la nomma l'île de la Prise de Possession. (Elle est aujourd'hui désignée sous le nom d'île Marion.) C'était la sixième île que nous découvrions dans cette partie australe..... Je gagnai aussitôt une éminence, d'où je découvris de la neige dans plusieurs vallées; la terre paraissait aride, couverte d'un petit gramen très fin... Je ne pus découvrir dans l'île aucun arbre ou arbrisseau... Cette île, exposée aux ravages continuels des vents orageux de l'ouest, qui règnent toute l'année dans ces parages, ne paraît pas habitable. Je n'y ai trouvé que des loups marins, des pingouins, des damiers, des plongeons et toutes les espèces d'oiseaux aquatiques que les

navigateurs rencontrent en pleine mer, lorsqu'ils passent le cap de Bonne-Espérance. Ces animaux, qui n'avaient jamais vu d'hommes, n'étaient point farouches et se laissaient prendre à la main. Les femelles de ces oiseaux couvaient leurs œufs avec tranquillité; d'autres nourrissaient leurs petits; les loups marins continuaient leurs sauts et leurs jeux en notre présence, sans paraître le moins du monde effarouchés.»

Marion suivit donc les 46 et 47e degrés de latitude au milieu d'un brouillard si intense qu'il fallait continuellement tirer des coups de canon pour ne pas se perdre, et qu'on ne se voyait pas d'un bout à l'autre du pont.

Le 2 février, les deux bâtiments se trouvaient par 47° 22' de longitude orientale, c'est-à-dire à 1° 18' des terres découvertes, le 13 du même mois, par les flûtes du roi *la Fortune* et *le Gros-Ventre*, sous le commandement de MM. de Kerguelen et de Saint-Allouarn. Nul doute que, sans l'accident arrivé au *Castries*, Marion les eût rencontrées.

Lorsqu'il eut atteint 90 degrés à l'est du méridien de Paris, Marion changea de route et fit voile pour la terre de Van-Diemen. Aucun incident ne se produisit pendant cette traversée, et les deux navires jetèrent l'ancre dans la baie de Frédéric-Henri.

Les canots furent aussitôt dépassés, et un fort détachement se dirigea vers la terre, où l'on découvrait une trentaine de naturels, terre qui devait être très peuplée, à en juger d'après les feux et les fumées que l'on avait aperçus.

«Les naturels du pays, dit Crozet, se présentèrent de bonne grâce; ils ramassèrent du bois et firent une espèce de bûcher. Ils présentèrent ensuite aux nouveaux débarqués quelques branchages de bois sec allumés et parurent les inviter à mettre le feu au bûcher. On ignorait ce que voulait dire cette cérémonie et on alluma le bûcher. Les sauvages ne parurent point étonnés; ils restèrent autour de nous sans faire aucune démonstration, ni d'amitié, ni d'hostilité; ils avaient avec eux leurs femmes et leurs enfants. Les hommes, ainsi que les femmes, étaient d'une taille ordinaire, d'une couleur noire, les cheveux cotonnés, et tous également nus, hommes et femmes; quelques femmes portaient leurs enfants sur le dos, attachés avec des cordes de jonc. Les hommes étaient tous armés de bâtons pointus et de quelques pierres, qui nous parurent tranchantes, semblables à des fers de hache.

«Nous tentâmes de les gagner par de petits présents; ils rejetèrent avec mépris tout ce qu'on leur présenta, même le fer, les miroirs, des mouchoirs et des morceaux de toile. On leur fit voir des poules et des canards qu'on avait apportés du vaisseau, pour leur faire entendre qu'on désirait en acheter d'eux. Ils prirent ces bêtes, qu'ils témoignèrent ne pas connaître, et les jetèrent avec un air de colère.»

Il y avait déjà une heure qu'on essayait de gagner ces sauvages, lorsque Marion et Du Clesmeur débarquèrent. On leur présenta aussitôt un brandon enflammé, et ceux-ci n'hésitèrent pas à allumer un bûcher tout préparé, dans la persuasion que c'était une cérémonie pacifique. Ils se trompaient, car les naturels se retirèrent aussitôt, et firent voler une grêle de pierres qui blessèrent les deux commandants. On leur répondit par quelques coups de fusil, et tout le monde se rembarqua.

Lors d'une nouvelle tentative de débarquement, à laquelle s'opposèrent les sauvages avec une grande bravoure, il fallut répondre à leur agression par une fusillade qui en blessa plusieurs et en tua un. Les hommes prirent terre aussitôt et poursuivirent les naturels, qui n'essayèrent pas de résister.

Deux détachements furent ensuite envoyés à la découverte d'une aiguade et d'arbres propres à refaire la mâture du *Castries*. Six jours se passèrent à ces recherches infructueuses. Toutefois, ils ne furent pas perdus pour la science, car on fit nombre d'observations curieuses.

«Par les tas considérables de coquillages que nous avons trouvés de distance en distance, dit Crozet, nous avons jugé que la nourriture ordinaire des sauvages était des moules, des pinnes-marines, des peignes, des cames et divers coquillages semblables.»

N'est-il pas singulier de retrouver à la Nouvelle-Zélande ces débris de cuisine si communs sur les côtes scandinaves et que nous avons déjà signalés dans l'isthme de Panama? L'homme n'est-il pas partout le même, et les mêmes besoins ne lui inspirent-ils pas les mêmes actes?

Voyant qu'il était inutile de passer plus de temps à chercher de l'eau et du bois afin de remâter le *Castries* et de radouber le *Mascarin* qui faisait beaucoup d'eau, Marion appareilla le 10 mars pour la Nouvelle-Zélande, qu'il atteignait quatorze jours plus tard.

Découverte en 1642 par Tasman, visitée en 1772 par Cook et Surville, cette terre commençait à être connue.

Les deux bâtiments atterrirent près du mont Egmont; mais le rivage était tellement accore en cet endroit, que Marion fit regagner le large et revint prendre connaissance de la terre, le 31 mars, par 36° 30' de latitude. Il prolongea alors la côte, et, malgré les vents contraires, remonta dans le nord jusqu'aux îles des Trois-Rois. Il n'y avait pas moyen d'y aborder. Il fallut donc rallier la grande terre, et l'ancre fut jetée auprès du cap Maria-Van-Diemen, extrémité la plus septentrionale de la Nouvelle-Zélande. Le mouillage était mauvais, comme il fut facile de s'en apercevoir, et, après diverses tentatives, Marion s'arrêta, le 11 mai, à la baie des îles de Cook.

Des tentes furent dressées dans une des îles, où l'on trouva du bois et de l'eau, et les malades y furent installés sous la garde d'un fort détachement. Les naturels vinrent aussitôt à bord, quelques-uns même y couchèrent, et les échanges, facilités par l'usage d'un vocabulaire de Taïti, se firent bientôt sur une grande échelle.

> «Je remarquai avec étonnement, dit Crozet, parmi les sauvages qui vinrent à bord des vaisseaux dès les premiers jours, trois espèces d'hommes, dont les uns, qui paraissaient les vrais indigènes, sont d'un blanc tirant sur le jaune; ceux-ci sont les plus grands, et leur taille ordinaire est de cinq pieds neuf à dix pouces, leurs cheveux noirs sont lisses et plats; des hommes plus basanés et un peu moins grands, les cheveux un peu crépus; enfin de véritables nègres à têtes cotonnées et moins grands que les autres, mais en général plus larges de poitrine. Les premiers ont très peu de barbe et les nègres en ont beaucoup.»

Observations curieuses, dont la justesse devait être vérifiée plus tard.

Il est inutile de s'étendre sur les mœurs des Néo-Zélandais, sur leurs villages fortifiés dont Marion donne une minutieuse description, sur leurs armes, leurs vêtements et leur nourriture; ces détails sont déjà connus des lecteurs.

Les Français avaient trois postes à terre: celui des malades sur l'île Matuaro; un second sur la grande terre, qui servait d'entrepôt et de point de communication avec le troisième, c'est-à-dire l'atelier des charpentiers, établi à deux lieues plus loin, au milieu des bois. Les gens de l'équipage, séduits par les caresses des sauvages, faisaient de longues courses dans l'intérieur et recevaient partout un cordial accueil. Enfin, la confiance s'établit si bien, que, malgré les représentations de Crozet, Marion ordonna de désarmer les chaloupes et les canots lorsqu'ils iraient à terre. Imprudence impardonnable dans le pays où Tasman avait dû nommer «baie des Assassins» le premier endroit où il eût atterri, où Cook avait trouvé des anthropophages et failli être massacré!

Le 8 juin, Marion descendit à terre, où il fut accueilli avec des démonstrations d'amitié plus grandes encore que d'habitude. On le proclama grand chef du pays, et les naturels lui placèrent dans les cheveux quatre plumes blanches, insignes de la souveraineté. Quatre jours plus tard, Marion descendit de nouveau à terre avec deux jeunes officiers, MM. de Vaudricourt et Le Houx, un volontaire et le capitaine d'armes, quelques matelots, en tout dix-sept personnes.

Le soir, personne ne revint au vaisseau. On n'en fut pas inquiet, car on connaissait les mœurs hospitalières des sauvages. On crut seulement que Marion avait couché à terre pour être plus à portée de visiter le lendemain les travaux de l'atelier.

Le 13 juin, le *Castries* envoya sa chaloupe faire l'eau et du bois pour sa consommation journalière. A neuf heures, un homme fut aperçu qui nageait vers les vaisseaux. On lui envoya un bateau pour le ramener à bord. C'était un des chaloupiers, le seul qui eût échappé au massacre de tous ses camarades. Il avait reçu deux coups de lance dans le côté et était fort maltraité.

D'après son récit, les sauvages avaient tout d'abord montré des dispositions aussi amicales que d'habitude. Ils avaient même transporté à terre sur leurs épaules les matelots qui craignaient de se mouiller. Puis, lorsque ceux-ci se furent dispersés pour ramasser leurs paquets de bois, les indigènes avaient reparu, armés de lances, de casse-têtes et de massues, et s'étaient jetés, au nombre de sept ou huit, sur chacun des matelots. Pour lui, il n'avait été attaqué que par deux hommes, qui l'avaient blessé de deux coups de lance, et comme par bonheur il n'était pas très loin de la mer, il avait pu fuir jusqu'au rivage, où il s'était caché au milieu des broussailles. De là, il avait assisté au massacre de tous ses compagnons. Les sauvages les avaient ensuite dépouillés, leur avaient ouvert le ventre et commençaient à les couper en morceaux, lorsqu'il était sorti sans bruit de sa cachette et s'était jeté à l'eau dans l'espoir de gagner le navire à la nage.

Les seize hommes du canot qui accompagnaient Marion et dont on n'avait pas de nouvelles avaient-ils éprouvé le même sort? C'était vraisemblable. En tout cas, il fallait, sans perdre une minute, prendre des mesures pour sauver les trois postes établis à terre.

Le chevalier Du Clesmeur prit aussitôt le commandement, et c'est grâce à son énergie que le désastre ne fut pas plus grand.

La chaloupe du *Mascarin* fut armée et expédiée à la recherche du canot de Marion et de sa chaloupe, avec ordre d'avertir tous les postes et de se porter au secours du plus éloigné, l'atelier où l'on façonnait les mâts et les espars. En route, sur le littoral, furent découvertes les deux embarcations, près du village de Tacoury; elles étaient entourées de sauvages, qui les avaient pillées, après avoir égorgé les matelots.

Il avait assisté au massacre de tous ses camarades.

Sans s'arrêter à essayer de reprendre les embarcations, l'officier fit force de rames, afin d'arriver à temps à l'atelier. Le poste, heureusement, n'avait pas encore été assailli par les naturels. Les travaux furent aussitôt arrêtés, les outils et les armes rassemblés, les fusils chargés, et les objets qu'on ne pouvait emporter furent enterrés sous les débris de la baraque, à laquelle on mit le feu.

Puis la retraite s'opéra au milieu de plusieurs troupes de sauvages, qui répétaient ces sinistres paroles: «*Tacouri maté Marion*, Tacouri a tué Marion!» Deux lieues furent ainsi faites, sans qu'aucune agression eût été tentée contre les soixante hommes dont se composait le détachement.

On trouva le crâne d'un homme.

Lorsqu'on arriva à la chaloupe, les sauvages se rapprochèrent. Crozet fit embarquer tout d'abord les matelots chargés de paquets, puis, traçant une ligne par terre, il fit comprendre que le premier qui la franchirait serait immédiatement passé par les armes. Ordre fut alors donné de s'asseoir, et ce fut un spectacle imposant que celui de ce millier de naturels obéissant sans résister, malgré leur désir de se précipiter sur une proie qu'ils voyaient leur échapper!

Crozet s'embarqua le dernier. Il n'eut pas plus tôt mis le pied dans la chaloupe, que le cri de guerre retentit, les javelots et les pierres furent lancés de toutes parts. Aux démonstrations menaçantes avaient succédé les hostilités, et les sauvages entraient dans l'eau pour mieux ajuster leurs adversaires. Crozet se vit alors dans la nécessité de faire sentir à ces malheureux la supériorité de ses armes et fit commencer le feu. Les Néo-Zélandais, voyant tomber leurs camarades morts ou blessés sans qu'ils parussent avoir été touchés, demeuraient stupides. Tous auraient été tués, si Crozet n'eût mis fin au massacre.

Les malades furent ramenés à bord sans accident, et le poste, renforcé et se tenant sur ses gardes, ne fut pas inquiété.

Le lendemain, les naturels, qui possédaient sur l'île Matuaro un village important, tentèrent d'empêcher les matelots de faire l'eau et le bois dont ils avaient besoin. Ceux-ci marchèrent alors contre eux la bayonnette au fusil et les poursuivirent jusqu'à leur village, où ils se renfermèrent. On entendait la voix des chefs qui les excitaient au combat. Le feu commença dès qu'on fut arrivé à portée de pistolet de la porte du village, et il fut si bien dirigé, que les chefs furent les premières victimes. Dès qu'ils les virent tomber, les naturels prirent la fuite. On en tua une cinquantaine, on culbuta le reste dans la mer, et le village fut brûlé.

Il ne fallait plus songer à amener sur la plage ces beaux mâts faits avec les cèdres qu'on avait eu tant de peine à abattre, et, pour refaire la mâture, on dut se contenter d'un assemblage de pièces de bois embarquées sur les vaisseaux. Quant à l'approvisionnement de sept cents barriques d'eau et de soixante-dix cordes de bois de chauffage indispensables pour le voyage, comme il ne restait plus qu'une chaloupe, il ne fallut pas moins d'un mois pour l'achever.

Cependant, on n'était pas exactement fixé sur le sort du capitaine Marion et des hommes qui l'accompagnaient. Un détachement bien armé se rendit donc au village de Tacouri.

Le village était abandonné. On n'y trouva que quelques vieillards qui n'avaient pu suivre leurs camarades fugitifs et qui étaient assis à la porte de leurs maisons. On voulut les capturer. Un d'eux alors, sans paraître beaucoup s'émouvoir, frappa un soldat avec un javelot qu'il tenait à la main. On le tua, mais on ne fit aucun mal aux autres, qu'on laissa dans le village. Toutes les maisons furent fouillées soigneusement. On trouva dans la cuisine de Tacouri le crâne d'un homme qui avait été cuit depuis peu de jours, où il restait encore quelques parties charnues, dans lesquelles se voyaient l'empreinte des dents des anthropophages. On y vit aussi un morceau de cuisse humaine, qui tenait à une broche de bois, et qui était aux trois quarts mangé.

Dans une autre maison, on trouva une chemise, qu'on reconnut avoir appartenu à l'infortuné Marion. Le col de cette chemise était tout ensanglanté, et l'on y voyait trois ou quatre trous également tachés de sang sur le côté. Dans différentes autres maisons, furent saisis une partie des vêtements et les pistolets du jeune de Vaudricourt, qui avait accompagné son commandant, puis les armes du canot et un tas de lambeaux des hardes des malheureux matelots.

Le doute n'était malheureusement plus possible. Procès-verbal fut dressé de la mort des victimes, et le chevalier Du Clesmeur rechercha dans les papiers de Marion quels étaient ses projets pour la continuation du voyage. Il n'y trouva que les instructions données par l'intendant de l'île de France.

L'état-major fut alors assemblé, et, vu l'état lamentable des bâtiments, il fut décidé qu'on abandonnerait la recherche de nouvelles terres, qu'on gagnerait les îles d'Amsterdam et de Rotterdam, puis les Mariannes et les Philippines, où l'on avait chance de se débarrasser de la cargaison, avant de rentrer à l'île de France.

Le 14 juillet, le port de la Trahison,—c'est ainsi que Du Clesmeur nomma la baie des îles,—fut quitté, et les navires se dirigèrent vers les îles d'Amsterdam et de Rotterdam, au nord desquelles ils passèrent le 6 août. La navigation fut favorisée par un temps splendide, circonstance heureuse, car le scorbut avait fait de tels ravages parmi les matelots qu'il en restait bien peu en état de travailler.

Enfin, le 20 septembre, fut découverte l'île de Guaham, la plus grande des Mariannes, où il ne fut possible de mouiller que sept jours plus tard.

La relation publiée par Crozet contient des détails très précis et très circonstanciés sur cette île, ses productions et ses habitants. Nous n'en retiendrons que cette phrase aussi courte qu'explicite:

> «L'île de Guaham, dit-il, nous a paru un paradis terrestre; l'air y est excellent, les eaux sont bonnes, les légumes et les fruits parfaits, les troupeaux de bœufs innombrables, ainsi que ceux de cabris, de cochons; toute espèce de volailles y est multipliée à l'infini.»

Parmi les productions, Crozet cite le «rima», dont le fruit est bon à manger lorsqu'il est parvenu à toute sa grosseur et qu'il est encore vert.

> «C'est dans cet état, dit-il, que ces insulaires le cueillent pour le manger. Ils le dépouillent de sa peau raboteuse et le coupent par tranches comme un morceau de pain. Lorsqu'ils veulent le conserver, ils le coupent par tranches circulaires et, dans cette forme de galette très mince, ils le font sécher au soleil ou au four. Ce biscuit naturel conserve sa qualité de pain pendant plusieurs années et beaucoup plus longtemps que notre meilleur biscuit de vaisseau.»

Du port d'Agana, Crozet gagna les Philippines, où il mouilla à Cavite, dans la baie de Manille. C'est en cet endroit que le *Castries* et le *Mascarin* se quittèrent pour rentrer séparément à l'île de France.

Quelques années auparavant, un vaillant officier de la marine militaire, le chevalier Jacques-Raymond de Giron de Grenier, qui appartenait à cette pléiade d'hommes distingués, les Chazelle, les Borda, les Fleurieu, les Du Maitz de Goimpy, les Chabert, les Verdun de la Crenne, qui contribuèrent avec tant de zèle aux progrès de la navigation et de la géographie, avait utilisé ses loisirs pendant une station à l'île de France pour explorer les mers avoisinantes. Sur la corvette *l'Heure du Berger*, il avait fait une croisière très fructueuse, rectifiant les positions de l'écueil de Saint-Brandon, du banc de Saya-de-Malha, reconnaissant en détail, dans les Séchelles, les îles Saint-Michel, Rocquepire, Agalega, corrigeant la carte des îles d'Adu et de Diego-Garcia. S'appuyant alors sur les rapports des courants avec les vents de mousson, qu'il avait étudiés spécialement, il proposa une route abrégée et constante pour aller de l'île de France aux Indes. C'était une économie de huit cents lieues de chemin; la chose valait la peine qu'on l'étudiât sérieusement.

Le ministre de la marine, qui avait vu la proposition de Grenier bien accueillie par l'Académie de Marine, résolut de confier le soin de l'examiner à quelque officier de vaisseau qui eût l'habitude de ce genre de travaux.

Ce fut Yves-Joseph de Kerguelen qui fut choisi. Pendant les deux campagnes de 1767 et 1768, pour l'encouragement et la protection de la pêche de la morue aux côtes d'Islande, ce navigateur avait levé le plan d'un grand nombre de ports et de rades, réuni beaucoup d'observations astronomiques, rectifié la carte de l'Islande et recueilli sur ce pays encore très peu connu une foule d'observations aussi exactes qu'intéressantes. C'est ainsi qu'on lui devait les premiers détails authentiques sur les «geysers», ces sources d'eau chaude qui s'élèvent parfois à de grandes hauteurs, et des renseignements curieux touchant l'existence de bois fossiles qui prouvent qu'à une époque géologique antérieure, l'Islande, aujourd'hui complètement dépourvue d'arbres, possédait d'immenses forêts.

En même temps, Kerguelen avait publié des détails très nouveaux sur les mœurs, les usages et les coutumes des habitants.

> «Les femmes, disait-il, ont des robes, des camisoles et des tabliers d'un drap appelé *wadmel*, qui se fait en Islande; elles mettent par-dessus leur camisole une robe très ample, assez semblable à celle des jésuites, mais elle ne descend pas si bas que les jupes qu'elle laisse voir. Cette robe est de différente couleur, mais plus souvent noire; on la nomme *hempe*. Elle est garnie d'un ruban de velours ou de quelque autre ornement.... Leur coiffure a l'air d'une pyramide ou d'un pain de sucre de deux ou trois pieds de hauteur. Elles se coiffent avec un grand mouchoir d'une très grosse toile, qui se tient

tout droit, qui est couvert d'un autre mouchoir plus fin qui forme la figure que je viens de dire....»

Enfin, cet officier avait réuni des documents très sérieux sur le Danemark, les Lapons, les Samoyèdes et les archipels des Féroë, des Orcades et des Shetland, qu'il avait explorés en détail.

Kerguelen, chargé de reconnaître la route proposée par Grenier, demanda au ministre de mettre à profit son armement pour aller reconnaître les terres australes découvertes, en 1739, par Bouvet de Lozier.

L'abbé Terray, qui venait de succéder au duc de Praslin, lui donna le commandement du vaisseau *le Berryer*, qui emporta de Lorient pour quatorze mois de vivres, trois cents hommes d'équipage et quelques munitions destinées à l'île de France. L'abbé Rochon était adjoint à Kerguelen pour faire des observations astronomiques.

Dès qu'il fut arrivé à l'île de France, le 20 août 1771, Kerguelen changea le *Berryer* pour la flûte *la Fortune*, à laquelle fut réunie la petite flûte *le Gros-Ventre*, de seize canons avec cent hommes d'équipage sous le commandement de M. de Saint-Allouarn.

Aussitôt que ces deux bâtiments furent parés, Kerguelen mit à la voile et fit route au nord, afin de reconnaître l'archipel des îles Mahé. Pendant un orage furieux, les sondes jetées par la *Fortune* accusèrent des profondeurs de moins en moins grandes, trente, dix-neuf, dix-sept, quatorze brasses. A ce moment, l'ancre fut jetée et tint bon jusqu'à la fin de l'orage.

> «Le jour vint enfin nous tirer d'inquiétude, dit Kerguelen, nous ne vîmes ni terre ni rocher. Le *Gros-Ventre* était à trois lieues sous le vent. Il ne pouvait concevoir que je fusse à l'ancre, car le bruit du tonnerre et des éclairs ne lui avait pas permis de distinguer ni d'entendre mes signaux.... En effet, il n'y a pas d'exemple qu'un bâtiment ait jamais mouillé la nuit, en pleine mer, sur un banc inconnu. J'appareillai et je me laissai dériver en sondant. Je trouvai longtemps quatorze, puis vingt, vingt-cinq, et vingt-huit brasses. Je perdis tout à coup le fond, ce qui prouve que c'est le sommet d'une montagne. Ce banc nouveau, que j'ai nommé Banc de la Fortune, gît nord-ouest et sud-est; il est par 7° 16' de latitude sud, et 55° 50' de longitude est.»

La *Fortune* et le *Gros-Ventre* s'élevèrent ensuite au cinquième degré sud, route recommandée par le chevalier de Grenier. Les deux commandants reconnurent que les vents soufflaient constamment de l'est en cette saison, gagnèrent les Maldives, et prolongèrent Ceylan depuis la Pointe de Galles jusqu'à la baie de Trinquemalay. Au retour, la mousson était changée. Les vents régnants étaient bien ceux de l'ouest et du sud-ouest, comme l'annonçait Grenier. La route que ce dernier proposait offrait donc des avantages incontestables. L'expérience est venue, depuis ce moment, si bien les démontrer, qu'on n'en suit plus d'autre.

Rentré le 8 décembre à l'île de France, Kerguelen accéléra tellement ses préparatifs de départ, qu'il put appareiller le 12 janvier 1772. Il fit route droit au sud, car, à supposer qu'il découvrît quelque terre dans cette direction, celle qui serait le moins éloignée serait évidemment la plus utile à notre colonie.

Dès le 1er février, de nombreux vols d'oiseaux semblèrent indiquer la proximité de la terre. La grêle succédait à la neige. On rencontrait à la fois gros temps, gros vent, grosse mer. La première terre fut reconnue le 12. Le lendemain, on en découvrit une seconde, et, bientôt après, un gros cap, très élevé. Le jour suivant, à sept heures du matin, le soleil ayant dissipé les nuages, on distingua très nettement une ligne de côtes qui s'étendait sur une longueur de vingt-cinq lieues. On était alors par 49° 40' de latitude australe et 61° 10' de longitude orientale.

Par malheur, les orages succédaient aux orages, et les deux bâtiments eurent grand mal à ne pas se laisser affaler sur la côte. Quant à Kerguelen, il fut emporté dans le nord par les courants, peu de temps après avoir détaché une embarcation qui devait essayer d'accoster.

> «Me voyant si éloigné de terre, dit Kerguelen dans sa relation, j'examinai le parti que j'avais à prendre, je considérai que l'état de ma mâture ne me permettait pas de porter de la voile pour me relever de la côte, et que, n'ayant pas de chaloupe pour porter mes ancres, je m'exposais infiniment sur la côte, qu'il était presque impossible de retrouver dans les brumes le *Gros-Ventre*, dont j'étais séparé depuis plusieurs jours, d'autant plus que les vents avaient été toujours variables, et que nous avions essuyé une tempête.... Ces réflexions, jointes à ce que le *Gros-Ventre* était un excellent bâtiment et qu'il avait sept mois de vivres, me déterminèrent à faire route pour l'île de France, où j'arrivai le 16 mars.»

Heureusement, il n'était rien arrivé de funeste au *Gros-Ventre*. Son canot avait eu le temps de revenir. M. de Boisguehenneuc, qui avait débarqué, avait pris possession de cette terre, avec toutes les formalités requises, et laissé un écrit dans une bouteille, qui fut trouvée en 1776 par le capitaine Cook.

Kerguelen repassa en France; mais le succès de sa campagne lui avait fait de nombreux ennemis. Leurs attaques devinrent encore plus vives, lorsqu'on vit que le roi le faisait capitaine de vaisseau et chevalier de Saint-Louis, le 1er janvier 1772. Les bruits les plus calomnieux se répandirent. On alla même jusqu'à l'accuser d'avoir coulé sa conserve *le Gros-Ventre*, pour être seul à tirer bénéfice des découvertes qu'il avait faites de concert avec M. de Saint-Allouarn.

Cependant, toutes ces criailleries n'influencèrent pas le ministère, qui résolut de confier le commandement d'une seconde expédition à Kerguelen. Le vaisseau *le Roland* et la frégate *l'Oiseau*, cette dernière sous les ordres de M. de Saux de Rosnevet, quittèrent Brest le 26 mars 1772.

Lorsqu'il atteignit le Cap, Kerguelen fut obligé d'y faire une relâche de quarante jours. Tout l'équipage avait été atteint de fièvres putrides, ce qu'il fallait attribuer à l'humidité d'un bâtiment neuf.

> «Cela paraît d'autant mieux fondé, dit la relation, que tous les légumes secs, comme pois, fèves, haricots et lentilles, se trouvaient gâtés dans les soutes, ainsi que le riz, et une partie du biscuit; les légumes formaient dans la soute un fumier qui infectait, et il sortait de ces mêmes soutes une quantité de vers blancs.....»

Le 11 juillet, le *Roland* sortit du Cap; mais il fut presque aussitôt assailli par une affreuse tempête, qui emporta deux huniers, la misaine, le petit foc et le mât d'artimon. Enfin, on gagna l'île de France avec des mâts de fortune.

MM. Des Roches et Poivre, qui avaient tant contribué au succès de la première expédition, avaient été remplacés par M. de Ternay et l'intendant Maillard. Ces derniers semblèrent prendre à tâche d'apporter toutes les entraves imaginables à l'exécution des ordres qu'avait reçus Kerguelen. C'est ainsi qu'ils ne lui fournirent aucun secours en vivres frais, dont l'équipage avait cependant le plus pressant besoin, qu'ils ne trouvèrent pas moyen de remplacer ses mâts abattus par la tempête; en outre, ils ne lui donnèrent, à la place de trente-quatre de ses matelots, qui avaient dû entrer à l'hôpital, que des soldats fouettés ou marqués, dont ils avaient le plus grand intérêt à se défaire. Une expédition aux terres australes préparée dans ces conditions ne pouvait qu'échouer. C'est ce qui ne manqua pas d'arriver!

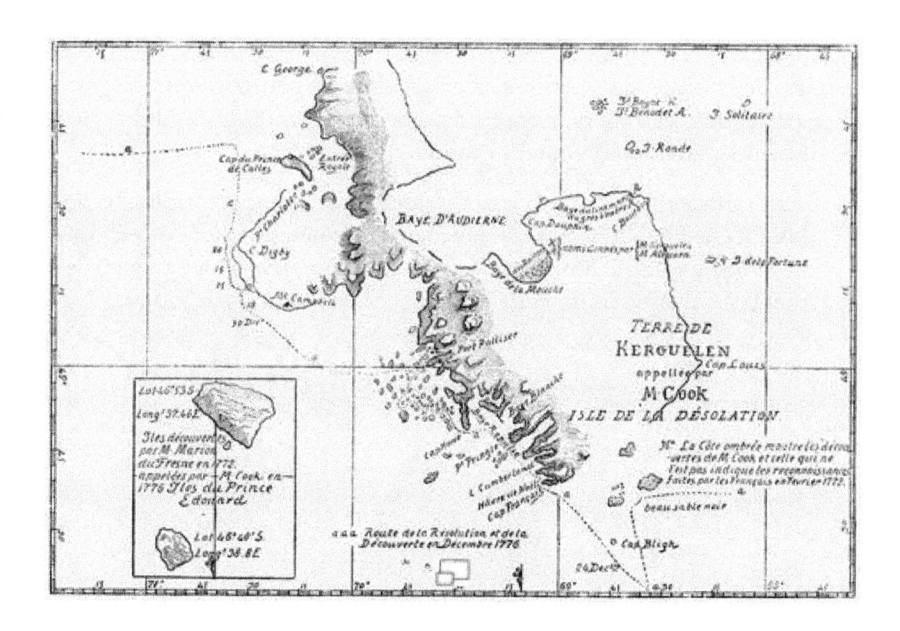

Route de la *Résolution* et de la *Découverte* en Décembre 1776.

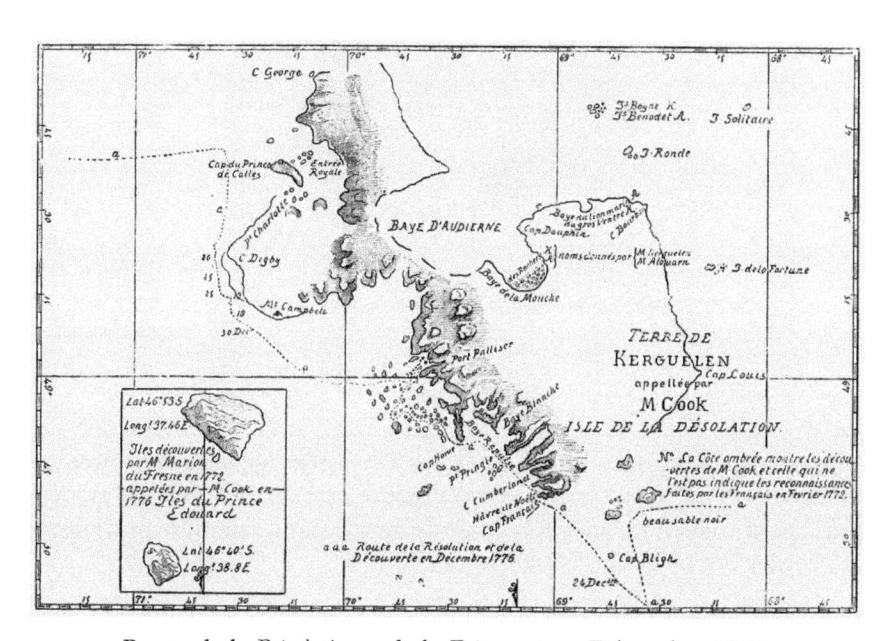

Route de la *Résolution* et de la *Découverte* en Décembre 1776.

Le 5 janvier, Kerguelen revit les terres qu'il avait découvertes à son premier voyage, et, jusqu'au 16, il en reconnut plusieurs points, l'île de Croy, l'île de Réunion, l'île Roland, qui, d'après son relevé, formaient plus de quatre-vingts lieues de côtes. La température était extrêmement rigoureuse: des brumes épaisses, de la neige, de la grêle, des coups de vent continuels. Le 21, on ne put marcher de conserve qu'à coups de canon. Ce jour-là, le froid fut si âpre, que plusieurs matelots tombèrent évanouis sur le pont....

> «Les officiers, dit Kerguelen, déclarent que la ration ordinaire de biscuit n'est pas suffisante, et que, sans une augmentation, l'équipage ne pourra résister aux froids et aux brumes. Je fais augmenter la ration de chaque homme de quatre onces de biscuit par jour.»

Portrait de La Pérouse. (*Fac-simile. Gravure ancienne.*)

Le 8 janvier 1774, le *Roland* rallia la frégate à l'île de Réunion. On communiqua avec elle, et M. de Rosnevet assura qu'il avait trouvé un mouillage ou une baie derrière le cap Français, que, le 6, il avait envoyé son canot pour sonder, et que ses gens, en débarquant pour prendre possession, avaient tué des pingouins et un lion marin.

Cette fois encore, l'épuisement complet des équipages, la mauvaise qualité des vivres, le délabrement des bâtiments, empêchèrent Kerguelen de faire une reconnaissance approfondie de cet archipel désolé. Il dut rebrousser chemin Mais, au lieu de regagner l'île de France, il débarqua dans la baie d'Antongil, à Madagascar. Il savait y trouver en abondance des citrons, des limons, des ananas, du pourpier et d'autres antiscorbutiques, ainsi que de la viande fraîche.

Un aventurier, dont l'histoire est assez singulière, Beniowski, venait d'y créer pour la France un établissement. Mais il manquait de tout. Kerguelen lui fournit des affûts de campagne, des briques à four, des outils de fer, des chemises, des couvertures, et enfin il lui fit construire par ses charpentiers un magasin à vivres.

Trente-cinq hommes de l'équipage du *Roland* étaient morts depuis qu'il avait quitté les terres australes. Que Kerguelen restât huit jours de plus dans ces parages, cent hommes auraient sûrement péri!

A son retour en France, pour tant de fatigues vaillamment supportées, Kerguelen ne recueillit que la haine et la calomnie. Le déchaînement fut tel contre lui qu'un de ses officiers ne craignit pas de publier un mémoire, dans lequel tous les faits étaient envisagés sous le jour le plus défavorable, et où toute la responsabilité de l'insuccès retombait sur Kerguelen. Nous ne voulons pas dire que celui-ci n'ait eu aucun tort, mais nous considérons comme profondément injuste le jugement du conseil de guerre qui le cassait de son grade et le condamnait à la détention dans le château de Saumur. Cette condamnation fut, sans doute, trouvée excessive, et le gouvernement y reconnut plus d'animosité que de justice, car Kerguelen fut rendu quelques mois après à la liberté. Le grand argument qu'on avait employé contre lui avait été l'abandon d'une chaloupe et de son équipage aux terres australes, équipage qui n'avait été sauvé que par le retour inopiné et fortuit de la *Fortune*. Il faut croire que ce fait avait encore été singulièrement travesti, car il existe une lettre de l'officier abandonné, M. de Rosily, plus tard vice-amiral, qui redemandait à servir sous les ordres de Kerguelen.

Le récit de ces deux campagnes est extrait de l'apologie publiée par Kerguelen pendant sa détention, ouvrage que le gouvernement fit saisir, et qui, par cela même, est devenu extrêmement rare.

Il faut aborder maintenant le récit d'expéditions qui, si elles n'amenèrent pas de découvertes, eurent, du moins, une importance capitale, en ce sens qu'elles contribuèrent à la rectification des cartes, au progrès de la navigation et de la géographie, mais surtout en ce qu'elles résolurent un problème depuis longtemps cherché: la détermination des longitudes en mer.

Pour déterminer la position d'une localité, il faut obtenir sa latitude, c'est-à-dire sa distance au nord ou au sud de l'équateur, et sa longitude, en d'autres termes son éloignement à l'est ou à l'ouest de quelque méridien connu.

A cette époque, pour calculer la position d'un navire, on n'avait que le loch, qui, jeté à la mer, mesurait la distance que celui-ci avait parcourue en une demi-minute; on en déduisait proportionnellement la vitesse du navire à l'heure; mais le loch est loin d'être immobile, et la vitesse du bâtiment n'est pas toujours la même. Il y avait donc là deux sources très importantes d'erreurs.

Quant à la direction de la route, elle était donnée par la boussole ou compas. Or, tout le monde sait que la boussole est soumise à des variations, que le bâtiment ne suit pas toujours la route indiquée par elle; et il n'est jamais facile de déterminer la valeur de la dérive.

Ces inconvénients une fois connus, il s'agissait de trouver une méthode qui en fût exempte.

Avec l'octant de Hadley, on parvenait bien à déterminer sa latitude à une minute près, c'est-à-dire à un tiers de lieue. Mais il ne fallait pas songer même à cette exactitude approximative pour trouver les longitudes.

Que l'on pût réduire à des lois simples et invariables les différents phénomènes de variation de l'aiguille aimantée, tant en inclinaison qu'en déclinaison, alors ce serait facile. Mais sur quoi s'appuyer? On savait bien que, dans la mer des Indes, entre Bourbon, Madagascar et Rodrigue, quatre degrés de variation dans la déclinaison de l'aiguille répondaient à environ cinq degrés de variation dans la longitude; mais ce qu'on n'ignorait pas non plus, c'est que la déclinaison de l'aiguille aimantée est sujette dans les mêmes lieux à des variations dont on ne connaissait pas les causes.

> «Une déclinaison de douze degrés, du nord à l'ouest, indiquait il y a vingt ans, dit Verdun de la Crenne, qui écrit en 1778, une longitude de 61° à l'ouest de Paris, dans une latitude donnée; il est très possible que, depuis vingt ans, la déclinaison ait varié de deux degrés, ce qui produirait deux degrés et demi ou près de cinquante lieues marines d'erreur sur la longitude qu'on voudrait conclure de cette déclinaison.»

Si l'on connaît l'heure du bord, nous voulons dire l'heure vraie que l'on doit compter sur le méridien du navire à l'instant d'une observation quelconque, et si l'on sait au même instant l'heure du port duquel on a appareillé ou celle d'un méridien connu, la différence des heures donnera évidemment celle des méridiens, à raison de quinze degrés par heure ou d'un degré par quatre minutes de temps. Le problème des longitudes peut donc se réduire à celui de déterminer, pour un instant donné, l'heure d'un méridien connu quelconque.

Pour cela, il s'agissait d'avoir une montre ou une horloge qui conservât un isochronisme parfait, malgré l'état de la mer et les différences de température.

Bien des recherches avaient été faites en ce sens. Besson, au XVI$^e$ siècle, Huyghens, au XVII$^e$ siècle, puis Sully, Harrisson, Dutertre, Gallonde, Rivas,

Le Roy et Ferdinand Berthoud avaient essayé ou poursuivaient encore la solution de ce problème.

En outre, les gouvernements anglais et français, pénétrés des services que rendrait un instrument parfait, avaient promis des récompenses élevées, et l'Académie des Sciences avait ouvert un concours solennel. En 1765, Le Roy présenta deux montres à ce concours, tandis que Berthoud, qui travaillait pour le roi, était forcé de s'abstenir. Les montres de Le Roy sortirent victorieuses des épreuves auxquelles elles furent soumises sur terre. Il s'agissait de voir si elles se comporteraient aussi bien à la mer.

Le marquis de Courtanvaux fit construire, à ses frais, la frégate légère *l'Aurore* pour servir à cette épreuve. Mais Le Roy trouva lui-même qu'une tournée en mer, avec arrêts à Calais, Dunkerque, Rotterdam, Amsterdam et Boulogne, qui n'avait duré que du 23 mai au 29 août, était bien trop courte, et il demanda une seconde épreuve. Cette fois, ses montres furent embarquées sur la frégate *l'Enjouée*, qui, partie du Havre, relâcha à Saint-Pierre près de Terre-Neuve, à Salé en Afrique, à Cadix, et rentra à Brest, après quatre mois et demi de voyage. L'épreuve était sérieuse, les latitudes avaient varié ainsi que l'état de la mer. Si la montre ne s'était pas dérangée, elle méritait le prix. Il fut, en effet, décerné à Le Roy.

Cependant, l'Académie savait que d'autres artistes s'occupaient des mêmes recherches, et qu'ils n'avaient pu mettre au concours pour différents motifs. Elle proposa donc le même sujet pour prix en 1771 et le doubla pour 1773.

F. Berthoud croyait avoir atteint la perfection, mais il fallait à sa montre la consécration d'un long voyage sur mer.

Une frégate de 18 canons, l'*Isis*, fut armée à Rochefort pendant les derniers mois de 1768, et le commandement en fut confié au chevalier d'Eveux de Fleurieu, connu plus tard sous le nom de Claret de Fleurieu. Fleurieu, alors enseigne de vaisseau, était déjà, quoiqu'il n'eût encore que trente ans, un savant distingué. Nous avons eu déjà l'occasion de citer son nom, nous la trouverons encore plus d'une fois. Pour le moment, Fleurieu, épris de mécanique, avait aidé Berthoud dans ses travaux; mais, pour qu'on ne pût suspecter son désintéressement, il s'adjoignit plusieurs officiers afin d'observer la marche de la montre qui lui était confiée.

Partie au mois de novembre 1768, l'*Isis* relâcha successivement à Cadix, aux Canaries, à Gorée, aux îles du Cap-Vert, à la Martinique, à Saint-Domingue, à Terre-Neuve, aux Canaries, à Cadix, et rentra à l'île d'Aix, le 31 octobre 1769.

Les montres, transportées dans des climats alternativement froids, chauds et tempérés, avaient éprouvé toutes les vicissitudes de la température, en même temps qu'elles avaient été exposées à toute l'agitation de la mer pendant la saison la plus rude de l'année.

A la suite de cette épreuve, dont il était sorti à son honneur, Berthoud obtint le brevet et la pension d'inspecteur des montres marines.

Mais cette campagne avait eu d'autres résultats qui nous touchent bien plus directement. Fleurieu avait fait nombre d'observations astronomiques et de relevés hydrographiques, qui lui permettaient de juger en connaissance de cause, et de condamner les cartes de son temps.

> «J'ai répugné longtemps, dit-il dans le récit de son voyage, à faire une critique détaillée des cartes du Dépôt; je voulais me borner à indiquer les nouvelles déterminations, d'après lesquelles on devait les rectifier; mais les erreurs sont si multipliées, si dangereuses, que je me serais cru coupable envers les marins si je négligeais de leur en faire connaître tout le détail....»

Un peu plus loin, il critique avec raison les cartes d'un géographe qui avait eu son heure de réputation.

> «Je n'entreprendrai pas, dit-il, de rapporter ici toutes les erreurs que j'ai reconnues dans les cartes de M. Bellin. L'énumération en est infinie. Je me contenterai seulement, pour prouver la nécessité du travail auquel je me suis livré, d'indiquer les fautes qui méritent une attention particulière, soit qu'on veuille comparer les positions de certains lieux prises sur ses cartes à celles qu'elles auraient dû avoir si *M. Bellin eût voulu faire usage des observations astronomiques qui ont été publiées en différents temps*, soit que l'on compare d'autres positions à celles que nous avons déterminées par nos propres observations.»

Enfin, il termine, après avoir relevé une longue liste d'erreurs dans la situation des localités les plus fréquentées de l'Europe, de la côte d'Afrique et de l'Amérique, par ces quelques mots si judicieux:

> «En jetant les yeux sur le tableau des diverses erreurs que je viens de relever dans les cartes de M. Bellin, on se sent entraîné vers une réflexion, triste à la vérité, mais à laquelle il est nécessaire de s'arrêter: si les cartes qui contiennent la partie du globe la mieux connue, pour laquelle on avait le plus d'observations, sont encore si éloignées d'être exactes, quelle exactitude pouvons-nous attendre des cartes qui représentent des côtes et des îles moins fréquentées, dessinées et placées d'après une estime vague et des conjectures hasardées?»

Jusqu'alors, les montres avaient été examinées séparément et par des commissaires différents. Il s'agissait maintenant de les soumettre, en même temps, aux mêmes épreuves et de voir celles qui en sortiraient victorieuses.

Dans ce but, la frégate *la Flore* fut armée à Brest, et le commandement en fut remis à un officier des plus distingués, à Verdun de la Crenne, qui devait devenir chef d'escadre en 1786. Cadix, Madère, les Salvages, Ténériffe, Gorée, la Martinique, la Guadeloupe, la Dominique et la plupart des petites Antilles, Saint-Pierre, Terre-Neuve, l'Islande, que nos explorateurs eurent quelque peine à trouver, les Féroë, le Danemark et Dunkerque, telles furent les étapes de cette campagne. Le récit que Verdun de la Crenne en publia abonde, comme celui de Fleurieu, en rectifications de tout genre. On y voit avec quel soin et quelle régularité les sondages étaient faits, avec quelle exactitude les côtes étaient relevées. Mais ce qu'on y rencontre non sans un vif intérêt, et ce qui fait défaut à la publication de Fleurieu, ce sont les descriptions du pays, les réflexions critiques sur les mœurs et les usages des différents peuples.

Parmi les informations les plus intéressantes, éparses dans ces deux gros in-4°, il faut citer celles sur les Canaries et leurs anciens habitants, sur les Sérères et les Yolofs, sur l'Islande, sur l'état du Danemark, et les réflexions encore si actuelles de Verdun au sujet du méridien de l'île de Fer.

> «C'est le méridien le plus occidental de ces îles, dit-il, que Ptolémée choisit pour premier méridien... Il lui était très facile, sans doute, de choisir pour premier méridien celui d'Alexandrie; mais ce grand homme conçut qu'un tel choix ne procurerait aucun honneur réel à sa patrie; que Rome et d'autres villes ambitionneraient, peut-être, cet honneur imaginaire; que chaque géographe, chaque auteur de relation de voyages, choisissant arbitrairement son premier méridien, cela ne pourrait qu'engendrer de la confusion ou, du moins, de l'embarras dans l'esprit du lecteur...»

On voit que Verdun envisageait de haut cette question du premier méridien, comme le font aujourd'hui tous les esprits véritablement désintéressés. C'est un titre de plus à notre sympathie.

Terminons en disant avec cet auteur: «Les montres sortirent de ces épreuves à leur honneur; elles avaient supporté le froid et le chaud, l'immobilité et les secousses, tant celles du bâtiment,—lorsqu'il s'était échoué à Antigoa,—que les décharges de l'artillerie; en un mot, elles ont rempli les espérances que nous avions conçues, elles méritent la confiance des navigateurs, enfin elles sont d'un très bon usage pour la détermination des longitudes en mer.»

La solution du problème était trouvée.

## II

Expédition de La Pérouse. — L'île Sainte-Catherine. — La Concepcion. — Les îles Sandwich. — Reconnaissance de la côte d'Amérique. — Le port des Français. — Perte de deux embarcations. — Monterey et les Indiens de la

Californie. — Relâche à Macao. — Cavite et Manille. — En route pour la Chine et le Japon. — Formose. — L'île de Quelpaert. — La côte de Tartarie. — La baie de Ternay. — Les Tartares de Saghalien. — Les Orotchys. — Détroit de La Pérouse. — Bal au Kamtschatka.—L'archipel des Navigateurs. — Massacre de M. de Langle et de plusieurs de ses compagnons. — Botany-Bay. — Cessation des nouvelles de l'expédition. — D'Entrecasteaux est envoyé à la recherche de La Pérouse. — Fausses nouvelles. — Le canal d'Entrecasteaux. — La côte de Nouvelle-Calédonie. — La terre des Arsacides. — Les naturels de Bouka. — Relâche au port Carteret. — Les îles de l'Amirauté. — Relâche à Amboine. — La terre de Leuwin. — La terre de Nuyts. — Relâche en Tasmanie. — Fête aux îles des Amis. — Détails sur la visite de La Pérouse à Tonga-Tabou. — Relâche à Balade. — Traces du passage de La Pérouse à la Nouvelle-Calédonie. — Vanikoro. — Triste fin de l'expédition.

Le voyage de Cook n'était encore connu que par la mort de ce grand navigateur, lorsque le gouvernement français voulut mettre à profit les loisirs que procurait à sa marine la paix récemment conclue. Une noble émulation semblait s'être emparée de nos officiers, jaloux des succès acquis sur un autre théâtre par leurs éternels rivaux, les Anglais. A qui donner le commandement de cette importante expédition? Les concurrents de mérite ne manquaient pas. C'est là que gisait la difficulté.

Le choix du ministre s'arrêta sur Jean-François Galaup de La Pérouse, que ses importants services militaires avaient rapidement élevé au grade de capitaine de vaisseau. Pendant la dernière guerre, il avait été chargé de la très délicate mission de détruire les établissements de la compagnie anglaise dans la baie d'Hudson, et il s'était acquitté de cette tâche en militaire consommé, en habile marin, en homme qui sait allier les sentiments de l'humanité avec les exigences du devoir professionnel. On lui donna comme second M. de Langle, qui l'avait vaillamment secondé pendant l'expédition de la baie d'Hudson.

Un nombreux état-major fut embarqué sur les deux frégates *la Boussole* et *l'Astrolabe*. Sur la *Boussole*, c'étaient La Pérouse, de Clonard qui fut fait capitaine de vaisseau pendant la campagne, l'ingénieur Monneron, le géographe Bernizet, le chirurgien Rollin, l'astronome Lepaute-Dagelet de l'Académie des Sciences, le physicien Lamanon, les dessinateurs Duché de Vancy et Prevost le jeune, le botaniste Collignon, l'horloger Guery. Sur l'*Astrolabe*, outre son commandant, le capitaine de vaisseau de Langle, on comptait le lieutenant de Monti qui fut fait capitaine de vaisseau pendant la campagne, et l'illustre Monge, qui, heureusement pour la science, débarqua à Ténériffe le 29 août 1785.

Costumes des habitants de la Concepcion. (*Fac-simile. Gravure ancienne.*)

L'Académie des Sciences et la Société de Médecine avaient remis au ministre de la marine des mémoires, dans lesquels ils attiraient l'attention des voyageurs sur divers points. Enfin, Fleurieu, alors directeur des ports et arsenaux de la marine, avait dressé lui-même les cartes qui devaient servir pour cette campagne, et y avait joint un volume entier des notes les plus savantes et de discussions sur les résultats de tous les voyages connus depuis ceux de Christophe Colomb.

Les deux bâtiments emportaient une prodigieuse quantité d'objets d'échange, un énorme approvisionnement de vivres et d'effets, un «boat» ponté d'environ vingt tonneaux, deux chaloupes biscayennes, des mâts, un jeu de voiles et des manœuvres de rechange.

Indigènes de l'île de Pâques.

Les deux frégates mirent à la voile le 1er août 1785, et mouillèrent à Madère, treize jours plus tard. Les Français y furent accueillis par les résidents anglais avec une courtoisie et une affabilité qui les surprirent et les charmèrent tout à la fois. Le 19, La Pérouse relâcha à Ténériffe.

> «Les différentes observations de MM. de Fleurieu, Verdun et Borda ne laissent rien à désirer, dit-il, sur les îles de Madère, Salvages et Ténériffe. Aussi les nôtres n'ont-elles eu pour objet que la vérification de nos instruments...»

On voit par cette phrase que La Pérouse savait rendre justice aux travaux de ses devanciers. Ce ne sera pas la dernière fois que nous aurons à le constater.

Tandis que les astronomes occupaient leur temps à déterminer la marche des montres astronomiques, les naturalistes, avec plusieurs officiers, faisaient une ascension du Pic et recueillaient quelques plantes curieuses. Monneron était parvenu à mesurer la hauteur de cette montagne avec bien plus d'exactitude que ses devanciers, Herberdeen, Feuillée, Bouguer, Verdun et Borda, qui lui attribuaient respectivement 2409, 2213, 2100 et 1904 toises. Malheureusement, ce travail, qui aurait mis fin aux contestations, n'est jamais parvenu en France.

Le 16 octobre, furent aperçues les îles, ou plutôt les rochers de Martin-Vas. La Pérouse détermina leur position et fit ensuite route au plus près, vers l'île de la Trinité, qui n'était distante que d'environ neuf lieues dans l'ouest. Le commandant de l'expédition, espérant y trouver de l'eau, du bois et quelques vivres, dépêcha une chaloupe à terre avec un officier. Celui-ci s'aboucha avec le gouverneur portugais, dont la garnison était composée d'à peu près deux cents hommes, dont quinze vêtus d'un uniforme, et les autres d'une seule chemise. Le dénuement de la place était visible, et les Français durent se rembarquer sans avoir rien pu obtenir.

Après avoir vainement cherché l'île de l'Ascension, l'expédition gagna l'île Sainte-Catherine, sur la côte du Brésil.

> «Après quatre-vingt-seize jours de navigation, lit-on dans la relation du voyage publiée par le général Millet-Mureau, nous n'avions pas un seul malade; la différence des climats, les pluies, les brumes, rien n'avait altéré la santé des équipages, mais nos vivres étaient d'une excellente qualité. Je n'avais négligé aucune des précautions que l'expérience et la prudence pouvaient m'indiquer: nous avions eu en outre le plus grand soin d'entretenir la gaieté en faisant danser les équipages chaque soir, lorsque le temps le permettait, depuis huit heures jusqu'à dix.
>
> «L'île Sainte-Catherine,—dont nous avons eu plusieurs fois l'occasion de parler au cours de cet ouvrage,—s'étend depuis le 27° 19' 10" de latitude sud, jusqu'au 27° 49'; sa largeur de l'est à l'ouest n'est que de deux lieues; elle n'est séparée du continent, dans l'endroit le plus resserré, que par un canal de deux cents toises. C'est sur la pointe de ce goulet qu'est bâtie la ville de Nostra-Señora-del-Destero, capitale de cette capitainerie, où le gouverneur fait sa résidence; elle contient au plus trois mille âmes, et environ quatre cents maisons; l'aspect en est fort agréable. Suivant la relation de Frézier, cette île servait, en 1712, de retraite à des vagabonds qui s'y sauvaient des différentes parties du Brésil; ils n'étaient sujets du Portugal que de nom et ne reconnaissaient aucune autre autorité. Le pays est si fertile, qu'ils pouvaient subsister sans aucun secours des colonies voisines. Les vaisseaux qui relâchaient chez eux ne leur donnaient, en échange de leurs provisions, que des habits et des chemises, dont ils manquaient absolument.»

Cette île, en effet, est extrêmement fertile, et le sol se serait facilement prêté à la culture de la canne à sucre; mais l'extrême pauvreté des habitants les empêchait d'acheter les esclaves nécessaires.

Les bâtiments français trouvèrent en cet endroit tout ce dont ils avaient besoin, et leurs officiers reçurent un accueil empressé des autorités portugaises.

> «Le fait suivant donnera une idée de l'hospitalité de ce bon peuple. Mon canot, dit La Pérouse, ayant été renversé par la lame dans une anse où je faisais couper du bois, les habitants, qui aidèrent à le sauver, forcèrent nos matelots naufragés à se mettre dans leurs lits, et couchèrent à terre sur des nattes au milieu de la chambre où ils exerçaient cette touchante hospitalité. Peu de jours après, ils rapportèrent à mon bord, les voiles, les mâts, le grappin et le pavillon de ce canot, objets très précieux pour eux et qui leur auraient été de la plus grande utilité dans leurs pirogues.»

La *Boussole* et l'*Astrolabe* levèrent l'ancre le 19 novembre, dirigeant leur course vers le cap Horn. A la suite d'un violent orage, pendant lequel les frégates se comportèrent fort bien, et après quarante jours de recherches infructueuses de l'île Grande découverte par le Français Antoine de La Roche et nommée Georgie par le capitaine Cook, La Pérouse traversa le détroit de Lemaire. Trouvant les vents favorables dans cette saison avancée, il se détermina à éviter une relâche dans la baie de Bon-Succès et à doubler immédiatement le cap Horn, afin d'épargner un retard possible, qui aurait exposé ses vaisseaux à des avaries et ses équipages à des fatigues inutiles.

Les démonstrations amicales des Fuégiens, l'abondance des baleines, qui n'avaient pas encore été inquiétées, les vols immenses d'albatros et de pétrels ne purent changer la détermination du commandant. Le cap Horn fut doublé avec beaucoup plus de facilité qu'on n'aurait osé l'espérer. Le 9 février, l'expédition se trouvait par le travers du détroit de Magellan, et, le 24, elle jetait l'ancre dans le port de la Concepcion,—relâche que La Pérouse avait dû préférer à celle de Juan Fernandez, à cause de l'épuisement de ses vivres. La santé florissante des équipages surprit le commandant espagnol. Jamais peut-être aucun vaisseau n'avait doublé le cap Horn et n'était arrivé au Chili sans avoir de malades, et il n'y en avait pas un seul sur les deux bâtiments.

La ville, renversée par un tremblement de terre en 1751, avait été rebâtie à trois lieues de la mer, sur les bords de la rivière Biobio. Les maisons n'avaient qu'un seul étage, ce qui donnait à La Concepcion une étendue considérable, car elle ne renfermait pas moins de dix mille habitants. La baie est une des plus commodes qui soient au monde; la mer y est tranquille, et presque sans courants.

Cette partie du Chili est d'une fécondité incomparable. Le blé y rapporte soixante pour un, la vigne produit avec la même abondance, et les campagnes sont couvertes de troupeaux innombrables, qui y multiplient au delà de toute croyance.

Malgré ces conditions de prospérité, le pays n'avait fait aucun progrès, à cause du régime prohibitif qui florissait à cette époque. Le Chili, avec ses productions qui auraient sans peine alimenté la moitié de l'Europe, ses laines qui auraient suffi aux manufactures de France et d'Angleterre, ses viandes dont on aurait pu faire des salaisons, ne faisait aucun commerce. En même temps, les droits à l'importation étaient excessifs. Aussi la vie était-elle excessivement coûteuse. La classe moyenne, ce qu'on nomme aujourd'hui la bourgeoisie, n'existait pas. La population se divisait en deux catégories, les riches et les pauvres, comme le prouve le passage suivant:

> «La parure des femmes consiste en une jupe plissée, de ces anciennes étoffes d'or ou d'argent qu'on fabriquait autrefois à Lyon. Ces jupes, qui sont réservées pour les grandes occasions, peuvent, comme les diamants, être substituées dans les familles et passer des grand'mères aux petites-filles. D'ailleurs, ces parures sont à la portée d'un petit nombre de citoyennes; les autres ont à peine de quoi se vêtir.»

Nous ne suivrons pas La Pérouse dans les détails de la réception enthousiaste qui lui fut faite, et nous passerons sous silence les descriptions de bals et de toilettes, qui, d'ailleurs, ne lui faisaient pas perdre de vue l'objet de son voyage. L'expédition n'avait encore parcouru que des régions mainte fois sillonnées par les navires européens. Il était temps qu'elle se lançât dans un champ moins exploré. L'ancre fut levée le 15 mars, et, après une navigation sans incident, les deux frégates mouillèrent, le 9 avril, dans la baie de Cook, à l'île de Pâques.

La Pérouse affirme que M. Hodges, le peintre qui accompagnait le célèbre navigateur anglais, a très mal rendu la physionomie des insulaires. Elle est généralement agréable, mais on ne peut pas dire qu'elle ait un caractère distinctif.

Ce n'est pas, d'ailleurs, sur ce seul point que le voyageur français n'est pas d'accord avec le capitaine Cook. Il croit que ces fameuses statues, dont un de ses dessinateurs prit une vue très intéressante, pourraient être l'œuvre de la génération alors vivante, dont il estimait le nombre à deux mille personnes. Il lui parut aussi que le défaut absolu d'arbres et, par cela même, de lacs et de ruisseaux, provenait de l'exploitation exagérée des forêts par les anciens habitants. Au reste, nul incident désagréable ne vint marquer cette relâche. Les vols, il est vrai, furent fréquents; mais les Français, ne devant rester qu'une journée dans cette île, jugèrent superflu de donner à la population des idées plus précises sur la propriété.

En quittant l'île de Pâques, le 10 avril, La Pérouse suivit à peu près la même route que Cook en 1777, lorsqu'il fit voile de Taïti pour la côte d'Amérique; mais il était à cent lieues plus dans l'ouest. La Pérouse se flattait de faire quelque découverte dans cette partie peu connue de l'océan Pacifique, et il avait promis une récompense au matelot qui le premier apercevrait la terre.

Le 29 mai, l'archipel Hawaï fut atteint.

Les montres marines furent d'un très grand secours en cette circonstance et rectifièrent l'estime. La Pérouse, en arrivant aux îles Sandwich, trouva cinq degrés de différence entre la longitude estimée et la longitude observée. Sans les montres, il aurait placé ce groupe cinq degrés trop à l'est. Cela explique que toutes les îles découvertes par les Espagnols, Mendana, Quiros, etc., sont beaucoup trop rapprochées des côtes d'Amérique. Il en conclut aussi à la non-existence du groupe appelé par les espagnols *la Mesa, los Majos, la Disgraciada*. Il y a d'autant plus de raisons de considérer ce groupe comme n'étant autre que les Sandwich, que *Mesa* veut dire table en espagnol et que le capitaine King compare la montagne appelée Mauna-Loa à un plateau, *table-land*. D'ailleurs, il ne s'en était pas tenu à ces raisons spéculatives, il avait croisé sur l'emplacement attribué à los Majos et n'avait pas trouvé la moindre apparence d'une terre.

> «L'aspect de Mowée, dit La Pérouse, était ravissant... Nous voyions l'eau se précipiter en cascades de la cime des montagnes et descendre à la mer, après avoir arrosé les habitations des Indiens; elles sont si multipliées qu'on pourrait prendre un espace de trois à quatre lieues pour un seul village. Mais toutes les cases sont sur le bord de la mer, et les montagnes en sont si rapprochées, que le terrain habitable m'a paru avoir moins d'une demi-lieue de profondeur. Il faut être marin, et être réduit comme nous, dans ces climats brûlants, à une bouteille d'eau par jour, pour se faire une idée des sensations que nous éprouvions. Les arbres qui couronnaient les montagnes, la verdure, les bananiers qu'on apercevait autour des habitations, tout produisait sur nos sens un charme inexprimable; mais la mer brisait sur la côte avec la plus grande force, et, nouveaux Tantales, nous étions réduits à désirer et à dévorer des yeux ce qu'il nous était impossible d'atteindre.»

A peine les deux frégates avaient-elles mouillé qu'elles furent entourées de pirogues et de naturels, qui apportaient des cochons, des patates, des bananes, du taro, etc. Très adroits à conclure leurs marchés, ils attachaient le plus grand prix aux morceaux de cercles de vieux fer. Seule, cette connaissance du fer et de son emploi, qu'ils ne devaient pas à Cook, est une nouvelle preuve des relations que ces peuples avaient eues autrefois avec les

Espagnols, auxquels il faut vraisemblablement attribuer la découverte de cet archipel.

La réception faite à La Pérouse fut des plus cordiales, malgré l'appareil militaire dont il avait cru devoir s'entourer. Quoique les Français fussent les premiers qui eussent abordé à l'île Mowée, La Pérouse ne crut pas devoir en prendre possession.

> «Les usages des Européens, dit-il, sont, à cet égard, trop complètement ridicules. Les philosophes doivent gémir, sans doute, de voir que des hommes, par cela seul qu'ils ont des canons et des bayonnettes, comptent pour rien soixante mille de leurs semblables; que, sans respect pour les droits les plus sacrés, ils regardent comme un objet de conquête une terre que ses habitants ont arrosée de leurs sueurs, et qui, depuis tant de siècles, sert de tombeau à leurs ancêtres.»

La Pérouse ne s'arrête pas à donner des détails sur les habitants des Sandwich. Il n'y passa que quelques heures, tandis que les Anglais y séjournèrent quatre mois. Il renvoie donc fort justement à la relation du capitaine Cook.

Plus de cent cochons, des nattes, des fruits, une pirogue à balancier, de petits meubles en plumes et en coquillages, de beaux casques recouverts de plumes rouges, tels furent les objets achetés pendant cette courte relâche.

Les instructions que La Pérouse avait reçues à son départ lui prescrivaient de reconnaître la côte d'Amérique, dont une partie, jusqu'au mont Saint-Élie, à l'exception toutefois du port de Nootka, n'avait été qu'aperçue par le capitaine Cook.

Il l'atteignit le 23 juin par 60° de latitude, et reconnut, au milieu d'une longue chaîne de montagnes couvertes de neige, le mont Saint-Élie de Behring. Après avoir prolongé la côte quelque temps, La Pérouse expédia trois embarcations sous le commandement d'un de ses officiers, M. de Monti, qui découvrit une grande baie, à laquelle il donna son nom. La côte fut suivie à peu de distance, et des relèvements furent faits, qui forment une suite non interrompue jusqu'à une rivière importante, laquelle reçut le nom de Behring. C'était, suivant toute vraisemblance, celle que Cook avait appelée de ce nom.

Le 2 juillet, par 58° 36' de latitude et 140° 31' de longitude, fut découvert un enfoncement qui parut être une très belle baie. Des canots, sous les ordres de MM. de Pierrevert, de Flassan et Boutervilliers, furent aussitôt expédiés pour en faire la reconnaissance. Le rapport de ces officiers étant favorable, les deux frégates arrivèrent à l'entrée de cette baie; mais l'*Astrolabe* fut rejetée en pleine mer par un courant violent, et la *Boussole* dut la rejoindre. A six heures du matin, après une nuit passée sous voiles, les bâtiments se présentèrent de nouveau.

>«Mais, à sept heures du matin, dit la relation, lorsque nous fûmes sur la passe, les vents sautèrent à l'ouest-nord-ouest et au nord-ouest quart d'ouest, en sorte qu'il fallut ralinguer et même mettre le vent sur les voiles. Heureusement, le flot porta nos frégates dans la baie, nous faisant ranger les roches de la pointe de l'est à demi-portée de pistolet. Je mouillai en dedans par trois brasses et demie, fond de roche, à une demi-encâblure du rivage. L'*Astrolabe* avait mouillé sur le même fond et par le même brassiage. Depuis trente ans que je navigue, il ne m'est pas arrivé de voir deux vaisseaux aussi près de se perdre.... Notre situation n'eût rien eu d'embarrassant si nous n'eussions pas été mouillés sur un fond de roche qui s'étendait à plusieurs encâblures autour de nous; ce qui était bien contraire au rapport de MM. de Flassan et Boutervilliers. Ce n'était pas le moment de faire des réflexions; il fallait se tirer de ce mauvais mouillage, et la rapidité du courant était un grand obstacle....»

La Pérouse y parvint cependant, grâce à une série de manœuvres habiles.

Depuis qu'ils étaient entrés dans la baie, les vaisseaux avaient été entourés de pirogues chargées de sauvages. De tous les objets d'échange qu'on leur offrait contre du poisson, des peaux de loutre et d'autres animaux, c'était le fer que préféraient ces indigènes. Leur nombre augmenta rapidement au bout de quelques jours de relâche, et ils ne tardèrent pas à devenir, sinon dangereux, du moins incommodes.

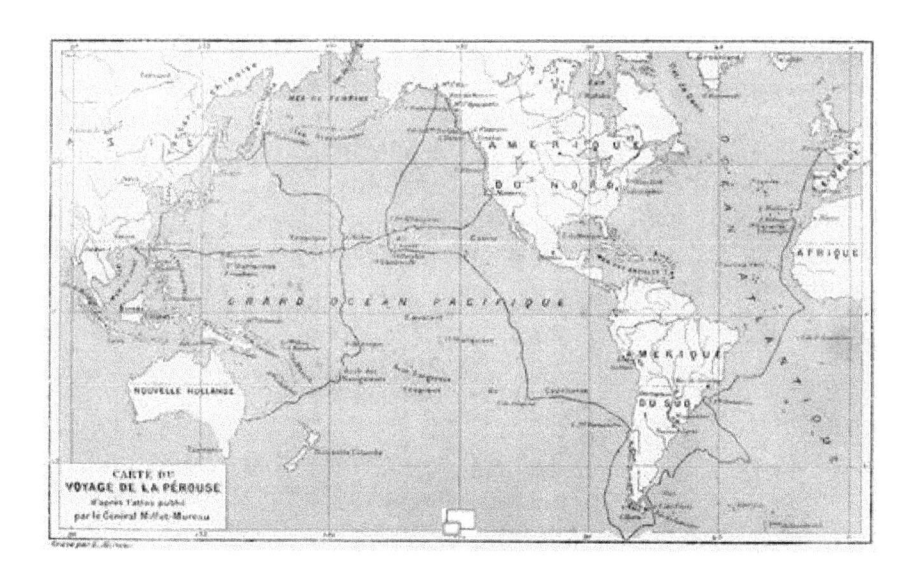

CARTE DU **VOYAGE DE LA PÉROUSE**
d'après l'atlas publié par le Général Millet-Mureau.
*Fac-simile. Gravure ancienne.*

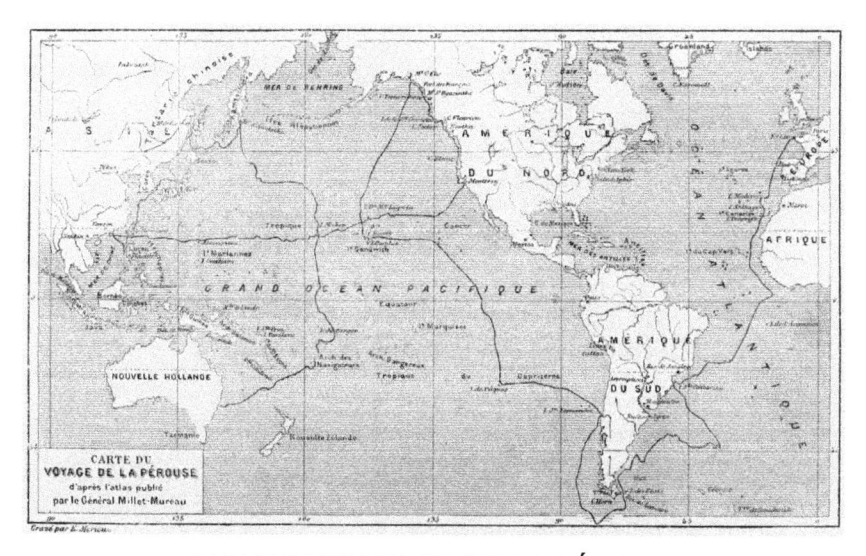

CARTE DU **VOYAGE DE LA PÉROUSE**
d'après l'atlas publié par le Général Millet-Mureau.
*Fac-simile. Gravure ancienne.*

La Pérouse avait installé un observatoire sur une île de la baie, et dressé des tentes pour les voiliers et les forgerons. Bien que cet établissement fût gardé avec vigilance, les naturels, «se glissant sur le ventre comme des couleuvres, sans remuer presque une feuille, parvenaient, malgré nos sentinelles, à dérober quelques-uns de nos effets. Enfin, ils eurent l'adresse d'entrer, de nuit, dans la tente où couchaient MM. de Lauriston et Darbaud, qui étaient de garde à l'observatoire; ils enlevèrent un fusil garni d'argent, ainsi que les habits de ces deux officiers, qui les avaient placés par précaution sous leur chevet. Une garde de douze hommes ne les aperçut pas, et les deux officiers ne furent point éveillés.»

Types de femmes du port des Français. (*Fac-simile. Gravure ancienne.*)

Cependant, le temps que La Pérouse entendait consacrer à cette relâche dans le port des Français tirait à sa fin. Les travaux de sondage, de relèvement, les plans, les observations astronomiques s'achevaient; mais, avant de la quitter définitivement, La Pérouse voulait explorer dans tous ses détails le fond de la baie. Il supposait que quelque grande rivière devait s'y jeter, qui lui permettrait de pénétrer dans l'intérieur. Mais, au fond des culs-de-sac dans lesquels il s'enfonça, La Pérouse ne rencontra que d'immenses glaciers, qui ne se terminaient qu'au sommet du mont Beau-Temps.

Aucun accident, aucune maladie n'étaient venus porter la moindre atteinte à l'heureuse chance qui avait, jusqu'alors, accompagné l'expédition.

«Nous nous regardions, dit La Pérouse, comme les plus heureux des navigateurs, d'être arrivés à une si grande distance de l'Europe, sans avoir eu un seul malade ni un seul homme atteint du scorbut. Mais le plus grand des malheurs, celui qu'il était le plus impossible de prévoir, nous attendait à ce terme.»

Sur la carte du port des Français dressée par MM. Monneron et Bernizet, il ne restait plus qu'à indiquer les sondages. C'est aux officiers de marine qu'incombait cette tâche. Trois embarcations, sous les ordres de MM. d'Escures, de Marchainville et Boutin, furent chargées de cette opération. La Pérouse, qui connaissait le zèle parfois un peu trop ardent de M. d'Escures, lui recommanda, au moment du départ, d'agir avec la prudence la plus minutieuse et de n'opérer le sondage de la passe que si la mer n'y brisait pas.

Les canots partirent à six heures du matin. C'était autant une partie de plaisir qu'une expédition de service. On devait chasser et déjeuner sous les arbres.

«A dix heures du matin, dit La Pérouse, je vis revenir notre petit canot. Un peu surpris, parce que je ne l'attendais pas si tôt, je demandai à M. Boutin, avant qu'il fût monté à bord, s'il y avait quelque chose de nouveau. Je craignis, dans ce premier instant, quelque attaque des sauvages. L'air de M. Boutin n'était pas propre à me rassurer; la plus vive douleur était peinte sur son visage.

«Il m'apprit bientôt le naufrage affreux dont il venait d'être témoin et auquel il n'avait échappé que parce que la fermeté de son caractère lui avait permis de voir toutes les ressources qui restaient dans un si extrême péril. Entraîné, en suivant son commandant, au milieu des brisants qui portaient dans la passe, pendant que la marée sortait avec une vitesse de trois ou quatre lieues par heure, il imagina de présenter à la lame l'arrière de son canot, qui, de cette manière, poussé par cette lame et lui cédant, pouvait ne pas se remplir, mais devait cependant être entraîné au dehors, à reculons, par la marée.

«Bientôt, il vit les brisants de l'avant de son canot et il se trouva dans la grande mer. Plus occupé du salut de ses camarades que du sien propre, il parcourut le bord des brisants, dans l'espoir de sauver quelqu'un; il s'y rengagea même, mais il fut repoussé par la marée; enfin, il monta sur les épaules de M. Mouton afin de découvrir un plus grand espace: vain espoir, tout avait été englouti... et M. Boutin rentra à la marée étale.

«La mer étant devenue belle, cet officier avait conservé quelque espérance pour la biscayenne de l'*Astrolabe*; il n'avait vu périr que la nôtre. M. de Marchainville était dans ce moment à un quart de lieue du danger, c'est-à-dire dans une mer aussi parfaitement tranquille que celle du port le mieux fermé; mais ce jeune officier, poussé par une générosité sans doute imprudente, puisque tout secours était impossible dans ces circonstances, ayant l'âme trop élevée, le courage trop grand pour faire cette réflexion lorsque ses amis étaient dans un si extrême danger, vola à leur secours, se jeta dans les mêmes brisants, et, victime de sa générosité et de la désobéissance formelle de son chef, périt comme lui.

«Bientôt, M. de Langle arriva à mon bord aussi accablé de douleur que moi-même, et m'apprit, en versant des larmes, que le malheur était encore infiniment plus grand que je ne croyais. Depuis notre départ, il s'était fait une loi inviolable de ne jamais détacher les deux frères, MM. La Borde-Marchainville et La Borde-Boutervilliers, pour une même corvée, et il avait cédé, dans cette seule occasion, au désir qu'ils avaient témoigné d'aller se promener et chasser ensemble, car c'était presque sous ce point de vue que nous avions envisagé, l'un et l'autre, la course de nos canots, que nous croyions aussi peu exposés que dans la rade de Brest, lorsque le temps est très beau.»

Plusieurs embarcations furent aussitôt dépêchées à la recherche des naufragés. Des récompenses avaient été promises aux indigènes, s'ils parvenaient à sauver quelqu'un; mais le retour des chaloupes détruisit jusqu'à la dernière illusion. Tous avaient péri.

Dix-huit jours après cette catastrophe, les deux frégates quittaient le port des Français. Au milieu de la baie, sur l'île qui fut appelée île du Cénotaphe, La Pérouse avait élevé un monument à la mémoire de nos infortunés compatriotes. On y lisait l'inscription suivante:

A L'ENTRÉE DU PORT, ONT PÉRI VINGT ET UN BRAVES MARINS;
QUI QUE VOUS SOYEZ, MÊLEZ VOS LARMES AUX NÔTRES.

Au pied du monument avait été enterrée une bouteille, qui renfermait le récit de ce déplorable événement.

Situé par 58° 37' de latitude nord et 139° 50' de longitude ouest, le port des Français présente de grands avantages, mais aussi quelques inconvénients au premier rang desquels il convient de placer les courants de la passe. Le climat y est infiniment plus doux qu'à la baie d'Hudson, sous la même latitude; aussi la végétation est-elle extrêmement vigoureuse. Les pins de six pieds de diamètre sur cent quarante de hauteur n'étaient pas rares; le céleri, l'oseille, le lupin, le pois sauvage, la chicorée, le mimulus se rencontraient à chaque pas; ainsi qu'un grand nombre de plantes potagères, dont l'usage contribua à tenir les équipages en bonne santé.

La mer y fournit en abondance des saumons, des truites, des vieilles, des capelans et des plies.

Dans les bois vivent des ours noirs et bruns, des lynx, des hermines, des martres, des petit-gris, des écureuils, des castors, des marmottes, des renards, des élans, des bouquetins; la fourrure la plus précieuse est celle de la loutre de mer, du loup et de l'ours marin.

> «Mais, si les productions végétales et animales de cette contrée, dit la Pérouse, la rapprochent de beaucoup d'autres, son aspect ne peut être comparé, et je doute que les profondes vallées des Alpes et des Pyrénées offrent un tableau si effrayant, mais en même temps si pittoresque, qu'il mériterait d'être visité par les curieux, s'il n'était pas à une des extrémités de la terre.»

Quant aux habitants, le portrait que La Pérouse en a tracé mérite d'être conservé:

> «Des Indiens, dans leurs pirogues, étaient sans cesse autour de nos frégates; ils y passaient trois ou quatre heures avant de commencer l'échange de quelques poissons ou de deux ou trois peaux de loutre; ils saisissaient toutes les occasions de nous voler; ils arrachaient le fer qui était facile à enlever, et ils examinaient, surtout, par quels moyens ils pourraient, pendant la nuit, tromper notre vigilance. Je faisais monter à bord de ma frégate les principaux personnages; je les comblais de présents; et ces mêmes hommes que je distinguais si particulièrement ne dédaignaient jamais le vol d'un clou ou d'une vieille culotte. Lorsqu'ils prenaient un air riant et doux, j'étais assuré qu'ils avaient volé quelque chose et, très souvent, je faisais semblant de ne pas m'en apercevoir.»

Les femmes se font une ouverture dans la partie épaisse de la lèvre inférieure dans toute la largeur de la mâchoire; elles portent une espèce d'écuelle de bois sans anses qui appuie contre les gencives, «à laquelle cette lèvre fendue sert de bourrelet en dehors, de manière que la partie inférieure de la bouche est saillante de deux ou trois pouces.»

La relâche forcée que La Pérouse venait de faire au port des Français allait l'empêcher de s'arrêter ailleurs et de procéder à la reconnaissance de toutes les indentations de la côte, comme il en avait l'intention, car il devait à tout prix arriver en Chine pendant le mois de février, afin d'employer l'été suivant au relèvement de la côte de Tartarie.

Il reconnut successivement, sur cette côte, l'entrée de Cross-Sound, où se terminent les hautes montagnes couvertes de neige, la baie des îles de Cook, le cap Enganno, terre basse qui s'avance beaucoup dans la mer et qui porte le mont Saint-Hyacinthe,—le mont et le cap Edgecumbe de Cook,—l'entrée de Norfolk où devait mouiller l'année suivante l'anglais Dixon, les ports Necker et Guibert, le cap Tschirikow, les îles de la Croyère, ainsi nommées du frère du fameux géographe Delisle, compagnon de Tschirikow, les îles San-Carlos, la baie de La Touche et le cap Hector.

Cette ligne de côtes, au sentiment de La Pérouse, devait être formée par un vaste archipel, et il avait raison, car c'étaient les archipels de Georges III, du Prince-de-Galles et l'île de la Reine-Charlotte, dont le cap Hector formait l'extrémité méridionale.

La saison déjà fort avancée et le peu de temps dont il disposait ne permirent pas à La Pérouse d'observer en détail cette suite de terres, mais son instinct ne l'avait pas trompé en lui faisant reconnaître une série d'îles et non pas un continent dans la succession des points qu'il avait relevés.

Après le cap Fleurieu, qui formait la pointe d'une île fort élevée, La Pérouse rencontra plusieurs groupes d'îles, auxquels il donna le nom de Sartines, et il fit route en redescendant la côte jusqu'à l'entrée de Nootka, qu'il reconnut le 25 août. Il visita ensuite diverses parties du continent dont Cook avait été obligé de se tenir éloigné, et qui forment une lacune sur sa carte. Cette navigation ne fut pas sans danger, à cause des courants, qui sont sur cette côte d'une violence extrême et «qui ne permettaient pas de gouverner avec un vent à filer trois nœuds à une distance de cinq lieues de terre.»

Le 5 septembre, l'expédition découvrit neuf petites îles, éloignées d'environ une lieue du cap Blanc, et auxquelles le commandant donna le nom d'îles Necker. La brume était très épaisse, et plus d'une fois on fut forcé de s'écarter de terre pour ne pas rencontrer quelque îlot ou quelque écueil dont la présence ne pouvait être soupçonnée. Le temps continua d'être mauvais jusqu'à la baie de Monterey, où La Pérouse trouva deux bâtiments espagnols.

La baie de Monterey était, à cette époque, fréquentée par une multitude de baleines, et la mer était littéralement couverte de pélicans, qui étaient très communs sur toute la côte de Californie. Une garnison de deux cent quatre-vingts cavaliers suffisait à contenir une population de cinquante mille Indiens errant dans cette partie de l'Amérique. Il faut dire que ces Indiens, généralement petits et faibles, n'étaient pas doués de cet amour de l'indépendance qui caractérise leurs congénères du nord, et n'avaient pas, comme ceux-ci, le sentiment des arts ni le goût de l'industrie.

«Ces Indiens, dit la relation, sont très adroits à tirer de l'arc; ils tuèrent devant nous les oiseaux les plus petits. Il est vrai que leur patience pour les approcher est inexprimable; ils se cachent et se glissent en quelque sorte auprès du gibier et ne le tirent qu'à quinze pas.

«Leur industrie contre la grosse bête est encore plus admirable. Nous vîmes un Indien ayant une tête de cerf attachée sur la sienne marcher à quatre pattes, avoir l'air de brouter l'herbe et jouer cette pantomime avec une telle vérité, que tous nos chasseurs l'auraient tiré à trente pas s'ils n'eussent été prévenus. Ils approchent ainsi le troupeau de cerfs à la plus petite portée et les tuent à coups de flèches.»

La Pérouse donne ensuite de très grands détails sur le présidio de Lorette et sur les missions de Californie; mais ces renseignements, qui ont leur valeur historique, ne peuvent ici trouver leur place. Ceux qu'il fournit sur la fécondité du pays rentrent mieux dans notre cadre.

«Les récoltes de maïs, d'orge, de blé et de pois, dit-il, ne peuvent être comparées qu'à celles du Chili; nos cultivateurs d'Europe ne peuvent avoir aucune idée d'une pareille fertilité; le produit moyen du blé est de soixante-dix à quatre-vingts pour un; les extrêmes, soixante ou cent.»

Le 22 septembre, les deux frégates reprirent la mer après avoir reçu un accueil bienveillant du gouverneur espagnol et des missionnaires. Elles emportaient un plein chargement de provisions de toute espèce, qui devaient leur être de la plus grande utilité pendant la longue traversée qu'il leur restait à faire jusqu'à Macao.

La partie de l'Océan que les Français allaient parcourir était presque inconnue. Seuls, les Espagnols la pratiquaient depuis longtemps; mais leur politique jalouse ne leur avait pas permis de publier les découvertes et les observations qu'ils y avaient faites. D'ailleurs, La Pérouse voulait faire route au sud-ouest jusque par 28° de latitude, où quelques géographes avaient placé l'île de Nuestra-Señora-de-la-Gorta.

Ce fut en vain qu'il la chercha pendant une longue et pénible croisière, durant laquelle les vents contraires mirent plus d'une fois à l'épreuve la patience des navigateurs.

«Nos voiles et nos agrès, dit-il, nous avertissaient, chaque jour, que nous tenions constamment la mer depuis seize mois; à chaque instant, nos manœuvres se rompaient et nos voiliers ne pouvaient suffire à réparer des toiles qui étaient presque entièrement usées.»

Le 5 novembre, fut découverte une petite île ou plutôt un rocher de cinq cents toises de longueur sur lequel ne poussait pas un arbre et qui était recouvert d'une épaisse couche de guano. Sa longitude et sa latitude sont 166° 52' à l'ouest de Paris et 23° 34' nord. Il fut nommé île Necker.

Jamais on n'avait eu plus belle mer ni une plus belle nuit. Tout à coup, vers une heure et demie du matin, on aperçut des brisants à deux encâblures de l'avant de la *Boussole*. La mer était si calme, qu'elle ne faisait presque pas de bruit et ne déferlait que de loin en loin et par place. Immédiatement, on revint sur bâbord, mais cette manœuvre avait pris du temps, et le navire n'était plus qu'à une encâblure des rochers lorsqu'il obéit à la manœuvre.

> «Nous venions d'échapper au danger le plus imminent où des navigateurs aient pu se trouver, dit La Pérouse, et je dois à mon équipage la justice de dire qu'il n'y a jamais eu, en pareille circonstance, moins de désordre et de confusion; la moindre négligence dans l'exécution des manœuvres que nous avions à faire pour nous éloigner des brisants, eût nécessairement entraîné notre perte.»

Cette bassure n'était pas connue; il fallait donc la déterminer exactement pour que d'autres navigateurs ne courussent pas les mêmes périls. La Pérouse ne manqua pas à ce devoir et la nomma «Basse des frégates françaises».

Le 14 décembre, l'*Astrolabe* et la *Boussole* eurent connaissance des îles Mariannes. On ne débarqua que sur l'île volcanique de l'Assomption. La lave y a formé des ravins et des précipices bordés de quelques cocotiers rabougris, très clairsemés, entremêlés de lianes et d'un petit nombre de plantes. Il était presque impossible d'y faire cent toises en une heure. Le débarquement et le rembarquement furent difficiles, et les cent noix de coco, les coquilles, les bananiers inconnus, que les naturalistes rapportèrent, ne valurent pas les dangers qu'ils avaient courus.

Il était impossible de s'arrêter plus longtemps dans cet archipel si l'on voulait parvenir à la côte de Chine avant le départ pour l'Europe des navires, qui devaient emporter le récit des travaux de l'expédition sur la côte d'Amérique et la relation de la traversée jusqu'à Macao. Après avoir relevé, sans s'y arrêter, la position des Bashees, le 1er janvier 1787, La Pérouse eut connaissance de la côte de la Chine, et, le lendemain, l'ancre tombait dans la rade de Macao.

La Pérouse y rencontra une petite flûte française, commandée par M. de Richery, enseigne de vaisseau, dont la mission consistait à naviguer sur les côtes de l'est et à protéger notre commerce. La ville de Macao est trop connue pour que nous nous arrêtions avec La Pérouse à en faire la description. Les avanies de tout genre dont les Chinois abreuvaient chaque jour les Européens, leurs humiliations constantes, dues au gouvernement le plus tyrannique et le plus lâche qui soit, excitèrent l'indignation du commandant français, qui aurait vivement souhaité qu'une expédition internationale vînt mettre un terme à cette situation intolérable.

Naufrage des chaloupes dans le port des Français. (*Fac-simile. Gravure ancienne.*)

Les pelleteries que l'expédition avait récoltées à la côte d'Amérique furent vendues à Macao pour dix mille piastres. Le produit devait en être réparti entre les équipages, et le chef de la compagnie suédoise se chargea de le faire passer à l'île de France. Nos malheureux compatriotes ne devaient jamais en toucher le montant par eux-mêmes!

Ils approchent ainsi des troupeaux de cerfs.

Partis de Macao le 5 février, les bâtiments se dirigèrent vers Manille, et, après avoir reconnu les bancs de Pratas, de Bulinao, de Mansiloq et de Marivelle, mal placés sur les cartes de d'Après, ils furent forcés de relâcher dans le port de Marivelle, pour attendre des vents meilleurs ou des courants plus favorables. Bien que Marivelle ne soit qu'à une lieue sous le vent de Cavite, il fallut trois jours pour atteindre ce dernier port.

> «Nous trouvâmes, dit la relation, différentes maisons pour travailler à nos voiles, faire nos salaisons, construire deux canots, loger nos naturalistes, nos ingénieurs géographes, et le bon commandant nous prêta la sienne pour y dresser notre observatoire. Nous jouissions d'une aussi entière liberté que si nous avions été à la campagne, et nous trouvions, au marché et dans l'arsenal, les mêmes ressources que dans un des meilleurs ports de l'Europe.»

Cavite, la seconde ville des Philippines, la capitale de la province de ce nom, n'était alors qu'un méchant village, où il ne restait d'autres Espagnols que des officiers militaires ou d'administration; mais, si la ville n'offrait aux yeux qu'un monceau de ruines, il n'en était pas de même du port, où les frégates françaises trouvèrent toutes les ressources désirables. Dès le lendemain de son arrivée, La Pérouse, accompagné du commandant de Langle et de ses principaux officiers, alla faire visite au gouverneur et gagna Manille en canot.

«Les environs de Manille sont ravissants, dit-il; la plus belle rivière y serpente et se divise en différents canaux, dont les deux principaux conduisent à cette fameuse lagune ou lac de Bay, qui est à sept lieues dans l'intérieur, bordé de plus de cent villages indiens, situés au milieu du territoire le plus fertile.

«Manille, bâtie sur le bord de la baie de son nom, qui a plus de vingt-cinq lieues de tour, est à l'embouchure d'une rivière navigable jusqu'au lac d'où elle prend sa source. C'est peut-être la ville de l'univers la plus heureusement située. Tous les comestibles s'y trouvent dans la plus grande abondance et au meilleur marché; mais les habillements, les quincailleries d'Europe, les meubles s'y vendent à un prix excessif. Le défaut d'émulation, les prohibitions, les gênes de toute espèce mises sur le commerce, y rendent les productions et les marchandises de l'Inde et de la Chine au moins aussi chères qu'en Europe, et cette colonie, quoique différents impôts rapportent au fisc près de huit cent mille piastres, coûte encore, chaque année, à l'Espagne quinze cent mille livres, qui y sont envoyées du Mexique. Les immenses possessions des Espagnols en Amérique n'ont pas permis au gouvernement de s'occuper essentiellement des Philippines; elles sont encore comme ces terres de grands seigneurs, qui restent en friche, et feraient cependant la fortune de plusieurs familles.

«Je ne craindrai pas d'avancer qu'une très grande nation, qui n'aurait pour colonie que les îles Philippines et qui y établirait le meilleur gouvernement qu'elles puissent comporter, pourrait voir sans envie tous les établissements européens de l'Afrique et de l'Amérique.»

Le 9 avril, après avoir appris l'arrivée à Macao de M. d'Entrecasteaux, qui était venu de l'île de France à contre-mousson, et avoir reçu, par la frégate *la Subtile*, des dépêches d'Europe et un renfort de huit matelots avec deux officiers, MM. Guyet, enseigne, et Le Gobien, garde de marine, les deux équipages appareillèrent pour la côte de Chine.

Le 21, La Pérouse eut connaissance de Formose et s'engagea aussitôt dans le canal qui sépare cette île de la Chine. Il y découvrit un banc fort dangereux, inconnu des navigateurs, et en releva soigneusement les sondages et les approches. Bientôt après, il passa devant la baie de l'ancien fort hollandais de Zélande, où est située la ville de Taywan, capitale de cette île.

La mousson n'étant pas favorable pour remonter le canal de Formose, La Pérouse se détermina à passer dans l'est de cette île. Il rectifia la position des îles Pescadores, amas de rochers qui affectent toute sorte de figures, reconnut la petite île de Botol-Tabaco-Xima, où jamais aucun voyageur n'avait abordé, prolongea l'île Kimu, qui fait partie du royaume de Likeu, dont les habitants ne sont ni Chinois ni Japonais, mais paraissent tenir des deux peuples, et vit les îles Hoa-pinsu et Tiaoyu-su, qui font partie de l'archipel de Likeu, connu seulement par les lettres d'un jésuite, le père Gaubil.

Les frégates entrèrent alors dans la mer Orientale et se dirigèrent vers l'entrée du canal qui sépare la Chine du Japon. La Pérouse y rencontra des brumes aussi épaisses que sur les côtes du Labrador et des courants variables et violents. Le premier point intéressant à fixer, avant d'entrer dans le golfe du Japon, était l'île Quelpaert, connue des Européens par le naufrage du Sparrow-Hawk, en 1635. La Pérouse en détermina la pointe sud et la releva avec le plus grand soin sur un prolongement de douze lieues.

> «Il n'est guère possible, dit-il, de trouver une île qui offre un plus bel aspect: un pic d'environ mille toises, qu'on peut apercevoir de dix-huit à vingt lieues, s'élève au milieu de l'île, dont il est sans doute le réservoir; le terrain descend en pente très douce jusqu'à la mer, d'où les habitations paraissent en amphithéâtre. Le sol nous a semblé cultivé jusqu'à une très grande hauteur. Nous apercevions, à l'aide de nos lunettes, les divisions des champs; ils sont très morcelés, ce qui prouve une grande population. Les nuances très variées des différentes cultures rendaient la vue de cette île encore plus agréable.»

Les explorateurs purent heureusement faire les meilleures observations de longitude et de latitude,—ce qui était d'autant plus important que jamais vaisseau européen n'avait parcouru ces mers, qui n'étaient tracées sur nos mappemondes que d'après les cartes chinoises et japonaises publiées par les jésuites.

Le 25 mai, les frégates embouquèrent le détroit de Corée, qui fut minutieusement relevé et dans lequel des sondages furent pratiqués toutes les demi-heures.

Comme elles pouvaient suivre la côte de très près, il fut facile d'y observer quelques fortifications à l'européenne et d'en observer tous les détails.

Le 27, on aperçut une île qui n'était portée sur aucune carte et qui paraissait éloignée d'une vingtaine de lieues de la côte de Corée. Elle reçut le nom d'île Dagelet.

La route fut ensuite dirigée vers le Japon. Les vents contraires ne permirent d'en approcher qu'avec une extrême lenteur. Le 6 juin furent reconnus le cap Noto et l'île Iootsi-Sima.

> «Le cap Noto, sur la côte du Japon, dit La Pérouse, est un point sur lequel les géographes peuvent compter; il donnera, avec le cap Nabo sur la côte orientale, déterminé par le capitaine King, la largeur de cet empire dans sa partie septentrionale. Nos déterminations rendront encore un service plus essentiel à la géographie, car elles feront connaître la largeur de la mer de Tartarie, vers laquelle je pris le parti de diriger ma route.»

Ce fut le 11 juin que La Pérouse eut connaissance de la côte de Tartarie. Le point sur lequel il atterrit était précisément à la limite de la Corée et de la Mandchourie. Les montagnes paraissaient avoir de six à sept cents toises de hauteur. Sur leurs cimes, on apercevait de la neige, mais en petite quantité. On ne découvrit aucune trace de culture ou d'habitation. Sur une longueur de côtes de quarante lieues, l'expédition ne rencontra l'embouchure d'aucune rivière. Il eût cependant été désirable qu'on pût relâcher, afin que les naturalistes et les lithologues pussent faire quelques observations.

> «Jusqu'au 14 juin, la côte avait couru au nord-est un quart nord; nous étions déjà par 44° de latitude et nous avions atteint celle que les géographes donnent au prétendu détroit de Tessoy; mais nous nous trouvions cinq degrés plus ouest que la longitude donnée à ce détroit; ces cinq degrés doivent être retranchés de la Tartarie et ajoutés au canal qui la sépare des îles situées au nord du Japon.»

Depuis que les frégates prolongeaient cette côte, on n'avait vu aucune trace d'habitation; pas une pirogue ne s'était détachée du rivage; ce pays, quoique couvert d'arbres magnifiques et d'une végétation luxuriante, semblait ne pas avoir un seul habitant.

La 23 juin, la *Boussole* et l'*Astrolabe* laissèrent tomber l'ancre dans une baie sise par 45° 13' de latitude nord et 135° 9' de longitude orientale. Elle reçut le nom de baie de Ternay.

> «Nous brûlions d'impatience, dit La Pérouse, d'aller reconnaître cette terre dont notre imagination était occupée depuis notre départ de France; c'était la seule partie du globe qui eût échappé à l'activité infatigable du capitaine Cook, et nous devons peut-être au funeste événement qui a terminé ses jours le petit avantage d'y avoir abordé les premiers.
>
> «Cinq petites anses forment le contour de cette rade (la baie Ternay); elles sont séparées entre elles par des coteaux couverts d'arbres jusqu'à la cime. Le printemps le plus frais n'a jamais offert en France

des nuances d'un vert si vigoureux et si varié.... Avant que nos canots eussent débarqué, nos lunettes étaient tournées vers le rivage, mais nous n'apercevions que des cerfs et des ours qui paissaient tranquillement sur le bord de la mer. Cette vue augmenta l'impatience que chacun avait de descendre.... Le sol était tapissé des mêmes plantes qui croissent dans nos climats, mais plus vertes et plus vigoureuses; la plupart étaient en fleur.

«On rencontrait à chaque pas des roses, des lis jaunes, des lis rouges, des muguets et généralement toutes les fleurs de nos prés. Les pins couronnaient le sommet des montagnes; les chênes ne commençaient qu'à mi-côte et ils diminuaient de grosseur et de vigueur à mesure qu'ils approchaient de la mer. Les bords des rivières et des ruisseaux étaient plantés de saules, de bouleaux, d'érables, et, sur la lisière des grands bois, on voyait des pommiers et des azeroliers en fleurs, avec des massifs de noisetiers dont les fruits commençaient à nouer.»

Ce fut à la suite d'une partie de pêche que les Français découvrirent un tombeau tartare. La curiosité les porta à l'ouvrir, et ils y trouvèrent deux squelettes couchés côte à côte. La tête était couverte d'une calotte de taffetas; le corps était enveloppé d'une peau d'ours; de la ceinture pendaient de petites monnaies chinoises et des bijoux de cuivre. On y trouva également une dizaine de bracelets d'argent, une hache en fer, un couteau et d'autres menus objets, parmi lesquels était un petit sac de nankin bleu rempli de riz.

Le 27 au matin, La Pérouse quitta cette baie solitaire, après y avoir déposé plusieurs médailles et une inscription qui donnait la date de son arrivée.

Un peu plus loin, les embarcations pêchèrent plus de huit cents morues, qui furent aussitôt salées, et elles ramenèrent du fond de la mer une grande quantité d'huîtres à nacre superbes.

Après avoir relâché dans la baie Suffren, située par 47° 51' de latitude nord et 137° 25' de longitude orientale, La Pérouse découvrit, le 6 juillet, une île qui n'était autre que Saghalien. La côte en était aussi boisée que celle de Tartarie. A l'intérieur s'élevaient de hautes montagnes, dont la plus élevée reçut le nom de pic Lamanon. Comme on apercevait des fumées et des cabanes, M. de Langle et plusieurs officiers descendirent à terre. Les habitants s'étaient enfuis tout récemment, car les cendres de leurs feux n'étaient pas encore refroidies.

Au moment où les navigateurs allaient se rembarquer, après avoir laissé quelques présents pour les habitants, une pirogue débarquait sept naturels, qui ne parurent nullement effrayés.

«Dans ce nombre, dit la relation, étaient deux vieillards ayant une longue barbe blanche, vêtus d'une étoffe d'écorce d'arbres assez semblable aux pagnes de Madagascar. Deux des sept insulaires avaient des habits de nankin bleu ouatés, et la forme de leur habillement différait peu de celle des Chinois. D'autres n'avaient qu'une longue robe qui fermait entièrement au moyen d'une ceinture et de quelques petits boutons, ce qui les dispensait de porter des caleçons. Leur tête était nue, et, chez deux ou trois, entourée seulement d'un bandeau de peau d'ours; ils avaient le toupet et les faces rasées, tous les cheveux de derrière conservés dans la longueur de huit ou dix pouces, mais d'une manière différente des Chinois, qui ne laissent qu'une touffe de cheveux en rond qu'ils appellent *pentsec*. Tous avaient des bottes de loup marin avec un pied à la chinoise très artistement travaillé.

«Leurs armes étaient des arcs, des piques et des flèches garnies de fer. Le plus vieux de ces insulaires, celui auquel les autres témoignaient le plus d'égards, avait les yeux dans un très mauvais état. Il portait autour de la tête un garde-vue pour se garantir de la trop grande clarté du soleil. Les manières de ces habitants étaient graves, nobles et très affectueuses.»

M. de Langle leur donna rendez-vous pour le lendemain. La Pérouse et la plupart de ses officiers s'y rendirent. Les renseignements qu'ils obtinrent de ces Tartares étaient importants, et ils devaient déterminer La Pérouse à pousser sa reconnaissance plus au nord.

«Nous parvînmes à leur faire comprendre, dit-il, que nous désirions qu'ils figurassent leur pays et celui des Mandchoux. Alors un des vieillards se leva et, avec le bout de sa pique, il traça la côte de Tartarie, à l'ouest, courant à peu près nord et sud. A l'est, vis-à-vis, et dans la même direction, il figura son île, et, en portant la main sur la poitrine, il nous fit entendre qu'il venait de tracer son propre pays. Il avait laissé entre la Tartarie et son île un détroit, et, se tournant vers nos vaisseaux qu'on apercevait du rivage, il marqua par un trait qu'on pouvait y passer. Au sud de cette île, il en avait figuré une autre et avait laissé un détroit, en indiquant que c'était encore une route pour nos vaisseaux.

«Sa sagacité pour nous comprendre était très grande, mais moindre que celle d'un autre insulaire, âgé à peu près de trente ans, qui, voyant que les figures tracées sur le sable s'effaçaient, prit un de nos crayons avec du papier. Il traça son île, qu'il nomma Tchoka, et indiqua par un trait la petite rivière sur le bord de laquelle nous étions, qu'il plaça aux deux tiers de la longueur de l'île, depuis le nord vers le sud. Il dessina ensuite la terre des Mandchoux, laissant, comme le vieillard, un détroit au fond de l'entonnoir, et, à notre grande surprise, il y ajouta le fleuve Saghalien, dont ces insulaires prononçaient le nom comme nous; il plaça l'embouchure de ce fleuve un peu au sud de la pointe du nord de son île....

«Nous voulûmes ensuite savoir si ce détroit était fort large; nous cherchâmes à lui faire comprendre notre idée; il la saisit et, plaçant ses deux mains perpendiculairement et parallèlement à deux ou trois pouces l'une de l'autre, il nous fit entendre qu'il figurait ainsi la largeur de la petite rivière de notre aiguade; et, les écartant davantage, que cette seconde largeur était celle du fleuve Saghalien; et, en les éloignant enfin beaucoup plus, que c'était la largeur du détroit qui sépare son pays de la Tartarie....

«M. de Langle et moi crûmes qu'il était de la plus grande importance de reconnaître si l'île que nous prolongions était celle à laquelle les géographes ont donné le nom d'île Saghalien, sans en soupçonner l'étendue au sud. Je donnai ordre de tout disposer sur les deux frégates pour appareiller le lendemain. La baie où nous étions mouillés reçut le nom de baie de Langle, du nom de ce capitaine qui l'avait découverte et y avait mis pied à terre le premier.»

Dans une autre baie, sur la même côte, qui fut nommée baie d'Estaing, les canots abordèrent au pied de dix à douze cabanes. Elles étaient plus grandes que celles qu'on avait vues jusqu'alors et divisées en deux chambres. Celle du fond contenait le foyer, les ustensiles de cuisine et la banquette qui règne autour; celle du devant était absolument nue et vraisemblablement destinée à recevoir les étrangers. Les femmes s'étaient sauvées en voyant débarquer les Français. Deux d'entre elles furent cependant atteintes, et, tandis qu'on les rassurait, on eut le temps de les dessiner. Leur physionomie était un peu extraordinaire, mais agréable; leurs yeux étaient petits, leurs lèvres grosses, et la lèvre supérieure était peinte ou tatouée.

M. de Langle trouva les insulaires rassemblés autour de quatre barques chargées de poisson fumé, qu'ils aidaient à mettre à l'eau. C'étaient des Mandchoux venus des bords du fleuve Saghalien. Dans un coin de l'île fut trouvé une espèce de cirque planté de quinze ou vingt piquets, surmontés chacun d'une tête d'ours. On supposa, non sans vraisemblance, que ces trophées étaient destinés à perpétuer le souvenir d'une victoire contre ces animaux.

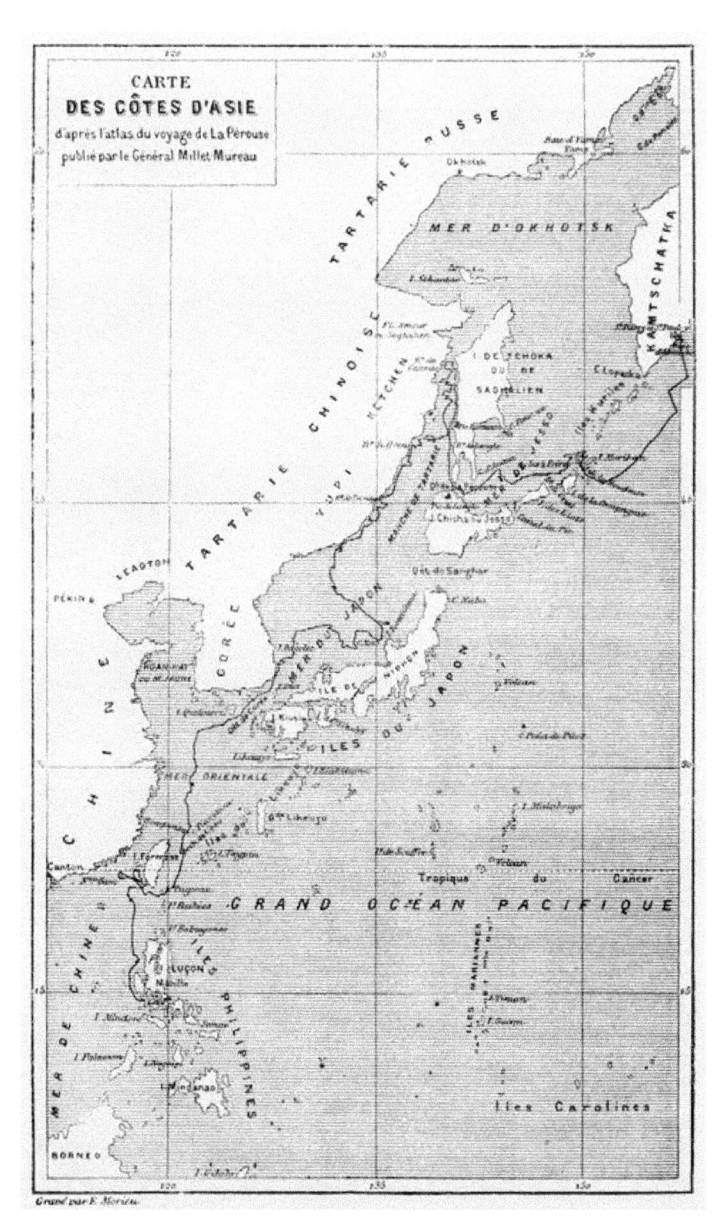

CARTE
**DES CÔTES D'ASIE**
d'après l'atlas du voyage de La Pérouse
publié par le Général Millet-Mureau.

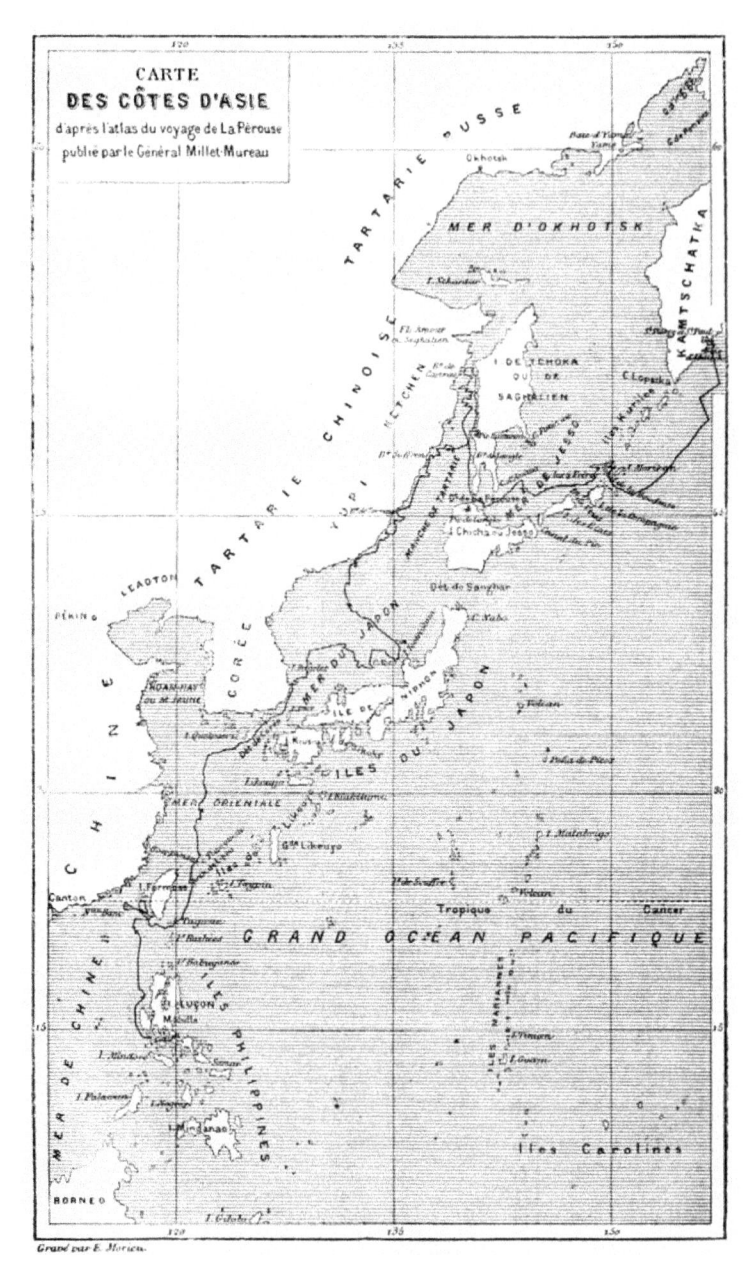

**CARTE
DES CÔTES D'ASIE**
d'après l'atlas du voyage de La Pérouse
publié par le Général Millet-Mureau.

Il traça la carte de Tartarie.

Sur cette côte furent pêchées quantité de morues, et, à l'embouchure d'une rivière, une masse prodigieuse de saumons.

Après avoir reconnu la baie de La Jonquière, La Pérouse jeta l'ancre dans la baie de Castries. Sa provision d'eau tirait à sa fin, et il n'avait plus de bois. Plus il s'enfonçait dans le canal qui sépare Saghalien du continent, plus le fond diminuait. La Pérouse, se rendant compte qu'il ne pourrait doubler, par le nord, l'île de Saghalien, et craignant de ne plus pouvoir sortir du défilé dans lequel il s'était engagé que par le détroit de Sanghar, qui était bien plus au sud, résolut de ne s'arrêter que cinq jours dans la baie de Castries, temps strictement nécessaire pour faire ses provisions.

L'observatoire fut établi sur une petite île, tandis que les charpentiers abattaient le bois et que les matelots remplissaient les pièces à eau.

«Chaque cabane des insulaires, qui se donnaient le nom d'Orotchys, dit la relation, était entourée d'une sècherie de saumons, qui restaient exposés sur des perches aux ardeurs du soleil, après avoir été boucanés pendant trois ou quatre jours autour du foyer qui est au milieu de leur case; les femmes chargées de cette opération ont le soin, lorsque la fumée les a pénétrés, de les porter en plein air, où ils acquièrent la dureté du bois.

«Ils faisaient leur pêche dans la même rivière que nous avec des filets ou des dards, et nous les voyions manger crus, avec une avidité dégoûtante, le museau, les ouïes, les osselets et quelquefois la peau entière du saumon, qu'ils dépouillaient avec beaucoup d'adresse; ils suçaient le mucilage de ces parties comme nous avalons une huître. Le plus grand nombre de leurs poissons n'arrivaient à l'habitation que dépouillés, excepté lorsque la pêche avait été très abondante; alors les femmes cherchaient avec la même avidité les poissons entiers, et en dévoraient, d'une manière aussi dégoûtante, les parties mucilagineuses, qui leur paraissaient le mets le plus exquis.

«Ce peuple est d'une malpropreté et d'une puanteur révoltantes; il n'en existe peut-être pas de plus faiblement constitué, ni d'une physionomie plus éloignée des formes auxquelles nous attachons l'idée de beauté. Leur taille moyenne est au-dessous de quatre pieds dix pouces; leur corps est grêle, leur voix faible et aiguë, comme celle des enfants. Ils ont les os des joues saillants, les yeux petits, chassieux et fendus diagonalement; la bouche large, le nez écrasé, le menton court, presque imberbe, et une peau olivâtre vernissée d'huile et de fumée. Ils laissent croître leurs cheveux et ils les tressent à peu près comme nous. Ceux des femmes leur tombent épars sur les épaules, et le portrait que je viens de tracer convient autant à leur physionomie qu'à celle des hommes, dont il serait assez difficile de les distinguer, si une légère différence dans l'habillement n'annonçait leur sexe. Elles ne sont cependant assujetties à aucun travail forcé qui ait pu, comme chez les Indiens d'Amérique, altérer l'élégance de leurs traits, si la nature les eût pourvues de cet avantage.

«Tous leurs soins se bornent à tailler et à coudre leurs habits, à disposer le poisson pour être séché et à soigner leurs enfants, à qui elles donnent à téter jusqu'à l'âge de trois ou quatre ans. Ma surprise fut extrême d'en voir un de cet âge qui, après avoir bandé un petit arc, tiré assez juste une flèche, donné des coups de bâton à un chien, se jeta sur le sein de sa mère et y prit la place d'un enfant de cinq à six mois, qui s'était endormi sur ses genoux.»

La Pérouse obtint des Bitchys et des Orotchys des informations analogues à celles qui lui avaient été déjà données. Il en résultait que la pointe septentrionale de Saghalien n'était réunie au continent que par un banc de sable, sur lequel poussaient des herbes marines et où il y avait très peu d'eau. Cette concordance de renseignements ne pouvait lui laisser aucun doute, alors surtout qu'il était arrivé à ne plus trouver que six brasses dans le canal. Il ne lui restait plus qu'un point intéressant à éclaircir: relever l'extrémité méridionale de Saghalien, qu'il ne connaissait que jusqu'à la baie de Langle, par 47° 49'.

Le 2 août, l'*Astrolabe* et la *Boussole* quittèrent la baie Castries, redescendirent au sud, découvrirent et reconnurent successivement l'île Monneron et le pic de Langle, doublèrent la pointe méridionale de Saghalien, appelée cap Crillon, et donnèrent dans un détroit entre Oku-Jesso et Jesso, qui a reçu le nom de La Pérouse. C'était là un des points de géographie les plus importants que les navigateurs modernes eussent laissés à leurs successeurs. Jusqu'alors la géographie de ces contrées était absolument fantastique: pour Sanson, la Corée est une île, Jesso et Oku-Jesso et le Kamtschatka n'existent point, pour G. Delisle, Jesso et Oku-Jesso ne sont qu'une île terminée au détroit de Sangaar; enfin, Buache, dans ses *Considérations géographiques*, page 105, dit: «Le Jesso, après avoir été transporté à l'orient, attaché au midi, ensuite à l'occident, le fut enfin au nord.....»

C'était, on le voit, un véritable chaos, auquel mettaient fin les travaux de l'expédition française.

La Pérouse eut quelques relations avec les habitants du cap Crillon, qu'il déclare bien plus beaux hommes, bien plus industrieux, mais aussi bien moins généreux que les Orotchys de la baie Castries.

> «Ils ont, dit-il, un objet de commerce très important, inconnu dans la manche de Tartarie et dont l'échange leur procure toutes leurs richesses, c'est l'huile de baleine. Ils en récoltent des quantités considérables. Leur manière de l'extraire n'est cependant pas la plus économique; elle consiste à couper par morceaux la chair des baleines et à la laisser pourrir en plein air sur un talus exposé au soleil. L'huile qui en découle est reçue dans des vases d'écorce ou dans des outres de loup marin.»

Après avoir reconnu le cap d'Aniva des Hollandais, les frégates longèrent la terre de la Compagnie, pays aride, sans arbres et sans habitants, et ne tardèrent pas à apercevoir les Kuriles; puis ils passèrent entre l'île Marikan et celle des Quatre-Frères, donnant à ce détroit, le plus beau que l'on puisse rencontrer entre les Kuriles, le nom de canal de la Boudeuse.

Le 3 septembre, fut aperçue la côte du Kamtschatka, contrée hideuse, «où l'œil se repose avec peine, et presque avec effroi, sur des masses énormes de rochers que la neige couvrait encore au commencement de septembre et qui semblaient n'avoir jamais eu de végétation.»

Trois jours plus tard, on eut connaissance de la baie d'Avatscha, ou Saint-Pierre et Saint-Paul. Les astronomes procédèrent aussitôt à leurs observations, et les naturalistes firent l'ascension très pénible et dangereuse d'un volcan situé à huit lieues dans l'intérieur, tandis que le reste de l'équipage, qui n'était pas occupé aux travaux du bord, se livrait au plaisir de la chasse ou de la pêche. Grâce au bon accueil du gouverneur, les plaisirs furent variés.

> «Il nous invita, dit La Pérouse, à un bal qu'il voulut donner à notre occasion à toutes les femmes, tant kamtschadales que russes, de Saint-Pierre et Saint-Paul. Si l'assemblée ne fut pas nombreuse, elle était au moins extraordinaire. Treize femmes vêtues d'étoffes de soie, dont dix kamtschadales avec de gros visages, de petits yeux et des nez plats, étaient assises sur des bancs, autour de l'appartement. Les Kamtschadales avaient, ainsi que les Russes, des mouchoirs de soie qui leur enveloppaient la tête, à peu près comme les femmes mulâtres de nos colonies... On commença par des danses russes, dont les airs sont très agréables et qui ressemblaient beaucoup à la cosaque qu'on a donnée à Paris, il y a quelques années. Les danses kamtschadales leur succédèrent; elle ne peuvent être comparées qu'à celles des convulsionnaires du fameux tombeau de Saint-Médard. Il ne faut que des bras, des épaules et presque point de jambes aux danseurs de cette partie de l'Asie. Les danseuses kamtschadales, par leurs convulsions et leurs mouvements de contraction, inspirent un sentiment pénible à tous les spectateurs; il est encore plus vivement excité par le cri de douleur qui sort du creux de la poitrine de ces danseuses, qui n'ont que cette musique pour mesure de leurs mouvements. Leur fatigue est telle, pendant cet exercice, qu'elles sont toutes dégouttantes de sueur et restent étendues par terre sans avoir la force de se relever. Les abondantes exhalaisons qui émanent de leur corps parfument l'appartement d'une odeur d'huile de poisson, à laquelle des nez européens sont trop peu accoutumés pour en sentir les délices.»

Le bal fut interrompu par l'arrivée d'un courrier d'Okotsch. Les nouvelles qu'il apportait furent heureuses pour tous, mais plus particulièrement pour La Pérouse, qui venait d'être promu au grade de chef d'escadre.

Pendant cette relâche, les navigateurs retrouvèrent la tombe de Louis Delisle de la Croyère, membre de l'Académie des Sciences, qui était mort au Kamtschatka en 1741, au retour d'une expédition faite par ordre du tsar, dans le but de relever les côtes d'Amérique. Ses compatriotes firent placer sur son tombeau une plaque de cuivre gravée, et rendirent le même hommage au capitaine Clerke, le second et le successeur du capitaine Cook.

«La baie d'Avatscha, dit La Pérouse, est certainement la plus belle, la plus commode, la plus sûre qu'il soit possible de rencontrer dans aucune partie du monde. L'entrée en est étroite, et les bâtiments seraient forcés de passer sous le canon des forts qu'on y pourrait établir; la tenue y est excellente; le fond est de vase; deux ports vastes, l'un sur la côte de l'est, l'autre sur celle de l'ouest, pourraient recevoir tous les vaisseaux de la marine de France et d'Angleterre.»

Le 29 septembre 1787, la *Boussole* et l'*Astrolabe* mirent à la voile. M. de Lesseps, vice-consul de Russie, qui avait jusqu'alors accompagné La Pérouse, était chargé de gagner la France par terre, voyage aussi long que pénible,—à cette époque surtout,—et de transporter à la cour les dépêches de l'expédition.

Il s'agissait maintenant de retrouver une terre découverte par les Espagnols en 1620. Les deux frégates croisèrent sous 37° 30' l'espace de trois cents lieues, sans en découvrir aucune trace, coupèrent la ligne pour la troisième fois, passèrent sur la position donnée par Byron aux îles du Danger sans les apercevoir, et eurent connaissance, le 6 décembre, de l'archipel des Navigateurs, dont la découverte était due à Bougainville.

Plusieurs pirogues entourèrent aussitôt les deux bâtiments. Les naturels qui les montaient n'étaient pas pour donner à La Pérouse une bonne idée de la beauté des insulaires.

«Je ne vis que deux femmes, dit-il, et leurs traits n'avaient pas de délicatesse. La plus jeune, à laquelle on pouvait supposer dix-huit ans, avait, sur une jambe, un ulcère dégoûtant. Plusieurs de ces insulaires avaient des plaies considérables, et il serait possible que ce fût un commencement de lèpre, car je remarquai parmi eux deux hommes dont les jambes ulcérées et aussi grosses que le corps ne pouvaient laisser aucun doute sur le genre de leur maladie. Ils nous approchèrent avec crainte et sans armes, et tout annonce qu'ils sont aussi paisibles que les habitants des îles de la Société ou des Amis.»

Le 9 décembre, l'ancre tombait devant l'île de Maouna. Le lendemain, le lever du soleil annonçait une belle journée. La Pérouse résolut d'en profiter pour visiter le pays, faire de l'eau et appareiller ensuite, car le mouillage était trop mauvais pour qu'on y passât une seconde nuit. Toutes les précautions prises,

La Pérouse descendit à terre dans l'endroit où ses matelots faisaient de l'eau. Quant au capitaine de Langle, il gagna une petite anse éloignée d'une lieue de l'aiguade, «et cette promenade, dont il revint enchanté, transporté par la beauté du village qu'il avait visité, fut, comme on le verra, la cause de nos malheurs.»

A terre, un marché très achalandé s'était établi. Les hommes et les femmes y vendaient toutes sortes de choses, poules, perruches, cochons et fruits. Pendant ce temps, un indigène, s'étant introduit dans une chaloupe, avait saisi un maillet et en frappait à coups redoublés sur le dos d'un matelot. Empoigné aussitôt par quatre forts gaillards, il avait été lancé à l'eau.

La Pérouse s'enfonça dans l'intérieur, accompagné de femmes, d'enfants et de vieillards, et fit une délicieuse promenade à travers un pays charmant, qui réunissait le double avantage d'une fertilité sans culture et d'un climat qui n'exigeait aucun vêtement.

> «Des arbres à pain, des cocos, des bananes, des goyaves, des oranges, présentaient à ces peuples fortunés une nourriture saine et abondante; des poules, des cochons, des chiens, qui vivaient de l'excédant de ces fruits, leur offraient une agréable variété de mets.»

La première visite se passa sans rixe sérieuse. Il y eut cependant quelques querelles; mais, grâce à la prudence et à la réserve des Français, qui se tenaient sur leurs gardes, elles n'avaient pas pris un caractère de gravité. La Pérouse avait donné les ordres nécessaires pour l'appareillage; mais M. de Langle insista pour faire encore quelques chaloupées d'eau.

> «Il avait adopté le système du capitaine Cook; il croyait que l'eau fraîche était cent fois préférable à celle que nous avions dans la cale, et comme quelques personnes de son équipage avaient de légers symptômes de scorbut, il pensait, avec raison, que nous leur devions tous les moyens de soulagement.»

Un secret pressentiment empêcha tout d'abord La Pérouse de consentir; il céda cependant aux instances de M. de Langle, qui lui fit comprendre que le commandant serait responsable des progrès de la maladie, que d'ailleurs le port où il comptait descendre était très commode, que lui-même prendrait le commandement de l'expédition et qu'en trois heures tout serait fini.

> «M. de Langle, dit la relation, était un homme d'un jugement si solide et d'une telle capacité, que ces considérations, plus que tout autre motif, déterminèrent mon consentement ou plutôt firent céder ma volonté à la sienne...
>
> «Le lendemain donc, deux embarcations, sous les ordres de MM. Boutin et Mouton, portant tous les scorbutiques avec six soldats

armés et le capitaine d'armes, en tout vingt-huit hommes, quittèrent l'*Astrolabe* pour se mettre sous les ordres de M. de Langle. MM. de Lamanon, Collinet, bien que malades, de Vaujuas, convalescent, accompagnèrent M. de Langle dans son grand canot. M. Le Gobien commandait la chaloupe. MM. de La Martinière, Lavaux et le père Receveur faisaient partie des trente-trois personnes envoyées par la *Boussole*. C'était un total de soixante et un individus, qui composaient l'élite de l'expédition.

«M. de Langle fit armer tout le monde de fusils et plaça six pierriers sur les chaloupes. La surprise de M. de Langle et de tous ses compagnons fut extrême de trouver, au lieu d'une baie vaste et commode, une anse remplie de corail, dans laquelle on ne pénétrait que par un chenal tortueux, étroit, où la houle déferlait avec violence. M. de Langle avait reconnu cette baie à marée haute; aussi, à cette vue, son premier mouvement fut-il de gagner la première aiguade.

«Mais la contenance des insulaires, le grand nombre de femmes et d'enfants qu'il aperçut au milieu d'eux, l'abondance des cochons et des fruits qu'ils allaient offrir en vente, firent évanouir ces velléités de prudence.

«Il mit à terre les pièces à eau des quatre embarcations avec la plus grande tranquillité; ses soldats établirent le meilleur ordre sur le rivage; ils formèrent une haie qui laissa un espace libre à nos travailleurs; mais ce calme ne fut pas de longue durée; plusieurs des pirogues, qui avaient vendu leurs provisions à nos vaisseaux, étaient retournées à terre, et toutes avaient abordé dans la baie de l'aiguade, en sorte que, peu à peu, elle s'était remplie; au lieu de deux cents habitants, y compris les femmes et les enfants, que M. de Langle y avait rencontrés en arrivant à une heure et demie, il s'en trouva mille à douze cents à trois heures.

«La situation de M. de Langle devenait plus embarrassante de moment en moment: il parvint néanmoins, secondé par MM. de Vaujuas, Boutin, Collinet et Gobien, à embarquer son eau. Mais la baie était presque à sec, et il ne pouvait pas espérer de déchouer ses chaloupes avant quatre heures du soir; il y entra cependant, ainsi que son détachement, et se posta en avant avec son fusil et ses fusiliers, défendant de tirer avant qu'il en eût donné l'ordre.

«Il commençait néanmoins à sentir qu'il y serait bientôt forcé: déjà les pierres volaient, et ces Indiens, qui n'avaient de l'eau que jusqu'aux genoux, entouraient les chaloupes à moins d'une toise de distance; les soldats, qui étaient embarqués, faisaient de vains efforts pour les écarter.

«Si la crainte de commencer les hostilités et d'être accusé de barbarie n'eût arrêté M. de Langle, il eût sans doute ordonné de faire sur les Indiens une décharge de mousqueterie et de pierriers, qui aurait certainement éloigné cette multitude; mais il se flattait de les contenir sans effusion de sang, et il fut victime de son humanité.

Les Orotchys (types.) (*Fac-similé. Gravure ancienne.*)

«Bientôt, une grêle de pierres, lancées à une très petite distance avec la vigueur d'une fronde, atteignit presque tous ceux qui étaient dans la chaloupe. M. de Langle n'eut que le temps de tirer ses deux coups de fusil; il fut renversé, et tomba malheureusement du côté de bâbord de la chaloupe, où plus de deux cents Indiens le massacrèrent sur-le-champ, à coups de massue et de pierres. Lorsqu'il fut mort, ils l'attachèrent par un de ses bras à un tollet de la chaloupe, afin, sans doute, de profiter plus sûrement de ses dépouilles.

Portrait de d'Entrecasteaux. (*Fac-simile. Gravure ancienne.*)

«La chaloupe de la *Boussole*, commandée par M. Boutin, était échouée à deux toises de celle de l'*Astrolabe*, et elles laissaient parallèlement entre elles un petit canal qui n'était pas occupé par les Indiens. C'est par là que se sauvèrent à la nage tous les blessés qui eurent le bonheur de ne pas tomber du côté du large; ils gagnèrent nos canots qui, étant très heureusement restés à flot, se trouvèrent à portée de sauver quarante-neuf hommes sur les soixante et un qui composaient l'expédition.

«M. Boutin avait imité tous les mouvements et suivi toutes les démarches de M. de Langle; il ne se permit de tirer et n'ordonna la décharge de son détachement qu'après le feu de son commandant. On sent qu'à la distance de quatre ou cinq pas, chaque coup de fusil dut tuer un Indien, mais on n'eut pas le temps de recharger. M. Boutin fut également renversé par une pierre; il tomba heureusement entre les deux embarcations échouées; ceux qui s'étaient sauvés à la nage vers les deux canots avaient chacun plusieurs blessures, presque toutes à la tête. Ceux, au contraire, qui eurent le malheur d'être renversés du côté des Indiens, furent achevés dans l'instant, à coups de massue.

«On doit à la sagesse de M. de Vaujuas, au bon ordre qu'il établit, à la ponctualité avec laquelle M. Mouton, qui commandait le canot de la *Boussole*, sut le maintenir, le salut des quarante-neuf personnes des deux équipages.

«Le canot de l'*Astrolabe* était si chargé, qu'il échoua. Cet événement fit naître aux insulaires l'idée de troubler les blessés dans leur retraite; ils se portèrent en grand nombre vers les récifs de l'entrée, dont les canots devaient nécessairement passer à dix pieds de distance: on épuisa, sur ces forcenés, le peu de munitions qui restaient, et les canots sortirent enfin de cet antre.»

La Pérouse eut tout d'abord l'idée assez naturelle de venger la mort de ses malheureux compagnons. M. Boutin, que ses blessures retenaient au lit, mais qui avait conservé toute sa tête, l'en détourna très vivement, en lui représentant que si, par malheur, quelque chaloupe venait à s'échouer, la disposition de la baie était telle, les arbres qui descendaient presque dans la mer offraient aux indigènes des abris si sûrs, que pas un Français n'en sortirait. La Pérouse dut louvoyer pendant deux jours devant le théâtre de ce sanglant événement, sans pouvoir donner satisfaction à ses équipages altérés de vengeance.

«Ce qui paraîtra sans doute incroyable, dit La Pérouse, c'est que, pendant ce temps, cinq ou six pirogues partirent de la côte et vinrent, avec des cochons, des pigeons et des cocos, nous proposer des échanges; j'étais à chaque instant obligé de retenir ma colère pour ne pas ordonner de les couler bas.»

On comprend sans peine qu'un événement qui privait les deux bâtiments d'une partie de leurs officiers, de trente-deux de leurs meilleurs matelots et de deux chaloupes, devait modifier les projets de La Pérouse, car le plus petit échec l'aurait forcé de brûler une des frégates pour armer l'autre. Il n'avait d'autre parti à prendre que de faire voile pour Botany-Bay, tout en reconnaissant les différentes îles qu'il rencontrerait, et en déterminant leur position astronomiquement.

Le 14 décembre, on eut connaissance de l'île d'Oyolava, qui fait partie du même groupe, et que Bougainville avait aperçue de très loin. Taïti peut à peine lui être comparée pour la beauté, l'étendue, la fertilité et la densité de la population. De tout point semblables à ceux de Maouna, les habitants d'Oyolava entourèrent bientôt les deux frégates, et offrirent aux navigateurs les productions multiples de leur île. Suivant toute apparence, les Français étaient les premiers à commercer avec ces peuples, qui n'avaient aucune connaissance du fer, car ils préféraient de beaucoup un seul grain de rassade à une hache ou à un clou de six pouces. Parmi les femmes, certaines avaient une physionomie agréable; leur taille était élégante; leurs yeux, leurs gestes annonçaient de la douceur, tandis que la physionomie des hommes indiquait la fourberie et la férocité.

L'île de Pola, devant laquelle l'expédition passa le 17 décembre, appartenait encore à l'archipel des Navigateurs. Il faut croire que la nouvelle du massacre des Français y était parvenue, car aucune pirogue ne se détacha du rivage pour accoster les vaisseaux.

Le 20 décembre, furent reconnues l'île des Cocos et l'île des Traîtres de Schouten. Cette dernière est divisée en deux par un canal dont l'existence aurait échappé aux navigateurs, s'ils n'eussent prolongé l'île de très près. Une vingtaine de pirogues vinrent apporter aux navires les plus beaux cocos que La Pérouse eût jamais vus, quelques bananes, des ignames et un seul petit cochon.

Les îles des Cocos et des Traîtres, que Wallis place d'un degré treize minutes trop à l'ouest, et qu'il désigne sous les noms de Boscawen et Keppel, peuvent être également rattachées à l'archipel des Navigateurs. La Pérouse considère les habitants de cet archipel comme appartenant à la plus belle race de la Polynésie. Grands, vigoureux, bien faits, ils l'emportaient par la beauté du type sur ceux des îles de la Société, dont la langue ressemblait beaucoup à la leur. En toute autre circonstance, le commandant serait descendu dans les belles îles d'Oyolava et de Pola; mais la fermentation était encore trop grande, le souvenir des événements de Maouna trop récent, pour qu'il n'eût pas à craindre de voir s'élever, sous le prétexte le plus futile, une rixe sanglante, qui aurait aussitôt dégénéré en massacre.

> «Chaque île que nous apercevions, dit-il, nous rappelait un trait de perfidie de la part des insulaires; les équipages de Roggewein avaient été attaqués et lapidés aux îles de la Récréation, dans l'est de celles des Navigateurs; ceux de Schouten, à l'île des Traîtres, qui était à notre vue, et au sud de l'île de Maouna, où nous avions été, nous-mêmes, assassinés d'une manière si atroce.
>
> «Ces réflexions avaient changé nos manières d'agir à l'égard des Indiens. Nous réprimions par la force les plus petits vols et les plus petites injustices; nous leur montrions, par l'effet de nos armes, que la fuite ne les sauverait pas de notre ressentiment; nous leur refusions la permission de monter à bord, et nous menacions de punir de mort ceux qui oseraient y venir malgré nous.»

On voit, d'après l'amertume de ces réflexions, combien La Pérouse eut raison d'empêcher toute communication ultérieure de ses équipages avec les indigènes. Cette irritation est trop naturelle pour surprendre; mais on ne saurait assez louer la prudence et l'humanité du commandant, qui sut résister à l'entraînement de la vengeance.

Des îles des Navigateurs, la route fut dirigée sur l'archipel des Amis, que Cook n'avait pu explorer en entier. Le 27 décembre, fut découverte l'île de

Vavao, une des plus grandes du groupe que le navigateur anglais n'avait pas eu occasion de visiter. Égale à Tonga-Tabou, elle est plus élevée et ne manque point d'eau douce. La Pérouse reconnut plusieurs îles de cet archipel, et il eut quelques relations avec ses habitants, qui ne lui procurèrent pas des vivres en assez grande quantité pour compenser sa consommation. Aussi résolut-il, le 1er janvier 1788, de gagner Botany-Bay, en prenant une route qui n'eût encore été suivie par aucun navigateur.

L'île Pilstaart, qu'avait découverte Tasman ou plutôt ce rocher, car sa plus grande largeur n'est que d'un quart de lieue, n'offre qu'une côte escarpée et ne peut servir de retraite qu'aux oiseaux de mer. C'est pourquoi La Pérouse, qui n'avait aucune raison de s'y arrêter, voulait-il hâter sa route vers la Nouvelle-Hollande; mais il est un facteur avec lequel il faut compter, même encore aujourd'hui, c'est le vent, et La Pérouse fut retenu trois jours devant Pilstaart.

Le 13 janvier, fut aperçue l'île Norfolk et ses deux îlots. Le commandant, en laissant tomber l'ancre à un mille de terre, ne voulait que faire reconnaître par les naturalistes le sol et les productions de l'île. Mais les lames qui déferlaient sur la plage semblaient défendre le littoral contre tout débarquement, et cependant Cook y avait atterri avec la plus grande facilité.

Une journée se passa tout entière en vaines tentatives et fut sans résultats scientifiques pour l'expédition. Le lendemain, La Pérouse mettait à la voile. Au moment où ses frégates entraient dans la passe de Botany-Bay, on aperçut une flotte anglaise. C'était celle du commodore Phillip, qui allait jeter les fondements de Port-Jackson, embryon de cette puissante colonie dont les immenses provinces sont arrivées aujourd'hui, après moins d'un siècle d'existence, au faîte de la civilisation et de la prospérité.

C'est ici que s'arrête le journal de La Pérouse. Nous savons, par une lettre qu'il écrivit de Botany-Bay, le 5 février, au ministre de la marine, qu'il devait y construire deux chaloupes pour remplacer celles qui avaient été détruites à Maouna. Tous les blessés, et notamment M. Lavaux, le chirurgien major de l'*Astrolabe*, qui avait été trépané, étaient alors en parfaite santé. M. de Clonard avait pris le commandement de l'*Astrolabe*, et M. de Monti l'avait remplacé sur la *Boussole*.

Une lettre postérieure de deux jours donnait des détails sur la route que le commandant se proposait de suivre. La Pérouse y disait:

> «Je remonterai aux îles des Amis et je ferai absolument tout ce qui m'est enjoint par mes instructions relativement à la partie méridionale de la Nouvelle-Calédonie, à l'île Santa-Cruz de Mendana, à la côte du sud de la terre des Arsacides de Surville et à la terre de la Louisiade de Bougainville, en cherchant à connaître si

cette dernière fait partie de la Nouvelle-Guinée ou si elle en est séparée. Je passerai à la fin de juillet 1788 entre la Nouvelle-Guinée et la Nouvelle-Hollande par un autre canal que celui de l'Endeavour, si toutefois il en existe un. Je visiterai, pendant le mois de septembre et une partie d'octobre, le golfe de Carpentarie et toute la côte occidentale de la Nouvelle-Hollande jusqu'à la terre de Diemen, mais de manière, cependant, qu'il me soit possible de remonter au nord assez tôt pour arriver au commencement de décembre de 1788 à l'île de France.»

Non seulement La Pérouse ne fut pas exact au rendez-vous que lui-même avait fixé, mais deux années entières se passèrent sans qu'on eût de nouvelles de son expédition.

Bien que la France traversât, à cette époque, une crise d'une importance exceptionnelle, l'intérêt public, violemment surexcité, finit par se traduire à la barre de l'Assemblée nationale par l'organe des membres de la Société d'histoire naturelle de Paris. Un décret du 9 février 1791 invita le roi à faire armer un ou plusieurs bâtiments pour aller à la recherche de La Pérouse. En supposant qu'un naufrage vraisemblable fût venu arrêter le cours de l'expédition, il était possible que la plus grande partie des équipages eût survécu; il importait donc qu'on lui portât secours le plus rapidement possible.

Des savants, des naturalistes et des dessinateurs devaient faire partie de cette expédition, afin de la rendre utile et avantageuse à la navigation, à la géographie, au commerce, aux arts et aux sciences. Tels sont les termes du décret que nous avons cité plus haut.

Le commandement de l'escadre fut donné au contre-amiral Bruny d'Entrecasteaux. L'attention du ministre avait été appelée sur cet officier par sa campagne dans l'Inde à contre-mousson. On lui donnait les deux flûtes *la Recherche* et *l'Espérance*, cette dernière sous le commandement de M. Huon de Kermadec, capitaine de vaisseau. L'état major des deux bâtiments comprenait beaucoup d'officiers qui devaient arriver plus tard à de hautes positions militaires. C'étaient Rossel, Willaumez, Trobriand, La Grandière, Laignel et Jurien. Au nombre des savants embarqués, on comptait le naturaliste La Billardière, les astronomes Bertrand et Pierson, les naturalistes Ventenat et Riche, l'hydrographe Beautemps-Beaupré, l'ingénieur Jouvency.

Les deux vaisseaux emportaient un riche assortiment d'objets d'échange et dix-huit mois de vivres. Le 28 septembre, ils quittèrent Brest, et arrivèrent à Ténériffe le 13 octobre. A cette époque, une ascension au fameux pic était obligatoire.

La Billardière y fut témoin d'un phénomène qu'il avait déjà observé en Asie Mineure: son corps se dessinait avec les belles couleurs de l'arc-en-ciel sur des nuages placés au-dessous de lui du côté opposé au soleil.

Les 23 octobre, c'est-à-dire dès que les provisions consommées eurent été refaites, l'ancre fut levée et la route fut donnée pour le Cap. Pendant cette traversée, La Billardière fit une expérience intéressante et découvrit que la phosphorescence de la mer est due à de petits animalcules de forme globuleuse que les eaux tiennent en suspension. La traversée jusqu'au Cap, où les bâtiments jetèrent l'ancre le 18 janvier 1792, n'avait présenté d'autres incidents que la rencontre d'une quantité inusitée de bonites et d'autres poissons, sans parler d'une légère voie d'eau qui fut facilement aveuglée.

D'Entrecasteaux trouva au Cap une lettre de M. de Saint-Félix, commandant des forces françaises dans l'Inde, qui allait déranger toute l'économie de son voyage et avoir sur son objet une influence défavorable. D'après cette communication, deux capitaines de bâtiments français, venant de Batavia, auraient rapporté que le commodore Hunter, commandant de la frégate anglaise *Syrius*, aurait vu, «près des îles de l'Amirauté, dans la mer du Sud, des hommes couverts d'étoffes européennes et particulièrement d'habits qu'il a jugés être des uniformes français. Vous y verrez, disait M. de Saint-Félix, que le commodore n'a pas douté que ce ne fussent les débris du naufrage de M. de La Pérouse...»

Hunter se trouvait dans la rade du Cap lors de l'arrivée de d'Entrecasteaux; mais, deux heures après l'arrivée des bâtiments français, il levait l'ancre. Cette conduite parut, tout au moins, bizarre. Le commodore avait eu le temps d'apprendre que c'était l'expédition envoyée à la recherche de La Pérouse, et pourtant, il ne faisait à son commandant aucune communication sur un fait aussi grave! Mais on apprit bientôt que Hunter avait affirmé n'avoir aucune connaissance des faits exposés par M. de Saint-Félix. Fallait-il donc considérer comme nulle et non avenue la communication du commandant français? D'Entrecasteaux ne le pensa pas, malgré tout ce qu'elle avait d'invraisemblable.

La station au Cap avait été mise à profit par les savants, qui avaient fait de nombreuses courses aux environs de la ville, et notamment par La Billardière, qui s'était enfoncé aussi loin dans l'intérieur que le permettait le peu de temps que devait durer le séjour des frégates sur la rade.

L'ancre fut levée le 16 février, et d'Entrecasteaux, résolu à doubler le cap de Diemen pour entrer dans les mers du Sud, fit faire route pour passer entre les îles Saint-Paul et Amsterdam. Découvertes en 1696, par le capitaine Valming, elles avaient été reconnues par Cook à son dernier voyage. L'île Saint-Paul, auprès de laquelle passèrent la *Recherche* et l'*Espérance*, était enveloppée de nuages d'épaisse fumée, au-dessus desquels s'élevaient des montagnes. C'étaient ses forêts qui brûlaient.

Le 21 avril, les deux flûtes pénétraient dans une baie de la côte de Van-Diemen qu'on croyait être celle de l'Aventure, mais qui porte en réalité le nom de baie des Tempêtes. Le fond de cette baie reçut le nom de port d'Entrecasteaux. Il fut facile de s'y procurer du bois, et l'on y pêcha en abondance toute sorte de poissons. Parmi les arbres fort beaux qu'on trouva en cet endroit, La Billardière cite plusieurs sortes d'eucalyptus, dont on ignorait encore les qualités multiples. Les chasses nombreuses auxquelles il prit part lui procurèrent des spécimens de cygnes noirs et de kanguros, alors fort peu connus.

Ce fut le 16 mai que les frégates sortirent du port et se dirigèrent vers un détroit, où d'Entrecasteaux avait l'intention de pénétrer, et qui depuis a reçu le nom de cet amiral.

> «Plusieurs feux aperçus à peu de distance du rivage, dit la relation, déterminèrent MM. Crétin et d'Auribeau à aborder; et, à peine entrés dans les bois, ils rencontrèrent quatre naturels occupés à entretenir trois petits feux auprès desquels ils étaient assis. Ces sauvages s'enfuirent sur-le-champ, malgré tous les signes d'amitié qu'on leur fit, en abandonnant les homards et les coquillages qu'ils faisaient griller sur les charbons. On voyait tout près autant de cases que de feux....
>
> «Un des sauvages, d'une très grande taille et fortement musclé, avait oublié un petit panier rempli de morceaux de silex; il ne craignit pas de venir le chercher et s'avança tout près de Crétin avec l'air d'assurance que sa force semblait lui donner. Les uns étaient tout nus et les autres avaient une peau de kanguro sur les épaules. Ces sauvages sont d'une couleur noire peu foncée; ils laissent croître leur barbe et ont les cheveux laineux.»

Quatre naturels occupés à entretenir des feux.

Lorsqu'elles débouquèrent du détroit de d'Entrecasteaux, les deux frégates firent route pour aller relever la côte sud-ouest de la Nouvelle-Calédonie, que La Pérouse avait dû visiter. Le premier point reconnu fut une partie de l'île des Pins, qui gît au sud de cette grande île. La *Recherche* faillit périr sur la barrière de récifs madréporiques qui bordent le rivage en laissant entre eux et la terre un canal de cinq à six kilomètres. A l'extrémité septentrionale, furent observés plusieurs îles montagneuses et des rochers détachés qui rendent ces parages excessivement dangereux. Ils ont reçu, des navigateurs reconnaissants, les noms de récifs d'Entrecasteaux et d'îles Huon.

La reconnaissance périlleuse, qui venait d'être faite en vue d'une côte si bien défendue, dura depuis le 16 juin jusqu'au 3 juillet. C'était un service véritable rendu aux géographes et aux marins, et ce fut l'une des parties les plus ingrates de cette campagne de recherches.

Vue de l'île Bourou. (*Fac-simile. Gravure ancienne.*)

Comme la saison favorable approchait, d'Entrecasteaux résolut d'en profiter pour gagner la terre des Arsacides, reconnue précédemment par Surville et visitée quelques années après par Shortland, qui, ayant cru faire une nouvelle découverte, lui donna le nom de Nouvelle-Géorgie.

Le 9 juillet, «nous aperçûmes vers quatre heures et demie, à un myriamètre et demi au nord-ouest, le rocher nommé Eddy-Stone, dit La Billardière; de loin nous le primes, comme Shortland, pour un vaisseau à la voile. L'illusion était d'autant plus grande, qu'il a à peu près la couleur des voiles d'un vaisseau; quelques arbustes en couronnaient la sommité. Les terres des Arsacides, vis-à-vis de ce rocher, sont escarpées et couvertes de grands arbres jusque sur leurs sommets.»

Après avoir rectifié la position des roches d'Eddy-Stone et celle des îles de la Trésorie, au nombre de cinq, mais si rapprochées que Bougainville les avait prises pour une seule et même terre, d'Entrecasteaux longea l'île de Bougainville. Séparée par un canal très étroit de l'île Bouka, cette dernière était couverte de plantations et paraissait très peuplée. Quelques échanges furent faits avec les naturels de cette île, mais il fut impossible de les déterminer à monter à bord.

«La couleur de leur peau, dit La Billardière, est d'un noir peu foncé. Ces sauvages sont d'une taille moyenne; ils étaient sans vêtements, et leurs muscles très prononcés annonçaient la plus grande force. Leur figure n'est rien moins qu'agréable, mais elle est remplie d'expression. Ils ont la tête fort grosse, le front large, de même que toute la face, qui est très aplatie, particulièrement au-dessous du nez, le menton épais, les joues un peu saillantes, le nez épaté, la bouche fort large et les lèvres assez minces.

«Le bétel, qui teint d'une couleur sanguinolente leur grande bouche, ajoute encore à la laideur de leur figure. Il paraît que ces sauvages savent tirer de l'arc avec beaucoup d'adresse. Un d'eux avait apporté, à bord de l'*Espérance*, un fou qu'il venait de tuer; on remarqua au ventre de cet oiseau le trou de la flèche qui l'avait percé.

«Ces insulaires ont particulièrement tourné leur industrie du côté de la fabrication de leurs armes; elles sont travaillées avec beaucoup de soin. Nous admirâmes l'adresse avec laquelle ils avaient enduit d'une résine la corde de leurs arcs, de sorte qu'on l'eût prise au premier coup d'œil pour une corde de boyau; elle était garnie vers le milieu d'écorce de rotin, pour qu'elle s'usât moins en décochant les flèches.»

Le 15 juillet fut terminée la reconnaissance de la côte occidentale de ces deux îles, dont Bougainville avait relevé la partie orientale.

Le lendemain, l'île à laquelle Carteret a donné le nom de sir Charles Hardy et, bientôt après, l'extrémité sud-est de la Nouvelle-Irlande, parurent aux yeux des navigateurs français.

Les deux frégates mouillèrent dans le havre Carteret, et les équipages s'établirent sur l'île des Cocos, couverte de grands arbres toujours verts, qui croissaient avec vigueur, malgré le peu de terre végétale amassée entre les pierres calcaires. Il fut assez difficile de s'y procurer les cocos, qui avaient cependant, par leur abondance, mérité à cette terre le nom qu'elle portait. En revanche, elle offrit aux naturalistes une abondance considérable de végétaux et d'insectes, dont la variété fit la joie de La Billardière.

Pendant toute la relâche, les pluies tombèrent abondamment. C'était un torrent d'eau tiède qui coulait sans cesse.

Après avoir fait l'eau et le bois nécessaires, la *Recherche* et l'*Espérance* appareillèrent, le 24 juillet 1792, du port Carteret. Dans cette manœuvre, l'*Espérance* perdit une ancre dont le câble avait été coupé par les brisants de corail. Les deux frégates embouquèrent alors le canal Saint-Georges, large à son extrémité méridionale de six à sept myriamètres, c'est-à-dire ayant à peu près la moitié de ce que Carteret lui donne. Emportées par des courants rapides, elles passèrent devant les îles de Man et de Sandwich, sans pouvoir s'y arrêter.

Dès qu'il eut pris connaissance des îles Portland, îlots aplatis, au nombre de sept, qui gisent par 2° 39' 44" de latitude sud et 147° 15' de longitude est, d'Entrecasteaux continua sa route vers les îles de l'Amirauté, qu'il se proposait de visiter. D'après les rapports qui auraient été faits au commodore Hunter, c'était sur la plus orientale de ces îles qu'avaient été aperçus des naturels vêtus d'uniformes de la marine française.

> «Les sauvages parurent en foule, dit la relation. Les uns couraient le long du rivage; d'autres, les yeux fixés sur nos vaisseaux, nous invitaient par signes à descendre à terre; leurs cris étaient l'expression de la joie... A une heure et demie, on mit en panne, et l'on expédia, de chaque vaisseau, un canot avec différents objets, qui devaient être distribués aux habitants de cette petite île. Tandis que ces canots s'en approchaient le plus possible, les frégates se tenaient à portée de les protéger en cas d'attaque de la part des sauvages, car la perfidie des habitants du sud des îles de l'Amirauté à l'égard de Carteret nous laissait des inquiétudes sur le sort de ceux-ci.»

La côte était ceinte de récifs. Les embarcations ne purent s'en approcher qu'à cent mètres de distance. Un grand nombre de naturels bordaient le rivage et, par leurs signes, engageaient les Français à débarquer.

> «Un sauvage, distingué des autres par un double rang de petits coquillages dont il avait le front orné, paraissait jouir de beaucoup d'autorité. Il ordonna à l'un des naturels de se jeter à l'eau pour nous apporter quelques noix de coco. La crainte de s'approcher, à la nage et sans défense, de personnes dont il ne connaissait point les intentions, fit hésiter un moment cet insulaire. Mais le chef, peu accoutumé sans doute à trouver de la résistance à ses volontés, ne lui permit pas de réfléchir; des coups de bâton, qu'il lui donna lui-même sur le ventre, suivirent de près ses ordres, et il fallut obéir sur le champ... Dès qu'il fut rendu sur l'île, la curiosité rassembla tous les autres autour de lui; chacun voulut avoir part à nos présents. Des pirogues furent aussitôt lancées à la mer. Beaucoup d'autres naturels s'avancèrent à la nage, et, dans peu, il y avait un grand concours autour de nos canots. Nous étions étonnés que la force du ressac et celle de la vague sur les brisants ne les eussent pas retenus sur l'île.»

Peut-être ce que ces Indiens avaient fait, les Français auraient-ils pu l'exécuter. Toutefois, il ne paraît pas qu'ils se soient enquis auprès des sauvages si des navires, ou au moins un petit bâtiment, n'avaient pas fait naufrage dans leur archipel.

La seule remarque faite, c'est que ces indigènes connaissaient l'usage du fer et appréciaient ce métal par-dessus toute chose.

D'Entrecasteaux reconnut ensuite la partie septentrionale de cet archipel, fit des échanges avec les naturels, mais ne débarqua nulle part et ne semble pas avoir rempli, avec le soin minutieux et le dévouement qu'on était en droit d'attendre de lui, cette partie de sa mission.

La *Recherche* et l'*Espérance* visitèrent ensuite les îles Hermites, découvertes en 1781 par la frégate espagnole *la Princesa*. Comme tous ceux qu'avait rencontrés jusqu'alors l'expédition, les naturels témoignèrent un vif désir de voir les étrangers débarquer sur leur île, sans pouvoir les y déterminer.

Puis furent vues successivement les îles de l'Échiquier de Bougainville, plusieurs îlots sans nom, bas et couverts d'une végétation luxuriante, les îles Schouten et la côte de la Nouvelle-Guinée, à l'intérieur de laquelle se déroulait une chaîne de montagnes dont les plus élevées paraissaient avoir au moins quinze cents mètres.

Après avoir longé de très près le rivage de cette grande île, la *Recherche* et l'*Espérance* donnèrent dans le détroit de Pitt pour gagner les Moluques.

Ce fut avec joie que, le 5 septembre 1792, les Français mouillèrent dans la rade d'Amboine. Il y avait un grand nombre de scorbutiques à bord, et tout le monde, officiers et matelots, avait besoin d'une relâche de quelque durée pour réparer ses forces. Les naturalistes, les astronomes et les divers savants de l'expédition descendirent aussitôt à terre et s'installèrent commodément pour procéder à leurs recherches et à leurs observations ordinaires. L'exploration des naturalistes fut particulièrement fructueuse. La Billardière s'étend avec complaisance sur la multiplicité des plantes et des animaux qu'il put récolter.

> «Étant sur le rivage, dit-il, j'entendis des instruments à vent, dont les accords, quelquefois très justes, étaient entremêlés de dissonances qui ne déplaisaient point. Ces sons, bien filés et très harmonieux, semblaient venir de si loin, que je crus, pendant quelque temps, que les naturels faisaient de la musique au delà de la rade, à près d'un myriamètre de distance du lieu où j'étais. Mon oreille était bien trompée par la distance, car je n'étais pas à cent mètres de l'instrument. C'était un bambou de vingt mètres au moins de hauteur, qui avait été fixé dans une situation verticale sur les bords de la mer. On remarquait entre chaque nœud une fente d'environ

trois centimètres de long sur un centimètre et demi de large; ces fentes formaient autant d'embouchures, qui, lorsque le vent s'y introduisait, rendaient des sons agréables et variés. Comme les nœuds de ce long bambou étaient fort nombreux, on avait eu soin de faire les entailles en différents sens, afin que de quelque côté que le vent soufflât il pût toujours en rencontrer quelques-unes. Je ne puis mieux comparer les sons de cet instrument qu'à ceux de l'harmonica.»

Pendant cette longue relâche d'un mois, les vaisseaux furent calfatés, les gréements visités avec attention, et l'on prit toutes les mesures de précaution usitées pour les voyages dans ces climats humides et brûlants.

Quelques détails sur la rade d'Amboine, les mœurs et les usages de la population indigène, ne sont pas dépourvus d'intérêt.

«La rade d'Amboine, dit La Billardière, forme un canal d'environ deux myriamètres de long sur une largeur moyenne de deux tiers de myriamètre. Ses bords offrent souvent un bon ancrage, et quelquefois, cependant, un fond de corail.

«Le fort, nommé le fort de la Victoire, est construit en briques; le gouverneur et quelques membres du conseil y ont établi leur résidence. Il tombait alors en ruines, et, lorsqu'on y tirait le canon, il éprouvait toujours quelque dommage très apparent.

«La garnison était composée d'environ deux cents hommes, dont les naturels de l'île formaient le plus grand nombre; les autres étaient quelques soldats de la compagnie venus d'Europe et un faible détachement du régiment de Wurtemberg.....

«Le petit nombre des soldats qui survivent au séjour de l'Inde rend encore plus précieux ceux qui y ont passé quelques années; aussi la compagnie hollandaise est rarement fidèle aux promesses qu'elle leur fait de les laisser repasser en Europe lorsque leur temps est expiré.... J'ai rencontré quelques-uns de ces malheureux qu'on retenait depuis plus de vingt ans, quoique, aux termes des conventions, ils eussent dû être libres depuis longtemps....

«Les habitants d'Amboine parlent le malais, langue fort douce et musicale. Quant aux productions, ce sont les épices, le café, qui est inférieur à celui de la Réunion, et surtout le sagou, qui est cultivé dans tous les endroits marécageux.

«Le riz, qui se consomme à Amboine, n'est pas un produit de l'île; il réussirait cependant très bien dans la plupart des terrains bas. Mais la Compagnie Hollandaise a défendu de cultiver cette denrée, parce que sa vente est un moyen de retirer des mains des naturels le numéraire qu'elle est obligée de leur donner pour le girofle qu'ils lui fournissent. Ils empêchent par là l'augmentation du numéraire et tiennent toujours à un prix très modique le produit du travail des habitants.

«C'est ainsi que le gouvernement, ne consultant que ses propres intérêts, étouffe parmi ces peuples toute industrie, en les forçant d'abandonner, pour ainsi dire, toute autre espèce de culture pour celle des girofliers et des muscadiers.

«Les Hollandais ont soin de limiter la culture des épiceries, afin qu'elle ne dépasse pas de beaucoup la consommation ordinaire. Ces moyens, destructeurs de toute activité, s'accommodent d'ailleurs assez avec la nonchalance de ces peuples.»

Ce fut le 23 vendémiaire de l'an I, pour nous conformer au nouveau style employé par La Billardière, que les deux frégates quittèrent Amboine, amplement pourvues de provisions, poules, canards et oies de Guinée, cochons, chèvres, patates, ignames, bananes et courges. Les viandes, toutefois, étaient en très petite quantité; la farine était de mauvaise qualité; quant au sagou qu'on embarqua pour la remplacer, l'équipage ne put jamais s'y habituer. Il ne nous reste plus à citer de la longue liste des provisions dont les navires furent chargés que les bambous, les clous de girofle confits et l'arack.

«De jeunes pousses de bambou coupées par tranches et confites au vinaigre, dit La Billardière, forment une excellente provision pour un voyage au long cours; nous en emportâmes beaucoup. Ces jeunes pousses sont généralement fort tendres. On prend soin de les recueillir à temps; elles se vendent au marché comme des légumes et peuvent en tenir lieu. Leur longueur est souvent d'un mètre, et leur épaisseur d'un tiers de centimètre.

«Ces jeunes pousses de bambou sont un légume très apprécié des Chinois, qui lui trouvent un goût rappelant singulièrement celui de l'asperge.

«Nous nous étions approvisionnés de clous de girofle et de muscades confites au sucre. Le brou de la muscade est, dans ce cas, la seule partie mangeable; malheureusement, des confiseurs ignorants avaient choisi des muscades trop avancées. Les clous de girofle, déjà aussi gros que des olives moyennes, conservaient encore un goût trop aromatique pour former une confiture agréable; il faut avoir un palais indien pour se délecter de ces friandises; j'en dirai autant du gingembre, dont nous avions aussi des confitures.

«La seule liqueur spiritueuse qu'on put se procurer fut de l'arack, dont on acheta plusieurs barriques. Quelques voyageurs vantent beaucoup trop cette liqueur, qui ne vaut pas même de médiocre eau-de-vie de vin.»

En sortant d'Amboine, l'expédition fit route pour la côte sud-ouest de l'Australie. Successivement furent reconnues, sans qu'on s'y arrêtât, l'île Kisser, la côte septentrionale de Timor, l'île Batou, Savu au coup d'œil enchanteur, et enfin, le 16 frimaire, l'extrémité occidentale de la côte sud-ouest de la Nouvelle-Hollande, qui avait été découverte, en 1622, par Leuwin.

Le rivage ne présentait qu'une suite de dunes aréneuses, au milieu desquelles s'élevaient des roches à pic, qui offraient le spectacle de la plus complète aridité.

La navigation, sur cette côte sans abri, fut fort dangereuse. La mer était forte, le vent violent, et il fallait naviguer au milieu des brisants. La frégate l'*Espérance*, pendant une forte bourrasque, allait être jetée à la côte, lorsqu'un officier nommé Legrand reconnut, du haut du grand mât, un mouillage où il affirmait que les bâtiments seraient en sûreté.

«Le salut des deux vaisseaux, dit la relation, tenait à cette découverte, car la *Recherche*, obligée de louvoyer pendant la nuit au milieu de ces écueils périlleux, après avoir lutté aussi longtemps qu'elle eût pu contre la force de la tempête, dans l'espoir qu'un changement de vent lui permît de gagner la pleine mer, se serait infailliblement perdue. Cette baie, qui porte le nom du citoyen Legrand, rappellera le service signalé que cet habile marin a rendu à notre expédition.»

Les îlots qui bordaient cette côte furent reconnus par les navigateurs. L'un d'eux, l'ingénieur-géographe de la *Recherche*, nommé Riche, qui était descendu sur la grande terre pour y faire quelques observations, s'égara et ne put regagner le bord que deux jours plus tard, exténué de fatigue et mourant de faim.

C'est au petit archipel dont nous venons de parler que se termine la découverte de Nuyts.

«Nous fûmes étonnés, dit La Billardière, de la précision avec laquelle la latitude en avait été déterminée par ce navigateur, à une époque où les instruments d'observation étaient encore très imparfaits. Je dois faire la même remarque à l'égard de presque tout ce que Leuwin avait reconnu de cette terre.»

Fête donnée à d'Entrecasteaux aux îles des Amis. (*Fac-simile. Gravure ancienne.*)

Le 15 nivôse, on était par 31° 52' de latitude et 129° 10' de longitude orientale, lorsque le capitaine Huon de Kermadec fit savoir à d'Entrecasteaux que son gouvernail avait subi des avaries, qu'on était réduit, à son bord, à trois quarts de bouteille d'eau par jour, qu'il avait été obligé de supprimer la distribution des boissons anti-scorbutiques et qu'il n'avait plus que trente barriques d'eau. La situation n'était pas meilleure sur la *Recherche*. D'Entrecasteaux fit donc route vers le cap Diemen, après avoir longé cent soixante myriamètres d'une côte excessivement aride et qui ne lui avait pas offert d'observations intéressantes.

Type de la Nouvelle-Hollande. (*Fac-simile. Gravure ancienne.*)

Le 3 pluviôse, les navires mouillaient dans la baie des Roches, enfoncement de la baie des Tempêtes, qu'ils avaient reconnu l'année précédente.

Cette station fut extrêmement productive en renseignements de tout genre. La Billardière, émerveillé de la variété de productions de ce coin de la terre de Diemen, ne pouvait se lasser d'admirer les immenses forêts d'arbres véritablement gigantesques et le fouillis d'arbustes et de plantes inconnus, au milieu desquels il était obligé de se frayer un chemin. Pendant une des nombreuses excursions qu'il fit aux environs de la baie, il ramassa de beaux morceaux d'hématite rouge bronzé, et, plus loin, une terre ocreuse d'un rouge assez vif qui décelait la présence du fer. Il ne tarda pas à se trouver en présence de quelques naturels, et les renseignements qu'il donne sur cette race aujourd'hui complètement éteinte sont assez intéressants pour que nous les reproduisions. Ils compléteront d'ailleurs ceux que nous devons au capitaine Cook.

«Ces sauvages étaient au nombre de quarante-deux, dont sept hommes faits et huit femmes; les autres paraissaient être leurs enfants, parmi lesquels nous remarquâmes plusieurs filles déjà nubiles et encore moins vêtues que leurs mères.... Ces naturels ont les cheveux laineux et se laissent croître la barbe. La mâchoire supérieure s'avance, dans les enfants, beaucoup au delà de l'inférieure; mais, s'affaissant avec l'âge, elle se trouve dans l'adulte à peu près sur la même ligne. Leur peau n'est pas d'un noir très foncé; mais c'est sans doute une beauté chez ces peuples d'être très noirs, et, pour le paraître encore beaucoup plus qu'ils ne le sont en effet, ils se couvrent de poussière de charbon, principalement les parties supérieures du corps.

«On voit sur leur peau, particulièrement à la poitrine et aux épaules, des tubercules disposés symétriquement, offrant tantôt des lignes d'un décimètre de long, tantôt des points placés à différentes distances les uns des autres.... L'usage de s'arracher deux des dents incisives supérieures que, d'après le rapport de quelques voyageurs, on avait cru général parmi ces habitants, n'est certainement pas introduit chez cette peuplade, car nous n'en vîmes aucun à qui il en manquât à la mâchoire supérieure, et ils avaient tous de fort belles dents. Ces peuples sont couverts de vermine. Nous admirâmes la patience d'une femme qui fut longtemps occupée à en délivrer un de ses enfants; mais nous vîmes avec beaucoup de répugnance que, comme la plupart des noirs, elle écrasait avec ses dents ces dégoûtants insectes et les avalait sur-le-champ.» Il est à remarquer que les singes ont les mêmes habitudes.

«Les petits enfants étaient fort curieux de tout ce qui avait un peu d'éclat; ils ne se cachaient pas pour détacher les boutons de métal de nos habits. Je ne dois pas oublier de citer l'espièglerie d'un jeune sauvage à l'égard d'un de nos matelots. Celui-ci avait déposé au pied d'un rocher un sac rempli de coquillages. Aussitôt, le naturel le transporta furtivement ailleurs et le lui laissa chercher pendant quelque temps; puis, il le rapporta à la même place, et il s'amusa beaucoup du tour qu'il venait de jouer.»

Dès la pointe du jour, le 26 pluviôse, les deux navires levèrent l'ancre, s'engagèrent dans le détroit d'Entrecasteaux, et mouillèrent, le 5 ventôse, dans la baie de l'Aventure. Après cinq jours de relâche et d'observations dans cette baie, d'Entrecasteaux fit voile vers la Nouvelle-Zélande, dont il rallia l'extrémité septentrionale.

Après une entrevue avec les naturels, trop courte pour ajouter aux renseignements, si nombreux et si précis, que nous devons au capitaine Cook, d'Entrecasteaux fit route pour l'archipel des Amis, que La Pérouse avait dû visiter. Il mouilla dans la rade de Tonga-Tabou. Les navires furent aussitôt entourés d'une foule de pirogues et littéralement pris à l'abordage par une masse d'insulaires, qui venaient vendre des cochons et des fruits de toute espèce.

Un des fils de Poulao, le roi que Cook avait connu, accueillit les navigateurs bienveillamment et surveilla même scrupuleusement les échanges que l'on fit avec les indigènes. Ce n'était pas une tâche facile, car ceux-ci déployaient une adresse merveilleuse pour voler tout ce qui se trouvait à leur portée.

La Billardière raconte un assez bon tour dont il fut victime. Il avait été suivi, sous la tente où étaient déposés les approvisionnements, par deux indigènes qu'il avait pris pour des chefs.

> «L'un d'eux, dit-il, montra le plus grand empressement à me choisir les meilleurs fruits. J'avais mis mon chapeau par terre, le croyant dans un lieu sûr; mais ces deux filous faisaient leur métier. Celui qui était derrière moi fut assez adroit pour cacher mon chapeau sous ses vêtements, et il s'en alla avant que je m'en fusse aperçu; l'autre ne tarda pas à le suivre. Je me méfiais d'autant moins de ce tour, que je n'eusse pas cru qu'ils osassent s'emparer d'un objet aussi volumineux, au risque d'être surpris dans l'enceinte où nous les avions laissés entrer; d'ailleurs, un chapeau ne pouvait être que d'une bien faible utilité pour ces peuples, qui ont ordinairement la tête nue. L'adresse qu'ils avaient mise à me voler me prouva que ce n'était pas leur coup d'essai.»

Les Français furent en relations avec un chef qu'ils nomment Finau. C'est sans doute celui dont il est question, sous le nom de Finaou, dans le voyage du capitaine Cook, qu'il appelait Touté. Mais celui-ci n'était qu'un chef secondaire. Le roi, le chef suprême de Tonga-Tabou, de Vavao, d'Annamooka, avait nom Toubau. Il vint visiter les vaisseaux, et rapporta un fusil qui avait été enlevé, quelques jours avant, à une sentinelle. Il fit présent à d'Entrecasteaux de deux pièces d'étoffe d'écorce de mûrier à papier, si grandes, que chacune d'elles, étant déployée, eût facilement couvert le vaisseau; puis, ce furent des nattes et des cochons, en échange desquels on lui fit cadeau d'une belle hache et d'un habit rouge de général, dont il se revêtit sur-le-champ.

Deux jours après, une femme, d'un embonpoint extraordinaire, âgée d'au moins cinquante ans, et à laquelle les naturels donnaient des marques de respect extraordinaire, se fit conduire à bord. C'était la reine Tiné. Elle goûta à tous les mets qu'on lui offrit, mais donna la préférence aux bananes confites. Le maître d'hôtel se tenait derrière elle et attendait le moment de desservir; mais elle lui en évita la peine en s'appropriant l'assiette et la serviette.

Le roi Toubau voulut donner une fête à d'Entrecasteaux. L'amiral fut reçu à terre par les deux chefs, Finau et Omalaï, qui le conduisirent à une esplanade très étendue. Toubau arriva avec ses deux filles; elles avaient répandu sur leurs cheveux une grande quantité d'huile de coco, et elles portaient chacune un collier fait avec les jolies graines de l'*abrus precatorius*.

«Les insulaires formaient, dit la relation, de toutes parts un grand concours; nous estimâmes qu'ils étaient pour le moins au nombre de quatre mille.

«La place d'honneur était, sans doute, à la gauche du roi, car il invita le général à s'y asseoir. Celui-ci fit apporter aussitôt les présents destinés pour Toubau, qui lui en témoigna beaucoup de reconnaissance. Mais rien de tout ce qui lui fut offert n'excita autant l'admiration de cette nombreuse assemblée qu'une pièce de damas cramoisi, dont la couleur vive leur fit crier de toutes parts: *Eho! eho!* qu'ils répétèrent longtemps en marquant la plus grande surprise. Ils firent entendre le même cri lorsque nous déroulâmes quelques pièces de ruban, où dominait la couleur rouge. Le général donna ensuite une chèvre pleine, un bouc et deux lapins (un mâle et une femelle). Le roi promit d'en avoir le plus grand soin et de les laisser multiplier dans son île.

«Omalaï, que Toubau nous dit être son fils, reçut aussi du général quelques présents, de même que plusieurs autres chefs.

«Nous avions à notre droite, vers le nord-est, treize musiciens, qui, assis à l'ombre d'un arbre à pain chargé d'un nombre prodigieux de fruits, chantaient ensemble en faisant différentes parties. Quatre d'entre eux tenaient à la main un bambou d'un mètre à un mètre et demi de longueur, dont ils frappaient la terre pour marquer la mesure; le plus long de ces bambous servait quelquefois à en marquer tous les temps. Ces instruments rendaient des sons approchant assez de ceux d'un tambourin, et ils étaient entre eux dans la proportion suivante: les deux bambous de grandeur moyenne formaient l'unisson; le plus long était à un ton et demi au-dessous, et le plus court à deux tons et demi plus haut. Le musicien qui chantait la haute-contre se faisait entendre beaucoup au-dessus de tous les autres, quoique sa voix fût un peu rauque; il s'accompagnait en même temps en frappant avec deux petits bâtons de casuarina sur un bambou long de six mètres et fendu dans toute sa longueur.

«Trois musiciens, placés devant les autres, s'attachaient encore à exprimer le sujet de leur chant par des gestes qu'ils avaient sans doute bien étudiés, car ils les répétaient ensemble de la même manière. De temps en temps, ils tournaient la tête du côté du roi, en faisant avec leurs bras des mouvements qui ne manquaient pas

> de grâce; d'autres fois, ils inclinaient la tête avec vitesse jusque sur la poitrine et la secouaient à différentes reprises.
>
> «Sur ces entrefaites, Toubau offrit au général des pièces d'étoffe fabriquées avec l'écorce du mûrier à papier, et il les fit déployer avec beaucoup d'ostentation pour nous faire connaître tout le prix de son présent.
>
> «Celui de ses ministres qui était assis à sa droite ordonna qu'on préparât le kava, et bientôt on en apporta plein un vase de bois taillé en ovale, dont la longueur était d'un mètre.
>
> «Les musiciens avaient sans doute réservé pour cet instant leurs plus beaux morceaux, car, à chaque pose qu'ils faisaient, nous entendions crier de toutes parts: *Mâli! mâli!* et les applaudissements réitérés des habitants nous firent connaître que cette musique faisait sur eux une impression très vive et très agréable.
>
> «Le *kava* fut ensuite distribué aux différents chefs par celui qui avait ordre de le préparer.....»

Ce concert était bien loin de valoir, on le voit, les fêtes splendides qui avaient eu lieu pour la réception de Cook.

La reine Tiné donna ensuite un grand bal, précédé d'un concert qui avait attiré un grand concours de naturels, parmi lesquels, il est bon de le remarquer, s'étaient glissés un grand nombre de voleurs, dont l'impudence finit par être telle, qu'ils se saisirent par force d'un couteau. Vivement poursuivis par le forgeron de la *Recherche*, ils se retournèrent, lorsqu'ils le virent seul, le chargèrent et lui fendirent la tête d'un coup de massue. Par bonheur, cette rixe fut aperçue de l'*Espérance*, d'où l'on tira un coup de canon qui dispersa les assassins. Plusieurs insulaires, à cette occasion, furent tués par des officiers ou des matelots, qui ne savaient pas exactement ce qui s'était passé et croyaient voir des ennemis dans tous les insulaires qu'ils rencontraient.

Les bonnes relations ne tardèrent pas cependant à se rétablir, et elles étaient si cordiales au moment du départ, que plusieurs indigènes demandèrent à s'embarquer pour venir en France.

> «Les notions que des insulaires très intelligents nous donnèrent sur les vaisseaux qui avaient mouillé dans cet archipel, dit la relation, nous firent connaître que La Pérouse n'avait relâché dans aucune de ces îles... Ils se souvenaient très bien des différentes époques auxquelles ils avaient vu le capitaine Cook, et, pour nous en faire connaître les intervalles, ils comptaient par récoltes d'ignames et nous en indiquaient deux pour chaque année.»

Cette information relative à La Pérouse est en contradiction absolue avec les renseignements que Dumont-Durville recueillit, trente-cinq ans plus tard, il est vrai, de la Tamaha alors régnante.

> «Je voulus savoir, dit-il, si, entre Cook et d'Entrecasteaux, il n'était pas venu d'autres Européens à Tonga. Après avoir réfléchi quelques moments, elle m'expliqua très clairement que, peu d'années avant le passage de d'Entrecasteaux, deux grands navires, semblables aux siens, avec des canons et beaucoup d'Européens, avaient mouillé à Annamooka, où ils étaient restés dix jours. Leur pavillon était tout blanc et non pas semblable à celui des Anglais. Les étrangers étaient fort bien avec les naturels; on leur donna une maison à terre où se faisaient des échanges. Un naturel, qui avait vendu, moyennant un couteau, un coussinet en bois à un officier, fut tué par celui-ci d'un coup de fusil, pour avoir voulu remporter sa marchandise, après en avoir reçu le prix. Du reste, cela ne troubla pas la paix, parce que le naturel avait tort en cette circonstance.»

L'honorabilité de Dumont-Durville le mettant à l'abri de tout soupçon de supercherie, on ne peut s'empêcher de reconnaître que plusieurs parties de cette déposition circonstanciée présentent un grand caractère de vérité. Ce qui a trait à la couleur du pavillon, différent de celui des Anglais, est particulièrement probant. Devons-nous en conclure à la légèreté des recherches faites par d'Entrecasteaux? Cela serait bien grave. Nous allons cependant rapporter tout à l'heure deux circonstances qui sembleraient de nature à lui faire encourir ce reproche.

Ce fut avec les témoignages d'un vif regret que les naturels virent partir les frégates françaises, le 21 germinal. Six jours plus tard, l'*Espérance* signalait Erronan, la plus orientale des îles du Saint-Esprit, découverte par Quiros, en 1606; puis, ce furent successivement Annatom, Tanna, dont le volcan est toujours en éruption, etc., et les îles Beautemps-Beaupré. Portées bientôt par les courants, les frégates furent en vue des montagnes de la Nouvelle-Calédonie et mouillèrent dans le port de Balade, où le capitaine Cook avait jeté l'ancre en 1774.

Les sauvages connaissaient le fer, mais ils ne l'appréciaient pas autant que d'autres peuples, sans doute parce que les pierres dont ils se servaient étaient extrêmement dures et leur en rendaient la privation moins sensible. Leurs premiers mots, en montant à bord, furent pour demander à manger, et il n'y avait pas à s'y méprendre, car ils montraient leur ventre qui était extrêmement aplati. Leurs pirogues n'étaient pas si artistement construites que celles des îles des Amis, et ils les manœuvraient assez mal,—remarques déjà faites par le capitaine Cook. La plupart de ces insulaires, aux cheveux laineux, à la peau presque aussi noire que les naturels de Van-Diemen, étaient armés de zagaies et de massues; ils portaient en outre, à la ceinture, un petit sac de pierres ovoïdales, qu'ils lancent avec leurs frondes.

Après une promenade à terre, pendant laquelle ils visitèrent les huttes en forme de ruches des naturels, les officiers et les naturalistes songèrent à regagner les navires.

«De retour vers le lieu de notre débarquement, dit la relation, nous trouvâmes plus de sept cents naturels qui étaient accourus de toutes parts. Ils nous demandèrent des étoffes et du fer en échange de leurs effets, et, bientôt, quelques-uns d'entre eux nous prouvèrent qu'ils étaient des voleurs très effrontés.

«Parmi leurs différents tours, j'en citerai un que me jouèrent deux de ces fripons. L'un d'eux m'offrit de me vendre un petit sac qui renfermait des pierres taillées en ovale et qu'il portait à la ceinture. Aussitôt il le dénoua et feignit de vouloir me le donner d'une main, tandis que de l'autre il recevait le prix dont nous étions convenus. Mais, au même instant, un autre sauvage, qui s'était placé derrière moi, jeta un grand cri pour me faire tourner la tête de son côté, et aussitôt le fripon s'enfuit avec son sac et mes effets en cherchant à se cacher dans la foule. Nous ne voulûmes pas le punir, quoique nous fussions pour la plupart armés de fusils. Cependant, il était à craindre que cet acte de douceur ne fût regardé par ces peuples comme un acte de faiblesse et ne les rendit encore plus insolents. Ce qui arriva peu de temps après semble le confirmer.

«Plusieurs d'entre eux furent assez hardis pour jeter des pierres à un officier qui n'était éloigné de nous que de deux cents pas. Nous ne voulûmes pas encore sévir contre eux, car le récit de Forster nous avait prévenus si avantageusement à leur égard, qu'il nous fallait encore d'autres faits pour détruire la bonne opinion que nous avions de la douceur de leur caractère; mais bientôt nous eûmes des preuves incontestables de leur férocité.

«L'un d'eux, ayant un os fraîchement grillé et dévorant un reste de chair qui y était encore attaché, s'avança vers le citoyen Piron et l'engagea à partager son repas; celui-ci, croyant que le sauvage lui offrait un morceau de quelque quadrupède, accepta l'os, qui n'était plus recouvert que de parties tendineuses, et, me l'ayant montré, je reconnus qu'il appartenait au bassin d'un enfant de quatorze à quinze ans. Les naturels qui nous entouraient nous indiquèrent, sur un enfant, la position de cet os; ils convinrent sans difficulté que la chair dont il avait été couvert avait servi aux repas de quelque insulaire, et ils nous firent même connaître que c'était pour eux un mets très friand...

«La plupart de ceux de notre expédition qui étaient restés à bord ne voulurent point ajouter foi au récit que nous leur fîmes du goût barbare de ces insulaires, ne pouvant se persuader que ces peuples, dont le capitaine Cook et Forster avaient fait une peinture si avantageuse, fussent dégradés par un aussi horrible vice; mais il ne fut pas difficile de convaincre les plus incrédules. J'avais apporté l'os déjà rongé, que notre chirurgien major reconnut pour celui d'un enfant; je le présentai aux deux habitants que nous avions à bord; sur-le-champ l'un de ces anthropophages le saisit avec avidité et arracha avec ses dents les ligaments et les cartilages qui y tenaient encore; je le passai ensuite à son camarade, qui y trouva aussi quelque chose à ronger.»

Néo-Calédoniens.

Les naturels qui étaient venus à bord avaient volé tant d'objets et avec une telle impudence, qu'on avait été obligé de les chasser. Le lendemain, à peine les Français étaient-ils descendus à terre, qu'ils trouvèrent les sauvages prenant leur repas.

La rivière des Cygnes. (*Fac-simile. Gravure ancienne.*)

Ceux-ci leur offrirent aussitôt à manger de la chair grillée tout récemment, qu'on reconnut être de la chair humaine.

Quelques-uns s'approchèrent même des Français et «leur tâtèrent à plusieurs reprises les parties les plus musculeuses des bras et des jambes en prononçant le mot *karapek* d'un air d'admiration et même de désir, ce qui n'était pas trop rassurant pour nous.»

Plusieurs officiers furent assaillis et volés avec la plus grande effronterie. Les intentions des naturels n'étaient pas douteuses; bientôt, même, ils cherchèrent à s'emparer des haches de plusieurs matelots descendus à terre pour faire du bois, et il fallut tirer sur eux pour s'en débarrasser.

Ces hostilités se renouvelèrent à plusieurs reprises et se terminèrent toujours par la fuite des naturels, qui eurent plusieurs hommes tués ou blessés. Le peu de succès de ces tentatives ne les empêcha pas de les recommencer toutes les fois qu'ils crurent trouver l'occasion favorable.

La Billardière fut témoin d'un fait, plusieurs fois observé depuis, mais qui avait longtemps paru invraisemblable. Il vit ces indigènes manger de la stéatite. Cette terre «sert à amortir le sentiment de la faim en remplissant leur estomac et en soutenant ainsi les viscères attachés au diaphragme, et, quoique cette substance ne fournisse aucun aliment nourricier, elle est cependant très utile à ces peuples, qui doivent être fort souvent exposés à de longues privations d'aliments, parce qu'ils s'adonnent très peu à la culture de leurs terres, d'ailleurs très stériles... On ne se serait jamais imaginé que des anthropophages eussent recours à un pareil expédient, lorsqu'ils sont pressés par la faim.»

Les navigateurs n'avaient pu recueillir pendant leur séjour à la Nouvelle-Calédonie aucun renseignement sur La Pérouse. Cependant, une tradition, que M. Jules Garnier a recueillie, veut que, quelque temps après le passage de Cook, deux grands navires se soient approchés de l'extrémité septentrionale de l'île des Pins, et y aient envoyé des embarcations.

> «Le premier moment d'effroi passé, dit M. Jules Garnier, dans une communication insérée au *Bulletin de la Société de géographie* de novembre 1869, les indigènes s'approchèrent de ces étrangers et fraternisèrent avec eux; ils furent d'abord émerveillés de toutes leurs richesses; la cupidité les poussa ensuite à s'opposer par la force au départ de nos marins; mais ceux-ci, par une fusillade, qui jeta plusieurs indigènes à terre, calmèrent leur ardeur. Peu satisfaits de cette sauvage réception, les deux vaisseaux s'éloignèrent dans la direction de la grande terre, après avoir tiré un coup de canon, que les habitants crurent être un coup de tonnerre.»

Il est fort étonnant que d'Entrecasteaux, qui fut en rapport avec les indigènes de l'île des Pins, n'ait pas entendu parler de ces événements. Cette île n'est pas très étendue, sa population n'a jamais été nombreuse. Il faut donc que les indigènes aient tenu à garder secrets leurs rapports avec La Pérouse.

Si, dans sa navigation au long du récif madréporique qui défend des assauts de l'Océan la côte occidentale de la Nouvelle-Calédonie, d'Entrecasteaux avait su découvrir une des nombreuses coupures qui s'y rencontrent, il aurait pu, là encore, trouver quelque trace du passage de La Pérouse, navigateur soigneux et hardi, émule de Cook, qui dut débarquer sur plusieurs points de ce littoral. Un baleinier, dont le rapport est cité par Rienzi, affirmait avoir vu entre les mains des Néo-Calédoniens des médailles et une croix de Saint-Louis provenant de l'expédition française.

M. Jules Garnier, pendant un voyage de Nouméa à Canala, a vu, au mois de mars 1865, entre les mains d'un des indigènes de son escorte, «une vieille épée rouillée, effilée comme l'étaient celles du siècle dernier, et portant sur la garde des fleurs de lis.» Tout ce qu'on put tirer de son propriétaire, c'est qu'il la possédait depuis très longtemps.

Il n'y a pas apparence qu'un membre quelconque de l'expédition ait fait cadeau d'une épée à ces sauvages, encore moins d'une croix de Saint-Louis. Quelque officier aura sans doute été tué dans une rixe, et c'est ainsi que ces objets seront parvenus entre les mains des naturels.

Cette hypothèse a l'avantage d'être d'accord avec l'explication, donnée par M. Garnier, des contradictions flagrantes qu'on rencontre dans la peinture du caractère du peuple de Balade par Cook et d'Entrecasteaux. Pour le premier, ces indigènes ont toutes les qualités: bons, francs, paisibles; pour le second, tous les défauts: voleurs, traîtres, anthropophages.

Quelques faits extraordinaires, suivant M. Garnier, n'auraient-ils pas modifié, entre ces deux visites, la manière d'agir de ces naturels? Une rixe n'aurait-elle pas eu lieu? Les Européens n'auraient-ils pas été forcés de faire usage de leurs armes? N'auraient-ils pas détruit des plantations, brûlé des cases? Ne faudrait-il pas attribuer à quelque événement de ce genre l'accueil hostile qui fut fait à d'Entrecasteaux?

La Billardière, racontant une excursion qu'il fit aux montagnes dont est formée la chaîne de partage des eaux à l'extrémité septentrionale de la Nouvelle-Calédonie, et d'où l'on aperçoit la mer des deux côtés, dit:

> «Nous n'étions plus suivis que par trois naturels, *qui sans doute nous avaient vus un an auparavant* longer la côte occidentale de leur île, car, avant de nous quitter, ils nous parlèrent de deux vaisseaux qu'ils avaient aperçus de ce côté.»

La Billardière eut le tort de ne pas les presser de questions à ce sujet. Étaient-ce les navires de La Pérouse ou ceux de d'Entrecasteaux qu'avaient aperçus ces sauvages? Était-ce bien «un an auparavant?»

On voit, d'après les détails que nous donnons ici, combien il est regrettable que d'Entrecasteaux n'ait pas poussé ses recherches avec plus de zèle. Il eût sans doute retrouvé les traces de ses compatriotes. Nous allons voir, tout à l'heure, qu'avec un peu plus de chance, il les aurait retrouvés, sinon tous, du moins en partie, vivants.

Pendant cette relâche, le capitaine Huon de Kermadec avait succombé aux atteintes d'une fièvre étique qui le dévorait depuis plusieurs mois. Il fut remplacé dans le commandement de l'*Espérance* par M. d'Hesmivy d'Auribeau.

Parti de la Nouvelle-Calédonie le 21 floréal, d'Entrecasteaux reconnut successivement les îles de Moulin, Huon, et l'île Santa-Cruz de Mendana, séparée de l'île de la Nouvelle-Jersey par un canal où furent attaqués les bâtiments français.

Dans le sud-est paraissait une île que d'Entrecasteaux nomma île de la Recherche, et qu'il aurait pu appeler de la Découverte, s'il avait songé à s'en approcher. C'était Vanikoro, îlot entouré de récifs madréporiques sur lesquels les bâtiments de La Pérouse avaient fait naufrage, et que, suivant toute vraisemblance, habitaient encore à cette époque une partie des malheureux navigateurs. Fatalité inconcevable! arriver aussi près du but et passer à côté! Mais le voile qui cachait le sort des compagnons de La Pérouse ne devait être déchiré que bien longtemps après.

Après avoir reconnu en détail l'extrémité méridionale de Santa-Cruz, sans pouvoir recueillir le moindre renseignement sur l'objet de ses recherches, d'Entrecasteaux se dirigea vers la terre des Arsacides de Surville, dont il reconnut l'extrémité méridionale; puis, il gagna les côtes de la Louisiade, que La Pérouse avait annoncé vouloir visiter en quittant les Salomon, et releva, le 7 prairial, le cap de la Délivrance. Ce cap n'appartient pas à la Nouvelle-Guinée, comme se l'était figuré Bougainville; il forme l'extrémité d'une île, qui fut appelée Rossel, du nom d'un des officiers qui devait être le principal historien de l'expédition.

Après avoir navigué le long d'une suite d'îles basses et rocheuses, de bas-fonds, qui reçurent les noms des principaux officiers, les deux frégates atteignirent les côtes de la Nouvelle-Guinée, à la hauteur du cap du Roi-Guillaume; puis, elles gouvernèrent, afin de donner dans le détroit de Dampier. On longea ensuite la côte septentrionale de la Nouvelle-Bretagne, au nord de laquelle on découvrit plusieurs petites îles très montueuses, inconnues jusqu'alors. Le 17 juillet, on était en vue d'une petite île, voisine de celle des Anachorètes.

D'Entrecasteaux, attaqué depuis longtemps de la dysenterie et du scorbut, était alors à toute extrémité. Cédant aux instances de ses officiers, il se détermina à se séparer de l'*Espérance* pour gagner plus rapidement Waigiou. Le lendemain, 20 juillet, il s'éteignait à la suite de longues et douloureuses souffrances.

Après une relâche à Waigiou et à Bourou, dont le résident combla les Français de bons procédés, et où quelques habitants avaient conservé le souvenir de Bougainville, l'expédition, d'abord sous le commandement de d'Auribeau, qui tomba bientôt malade, puis sous celui de Rossel, franchit le détroit de Bouton, celui de Saleyer, et arriva le 19 octobre devant Sourabaya.

De graves nouvelles y surprirent les membres de l'expédition. Louis XVI avait été décapité, la France était en guerre avec la Hollande et toutes les puissances de l'Europe. Bien que la *Recherche* et l'*Espérance* eussent besoin de nombreuses réparations et que la santé de leurs équipages exigeât un long repos, d'Auribeau se préparait à gagner l'île de France, lorsqu'il fut retenu par le gouverneur hollandais. La mésintelligence qui éclata bientôt entre les membres de l'expédition, dont les opinions politiques étaient très différentes, fit craindre au gouverneur que des troubles ne vinssent à éclater dans sa colonie, et il voulut soumettre ses «prisonniers» à des conditions très humiliantes, par lesquelles il fallut cependant passer. L'irritation et la haine éclatèrent, lorsque d'Auribeau crut à propos d'arborer le pavillon blanc. Mais la plupart des officiers et des savants, parmi lesquels La Billardière, s'y refusèrent obstinément, et, arrêtés par les autorités hollandaises, ils furent répartis dans les différents ports de la colonie.

A la mort de d'Auribeau, arrivée le 21 août 1794, Rossel devint le chef de l'expédition. Il se chargea de faire parvenir, en France, les documents de tout genre qui avaient été recueillis pendant la campagne; mais, fait prisonnier par une frégate anglaise, il fut dépouillé au mépris du droit des gens, et, lorsque la France rentra en possession des objets d'histoire naturelle qui lui avaient été volés (l'expression n'est pas trop forte quand on se rappelle les instructions données par le gouvernement français au sujet de l'expédition du capitaine Cook), ils étaient en si mauvais état, qu'on ne put en tirer tout le fruit qu'on en attendait.

Ainsi finit cette campagne malheureuse. Si son but principal avait été complètement manqué, elle avait du moins opéré quelques découvertes géographiques, complété ou rectifié celles qui étaient dues à d'autres navigateurs, et elle rapportait une ample moisson de faits, d'observations, de découvertes dans les sciences naturelles, dues en grande partie au dévouement du naturaliste La Billardière.

### III

Voyage du capitaine Marchand. — Les Marquises. — Découverte de Nouka-Hiva. — Mœurs et coutumes des habitants. — Les îles de la Révolution. — La côte d'Amérique et le port de Tchikitané. — Le canal de Cox. — Relâche aux îles Sandwich. — Macao. — Déception. — Retour en France. — Découvertes de Bass et de Flinders sur les côtes de l'Australie. — Expédition du capitaine Baudin. — La terre de d'Endracht et la terre de Witt. — Relâche à Timor. — Reconnaissance de la terre de Van-Diemen. — Séparation du *Géographe* et du *Naturaliste*. — Séjour à Port Jackson. — Les convicts. — Les richesses pastorales de la Nouvelle-Galles du Sud. — Rentrée en France du *Naturaliste*. — Croisières du *Géographe* et du *Casuarina* aux terres de Nuyts, d'Edels, d'Endracht, de Witt. — Second séjour à Timor. — Retour en France.

Un capitaine de la marine marchande, nommé Étienne Marchand, revenait du Bengale en 1788, lorsqu'il rencontra, sur la rade de l'île Sainte-Hélène, le capitaine anglais Portlock. La conversation tomba naturellement sur le commerce, sur les objets d'échange, sur les articles dont la vente procurait les plus grands bénéfices. En homme avisé, Marchand laissa parler son interlocuteur et ne lui répondit que le peu de mots nécessaires pour alimenter la conversation. Il tira de Portlock cette information intéressante, que les fourrures, et particulièrement les peaux de loutre, étaient à vil prix sur la côte occidentale de l'Amérique du Nord et atteignaient en Chine des prix fabuleux; en même temps, on pouvait se procurer facilement dans le Céleste Empire une cargaison pour l'Europe.

De retour en France, Marchand fit part à ses armateurs, MM. Baux, de Marseille, du renseignement précieux qu'il avait recueilli, et ceux-ci résolurent d'en profiter aussitôt. La navigation dans les mers du Pacifique exigeait un bâtiment d'une force exceptionnelle, pourvu de qualités spéciales. MM. Baux firent donc construire un navire de trois cents tonneaux, chevillé et doublé en cuivre, et le pourvurent de tout ce qui était nécessaire pour le défendre en cas d'attaque, le réparer en cas d'accident, faciliter les opérations commerciales et entretenir la santé des équipages pendant cette campagne, qui devait durer trois ou quatre ans.

Au capitaine Marchand, commandant le *Solide*, furent adjoints deux capitaines, MM. Masse et Prosper Chanal, trois lieutenants, deux chirurgiens et trois volontaires. C'était, avec les trente-neuf matelots, un équipage de cinquante personnes.

Quatre canons, deux obusiers, quatre pierriers, avec les munitions et les armes nécessaires, complétaient l'armement.

Bien qu'on ne dût arriver dans les mers du cap Horn qu'au commencement de l'hiver, le *Solide* partit de Marseille le 14 décembre 1790. Après une courte relâche à la Praya, aux îles du Cap-Vert, Marchand se dirigea vers la terre des États, qu'il reconnut le 1er avril 1791, doubla la terre de Feu et pénétra dans le grand Océan. L'intention du capitaine Marchand était de se rendre sans relâche à la côte nord-ouest d'Amérique; mais, à partir du commencement de mai, l'eau s'était tellement corrompue dans ses futailles, qu'il fallut songer à la renouveler.

Le capitaine Marchand «se décida pour las Marquesas de Mendoça, îles situées sur le parallèle de dix degrés sud et vers le 141e méridien à l'occident de Paris. «La situation de ces îles, dit Fleurieu, qui a publié la très intéressante relation de ce voyage, convenait d'autant mieux, que, dans la vue d'éviter les calmes dans lesquels on tombe souvent en dirigeant sa route trop à l'est, il s'était proposé de couper la ligne à 142 degrés de longitude occidentale.»

Découvert en 1595 par Mendoça, cet archipel avait été visité par Cook en 1774.

Le 12 juin, on releva l'île de la Magdalena, la plus méridionale du groupe. Les calculs de Marchand et du capitaine Chanal avaient été faits avec une telle précision, que le *Solide* mouillait aux îles Mendoça «après une traversée de soixante-treize jours, depuis la vue du cap San-Juan de la terre des États, sans prendre connaissance d'aucune autre terre et seulement en tirant de l'emploi constant des observations astronomiques toute la sûreté de sa navigation, au milieu d'une mer où les courants agissent dans des directions et avec des effets qui déconcertent et rendent inutiles tous les moyens, tous les calculs, toutes les méthodes ordinaires du pilotage.»

Marchand se dirigea vers San-Pedro, qui lui restait à l'ouest. Bientôt il aperçut la Dominica, Santa-Cristina et l'île Hood, la plus septentrionale du groupe, et il mouilla à la baie de la Madre-de-Dios, où les naturels lui firent un accueil des plus enthousiastes aux cris mille fois répétés de «tayo! tayo!»

L'impossibilité de se procurer le nombre de cochons dont il avait besoin détermina le capitaine Marchand à visiter plusieurs autres baies de l'île Santa-Christina, qu'il trouva plus peuplées, plus fertiles et plus pittoresques que celle de la Madre-de-Dios.

Les Anglais étaient demeurés trop peu de temps aux Marquises pour avoir pu réunir des observations exactes et détaillées sur le pays et les hommes qui l'habitent. Nous emprunterons donc quelques traits à la description d'Étienne Marchand.

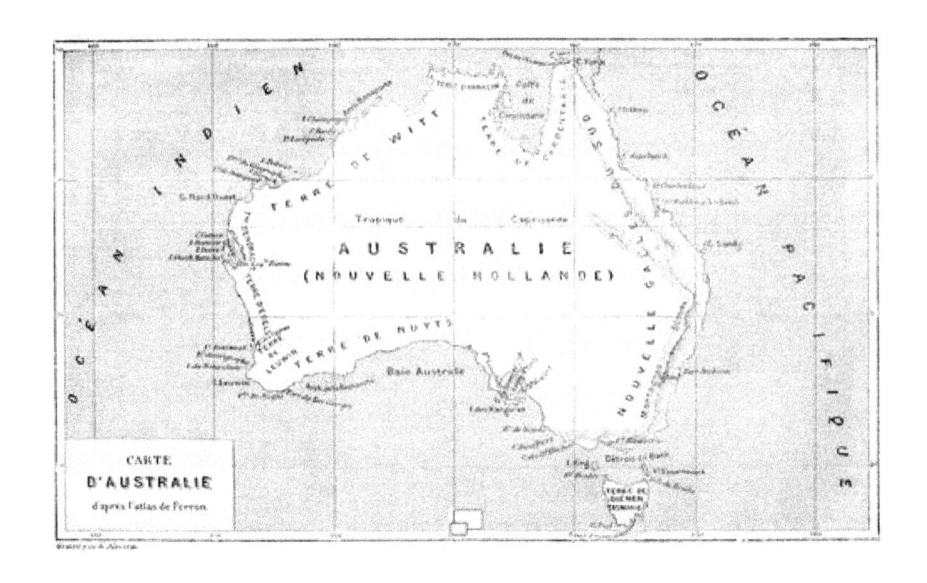

**CARTE D'AUSTRALIE**
d'après l'atlas de Perron.

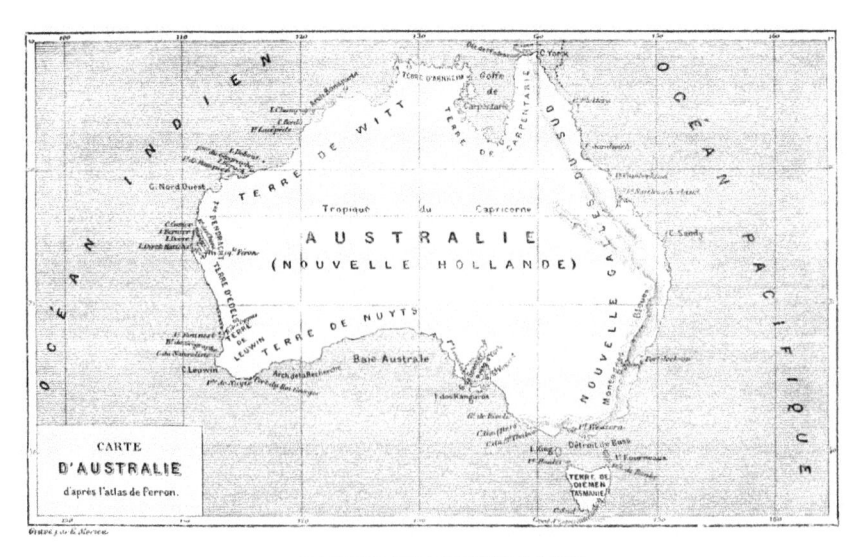

**CARTE D'AUSTRALIE**
d'après l'atlas de Perron.

Roi de l'île Timor. (*Fac-simile. Gravure ancienne.*)

Les habitants sont grands, forts et extrêmement agiles; la couleur de leur peau est d'un brun clair, mais il en est beaucoup qui diffèrent à peine des Européens de la classe du peuple. Ils n'ont d'autre vêtement que le tatouage, le climat n'en exigeant aucun. Ces dessins sont distribués avec la plus grande régularité; ceux d'un bras ou d'une jambe correspondant exactement à ceux de l'autre, et cette bigarrure, en raison de sa symétrie, ne fait pas un mauvais effet. La coiffure varie avec les individus, et la mode règne aussi bien en souveraine aux Marquises que dans tout autre pays. Les uns portent des colliers de graines rouges, d'autres une sorte de hausse-col, composé de petits morceaux d'un bois léger. Bien que tous, hommes et femmes, aient les oreilles percées, on ne les voit pas d'habitude y suspendre des pendants. Cependant, «on a vu une jeune Mendoçaine se pavaner en portant, en manière de hausse-col, le plat à barbe de fer-blanc rouillé qu'elle avait dérobé au frater du *Solide*, et un homme porter effrontément la baguette du fusil du capitaine Marchand enfilée dans le trou de son oreille et pendant à son côté.»

Cook affirme qu'ils connaissent le «Kava» des Taïtiens. Ce qu'on peut affirmer, c'est qu'ils donnaient le nom de la plante de poivre à l'eau-de-vie qu'on leur fit boire à bord du *Solide*. Il faut croire qu'ils ne font pas abus de cette liqueur, car jamais on n'en vit un seul en état d'ivresse.

Les Anglais ne parlent point d'un acte de civilité pratiqué par les habitants de la Madre-de-Dios, dont le capitaine Chanal a cru devoir faire une mention particulière; il consiste à offrir à son ami le morceau qu'on a mâché afin qu'il n'ait plus que la peine de l'avaler. On juge bien que, si sensibles que fussent les Français à cette marque distinguée de bienveillance et d'amitié des naturels, ils étaient trop discrets pour abuser à ce point de leur complaisance.

Une autre observation très curieuse qu'on doit à Marchand, c'est que leurs cases, établies sur des plates-formes de pierre, et les échasses dont ils se servent, indiquent que Santa-Christina est exposée à des inondations. On a pu voir une de ces échasses, très bien travaillée et sculptée, à l'exposition du Trocadéro, et l'on doit à M. Hamy, dont la compétence pour tout ce qui touche aux choses de l'Océanie est bien connue, une très intéressante dissertation sur ce curieux objet.

> «La principale occupation des naturels de Santa-Christina, après la pêche, la fabrication accidentelle de leurs armes, de leurs pirogues et des ustensiles à l'usage de l'habitation, est de chanter, de danser, de s'amuser. L'expression vulgaire de «tuer le temps» semble avoir été créée pour rendre sensible la nullité des actions qui partagent le cercle de leur vie.»

Pendant les premiers jours de sa relâche dans la baie de la Madre-de-Dios, Marchand avait fait une remarque qui le conduisit à la découverte d'un groupe d'îles, dont les anciens navigateurs et Cook lui-même n'avaient pas eu connaissance. Au coucher du soleil, par un temps des plus clairs, il avait observé à l'horizon une tache fixe qui présentait l'apparence d'un pic élevé, et, cette observation, il avait pu la renouveler plusieurs jours. On ne pouvait douter que ce ne fût une terre, et, comme les cartes n'en indiquaient aucune dans cette direction, ce ne pouvait être qu'une île inconnue.

En quittant Santa-Christina le 20 juin, Marchand résolut de s'en assurer. Il eut la satisfaction de découvrir dans le nord-ouest, par sept degrés de latitude sud, un groupe de petites îles dont la plus importante reçut son nom. Les habitants appartenaient évidemment à la race qui a peuplé les Marquises. Bientôt après on découvrait plusieurs autres îles, telles que l'île Baux, qui n'est autre que Nouka-Hiva, les Deux-Frères, les îles Masse et Chanal, et l'on désigna cet archipel, qui a été réuni par les géographes aux Marquises, sous le nom d'îles de la Révolution.

La route, dès qu'on eut quitté ces parages, fut dirigée vers la côte d'Amérique. La saison était trop avancée pour qu'on s'élevât jusqu'au soixantième parallèle dans le «Williams' Sound» et la «Cooks' River». Marchand résolut donc de gagner le cap del Engaño et de faire la traite dans la baie Norfolk de Dixon, qui n'est autre que la baie de la Guadaloupe des Espagnols.

Le 7 août, on eut connaissance de la terre et du cap del Engaño, et, après cinq jours de calme, l'ancre tomba dans la baie de Guadalupe. Jusqu'alors aucun homme à bord n'avait été attaqué du scorbut, et, après deux cent quarante-deux jours de navigation, dont dix seulement pour les relâches à la Praya et à la Madre-de-Dios, après cinq mille huit cents lieues de parcours, c'était un résultat magnifique, uniquement dû aux armateurs, qui n'avaient rien négligé pour la santé de leur équipage, et aux capitaines, qui avaient su faire exécuter toutes les mesures que leur commandait l'expérience.

Le capitaine Marchand, pendant son séjour dans cette baie, dont l'appellation indigène était Tchinkitané, acheta un grand nombre de peaux de loutre, dont une centaine de première qualité.

Les naturels, petits, au corps ramassé quoique assez bien proportionné, au visage rond et aplati, sont assez disgracieux. Des yeux petits, enfoncés et chassieux, ainsi que des pommettes saillantes, ne contribuent pas à les embellir. Quant à la couleur de leur peau, il est assez difficile de la démêler sous l'épaisse couche de crasse et le mélange de substances noires et rouges qui la recouvrent. Leur chevelure, dure, épaisse, hirsute, couverte d'ocre, de duvet d'oiseaux et de toutes les ordures que la négligence et le temps y ont accumulées, contribue encore à rendre leur aspect hideux.

Moins noires que les hommes, les femmes sont encore plus laides; leur taille épaisse, courte, leurs pieds tournés en dedans, leur saleté inouïe en font des êtres repoussants. La coquetterie, qui est innée chez la femme, les a déterminées, pour ajouter à leur beauté naturelle, à employer un ornement labial aussi bizarre qu'incommode, dont nous avons déjà dit quelques mots, à propos du séjour de Cook dans les mêmes parages.

> «On pratique, à environ six lignes au-dessous de la lèvre inférieure, par le moyen d'une incision, une fente longitudinale parallèle à la bouche; on y insère, dans le principe, une brochette de fer ou de bois et l'on augmente graduellement, et de temps à autre, le volume de ce corps étranger, en suivant le progrès de l'âge. On parvient enfin à y introduire une pièce de bois proprement travaillée, dont la forme et la grandeur sont à peu près celles du cuilleron d'une cuiller à bouche. L'effet de cet ornement est de rabattre, par le poids de sa partie saillante, la lèvre inférieure sur le menton, de développer les charmes d'une grande bouche béante, qui prend la forme de celle d'un four, et de mettre à découvert une rangée de dents jaunes et sales. Comme ce cuilleron s'ôte et se replace à volonté, lorsqu'il est supprimé, la fente transversale de la lèvre présente une seconde bouche, qui, par son ouverture, ne le cède point à la bouche naturelle, et, chez quelques femmes, elle a plus de trois pouces de longueur.»

Le *Solide* quitta la baie de Tchinkitané, le 21 août, et se dirigea dans le sud-est pour reconnaître les îles de la Reine-Charlotte, vues, en 1786, par La Pérouse.

Elles s'étendent sur une longueur d'à peu près soixante-dix lieues. Le 23, Étienne Marchand aperçut la baie des Manteaux (Cloak-Bay de Dixon), dont la reconnaissance fut faite avec le plus grand soin par le capitaine Chanal.

Le lendemain, les chaloupes entrèrent dans le canal de Cox et traitèrent de l'achat de quelques pelleteries avec les Indiens. L'étonnement des navigateurs fut grand à la vue de deux immenses tableaux, peints très anciennement, et de sculptures gigantesques, qui, pour n'avoir que les plus lointains rapports avec les chefs-d'œuvre de la Grèce, n'en témoignaient pas moins de goûts artistes qu'on était loin d'attendre de ces populations misérables.

Les terres qui forment la baie et le détroit de Cox sont basses et couvertes de sapins. Le sol, composé de débris de plantes et de rochers, ne paraît pas avoir grande profondeur, et les productions sont les mêmes qu'à Tchinkitané.

Le nombre des habitants peut être évalué à quatre cents. Leur taille ne diffère pas sensiblement de celle des Européens. Ils sont moins hideux que les Tchinkitanéens.

Comme cette relâche dans la Cloak-Bay ne produisait pas le nombre de fourrures sur lequel Marchand avait compté, il expédia, sous le commandement du capitaine Chanal, une embarcation qui visita les îles situées au sud. Cette reconnaissance eut pour but de relever la plupart de ces îles qui n'avaient pas encore été visitées. Seul le vaisseau de Dixon avait parcouru ces parages, mais personne de son équipage n'était descendu à terre. Il ne faut donc pas s'étonner si beaucoup de ses assertions furent démenties ou rectifiées par cet examen plus approfondi.

Après avoir vu l'entrée de Nootka, on se rendit à celle de Berkley; mais, au moment où le *Solide* allait y pénétrer, apparut un trois-mâts qui, par la route qu'il tenait, annonçait devoir visiter le littoral au sud, ce que se promettait de faire le capitaine Marchand. Cette découverte engagea le navigateur français à gagner aussitôt les côtes de la Chine, afin de s'y défaire de sa cargaison, avant que le vaisseau qu'il venait d'apercevoir eût eu le temps de s'y rendre et de lui faire concurrence.

La meilleure route à suivre était celle des îles Sandwich, et, le 5 octobre, les Français purent apercevoir les sommets des Mauna-Loa et Mauna-Koa entièrement libres de neige,—ce qui est en contradiction formelle avec l'assertion du capitaine King.

Dès que l'île O-Whyhee eut été reconnue, Marchand prit le sage parti de faire tous ses achats sous voiles. Il tira de cette île des cochons, des volailles, des cocos, des bananes et d'autres fruits, parmi lesquels on fut heureux de reconnaître des citrouilles et des melons d'eau, provenant sans doute des graines semées par le capitaine Cook.

Quatre jours furent consacrés à l'acquisition de ces rafraîchissements; puis on suivit la route de la Chine en prenant connaissance de Tinian, l'une des Mariannes.

On se rappelle combien était enchanteur le tableau tracé de cette île par le commodore Anson. Byron, avons-nous dit, avait été tout étonné de lui trouver un aspect tout différent. C'est qu'une cinquantaine d'années auparavant, Tinian était florissante et comptait trente mille habitants. Mais une maladie épidémique, apportée par les conquérants espagnols, avait décimé la population, dont les misérables restes furent bientôt arrachés à cette terre pour être transportés à Guaham.

Marchand ne débarqua pas à Tinian, dont la nature sauvage avait repris possession, au dire de tous les voyageurs qui y avaient relâché depuis Byron, et il manœuvra pour prendre connaissance de la pointe méridionale de Formose.

A Macao, qu'il avait atteinte le 28 novembre, Marchand apprit des nouvelles qui le déconcertèrent. Le gouvernement chinois venait de prohiber, sous les peines les plus sévères, toute introduction de fourrures dans les ports du midi de l'empire. Était-ce une clause ignorée de quelque traité secret conclu avec la Russie? Cette défense était-elle due à l'avarice et à la cupidité de quelques mandarins? On ne sait; mais ce qui est certain, c'est qu'il était absolument impossible de l'enfreindre.

Marchand écrivit aux représentants de la maison Baux, à Canton. La même prohibition existait dans cette ville, et il ne fallait pas songer à remonter à Whampoa, où le navire serait taxé à des droits dont le total ne s'élèverait pas à moins de six mille piastres.

Étienne Marchand n'avait plus qu'à gagner l'île de France et, de là, Marseille, son port d'armement. C'est ce qu'il fit. Nous n'avons aucune raison pour nous arrêter sur ce voyage de retour, qui ne présenta que les incidents ordinaires à toutes les traversées de ce genre.

Quels étaient les résultats scientifiques du voyage? Peu considérables au point de vue géographique, ils se décomposaient de la manière suivante: Découverte de la partie des îles Marquises qui avait échappé à Cook et à ses prédécesseurs, reconnaissance plus approfondie du pays, des mœurs et des usages des habitants de Santa-Christina dans le même archipel, des baies Tchinkitané et des Manteaux, de l'archipel de la Reine-Charlotte à la côte d'Amérique. C'eût été bien peu pour une expédition officielle, c'était beaucoup pour un navire armé par de simples particuliers. En même temps, les capitaines Marchand, Chanal et Masse avaient si bien su mettre à profit les nouvelles méthodes, ils avaient étudié avec tant de fruit les relations de leurs devanciers, qu'ils étaient parvenus à donner à leur route une précision que bien peu de navigateurs avaient pu atteindre. A leur tour, ils allaient contribuer à l'instruction de leurs successeurs par l'exactitude de leurs cartes et de leurs relevés.

Les circonstances ne devaient pas être aussi favorables, il s'en faut, pour la publication du récit d'une expédition scientifique que le gouvernement français allait envoyer, quelques années plus tard, dans le but de reconnaître les côtes de l'Australie. Bien que les résultats de la campagne du capitaine Nicolas Baudin aient été des plus abondants, il semble que, jusqu'à ce jour, le mauvais sort se soit attaché à cette expédition, et que tous les dictionnaires biographiques et les relations de voyage se soient donné le mot pour en parler aussi peu que possible.

Depuis le jour où Tasman avait reconnu la côte occidentale de la Nouvelle-Hollande, bien des progrès avaient été accomplis pour la connaissance de cet immense continent mystérieux. Cook avait relevé la côte orientale tout entière, signalé le détroit de l'Endeavour et chaudement recommandé à son gouvernement les avantages qu'on pourrait tirer d'un établissement à la baie Botanique. En 1788, Phillip avait jeté, avec ses convicts, les premiers fondements de Port-Jackson et de la puissance anglaise dans cette cinquième partie du monde.

En 1795 et 1796, le midshipman Flinders et le chirurgien Bass, avec une chétive embarcation, le *Tom-Pouce*, avaient exploré sur une longueur de vingt milles la rivière Georges et reconnu en détail une longue suite de côtes.

En 1797, Bass avait signalé l'existence d'un port spacieux, qu'il avait nommé Western, à cause de sa situation.

> «Ses provisions étaient alors épuisées, dit Desborough Cooley, et, malgré son désir ardent de faire un relèvement exact et détaillé de sa nouvelle découverte, il se vit obligé de revenir sur ses pas. Il n'avait emporté des provisions que pour six semaines, et cependant, à l'aide du poisson et des oiseaux de mer qu'il rencontra en abondance, il réussit à faire durer son voyage cinq semaines de plus, bien qu'il ramenât à son bord deux convicts qu'il avait retrouvés. Ce voyage de six cents milles, dans une barque non pontée, est un des plus remarquables que l'on connaisse. Il ne fut point entrepris sous l'empire d'une nécessité rigoureuse, mais avec l'intention décidée d'explorer des rivages inconnus et dangereux.»

Accompagné de Flinders, Bass avait, en 1798, découvert le détroit qui porte aujourd'hui son nom et sépare la Tasmanie de la Nouvelle-Hollande, et avait accompli sur un schooner de vingt-cinq tonneaux le périple de la terre de Van-Diemen. Les renseignements que rapportaient ces hardis explorateurs sur les rivières, les ports de ce pays, étaient des plus importants pour sa colonisation future. Aussi Bass et Flinders furent-ils reçus avec enthousiasme à Port-Jackson.

De retour en Angleterre, Flinders y avait reçu, avec le brevet de lieutenant de vaisseau, le commandement de l'*Investigator*, spécialement armé pour un voyage de découvertes sur les rivages de l'Australie. Les côtes méridionale et nord-ouest, le golfe de Carpentarie et le détroit de Torrès, telles devaient être les étapes de cette campagne.

L'attention publique en France était depuis quelque temps attirée sur la Nouvelle-Hollande par les récits de Cook et de d'Entrecasteaux. Pays singulier, aux productions animales étranges, tantôt couvert de forêts d'eucalyptus gigantesques, tantôt dénudé, ne nourrissant qu'un maigre spinifex, ce continent devait longtemps encore se dérober à nos regards curieux et opposer aux explorateurs des obstacles presque infranchissables.

Ce fut l'Institut qui se fit le porte-voix de l'opinion publique, en réclamant du gouvernement une expédition aux terres australes. Sur sa présentation, vingt-quatre savants furent désignés pour prendre part au voyage.

> «Jamais un développement aussi considérable n'avait été donné à cette partie de la composition des voyages de découvertes, jamais des moyens aussi grands de succès n'avaient été préparés. Astronomes, géographes, minéralogistes, botanistes, zoologistes, dessinateurs, jardiniers, tous s'y trouvaient en nombre double, triple ou même quintuple.»

Porteuse d'eau à Timor. (*Fac-simile. Gravure ancienne.*)

On remarquait dans cet état-major scientifique Leschenaut de Latour, François Péron et Bory de Saint-Vincent. Les officiers et les matelots avaient été triés sur le volet. Au nombre des premiers, nous devons citer François-André Baudin, Peureux de Mélay, Hyacinthe de Bougainville, Charles Baudin, Emmanuel Hamelin, Pierre Milius, Mangin, Duval d'Ailly, Henri de Freycinet, qui tous parvinrent au grade de contre-amiral ou d'amiral, Le Bas Sainte-Croix, Pierre-Guillaume Gicquel, Jacques-Philippe Montgéry, Jacques de Saint-Cricq, Louis de Freycinet, futurs capitaines de vaisseau.

Cabane de naturels de la terre d'Endracht. (*Fac-simile. Gravure ancienne.*)

«Ce que la composition de ce voyage et son objet promettaient de résultats avantageux, dit la relation, le plan de ses opérations paraissait devoir le garantir. Tout ce que l'expérience des autres navigateurs avait appris, jusqu'à ce jour, sur les parages que nous devions parcourir, tout ce que la théorie et le raisonnement pouvaient en déduire et y ajouter, avait servi de base à cet important travail. Les vents irréguliers, les moussons, les courants avaient été calculés d'une manière tellement exacte, que la source principale des contrariétés que nous éprouvâmes, dans la suite, fut de nous être écartés plusieurs fois de ces précieuses instructions.»

Après avoir équipé à l'île de France un troisième navire d'un faible tirant d'eau, les navigateurs devaient reconnaître toute la terre de Diemen, les détroits de d'Entrecasteaux, de Bass et de Banks, puis, après avoir fixé la situation des îles Hunter, s'enfoncer derrière les îles Saint-Pierre et Saint-

François, visiter la portion du continent masquée par elles et y chercher le détroit qui, pensait-on, allait rejoindre le golfe de Carpentarie et coupait en deux la Nouvelle-Hollande.

Cette première partie de la campagne terminée, il fallait reconnaître les terres de Leuwin, d'Edels, d'Endracht, remonter la rivière des Cygnes aussi loin que possible, lever la carte de l'île Rottnest et de la côte qui l'avoisine, compléter la reconnaissance de la baie des Chiens-Marins, fixer certaines positions de la terre de Witt, et, après avoir quitté la côte au cap Nord-Ouest, aller prendre à Timor, dans les Moluques, un repos qu'on aurait bien gagné.

Dès que les équipages seraient remis de leurs fatigues, on devait parcourir la côte de la Nouvelle-Guinée, afin de voir si quelques détroits ne la séparaient pas en plusieurs îles, visiter ensuite le golfe de Carpentarie à fond, reconnaître quelques parties de la terre d'Arnheim, pour gagner enfin l'île de France, d'où l'on reviendrait en Europe.

C'était là un magnifique programme, où l'on reconnaît la main de celui qui avait tracé les instructions de La Pérouse et de d'Entrecasteaux. Les résultats de cette expédition, si elle était conduite avec habileté, devaient être considérables.

Une corvette de trente canons, *le Géographe*, et une grosse gabarre, *le Naturaliste*, avaient été armées au Havre pour cette expédition. Rien n'avait été négligé pour que les approvisionnements fussent abondants et de bonne qualité: instruments de physique et d'astronomie construits par les plus habiles fabricants, bibliothèque formée des meilleurs ouvrages sur chaque navire, passeports les plus flatteurs signés par tous les gouvernements de l'Europe, crédits illimités, ouverts sur toutes les places d'Asie et d'Afrique. En un mot, on avait pris toutes les mesures pour assurer le succès de cette importante exploration.

Le 19 octobre 1800, les deux navires sortaient du Havre aux acclamations d'une foule immense. Le port de Santa-Cruz, à Ténériffe, retint quelque temps les navigateurs, qui ne s'arrêtèrent plus qu'à l'île de France, où furent laissés, le 23 avril 1801, plusieurs officiers trop gravement malades pour continuer la campagne.

Ce début n'était pas encourageant. Le mécontentement ne fit qu'augmenter à la nouvelle qu'on n'aurait plus qu'une demi-livre de pain frais par semaine, que la ration de vin serait remplacée par trois seizièmes de bouteille de mauvais tafia de l'île de France, que le biscuit et les salaisons constitueraient à l'avenir la nourriture habituelle. Ces précautions prématurées allaient être la source des maladies qui devaient éprouver les équipages et du mécontentement d'une partie de l'état-major scientifique.

La durée de la traversée d'Europe à l'île de France, le long séjour dans cette dernière île avaient fait perdre une partie de la saison favorable. Baudin, craignant de se porter vers la terre de Diemen, résolut de commencer son exploration par la côte nord-ouest de la Nouvelle-Hollande. Il ne réfléchissait pas qu'en agissant ainsi, il aurait toujours à descendre vers les régions australes, et que ses progrès en ce sens coïncideraient avec la marche de la saison.

Le 27 mai, fut découverte la côte de la Nouvelle-Hollande. Elle était basse, stérile, sablonneuse. Successivement, on reconnut et l'on nomma la baie du Géographe, le cap du Naturaliste, l'anse Depuch et la pointe Piquet. En ce lieu, les naturalistes descendirent à terre, où ils firent une assez riche moisson de plantes et de coquillages. Mais, pendant ce temps, la violence de la mer éloignait les deux navires, et vingt-cinq hommes de l'équipage durent passer plusieurs jours à terre, n'ayant pour boire qu'une eau saumâtre, ne pouvant tuer gibier de poil ou de plume, n'ayant pour se nourrir qu'une sorte de perce-pierre, qui fournit une très grande quantité de carbonate de soude et contient un suc très âcre.

On fut obligé d'abandonner une chaloupe que les flots avaient jetée à terre, des fusils, des sabres, des cartouches, des câbles, des palans et une grande quantité d'objets.

> «Mais, ce qu'il y eut de plus déplorable dans ce dernier désastre, dit la relation, ce fut la perte de l'un des meilleurs matelots du *Naturaliste*, le nommé Vasse, de la ville de Dieppe. Entraîné trois fois par les vagues au moment où il cherchait à se rembarquer, il disparut au milieu d'elles, sans qu'il fût possible de lui porter aucun secours, ou même de s'assurer de sa mort, tant la violence des flots était grande alors, tant l'obscurité était profonde.»

Ce mauvais temps devait durer. Le vent soufflait par rafales; il tombait continuellement une pluie fine, et une brume épaisse fit bientôt perdre de vue le *Naturaliste*, qu'on ne devait retrouver qu'à Timor.

Aussitôt qu'il eut eu connaissance de l'île Rottnest, où rendez-vous, en cas de séparation, avait été donné au capitaine Hamelin, Baudin, à la surprise générale, donna l'ordre de faire route pour la baie des Chiens-Marins, à la terre d'Endracht.

Toute cette partie de la Nouvelle-Hollande n'est qu'un prolongement de côtes abaissées, d'un niveau presque uniforme, sablonneuses, stériles, rougeâtres ou grisâtres, sillonnées en différents endroits de ravins superficiels, presque partout taillées à pic, défendues souvent par des récifs inabordables et justifiant tout à fait l'épithète de «côtes de fer» que leur donne l'ingénieur hydrographe Boullanger.

Depuis l'île Dirck-Hatichs, où commence la terre d'Endracht, les îles Doore, Bernier, sur lesquelles on rencontra le kanguro à bandes, la rade de Dampier furent successivement reconnues jusqu'à la baie des Chiens-Marins, qui fut explorée à fond.

Après la terre d'Endracht, qui n'offrait aucune ressource, ce fut la terre de Witt, qui s'étend du cap Nord-Ouest jusqu'à la terre d'Arnheim, comprenant environ dix degrés de latitude sur quinze de longitude, qui fut suivie dans tous ses détails. Les mêmes incidents, les mêmes dangers y éprouvèrent les explorateurs, qui nommèrent successivement les îles Lhermite, Forestier, Dupuch au sol volcanique, les Basses du Géographe, haut-fond qu'on eut beaucoup de peine à éviter, les îles Bedout, Lacépède, les caps Borda et Mollien, les îles Champagny, d'Arcole, Freycinet, Lucas, etc.

> «Au milieu de ces îles nombreuses, dit la relation, rien ne sourit à l'imagination; le sol est nu; le ciel ardent s'y montre toujours pur et sans nuage; les flots ne sont guère agités que par les orages nocturnes: l'homme semble avoir fui ces rivages ingrats; nulle part, du moins, on ne rencontre de traces de son séjour ou de sa présence.
>
> «Le navigateur, effrayé, pour ainsi dire, de cette hideuse solitude, assailli de dangers sans cesse renaissants, s'étonne et détourne ses regards fatigués de ces bords malheureux, et, lorsqu'il vient à penser que ces îles inhospitalières confinent, pour ainsi dire, à celles du grand archipel d'Asie, sur lesquelles la nature se plut à répandre ses trésors et ses bienfaits, il a peine à concevoir comment une stérilité si profonde peut se rencontrer à côté d'une fécondité si grande.»

La reconnaissance de cette côte désolée finit par la découverte de l'archipel Bonaparte, par 13° 15' de latitude australe et 123° 30' de longitude du méridien de Paris.

> «Les aliments détestables, auxquels nous étions réduits depuis notre départ de l'île de France, avaient fatigué les tempéraments les plus robustes; le scorbut exerçait déjà ses ravages, et plusieurs matelots en étaient grièvement atteints. Notre provision d'eau touchait à sa fin, et nous avions acquis la certitude de l'impossibilité de la renouveler sur ces tristes bords. L'époque du renversement de la mousson approchait, et les ouragans qu'il traîne à sa suite devaient être évités sur ces côtes; enfin, il fallait nous procurer une chaloupe, opérer notre réunion avec le *Naturaliste*.
>
> «Toutes ces considérations déterminèrent le commandant à se diriger vers l'île de Timor, où il mouilla le 22 août, sur la rade de Coupang.»

Nous n'entrerons pas dans le détail de la réception qui fut faite aux navigateurs. Le cœur, sans doute, est toujours réjoui par l'affabilité des manières; mais, si le souvenir en est toujours précieux pour celui qui en a été l'objet, le récit n'a pas le même charme pour le lecteur désintéressé. Ce qu'il faut savoir, c'est que l'équipage avait le plus grand besoin de repos, et que dix hommes violemment atteints du scorbut avaient été débarqués. Combien d'autres dont les gencives fongueuses et saignantes attestaient le misérable état!

Si le scorbut céda rapidement à l'application des remèdes usités en pareil cas, il fut malheureusement remplacé par la dysenterie, qui, en peu de jours, jeta dix-huit hommes sur les cadres.

Enfin, le 21 septembre, parut le *Naturaliste*. Il avait attendu avec la plus grande patience le *Géographe* dans la baie des Chiens-Marins, rendez-vous que Baudin avait fixé et où il ne s'était pas présenté. Les officiers avaient profité de cette longue relâche pour lever, dans le plus grand détail, le plan de la côte et des îles Rottnest, de la rivière des Cygnes et des Abrolhos.

Sur l'île Dirck-Hatichs, le capitaine Hamelin avait découvert deux inscriptions hollandaises gravées sur des assiettes d'étain. L'une constatait le passage, le 25 octobre 1616, du navire *Eendraght*, d'Amsterdam; l'autre, le séjour en ce lieu du *Geelwinck*, sous le commandement du capitaine Vlaming, en 1697.

Il résulte des travaux du *Naturaliste* «que la prétendue baie des Chiens-Marins forme un grand enfoncement de cinquante lieues environ de profondeur, à le prendre du cap Cuvier vers le nord jusqu'à l'extrémité du golfe Henri-Freycinet; que toute la côte orientale est exclusivement formée par le continent; que celle de l'ouest se compose de l'îlot de Koks, de l'île Bernier, de l'île de Doore, de l'île Dirck-Hatichs et d'une partie des terres continentales. Le milieu de ce vaste enfoncement est occupé par la presqu'île Péron, à l'est et à l'ouest de laquelle se trouvent les havres Hamelin et Henri-Freycinet.»

Les maladies, auxquelles étaient en proie les malheureux navigateurs, n'avaient eu pour résultat que d'amener un apaisement momentané entre le commandant Baudin et son état-major. Lui-même avait été atteint d'une fièvre pernicieuse ataxique d'une telle violence, que, pendant plusieurs heures, on le crut mort. Cela ne l'empêcha pas, huit jours après son rétablissement, de faire arrêter un de ses officiers, M. Picquet, enseigne de vaisseau, à qui les états-majors des deux vaisseaux ne cessèrent de donner les témoignages d'estime et d'amitié les plus flatteurs. A sa rentrée en France, M. Picquet fut promu lieutenant de vaisseau. C'est assez dire qu'il n'était pas coupable!

Le capitaine Baudin avait interverti le plan d'opérations que l'Institut lui avait remis. Il devait maintenant faire voile pour la terre de Diemen. Partis de Timor le 13 novembre 1801, les Français aperçurent, deux mois après, jour pour jour, les côtes australes de cette île. La maladie continuait de sévir avec la même violence, et le nombre de ses victimes était relativement considérable.

Les deux navires donnèrent dans le détroit d'Entrecasteaux, détroit qui avait échappé à Tasman, à Furneaux, à Cook, à Marion, à Hunter et à Bligh, et dont la découverte était le fruit d'une erreur qui aurait pu devenir dangereuse.

Cette relâche avait pour but de renouveler la provision d'eau. Aussi plusieurs embarcations furent-elles aussitôt envoyées à la découverte.

> «A neuf heures et demie, dit Péron, nous étions à l'entrée du port des Cygnes. De tous les lieux que j'ai pu voir pendant le cours de notre long voyage, celui-ci m'a paru le plus pittoresque et le plus agréable. Sept plans de montagnes qui s'élèvent comme par degrés vers l'intérieur des terres forment la perspective du fond du port. A droite et à gauche, des collines élevées l'enceignent de toutes parts, et présentent dans leur développement un grand nombre de petits caps arrondis et de petites anses romantiques. Sur tous les points, la végétation la plus active multiplie ses productions; les rivages sont bordés d'arbres puissants, tellement rapprochés entre eux qu'il est presque impossible de pénétrer dans les forêts qu'ils composent. D'innombrables essaims de perroquets, de cacatoès, revêtus des plus riches couleurs, voltigeaient sur leur sommet, et de charmantes mésanges à collier bleu d'outre-mer folâtraient sous leur ombrage. Les flots, dans ce port, étaient extrêmement calmes, et leur surface était à peine agitée par la marche de nombreuses légions de cygnes noirs.»

Tous les détachements envoyés à la recherche d'une aiguade ne furent pas aussi contents de leur entrevue avec les habitants que celui de Péron. Le capitaine Hamelin, accompagné de MM. Leschenaut et Petit, de plusieurs officiers et matelots, avait rencontré quelques naturels, auxquels il avait fait de nombreux présents. Au moment où ils se rembarquaient, les Français furent assaillis d'une grêle de pierres, dont l'une contusionna assez gravement le capitaine Hamelin. Vainement les sauvages brandissaient leurs zagaies et multipliaient les gestes menaçants, pas un seul coup de fusil ne fut tiré contre eux. Rare exemple de modération et d'humanité!

> «Les travaux géographiques de l'amiral d'Entrecasteaux, à la terre de Diemen, sont d'une perfection si grande, dit la relation, qu'il serait peut-être impossible de trouver ailleurs rien de supérieur en ce genre, et M. Beautemps-Beaupré, leur auteur principal, s'est acquis par là

> des droits incontestables à l'estime de ses compatriotes, à la reconnaissance des navigateurs de tous les pays. Partout où les circonstances permirent à cet habile ingénieur de faire des recherches suffisantes, il ne laissa à ses successeurs aucune lacune à remplir. Le canal d'Entrecasteaux, les baies et les ports nombreux qui s'y rattachent, sont surtout dans ce cas. Malheureusement, il n'en est pas ainsi de la portion de la terre de Diemen qui se trouve dans le nord-est du canal et qui ne fut que très superficiellement visitée par les canots de l'amiral français.»

C'est cette partie de la côte que s'attachèrent surtout à relever les hydrographes, de manière à relier leurs observations à celles de leurs compatriotes et à former un ensemble qui ne laissât rien à désirer. Ces travaux, qui rectifièrent et complétèrent ceux de d'Entrecasteaux, retinrent les navires jusqu'au 5 février. Ils procédèrent alors à la reconnaissance de la côte sud-est de la terre de Diemen. Les détails de cette navigation sont toujours les mêmes. Les incidents ne varient guère et n'offrent d'intérêt qu'au géographe. Aussi, malgré l'importance et le soin de ces relèvements, ne nous y attarderons-nous que lorsque nous pourrons glaner quelque anecdote.

Ce furent ensuite la côte orientale de la Tasmanie, les détroits de Banks et de Bass qu'explorèrent le *Naturaliste* et le *Géographe*.

> «Le 6 mars, dans la matinée, nous prolongeâmes à grande distance les îlots Taillefer et l'île Schouten. A midi environ, nous nous trouvions par le travers du cap Forestier, lorsque notre ingénieur géographe, M. Boullanger, partit dans le grand canot commandé par M. Maurouard pour aller relever de plus près tous les détails de la côte. Le bâtiment devait suivre une route parallèle à celle du canot et ne le jamais perdre de vue; mais, à peine M. Boullanger était-il parti depuis un quart d'heure, que notre commandant, prenant tout à coup et sans aucune espèce de raison apparente, la bordée du large, s'éloigna; bientôt l'embarcation disparut à nos yeux. Ce ne fut qu'à la nuit qu'on revira de bord sur la terre. Une brise violente s'était élevée; à chaque instant elle fraîchissait davantage; nos manœuvres furent indécises, la nuit survint et nous déroba la vue des côtes, le long desquelles nous venions d'abandonner nos malheureux compagnons.»

Les trois jours suivants furent employés, mais vainement, à leur recherche.

Dans les termes si mesurés de la relation, ne semble-t-il pas percer une indignation véritable contre la manière d'agir du commandant Baudin? Quel pouvait être son dessein? En quoi pouvait lui servir l'abandon de ses matelots et de deux de ses officiers? Mystère que n'a pu éclaircir pour nous la lecture assidue de la relation de Péron.

Vue de Sidney. (*Fac-simile. Gravure ancienne.*)

Pénétrer dans les détroits de Banks et de Bass, c'était marcher sur les brisées de ce dernier et de Flinders, qui avaient fait de ces parages leur domaine privilégié et le théâtre de leurs découvertes. Mais, lorsque, le 29 mars 1802, le *Géographe* commença de suivre la côte sud-ouest de la Nouvelle-Hollande, seule la portion qui va du cap Leuwin aux îles Saint-Pierre et Saint-François était connue; c'est-à-dire que l'espace qui s'étend depuis la limite orientale de la terre de Nuyts jusqu'au port Western n'avait pas encore été foulé par un pied européen. On comprendra toute l'importance de cette navigation, lorsqu'on saura qu'il s'agissait de déterminer si la Nouvelle-Hollande ne formait qu'une seule île, et si de grandes rivières ne venaient pas de ce côté déboucher dans la mer.

Une voile fut signalée à l'horizon.

L'île Latreille, le cap du Mont-Thabor, le cap Folard, la baie Descartes, le cap Boufflers, la baie d'Estaing, la baie de Rivoli, le cap Monge, furent successivement reconnus et nommés. On venait de faire une pêche miraculeuse de dauphins, lorsqu'une voile fut signalée à l'horizon. Tout d'abord, on crut que c'était le *Naturaliste*, dont on avait été séparé par de violentes rafales dans la nuit du 7 au 8 mars. Comme ce bâtiment courait à contre-bord, il fut bientôt par le travers du *Géographe*. Il arbora les couleurs anglaises. C'était l'*Investigator*, parti d'Europe, depuis huit mois, sous les ordres de Flinders, dans le but de compléter la reconnaissance de la Nouvelle-Hollande. Depuis trois mois, Flinders explorait la côte; il avait eu autant à souffrir que les Français des ouragans et des tempêtes; l'une des dernières lui avait fait perdre, dans le détroit de Bass, son canot avec huit hommes et son premier officier.

Le cap Crétet, la presqu'île Fleurieu, longue de vingt milles environ, le golfe Saint-Vincent, ainsi nommé par Flinders, l'île des Kanguros, les îles Altorpe, le golfe Spencer, sur la côte occidentale duquel se trouve le port Lincoln, un des plus beaux et des plus sûrs que possède la Nouvelle-Hollande, les îles Saint-François et Saint-Pierre, furent tour à tour visités par le *Géographe*. Certes, pour compléter cette campagne hydrographique, il eût été nécessaire de pénétrer, comme le réclamaient les instructions nautiques données au capitaine Baudin, derrière les îles Saint-Pierre et Saint-François; mais les tempêtes s'y opposèrent, et ce devait être la tâche d'une nouvelle campagne.

Le scorbut, d'ailleurs, continuait à faire d'effrayants ravages dans les rangs des explorateurs. Plus de la moitié des matelots étaient incapables de service. Deux des timoniers étaient seuls debout. Comment en aurait-il été autrement, sans vin, sans eau-de-vie, alors qu'on n'avait pour se désaltérer qu'une eau putride et insuffisante, que du biscuit criblé de larves d'insectes, que des salaisons pourries, dont le goût et l'odeur suffisaient à lever le cœur?

D'ailleurs l'hiver commençait pour les régions australes. L'équipage avait le besoin le plus pressant du repos. Le point de relâche le plus voisin était Port-Jackson, la route la plus courte pour y parvenir, le détroit de Bass. Baudin, qui semble n'avoir jamais voulu suivre les sentiers frayés, en jugea autrement et donna l'ordre de doubler l'extrémité méridionale de la terre de Diemen.

Le 20 mai, l'ancre fut jetée dans la baie de l'Aventure. Les malades en état de marcher furent portés à terre, et l'on y fit aisément l'eau nécessaire. Mais déjà ces mers orageuses n'étaient plus tenables; une brume épaisse les enveloppait, et l'on n'était averti du voisinage de la côte que par le bruit effrayant des lames énormes qui déferlaient sur les rochers. Le nombre des malades augmentait. Chaque jour, l'Océan engloutissait quelque nouvelle victime. Le 4 juin, il ne restait plus que six hommes en état de se tenir sur le pont, et jamais la tempête n'avait été plus terrible. Et cependant le *Géographe* parvint encore une fois à échapper au péril!

Le 17 juin, fut signalé un navire qui apprit aux navigateurs que le *Naturaliste*, après avoir attendu sa conserve à Port-Jackson, était parti à sa recherche, que le canot abandonné avait été recueilli par un navire anglais et que son équipage était alors embarqué sur le *Naturaliste*. Le *Géographe* était attendu avec la plus vive impatience à Port-Jackson, où des secours de toute sorte lui avaient été préparés.

Depuis trois jours le *Géographe* était devant Port-Jackson, sans que la faiblesse de ses matelots lui permît d'y entrer, lorsqu'une chaloupe anglaise se détacha du rivage, lui amenant un pilote et les hommes nécessaires aux manœuvres.

«D'une entrée qui n'a pas plus de deux milles en travers, dit la relation, le Port-Jackson s'étend jusqu'à former un bassin spacieux ayant assez d'eau pour les plus grands navires, offrant assez d'espace pour contenir en pleine sûreté tous ceux qu'on voudrait y rassembler: mille vaisseaux de ligne pourraient y manœuvrer aisément, avait dit le commodore Phillip.

«Vers le milieu de ce port magnifique et sur son bord méridional, dans une des anses principales, s'élève la ville de Sydney. Assise sur le revers de deux coteaux voisins l'un de l'autre, traversée dans sa longueur par un petit ruisseau, cette ville naissante offre un coup d'œil agréable et pittoresque.

«Ce qui frappe tout d'abord les yeux, ce sont les batteries, puis l'hôpital, qui peut contenir deux ou trois cents malades et dont toutes les pièces ont été apportées d'Angleterre par le commodore Phillip. Puis, ce sont de grands magasins au pied desquels les plus gros navires peuvent venir décharger leurs cargaisons. Sur les chantiers étaient en construction des goëlettes et des bricks entièrement construits des bois du pays.

«Consacrée pour ainsi dire par la découverte du détroit qui sépare la Tasmanie de la Nouvelle-Hollande, la chaloupe de M. Bass est conservée dans le port avec une sorte de respect religieux; quelques tabatières faites avec le bois de sa quille sont des reliques dont les possesseurs se montrent aussi fiers que jaloux, et M. le gouverneur ne crut pas pouvoir faire un présent plus honorable à notre commandant, que celui d'un morceau du bois de cette chaloupe enchâssé dans une large bande d'argent, autour de laquelle étaient gravés les principaux détails de la découverte du détroit de Bass.»

Il faut admirer ensuite la prison, pouvant contenir cent cinquante à deux cents prisonniers, les magasins au vin et autres approvisionnements, la place d'armes, sur laquelle donne la maison du gouverneur, les casernes, l'observatoire et l'église, dont les fondements étaient à cette époque à peine sortis de terre.

La métamorphose qui s'était opérée chez les convicts n'était pas moins intéressante à observer.

«La population de la colonie était pour nous un nouveau sujet d'étonnement et de méditation. Jamais peut-être un plus digne objet d'étude ne fut offert à l'homme d'État et au philosophe; jamais peut-être l'heureuse influence des institutions sociales ne fut prouvée d'une manière plus évidente et plus honorable qu'aux rives lointaines dont nous parlons. Là, se trouvent réunis ces brigands redoutables qui furent si longtemps la terreur du gouvernement de leur patrie; repoussés du sein de la société européenne, relégués aux extrémités du globe, placés dès le premier instant de leur exil entre la certitude du châtiment et l'espoir d'un sort plus heureux, environnés sans cesse par une surveillance inflexible autant qu'active, ils ont été contraints à déposer leurs mœurs antisociales.

> «La plupart d'entre eux, après avoir expié leurs crimes par un dur esclavage, sont rentrés dans les rangs des citoyens. Obligés de s'intéresser eux-mêmes au maintien de l'ordre et de la justice, pour la conservation des propriétés qu'ils ont acquises, devenus presque en même temps époux et pères, ils tiennent à leur état présent par les liens les plus puissants et les plus chers.
>
> «La même révolution, déterminée par les mêmes moyens, s'est opérée chez les femmes, et de misérables filles, insensiblement rendues à des principes de conduite plus réguliers, forment aujourd'hui des mères de famille intelligentes et laborieuses...»

L'accueil qui fut fait à Port-Jackson à l'expédition française fut on ne peut plus cordial. Toutes les facilités possibles furent accordées aux savants pour continuer leurs observations. En même temps, les vivres, les rafraîchissements, les secours de tout genre leur étaient prodigués par l'autorité militaire et par les simples particuliers.

Les courses aux environs furent des plus fructueuses. Les naturalistes eurent l'occasion d'examiner les fameuses plantations de vigne de Rose-Hill. Les meilleurs plants du Cap, des Canaries, de Madère, de Xérès et de Bordeaux, avaient été transportés en cet endroit.

> «Dans aucune partie du monde, répondaient les vignerons interrogés, la vigne ne pousse avec plus de force et de vigueur que dans celui-ci. Toutes les apparences, pendant deux ou trois mois, se réunissent pour promettre à nos soins des récoltes abondantes; mais à peine le plus léger souffle vient-il à partir du nord-ouest que tout est perdu sans ressource; bourgeons, fleurs et feuilles, rien ne résiste à son ardeur dévorante; tout se flétrit, tout meurt.»

Bientôt après, la culture des vignes, transplantées dans un milieu plus favorable, allait prendre une extension considérable, et les vignobles australiens, sans être aujourd'hui devenus des crus renommés, fournissent un vin agréable à boire et très chargé d'alcool.

A trente milles de Sydney se déroule la chaîne des Montagnes-Bleues, qui fut longtemps la limite des connaissances des Européens. Le lieutenant Dawes, le capitaine Teuch Paterson, qui remonta la rivière Hawkesburg, ce Nil de la Nouvelle-Hollande, Hacking, Bass et Barraillier, avaient jusqu'alors tenté sans succès de franchir ces montagnes escarpées.

Déjà, à cette époque, l'écartement des arbres dans les forêts voisines de la ville, l'abondance et l'excellente qualité des herbages avaient fait considérer la Nouvelle-Galles du Sud comme un excellent pâturage. Des bêtes à cornes et des moutons avaient été importés en quantité.

> «Ils s'y sont tellement multipliés, que, dans les seules bergeries de l'État, on comptait, à une époque peu éloignée de celle de notre séjour à Port-Jackson, 1800 bêtes à cornes, dont 514 taureaux, 121 bœufs et 1165 vaches. La progression de l'accroissement de ces animaux est si rapide, que, dans l'espace de onze mois seulement, le nombre des bœufs et des vaches a été porté de 1856 à 2450; ce qui suppose pour l'année entière une augmentation de 650 individus ou du tiers de la totalité.

> «Qu'on calcule maintenant la marche d'un tel accroissement d'animaux pour une période de trente ans, et l'on restera persuadé qu'en le réduisant même à moitié, la Nouvelle-Hollande se trouverait alors couverte sur ce point d'innombrables troupeaux de bétail.

> «Les moutons ont fourni des résultats encore plus avantageux; et telle est la rapidité de leur multiplication sur ces rivages lointains, que le capitaine Mac-Arthur, un des plus riches propriétaires de la Nouvelle-Galles du Sud, ne craint pas d'assurer, dans un mémoire publié à cet effet, qu'avant vingt ans, la Nouvelle-Hollande pourra fournir seule à l'Angleterre toute la laine qu'on y importe aujourd'hui des pays voisins, et dont le prix d'achat s'élève chaque année, dit-il, à 1,800,000 livres sterling (environ 43 millions de francs).»

On sait aujourd'hui combien ces estimations, toutes merveilleuses qu'elles paraissaient alors, étaient peu exagérées. Mais, certes, il était intéressant de prendre cette industrie pastorale, aujourd'hui si florissante, à ses premiers débuts et de recueillir l'impression d'étonnement que les résultats déjà acquis avaient produite sur les navigateurs français.

Les équipages avaient en partie recouvré la santé; mais le nombre des matelots capables de continuer la campagne était tellement restreint, qu'il fallut se résigner à renvoyer en France le *Naturaliste*, après en avoir tiré les hommes les plus valides. Il fut remplacé par une goëlette de trente tonneaux nommée *le Casuarina*, dont le commandement fut confié à Louis de Freycinet. Le faible échantillon de ce bâtiment et son peu de tirant d'eau devaient le rendre précieux pour le service du littoral.

Le *Naturaliste*, avec le compte rendu de l'expédition, les résultats des observations de tout genre faites pendant les deux campagnes, emportait encore, dit Péron, «plus de 40,000 animaux de toutes les classes, recueillis sur tant de plages pendant les deux années qui venaient de s'écouler. Trente-trois grosses caisses étaient remplies de ces collections, les plus nombreuses et les plus riches qu'aucun voyageur eût jamais fait parvenir en Europe, et qui, étalées en partie dans la maison que j'occupais avec M. Bellefin, firent l'admiration de tous les Anglais instruits et particulièrement du célèbre naturaliste M. Paterson.»

Le *Géographe* et le *Casuarina* quittèrent Port-Jackson le 18 novembre 1802. Pendant cette nouvelle campagne, les navigateurs découvrirent et explorèrent successivement l'île King, les îles Hunter, la partie nord-ouest de la terre de Diemen, ce qui complétait la géographie du littoral de cette grande île; puis, à partir du 27 décembre jusqu'au 15 février 1803, le capitaine Baudin reconnut, sur la côte sud-ouest de l'Australie, l'île des Kanguros et les deux golfes qui s'ouvrent en face.

> «C'est un phénomène bien étrange, dit Péron, que ce caractère de monotonie, de stérilité, si généralement empreint sur les diverses parties de la Nouvelle-Hollande et sur les îles nombreuses qui s'y rattachent; un tel phénomène devient encore plus inconcevable par le contraste qui existe entre ce continent et les terres voisines. Ainsi, vers le nord-ouest, nous avions vu les îles fertiles de l'archipel de Timor offrir à nos regards leurs hautes montagnes, leurs rivières, leurs ruisseaux nombreux et leurs forêts profondes, lorsqu'à peine quarante-huit heures s'étaient écoulées depuis notre départ des côtes noyées, arides et nues de la terre de Witt; ainsi, vers le sud, nous avions admiré les puissants végétaux de la terre de Diemen et les monts sourcilleux qui s'élèvent sur toute la surface de cette terre; plus récemment encore, nous avions célébré la fraîcheur de l'île King et sa fécondité.
>
> «La scène change; nous touchons aux rivages de la Nouvelle-Hollande, et, pour chaque point de nos observations, il faudra désormais reproduire ces sombres tableaux, qui, tant de fois déjà, ont fatigué l'esprit du lecteur, comme ils étonnent le philosophe, comme ils affligent le navigateur.»

Les ingénieurs, détachés avec le *Casuarina* pour reconnaître le golfe Spencer et la presqu'île d'York qui le sépare du golfe Saint-Vincent, après avoir opéré leurs relèvements dans le plus grand détail et avoir constaté qu'aucun grand fleuve ne se jette en cet endroit dans la mer, furent contraints d'abréger leur reconnaissance du port Lincoln, car le terme prescrit pour le retour à l'île des Kanguros allait expirer. Certains d'être abandonnés s'ils étaient en retard, ils ne se hâtèrent pas assez, cependant, car, lorsqu'ils atteignirent cette île, le 1er février, le *Géographe* avait mis à la voile, sans s'inquiéter du *Casuarina*, qui n'avait pourtant que fort peu de vivres.

Baudin continua seul l'exploration de la côte et le relèvement de l'archipel Saint-François, travail très important, puisque, depuis la découverte de ces îles par Peter Nuyts, en 1627, aucun navigateur ne les avait visitées en détail. Flinders venait bien d'opérer cette reconnaissance, mais Baudin l'ignorait, et ce navigateur se croyait le premier Européen venu dans ces parages depuis leur découverte.

Lorsque le *Géographe* arriva, le 6 février, dans le port du Roi-Georges, il y trouva le *Casuarina* tellement avarié, qu'il avait fallu l'échouer sur la plage.

Découvert en 1791 par Vancouver, le port du Roi-Georges est d'une importance d'autant plus grande, que, sur une étendue de côtes au moins égale à la distance de Paris à Pétersbourg, c'est le seul point bien connu de la Nouvelle-Hollande où il soit possible de se procurer de l'eau douce en tout temps.

Malgré cela, tout le pourtour de la rade est stérile. «L'aspect de l'intérieur du pays sur ce point, dit M. Boullanger dans son journal, est véritablement horrible, les oiseaux même y sont rares; c'est un désert silencieux.»

Au fond d'une des indentations de cette baie, qu'on appelle le havre aux Huîtres, un naturaliste, M. Faure, découvrit un cours d'eau, la rivière des Français, dont l'embouchure était large comme la Seine à Paris. Il entreprit de la remonter et de s'enfoncer ainsi, le plus loin possible, dans l'intérieur du pays. A deux lieues à peu près de l'embouchure, l'embarcation se trouva arrêtée par deux digues solidement construites en pierres sèches qui se rattachaient à une petite île et interceptaient tout passage.

> «Cette muraille était percée par des embrasures placées, pour la plupart, au-dessus de la ligne de marée basse et dont la partie tournée vers la mer était très large, tandis que l'autre était, vers l'intérieur du pays, beaucoup plus étroite. Par ce moyen, le poisson qui, à mer haute, remontait la rivière, pouvait aisément traverser la chaussée; mais, toute retraite lui étant à peu près interdite, ce poisson se trouvait dans une espèce de réservoir, où il était facile aux pêcheurs de le prendre ensuite à leur gré.»

M. Faure devait trouver cinq autres de ces murailles dans l'espace de moins d'un tiers de mille. Singulier exemple de l'ingéniosité de ces peuples barbares, pourtant si voisins de la brute!

Les malades furent transportés à terre.

Ce fut dans ce même port du Roi-Georges qu'un des officiers du *Géographe*, M. Ransonnet, plus heureux que Vancouver et d'Entrecasteaux, put avoir une entrevue avec les habitants de cette contrée. C'était la première fois qu'il était donné à un Européen de les aborder.

«A peine nous parûmes, dit M. Ransonnet, que huit naturels, qui nous avaient en vain appelés par leurs gestes et par leurs cris le premier jour de notre apparition sur cette côte, se présentèrent d'abord tous réunis; ensuite trois d'entre eux, qui sans doute étaient des femmes, s'éloignèrent. Les cinq autres, après avoir jeté leurs sagaies au loin, probablement pour nous convaincre de leurs intentions pacifiques, vinrent nous aider à débarquer. Les matelots, à mon exemple, leur offrirent divers présents, qu'ils reçurent avec un air de satisfaction, mais sans empressement. Soit apathie, soit confiance, après avoir reçu ces objets, ils nous les rendaient avec une sorte de plaisir, et lorsque nous leur remettions de nouveau ces mêmes objets, ils les abandonnaient sur la terre ou sur les roches voisines.

Bonaparte lui fit un excellent accueil.

«Plusieurs chiens très beaux et très grands se trouvaient avec eux; je fis mon possible pour les engager à m'en céder un; je leur offris, à cet effet, tout ce qui était en mon pouvoir, mais leur volonté fut inébranlable. Il paraît qu'ils s'en servent surtout pour la chasse des kanguros, dont ils font leur nourriture, ainsi que du poisson, que je leur ai vu, moi-même, darder avec leurs sagaies. Ils burent du café, mangèrent du biscuit et du bœuf salé; mais ils refusèrent de manger du lard que nous leur offrîmes et le laissèrent sur des pierres sans y toucher.

«Ces hommes sont grands, maigres et très agiles; ils ont les cheveux longs, les sourcils noirs, le nez court, épaté et renfoncé à sa naissance, les yeux caves, la bouche grande, les lèvres saillantes, les dents très belles et très blanches. L'intérieur de leur bouche paraissait noir comme l'extérieur de leur corps.

«Les trois plus âgés d'entre eux, qui pouvaient avoir de quarante à cinquante ans, portaient une grande barbe noire; ils avaient les dents comme limées et la cloison des narines percée; leurs cheveux étaient taillés en rond et naturellement bouclés. Les deux autres, que nous jugeâmes être âgés de seize à dix-huit ans, n'offraient aucune espèce de tatouage; leur longue chevelure était réunie en un chignon poudré d'une terre rouge dont les vieux avaient le corps frotté.

«Du reste, tous étaient nus et ne portaient d'autre ornement qu'une espèce de large ceinture composée d'une multitude de petits cordons tissus de poil de kanguro. Ils parlent avec volubilité et chantent par intervalles, toujours sur le même ton, et en s'accompagnant des mêmes gestes. Malgré la bonne intelligence qui ne cessa de régner entre nous, ils ne voulurent jamais nous permettre d'aller vers l'endroit où les autres naturels, probablement leurs femmes, s'étaient allés cacher.»

A la suite d'une relâche de douze jours dans le port du Roi-Georges, les navigateurs reprirent la mer. Ils rectifièrent et complétèrent les cartes de d'Entrecasteaux et de Vancouver, relatives aux terres de Leuwin, d'Edels et d'Endracht, qui furent successivement prolongées et relevées du 7 au 26 mars. De là, Baudin passa à la terre de Witt, dont les détails étaient presque entièrement inconnus, lorsqu'il l'avait abordée pour la première fois. Il espérait être plus heureux que de Witt, Vianen, Dampier et Saint-Allouarn, qui avaient été constamment repoussés de cette terre; mais les hauts-fonds, les récifs, les bancs de sable rendaient cette navigation extrêmement dangereuse.

A ces périls vint bientôt se joindre une illusion singulière, le mirage. L'effet en était tel, que «le *Géographe*, qui naviguait à plus d'une lieue des brisants, paraissait en être environné de toutes parts, et qu'il n'était personne, à bord du *Casuarina*, qui ne le crût dans un péril imminent. La magie de l'illusion ne fut détruite que par son excès même.»

Le 3 mai, le *Géographe*, accompagné du *Casuarina*, jetait pour la seconde fois l'ancre dans le port de Coupang, à Timor. Juste un mois plus tard, après s'être ravitaillé complètement, le capitaine Baudin quittait Timor et faisait voile d'abord pour la Terre de Witt, où il espérait trouver des brises de terre et de mer propres à le faire avancer dans l'est, puis ensuite pour l'île de France, où il mourut, le 16 septembre 1803. L'état de plus en plus précaire de sa santé n'influa-t-il pas singulièrement sur le caractère de ce chef d'expédition, et l'état-major aurait-il eu autant à se plaindre d'un homme dont toutes les facultés eussent été en équilibre? C'est aux physiologistes qu'il appartient de répondre.

Le 23 mars, le *Géographe* entrait dans la rade de Lorient, et, trois jours après, on commençait à débarquer les diverses collections d'histoire naturelle qu'il rapportait.

> «Indépendamment d'une foule de caisses de minéraux, de plantes desséchées, de poissons, de reptiles et de zoophytes conservés dans l'alcool, de quadrupèdes et d'oiseaux empaillés ou disséqués, nous avions encore soixante-dix grandes caisses remplies de végétaux en nature, comprenant près de deux cents espèces de plantes utiles, environ six cents espèces de graines, enfin une centaine d'animaux vivants.»

Nous compléterons ces renseignements par quelques détails extraits du rapport fait au gouvernement par l'Institut. Ils ont particulièrement trait à la collection zoologique réunie par MM. Péron et Lesueur.

> «Plus de cent mille échantillons d'animaux d'espèces grandes et petites la composent; elle a déjà fourni plusieurs genres importants; il en reste bien davantage encore à faire connaître, et le nombre des espèces nouvelles, d'après le rapport du professeur du Muséum, s'élève à plus de deux mille cinq cents.»

Si l'on rappelle maintenant que le deuxième voyage de Cook,—le plus brillant qui eût été fait jusqu'à ce jour,—n'en a cependant fourni que deux cent cinquante, et que tous les voyages réunis de Carteret, de Wallis, de Furneaux, de Meares, de Vancouver lui-même, n'en ont pas tous ensemble produit un nombre aussi considérable; si l'on observe qu'il en est de même de toutes les expéditions françaises, il en résulte que MM. Péron et Lesueur auront eux seuls plus fait connaître d'animaux nouveaux que tous les naturalistes voyageurs de ces derniers temps.

Quant aux résultats géographiques et hydrographiques, ils étaient considérables. Le gouvernement anglais s'est toujours refusé à les reconnaître, et Desborough Cooley, dans son *Histoire des Voyages*, subordonne complètement les découvertes de Baudin à celles de Flinders. Au reste, on alla jusqu'à supposer que Flinders n'avait été retenu prisonnier pendant six ans et demi à l'île de France que pour laisser aux rédacteurs français le loisir de consulter ses cartes et de combiner d'après elles la relation de leur voyage. Cette accusation est tellement absurde, qu'il suffit de l'avoir reproduite. Nous ne nous ferons pas l'injure de la combattre.

Les deux navigateurs anglais et français ont joué chacun un assez beau rôle dans l'histoire de la découverte des côtes de l'Australie pour qu'il soit nécessaire d'élever l'un aux dépens de l'autre. La part qui revient à chacun d'eux nous semble avoir été faite avec beaucoup de justice et de discernement dans la préface de la seconde édition du *Voyage de découvertes australes* de Péron, revue et corrigée par Louis de Freycinet. Nous y renvoyons le lecteur que cette querelle d'antériorité de découvertes peut intéresser.

# CHAPITRE II
# LES EXPLORATEURS DE L'AFRIQUE

Shaw en Algérie et à Tunis. — Hornemann dans le Fezzan—Adanson au Sénégal. — Houghton en Sénégambie. — Mungo-Park et ses deux voyages au Djoliba ou Niger. — Sego. — Tombouctou. — Sparmann et Levaillant au Cap, à Natal et dans l'intérieur. — Lacerda en Mozambique et chez Cazembé. — Bruce en Abyssinie. — Les sources du Nil Bleu. — Le lac Tzana. — Voyage de Browne dans le Darfour.

Un Anglais, Thomas Shaw, attaché comme chapelain au comptoir d'Alger, avait mis à profit ses douze ans de séjour dans les États Barbaresques pour réunir une riche collection de curiosités naturelles, de médailles, d'inscriptions et d'objets d'art. S'il ne visita pas lui-même les parties méridionales de l'Algérie, il sut, du moins, s'entourer d'hommes sérieux, bien informés, qui lui donnèrent, sur beaucoup de localités peu connues, une masse de renseignements exacts et d'informations précieuses. Son travail, qu'il publia sous la forme de deux gros in-4°, avec de nombreuses figures dans le texte, porte sur toute l'ancienne Numidie.

C'est bien plutôt l'œuvre d'un érudit que d'un voyageur, et cette érudition, il faut l'avouer, est souvent fort mal digérée. Mais, quel que soit ce travail de géographie historique, il ne manquait pas de prix pour l'époque, et personne n'aurait été, plus et mieux que Shaw, en état de réunir la quantité prodigieuse de matériaux qui y sont mis en œuvre.

L'extrait suivant pourra donner une idée de la manière dont cet ouvrage est conçu:

«La principale manufacture des Kabyles et des Arabes est de faire des *hykes* (c'est ainsi qu'ils appellent leurs couvertures de laine) et des tissus de poil de chèvre, dont ils couvrent leurs tentes. Il n'y a que les femmes qui s'occupent de cet ouvrage, comme faisaient autrefois Andromaque et Pénélope; elles ne se servent point de navette, mais conduisent chaque fil de la trame avec les doigts. Une de ces hykes a communément six aunes d'Angleterre de long et cinq ou six pieds de large, et sert aux Kabyles et aux Arabes d'habillement complet pendant le jour et de lit et de couverture pendant la nuit. C'est un vêtement léger, mais fort incommode, parce qu'il se dérange et tombe souvent; de sorte que ceux qui le portent sont obligés de le relever et de le rajuster à tout moment. Cela fait aisément comprendre de quelle utilité est une ceinture lorsqu'il faut agir, et, par conséquent, toute l'énergie de l'expression allégorique qui revient si souvent dans l'Écriture: *avoir les reins ceints*.

> «La manière de porter ce vêtement et l'usage qu'on en a toujours fait pour s'en couvrir, lorsqu'on était couché, pourraient nous faire croire que, du moins, l'espèce la plus fine des hykes, telles que les portent les femmes et les gens d'un certain rang chez les Kabyles, est la même que les anciens appelaient *peplus*. Il est aussi fort probable que l'habillement appelé *toga* chez les Romains, qu'ils jetaient seulement sur les épaules et dont ils s'enveloppaient, était de cette espèce, car, à en juger par la draperie de leurs statues, la *toga* ou le manteau y est arrangée à peu près de la même façon que la hyke des Arabes.»

Il est inutile de nous arrêter plus longtemps sur cet ouvrage, dont l'intérêt, au point de vue qui nous occupe, est presque nul. Il vaut mieux nous étendre un peu sur le voyage de Frédéric-Conrad Hornemann au Fezzan.

C'est sous les auspices de la Société fondée à Londres pour l'exploration de l'Afrique que ce jeune Allemand devait faire cette expédition. Ayant appris la langue arabe et acquis quelques connaissances en médecine, il fut définitivement agréé par la Société Africaine, qui, après lui avoir remis des lettres de recommandation et des saufs-conduits, lui ouvrit un crédit illimité.

Il quitta Londres au mois de juillet 1797 et vint à Paris. Lalande le présenta à l'Institut, lui remit son *Mémoire sur l'Afrique*, et Broussonnet lui fit faire la connaissance d'un Turc, qui lui donna les lettres de recommandation les plus pressantes pour certains marchands du Caire en relations d'affaires avec l'intérieur de l'Afrique.

Hornemann mit à profit son séjour au Caire pour se perfectionner dans la langue arabe et étudier les mœurs et les coutumes des indigènes. Hâtons-nous d'ajouter que le voyageur avait été présenté au commandant en chef de l'armée d'Égypte par Monge et Berthollet. Bonaparte lui fit excellent accueil et mit à sa disposition toutes les ressources du pays.

Pour Hornemann, la plus sûre manière de voyager était de se déguiser en marchand mahométan. Il se hâta donc d'apprendre certaines prières, d'adopter certaines habitudes suffisantes à ses yeux pour tromper des gens non prévenus. D'ailleurs, il partait avec un de ses compatriotes, Joseph Frendenburgh, qui, depuis douze ans, avait embrassé la religion musulmane, avait fait trois voyages à la Mecque et parlait avec facilité les divers dialectes turcs et arabes les plus usités. Il devait servir d'interprète à Hornemann.

Le 5 septembre 1798, le voyageur quitta le Caire avec une caravane de marchands et commença par visiter la fameuse oasis de Jupiter Ammon ou de Siouah, située dans le désert, à l'est de l'Égypte. C'est un petit État indépendant, qui reconnaît le sultan, mais sans lui payer tribut. Autour de la ville de Siouah, se trouvent plusieurs villages à un ou deux milles de distance.

La ville est bâtie sur un rocher dans lequel les habitants se sont creusé leurs demeures. Les rues sont si étroites, si embrouillées, qu'un étranger ne peut s'y reconnaître.

L'étendue de cette oasis est considérable. Son district le plus fertile est une vallée bien arrosée, d'environ cinquante milles de circuit, qui produit du blé et des végétaux comestibles. Son produit le plus rémunérateur consiste en dattes d'un excellent goût, dont la renommée est proverbiale chez les Arabes du Sahara.

Tout d'abord, Hornemann avait aperçu des ruines qu'il se promettait de visiter, car les renseignements qu'il avait recueillis des habitants ne lui avaient pas appris grand'chose. Mais, lorsqu'il pénétra dans l'enceinte de ces monuments, il y fut suivi, chaque fois, par un certain nombre d'habitants, qui l'empêchèrent d'examiner en détail. Un des Arabes lui dit même: «Il faut que vous soyez encore chrétien dans le cœur, pour que vous veniez si souvent visiter les ouvrages des infidèles.»

On comprendra, d'après cela, qu'Hornemann dut renoncer à toute recherche ultérieure. Autant qu'il put en juger d'après cet examen superficiel, c'est bien l'oasis d'Ammon, et les ruines paraissent être d'origine égyptienne.

Une preuve de la densité de l'ancienne population de cette oasis, est le nombre prodigieux des catacombes qu'on rencontre à chaque pas et surtout sous la colline qui porte la ville. Ce fut en vain que, dans ces nécropoles, le voyageur chercha à se procurer une tête entière; parmi les occiputs qu'il recueillit, il ne put trouver la preuve qu'ils eussent été remplis de résine. Quant aux vêtements, il en trouva de nombreux fragments, mais dans un tel état de décomposition, qu'il lui fut absolument impossible de leur assigner une origine ou une provenance.

Après avoir passé huit jours en cet endroit, Hornemann se dirigea, le 29 septembre, sur Schiacha, et traversa la chaîne de montagnes qui enferme l'oasis de Siouah. Jusqu'alors, aucun événement n'était venu troubler le passage du voyageur. Mais à Schiacha, il fut accusé d'être chrétien et de parcourir le pays en espion. Il fallut payer d'audace. Hornemann n'y manqua pas. Il fut sauvé par un Coran qu'il apporta dans la pièce où il était interrogé et qu'il lut à livre ouvert. Mais, pendant ce temps, son interprète, craignant qu'on ne fouillât ses effets, avait jeté au feu les fragments de momies, les spécimens de botanique, le journal détaillé du voyage et tous les livres. Ce fut une perte irréparable.

Un peu plus loin, la caravane atteignit Augila, ville bien connue d'Hérodote, qui la place à dix jours de l'oasis d'Ammon. Cela concorde avec le témoignage de Hornemann, qui mit neuf jours, à marche forcée, pour faire le trajet entre ces deux localités. La caravane s'était augmentée, à Augila, d'un certain nombre de marchands de Bengasi, Merote et Mojabra, et ne comptait pas moins de cent vingt individus. Après une longue marche à travers un désert de sable, elle pénétra dans une contrée bossuée de collines et coupée de ravins, où l'on rencontrait, par places, de l'herbe et des arbres. C'est le désert de Harutsch. Il fallut le traverser pour gagner Temissa, ville peu importante, bâtie sur une colline et ceinte d'une haute muraille. A Zuila, on entra sur le territoire du Fezzan. Les fantasias accoutumées se reproduisaient à chaque entrée de ville, ainsi que les compliments interminables et les souhaits de bonne santé. Ces salutations, souvent si trompeuses, semblent tenir une grande place dans la vie des Arabes; leur fréquence eut plus d'une fois le don d'étonner le voyageur.

Le 17 novembre, la caravane découvrit Mourzouk, la capitale du Fezzan. C'était le but du voyage. La plus grande longueur de la partie cultivée du royaume de Fezzan, d'après Hornemann, est d'environ trois cents milles du nord au sud, sa plus grande largeur de deux cents milles de l'ouest à l'est; mais il faut y ajouter la région montagneuse d'Harutsch à l'est, et les autres déserts au sud et à l'ouest. Le climat n'y est jamais agréable: en été, la chaleur s'y concentre avec une intensité prodigieuse, et, quand le vent souffle du sud, elle est à peine supportable, même pour les natifs; en hiver, le vent du nord est si pénétrant et si froid, qu'il force les habitants à faire du feu.

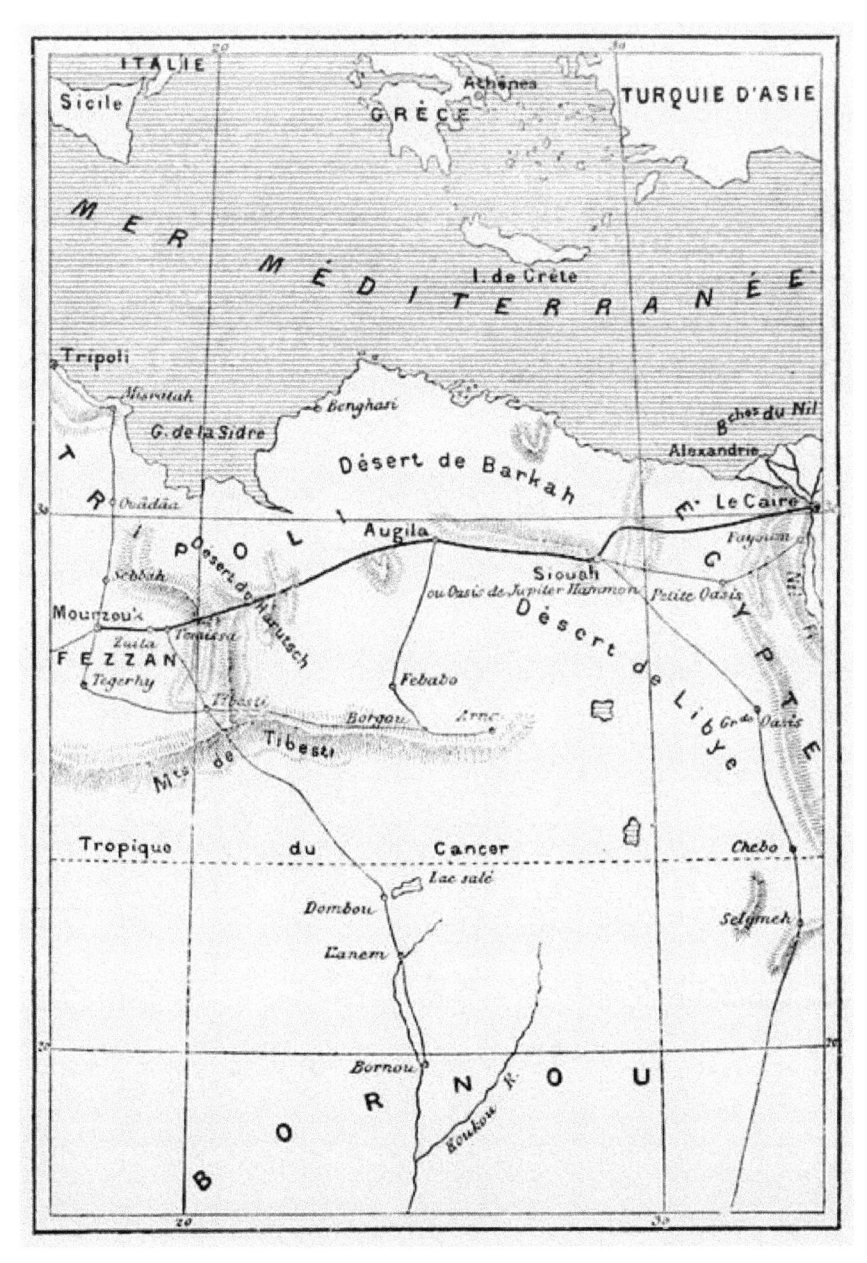

Carte pour les voyages de Hornemann et de Frendenburgh au Fezzan.

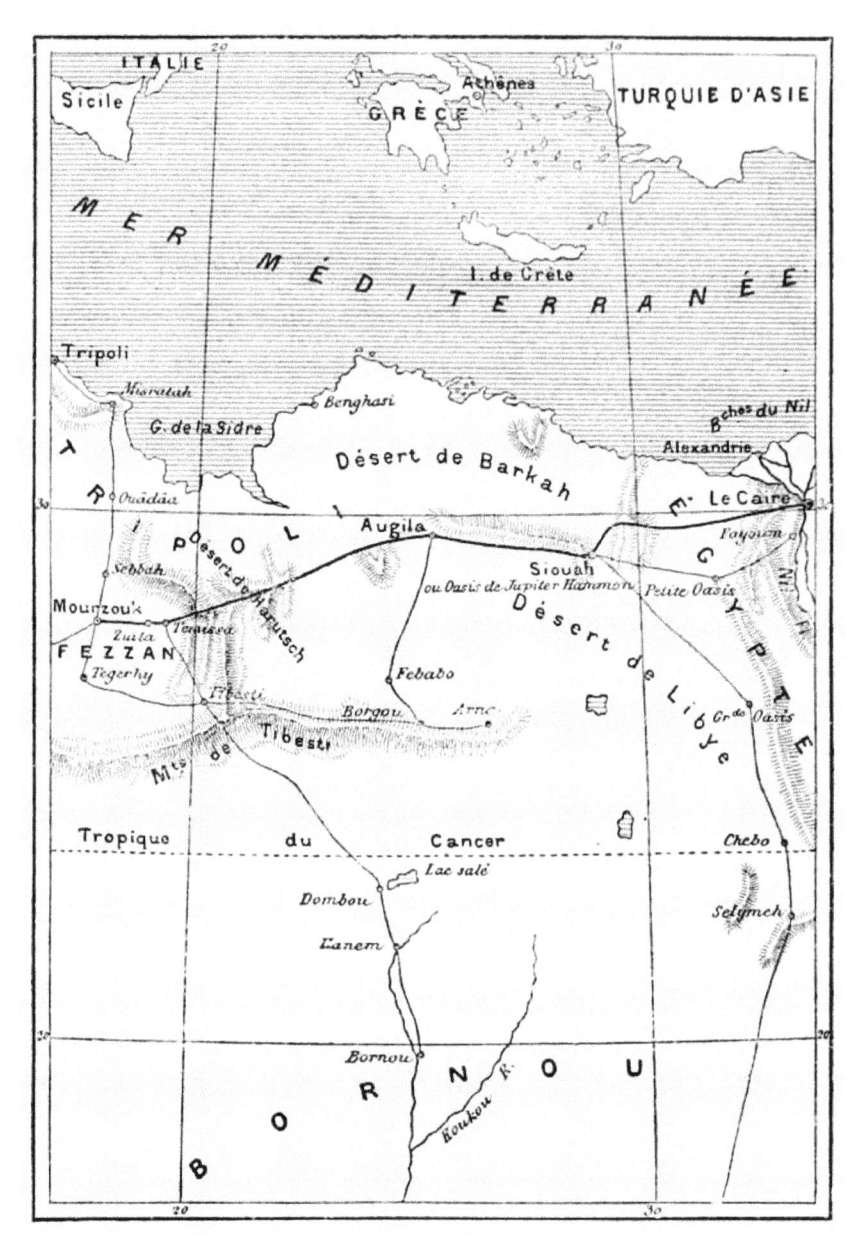

Carte pour les voyages de Hornemann et de Frendenburgh au Fezzan.

Les dattes, d'abord, puis les végétaux comestibles constituent à peu près les seules richesses de la contrée. Mourzouk est le principal marché du pays. On y voit réunis les produits du Caire, de Bengasi, de Tripoli, de Rhadamès, du Toat et du Soudan. Les articles de ce commerce sont les esclaves des deux sexes, les plumes d'autruche, les peaux d'animaux féroces, l'or, soit en poudre, soit en pépites. Le Bornou envoie du cuivre, le Caire des soies, des calicots, des vêtements de laine, des imitations de corail, des bracelets, des marchandises des Indes. Les marchands de Tripoli et de Rhadamès importent des armes à feu, des sabres, des couteaux, etc.

Le Baobab.

Le Fezzan est gouverné par un sultan qui descend de la famille des shérifs. Son pouvoir est illimité, mais il paye cependant au bey de Tripoli un tribut de quatre mille dollars. La population du pays peut être évaluée (Hornemann ne nous dit pas sur quelles bases il s'appuie) à soixante-quinze mille habitants, qui, tous, professent le mahométisme.

On trouve encore, dans le récit d'Hornemann, quelques autres détails sur les mœurs et les habitudes de ce peuple. Le voyageur termine son rapport à la Société africaine en disant qu'il se propose de revenir dans le Fezzan, et qu'il compte envoyer de nouveaux détails.

Ce que nous savons de plus, c'est qu'à Mourzouk mourut le fidèle compagnon d'Hornemann, le renégat Freudenburg. Atteint lui-même d'une fièvre violente, Hornemann fut obligé de faire, en cet endroit, un séjour beaucoup plus long qu'il n'y comptait. A peine rétabli, Hornemann gagna Tripoli afin de s'y reposer et de s'y retremper dans la compagnie de quelques Européens. Le 1er décembre 1799, il reprenait le chemin de Mourzouk, d'où il partait définitivement, le 7 avril 1800, avec une caravane. Le Bournou l'attirait, et ce gouffre, qui devait faire tant de victimes, ne nous le rendit pas.

Pendant tout le cours du XVIIIe siècle, l'Afrique est assiégée comme une place forte. De tous côtés, les explorateurs tâtent la place, essayent de s'y introduire. Quelques-uns parviennent à pénétrer dans l'intérieur, mais ils sont repoussés, ou ils y trouvent la mort. C'est seulement de nos jours que ce mystérieux continent devait livrer ses secrets, et découvrir, à la surprise générale, les trésors de fécondité qu'on était bien loin d'y soupçonner.

Du côté du Sénégal, les informations recueillies par Brue, avaient besoin d'être complétées. Mais notre prépondérance n'était plus indiscutée comme autrefois. Nous avions des rivaux très sérieux, très entreprenants, les Anglais. Ils étaient persuadés de l'importance qu'auraient, pour le développement de leur commerce, les renseignements qu'ils pourraient se procurer. Cependant, avant d'entreprendre le récit des explorations du major Houghton et de Mungo-Park, il nous faut dire quelques mots de la mission que s'était donnée le naturaliste français Michel Adanson.

Adonné dès l'enfance à l'étude de l'histoire naturelle, Adanson voulut illustrer son nom par la découverte d'espèces nouvelles. Il ne fallait pas compter en trouver en Europe. Contre toute attente, Adanson choisit le Sénégal pour champ de recherches.

> «C'est que c'était, dit-il dans une note manuscrite, de tous les établissements européens, le plus difficile à pénétrer, le plus chaud, le plus malsain, le plus dangereux à tous égards, et par conséquent le moins connu des naturalistes.»

Ne faut-il pas une rare dose de courage et d'ambition pour se déterminer d'après des motifs semblables?

Adanson n'était certes pas le premier naturaliste qui affrontât pareils dangers; mais on n'en avait pas vu, jusqu'alors, le faire avec autant d'entrain, à leurs frais, sans aucune espérance de récompense, car il ne lui restait pas même assez d'argent pour entreprendre, à son retour, la publication des découvertes qu'il allait faire.

Le 3 mars 1749, Adanson s'embarqua sur le *Chevalier Marin*, commandé par d'Après de Mannevillette, fit relâche à Sainte-Croix de Ténériffe, et débarqua à l'embouchure du Sénégal, qui est, pour lui, le Niger des anciens géographes. Pendant près de cinq ans, il parcourut notre colonie dans tous les sens, portant Am tour à tour ses pas à Podor, à Portudal, à Albreda, à l'embouchure de la Gambie, et il recueillit, avec une ardeur et une persévérance inouïes, des richesses immenses dans les trois règnes de la nature.

C'est à lui qu'on doit les premiers renseignements exacts sur un arbre géant, le baobab, qui est souvent désigné sous le nom d'Adansonia; sur les mœurs des sauterelles qui forment la base de la nourriture de certaines peuplades sauvages; sur les fourmis blanches, qui se bâtissent de véritables maisons; sur certaines huîtres, à l'embouchure de la Gambie, qui «perchent» sur des arbres.

> «Les nègres, dit-il, n'ont pas tant de peine qu'on penserait à les cueillir, ils ne font que couper la branche où elles sont attachées. Une seule en porte quelquefois plus de deux cents, et, si elle a plusieurs rameaux, elle fait un bouquet d'huîtres qu'un homme aurait bien de la peine à porter.»

Mais, au milieu de toutes ces observations, si intéressantes qu'elles soient, le géographe a bien peu de choses à glaner: quelques renseignements nouveaux ou plus complets sur les Yolofs, sur les Mandingues, et c'est tout. Si, avec Adanson, nous faisons plus intime connaissance avec des pays déjà visités, nous n'apprenons rien de nouveau.

Il n'en est pas de même de l'expédition dont nous allons raconter les péripéties.

Le major Houghton, capitaine au 69e régiment et major du fort de Gorée, pour le gouvernement anglais, avait eu, depuis son extrême jeunesse, pendant laquelle il fit partie de la légation anglaise au Maroc, l'occasion de se mettre au courant des usages et des mœurs des Maures et des nègres de la Sénégambie. Il s'offrit, en 1790, à la Société Africaine, pour gagner le Niger, en explorer le cours, visiter les villes de Tombouctou et de Haoussa, et revenir par le Sahara. Ce plan merveilleux ne devait subir qu'une atteinte, mais elle allait suffire pour le faire échouer complètement.

Houghton quitta l'Angleterre le 16 octobre 1790, et mouilla le 10 novembre à Gillifrie, à l'embouchure de la Gambie. Bien reçu par le roi de Barra, il remonta la Gambie l'espace de trois cents lieues, traversa par terre le reste de la Sénégambie, et parvint jusqu'à Gonka-Konda, dans le Yani.

«Là, il acheta d'un nègre, dit Walckenaer, dans son *Histoire des voyages*, un cheval et cinq ânes, et il se préparait à passer, avec les marchandises qui devaient servir à le défrayer dans son voyage, à Medina, capitale du petit royaume de Woolli. Heureusement pour lui, quelques mots échappés de la bouche d'une négresse, en mandingue, langue dont il avait une légère connaissance, lui apprirent qu'on avait formé une conspiration pour le faire périr. Les marchands, qui trafiquaient sur le fleuve, croyant que le commerce était l'unique but du major, et craignant qu'il ne leur enlevât leur bénéfice par sa concurrence, avaient résolu sa mort.

«Pour se soustraire au danger qui le menaçait, il jugea à propos de quitter la route ordinaire. Il traversa, avec ses ânes, le fleuve à la nage, et se trouva sur la rive méridionale, dans le royaume de Cantor.»

Houghton passa ensuite une seconde fois le fleuve, et pénétra dans le royaume de Woolli.

Là, il s'empressa d'envoyer au roi un messager, pour lui porter des présents et lui demander sa protection. Celui-ci reçut le voyageur avec bienveillance et hospitalité dans sa capitale. Medina, d'après le voyageur, est une ville importante, entourée d'une campagne fertile où paissent de nombreux troupeaux.

Le major Houghton pouvait attendre une bonne issue de son voyage; du moins tout le faisait présager, lorsqu'un accident vint porter un premier coup à ses espérances. Le feu prit à l'une des cases voisines de celle où il logeait, et bientôt la ville tout entière fut en flammes. Son interprète, qui avait déjà fait plusieurs tentatives pour le voler, saisit cette occasion et s'enfuit avec un cheval et trois ânes.

Mais le roi de Woolli continuait à protéger le voyageur et le comblait de cadeaux, précieux non par leur valeur, mais par l'affection dont ils étaient le gage. Ce roi protecteur des Européens avait nom Djata; bon, humain, intelligent, il aurait voulu que les Anglais construisissent une factorerie dans ses États.

«Le capitaine Littleton, écrivait Houghton à sa femme, a fait, en séjournant ici quatre ans, une fortune considérable; il possède actuellement plusieurs vaisseaux qui font le commerce sur le fleuve. On se procure ici, en tout temps, et pour des babioles de peu de valeur, de l'or, de l'ivoire, de la cire, des esclaves, et il est facile de gagner huit capitaux pour un. La volaille, les brebis, les œufs, le beurre, le lait, le miel, le poisson s'y trouvent en une abondance extrême, et, avec dix livres sterling, on y entretiendrait, dans l'aisance, une famille nombreuse. Le sol est sec, l'air très sain, et le roi de Woolli m'a dit qu'il n'était jamais mort un seul blanc à Fatatenda.»

Houghton parvint ensuite sur la Falémé, jusqu'à Cacullo, le Cacoulou de la carte de d'Anville, et se procura, dans le Bambouk, quelques renseignements sur le Djoliba, fleuve qui coule dans l'intérieur du Soudan. Sa direction est d'abord du sud au nord jusqu'à Djenné, puis de l'ouest à l'est jusqu'à Tombouctou, informations qui devaient être bientôt confirmées par Mungo-Park. Le roi de Bambouk reçut le voyageur avec cordialité, lui donna un guide pour le conduire à Tombouctou, et des cauris pour le défrayer de ses dépenses pendant le voyage.

On avait lieu d'espérer que le major parviendrait heureusement jusqu'au Niger, lorsqu'une note au crayon, à demi effacée, parvint au docteur Laidley. Datée de Simbing, elle faisait connaître que le voyageur avait été dépouillé de ses bagages, mais qu'il continuait sa route pour Tombouctou. Bientôt après, certains autres renseignements venus de divers côtés donnèrent à penser que Houghton avait été assassiné dans le Bambarra. On ne fut définitivement fixé sur le sort du major que par Mungo-Park.

> «Simbing, dit Walckenaer, où le major Houghton traça les derniers mots qu'on ait reçus de lui, est une petite ville frontière du royaume de Ludamar, entourée de murailles. Dans ce lieu, le major Houghton se vit abandonné par ses domestiques nègres, qui ne voulurent pas le suivre dans le pays des Maures. Il n'en continua pas moins sa route, et, après avoir surmonté un très grand nombre d'obstacles, il s'avança vers le nord et tenta de traverser le royaume de Ludamar. Il arriva enfin à Jarra, et fit connaissance avec quelques marchands maures qui allaient acheter du sel à Tischet, ville située près des marais salants du grand désert, et à dix journées de marche au nord de Jarra. Là, au moyen d'un fusil et d'un peu de tabac, que le major donna à ces marchands, il les engagea à le mener à Tischet. Quand on songe qu'il prit un tel parti, on ne peut s'empêcher de croire que les Maures avaient cherché à le tromper, soit à l'égard de la route qu'il devait suivre, soit sur l'état du pays situé entre Jarra et Tombouctou.»

Au bout de deux jours de marche, Houghton, s'apercevant qu'on le trompait, voulut regagner Jarra; les Maures le dépouillèrent de tout ce qu'il possédait et s'enfuirent. Il fut obligé de retourner à pied à Jarra. Y mourut-il de faim? y fut-il assassiné par les Maures? On ne sait au juste; mais on montra à Mungo-Park l'endroit où il avait péri.

La perte des journaux et des observations de Houghton ont rendu presque nuls pour l'avancement de la science ses fatigues et son dévouement. On en est réduit, pour trouver des détails sur son exploration, à les chercher dans les *Proceedings* de la Société Africaine. A ce moment, Mungo-Park, jeune chirurgien écossais, qui venait de faire campagne dans les Indes orientales sur le *Worcester*, apprit que la Société Africaine cherchait un voyageur qui voulût pénétrer dans l'intérieur du continent par la Gambie. Mungo-Park, depuis longtemps désireux d'observer les productions du pays, les mœurs et le caractère de ces peuples, s'offrit pour cette tâche, bien qu'il eût tout lieu d'appréhender que son prédécesseur, le major Houghton, n'eût péri dans sa tentative.

Aussitôt accepté par la société, Mungo-Park procéda aux préparatifs du voyage et partit de Portsmouth, le 22 mai 1795, avec de puissantes recommandations pour le docteur Laidley et un crédit de deux cents livres sterling.

Débarqué à Gillifrie, à l'embouchure de la Gambie, dans le royaume de Barra, le voyageur remonta la rivière et gagna Pisania, factorerie anglaise du docteur Laidley. Son premier soin fut d'apprendre la langue la plus répandue, le mandingue; puis il rassembla les renseignements nécessaires à l'exécution de ses projets.

Ce séjour d'initiation lui avait permis de récolter des informations plus exactes et plus précises que celles de ses prédécesseurs sur les Feloups, les Yolofs, les Foulahs et les Mandingues. Les premiers sont tristes, querelleurs et vindicatifs, mais courageux et fidèles; les seconds forment une nation puissante et belliqueuse, à la peau extrêmement noire. Ils offrent, sauf par la couleur de leur peau et le langage, une très grande ressemblance avec les Mandingues. Ceux-ci sont doux et sociables. Grands et bien faits, ils possèdent des femmes relativement jolies. Enfin, les Foulahs, qui sont les moins foncés, semblent très attachés à la vie pastorale et agricole. La plupart de ces populations sont mahométanes et pratiquent la polygamie.

Le 2 décembre, accompagné de deux nègres interprètes et d'un petit bagage, Mungo-Park s'avança dans l'intérieur. Il pénétra d'abord dans le petit royaume de Woolli, dont la capitale, Medina, renferme un millier de maisons. Il visita ensuite Kolor, ville considérable, et arriva, après avoir franchi un désert de deux jours de marche, dans le royaume de Bondou. Les habitants sont Foulahs, professent la religion mahométane et s'enrichissent par le commerce de l'ivoire, quand ils ne sont pas agriculteurs et pasteurs.

Le voyageur ne tarda pas à atteindre la Falémé, rivière sortie des montagnes de Dalaba, qui, près de sa source, baigne d'importants gîtes aurifères. A Fatteconda, capitale du Bondou, il fut reçu par le roi, qui se refusait à comprendre qu'on voyageât par curiosité. L'entrevue du voyageur avec les femmes du monarque est assez piquante:

«A peine fus-je entré dans leur cour, dit Mungo-Park, que je me vis environné de tout le sérail. Les unes me demandaient des médecines, les autres de l'ambre, et toutes voulaient éprouver ce grand spécifique des Africains, la saignée. Ces femmes étaient au nombre de dix à douze, la plupart jeunes et jolies et portant sur la tête des ornements d'or et des grains d'ambre.

«Elles me plaisantèrent avec beaucoup de gaieté sur différents sujets. Elles riaient surtout de la blancheur de ma peau et de la longueur de mon nez, soutenant que l'une et l'autre étaient artificielles. Elles disaient qu'on avait blanchi ma peau en me plongeant dans du lait, lorsque j'étais encore enfant, et qu'on avait allongé mon nez en le pinçant tous les jours jusqu'à ce qu'il eût acquis cette conformation désagréable et contre nature.»

En sortant du Bondou par le nord, Mungo-Park entra dans le Kajaaga, auquel les Français donnent le nom de Galam. Le climat de ce pays pittoresque, arrosé par les eaux du Sénégal, est beaucoup plus sain que celui des contrées qui se rapprochent de la côte. Les habitants s'appellent Serawoullis et sont nommés Seracolets par les Français. La couleur de leur peau est d'un noir de jais, et l'on ne peut, à cet égard, les distinguer des Yolofs.

«Les Serawoullis, dit Mungo-Park, s'adonnent ordinairement au commerce. Ils en faisaient autrefois un très grand avec les Français, à qui ils vendaient de la poudre d'or et des esclaves. Aujourd'hui, ils fournissent quelques esclaves aux factoreries anglaises établies sur les bords de la Gambie. Ils sont renommés pour la facilité et la loyauté avec lesquelles ils traitent les affaires.»

A Joag, Mungo-Park fut dévalisé de la moitié de ses effets par les envoyés du roi, sous prétexte de lui faire payer un droit de passage. Heureusement pour lui, le neveu de Demba-Jego-Jalla, roi de Kasson, qui s'apprêtait à rentrer dans son pays, le prit sous sa protection. Ils gagnèrent ensemble Gongadi, où se trouvent de belles plantations de dattiers, et Samie, sur les bords du Sénégal, à la frontière du Kasson.

La première ville qu'on rencontre sur ce territoire est celle de Tiesie, que Mungo-Park atteignit le 31 décembre. Bien accueilli par la population, qui lui vendit très bon marché les provisions dont il avait besoin, le voyageur y subit de la part du frère et du neveu du roi toutes sortes de vexations.

Mungo-Park quitta cette ville le 10 janvier 1796, pour se rendre à Kouniakari, capitale du Kasson, pays fertile, riche et bien peuplé, qui peut mettre quarante mille hommes sous les armes. Le roi, plein de bienveillance pour le voyageur, voulait que celui-ci restât dans ses États tant que durerait la guerre entre les royaumes de Kasson et de Kajaaga. A cette guerre ne pouvaient manquer d'être mêlés le Kaarta et le Bambara, que Mungo-Park voulait visiter. Cet avis était prudent, et celui-ci se repentit plus d'une fois de ne l'avoir pas suivi.

Mais, impatient de s'avancer dans l'intérieur, le voyageur ne voulut rien écouter et gagna le Kaarta, aux plaines unies et sablonneuses. Sur sa route, il rencontrait une foule d'habitants qui s'enfuyaient dans le Kasson pour éviter les horreurs de la guerre. Ce spectacle ne l'arrêta pas, et il continua son chemin jusqu'à la capitale du Kaarta, située dans une plaine fertile et découverte.

Portrait de Mungo-Park. (*Fac-similé. Gravure ancienne.*)

Le roi Daisy-Kourabari reçut avec affabilité le voyageur, voulut le détourner d'entrer dans le Bambara, et, voyant ses efforts inutiles, il lui conseilla, pour éviter de passer au milieu des combattants, d'entrer dans le royaume de Ludamar, habité par des Maures. De là il pourrait pénétrer dans le Bambara.

Pendant le cours de ce voyage, Mungo-Park vit les nègres se nourrir d'une sorte de pain, au goût de pain d'épices, fait avec les baies du lotus. Cette plante, le *rhamnus lotus*, croît spontanément dans la Sénégambie, la Nigritie et le pays de Tunis.

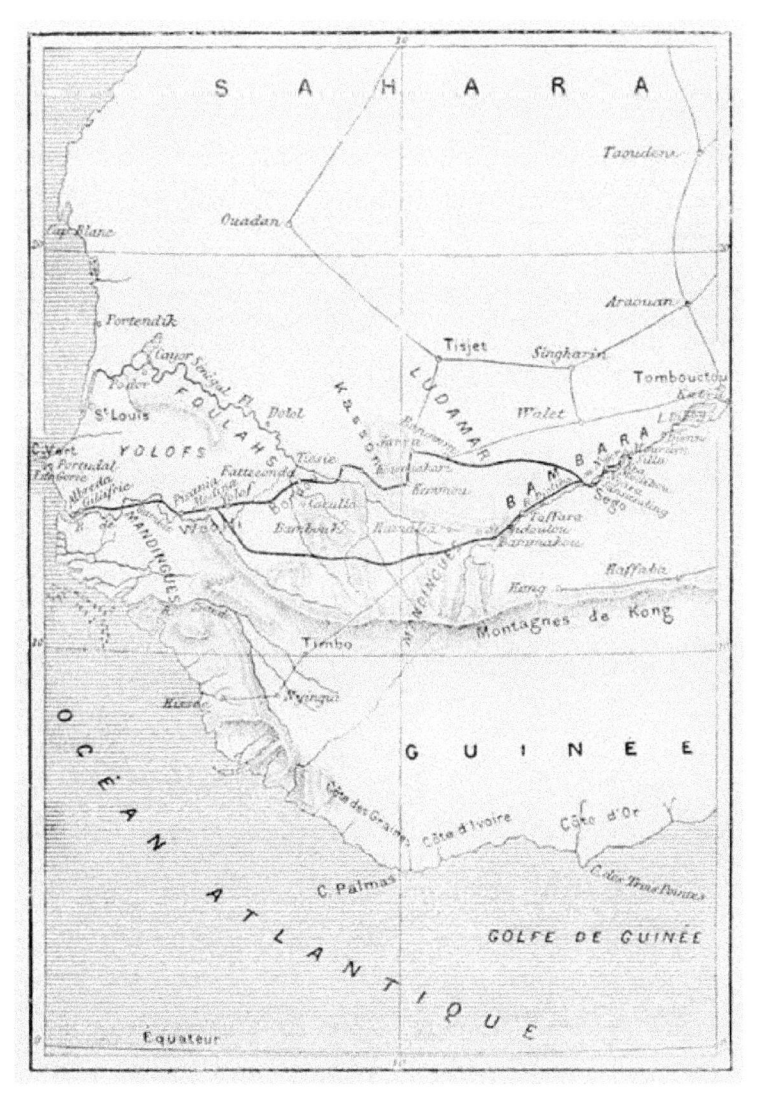

Itinéraire du voyage de Mungo-Park.

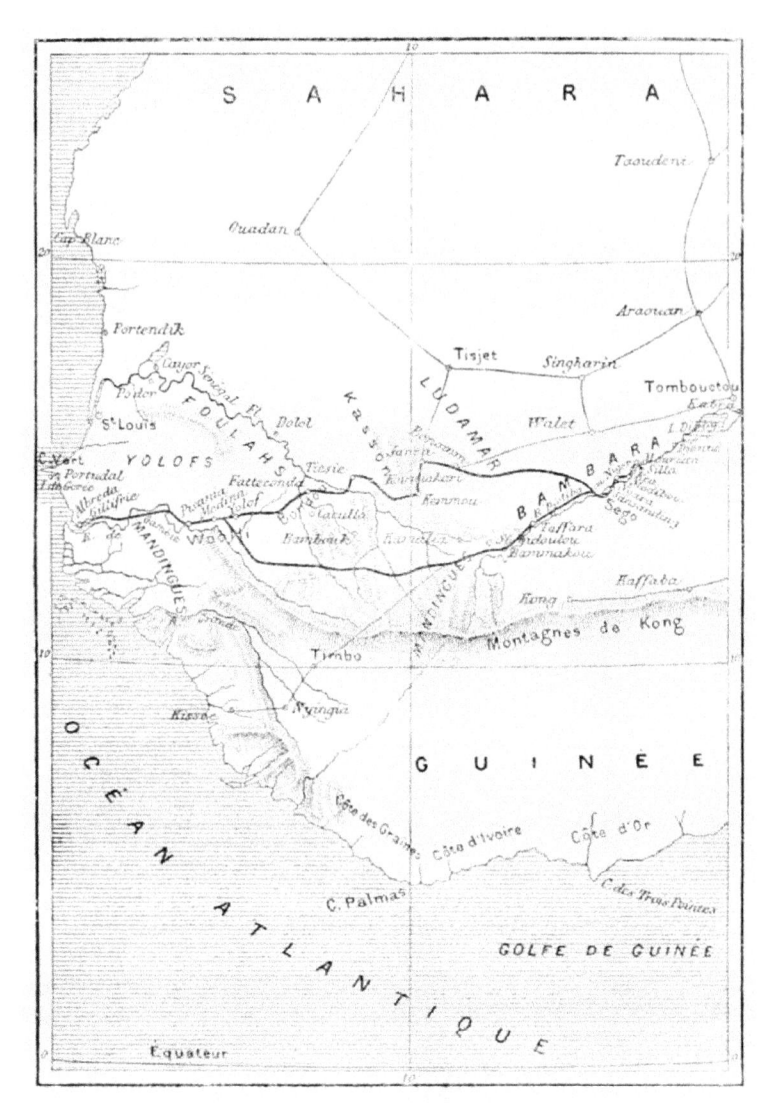

Itinéraire du voyage de Mungo-Park.

«Ainsi, dit Mungo-Park, on ne peut guère douter que ce ne soit le fruit de ce même lotus dont Pline dit que se nourrissaient les Lotophages de la Lybie. J'ai mangé du pain de lotus, et je crois qu'une armée peut fort bien avoir vécu d'un pareil pain, comme Pline rapporte qu'ont vécu les Lybiens. Le goût de ce pain est même si doux et si agréable, qu'il y a apparence que les soldats ne s'en plaignaient pas.»

Mungo-Park arriva le 22 février à Jarra, ville considérable, aux maisons de pierre, habitée par des nègres venus du midi pour se mettre sous la protection des Maures, auxquels ils payent un tribut considérable. Le voyageur obtint d'Ali, roi de Ludamar, la permission de traverser ses États sans recevoir d'injures. Malgré cette assurance, Mungo-Park fut presque entièrement dépouillé par les Maures fanatiques de Deena. A Sampaka, à Dalli, villes considérables, à Samée, petit village heureusement situé, le voyageur reçut si bon accueil, qu'il se voyait déjà parvenu dans l'intérieur de l'Afrique, lorsque parut une troupe des soldats d'Ali qui l'emmenèrent à Benowm, camp de ce souverain.

> «Ali, dit Mungo-Park, assis sur un coussin de maroquin noir, était occupé à rogner quelques poils de sa moustache, tandis qu'une femme esclave tenait un miroir devant lui. C'était un vieillard de la race des Arabes. Il portait une longue barbe blanche et il avait l'air sombre et de mauvaise humeur. Il me considéra très attentivement. Ensuite, il demanda à mes conducteurs si je parlais la langue arabe. Ils lui répondirent que non. Il en parut très étonné, et il garda le silence. Les personnes qui étaient auprès de lui, et surtout les femmes, ne faisaient pas de même. Elles m'accablaient de questions, regardaient toutes les parties de mes vêtements, fouillaient dans mes poches et m'obligeaient à déboutonner mon gilet pour examiner la blancheur de ma peau. Elles allèrent même jusqu'à compter les doigts de mes pieds et de mes mains, comme si elles avaient douté que j'appartinsse véritablement à l'espèce humaine.»

<u>Étranger</u>, sans protection, chrétien, passant pour espion, Mungo-Park fournit aux Maures l'occasion d'exercer à leur gré l'insolence, la férocité et le fanatisme qui les distinguent. Insultes, outrages, coups, rien ne lui fut épargné. C'est ainsi qu'on voulut le transformer en barbier; mais sa maladresse, qui lui fit entamer le cuir chevelu du fils d'Ali, le dispensa de ce métier peu honorifique. Pendant cette captivité, Mungo-Park recueillit quelques renseignements sur Tombouctou, cette ville dont l'accès est si difficile pour les Européens, ce *desideratum* de tous les voyageurs africains.

> «Houssa, lui dit un schérif, est la plus grande ville que j'aie jamais vue. Walet est plus grand que Tombouctou; mais, comme elle est éloignée du Niger, et que son principal commerce est en sel, on y voit beaucoup moins d'étrangers. De Benowm à Walet il y a dix journées de marche. En se rendant d'un de ces lieux à l'autre, on ne voit aucune ville remarquable, et l'on est obligé de se nourrir du lait qu'on achète des Arabes, dont les troupeaux paissent autour des puits ou des mares. On traverse pendant deux jours un pays sablonneux dans lequel on ne trouve point d'eau.

«Il faut ensuite onze jours pour se rendre de Walet à Tombouctou. Mais l'eau est beaucoup moins rare sur cette route, et l'on y voyage ordinairement sur des bœufs. On voit à Tombouctou un grand nombre de juifs, qui tous parlent arabe et se servent des mêmes prières que les Maures.»

Cependant, les événements de la guerre déterminèrent Ali à se rendre à Jarra. Mungo-Park, qui avait su se faire une alliée de la sultane favorite Fatima, obtint d'accompagner le roi. En se rapprochant ainsi du théâtre des événements, le voyageur espérait trouver une occasion favorable pour s'échapper. En effet, le roi du Kaarta, Daisy Kourabari, ne tarda pas à s'avancer victorieusement contre la ville de Jarra. La plupart des habitants prirent la fuite, et Mungo-Park fit comme eux.

Il trouva bientôt le moyen de s'enfuir; mais son interprète refusa de l'accompagner. Il dut donc partir, pour le Bambara, seul et sans aucune ressource.

La première ville qu'il rencontra fut Wawra; elle appartient proprement au Kaarta, qui, en ce moment, était tributaire de Mansong, roi de Bambara.

«Le 7 juillet au matin, lorsque j'étais prêt à partir, dit Mungo-Park, mon hôte, avec beaucoup d'embarras, me pria de lui donner un peu de mes cheveux. On lui avait dit, ajouta-t-il, que des cheveux d'un blanc étaient un *saphis* (talisman) qui donnait à celui qui le portait toute l'instruction des blancs. Je n'avais jamais entendu parler d'un mode si simple d'éducation; mais je me prêtai sur-le-champ à ses désirs. Le pauvre homme avait une si grande envie d'apprendre, que, moitié coupant, moitié arrachant, il me tondit d'assez près tout un côté de la tête; il en aurait fait tout autant de l'autre, si je n'eusse témoigné quelque mécontentement et si je ne lui avais pas dit que je voulais réserver pour quelque autre occasion une partie de cette précieuse matière.»

Gallou, puis Mourja, grande ville fameuse par son commerce de sel, furent traversées au milieu de péripéties, de fatigues et de privations sans nombre. En approchant de Sego, Mungo-Park put enfin apercevoir le Djoliba.

«Regardant devant moi, dit-il, je vis avec un extrême plaisir le grand objet de ma mission, le majestueux Niger que je cherchais depuis longtemps. Large comme la Tamise l'est à Westminster, il étincelait des feux du soleil et coulait lentement *vers l'orient*. Je courus au rivage, et, après avoir bu de ses eaux, j'élevai mes mains au ciel, en remerciant avec ferveur l'Ordonnateur de toutes choses de ce qu'il avait couronné mes efforts d'un succès si complet.

«Cependant, la pente du Niger vers l'est et les points collatéraux de cette direction ne me causèrent aucune surprise; car, quoique à mon départ d'Europe j'eusse de grands doutes à ce sujet, j'avais fait, dans le cours de mon voyage, tant de questions sur ce fleuve, et des nègres de diverses nations m'avaient assuré si souvent et si positivement que son cours allait vers le *soleil levant*, qu'il ne me restait sur ce point presque plus d'incertitude, d'autant que je savais que le major Houghton avait recueilli, de la même manière, des informations pareilles.

«La capitale du Bambara, Sego, où j'arrivais alors, consiste proprement en quatre villes distinctes, deux desquelles sont situées sur la rive septentrionale du fleuve et s'appellent Sego-Korro et Sego-Bou. Les deux autres sont sur la rive méridionale et portent les noms de Sego-Sou-Korro et Sego-See-Korro. Toutes sont entourées de grands murs de terre. Les maisons sont construites en argile; elles sont carrées et leurs toits sont plats; quelques-unes ont deux étages; plusieurs sont blanchies.

«Outre ces bâtiments, on voit, dans tous les quartiers, des mosquées bâties par les Maures. Les rues, quoique étroites, sont assez larges pour tous les usages nécessaires dans un pays où les voitures à roues sont absolument inconnues. D'après toutes les notions que j'ai pu recueillir, j'ai lieu de croire que Sego contient dans sa totalité environ trente mille habitants.

«Le roi de Bambara réside constamment à Sego-See-Korro; il emploie un grand nombre d'esclaves à transporter les habitants d'un côté à l'autre de la rivière. Le salaire qu'ils reçoivent de ce travail, quoiqu'il ne soit que de dix cauris par personne, fournit au roi, dans le cours d'une année, un revenu considérable.»

Influencé par les Maures, le roi ne voulut pas recevoir le voyageur et lui interdit le séjour de sa capitale, où, d'ailleurs, il n'aurait pu le soustraire aux mauvais traitements. Mais, pour ôter à son refus tout caractère de mauvais vouloir, il envoya à Mungo-Park un sac de cinq mille cauris, à peu près vingt-cinq francs de notre monnaie, pour acheter des vivres. Le messager du roi devait, en outre, servir de guide au voyageur jusqu'à Sansanding. Toute protestation, toute récrimination était impossible; il n'y avait qu'à s'exécuter; c'est ce que fit Mungo-Park.

Avant d'arriver à Sansanding, il assista à la récolte du beurre végétal que produit un arbre appelé *Shea*.

«Cet arbre, dit la relation, croît abondamment dans toute cette partie du Bambara. Il n'est pas planté par les habitants, mais on le trouve croissant naturellement dans les bois. Il ressemble beaucoup à un chêne américain, et le fruit, avec le noyau duquel, séché au soleil et bouilli dans l'eau, on prépare le beurre végétal, ressemble un peu à l'olive d'Espagne. Le noyau est enveloppé d'une pulpe douce que recouvre une mince écorce verte. Le beurre qui en provient, outre l'avantage qu'il a de se conserver toute l'année sans sel, est plus blanc, plus ferme, et, à mon goût, plus agréable qu'aucun beurre de lait de vache que j'aie jamais mangé. C'est un des principaux articles du commerce intérieur de ces contrées.»

Sansanding, ville de huit à dix mille habitants, est un marché fréquenté par les Maures, qui y apportent, de la Méditerranée, des verroteries qu'ils échangent contre de la poudre d'or et de la toile de coton. Mungo-Park n'eut pas la liberté de s'arrêter en ce lieu, et dut, à cause des importunités des habitants et des perfides insinuations des Maures fanatiques, continuer son voyage. Son cheval étant épuisé par les fatigues et les privations, il dut s'embarquer sur le Niger ou Djoliba, comme disent les habitants.

A Mourzan, village de pêcheurs situé sur la rive septentrionale du fleuve, force fut à Mungo-Park de renoncer à pousser plus loin ses découvertes. Plus il s'enfonçait dans l'est en descendant le fleuve, plus il se mettait entre les mains des Maures. La saison des pluies était commencée, et il ne serait bientôt plus possible de voyager qu'en canot. Or, son extrême dénûment empêchait Mungo-Park de louer une embarcation, et il était réduit à vivre de la charité publique. S'enfoncer plus avant dans cette direction, c'était non seulement courir au devant de la mort, mais encore vouloir ensevelir avec soi le fruit de ses travaux et de ses fatigues. Certes, le retour à Gambie n'était pas facile; il y avait plusieurs centaines de milles à faire, à pied, à travers des contrées difficiles, mais l'espoir du retour le soutiendrait sans doute!

«Avant de quitter Silla, dit le voyageur, je crus convenable de prendre, des marchands maures et nègres, toutes les informations que je pourrais me procurer, soit sur le cours ultérieur du Niger vers l'est, soit sur la situation et l'étendue des royaumes qui l'avoisinent....

«A deux journées de marche de Silla est la ville de Djenné, qui est située sur une petite île du fleuve, et qui contient, dit-on, plus d'habitants que Sego et même qu'aucune autre ville du Bambara. A deux jours de distance, la rivière s'étend et forme un lac considérable appelé *Dibby* «le lac obscur». Tout ce que j'ai pu savoir sur l'étendue de ce lac, c'est qu'en le traversant de l'ouest à l'est, les canots perdent la terre de vue pendant un jour entier. L'eau sort de ce lac en plusieurs courants, qui finissent par former deux grands bras de rivière, dont l'un coule vers le nord est et l'autre vers l'est. Mais ces bras se réunissent à Kabra, qui est à une journée de marche au sud de Tombouctou et qui forme le port ou le lieu d'embarquement de cette ville. L'espace qu'enferment les deux courants s'appelle *Jinbala*; il est habité par des nègres. La distance entière, par terre, de Djenné à Tombouctou est de douze jours de marche.

«Au nord-est de Masina est le royaume de Tombouctou, le grand objet des recherches des Européens. La capitale de ce royaume est un des principaux marchés du grand commerce que les Maures font avec les nègres. L'espoir d'acquérir des richesses dans ce négoce, et le zèle de ces peuples pour leur religion ont peuplé cette grande ville de Maures et de convertis mahométans. Le roi lui-même et les principaux officiers de l'État sont plus sévères, plus intolérants dans leurs principes, qu'aucune des autres tribus maures de cette partie de l'Afrique.»

Mungo-Park dut donc revenir sur ses pas, et, par des chemins qu'avaient détrempés les pluies et l'inondation, traverser Mourzan, Kea, Modibou, où il retrouva son cheval, Nyara, Sansanding, Samée, Sai, entourée de fossés profonds et de hautes murailles aux tours carrées, Jabbée, ville considérable d'où l'on aperçoit de hautes montagnes, et, enfin, Taffara, où il fut reçu avec peu d'hospitalité.

Au village de Souha, Mungo-Park essaya d'obtenir par charité quelques grains du «douty», qui lui répondit n'avoir rien dont il pût se passer.

«Tandis que j'examinais la figure de cet homme inhospitalier, dit Mungo-Park, et que je cherchais à démêler la cause d'un air d'humeur et de mécontentement qu'exprimaient ses traits, il appela un esclave qui travaillait dans un champ voisin et lui ordonna d'apporter avec lui sa bêche; lui montrant ensuite un endroit peu éloigné, il lui dit de faire un trou dans la terre. L'esclave, avec son outil, commença à creuser la terre, et le douty, qui paraissait un homme impatient, marmotta et parla tout seul, jusqu'à ce que le trou fût presque fini. Il prononça alors deux fois de suite les mots *dankatou* (bon à rien), *jankra lemen* (une vraie peste), expressions que je crus ne pouvoir s'appliquer qu'à moi.

«Comme le trou avait assez l'apparence d'une fosse, je trouvai prudent de remonter à cheval, et j'allais décamper, lorsque l'esclave, qui venait d'aller au village, en revint, et apporta le corps d'un enfant mâle, d'environ neuf ou dix ans, parfaitement nu. Le nègre portait le corps par un bras et une jambe, et le jeta dans la fosse avec une indifférence barbare dont je n'avais jamais vu d'exemple. Pendant qu'il le couvrait de terre, le douty répétait: *naphula attiniata* (argent perdu), d'où je conclus que l'enfant avait été un de ses esclaves.»

Le 21 août, Mungo-Park quitta Koulikorro, où il s'était procuré des aliments en écrivant des saphis pour plusieurs habitants, et gagna Bammakou, où se tient un grand marché de sel. Près de là, du haut d'une éminence, le voyageur put apercevoir une grande chaîne de montagnes située dans le pays de Kong, dont le souverain pouvait mettre sur pied une armée plus nombreuse que celle du roi de Bambara.

Dépouillé par des brigands du peu qu'il possédait, le malheureux Mungo-Park, au milieu d'un immense désert, pendant la saison pluvieuse, à cinq cents lieues de l'établissement européen le plus voisin, se sentit un moment à bout de force et d'espoir. Mais ce fut une crise de peu de durée. Reprenant courage, il atteignit la ville de Sibidoulou, dont le «mansa» ou chef lui fit retrouver son cheval et ses habits qui lui avaient été volés par des brigands foulahs, puis Kamalia, où Karfa Taura lui proposa de gagner la Gambie, après la saison des pluies, avec une caravane d'esclaves. Épuisé, sans ressources, attaqué de la fièvre, qui pendant cinq semaines l'empêcha de sortir, Mungo-Park fut contraint de s'arrêter à ce parti.

Le 19 avril fut le jour du départ de la caravane pour la côte. Avec quelle joie Mungo-Park salua son lever, on peut aisément le deviner! Après avoir traversé le désert de Jallonka et passé le bras principal du Sénégal, puis la Falémé, la caravane atteignit enfin les bords de la Gambie et Pisania, où Mungo-Park tomba, le 12 juin 1797, dans les bras du docteur Laidley, qui ne comptait plus le revoir.

Le 22 septembre, Mungo-Park rentrait en Angleterre. L'enthousiasme fut tel, à l'annonce de ses découvertes, si grande était l'impatience avec laquelle on attendait la relation de ce voyage, assurément le plus important qui eût été fait dans cette partie de l'Afrique, que la Société Africaine dut lui permettre de publier, à son profit, un récit abrégé de ses aventures.

On lui devait sur la géographie, les mœurs et les coutumes du pays, plus de faits importants que n'en avaient recueilli tous les voyageurs qui l'avaient précédé. C'est lui qui venait de fixer la position des sources du Sénégal et de la Gambie, et relever le cours du Niger ou Djoliba, coulant vers l'est alors que la Gambie descendait à l'ouest.

C'était mettre fin, par des faits positifs, à un débat qui avait jusqu'alors divisé les géographes. En même temps, il n'y avait plus moyen de confondre ces trois fleuves comme l'avait fait, en 1707, le géographe français Delisle, qui nous présentait le Niger courant vers l'est depuis le Bornou, et se terminant par le fleuve du Sénégal à l'ouest. Mais lui-même avait reconnu et corrigé cette erreur dans ses cartes, de 1722 à 1727, sans doute d'après les informations recueillies par André Brue, le gouverneur du Sénégal pour la Compagnie.

Indigènes du Sénégal.

Houghton avait bien reçu, des naturels, des renseignements assez précis sur la source du Niger dans le pays de Manding, sur la position approximative de Sego, de Djenné et de Tombouctou; mais il appartenait à Mungo-Park de fixer définitivement, *de visu*, la position de ces deux premières villes, et de nous donner, sur la nature du pays et les différentes peuplades qui l'habitent, des détails bien plus circonstanciés que ceux que l'on possédait.

Aussi, comme nous l'avons dit plus haut, l'opinion publique ne s'était-elle pas trompée sur l'importance de ce voyage, sur l'habileté, le courage et la véracité de celui qui l'avait exécuté.

Un peu plus tard, le gouvernement anglais voulut confier à Mungo-Park le commandement d'une expédition pour l'intérieur de l'Australie, mais le voyageur refusa.

Un Boschiman. (*Fac-similé. Gravure ancienne.*)

Quelques années après, en 1804, la Société Africaine, résolue à compléter la découverte du Niger, proposa à Mungo-Park la direction d'une nouvelle campagne d'exploration. Mungo-Park ne crut pas pouvoir refuser, cette fois, et, le 30 janvier 1805, il quitta l'Angleterre. Deux mois après, il débarquait à Gorée.

Mungo-Park était accompagné du chirurgien Anderson, son beau-frère, du dessinateur Georges Scott et de cinq artilleurs. Il était, en outre, autorisé à s'adjoindre le nombre de soldats qu'il jugerait nécessaire, et un crédit de cent mille francs lui était ouvert.

> «Ces ressources, dit Walckenaer dans son *Histoire des voyages*, si grandes en comparaison de celles qu'avaient pu lui fournir les souscriptions particulières de la Société Africaine, furent, suivant nous, ce qui contribua en partie à sa perte. La rapace exigence des monarques africains s'accrut en raison des richesses qu'ils supposaient à notre voyageur, et la nécessité de se soustraire à

l'énormité de demandes qu'il n'aurait pu satisfaire fut en partie la cause de la catastrophe qui mit fin à cette expédition.»

Quatre charpentiers, un officier et trente-cinq soldats d'artillerie, ainsi qu'un marchand mandingue appelé Isaac, qui devait servir de guide, composaient, avec les chefs de l'expédition déjà nommés, une importante caravane. Le 27 avril 1805, Mungo-Park quitta Cayee, arriva le lendemain à Pisania, d'où il était parti, dix ans auparavant, pour entreprendre son premier voyage, et se dirigea dans l'est, suivant la route autrefois parcourue jusqu'à Bambakou, sur les bords du Niger. De tous les Européens, il ne restait plus, lorsque la caravane y arriva, que six soldats et un charpentier. Tous les autres avaient succombé à la fatigue, aux fièvres, aux maladies causées par les inondations. Les exactions des petits potentats, dont l'expédition avait traversé les États, avaient été telles, que le stock des marchandises d'échange était considérablement réduit.

Bientôt Mungo-Park commit une grave imprudence. A Sansanding, ville de onze mille habitants, il avait remarqué que le marché était très assidûment suivi et qu'on y vendait des grains de collier, de l'indigo, de l'antimoine, des bagues, des bracelets et mille autres objets qui n'avaient pas le temps de se détériorer avant d'être enlevés par les acheteurs.

> «Il ouvrit, dit Walckenaer, une boutique dans le grand genre, et étala un assortiment choisi des marchandises d'Europe, à vendre en gros ou en détail. Mungo-Park croit que le grand débit qu'il en fit lui attira l'envie des marchands, ses confrères. Les gens de Djenné, les Maures, les marchands de Sansanding se joignirent à ceux de Sego, et offrirent, en présence de Modibinne, qui a lui-même rapporté le fait à Mungo-Park, de donner à Mansong une quantité de marchandises d'un plus grand prix que tous les présents qu'il avait reçus de notre voyageur, s'il voulait s'emparer de son bagage, et ensuite le tuer ou le chasser du Bambara. Mungo-Park n'en continua pas moins à ouvrir tous les jours sa boutique, et il reçut, dans une seule journée de marché, vingt-cinq mille sept cent cinquante-six pièces de monnaie ou cauris.»

Le 28 octobre, Anderson mourut après quatre mois de maladie, et Mungo-Park se vit, une seconde fois, seul au milieu de l'Afrique. Il avait reçu la permission du roi Mansong de construire à Sansanding une embarcation qui lui permettrait de descendre le Niger; il lui donna le nom de *Djoliba* et fixa son départ au 16 novembre.

C'est là que se termine son journal par des détails sur les populations riveraines du fleuve et sur la géographie de ces contrées qu'il avait été le premier à découvrir. Parvenu en Europe, ce journal, tout informe qu'il était, fut publié, dès qu'on eut acquis la triste certitude que son auteur avait péri dans les eaux du Djoliba. A proprement parler, il ne contenait aucune nouvelle découverte, mais on savait qu'il serait utile à la science géographique. Plus instruit, en effet, Mungo-Park avait déterminé la position astronomique des villes les plus importantes, ce qui allait donner des bases sérieuses à une carte de la Sénégambie. Cette carte fut confiée à Arrow-Smith, qui, dans un court avertissement, se contenta de déclarer que, trouvant de grandes différences entre les positions des lieux données par les journées de marche et celles fournies par les observations astronomiques, il lui avait été impossible de les concilier, mais que, se rapportant à ces dernières, il avait été obligé de rejeter plus au nord la route suivie par Mungo-Park durant son premier voyage.

Il y avait là un fait bizarre que devait débrouiller un homme à l'esprit encyclopédique, le Français Walckenaer, tour à tour ou en même temps préfet, géographe, littérateur. Il découvrit, dans le journal de Mungo-Park, une erreur singulière que ni l'éditeur anglais, ni le traducteur français, qui a commis les plus grossières légèretés, n'avaient relevée. Ce journal contenait le récit de ce que Mungo-Park avait fait le «31 avril.» Or, tout le monde sait que ce mois n'a que trente jours. Il résultait de là que, pendant tout le cours du voyage, Mungo-Park avait fait l'erreur d'un jour entier, et qu'il avait, dans ses calculs, employé les déclinaisons de la veille en croyant faire usage de celles du jour. Il y eut donc des modifications importantes à faire à la carte d'Arrow-Smith; mais il n'en résulte pas moins, une fois les inexactitudes de Mungo-Park reconnues, qu'il rapportait la première base sérieuse d'une carte de la Sénégambie.

Bien que les rapports faits au gouvernement anglais ne laissassent guère de prise au doute, cependant, comme certains récits annonçaient que des blancs avaient été vus dans l'intérieur de l'Afrique, le gouverneur du Sénégal envoya une expédition dont il confia le commandement au marchand nègre Isaac, ancien guide de Mungo-Park qui avait fidèlement remis le journal de ce dernier entre les mains des autorités anglaises. Nous ne nous étendrons pas sur le récit de ce voyage qui ne contient aucun fait nouveau, et nous n'en retiendrons que la partie relative aux derniers jours de Mungo-Park.

A Sansanding, Isaac avait retrouvé Amadi Fatouma, nègre qui accompagnait Mungo-Park sur le Djoliba, lorsqu'il périt, et il reçut de lui la déposition suivante:

> «Nous nous embarquâmes à Sansanding et nous gagnâmes en deux jours Silla, lieu où Mungo-Park avait terminé son premier voyage.
>
> «Deux jours de navigation nous conduisirent ensuite à Djenné. Lorsque nous passâmes à Dibby, trois canots remplis de nègres armés de piques de lances et d'arcs, mais sans armes à feu, vinrent après nous. On passa successivement devant Racbara et

Tombouctou, où l'on fut de nouveau poursuivi par trois canots, qu'il fallut repousser par la force et en tuant toujours plusieurs naturels. A Gouroumo, sept canots voulurent encore nous attaquer et furent battus. On livra encore ensuite plusieurs combats, à la grande perte des nègres, jusqu'à Kaffo, où l'on s'arrêta pendant un jour. On descendit ensuite le fleuve jusqu'à Carmusse, et l'on jeta l'ancre à Gourmon. Le lendemain, on aperçut une armée de Maures, qui laissèrent tranquillement passer le canot.

«On entra alors dans le pays des Haoussa. Le jour suivant, on arriva à Yaour. Amadi Fatouma fut envoyé dans cette ville pour porter des présents au chef et acheter des provisions. Ce nègre demanda, avant d'accepter les présents, si le voyageur blanc reviendrait visiter son pays. Mungo-Park, à qui cette question fut rapportée, crut devoir répondre qu'il n'y reviendrait jamais. On a pensé que ces paroles causèrent sa mort. Le chef nègre, certain de ne revoir jamais Mungo-Park, prit, dès lors, la résolution de s'emparer des présents destinés au roi.

«Cependant Amadi Fatouma se rendit à la résidence du roi, située à quelques centaines de pas de la rivière. Ce prince, averti du passage des voyageurs blancs, envoya le lendemain une armée dans le petit village de Boussa, sur le bord du fleuve. Lorsque l'embarcation parut, elle fut assaillie par une pluie de pierres et de flèches. Park fit jeter les bagages dans le fleuve et s'y précipita avec ses compagnons; tous y périrent.»

Ainsi finit misérablement le premier Européen qui ait navigué sur le cours du Djoliba et visité Tombouctou. Bien des efforts devaient être faits dans la même direction. Presque tous devaient échouer.

A la fin du XVIIIe siècle, deux des meilleurs élèves de Linné parcouraient en naturalistes le sud de l'Afrique. C'étaient Sparrman pour les quadrupèdes et Thunberg pour les plantes. Le récit de l'exploration de Sparrman, interrompue, comme nous l'avons dit, par son voyage en Océanie, à la suite de Cook, parut le premier et fut traduit en français par Le Tourneur. Dans sa préface,—les traducteurs n'en font jamais d'autre,—Le Tourneur déplorait la perte de ce savant voyageur, mort pendant un voyage à la Côte-d'Or. Au moment même où l'ouvrage paraissait, Sparrman vint rassurer sur son sort le bon Le Tourneur, légèrement ahuri de sa bévue.

Le 30 avril 1772, Sparrman mit le pied sur la terre d'Afrique et débarqua au cap de Bonne-Espérance. A cette époque, la ville était petite et ne comptait pas plus de deux mille pas de long sur autant de large, en y comprenant même les jardins et les vergers qui la terminent d'un côté. Les rues étaient larges, plantées de chênes, bordées de maisons blanchies à l'extérieur ou peintes en vert, ce qui ne laissa pas d'étonner Sparrman. Venu au Cap pour servir de précepteur aux enfants de M. Kerste, il ne trouva celui-ci qu'à False-Bay, sa résidence d'hiver. Dès que revint le printemps, Sparrman accompagna M. Kerste à Alphen, propriété que celui-ci possédait près de Constance. Le naturaliste en profita pour faire quelques excursions dans les environs et escalader la montagne de la Table, ce qui ne fut pas sans danger. Ces promenades lui permirent en même temps de connaître la manière de vivre des boers et leurs relations avec leurs esclaves. Les dispositions de ces derniers étaient telles, que chaque habitant était obligé de fermer, durant la nuit, la porte de sa chambre et de tenir près de lui ses armes chargées. Quant aux colons, ils étaient, pour la plupart, d'une bonhomie rude, d'une hospitalité brutale, dont Sparrman donne plusieurs preuves singulières.

> «J'arrivai, dit-il, à la demeure d'un fermier nommé Van der Spoei, qui était veuf, né Africain et père de celui que vous connaissez pour le propriétaire du Constance rouge ou vieux Constance.
>
> «Sans faire semblant de m'apercevoir, il demeura immobile dans le passage qui conduisait à sa maison. Lorsque je fus près de lui, il ne fit pas un seul pas pour venir à ma rencontre, mais, me prenant par la main, il me salua de ces mots: «Bonjour, soyez le bienvenu!—Comment vous portez-vous?—Qui êtes-vous?—Un verre de vin?—Une pipe de tabac?—Voulez-vous manger quelque chose?» Je répondis à ses questions avec le même laconisme et j'acceptai ses offres à mesure qu'il les faisait. Sa fille, jeune, bien faite et d'une humeur agréable, âgée de douze à quatorze ans, mit sur la table une magnifique poitrine d'agneau à l'étuvée et garnie de carottes; après le dîner, elle m'offrit le thé de si bonne grâce que je savais à peine que préférer ou du dîner ou de ma jeune hôtesse. La discrétion et la bonté du cœur étaient lisiblement peintes dans les traits et dans le maintien du père et de la fille. J'adressai plusieurs fois la parole à mon hôte pour l'engager à rompre le silence; ses réponses furent courtes et discrètes; mais je remarquai surtout qu'il ne commença jamais, de lui-même, la conversation, excepté pour m'engager à rester avec eux jusqu'au lendemain. Cependant, je pris congé de lui, non sans être vivement touché d'une bienveillance aussi rare...»

Sparrman fit ensuite plusieurs excursions, notamment à Hout-Bay et à Paarl, pendant lesquelles il eut l'occasion de constater l'exagération qui règne le plus souvent dans les récits de Kolbe, son prédécesseur en ce pays.

Il se proposait de multiplier le nombre de ses courses pendant l'hiver, et avait projeté un voyage dans l'intérieur pendant la belle saison, lorsque les frégates *la Résolution* et *l'Aventure*, commandées par le capitaine Cook, arrivèrent au Cap. Forster engagea le jeune naturaliste suédois à le suivre, ce qui permit à

Sparrman de visiter successivement la Nouvelle-Zélande, la terre de Van-Diemen, la Nouvelle-Hollande, Taïti, la terre de Feu, les glaces du pôle antarctique et la Nouvelle-Géorgie, avant de revenir au Cap, où il débarqua le 22 mars 1775.

Le premier soin de Sparrman fut de préparer son voyage pour l'intérieur, et, afin d'augmenter ses ressources pécuniaires, il exerça la médecine et la chirurgie pendant l'hiver. Un chargement de graines, de médicaments, de couteaux, de briquets, de boîtes à amadou, d'alcool pour conserver les spécimens, fut réuni et chargé sur un immense chariot traîné par cinq paires de bœufs.

> «Il faut, dit-il, que le conducteur ait non seulement beaucoup de dextérité et la connaissance pratique de ces animaux, mais encore qu'il sache user habilement du fouet des charretiers africains. Ces fouets sont longs de quinze pieds avec une courroie un peu plus longue et une mèche de cuir blanc longue de trois pieds. Le conducteur tient ce redoutable instrument des deux mains et, assis sur le siège du chariot, il peut en atteindre la cinquième paire de bœufs. Il doit distribuer ses coups sans relâche, savoir les appliquer où il veut et de manière «que les poils de l'animal suivent la mèche».

Sparrman devait accompagner à cheval son chariot et s'était adjoint un jeune colon du nom d'Immelman, qui, pour son plaisir, avait déjà fait un voyage dans l'intérieur. Ce fut le 25 juillet 1775 qu'il partit. Il traversa d'abord la Rente-River, escalada la Hottentot-Holland-Kloof, traversa la Palmit et pénétra dans un pays inculte, coupé de plaines, de montagnes et de vallées, sans eau, mais fréquenté par des troupeaux d'antilopes de diverses espèces, des zèbres et des autruches.

Il atteignit bientôt les bains chauds ferrugineux situés au pied du Zwarteberg, alors très fréquentés, où la Compagnie avait fait bâtir une maison adossée à la montagne.

C'est là que vint le rejoindre le jeune Immelman, et tous deux partirent alors pour Zwellendam, où ils arrivèrent le 2 septembre. Ils y recueillirent des détails précieux sur les habitants. Nous les résumons avec plaisir.

Les Hottentots sont aussi grands que les Européens. Leurs extrémités sont petites et leur peau d'un jaune brunâtre. Ils n'ont pas les lèvres épaisses des Cafres et des Mozambiques. Leur chevelure est une laine noire, frisée sans être très épaisse. En général, ils sont barbouillés, de la tête aux pieds, de graisse et de suie. Un Hottentot, qui est dans l'usage de se peindre, a l'air moins nu, et est plus complet, pour ainsi dire, que celui qui se décrasse. Aussi dit-on communément que «la peau d'un Hottentot sans graisse est comme un soulier sans cirage.»

Ces indigènes portent ordinairement un manteau appelé «kross», fait d'une peau de mouton dont la laine est tournée en dedans. Les femmes y adaptent une longue pointe, qui forme une sorte de capuchon, et y mettent leurs enfants, auxquels elles donnent le sein par-dessus l'épaule. Hommes et femmes portent habituellement aux bras et aux jambes des anneaux de cuir; ce qui avait donné lieu à cette fable, que les Hottentots s'enroulent, autour des jambes, des boudins pour les manger à l'occasion. Ils ont également des anneaux de fer ou de cuivre, mais ceux-ci sont d'un prix élevé.

Le «kraal», ou village hottentot, est la réunion en cercle des cases, qui, toutes pareilles, affectent la forme de ruches d'abeilles. Les portes, qui s'ouvrent vers le centre, sont si basses, qu'il faut se mettre à genoux pour pénétrer dans les cabanes. L'âtre est au milieu, et le toit n'a pas de trou qui permette à la fumée de sortir.

Il ne faut pas confondre les Hottentots avec les Boschimans. Ceux-ci ne vivent que de chasse et de pillage. Leur adresse à lancer des flèches empoisonnées, leur bravoure, leur habitude de la vie sauvage, les rendent redoutables.

A Zwellendam, Sparrman vit le «couagga», espèce de cheval qui ressemble beaucoup au zèbre par la taille, mais dont les oreilles sont plus courtes.

Le voyageur visita ensuite Mossel-Bay, havre peu fréquenté parce qu'il est trop ouvert aux vents d'ouest, et la terre des Houtniquas, ou des Antiniquas, de la carte de Burchell. Couverte de bois, elle paraît fertile, et les colons qui s'y sont établis y prospéreront sûrement. Sparrman eut l'occasion de voir et d'étudier dans ce canton la plupart des quadrupèdes de l'Afrique, éléphants, lions, léopards, chats-tigres, hyènes, singes, lièvres, antilopes et gazelles.

Une femme cafre. (*Fac-similé. Gravure ancienne.*)

Nous ne pouvons suivre pas à pas Sparrman dans toutes les petites localités qu'il visite. L'énumération des cours d'eau, des kraals ou des villages qu'il traverse n'apprendrait rien aux lecteurs. Nous préférons lui emprunter quelques détails assez curieux et nouveaux sur deux animaux qu'il eut l'occasion d'observer, le mouton du Cap et le coucou des abeilles.

> «Lorsqu'on veut tuer un mouton, dit le voyageur, on cherche toujours le plus maigre du troupeau. Il serait impossible de manger les autres. Leurs queues sont d'une forme triangulaire, ont d'un pied à un pied et demi de long et quelquefois plus de six pouces d'épaisseur dans le haut. Une seule de ces queues pèse ordinairement huit à douze livres; elle est principalement formée d'une graisse délicate que quelques personnes mangent avec le pain au lieu de beurre; on s'en sert pour apprêter des viandes et quelquefois on en fait de la chandelle.»

Une Hottentote. (*Fac-similé. Gravure ancienne.*)

Après une description du rhinocéros à deux cornes, jusqu'alors inconnu, du gnou, qui, par sa forme, tient le milieu entre le cheval et le bœuf, de la gerboise, du babouin, de l'hippopotame, dont les habitudes étaient jusqu'alors peu connues, Sparrman signale un oiseau singulier, qui rend de grands services aux habitants; il l'appelle le coucou des abeilles.

«Cet oiseau, dit-il, n'est remarquable ni par sa grosseur ni par sa couleur. A la première vue, on le prendrait pour un moineau ordinaire, si ce n'est qu'il est un peu plus gros, d'une couleur plus claire, qu'il a une petite tache jaune sur chaque épaule et que les plumes de sa queue sont marquées de blanc.

C'est pour son propre intérêt que cet oiseau découvre aux hommes les nids d'abeilles, car il est lui-même très friand de leur miel et surtout de leurs œufs, et il sait que toutes les fois qu'on détruit un de ces nids, il se répand toujours un peu de miel dont il fait son profit ou que les destructeurs lui laissent en récompense de ses services.

«Le soir et le matin sont probablement les heures où son appétit se réveille; du moins c'est alors qu'il sort le plus ordinairement, et par ses cris perçants semble chercher à exciter l'attention des Hottentots ou des colons. Il est rare que les uns ou les autres ne se présentent pas à l'endroit d'où part le cri; alors l'oiseau, tout en le répétant sans cesse, vole, lentement et d'espace en espace, vers l'endroit où l'essaim d'abeilles s'est établi.... Enfin, lorsqu'il est arrivé au nid, qu'il soit bâti dans une fente des rochers, dans le creux d'un arbre ou dans quelque lieu souterrain, il plane immédiatement au-dessus pendant quelques secondes (j'ai moi-même été deux fois témoin de ce fait), après quoi il se pose en silence et se tient ordinairement caché dans l'attente de ce qui va arriver et dans l'espérance d'avoir sa part de butin.»

Le 12 avril 1776, en revenant au Cap, Sparrman apprit qu'on avait récemment découvert un grand lac un peu au nord du canton de Sneeuwberg, le seul qui existât dans la colonie. Peu de temps après, le voyageur ralliait le Cap et s'embarquait pour l'Europe avec les nombreuses collections d'histoire naturelle qu'il avait recueillies.

A la même époque, de 1772 à 1775, le Suédois Thunberg, que Sparrman avait rencontré au Cap, faisait dans l'intérieur de l'Afrique trois voyages consécutifs. Ce ne sont, pas plus que ceux de Sparrman, des voyages de découverte, et l'on ne doit à Thunberg la connaissance d'aucun fait géographique nouveau. Il réunit seulement une prodigieuse quantité d'observations curieuses sur les oiseaux du Cap, et on lui doit des renseignements intéressants sur les différentes populations qui se partagent ce vaste territoire, bien plus fertile qu'on n'aurait pu le penser.

Thunberg fut immédiatement suivi dans les mêmes parages par un officier anglais, le lieutenant William Paterson, dont le but principal était de récolter des plantes et des objets d'histoire naturelle. Il pénétra dans le nord, un peu au delà de la rivière Orange, et à l'est jusque dans le pays des Cafres, bien au delà de la rivière des Poissons. C'est à lui qu'est due la première description de la girafe, et l'on trouve dans son récit des observations importantes sur l'histoire naturelle, sur la constitution du pays et sur ses habitants.

Une remarque curieuse à faire, c'est que le nombre des Européens attirés dans l'Afrique australe par le seul appât des découvertes géographiques est bien moins considérable que celui des voyageurs dont la principale préoccupation est l'histoire naturelle. Nous venons de citer successivement Sparrman, Thunberg, Paterson; à cette liste, il faut ajouter le nom de l'ornithologiste Le Vaillant.

Né à Paramaribo, dans la Guyane hollandaise, de parents français qui faisaient le commerce des oiseaux, Le Vaillant revint avec eux en Europe, et parcourut, dès sa plus tendre enfance, la Hollande, l'Allemagne, la Lorraine, les Vosges, avant d'arriver à Paris. Il est facile de comprendre que cette existence cosmopolite ait pu faire naître en lui le goût des voyages. Sa passion pour les oiseaux, encore excitée par la vue des collections nationales ou particulières, fit naître en lui le désir d'enrichir la science par la description et la représentation d'espèces inconnues.

Quelle contrée lui offrait sous ce rapport la plus riche récolte? Les pays voisins du Cap avaient été explorés par des botanistes, et par un savant qui avait fait des quadrupèdes le principal objet de ses recherches. Personne ne les avait encore parcourus pour se procurer des oiseaux.

Arrivé au Cap, le 29 mars 1781, Le Vaillant, après la catastrophe qui fit sauter son bâtiment, se trouva sans autre ressource que l'habit qu'il portait, dix ducats et son fusil.

D'autres auraient été déconcertés. Le Vaillant, lui, ne perdit pas l'espoir de se tirer de cette position fâcheuse. Confiant dans son adresse à tirer le fusil et l'arc, dans sa force et son agilité, comme dans son talent pour préparer les peaux d'animaux et empailler les oiseaux auxquels il savait donner l'allure qui leur était propre, Le Vaillant fut bientôt en rapport avec les plus riches collectionneurs du Cap.

L'un d'eux, le fiscal Boers, lui fournit toutes les ressources nécessaires pour voyager avec fruit, chariots, bœufs, provisions, objets d'échange, chevaux, jusqu'aux domestiques et aux guides qui devaient l'accompagner. Le genre de recherches auxquelles Le Vaillant avait dessein de se livrer influa sur son mode de voyage. Loin de chercher les lieux fréquentés et les agglomérations, il s'efforça toujours de se jeter hors des routes frayées, dans les cantons laissés de côté par les Européens, car il pensait ne devoir rencontrer que là seulement de nouveaux types d'oiseaux, inconnus des savants. Il résulta de cette manière de procéder que Le Vaillant prit presque toujours la nature sur le vif, et qu'il eut des rapports avec des indigènes dont les mœurs n'avaient pas été modifiées par le contact des blancs. Aussi les informations que nous lui devons expriment-elles bien mieux la réalité de la vie sauvage que celles de ses devanciers ou de ses successeurs. Le seul tort de Le Vaillant fut de confier la rédaction de ses notes de voyage à un jeune homme qui les modifia pour les plier à ses propres idées. Loin d'avoir le respect scrupuleux des éditeurs modernes, ce voyageur grossit les événements, et, appuyant outre mesure sur l'habileté du voyageur, il donna au récit de cette exploration un ton de hâblerie qui lui fut extrêmement nuisible.

Après trois mois de séjour au Cap et dans les environs, Le Vaillant partit, le 18 décembre 1781, pour un premier voyage à l'est et dans la Cafrerie. Son train était composé de trente bœufs, savoir, vingt bœufs pour ses deux voitures et dix autres pour les relais, de trois chevaux, de neuf chiens et de cinq Hottentots.

Tout d'abord, Le Vaillant parcourut la Hollande hottentote, bien connue par les explorations de Sparrman; il y rencontra des hardes immenses de zèbres, d'antilopes et d'autruches, et arriva enfin à Zwellendam, où il acheta des bœufs, une charrette et un coq, qui fit pendant toute la campagne l'office de réveille-matin. Un autre animal lui fut également d'un grand secours. C'était un singe qu'il avait apprivoisé et qu'il avait promu au poste aussi utile qu'honorable de dégustateur. Si l'on rencontrait un fruit, une racine, qui fussent inconnus des Hottentots, personne ne devait y toucher avant que «maître Kées» ne se fût prononcé.

Kées servait en même temps de sentinelle, et ses sens, aiguisés par l'habitude et les nécessités de la lutte pour la vie, dépassaient en finesse ceux du Peau-rouge le plus subtil. C'est lui qui avertissait les chiens de l'approche du danger. Qu'un serpent fût dans le voisinage, qu'une bande de singes s'ébattît dans les fourrés prochains, la terreur de Kées, ses cris lamentables, faisaient bientôt reconnaître la nature des trouble-fête.

De Zwellendam, qu'il quitta le 12 janvier 1782, Le Vaillant continua à se diriger dans l'est, à quelque distance de la mer. Sur les bords de la rivière du Colombier (Duywen-Hoek), Le Vaillant dressa son camp, et fit plusieurs parties de chasse très fructueuses dans un canton giboyeux. Il gagna ensuite Mossel-Bay, où les cris des hyènes effrayèrent ses bœufs.

Plus loin, il atteignit le pays des Houtniquas, mot qui, en idiome hottentot, signifie «homme chargé de miel». Dans cette contrée, on ne peut faire un pas sans rencontrer des essaims d'abeilles. Les fleurs naissent sous les pas du voyageur; l'air est chargé de leurs parfums; leurs couleurs variées font de ce lieu un séjour enchanteur. La tentation d'y demeurer pouvait s'emparer de quelques-uns des domestiques du voyageur. Aussi Le Vaillant pressa-t-il le départ. Tout ce pays, jusqu'à la mer, est occupé par des colons qui élèvent des bestiaux, font du beurre, coupent des bois de charpente, et ramassent du miel qu'ils transportent au Cap.

Un peu au delà du dernier poste de la Compagnie, Le Vaillant, ayant reconnu un canton où volaient par milliers des «touracos» et d'autres oiseaux rares, établit un camp de chasse; mais les pluies, qui vinrent à tomber brusquement, avec violence et continuité, contrarièrent singulièrement ses projets et mirent les voyageurs à la veille de périr de faim.

Après diverses péripéties et de nombreuses aventures de chasse, dont le récit serait amusant à faire, mais ne rentrerait pas dans notre cadre, Le Vaillant atteignit Mossel-Bay. C'est là que vinrent le trouver,—on suppose avec quelle joie de sa part,—des lettres de France. Les courses et les chasses continuèrent dans diverses directions, jusqu'à ce que l'expédition pénétrât chez les Cafres. Il fut assez difficile d'avoir des rapports avec ces derniers, car ils évitaient soigneusement les blancs. Les colons leur avaient fait subir des pertes considérables en hommes et en bestiaux, et les Tamboukis, profitant de leur situation critique, avaient envahi la Cafrerie et commis mille déprédations; enfin, les Boschimans leur faisaient une chasse très sérieuse. Sans armes à feu, pressés de divers côtés à la fois, les Cafres se dérobaient et se retiraient vers le nord.

Il était inutile, d'après ces renseignements, de pousser plus loin dans ce pays qui devenait montagneux, et Le Vaillant revint sur ses pas. Il visita alors les Montagnes de Neige, les plaines arides du Karrou, les bords de la Buffles-River, et rentra au Cap, le 2 avril 1783.

Les résultats de cette longue campagne étaient importants. Le Vaillant rapportait des renseignements précis sur les Gonaquas, peuple nombreux qu'il ne faut pas confondre avec les Hottentots proprement dits, et qui, par tous ses caractères, semble résulter du mélange des Cafres avec ceux-ci. Quant aux Hottentots, les détails recueillis par Le Vaillant sont, presque en tous points, d'accord avec ceux de Sparrman.

> «Les Cafres que Le Vaillant a eu l'occasion de voir, dit Walckenaer, sont généralement d'une taille plus haute que les Hottentots et même les Gonaquas. Leur figure n'a pas ces visages rétrécis par le bas, ni cette saillie des pommettes des joues si désagréable chez les Hottentots, et qui déjà commence à s'affaiblir chez les Gonaquas. Ils n'ont pas non plus cette face plate et large ni les lèvres épaisses de leurs voisins, les nègres de Mozambique; ils ont, au contraire, la figure ronde, un nez élevé, pas trop épaté, et une bouche meublée des plus belles dents du monde.... Leur couleur est d'un beau noir bruni, et si l'on fait abstraction de cette différence, il est, dit Le Vaillant, telle femme cafre qui passerait pour très jolie à côté d'une Européenne.»

Seize mois d'absence dans l'intérieur du continent avaient suffi pour que Le Vaillant ne reconnût plus les habitants de la ville du Cap. A son départ, il admirait la retenue hollandaise des femmes; à son retour, les femmes ne pensaient plus qu'aux divertissements et qu'à la parure. Les plumes d'autruche étaient tellement à la mode, qu'il avait fallu en faire venir d'Europe et d'Asie. Toutes celles que rapportait notre voyageur furent bientôt écoulées. Quant aux oiseaux, qu'il avait expédiés par toutes les occasions possibles, leur nombre s'élevait à mille quatre-vingts individus, et la maison de M. Boers, où ils étaient déposés, se trouvait ainsi métamorphosée en un véritable cabinet d'histoire naturelle.

Le Vaillant avait accompli un trop fructueux voyage pour qu'il ne désirât pas le recommencer. Bien que son compagnon Boers fût rentré en Europe, il put, grâce à l'aide des nombreux amis qu'il avait su se créer, réunir le matériel d'une nouvelle expédition. C'est le 15 juin 1783 qu'il partit à la tête d'une caravane de dix-neuf personnes. Il emmenait treize chiens, un bouc et dix chèvres, trois chevaux, trois vaches à lait, trente-six bœufs d'attelage, quatorze de relais et deux pour porter le bagage des serviteurs hottentots.

On comprendra que nous ne suivions pas le voyageur dans ses chasses. Ce qu'il importe de savoir, c'est que Le Vaillant parvint à rassembler une collection d'oiseaux merveilleuse, qu'il importa en Europe la première girafe qu'on y ait vue et qu'il parcourut l'immense espace compris entre le tropique du Capricorne à l'ouest et le quatorzième méridien oriental. Rentré au Cap en 1784, il s'embarqua pour l'Europe et arriva à Paris dès les premiers jours de 1785.

Le premier peuple sauvage que Le Vaillant ait rencontré dans ce second voyage, ce sont les Petits Namaquas, race peu nombreuse, par cela même destinée à disparaître avant peu, d'autant plus qu'elle occupait un terrain stérile et se trouvait en butte aux attaques des Boschimans.

Bien qu'ils soient encore d'une belle stature, les Petits Namaquas sont inférieurs aux Cafres et aux Namaquas, et leurs mœurs ne diffèrent pas beaucoup de celles de ces peuples.

Les Caminouquas ou Comeinacquas, sur lesquels Le Vaillant nous donne ensuite quelques détails, ont poussé en longueur.

> «Ils paraissent même, dit-il, plus grands que les Gonaquas, quoique peut-être ils ne le soient pas réellement; mais leurs os plus petits, leur air fluet, leur taille efflanquée, leurs jambes minces et grêles, tout enfin, jusqu'à leurs longs manteaux, peu épais, qui, des épaules, descendent jusqu'à terre, contribue à l'illusion. A voir ces corps effilés comme des tiges d'arbres, on dirait des hommes passés à la filière. Moins foncés en couleur que les Cafres, ils ont un visage plus agréable que les autres Hottentots, parce que le nez est moins écrasé et la pommette des joues moins proéminente.»

Mais, de toutes les nations que Le Vaillant visita pendant ce long voyage, la plus curieuse et la plus ancienne est celle des Houzouanas. Cette tribu n'a été retrouvée par aucun voyageur moderne, mais on croit y reconnaître les Betjouanas, bien que l'emplacement que leur assigne le voyageur ne corresponde en aucune façon avec celui qu'ils occupent depuis une longue série d'années.

> «Le Houzouana, dit la relation, est d'une très petite taille; les plus grands atteignent à peine cinq pieds. Ces petits corps, parfaitement

proportionnés, réunissent, à une force et à une agilité surprenantes, un air d'assurance et d'audace qui impose et qui plaît. De toutes les races de sauvages que Le Vaillant a connues, nulle ne lui a paru douée d'une âme aussi active et d'une constitution aussi infatigable. Leur tête, quoiqu'elle ait les principaux caractères de celle du Hottentot, est cependant plus arrondie par le menton. Ils sont beaucoup moins noirs..... Enfin, leurs cheveux, plus crépus, sont si courts, que d'abord Le Vaillant les a cru tondus..... Une chose qui distingue la race de Houzouanas, c'est cette énorme croupe naturelle que portent les femmes, masse énorme et charnue qui, à chaque mouvement du corps, contracte une oscillation et une ondulation fort singulières. Le Vaillant vit courir une femme houzouana avec son enfant, âgé de trois ans, posé debout sur ses pieds, se tenant derrière elle comme un jockey derrière un cabriolet.»

Le voyageur entre ensuite dans beaucoup de détails, que nous sommes obligés de passer sous silence, relativement à la conformation et aux habitudes de ces diverses peuplades, aujourd'hui complètement éteintes ou fondues dans quelques tribus plus puissantes. Ce n'est pas la partie la moins curieuse de l'ouvrage, si ce n'est pas toujours la plus véridique, et c'est précisément l'exagération de ces peintures qui nous engage à n'en pas parler.

Sur la côte orientale d'Afrique, un voyageur portugais, Francisco José de Lacerda e Almeida, partait, en 1797, des côtes de Mozambique et s'enfonçait dans l'intérieur. Le récit de cette expédition dans des localités qui n'ont été visitées à nouveau que de nos jours, serait extrêmement intéressant. Par malheur, le journal de Lacerda n'a jamais été publié, que nous sachions du moins. Le nom de Lacerda est très souvent cité par les géographes; on sait dans quelles contrées il a voyagé; mais il est impossible, en France du moins, de trouver un ouvrage qui s'étende un peu longuement sur cet explorateur et nous rapporte les particularités de son excursion. Tout ce qu'on sait de Lacerda, nous l'aurons dit en quelques lignes, avec le regret très vif de n'avoir pu nous étendre plus longuement sur l'histoire d'un homme qui avait fait de très importantes découvertes, et envers lequel la postérité est souverainement injuste en laissant son nom dans l'oubli.

Avant que maître Kées ne se fût prononcé.

Lacerda, dont on ignore la date et le lieu de naissance, était ingénieur. En cette qualité, il fut chargé de procéder à la délimitation des frontières entre les possessions espagnoles et portugaises de l'Amérique du Sud. C'est ainsi qu'on lui doit une foule d'observations intéressantes sur la province de Mato-Grosso, dont le détail a été imprimé dans la *Revista trimensal do Brazil*. Quelles furent les circonstances qui le conduisirent, après cette expédition si bien conduite, dans les possessions portugaises d'Afrique? Quel but se proposait-il en cherchant à traverser l'Afrique australe de la côte orientale au royaume de Loanda? Nous l'ignorons. Mais, ce qu'on sait, c'est qu'il partit, en 1797, de Teté, ville bien connue, à la tête d'une caravane imposante, pour se rendre dans les États du Cazembé.

Portrait de James Bruce. (*Fac-simile. Gravure ancienne.*)

Le despote qui gouvernait ce pays était renommé par sa bienveillance et son humanité autant que par ses hauts faits. Il aurait habité une capitale qu'on désignait sous le nom de Lunda, qui n'avait pas moins de deux milles d'étendue, et qui était située sur la rive orientale d'un certain lac Mofo. Il eût donc été très intéressant d'identifier ces localités avec celles que nous connaissons aujourd'hui dans les mêmes parages; mais l'absence de détails plus caractéristiques nous fait un devoir de nous tenir sur la réserve, tout en reconnaissant que le mot de Lunda était bien connu, grâce aux voyageurs portugais; quant à Cazembé, sa position est depuis longtemps hors de discussion.

Fort bien reçu par le roi, Lacerda aurait séjourné une douzaine de jours auprès de lui, puis il aurait déclaré vouloir continuer son voyage. Malheureusement, à une ou deux journées de Lunda, il aurait succombé aux fatigues de la route et à l'insalubrité du climat.

Le roi nègre réunit les cahiers et les notes du voyageur portugais et donna l'ordre de les transporter, ainsi que ses restes, à la côte de Mozambique. Mais, pendant le trajet, la caravane, chargée de ces précieuses dépouilles, fut attaquée, et les ossements de Lacerda restèrent abandonnés sur la terre africaine. Quant à ses observations, un de ses neveux, qui faisait partie de l'expédition, les rapporta en Europe.

Nous devons maintenant achever le tour du continent africain et raconter les explorations tentées par l'est, pendant le XVIIIe siècle. L'une des plus importantes, par ses résultats, est celle du chevalier Bruce.

Né en Écosse, comme un grand nombre des voyageurs en Afrique, James Bruce avait été destiné par sa famille à l'étude du droit et à la profession d'avocat. Mais cette position, éminemment sédentaire, ne pouvait convenir à ses goûts. Ainsi, ce fut avec plaisir qu'il saisit l'occasion d'entrer dans la carrière commerciale. Sa femme étant morte après quelques années de mariage, Bruce partit pour l'Espagne, où il se passionna pour l'étude des monuments arabes. Il voulait publier la description de tous ceux que renferme l'Escurial, mais le gouvernement espagnol lui en refusa l'autorisation.

De retour en Angleterre, Bruce se mit à l'étude des langues orientales, et particulièrement de l'éthiopien, qu'on ne connaissait encore que par les travaux incomplets de Ludolf.

Dans une conversation avec lord Halifax, celui-ci lui proposa, sans attacher grande importance à ses paroles, de tenter la découverte des sources du Nil. Aussitôt, Bruce s'enthousiasme, embrasse ce projet avec ardeur, et met tout en œuvre pour le réaliser. Les objections sont combattues, les obstacles vaincus par la ténacité du voyageur, et, au mois de juin 1768, Bruce quitte le ciel embrumé de l'Angleterre pour les paysages ensoleillés des bords de la Méditerranée.

A la hâte, et pour se faire la main, Bruce parcourt successivement quelques îles de l'Archipel, la Syrie et l'Égypte. Parti de Djedda, le voyageur anglais visite Moka, Loheia, et débarque à Massouah, le 19 septembre 1769. Il avait eu soin de se munir d'un firman du sultan, de lettres du bey du Caire et du shérif de la Mecque. Bien lui en avait pris, car le «nayb» ou gouverneur de cette île fit tous ses efforts pour l'empêcher d'entrer en Abyssinie et pour tirer de lui de gros présents.

Les missionnaires portugais avaient autrefois exploré l'Abyssinie. Grâce à leur zèle, on possédait déjà quelques notions sur ce pays, mais elles étaient loin d'égaler en exactitude celles que Bruce allait recueillir. Bien qu'on ait souvent mis en doute sa véracité, les voyageurs qui l'ont suivi dans les pays qu'il avait visités, ont rendu justice à la sûreté de ses informations.

De Massouah à Adowa, la route monte graduellement et escalade les montagnes qui séparent le Tigré des côtes de la mer Rouge.

Adowa n'était point autrefois la capitale du Tigré. On y avait établi une manufacture de ces grosses toiles de coton, qui circulent dans toute l'Abyssinie et servent de monnaie courante. Dans les environs, le sol est assez profond pour qu'on cultive le blé.

«On a, dans ces contrées, dit Bruce, trois récoltes par an. Les premières semailles se font en juillet et en août. Les pluies tombent alors en abondance; malgré cela, on sème le froment, le tocusso, le teff et l'orge. Vers le 20 de novembre, ils commencent à recueillir l'orge, puis le froment et ensuite le tocusso. Soudain, ils sèment de nouveau, à la place de tous ces grains, et sans aucune préparation, de l'orge, qu'ils recueillent en février, puis ils sèment, pour la troisième fois, du teff, et, plus souvent encore, une espèce de pois, appelé shimbra, et l'on en fait la récolte avant les premières pluies d'avril. Mais malgré l'avantage de cette triple récolte, qui ne coûte ni engrais ni sarclage et qui n'oblige pas à laisser les terres en jachère, les cultivateurs abyssiniens sont toujours fort pauvres.»

A Fremona, non loin d'Adowa, sont situés les restes d'un couvent de jésuites, qui ressemble bien plutôt à un fort qu'à l'habitation d'hommes de paix. A deux journées de marche plus loin, on rencontre les ruines d'Axoum, l'ancienne capitale de l'Abyssinie.

«Dans une grande place, que je crois avoir été le centre de la ville, dit Bruce, on voit quarante obélisques, dont pas un seul n'est orné d'hiéroglyphes. Les deux plus beaux sont renversés; mais un troisième, un peu moins grand que ces deux-là et plus grand que tous les autres, est encore debout. Ils sont tous d'un seul bloc de granit, et, au haut de celui qui est debout, on voit une patère supérieurement sculptée dans le goût grec.....»

«Après avoir passé le couvent d'Abba-Pantaléon, appelé en Abyssinie Mantillas, et le petit obélisque, qui est situé sur un rocher au-dessus de ce couvent, nous suivîmes un chemin conduisant vers le sud et pratiqué dans une montagne de marbre extrêmement rouge, où nous avions, à gauche, un mur de marbre formant un parapet de cinq pieds de hauteur. De distance en distance, on voit dans cette muraille des piédestaux solides, sur lesquels beaucoup de marques indiquent qu'ils servirent à porter les statues colossales de Sirius, l'aboyant Anubis ou la Canicule. Il y a encore en place cent trente-trois de ces piédestaux avec les marques dont je viens de parler. Mais il n'y reste que deux figures de chien, qui, quoique très mutilées, montrent aisément qu'elles sont sculptées dans le goût égyptien.....

«Il y a aussi des piédestaux sur lesquels ont été placées des figures de sphinx. Deux magnifiques rangs de degrés en granit, de plusieurs centaines de pieds de long, supérieurement travaillés et encore intacts, sont les seuls restes d'un temple superbe. Dans un coin de la plate-forme où ce temple s'élevait, on voit aujourd'hui la petite église d'Axoum. «Petite, mesquine, fort mal soignée, cette église est remplie de fiente de pigeon.»

C'est près d'Axoum que Bruce vit trois soldats tailler sur une vache vivante le beefsteak qui devait servir à leur dîner.

«Ils laissèrent entière, dit-il très sérieusement, la peau qui recouvrait l'endroit où ils avaient coupé de la chair, et ils la rattachèrent avec quelques petits morceaux de bois qui leur servirent d'épingles. Je ne sais pas s'ils mirent quelque chose entre le cuir et la chair, mais ils recouvrirent bien toute la blessure avec de la boue; après quoi, ils forcèrent l'animal à se lever et ils le firent marcher devant eux pour qu'il pût leur fournir, sans doute, un nouveau repas le soir, quand ils auraient joint leurs camarades.»

Du Tigré, Bruce passa dans la province de Siré, qui tire son nom de sa capitale, ville plus grande qu'Axoum, mais où règnent continuellement des fièvres putrides. Près de là, coule le Takazzé, l'ancien Siris, aux bords ombragés d'arbres majestueux, aux eaux poissonneuses. Dans la province de Samen, où Bruce fut inquiété par les lions et les hyènes, où de grosses fourmis noires dévorèrent une partie de ses bagages, au milieu des montagnes de Waldubba, pays malsain et brûlant, où de nombreux moines s'étaient retirés pour se livrer à la pénitence et à la prière, Bruce ne s'arrêta que le temps nécessaire au repos de ses bêtes de somme. Il avait hâte de gagner Gondar, car le pays était déchiré par la guerre civile, et la situation des étrangers n'était rien moins que sûre.

Au moment où Bruce arriva dans la capitale, la fièvre typhoïde y faisait de grands ravages. Ses succès comme médecin lui furent excessivement utiles. Ils ne tardèrent pas à lui procurer une situation très avantageuse à tous les points de vue, avec un commandement qui lui permit de parcourir, à la tête de corps de troupes, le pays dans toutes les directions. Il recueillit ainsi une foule d'observations intéressantes sur la contrée, sur son gouvernement, sur les mœurs des habitants et sur les événements de son histoire, qui firent de son travail l'ouvrage le plus important qui eût jusqu'alors été publié sur l'Abyssinie.

C'est pendant une de ces courses que Bruce découvrit les sources du Nil Bleu, qu'il croyait être le vrai Nil. Arrivé à l'église de Saint-Michel Géesh, où le fleuve n'avait que quatre pas de large et quatre pouces de profondeur, Bruce reconnut que ses sources devaient se trouver dans le voisinage; mais son guide lui assura qu'il fallait encore escalader une montagne pour y arriver. Naturellement, le voyageur ne se laissa pas tromper.

«Allons! allons! dit Bruce, plus de paroles! Il est déjà tard, conduisez-nous à Géesh et aux sources du Nil, et montrez-moi la montagne qui nous en sépare. — Il me fit passer alors au sud de l'église, et, étant sortis du bosquet de cèdres qui l'environne:—C'est là, dit-il, en me regardant malicieusement, c'est là la montagne qui, lorsque vous étiez de l'autre côté de l'église, était entre vous et les sources du Nil. Il n'y en a point d'autre. Voyez cette éminence couverte de gazon dans le milieu de ce terrain humide. C'est là qu'on trouve les deux sources du Nil. Géesh est située sur le haut du rocher, où l'on aperçoit ces arbrisseaux si verts. Si vous allez jusqu'auprès des sources, ôtez vos souliers, comme vous avez fait l'autre jour, car les habitants de ce canton sont tous des payens, et ils ne croient à rien de ce que vous croyez, si ce n'est au Nil, qu'ils invoquent tous les jours comme un Dieu, comme vous l'invoquez peut-être vous-même.

«J'ôtai mes souliers, je descendis précipitamment la colline et je courus vers la petite île verdoyante, qui était environ à deux cents pas de distance. Tout le penchant de la colline était tapissé de fleurs, dont les grosses racines perçaient la terre. Et, comme, en courant, j'observais les peaux de ces racines ou de ces oignons, je tombai deux fois très rudement, avant d'être au bord du marais, mais je m'approchai enfin de l'île tapissée de gazon. Je la trouvai semblable à un autel, forme qu'elle doit sans doute à l'art; et je fus dans le ravissement en contemplant la principale source qui jaillit au milieu de cet autel.

«Certes, il est plus aisé d'imaginer que de décrire ce que j'éprouvai alors. Je restais debout en face de ces sources où depuis trois mille ans le génie et le courage des hommes les plus célèbres avaient en vain tenté d'atteindre.»

Le voyage de Bruce contient encore bien d'autres observations curieuses; mais nous devons nous borner. Aussi ne rapporterons-nous que ce qu'il dit du lac Tzana.

«Le lac Tzana, d'après la relation, est, sans contredit, le plus vaste réservoir qu'il y ait dans ces contrées. Cependant, son étendue a été très exagérée. Sa plus grande largeur est de Dingleber à Lamgué, c'est-à-dire de l'est à l'ouest, et a trente-cinq milles en droite ligne, mais il se rétrécit beaucoup par les bouts. Il n'a même guère plus de dix milles en quelques endroits. Sa plus grande longueur est de quarante-neuf milles du nord au sud, et va du Bab-Baha un peu au sud-ouest quart d'ouest de cet endroit où le Nil, après avoir traversé le lac par un courant toujours visible, tourne vers Dara dans le territoire d'Allata. Dans la saison des sécheresses, c'est-à-dire du mois d'octobre au mois de mars, le lac décroît beaucoup; mais, lorsque les pluies ont grossi toutes les rivières qui viennent s'y réunir comme les rayons d'une roue se réunissent dans le centre, il augmente et déborde dans une partie de la plaine.

«Si l'on en croit les Abyssiniens, qui sont toujours de grands menteurs, il y a dans le lac Tzana, quarante-cinq îles habitées. Mais je pense que ce nombre peut être réduit à onze. La principale est Dek, Daka ou Daga; les plus considérables sont ensuite Halimoon, du côté de Gondar, Briguida, du côté de Gorgora, et Galila, qui est au delà de Briguida. Toutes ces îles étaient autrefois les prisons où l'on envoyait les grands d'Abyssinie, ou bien ils les choisissaient eux-mêmes pour leur retraite, quand ils étaient mécontents de la cour, ou lorsque, enfin, dans les temps de trouble, ils voulaient mettre en sûreté leurs effets les plus précieux.»

Après avoir visité l'Abyssinie avec Bruce, remontons au nord.

Le jour commençait à se faire sur l'antique civilisation de l'Égypte. Les voyages archéologiques de Pococke, de Norden, de Niebuhr, de Volney, de Savary, avaient été publiés tour à tour, et la commission d'Égypte travaillait à la rédaction de son grand et magnifique ouvrage. Les voyageurs devenaient tous les jours plus nombreux, et c'est ainsi que W. G. Browne, à l'exemple de tant d'autres, voulut connaître la terre des Pharaons.

Son ouvrage nous offre en même temps, et le tableau des monuments et des ruines qui rendent ce pays si intéressant, et la peinture des mœurs des peuples qui l'habitent. La partie absolument neuve est celle qui a trait au Darfour, pays dans lequel jamais Européen n'avait pénétré. Enfin, ce qui assure à Browne une place à part entre tant de voyageurs, c'est que, le premier, il comprit que le Bahr-el-Abiad était le vrai Nil et qu'il chercha, non pas à en découvrir la source,—il ne pouvait guère y compter,—mais à en approcher assez pour en déterminer la direction et la latitude.

Arrivé en Égypte, le 10 janvier 1792, Browne fit son premier voyage à Siouah, où il reconnut, comme devait le faire Hornemann, l'oasis de Jupiter Ammon. Il n'eut pas beaucoup plus que son successeur la faculté d'explorer les ruines et les catacombes, où il vit nombre de crânes et d'ossements humains.

«Les ruines de Siouah, dit-il, ressemblent trop à celles de la Haute-Égypte, pour qu'on puisse douter que les édifices dont elles proviennent n'aient été bâtis par la même race d'hommes. On y distingue aisément, parmi les sculptures, les figures d'Isis et d'Anubis, et les proportions de leur architecture sont, quoique plus petites, les mêmes que celles des temples égyptiens.

«Les rochers, que je vis dans le voisinage des ruines de Siouah, étaient d'une nature sablonneuse, qui n'avait aucun rapport avec la qualité des pierres de ces ruines; de sorte que je pense que, quand on a bâti les édifices, les matériaux ne peuvent avoir été pris sur les lieux. Les habitants de Siouah n'ont conservé sur ces objets aucune tradition vraisemblable; ils s'imaginent seulement qu'ils renferment des trésors et qu'ils sont fréquentés par des démons.»

Dès qu'il eut quitté Siouah, Browne fit plusieurs courses en Égypte et vint s'établir au Caire, où il apprit l'arabe. Il quitta cette ville le 10 septembre 1792, et visita successivement Kaw, Achmin, Girgeh, Denderah, Kous, Thèbes, Assouan, Kosseïr, Memphis, Suez, le mont Sinaï; puis, désireux de pénétrer en Abyssinie, mais certain qu'il ne pourrait le faire par Massouah, il partit d'Assiout pour le Darfour, au mois de mai 1793, avec la caravane du Soudan. Aïné, Dizé, Charjé, Boulak, Scheb, Seliné, Leghéa, Bir-el-Malha, telles furent les étapes de la caravane avant d'atteindre le Darfour.

Détenu à Soueini, malade, Browne ne put gagner El-Fascher qu'après un long délai. Dans cette ville, les vexations et les exactions recommencèrent, et Browne ne put parvenir à être reçu par le sultan. Il dut passer l'hiver à Cobbé, attendant une convalescence qui ne se fit que pendant l'été de 1794. Cependant, cette inaction forcée ne fut pas perdue pour le voyageur; il apprit à connaître les mœurs et le dialecte du Darfour.

Je trouvai le monarque sur son trône.

L'été revenu, Browne rentra à El-Fascher et recommença ses démarches. Elles avaient toujours le même résultat négatif, lorsqu'une dernière injustice, plus criante que les autres, procura enfin à Browne l'entrevue avec le sultan qu'il demandait depuis si longtemps.

> «Je trouvai le monarque (Abd-el-Raschman) sur son trône, et sous un dais de bois très élevé, garni de diverses étoffes de Syrie et des Indes flottantes et indistinctement mêlées. La place du trône était couverte de petits tapis de Turquie. Les meleks (officiers de la cour) étaient assis à droite et à gauche, mais à quelque distance du trône. Derrière eux, il y avait un rang de gardes, dont les bonnets étaient ornés sur le devant d'une petite plaque de cuivre et d'une plume d'autruche noire. L'armure de ces gardes consistait en une lance qu'ils tenaient dans leur main droite et un bouclier de peau

d'hippopotame qui couvrait leur bras gauche. Ils n'avaient pour tout habillement qu'une chemise de coton fabriquée dans le pays. Derrière le trône, on voyait quatorze ou quinze eunuques vêtus de riches étoffes de différente espèce, et dont les couleurs n'étaient nullement assorties. Le nombre des solliciteurs et des spectateurs qui occupaient la place en avant du trône s'élevait à plus de quinze cents.

Empereur de la Chine. (*Fac-simile. Gravure ancienne.*)

«Un louangeur à gages se tenait debout à la gauche du prince et criait continuellement de toute sa force:—Voyez le buffle! le fils d'un buffle! le taureau des taureaux! l'éléphant d'une force extraordinaire! le puissant sultan Abd-el-Raschman-el-Raschid! Que Dieu protège ta vie, ô maître! Que Dieu t'assiste et te rende victorieux!»

Le sultan promit justice à Browne et remit son affaire entre les mains d'un des meleks. Cependant, on ne lui rendit que le sixième de ce qui lui avait été volé.

Le voyageur n'était entré dans le Darfour que pour le traverser; il s'aperçut qu'il ne lui serait pas facile de le quitter et qu'il fallait, en tout cas, renoncer à pousser plus loin son exploration.

> «Le 11 décembre 1795, c'est-à-dire après trois mois de séjour, j'accompagnai, dit Browne, le chatib (un des premiers personnages de l'empire) à l'audience du sultan. Je lui répétai succinctement ce que j'avais demandé; le chatib seconda mes sollicitations, mais non pas avec tout le zèle que j'aurais désiré. Le sultan ne fit pas la moindre réponse à la demande que je lui faisais de me laisser poursuivre mon voyage; et ce despote inique, qui avait reçu de moi pour sept cent cinquante piastres de marchandises, ne consentit à me donner que vingt bœufs maigres qu'il estimait cent vingt piastres! Le triste état de mes finances ne me permit pas de refuser cet injuste payement. Je le pris et je dis adieu à El-Fascher, dans l'espoir de n'y plus retourner.»

Ce ne fut qu'au printemps de 1796 que Browne put quitter le Darfour; il se joignit à la caravane qui rentrait en Égypte.

La ville de Cobbé, bien qu'elle ne soit pas la résidence des marchands, doit être considérée comme la capitale du Darfour. Elle a plus de deux milles de longueur, mais elle est très étroite. Chaque maison est placée au milieu d'un champ entouré de palissades, entre chacune desquelles se trouve un terrain en friche.

La plaine où s'élève la ville s'étend à l'ouest et au sud-ouest jusqu'à vingt milles de distance. Presque tous les habitants sont des marchands qui font le commerce d'Égypte. Le nombre des habitants peut s'élever à six mille, encore y compte-t-on beaucoup plus d'esclaves que de personnes libres. La population totale du Darfour ne doit pas dépasser deux cent mille individus; mais Browne ne put arriver à cette évaluation que d'après le nombre des recrues levées pour la guerre contre le Kordofan.

> «Les habitants du Darfour, dit la relation, sont de différente origine. Les uns viennent des bords du Nil, les autres sortent des contrées occidentales; ils sont ou foukkaras (prêtres) ou adonnés au commerce. Il y a beaucoup d'Arabes, dont quelques-uns se sont fixés dans le pays. Ces Arabes appartiennent à diverses tribus. Ils mènent, pour la plupart, une vie errante sur les frontières du Darfour, où ils font paître leurs chameaux, leurs chevaux et leurs bœufs, et ils ne sont pas assez soumis au sultan pour lui donner toujours des secours en temps de guerre, ou pour lui payer tribut en temps de paix..... Après les Arabes viennent les gens du Zeghawa, pays qui formait autrefois un état indépendant, dont le chef pouvait,

dit-on, mettre en campagne mille cavaliers pris parmi ses propres sujets. Les Zeghawas parlent un autre dialecte que celui du Darfour.

«On peut compter ensuite les habitants du Bego ou Dageou, maintenant sujets du Darfour et issus d'une tribu qui dominait autrefois ce pays.»

Les Darfouriens peuvent supporter longtemps la soif et la faim, et cependant ils se livrent avec passion à l'usage d'une liqueur fermentée, la «bouza» ou «mérissé». Le vol, le mensonge, la fraude dans les marchés et tous les vices qui les accompagnent, font l'ornement des Darfouriens.

«En vendant et en achetant, le père qui peut tromper son fils et le fils qui peut tromper son père s'en glorifient. C'est en attestant le nom de Dieu et celui du Prophète qu'on commet les friponneries les plus atroces et qu'on prononce les mensonges les plus impudents.

«La polygamie est, comme on sait, tolérée par la religion mahométane, et les habitants du Darfour en abusent avec excès. Quand le sultan Teraub partit pour aller faire la guerre dans le Kordofan, il avait à sa suite cinq cents femmes, et il en laissa autant dans son palais. Cela peut d'abord paraître ridicule; mais il faut songer que ces femmes étaient chargées de moudre le blé, de puiser l'eau, de préparer à manger et de faire tous les travaux du ménage pour un très grand nombre de personnes.»

La relation de Browne contient encore de très intéressantes observations médicales, des conseils sur la manière de voyager en Afrique et des détails sur les animaux, les poissons, les métaux et les plantes du Darfour. Nous ne nous y arrêtons pas, car nous n'y avons rien trouvé qui attire l'attention d'une manière spéciale.

# CHAPITRE III
# L'ASIE ET SES PEUPLES

La Tartarie d'après Wilzen. — La Chine d'après les Jésuites et le père Du Halde. — Macartney en Chine. — Séjour à Chu-Sang. — Arrivée à Nankin. — Négociations. — Réception de l'ambassade par l'empereur. — Fêtes et cérémonies à Zhé-Hol. — Retour à Pékin et en Europe. — Volney. — Choiseul-Gouffier. — Le Chevalier dans la Troade. — Olivier en Perse. — Un pays semi-asiatique. — La Russie d'après Pallas.

A la fin du XVIIe siècle, le voyageur Nicolas Witzen avait parcouru la Tartarie orientale et septentrionale et avait rapporté un fort curieux récit de voyage qu'il publia en 1692. Cet ouvrage, écrit en hollandais et qui ne fut traduit en aucune langue européenne, ne procura pas à son auteur la notoriété à laquelle il avait droit. Illustré de nombreuses gravures, peu artistiques, il est vrai, mais dont la bonhomie semble prouver la fidélité, ce livre fut réédité en 1705, et les derniers exemplaires de cette seconde édition furent rajeunis en 1785 par un nouveau titre. Le besoin ne s'en faisait cependant pas sentir, car on avait, à cette époque, des relations bien plus curieuses et autrement complètes.

Depuis le jour où les jésuites avaient pu mettre le pied dans le Céleste Empire, ils avaient travaillé, par tous les moyens en leur pouvoir, à rassembler des documents de tout genre sur cette immense contrée, qui n'était connue, avant eux, que d'après les récits merveilleux de Marco Polo. Bien que la Chine soit la patrie de la stagnation et que les mœurs y demeurent constamment les mêmes, trop d'événements s'étaient passés pour qu'on ne désirât pas être renseigné d'une manière plus précise sur un pays avec lequel l'Europe pouvait entamer des relations avantageuses.

Les résultats des recherches des pères de la Compagnie de Jésus, qui jusqu'alors avaient été publiés dans le recueil précieux des *Lettres édifiantes*, furent réunis, révisés, augmentés par un de leurs plus zélés représentants, par le père Du Halde. Le lecteur n'attend pas, sans doute, que nous résumions ce travail immense; un volume n'y suffirait pas, et d'ailleurs les renseignements que nous possédons aujourd'hui sont bien plus complets que ceux que l'on doit à la patience et à la critique éclairée du père Du Halde, qui composa le premier ouvrage vraiment sérieux sur le Céleste Empire.

En même temps qu'ils se livraient à ces travaux, on ne peut plus méritoires, les jésuites s'adonnaient aux observations astronomiques, recueillaient pour les herbiers des spécimens d'histoire naturelle et publiaient des cartes qu'on consultait encore avec fruit, il n'y a pas longtemps, pour certaines provinces reculées de l'empire.

A la fin du XVIII$^e$ siècle, un chanoine de Saint-Louis du Louvre, l'abbé Grosier, publiait à son tour et sous une forme abrégée une nouvelle description de la Chine et de la Tartarie. Il y mettait à profit les travaux de son devancier, le père Du Halde, qu'il rectifiait et complétait à son tour. Le gros travail de l'abbé Grosier, après une description des quinze provinces de la Chine et de la Tartarie chinoise, ainsi que des États tributaires tels que la Corée, le Tonking, la Cochinchine et le Thibet, consacre de longs chapitres à la population et à l'histoire naturelle de la Chine. Puis, il passe en revue le gouvernement, la religion, les mœurs, la littérature, les sciences et les arts des Chinois.

Dans les dernières années du XVIII$^e$ siècle, le gouvernement anglais, voulant ouvrir des relations commerciales avec la Chine, envoya dans ce pays, comme ambassadeur extraordinaire, Georges de Macartney. Ce diplomate avait déjà parcouru l'Europe, la Russie, et, tour à tour gouverneur des Antilles anglaises, gouverneur de Madras, puis gouverneur général des Indes, il avait acquis dans cette longue fréquentation des hommes, sous des latitudes et des climats si différents, une science profonde des mobiles qui les font agir. Aussi le récit de son voyage contient-il une foule de faits, ou d'observations, qui permirent aux Européens de se faire une idée bien plus exacte des Chinois.

Au récit d'aventures ou d'observations personnelles, le lecteur s'intéresse bien plus qu'à un travail anonyme. Le moi est haïssable, dit un proverbe bien connu; ce n'est pas exact en fait de relations de voyages, et celui qui peut dire: «J'étais là, telle chose advint», rencontrera toujours une oreille attentive et prévenue favorablement.

Une escadre de trois bâtiments, composée du *Lion*, de l'*Hindoustan* et du *Chacal*, partit de Portsmouth le 26 décembre 1792, emportant Macartney et sa suite. Après plusieurs relâches à Rio-de-Janeiro, aux îles Saint-Paul et Amsterdam, où furent vus des chasseurs de veaux marins, à Batavia et à Bantam, dans l'île de Java, à Poulo-Condor, les bâtiments mouillèrent à Turon (Han-San), en Cochinchine, vaste baie dont on n'avait qu'une très mauvaise carte. L'arrivée des navires anglais inspira tout d'abord quelque inquiétude aux Cochinchinois; mais, dès qu'ils eurent appris les motifs qui forçaient l'escadre à s'arrêter en ce lieu, un haut dignitaire fut envoyé avec des présents à Macartney, qui fut bientôt après invité par le gouverneur à un repas suivi d'une représentation dramatique. Ces détails sont complétés par quelques observations, recueillies trop rapidement pour être bien exactes, sur les mœurs et les variétés de race des Cochinchinois.

Les navires remirent à la voile, dès que les malades eurent recouvré la santé et que les provisions eurent été renouvelées. Après une relâche aux îles des Larrons, l'escadre pénétra dans le détroit de Formose, où elle fut assaillie par de gros temps, et entra dans le port de Chusan. On profita de cette relâche pour corriger la carte de cet archipel et visiter la ville de Ting-Haï, où les Anglais excitèrent autant de curiosité qu'ils en éprouvaient à voir tant de choses nouvelles pour eux.

Les maisons, les marchés, les vêtements des Chinois, la petitesse des pieds de leurs femmes, toutes choses que nous connaissons maintenant, excitaient au plus haut point l'intérêt des étrangers. Nous nous arrêterons cependant sur les procédés employés par les Chinois pour la culture des arbres nains.

«Cette espèce de végétation rabougrie, dit Macartney, semble être très estimée des curieux en Chine, car on en trouve des exemples dans toutes les maisons considérables. Une partie du talent du jardinier consiste à savoir la produire, et c'est un art inventé à la Chine. Indépendamment du mérite de vaincre une difficulté, on a, grâce à cet art, l'avantage d'introduire dans des appartements ordinaires des végétaux qu'autrement leur grandeur naturelle ne permettrait pas d'y faire entrer.

«La méthode qu'on emploie à la Chine pour produire les arbres nains est telle que nous allons la rapporter. Quand on a choisi l'arbre dont on veut tirer un nain, on met sur son tronc, et le plus près possible de l'endroit où il se divise en branches, une certaine quantité d'argile ou de terreau, qu'on contient avec une enveloppe de toile de chanvre ou de coton, et qu'on a soin d'arroser souvent pour y entretenir l'humidité. Ce terreau reste là quelquefois toute une année, et, pendant tout ce temps, le bois qu'il couvre jette de tendres fibres qui ressemblent à des racines. Alors, la partie du tronc d'où sortent ces fibres, et la branche qui se trouve immédiatement au-dessus, sont avec précaution séparés du reste de l'arbre et plantés dans une terre nouvelle où les fibres deviennent bientôt de véritables racines, tandis que la branche forme la tige d'un végétal, qui se trouve en quelque sorte métamorphosé. Cette opération ne détruit ni n'altère la faculté productive dont jouissait la branche avant d'être enlevée du tronc paternel. Ainsi, lorsqu'elle portait des fleurs ou des fruits, elle continue à s'en couvrir quoiqu'elle ne soit plus sur sa première tige. On arrache toujours les bourgeons des extrémités des branches qu'on destine à devenir des arbres nains, ce qui les empêche de s'allonger et les force à jeter d'autres bourgeons et des branches latérales. Ces branchettes sont attachées avec du fil d'archal et prennent le pli que veut leur donner le jardinier.

«Quand on a envie que l'arbre ait un air vieux et décrépit, on l'enduit, à plusieurs reprises, de thériaque ou de mélasse, ce qui attire des multitudes de fourmis, qui, non contentes de dévorer ces matières,

> attaquent l'écorce de l'arbre et la corrodent de manière à produire bientôt l'effet désiré.»

En quittant Chusan, l'escadre pénétra dans la mer Jaune, que n'avait jamais sillonnée aucun navire européen. C'est dans cette mer que se jette le fleuve Hoang-Ho, qui, dans sa longue et tortueuse course, entraîne une énorme quantité de limon jaunâtre, d'où ce nom donné à cette mer. Les bâtiments anglais jetèrent l'ancre dans la baie de Ten-chou-Fou, entrèrent bientôt dans le golfe de Pékin et s'arrêtèrent devant la barre du Peï-Ho. Comme il ne restait que trois ou quatre pieds d'eau sur cette barre, à marée basse, les navires ne purent la franchir.

Des mandarins, nommés par le gouvernement pour recevoir l'ambassadeur anglais, arrivèrent presque aussitôt, apportant quantité de présents. Ceux qui, en retour, étaient destinés à l'empereur, furent transbordés sur des jonques, tandis que l'ambassadeur devait passer sur un yacht qui lui avait été préparé.

La première ville devant laquelle s'arrêta le cortège est Takou, où Macartney reçut la visite du vice-roi de la province et du principal mandarin. C'étaient deux hommes à l'air noble et vénérable, très polis, et exempts de cette obséquiosité et de ces préventions qu'on rencontre chez les classes inférieures.

> «On a raison de dire, remarque Macartney, que le peuple est ce qu'on le fait, et les Anglais en eurent continuellement des preuves dans l'effet que produisait sur le commun des Chinois la crainte de la pesante main du pouvoir. Quand ils étaient à l'abri de cette crainte, ils paraissaient d'un caractère gai et confiant; mais, en présence de leurs magistrats, ils avaient l'air d'être extrêmement timides et embarrassés.»

En remontant le Peï-Ho, on ne s'avançait qu'avec une extrême lenteur vers Pékin, à cause des détours innombrables du fleuve. La campagne, admirablement bien cultivée, les maisons et les villages épars sur le bord de l'eau ou dans l'intérieur des terres, les cimetières, les pyramides de sacs remplis de sel, se déroulaient en un tableau enchanteur et toujours varié; puis, lorsque la nuit tombait, les lanternes de diverses couleurs, accrochées à la pomme des mâts des jonques et des yachts, jetaient sur le paysage des teintes singulières, qui lui donnaient un air fantastique.

Un montreur de lanterne magique. (*Fac-simile. Gravure ancienne.*)

Tien-Tsing veut dire «lieu céleste», et la ville doit ce nom à son climat agréable, son ciel pur et serein, la fertilité de ses environs. L'ambassadeur y fut reçu par le vice-roi et le légat envoyés par l'empereur. Ils apprirent à Macartney que l'empereur était à sa résidence d'été, en Tartarie, et qu'il voulait y célébrer l'anniversaire de sa naissance, le 13 septembre. L'ambassade devait donc remonter par eau jusqu'à Tong-Schou, à douze milles de Pékin, et gagner, par terre, Zhé-Hol, où se trouvait l'empereur. Quant aux présents, ils suivraient l'ambassadeur. Si la première partie de cette communication plut à Macartney, la dernière lui fut singulièrement désagréable, car les cadeaux qu'il apportait consistaient en instruments délicats qui avaient été démontés au départ et emballés pièce à pièce. Le légat ne voulait pas consentir à ce que ces instruments fussent déposés dans un lieu d'où ils ne sortissent plus. Il fallut l'intervention du vice-roi pour sauver ces «monuments du génie et des connaissances de l'Europe.»

Le colao (premier ministre). (*Fac-simile. Gravure ancienne.*)

La flottille qui portait Macartney et sa suite longea Tien-Tsing. Cette ville parut aussi longue que Londres et ne renfermait pas moins de sept cent mille âmes. Une foule considérable bordait le rivage pour voir passer l'ambassade, et, sur le fleuve, toute la population aquatique des jonques se pressait au risque de tomber à l'eau.

Les maisons sont construites en briques bleues,—il y en a très peu de rouges,—et quelques-unes sont à deux étages, ce qui est contraire à la mode générale. L'ambassade y vit fonctionner ces brouettes à voiles dont l'existence parut longtemps fabuleuse. Ce sont de doubles brouettes de roseau, qui ont une grande roue entre elles.

> «Quand il n'y a point assez de vent pour faire marcher la charrette, dit la relation, un homme, qui y est véritablement attelé, la tire en avant, tandis qu'un autre la tient en équilibre et la pousse par derrière. Lorsque le vent est favorable, la voile rend inutile le travail de l'homme qui est en avant. Cette voile consiste en une natte attachée à deux bâtons plantés sur les deux côtés de la charrette.»

Les bords du Peï-Ho sont, en quelques endroits, revêtus de parapets de granit pour parer aux débordements, et l'on rencontre, de loin en loin, des digues en granit, pourvues d'une écluse qui permet d'arroser les champs placés en contre-bas.

Bien que toute cette contrée parût admirablement bien cultivée, elle était souvent ravagée par des famines survenues à la suite d'inondations, ou produites par les ravages des sauterelles.

Jusqu'alors l'ambassade avait navigué au milieu de l'immense plaine d'alluvion du Pe-tche-Li. Ce ne fut que le quatrième jour après la sortie de Tien-Tsing, qu'on aperçut à l'horizon la ligne bleue des montagnes. On approchait de Pékin. Le 6 août 1793, les yachts jetèrent l'ancre à deux milles de cette capitale et à un demi-mille de Tong-chou-Fou.

Il fallait débarquer pour déposer au palais, appelé *Jardin de verdure perpétuelle*, les présents qui ne pouvaient être transportés, sans danger, à Zhé-Hol. La curiosité des habitants de Tong-chou-Fou, déjà si vivement surexcitée par la vue des Anglais, fut portée à son comble par l'apparition d'un domestique nègre.

> «Sa peau, sa couleur de jais, sa tête laineuse, les traits particuliers à son espèce, étaient absolument nouveaux pour cette partie de la Chine. On ne se rappelait pas d'y avoir vu rien de semblable. Quelques-uns des spectateurs doutaient qu'un tel être appartînt à la race humaine, et les enfants criaient que c'était un diable noir, *fanquée*. Mais son air de bonne humeur les réconcilia bientôt avec sa figure, et ils continuèrent à le regarder sans crainte et sans déplaisir.»

Une des choses qui surprirent le plus les Anglais fut de voir sur un mur le dessin d'une éclipse de lune qui devait avoir lieu dans quelques jours. Ils constatèrent également que l'argent était une marchandise pour les Chinois, car ceux-ci n'ont pas de monnaie frappée et se servent de lingots qui ne portent qu'un seul caractère représentatif de leur poids. La ressemblance étonnante entre les cérémonies du culte de Fo et celles de la religion chrétienne ne pouvait échapper aux Anglais. Macartney rappelle que certains auteurs ont assuré que l'apôtre Thomas était allé en Chine, tandis que le missionnaire Premore prétend que c'est un tour que le diable a voulu jouer aux jésuites.

Il fallut quatre-vingt-dix petits chariots, quarante-quatre brouettes, plus de deux cents chevaux et près de trois mille hommes, pour transporter les cadeaux offerts par le gouvernement britannique. L'ambassadeur et trois autres Anglais accompagnèrent en palanquin ce convoi; les autres attachés à l'ambassade se tenaient à cheval, ainsi que les mandarins, autour de l'ambassadeur. Une foule énorme se pressait sur le passage du cortège.

Lorsque Macartney arriva aux portes de Pékin, il fut accueilli par des détonations d'artillerie; dès qu'il eut franchi les murailles, il se trouva dans une large rue, non pavée, mais bordée de maisons à un ou deux étages. Cette rue était traversée par un bel arc de triomphe en bois, à trois portes surmontées de toits relevés et richement décorés.

> «L'ambassade fournissait, dit-on, amplement matière aux contes qui captivaient en ce moment l'imagination du peuple. On débitait que les présents qu'elle apportait à l'empereur consistaient en tout ce qui était rare dans les autres pays et inconnu à la Chine. On assurait gravement que, parmi les animaux compris dans ces raretés, il y avait un éléphant pas plus gros qu'un singe, mais aussi féroce qu'un lion, et un coq qui se nourrissait de charbon. Tout ce qui venait d'Angleterre était supposé différer de ce qu'on avait vu jusqu'alors à Pékin, et posséder des qualités absolument contraires à celles qu'on lui savait propres.»

On arriva devant la muraille du palais impérial, suffisamment désigné par sa couleur jaune. A travers la porte, on apercevait des montagnes artificielles, des lacs, des rivières avec de petites îles, et des édifices de fantaisie semés au milieu des arbres.

Au bout d'une rue qui se terminait vers le nord, aux murailles de la ville, les Anglais purent entrevoir un vaste édifice, d'une hauteur considérable, qui renfermait une cloche d'une grandeur prodigieuse; puis, ils continuèrent de traverser la ville de part en part. Le résultat de leurs impressions ne fut pas favorable. Aussi demeurèrent-ils convaincus que, si un Chinois traversant Londres, avait vu ses ponts, ses places, ses innombrables vaisseaux, ses squares, ses monuments publics, il aurait emporté une meilleure idée de la capitale de la Grande-Bretagne, qu'ils ne le faisaient de Pékin.

Lorsqu'on fut arrivé au palais où devaient être rangés les présents du roi d'Angleterre, le gouverneur s'entendit avec lord Macartney sur la manière de placer et de classer les différents objets. Ceux-ci furent installés dans une vaste salle, bien décorée, où ne se trouvaient, d'ailleurs, que le trône et quelques vases de vieille porcelaine.

Nous n'entrerons pas dans le détail des négociations interminables auxquelles donna lieu la prétention des Chinois de faire se prosterner l'ambassadeur d'Angleterre devant l'empereur, prétention humiliante, suffisamment indiquée par l'inscription placée au-dessus des pavillons des yachts et des chariots de l'ambassade: *Ambassadeur portant tribut du pays d'Angleterre.*

C'est dans la cité chinoise, à Pékin, qu'est situé ce champ que l'empereur ensemence chaque printemps, conformément à l'ancien usage. C'est là aussi que se trouve le *Temple de la Terre*, où se rend le souverain, au moment du solstice d'été, pour reconnaître le pouvoir de l'astre qui éclaire le monde, et le remercier de sa bienfaisante influence.

Pékin n'est que le siège du gouvernement de l'empire; là, ni manufactures, ni port, ni commerce.

La population de Pékin est évaluée par Macartney à trois millions d'habitants. Les maisons à un seul étage de la ville sembleraient ne pouvoir suffire à une telle population; mais il est bon de savoir qu'une seule maison suffit pour une famille comprenant trois générations. Cette densité des habitants s'explique également par la précocité des mariages. Ces unions hâtives sont, chez les Chinois, une mesure de prévoyance, parce que les enfants, et particulièrement les fils, sont obligés de prendre soin de leurs parents.

Le 2 septembre 1793, l'ambassade quitta Pékin. Macartney fit le voyage en chaise de poste, et il est probable que semblable voiture roulait pour la première fois sur la route de Tartarie.

A mesure qu'on s'éloigne de Pékin, la route monte, le sol devient plus sablonneux et contient moins d'argile et de terre noire. Bientôt, on rencontra d'immenses étendues de terrain plantées en tabac; pour Macartney, l'usage de cette plante n'est pas venu d'Amérique, et l'habitude de fumer a dû naître spontanément sur le sol asiatique.

Avec la qualité du sol, la population diminuait. On ne tarda pas à s'en apercevoir. En même temps, le nombre des Tartares augmentait, et la différence entre les mœurs des Chinois et de leurs conquérants devenait moins sensible.

Le cinquième jour de leur voyage, les Anglais aperçurent la grande muraille devenue légendaire.

> «Tout ce que l'œil peut embrasser à la fois, dit Macartney, de cette muraille fortifiée, prolongée sur la chaîne des montagnes et sur les sommets les plus élevés, descendant dans les plus profondes vallées, traversant les rivières par des arches qui la soutiennent, doublée, triplée en plusieurs endroits, pour rendre les passages plus difficiles, et ayant des tours ou de forts bastions, à peu près de cent pas en cent pas, tout cela, dis-je, présente à l'âme l'idée d'une entreprise d'une grandeur étonnante....
>
> «Ce qui cause de la surprise et de l'admiration, c'est l'extrême difficulté de concevoir comment on a pu porter des matériaux et bâtir des murs dans des endroits qui semblent inaccessibles. L'une des montagnes les plus élevées, sur lesquelles se prolonge la grande

muraille, a, d'après une mesure exacte, cinq mille deux cent vingt-cinq pieds de haut.

«Cette espèce de fortification, car le simple nom de muraille ne donne pas une juste idée de sa structure, cette fortification a, dit-on, quinze cents milles de long; mais, à la vérité, elle n'est pas également parfaite. Cette étendue de quinze cents milles était celle des frontières qui séparaient les Chinois civilisés de diverses tribus de Tartares vagabonds. Ce n'est point de ces sortes de barrières que peut dépendre aujourd'hui le sort des nations qui se font la guerre.

«Plusieurs des moindres ouvrages en dedans de ces grands remparts cèdent aux efforts du temps et commencent à tomber en ruines; d'autres ont été réparés; mais la muraille principale paraît, presque partout, avoir été bâtie avec tant de soin et d'habileté, que, sans qu'on ait jamais eu besoin d'y toucher, elle se conserve entière depuis environ deux mille ans, et elle paraît encore aussi peu susceptible de dégradation que les boulevards de rocher, que la nature a élevés elle-même entre la Chine et la Tartarie.»

Au delà de la muraille, la nature semblait annoncer, elle aussi, qu'on entrait dans un autre pays. La température était plus froide, les chemins plus raboteux, les montagnes moins richement parées. Le nombre des goîtreux était considérable dans ces vallées de la Tartarie et s'élevait, suivant le docteur Gillan, médecin de l'ambassade, au sixième de la population. La partie de la Tartarie où cette maladie est commune, offre une grande ressemblance avec quelques cantons de la Suisse et de la Savoie.

Enfin, on aperçut la vallée de Zhé-Hol, où l'empereur possède un palais et un jardin qu'il habite l'été. La résidence s'appelle: *Séjour de l'agréable fraîcheur*, et le parc: *Jardin des arbres innombrables*. L'ambassade fut reçue avec les honneurs militaires, au milieu d'une foule immense, parmi laquelle on remarquait une multitude de gens vêtus de jaune. C'étaient des lamas inférieurs ou moines de la secte de Fo, à laquelle l'empereur était attaché.

Les négociations qui avaient eu lieu à Pékin au sujet du prosternement devant l'empereur recommencèrent. Enfin, Tchien-Lung daigna se contenter de la forme respectueuse avec laquelle les Anglais avaient coutume d'aborder leur souverain. La réception se fit avec toute la pompe et la cérémonie imaginables. Le concours des courtisans et des fonctionnaires était prodigieux.

«Peu après qu'il fit jour, dit la relation, le son de plusieurs instruments et des voix confuses d'hommes éloignés annoncèrent l'approche de l'empereur. Bientôt il parut, venant de derrière une haute montagne, bordée d'arbres, comme s'il sortait d'un bois sacré et précédé par un certain nombre d'hommes qui célébraient à haute voix ses vertus et sa puissance. Il était assis sur une chaise découverte et triomphale, portée par seize hommes. Ses gardes, les officiers de sa maison, les porte-étendard, les porte-parasol et la musique l'accompagnaient. Il était vêtu d'une robe de soie de couleur sombre, et coiffé d'un bonnet de velours, assez semblable pour la forme à ceux des montagnards d'Écosse. On voyait sur son front une très grosse perle, seul joyau ou ornement qu'il parût avoir sur lui.»

En entrant dans la tente, l'empereur monta sur le trône par les marches de devant, sur lesquelles lui seul a le droit de passer. Le grand colao (premier ministre) Ho-Choo-Taung et deux des principaux officiers de sa maison se tenaient auprès de lui et ne lui parlaient jamais qu'à genoux. Quand les princes de la famille impériale, les tributaires et les grands officiers de l'État furent placés suivant leur rang, le président du Tribunal des Coutumes conduisit Macartney jusqu'au pied du côté gauche du trône, côté qui, d'après les usages chinois, est regardé comme la place d'honneur. L'ambassadeur était suivi de son page et de son interprète. Le ministre plénipotentiaire l'accompagnait.

Macartney, instruit par le président, tint avec ses deux mains et leva au-dessus de sa tête la grande et magnifique boîte d'or, enrichie de diamants et de forme carrée, dans laquelle était enfermée la lettre du roi d'Angleterre à l'empereur. Alors, montant le peu de marches qui conduisent au trône, il plia le genou, fit un compliment très court et présenta la boîte à Sa Majesté impériale. Ce monarque la reçut gracieusement de ses mains, la plaça à côté de lui et dit: «qu'il éprouvait beaucoup de satisfaction du témoignage d'estime et de bienveillance que lui donnait Sa Majesté britannique en lui envoyant une ambassade avec une lettre et de rares présents; que, de son côté, il avait de pareils sentiments pour le souverain de la Grande-Bretagne et qu'il espérait que l'harmonie serait toujours maintenue entre leurs sujets respectifs.»

Après quelques minutes d'entretien particulier avec l'ambassadeur, l'empereur lui fit, ainsi qu'au ministre plénipotentiaire, divers présents. Puis ces dignitaires furent conduits sur des coussins devant lesquels se trouvaient des tables couvertes d'une pyramide de bols contenant une grande quantité de viandes et de fruits. L'empereur mangea aussi et accabla, pendant tout ce temps, les ambassadeurs de témoignages d'estime et de prévenances, qui étaient destinés à singulièrement relever le gouvernement anglais dans l'opinion publique. Bien plus, Macartney et sa suite furent invités à visiter les jardins de Zhé-Hol. Pendant leur promenade, les Anglais rencontrèrent l'empereur, qui s'arrêta pour recevoir leurs salutations et les fit accompagner par son premier ministre, que tout le monde considérait comme un vice-empereur, et par plusieurs autres grands personnages.

Ces Chinois prirent la peine de conduire l'ambassadeur et sa suite à travers de vastes terrains plantés pour l'agrément et ne formant qu'une partie de ces immenses jardins. Le reste était réservé aux femmes de la famille impériale, et l'entrée en était aussi rigoureusement interdite aux ministres chinois qu'à l'ambassade anglaise.

Macartney parcourut ensuite une vallée verdoyante, dans laquelle il y avait beaucoup d'arbres et surtout des saules d'une prodigieuse grosseur. L'herbe était abondante entre ces arbres, et ni le bétail ni le faucheur n'en diminuaient la vigoureuse croissance. Les ministres chinois et les Anglais, étant arrivés sur les bords d'un vaste lac, de forme irrégulière, s'embarquèrent dans des yachts et parvinrent jusqu'à un pont qui traversait le lac dans sa partie la plus étroite et au delà duquel il semblait se perdre dans un éloignement très obscur.

Quelques jours plus tard, le 17 septembre, Macartney et sa suite assistèrent à la cérémonie qui eut lieu à l'occasion de l'anniversaire de la naissance de l'empereur. Le lendemain et les jours suivants, eurent lieu des fêtes splendides auxquelles Tchien-Lung assista avec toute sa cour. Les danseurs de corde, les équilibristes, les faiseurs de tours, dont l'habileté fut si longtemps sans rivale, les lutteurs, se succédèrent; puis parurent des habitants des diverses contrées de l'empire dans leurs costumes nationaux, exhibant les différentes productions de leur pays. Ce fut ensuite le tour des musiciens et des danseurs et, enfin, des feux d'artifice, qui, quoique tirés en plein jour, firent un très bel effet.

La grande muraille de la Chine.

«Quelques inventions étaient nouvelles pour les spectateurs anglais, dit la relation. Nous allons en citer une. Une grande boîte fut élevée à une hauteur considérable, et, le fond s'étant détaché, comme par accident, on vit descendre une multitude de lanternes de papier. En sortant de la boîte, elles étaient toutes pliées et aplaties; mais elles se déplièrent peu à peu, en s'écartant l'une de l'autre.

«Chacune prit une forme régulière, et, tout à coup, on y aperçut une lumière admirablement colorée... Les Chinois semblent avoir l'art d'habiller le feu à leur fantaisie. De chaque côté de la grande boîte, il y en avait de petites, qui y correspondaient et qui, s'ouvrant de la même manière, laissèrent tomber un réseau de feu, avec des divisions de forme différente, brillant comme du cuivre bruni et flamboyant comme un éclair à chaque impulsion du vent. Le tout fut terminé par l'éruption du volcan artificiel.»

La mission de San-Carlos, près Monterey. (*Fac-simile. Gravure ancienne.*)

Ordinairement, après les fêtes de l'anniversaire de sa naissance, l'empereur va chasser la bête fauve dans les forêts de la Tartarie; mais, son grand âge ne permettant pas à Tchien-Lung de se livrer à ce divertissement, il résolut de retourner à Pékin, où l'ambassade anglaise devait le précéder.

Cependant, lord Macartney sentait qu'il était temps de fixer un terme à sa mission. D'un côté, les ambassadeurs n'avaient pas coutume de résider d'une façon permanente à la cour de Chine; de l'autre, les frais considérables que la présence de l'ambassade causait à l'empereur, qui payait toutes ses dépenses, l'engageaient naturellement à abréger son séjour Il reçut bientôt de Tchien-Lung la réponse aux lettres du roi d'Angleterre, les présents qu'on le chargeait de remettre au roi et ceux qui lui étaient destinés ainsi qu'à tous les officiers et fonctionnaires qui faisaient partie de sa suite. C'était un congé.

Macartney regagna Tong-chou-Fou par le canal Impérial. Pendant ce voyage de retour, les Anglais purent voir le fameux oiseau «leut-zé» pêcher pour le compte de son maître. C'est une sorte de cormoran. Il est si bien instruit, qu'on n'a besoin de lui mettre au cou ni cordon, ni anneau pour l'empêcher d'avaler une partie de sa proie.

> «Sur chaque canot ou radeau, il y a dix ou douze de ces oiseaux, qui plongent à l'instant où leur maître leur fait un signe. On ne peut voir sans étonnement les énormes poissons que ces oiseaux prennent et rapportent dans leur bec.»

Macartney raconte une singulière manière de faire la chasse aux canards sauvages et aux oiseaux aquatiques. On laisse flotter sur l'eau des jarres vides et des calebasses pendant plusieurs jours, afin que les oiseaux aient le temps de s'habituer à cette vue. Puis, un homme entre dans l'eau, se coiffe d'un de ces vases, s'avance doucement, et, tirant par les pattes l'oiseau dont il a pu s'approcher, l'étouffe sous l'eau et continue sans bruit sa chasse jusqu'à ce que soit plein le sac qu'il a sur lui.

L'ambassadeur gagna Canton, puis Macao, et reprit le chemin de l'Angleterre. Nous n'avons pas à insister sur les péripéties de ce voyage de retour.

Il faut nous transporter maintenant dans cette autre partie de l'Asie, qu'on pourrait appeler l'Asie intérieure. Le premier voyageur sur lequel nous ayons à nous étendre quelque peu est Volney.

Il n'est personne qui ne connaisse, au moins de réputation, son livre des *Ruines*. Le récit de son voyage en Égypte et en Syrie lui est bien supérieur. Là, rien de déclamatoire ou de pompeux; un style sobre, exact, positif en fait, un des meilleurs et des plus instructifs ouvrages qu'on puisse lire. Les membres de l'expédition d'Égypte y trouvèrent, dit-on, des indications précieuses, une appréciation exacte du climat, des produits du sol, des mœurs des habitants.

Au reste, Volney s'était préparé par un entraînement sérieux à ce voyage. C'était pour lui une grande entreprise, et il ne voulait laisser au hasard que le moins de prise possible. C'est ainsi qu'à peine arrivé en Syrie, il avait compris qu'il ne pouvait pénétrer intimement dans les dessous de l'existence du peuple qu'en se mettant à même, en apprenant la langue, de recueillir personnellement toutes ses informations. Il se retira donc au monastère de Mar-Hanna, dans le Liban, pour apprendre l'arabe.

Plus tard, afin de se rendre compte de la vie que mènent les tribus errantes des déserts de l'Arabie, il se lia avec un cheik, s'habitua à porter une lance et à «courir un cheval», et se mit en état d'accompagner les tribus dans leurs courses à travers le désert. C'est grâce à la protection de ces tribus qu'il put visiter les ruines de Palmyre et de Balbeck, villes mortes, dont on ne connaissait guère à cette époque que le nom.

«Son expression, dit Sainte-Beuve, exempte de toute phrase et sobre de couleur, se marque par une singulière propriété et une rigueur parfaite. Quand il nous définit la qualité du sol de l'Égypte et en quoi ce sol se distingue du désert de l'Afrique, de «ce terreau noir, gras et léger», qu'entraîne et que dépose le Nil; quand il nous retrace aussi la nature des vents chauds du désert, leur chaleur sèche dont «l'impression peut se comparer à celle qu'on reçoit de la bouche d'un four banal, au moment qu'on en tire le pain;» l'aspect inquiétant de l'air dès qu'ils se mettent à souffler; cet air «qui n'est pas nébuleux mais gris et poudreux et réellement plein d'une poussière très déliée qui ne se dépose pas et pénètre partout;» le soleil «qui n'offre plus qu'un disque violacé;» dans toutes ces descriptions, dont il faut voir en place l'ensemble et le détail, Volney atteint à une véritable beauté,—si cette expression est permise, appliquée à une telle rigueur de lignes,—une beauté physique, médicale en quelque sorte, et qui rappelle la touche d'Hippocrate dans son *Traité de l'air, des lieux et des eaux*.»

Si Volney n'a fait aucune découverte géographique qui ait illustré son nom, nous devons, du moins, reconnaître en lui un des premiers voyageurs qui aient eu la conscience de l'importance de leur tâche. Il a cherché à reproduire l'aspect «vrai» des localités qu'il a visitées, et ce n'est pas un mince mérite, à une époque où aucun explorateur ne se privait d'enjoliver ses récits, sans se douter le moins du monde de la responsabilité qu'il encourait.

Par ses relations de société, par sa situation scientifique, l'abbé Barthélemy, qui devait publier, en 1788, son *Voyage du jeune Anacharsis*, commençait à exercer une certaine influence et à mettre à la mode la Grèce et les pays circonvoisins. C'est évidemment dans ses leçons que M. de Choiseul avait puisé son goût pour l'histoire et l'archéologie.

Nommé ambassadeur à Constantinople, celui-ci se promit d'employer les loisirs que lui laissaient ses fonctions, à parcourir en archéologue et en artiste la Grèce d'Homère et d'Hérodote. Ce voyage devait servir à compléter l'éducation de ce jeune ambassadeur de vingt-quatre ans, qui, s'il se connaissait lui-même, ne devait guère connaître les hommes.

Au reste, il faut croire que M. de Choiseul avait conscience de son insuffisance, car il s'entoura de savants et d'artistes sérieux, l'abbé Barthélemy, l'helléniste d'Ansse de Villoison, le poète Delille, le sculpteur Fauvel et le peintre Cassas. Le seul rôle qu'il joua dans la publication de son *Voyage pittoresque de la Grèce* est celui d'un Mécène.

M. de Choiseul-Gouffier avait engagé, comme secrétaire particulier, un professeur, l'abbé Jean-Baptiste Le Chevalier, qui parlait avec facilité la langue d'Homère. Celui-ci, après un voyage à Londres, où les intérêts personnels de M. de Choiseul l'arrêtèrent assez longtemps pour qu'il eût le temps d'y apprendre l'anglais, partit pour l'Italie, où une grave maladie le retint à Venise pendant sept mois. Il put, alors seulement, rejoindre à Constantinople M. de Choiseul-Gouffier.

Les études de Le Chevalier portèrent principalement sur les champs où fut Troie. Profondément versé dans la connaissance de l'*Iliade*, Le Chevalier rechercha et crut retrouver toutes les localités désignées dans le poème homérique. Cet ingénieux travail de géographie historique, cette restitution souleva, presque aussitôt son apparition, de nombreuses controverses. Les uns, comme Bryant, déclarèrent illusoires les découvertes de Le Chevalier, par cette bonne raison que Troie et, à plus forte raison, la guerre de Dix Ans n'avaient jamais existé que dans l'imagination de celui qui les avait chantées. Bien d'autres, et presque tous sont Anglais, adoptèrent les conclusions de l'archéologue français. On croyait depuis longtemps la question épuisée,lorsque les découvertes de M. Schliemann sont venues, tout récemment, lui donner un regain d'actualité.

Guillaume-Antoine Olivier, qui parcourut une grande partie de l'orient à la fin du siècle dernier, eut une singulière fortune. Employé par Berthier de Sauvigny à la rédaction d'une statistique de la généralité de Paris, il se vit privé de son protecteur et du prix de ses travaux par les premières fureurs de la Révolution. Cherchant à utiliser ses talents en histoire naturelle loin de Paris, Olivier reçut du ministre Roland une mission pour les portions reculées et peu connues de l'empire ottoman. On lui donna comme associé un naturaliste du nom de Bruguière.

Partis de Paris à la fin de 1792, les deux amis attendirent pendant quatre mois à Marseille qu'on leur eût trouvé un vaisseau convenable, et ils arrivèrent à la fin de mai de l'année suivante à Constantinople, porteurs de lettres relatives à leur mission pour M. de Semonville. Mais cet ambassadeur avait été rappelé. Son successeur, M. de Sainte-Croix, n'avait pas entendu parler de leur voyage. Que faire en attendant la réponse aux instructions que M. de Sainte-Croix demandait à Paris?

Les deux savants ne pouvaient rester oisifs. Ils se déterminèrent donc à visiter les côtes de l'Asie Mineure, quelques îles de l'archipel et l'Égypte. Comme le ministre de France avait eu d'excellentes raisons pour ne mettre à leur disposition que très peu d'argent, comme eux-mêmes n'avaient que des ressources très bornées, ils ne purent visiter qu'en courant tous ces pays si curieux.

A leur retour à Constantinople, Olivier et Bruguière trouvèrent un nouvel ambassadeur, Verninac, qui était chargé de les envoyer en Perse, où ils devaient s'efforcer de développer les sympathies du gouvernement pour la France, et le déterminer, s'il était possible, à déclarer la guerre à la Russie.

La Perse était à cette époque dans un état d'anarchie épouvantable, et les usurpateurs s'y succédaient, pour le plus grand mal des habitants. Méhémet-Khan était alors sur le trône. Il guerroyait dans le Khorassan, lorsqu'arrivèrent Olivier et Bruguière. On leur offrit de rejoindre le shah dans cette contrée qu'aucun voyageur n'avait encore visitée. L'état de santé de Bruguière les en empêcha et les retint, quatre mois durant, dans un village perdu au milieu des montagnes.

En septembre 1796, Méhémet rentra à Téhéran. Son premier acte fut de faire massacrer une centaine de matelots russes qu'on avait pris sur les bords de la Caspienne et de faire clouer leurs membres pantelants sur les portes de son palais. Dégoûtante enseigne, bien digne d'un tel bourreau!

L'année suivante, Méhémet fut assassiné, et son neveu Fehtah-Ali-Shah lui succéda, mais non sans combat.

Au milieu de ces incessants changements de souverains, il était difficile à Olivier de faire aboutir la mission dont le gouvernement français l'avait chargé. Avec chaque nouveau prince, il fallait recommencer les négociations. Les deux diplomates-naturalistes-voyageurs, comprenant qu'ils n'obtiendraient rien tant que le gouvernement subirait cette instabilité, incapable d'affermir le pouvoir dans les mains d'un shah quelconque, reprirent le chemin de l'Europe, et remirent à des jours meilleurs ou à de plus habiles le soin de conclure l'alliance de la France et de la Perse. Bagdad, Ispahan, Alep, Chypre, Constantinople, telles furent les étapes de leur voyage de retour.

Quels avaient été les résultats de ce long séjour? Si le but diplomatique qu'on se proposait était manqué, si, au point de vue géographique, aucune découverte, aucune observation nouvelle n'avait été faite, Cuvier, dans son éloge d'Olivier, assure qu'en ce qui regarde l'histoire naturelle, les renseignements obtenus ne manquaient pas de valeur. Il faut bien le croire, puisque, trois mois après son retour, Olivier était nommé de l'Institut en remplacement de Daubenton.

Quant à sa relation, publiée en trois volumes in-4°, elle reçut du public l'accueil le plus distingué, dit Cuvier en style académique.

> «On a dit qu'elle aurait été plus piquante, continue-t-il, si la censure n'en eût rien retranché; mais alors on trouvait des allusions partout, et il n'était pas toujours permis de dire ce que l'on pensait, même sur Thamas-Kouli-Khan.
>
> «M. Olivier ne tenait pas à ses allusions plus qu'à sa fortune; il effaça tranquillement tout ce qu'on voulut, et se restreignit, avec une entière soumission, au récit pur et simple de ce qu'il avait observé.»

De la Perse à la Russie, la transition n'est pas trop brusque. Elle l'était encore bien moins au XVIII<sup>e</sup> siècle qu'aujourd'hui. A proprement parler, ce n'est qu'avec Pierre le Grand que la Russie entre dans le concert européen. Jusqu'alors, cette contrée, par son histoire, par ses relations, par les mœurs de ses habitants, était demeurée tout asiatique. Avec Pierre le Grand, avec Catherine II, les routes se percent, le commerce prend de l'importance, la marine se crée, les tribus russes se réunissent en corps de nation. Déjà, l'empire soumis au czar est immense. Ses souverains, par leurs conquêtes, l'agrandissent encore. Ils font plus. Pierre le Grand dresse des cartes, envoie des expéditions de tous les côtés pour être renseigné sur le climat, les productions, les races de chacune de ses provinces; enfin, il expédie Behring à la découverte du détroit qui doit porter le nom de ce navigateur.

Catherine II marche sur les traces du grand empereur, de l'initiateur par excellence. Elle attire des savants en Russie, se met en relation avec les littérateurs du monde entier. Elle sait créer une puissante agitation en faveur de son peuple. La curiosité, l'intérêt s'éveillent, et l'Europe occidentale a les yeux fixés sur la Russie. On sent qu'une grande nation est à la veille d'être constituée, et l'on n'est pas sans inquiétude sur les suites qu'amènera, infailliblement, son entremise dans les affaires européennes. Déjà la Prusse vient de se révéler, et son épée, jetée par Frédéric II dans la balance, a changé toutes les conditions de l'équilibre européen. La Russie possède bien d'autres ressources en hommes, en argent, en richesses de tout genre inconnues ou inexploitées.

Aussi, toutes les publications relatives à cette contrée sont-elles aussitôt lues avec empressement par les hommes politiques, par tous ceux qui s'intéressent aux destinées de leur patrie, aussi bien que par les curieux qui se plaisent à la description de mœurs si différentes des nôtres, si variées entre elles.

Aucun ouvrage n'avait encore été publié qui surpassât celui du naturaliste Pallas, *Voyage à travers plusieurs provinces de l'empire russe*, traduit en français de 1788 à 1793. Aucun n'eut autant de succès, et nous devons avouer qu'il le méritait à tous égards.

Pierre-Simon Pallas est un naturaliste allemand que Catherine II avait appelé en 1668 à Saint-Pétersbourg, qu'elle avait fait aussitôt nommer adjoint de l'Académie des Sciences, et qu'elle sut s'attacher par ses bienfaits. Pallas, en témoignage de reconnaissance, publie aussitôt son mémoire sur les ossements fossiles de la Sibérie. L'Angleterre et la France venaient d'envoyer des expéditions pour observer le passage de Vénus sur le disque du soleil. La Russie ne veut pas rester en arrière et fait partir pour la Sibérie toute une troupe de savants dont Pallas fait partie.

Sept astronomes et géomètres, cinq naturalistes et plusieurs élèves doivent parcourir en tout sens cet immense territoire. Pendant six ans entiers, Pallas ne s'épargne pas, explorant, tour à tour, Orembourg, sur le Jaïk, rendez-vous des hordes nomades qui errent sur les bords salés de la Caspienne; Gouriel, située sur cette mer ou plutôt ce grand lac qui se dessèche tous les jours; les montagnes de l'Oural et les nombreuses mines de fer qu'elles renferment; Tobolsk, la capitale de la Sibérie; le gouvernement de Koliwan, sur le versant septentrional de l'Altaï; Krasnojarsk, sur le Yenisseï; le grand lac Baïkal et la Daourie, qui touche aux frontières de la Chine. Puis c'est Astrakan, c'est le Caucase, aux peuples si divers et si intéressants, c'est le Don, qu'il étudie avant de rentrer à Pétersbourg, le 30 juillet 1774.

Il ne faut pas croire que Pallas soit un voyageur ordinaire. Il ne voyage pas en naturaliste seulement. Il est homme, et rien de ce qui touche l'humanité ne lui est indifférent. Géographie, histoire, politique, commerce, religion, beaux-arts, sciences, tout a pour lui de l'intérêt; et cela est si vrai, qu'on ne peut lire son récit de voyage sans admirer la variété de ses connaissances, sans rendre hommage à son patriotisme éclairé, sans reconnaître la perspicacité de la souveraine qui a su s'attacher un homme d'une telle valeur.

Une fois sa relation mise en ordre, écrite et publiée, Pallas ne songe ni à se reposer sur ses lauriers ni à se laisser enivrer par les fumées d'une gloire naissante. Pour lui, le travail est un délassement, et il participe aux opérations nécessaires à l'établissement de la carte de la Russie.

Le fameux oiseau Leut-zé.

Bientôt, son esprit, toujours enthousiaste, le porte à se livrer plus spécialement à l'étude de la botanique, et ses ouvrages lui assurent une place des plus distinguées entre les naturalistes de l'empire russe.

Un de ses derniers travaux a été une description de la Russie méridionale, *Tableau physique et topographique de la Tauride*, ouvrage que Pallas a publié en français et traduit en allemand et en russe. Engoué de ce pays qu'il a visité en 1793 et en 1794, il témoigne le désir d'aller s'y établir. L'impératrice lui fait aussitôt présent de plusieurs terres appartenant à la couronne, et le savant voyageur se transporte avec sa famille à Symphéropol.

Portrait de La Condamine. (*Fac-simile. Gravure ancienne.*)

Pallas profita de la circonstance pour faire un nouveau voyage dans les provinces méridionales de l'empire, les steppes du Volga et les contrées qui bordent la mer Caspienne jusqu'au Caucase; enfin il parcourut la Crimée dans tous les sens. Il avait déjà vu une partie de ces pays une vingtaine d'années auparavant; il put y constater de profonds changements. S'il se plaint de l'exploitation à outrance des forêts, Pallas est obligé de reconnaître qu'en bien des endroits l'agriculture s'est développée, que des centres d'industrie et d'exploitation se sont créés, en un mot que le pays marche dans la voie du progrès. Quant à la Crimée, sa conquête est toute récente, et cependant on y reconnaît déjà des améliorations sensibles. Que seront-elles dans quelques années!

Le bon Pallas, si enthousiaste de cette province, eut à subir, dans sa nouvelle résidence, toute espèce de tracasseries de la part des Tartares. Sa femme mourut en Crimée, et enfin, dégoûté du pays et des habitants, il revint finir ses jours à Berlin, le 8 septembre 1811.

Il laissait deux ouvrages d'une importance capitale, où le géographe, l'homme d'État, le naturaliste, le commerçant pouvaient puiser en abondance des renseignements sûrs et précis sur des contrées jusqu'alors très peu connues, et dont les ressources et les besoins allaient modifier profondément les conditions du marché européen.

# CHAPITRE IV
# LES DEUX AMÉRIQUES

La côte occidentale d'Amérique. — Juan de Fuca et de Fonte. — Les trois voyages de Behring-Vancouver. — Exploration du détroit de Fuca. — Reconnaissance de l'archipel de la Nouvelle-Géorgie et d'une partie de la côte américaine. — Exploration de l'intérieur de l'Amérique. — Samuel Hearne. — Découverte de la rivière de Cuivre. — Mackenzie et la rivière qui porte son nom. — La rivière de Fraser. — L'Amérique méridionale. — Reconnaissance de l'Amazone par La Condamine. — Voyage de A. de Humboldt et de Bonpland. — Ténériffe. — La caverne du Guachero. — Les «llanos». — Les gymnotes. — L'Amazone, le Rio-Negro et l'Orénoque. — Les mangeurs de terre. — Résultats du voyage. — Second voyage de Humboldt. — Les Volcanitos. — La cascade de Tequendama. — Les ponts d'Icononzo. — Le passage de Quindiu à dos d'homme. — Quito et le Pichincha. — Ascension du Chimboraço. — Les Andes. — Lima. — Le passage de Mercure. — Exploration du Mexique. — Mexico. — Puebla et le Cofre de Perote. — Retour en Europe.

A plusieurs reprises nous avons eu l'occasion de raconter certaines expéditions qui avaient pour but de reconnaître les côtes de l'Amérique. Nous avons parlé des tentatives de Fernand Cortès, des courses et des explorations de Drake, de Cook, de La Pérouse et de Marchand. Il est bon de revenir pour quelque temps en arrière et d'envisager, avec Fleurieu, la suite des voyages qui se sont succédé sur la rive occidentale de l'Amérique, jusqu'à la fin du XVIII$^e$ siècle.

En 1537, Cortès, avec Francisco de Ulloa, avait reconnu la grande péninsule de Californie et visité la plus grande partie de ce golfe long et étroit, qui porte aujourd'hui le nom de mer Vermeille.

Après lui, Vasquès Coronado, par terre, et Francisco Alarcon, par mer, s'étaient élancés à la recherche de ce fameux détroit, qui mettait en communication, disait-on, l'Atlantique et le Pacifique; mais ils n'avaient pu dépasser le trente-sixième parallèle.

Deux ans plus tard, en 1542, le Portugais Rodriguès de Cabrillo avait atteint 44° de latitude. Là, le froid, les maladies, le manque de provisions et le mauvais état de son navire l'avaient contraint de rétrograder. Il n'avait pas fait de découverte, il est vrai, mais il avait constaté que, du port de la Nativité, par 19° 3/4 jusqu'au point qu'il avait atteint, la côte se continuait sans interruption. Le détroit semblait reculer devant les explorateurs.

Il faut croire que le peu de succès de ces tentatives découragea les Espagnols, car, à cette époque, ils disparaissent de la liste des explorateurs. C'est un

Anglais, Drake, qui, après avoir prolongé la côte occidentale depuis le détroit de Magellan et ravagé les possessions espagnoles, parvient jusqu'au quarante-huitième degré, explore tout le rivage en redescendant sur une longueur de dix degrés, et donne à cette immense étendue de côtes le nom de Nouvelle-Albion.

Vient ensuite, en 1592, le voyage, en grande partie fabuleux, de Juan de Fuca, qui prétendit avoir trouvé le détroit d'Anian qu'on cherchait depuis si longtemps, alors qu'il n'avait découvert en réalité que le pas qui sépare du continent l'île de Vancouver.

En 1602, Vizcaino jetait les fondations du port de Monterey, en Californie, et, quarante ans plus tard, avait lieu cette expédition si contestée de l'amiral de Fuente ou de Fonte,—suivant qu'on en fait un Espagnol ou un Portugais,—expédition qui a donné lieu à tant de dissertations savantes et de discussions ingénieuses. On lui doit la découverte de l'archipel Saint-Lazare au-dessus de l'île Vancouver; mais il faut rejeter dans le domaine du roman tout ce que Fonte raconte des lacs et des grandes villes qu'il assure avoir visitées et de la communication qu'il prétend avoir découverte entre les deux océans.

Au XVIII$^e$ siècle, on n'acceptait déjà plus aveuglément les récits des voyageurs. On les examinait, on les contrôlait et l'on n'en retenait que les parties qui concordaient avec les relations déjà connues. Buache, Delisle et surtout Fleurieu ont, les premiers, ouvert la voie si féconde de la critique historique, et il faut leur en savoir le plus grand gré.

Les Russes, on l'a vu, avaient considérablement étendu le domaine de leurs connaissances, et il y avait tout lieu de croire peu éloigné le jour où leurs coureurs et leurs cosaques atteindraient l'Amérique, si surtout, comme on le supposait à cette époque, les deux continents étaient réunis par le nord. Mais ce n'aurait pas été, en tout cas, une expédition sérieuse, et qui pût donner des renseignements scientifiques auxquels on dût ajouter foi.

Le czar Pierre I$^{er}$ avait tracé de sa main, peu d'années avant sa mort, le plan et les instructions d'un voyage dont il avait formé le projet depuis longtemps: s'assurer si l'Asie et l'Amérique sont réunies ou séparées par un détroit. Il n'était pas possible de trouver les ressources nécessaires dans les arsenaux et les ports du Kamtschatka. Aussi fallut-il faire venir d'Europe capitaines, matelots, équipements et vivres.

Le Danois Vitus Behring et le Russe Alexis Tschirikow, qui tous deux avaient donné mainte preuve de savoir et d'habileté, furent chargés du commandement de l'expédition. Celle-ci se composait de deux vaisseaux, qui furent construits au Kamtschatka. Ils ne furent prêts à prendre la mer que le 20 juillet 1720. Dirigeant sa route au nord-est, le long de la côte d'Asie, qu'il ne perdit pas un instant de vue, Behring parvint, le 15 août, par 67° 18' de latitude nord, en vue d'un cap au delà duquel la côte s'infléchissait à l'ouest.

Non seulement, dans ce premier voyage, Behring n'avait pas eu connaissance de la côte d'Amérique, mais il venait de franchir, sans s'en douter, le détroit auquel la postérité a imposé son nom. Le fabuleux détroit d'Anian était remplacé par le détroit de Behring.

Un second voyage, entrepris l'année suivante par les mêmes voyageurs, n'avait pas amené de résultat.

Ce fut seulement en 1741, le 4 juin, que Behring et Tschirikow purent partir de nouveau. Cette fois, dès qu'ils seraient arrivés par 50 degrés de latitude nord, ils entendaient porter à l'est, jusqu'à ce qu'ils rencontrassent la côte d'Amérique. Mais les deux vaisseaux, séparés dès le 20 juin par un coup de vent, ne purent se réunir pendant le reste de la campagne. Le 18 juillet, fut découvert par Behring le continent américain par 58° 28' de latitude. Les jours suivants furent consacrés au relèvement d'une grande baie, comprise entre les deux caps Saint-Élie et Saint-Hermogène.

Pendant tout le mois d'août, Behring navigua au milieu des îles qui bordent la péninsule d'Alaska, nomma l'archipel Schumagin, lutta jusqu'au 24 septembre contre des vents contraires, reconnut l'extrémité de la presqu'île, et découvrit une partie des îles Aléoutiennes.

Mais depuis longtemps malade, ce navigateur fut bientôt incapable de relever la route que faisait le navire, et ne put éviter de se mettre à la côte sur une petite île qui a pris le nom de Behring. Là périt misérablement, le 8 décembre 1741, cet homme de cœur, cet explorateur habile.

Quant au reste de l'équipage, bien diminué par les fatigues et les privations d'un hivernage en ce lieu désolé, il parvint à construire une grande chaloupe avec les débris du vaisseau, et rentra au Kamtschatka.

Pour Tschirikow, après avoir attendu son commandant jusqu'au 25 juin, il atterrit à la côte d'Amérique entre les cinquante-cinquième et cinquante-sixième degrés. Il y perdit deux embarcations avec tout leur équipage, sans pouvoir découvrir ce qu'elles étaient devenues. N'ayant plus alors de moyen pour communiquer avec la terre, il avait regagné le Kamtschatka.

La voie était ouverte. Des aventuriers, des négociants, des officiers s'y engagèrent résolûment. Leurs découvertes portèrent principalement sur les îles Aléoutiennes et la presqu'île d'Alaska.

Cependant, les expéditions que les Anglais envoyaient à la côte d'Amérique, les progrès des Russes avaient excité la jalousie et l'inquiétude des Espagnols. Ceux-ci craignaient de voir leurs rivaux s'établir dans des pays qui leur appartenaient, nominalement, mais où ils n'avaient aucun établissement.

Le vice-roi du Mexique, le marquis de Croix, se souvint alors de la découverte faite par Vizcaino d'un excellent port, et il résolut d'y établir un presidio. Deux expéditions simultanées, l'une par terre, sous le commandement de don Gaspar de Portola, l'autre par mer, composée des deux paquebots le *San-Carlos* et le *San-Antonio*, quittèrent La Paz le 10 janvier 1769, atteignirent le port de San-Diego, et retrouvèrent, après une année de recherches, le havre de Monterey, indiqué par Vizcaino.

A la suite de cette expédition, les Espagnols continuèrent à explorer les côtes de la Californie. Les plus célèbres voyages sont ceux de don Juan de Ayala et de La Bodega, qui eurent lieu en 1775, et pendant lesquels furent reconnus le cap del ¡Engaño et la baie de la Guadalupa, puis les expéditions d'Arteaga et de Maurelle.

Les reconnaissances de Cook, de La Pérouse et de Marchand, ayant été précédemment racontées, il convient maintenant de s'arrêter avec quelque détail sur l'expédition de Vancouver. Cet officier, qui avait accompagné Cook pendant son second et son troisième voyage, se trouvait tout naturellement désigné pour prendre le commandement de l'expédition que le gouvernement anglais envoyait à la côte d'Amérique dans le but de mettre fin aux contestations survenues avec le gouvernement espagnol au sujet de la baie de Nootka.

Georges Vancouver reçut ordre d'obtenir, des autorités espagnoles, une cession formelle de ce port si important pour le commerce des fourrures. Il devait ensuite relever toute la côte nord-ouest depuis le trentième degré de latitude jusqu'à la rivière de Cook sous le soixante et unième degré. Enfin, on appelait tout particulièrement son attention sur le détroit de Fuca et sur la baie explorée en 1789 par le *Washington*.

Les deux bâtiments, la *Découverte*, de 340 tonneaux, et le *Chatam*, de 135, ce dernier sous le commandement du capitaine Broughton, partirent de Falmouth le 1er avril 1791.

Après deux relâches à Ténériffe et à la baie Simon, puis au cap de Bonne-Espérance, Vancouver s'enfonça dans le sud, reconnut l'île Saint-Paul, et cingla vers la Nouvelle-Hollande, entre les routes de Dampier et de Marion, sur des parages qui n'avaient pas encore été parcourus. Le 27 septembre, fut reconnue une partie de la côte de la Nouvelle-Hollande, terminée par un cap formé de falaises élevées, qui reçut le nom de cap Chatam. Comme un certain nombre de ses matelots étaient attaqués de la dysenterie, Vancouver résolut de relâcher dans le premier port qu'il rencontrerait, afin de s'y procurer l'eau, le bois, et surtout les vivres frais qui lui manquaient. Ce fut au port du Roi Georges III qu'il s'arrêta. Il y trouva des canards, des courlis, des cygnes, une grande quantité de poissons, des huîtres; mais il ne put entrer en communication avec aucun habitant, bien qu'on eût découvert un village d'une vingtaine de huttes tout récemment abandonnées.

Nous n'avons pas à suivre la croisière de Vancouver sur la côte sud-ouest de la Nouvelle-Hollande; elle ne nous apprendrait rien que nous ne sachions déjà.

Le 26 octobre, fut doublée la terre de Van-Diemen, et, le 2 novembre, on reconnut la côte de la Nouvelle-Zélande, où les deux bâtiments anglais allèrent mouiller à la baie Dusky. Vancouver y compléta les relèvements que Cook avait laissés inachevés. Un ouragan sépara bientôt de la *Découverte* le *Chatam*, qui fut retrouvé dans la baie de Mataväi, à Taïti. Pendant cette dernière traversée, Vancouver avait aperçu quelques îles rocheuses, qu'il appela les Embûches (*the Snares*), et une île plus considérable, nommée Oparra. De son côté, le capitaine Broughton avait découvert l'île Chatam à l'est de la Nouvelle-Zélande. Les incidents de la relâche à Taïti rappellent trop ceux du séjour de Cook, pour qu'il soit utile de les rapporter.

Le 24 janvier 1792, les deux bâtiments partirent pour les Sandwich et s'arrêtèrent quelque peu à Owhyhee, à Waohoo et à Attoway. Depuis le massacre de Cook, bien des changements étaient survenus dans l'archipel. Des navires anglais et américains, qui faisaient la pêche de la baleine ou le commerce des fourrures, commençaient à le visiter. Leurs capitaines avaient donné aux naturels le goût de l'eau-de-vie et le désir de posséder des armes à feu. Les querelles entre les petits chefs étaient devenues plus fréquentes, l'anarchie la plus complète régnait partout, et déjà le nombre des habitants avait singulièrement diminué.

Le 17 mars 1792, Vancouver abandonna les îles Sandwich, et fit route pour l'Amérique, dont il reconnut bientôt la partie de côte nommée par Drake Nouvelle-Albion. Il y rencontra presque aussitôt le capitaine Gray, qui passait pour avoir pénétré avec le *Washington* dans le détroit de Fuca, et avoir reconnu une vaste mer. Gray se hâta de démentir les découvertes qu'on lui avait si généreusement prêtées. Il n'avait fait que cinquante milles seulement dans le détroit qui courait de l'ouest à l'est, jusqu'à un endroit à partir duquel les naturels lui assuraient qu'il s'enfonçait dans le nord.

Vancouver pénétra à son tour dans le détroit de Fuca, y reconnut le port de la Découverte, l'entrée de l'Amirauté, la Birch-Bay, le Désolation-Sound, le détroit de Johnston et l'archipel de Broughton. Avant d'atteindre l'extrémité de ce long bras de mer, il avait rencontré deux petits bâtiments espagnols sous les ordres de Quadra. Les deux capitaines se communiquèrent leurs travaux réciproques, et donnèrent leurs deux noms à la principale île de ce nombreux archipel, qui fut désigné sous le nom de Nouvelle-Géorgie.

Vancouver visita ensuite Nootka, la rivière Columbia, et vint relâcher à San-Francisco. On comprend que nous ne puissions suivre dans tous ses détails cette exploration minutieuse, qui ne demanda pas moins de trois campagnes successives. L'immense étendue de côtes comprise entre le cap Mendocino et le port de Conclusion par 56° 14' nord et 225° 37' est, fut reconnue par les navires anglais.

> «Maintenant, dit le voyageur, que nous avons atteint le but principal que le roi s'était proposé en ordonnant ce voyage, je me flatte que notre reconnaissance très précise de la côte nord-ouest de l'Amérique dissipera tous les doutes et écartera toutes les fausses opinions concernant un passage par le nord ouest; qu'on ne croira plus qu'il y ait une communication entre la mer Pacifique du Nord et l'intérieur du continent de l'Amérique dans l'étendue que nous avons parcourue.»

Parti de Nootka pour faire la reconnaissance de la côte méridionale de l'Amérique avant de revenir en Europe, Vancouver s'arrêta à la petite île des Cocos, qui mérite peu son nom, comme nous avons eu déjà l'occasion de le dire, relâcha à Valparaiso, doubla le cap Horn, fit de l'eau à Sainte-Hélène, et rentra dans la Tamise, le 12 septembre 1795.

Mais les fatigues de cette longue campagne avaient tellement altéré la santé de cet habile explorateur, qu'il mourut au mois de mai 1798, avant d'avoir pu terminer la rédaction de son voyage, qui fut achevée par son frère.

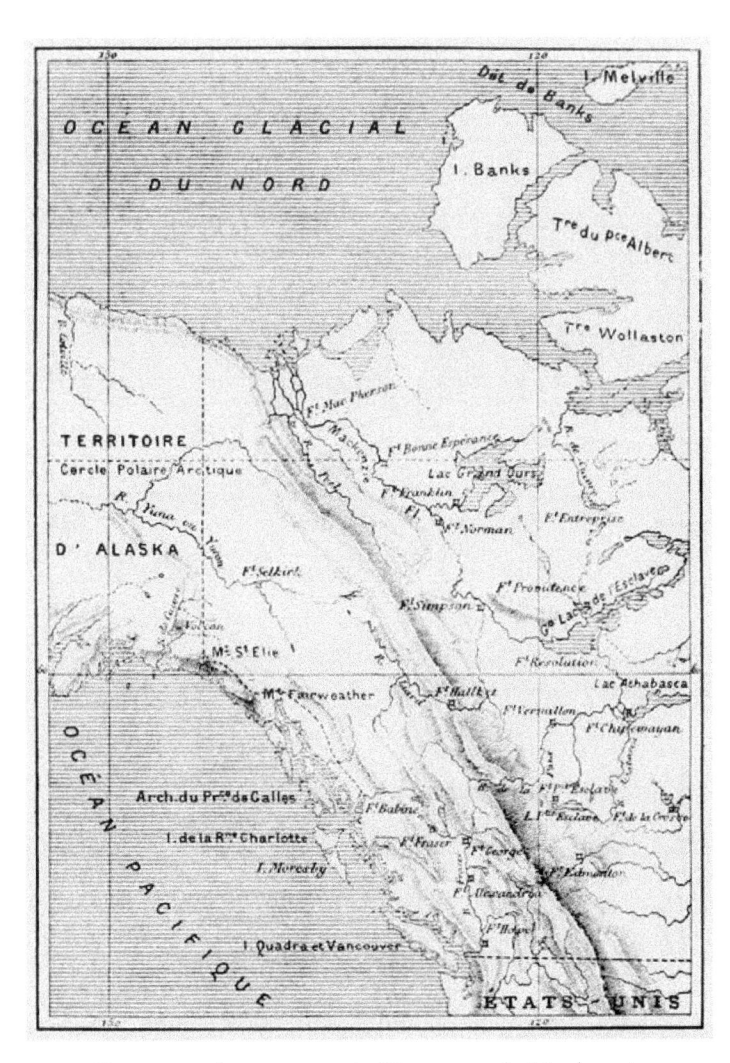

Carte pour les voyages de Hearne et de Mackenzie.

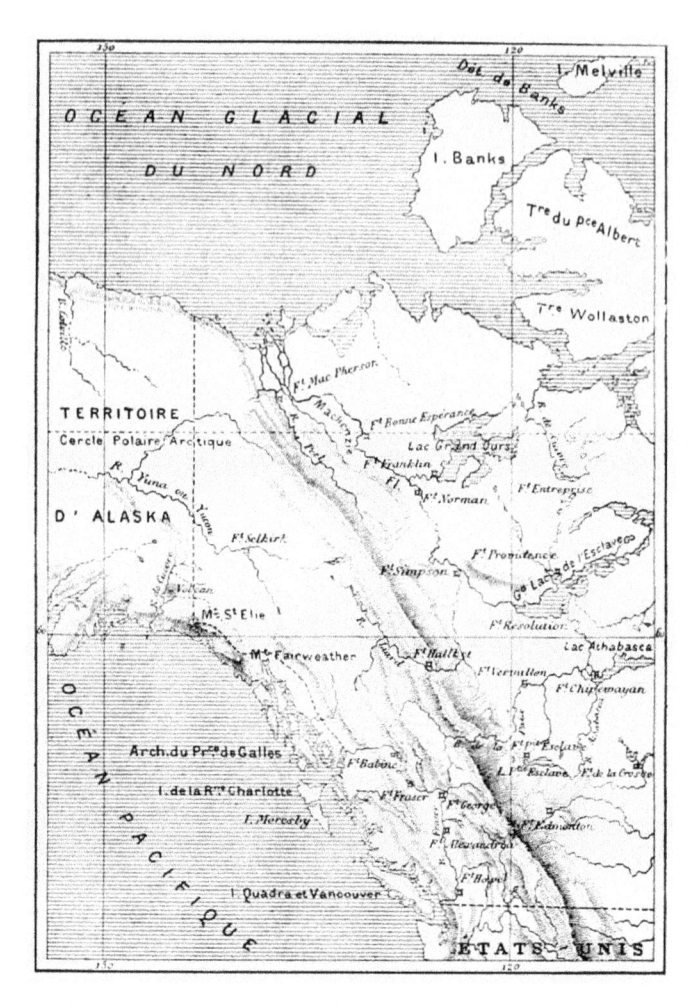

Carte pour les voyages de Hearne et de Mackenzie.

Pendant les quatre années qui avaient été employées à ce rude travail de relever neuf mille lieues de côtes inconnues, la *Découverte* et le *Chatam* n'avaient perdu que deux hommes. On le voit, l'habile élève du capitaine Cook avait mis à profit les leçons de son maître, et l'on ne sait ce qu'il faut le plus admirer, en Vancouver, ou des soins qu'il donna à ses matelots aussi bien que de son humanité envers les indigènes, ou de la prodigieuse habileté dont il fit preuve pendant tout le cours de cette dangereuse navigation.

Cependant, si les explorateurs se succédaient sur la côte occidentale d'Amérique, les colons n'étaient pas non plus inactifs. D'abord établis sur les bords de l'Atlantique, où ils avaient fondé une longue suite d'États jusqu'au Canada, ils n'avaient pas tardé à s'enfoncer dans l'intérieur. Leurs trappeurs, leurs coureurs des bois, avaient reconnu d'immenses espaces de terrain propres à la culture, et les squatters anglais les avaient envahis progressivement. Ce n'avait pas été sans une lutte continuelle contre les Indiens, ces premiers possesseurs du sol, qu'ils tendaient tous les jours à refouler dans l'intérieur. Appelés par la fertilité d'une terre vierge et les constitutions plus libérales des divers États, les colons n'avaient pas tardé à affluer.

Plus de doute, c'était la mer.

Leur nombre devint tel, qu'à la fin du XVII<sup>e</sup> siècle, les héritiers de lord Baltimore estimaient à trois mille livres le produit de la vente de leurs terres, et qu'au milieu du siècle suivant, en 1750, les successeurs de William Penn se faisaient de la même manière un revenu dix fois plus considérable. Et cependant, on ne trouvait pas encore l'immigration assez considérable; on se mit à déporter les condamnés,—le Maryland en comptait 1981 en 1750,— mais surtout on recruta des émigrants auxquels on faisait signer un engagement, ce qui fut la source d'abus scandaleux.

Bien que toutes les terres qu'on avait achetées des Indiens ou qu'on leur avait enlevées fussent loin d'être occupées, le colon anglais allait toujours de l'avant au risque d'avoir maille à partir avec les légitimes possesseurs du sol.

Au nord, la Compagnie de la baie d'Hudson, qui a le monopole du commerce des fourrures, est toujours à la recherche de nouveaux territoires de chasse, car ceux qu'elle a exploités ne tardent pas à s'épuiser. Elle pousse en avant ses trappeurs, recueille auprès des Indiens, qu'elle emploie et qu'elle grise, des renseignements précieux. C'est ainsi qu'elle apprend l'existence d'une rivière qui se jette, au nord, près de riches mines de cuivre dont quelques indigènes ont apporté au fort du Prince-de-Galles de riches échantillons. La résolution de la Compagnie est aussitôt prise, et, en 1769, elle confie à Samuel Hearne le commandement d'une expédition de recherches.

Pour un voyage dans ces contrées glacées, où l'on ne trouve que difficilement à s'approvisionner, où la rigueur du froid est extrême, il faut des hommes bien trempés, en petit nombre, capables de supporter les fatigues d'une marche pénible au milieu de la neige et de résister aux tortures de la faim. Hearne ne prit avec lui que deux blancs et quelques Indiens dont il était sûr.

Malgré l'extrême adresse de ces guides qui connaissent le pays et sont au courant des habitudes du gibier, les provisions font bientôt défaut. A deux cents milles du fort du Prince-de-Galles, les Indiens abandonnent Hearne et ses deux compagnons, qui sont obligés de revenir sur leurs pas.

Mais le chef de l'entreprise est un rude marin, habitué à tout souffrir. Aussi ne se rebute-t-il pas. Si l'on a échoué la première fois, ne peut-on être plus heureux dans une seconde tentative?

Au mois de février 1770, Hearne s'élance de nouveau à travers ces contrées inconnues. Cette fois, il est seul avec cinq Indiens, car il a compris que l'inaptitude des blancs à supporter les fatigues engendre le mépris des sauvages. Déjà il s'est éloigné de cinq cents milles, lorsque la rigueur de la saison le force à s'arrêter et à attendre une température plus clémente. Ce fut un rude moment à passer. Tantôt dans l'abondance, avec du gibier plus qu'on n'en peut consumer, plus souvent n'avoir rien à se mettre sous la dent, être même obligé, pendant sept jours, de mâcher de vieux cuirs, de ronger des os qu'on avait jetés, ou de chercher sur les arbres quelques baies qu'on ne trouve pas toujours, souffrir, enfin, des froids terribles, voilà l'existence du découvreur dans ces contrées glacées!

Hearne repart au mois d'avril, continue jusqu'en août à courir les bois, et se prépare à passer l'hiver auprès d'une tribu indienne qui l'a bien accueilli, lorsqu'un accident, qui le prive de son quart de cercle, le force à continuer sa route.

Les privations, les misères, les déceptions n'ébranlent pas l'indomptable courage de Samuel Hearne. Il repart le 7 décembre, et, s'enfonçant dans l'ouest sous le soixantième degré de latitude, il rencontre une rivière. Le voilà construisant un canot et descendant ce cours d'eau, qui se jette dans une série interminable de lacs grands et petits. Enfin, le 13 juillet 1771, il atteint la rivière de Cuivre. Les Indiens qui l'accompagnaient se trouvaient depuis quelques semaines sur les territoires fréquentés par les Esquimaux, et se promettaient, s'ils en rencontraient, de les massacrer jusqu'au dernier.

Cet événement ne devait pas se faire attendre.

> «Voyant, dit Hearne, tous les Esquimaux livrés au repos dans leurs tentes, les Indiens sortirent de leur embuscade et tombèrent à l'improviste sur ces pauvres créatures; je contemplais ce massacre, réduit à rester neutre.»

Des vingt individus qui composaient cette tribu, pas un n'échappa à la rage sanguinaire des Indiens, et ils firent périr dans les plus épouvantables tortures une vieille femme qui avait tout d'abord échappé au massacre.

> «Après cet horrible carnage, continue Hearne, nous nous assîmes sur l'herbe et fîmes un bon repas de saumon frais.»

En cet endroit, la rivière s'élargissait singulièrement. Le voyageur était-il donc arrivé à son embouchure? Pourtant l'eau était absolument douce. Sur le rivage, paraissaient, cependant, comme les traces d'une marée. Des phoques se jouaient en grand nombre au milieu des eaux. Quantité de barbes de baleine avaient été trouvées dans les tentes des Esquimaux. Tout se réunissait enfin pour donner à penser que c'était la mer. Hearne saisit son télescope. Devant lui se déroule à perte de vue une immense nappe d'eau, interrompue, de place en place, par des îles. Plus de doute, c'est la mer.

Le 30 juin 1772, Hearne ralliait les établissements anglais, après une absence qui n'avait pas duré moins d'un an et cinq mois.

La Compagnie reconnut l'immense service que Hearne venait de lui rendre en le nommant gouverneur du fort de Galles. Pendant son expédition à la baie d'Hudson, La Pérouse s'empara de cet établissement et y trouva le journal de voyage de Samuel Hearne. Le navigateur français le lui rendit à la condition qu'il le publierait. Nous ne savons quelles circonstances ont retardé, jusqu'en 1795, l'accomplissement de la parole que le voyageur anglais avait donnée au marin français.

Ce n'est que dans le dernier quart du XVIIIe siècle que fut connue cette immense chaîne de lacs, de rivières et de portages qui, partant du lac Supérieur, ramasse toutes les eaux qui tombent des montagnes Rocheuses et les déverse dans l'océan Glacial. C'est à des négociants en fourrures, les frères

Frobisher, et à M. Pond, qui arriva jusqu'à Athabasca, qu'est due en partie leur découverte.

Grâce à ces reconnaissances, le chemin devient moins difficile, les explorateurs se succèdent, les établissements se rapprochent, le pays est découvert. Bientôt même on entend parler d'une grande rivière qui se dirige vers le nord-ouest.

Ce fut Alexandre Mackenzie qui lui donna son nom. Parti, le 3 juin 1789, du fort Chippewayan, sur la plage méridionale du lac des Collines, il emmenait avec lui quelques Canadiens et plusieurs Indiens, dont l'un avait accompagné Samuel Hearne. Parvenu en un point situé par 67° 45' de latitude, Mackenzie apprit qu'il n'était pas éloigné de la mer à l'est, mais qu'il en était encore plus près à l'ouest. Il approchait évidemment de l'extrémité nord-ouest de l'Amérique.

Le 12 juillet, Mackenzie atteignit une grande nappe d'eau qu'à son peu de profondeur et aux glaces qui la recouvraient, on ne pouvait prendre pour la mer, bien qu'on n'aperçût aucune terre à l'horizon. Et cependant, c'était bien l'Océan boréal que Mackenzie venait d'atteindre. Il en demeura convaincu, lorsqu'il vit les eaux monter, bien que le vent ne fût pas violent. C'était la marée. Le voyageur gagna ensuite une île qu'il apercevait à quelque distance de la côte. Il vit de là plusieurs cétacés qui se jouaient au milieu des flots. Aussi cette île, qui gît par 69° 14' de latitude, reçut-elle du voyageur le nom d'île des Baleines. Le 12 septembre, l'expédition rentrait heureusement au fort Chippewayan.

Trois ans plus tard, Mackenzie, en qui la soif des découvertes n'était pas éteinte, remontait la rivière de la Paix, qui prend sa source dans les montagnes Rocheuses. En 1793, après être parvenu à se frayer une route à travers cette chaîne difficile, il reconnaissait de l'autre côté des montagnes une rivière, le Tacoutche-tesse, qui coulait vers le sud-ouest. Au milieu de dangers et de privations qu'il est plus facile d'imaginer que de rendre, Mackenzie descendit ce cours d'eau jusqu'à son embouchure, c'est-à-dire au-dessous des îles du Prince-de-Galles. Là, sur la paroi d'un rocher, il traça, avec un mélange de graisse et de vermillon, cette inscription, aussi éloquente que laconique: «Alexandre Mackenzie, venu du Canada par terre, ce 22 juillet 1793.» Le 24 août, il rentrait au fort Chippewayan.

Dans l'Amérique méridionale, aucun voyage scientifique n'a lieu pendant la première moitié du XVIIIe siècle. Il ne reste guère à parler que de La Condamine. Nous avons raconté plus haut les recherches qui l'avaient conduit en Amérique, et nous avons dit qu'une fois les mesures terminées, il avait laissé Bouguer revenir en Europe, et Jussieu prolonger un séjour qui devait enrichir l'histoire naturelle d'une foule de plantes et d'animaux inconnus, tandis que lui-même allait descendre l'Amazone jusqu'à son embouchure.

«On pourrait appeler La Condamine, dit M. Maury dans son *Histoire de l'Académie des Sciences*, l'Alexandre de Humboldt du XVIII$^e$ siècle. A la fois bel esprit et savant de profession, il fit preuve, dans cette mémorable expédition, d'un héroïque dévouement à la science. Les fonds, accordés par le roi pour son voyage, n'ayant pas suffi, il mit cent mille livres de sa bourse; les fatigues, les souffrances lui firent perdre les jambes et les oreilles. Victime de sa passion pour la science, il ne rencontra, hélas! à son retour, chez un public qui ne comprenait pas un martyr qui n'aspire pas au ciel, que le sarcasme et la malignité. Ce n'était plus l'infatigable explorateur qui avait bravé tant de dangers qu'on voyait dans M. de La Condamine, mais seulement le distrait et le sourd ennuyeux, ayant toujours à la main son cornet acoustique. Satisfait de l'estime de ses confrères, dont M. de Buffon se fit un jour un si éloquent interprète (réponse au discours de réception de La Condamine à l'Académie française), La Condamine se consolait en composant des chansons et poursuivait jusqu'à la tombe, dont la souffrance lui abrégea le chemin, cette ardeur d'observations de toutes choses, même de la douleur, qui le conduisit à interroger le bourreau sur l'échafaud de Damiens.»

Peu de voyageurs, avant La Condamine, avaient eu l'occasion de pénétrer dans les vastes régions du Brésil. Aussi, le savant explorateur espérait-il rendre son voyage utile en levant une carte du cours du fleuve et en recueillant les observations qu'il aurait l'occasion de faire, dans un pays si peu fréquenté, sur les coutumes singulières des Indiens.

Depuis Orellana, dont nous avons raconté la course aventureuse, Pedro de Ursua avait été envoyé, en 1559, par le vice-roi du Pérou, à la recherche du lac Parima et de l'El Dorado. Il périt par la main d'un soldat rebelle, qui commit, en descendant le fleuve, toute sorte de brigandages et finit par être écartelé dans l'île de la Trinité.

De pareilles tentatives n'étaient pas pour donner de grandes lumières sur le cours du fleuve. Les Portugais furent plus heureux. En 1636 et 1637, Pedro Texeira, avec quarante-sept canots et un nombreux détachement d'Espagnols et d'Indiens, avait suivi l'Amazone jusqu'à son tributaire, le Napo. Il avait alors remonté celui-ci, puis la Coca, et était arrivé à trente lieues de Quito, qu'il avait gagnée avec quelques hommes. L'année suivante, il était retourné au Para par le même chemin, accompagné des jésuites d'Acunha et d'Artieda, qui publièrent le récit de ce voyage, dont la traduction parut en 1682.

La carte, dressée par Sanson sur cette relation, naturellement copiée par tous les géographes, était extrêmement défectueuse, et, jusqu'en 1717, il n'y en eut pas d'autre. A cette époque, fut publiée dans le tome XII des *Lettres édifiantes*,—précieux recueil où l'on rencontre une multitude d'informations des plus intéressantes pour l'histoire et la géographie,—la copie d'une carte dressée, dès 1690, par le père Fritz, missionnaire allemand. On y voit que le Napo n'était pas la vraie source de l'Amazone et que ce dernier, sous le nom de Marañon, sort d'un lac Guanuco, à trente lieues de Lima vers l'orient. La partie inférieure du cours du fleuve était assez mal tracée, parce que le père Fritz, lorsqu'il le descendit, était trop malade pour observer exactement.

Parti de Tarqui, à cinq lieues de Cuenca, le 11 mai 1743, La Condamine passa par Zaruma, ville autrefois célèbre par ses mines d'or, et traversa plusieurs rivières sur ces ponts en liane, attachés aux deux rives, qui ressemblent à un immense hamac tendu d'un bord à l'autre. Puis, il gagna Loxa, située à quatre degrés de la ligne. Cette ville est placée quatre cents toises plus bas que Quito. Aussi y remarque-t-on une notable différence de température, et les montagnes, couvertes de bois, ne paraissent plus que des collines auprès de celles de Quito.

De Loxa à Jaen-de-Bracamoros, on traverse les derniers contreforts des Andes. Dans ce canton, la pluie tombe tous les jours pendant les douze mois de l'année; aussi n'y faut-il pas faire un séjour de quelque durée. Tout ce pays était bien déchu de son antique prospérité; Loyola, Valladolid, Jaen et la plupart des villes du Pérou, éloignées de la mer et du grand chemin de Carthagène à Lima, n'étaient plus alors que de petits hameaux. Et cependant, toute la contrée aux alentours de Jaen est couverte de cacaoyers sauvages, auxquels les Indiens ne font d'ailleurs pas plus d'attention qu'au sable d'or charrié par leurs rivières.

La Condamine s'embarqua sur le Chincipe, plus large à cet endroit que la Seine à Paris, et le descendit jusqu'à son confluent avec le Marañon. A partir de cet endroit, le Marañon commence d'être navigable, bien qu'il soit interrompu par quantité de sauts ou de rapides, et rétréci en bien des endroits jusqu'à n'avoir plus que vingt toises de large. Le plus célèbre de ces détroits est le *pongo* ou porte de Manseriché, lit creusé par le Marañon au milieu de la Cordillère, coupée presque à pic, et dont la largeur n'a pas plus de vingt-cinq toises. La Condamine, resté seul avec un nègre sur un radeau, y eut une aventure presque sans exemple.

> «Le fleuve, dit-il, dont la hauteur diminua de vingt-cinq pieds en trente-six heures, continuait à décroître. Au milieu de la nuit, l'éclat d'une grosse branche d'arbre cachée sous l'eau s'étant engagé entre les pièces de bois de mon train, où il pénétrait de plus en plus à mesure que celui-ci baissait avec le niveau de l'eau, je me vis au

moment, si je n'eusse été présent et éveillé, de rester avec le radeau accroché et suspendu en l'air à une branche d'arbre. Le moins qui pouvait m'arriver, eût été de perdre mes journaux et cahiers d'observations, fruit de huit ans de travail. Je trouvai heureusement enfin moyen de dégager le radeau et de le remettre à flot.»

Près de la ville ruinée de Santiago, où La Condamine arriva le 10 juillet, habitent, au milieu des bois, les Indiens Xibaros, en révolte depuis un siècle contre les Espagnols, afin de se soustraire au travail des mines d'or.

Au delà du pongo de Manseriché, c'était un monde nouveau, un océan d'eau douce, un labyrinthe de lacs, de rivières et de canaux au milieu de forêts inextricables. Bien qu'il fût depuis sept ans habitué à vivre en pleine nature, La Condamine ne pouvait se lasser de ce spectacle uniforme, de l'eau, de la verdure et rien de plus. Quittant Borja le 14 juillet, le voyageur dépassa bientôt le confluent du Morona, qui descend du volcan de Sangay dont les cendres volent quelquefois au delà de Guyaquil. Puis, il traversa les trois bouches de la Pastaca, rivière alors si débordée qu'il fut impossible de mesurer aucune embouchure. Le 19 du même mois, La Condamine atteignit la Laguna, où l'attendait depuis six semaines don Pedro Maldonado, gouverneur de la province d'Esmeraldas, qui avait descendu la Pastaca. La Laguna formait, à cette époque, un gros bourg de mille Indiens en état de porter les armes et rassemblés sous l'autorité des missionnaires de diverses tribus.

«En m'engageant à lever la carte du cours de l'Amazone, dit La Condamine, je m'étais ménagé une ressource contre l'inaction que m'eût permise une navigation tranquille, que le défaut de variété dans des objets, même nouveaux, eût pu rendre ennuyeuse. Il me fallait être dans une attention continuelle pour observer, la boussole et la montre à la main, les changements de direction du cours du fleuve, et le temps que nous employions d'un détour à l'autre, pour examiner les différentes largeurs de son lit et celles des embouchures des rivières qu'il reçoit, l'angle que celles-ci forment en y entrant, la rencontre des îles et leur longueur, et surtout pour mesurer la vitesse du courant et celle du canot, tantôt à terre, tantôt sur le canot même, par diverses pratiques, dont l'explication serait ici de trop. Tous mes moments étaient remplis. Souvent j'ai sondé et mesuré géométriquement la largeur du fleuve et celle des rivières qui viennent s'y joindre, j'ai pris la hauteur méridienne du soleil presque tous les jours, et j'ai observé son amplitude à son lever et à son coucher dans tous les lieux où j'ai séjourné.

Pongo de Manseriche, rive des Amazones. (*Fac-similé. Gravure ancienne.*)

Le 25 juillet, après avoir passé devant la rivière du Tigre, La Condamine arriva à une nouvelle mission de sauvages appelés Yameos, que les pères avaient récemment tirés des bois. Leur langue était difficile et la manière de la prononcer encore plus extraordinaire. Certains de leurs mots exigeaient neuf ou dix syllabes, et ils ne savaient compter que jusqu'à trois. Ils se servaient avec beaucoup d'adresse de la sarbacane, avec laquelle ils lançaient de petites flèches trempées dans un poison si actif qu'il tuait en une minute.

Portrait de Humboldt. (*Fac-similé. Gravure ancienne.*)

Le lendemain fut atteinte l'embouchure de l'Ucayale, l'une des plus fortes rivières qui grossissent le Marañon et qui peut en être la source. A partir de ce confluent, la largeur du fleuve croît sensiblement.

Le 27, fut accostée la mission des Omaguas, nation autrefois puissante, qui peuplait les bords de l'Amazone sur une longueur de deux cents lieues au-dessous du Napo. Étrangers au pays, ils passent pour avoir descendu le cours de quelque rivière qui prend sa source dans le royaume de Grenade, afin d'échapper au joug des Espagnols. Le mot «omagua» signifie «tête plate» dans la langue du Pérou, et ces peuples ont en effet la coutume bizarre de presser entre deux planches le front des nouveau-nés, dans le but, disent-ils, de les faire ressembler à la pleine lune. Ils font aussi usage de deux plantes singulières, le «floripondio» et le «curupa», qui leur procurent une ivresse de vingt-quatre heures et des rêves fort étranges. L'opium et le hatchich avaient donc leur similaire au Pérou!

Le quinquina, l'ipécacuanha, le simaruba, la salsepareille, le gaïac et le cacao, la vanille, se trouvent partout sur les bords du Marañon. Il en est de même du caoutchouc, dont les Indiens faisaient des bouteilles, des bottes et des «seringues qui n'ont pas besoin de piston, dit la Condamine. Elles ont la forme de poires creuses, percées d'un petit trou à leur extrémité, où ils adaptent une canule. Ce meuble est fort en usage chez les Omaguas. Quand ils s'assemblent entre eux pour quelque fête, le maître de la maison ne manque pas d'en présenter une par politesse à chacun des conviés, et son usage précède toujours parmi eux les repas de cérémonie.»

Changeant d'équipage à San-Joaquin, La Condamine arriva à temps à l'embouchure du Napo pour observer, dans la nuit du 31 juillet au 1er août, une émersion du premier satellite de Jupiter; ce qui lui permit de fixer avec exactitude la longitude et la latitude de cet endroit; observation précieuse, sur laquelle devaient reposer tous les relèvements du reste du voyage.

Pevas, qui fut atteinte le lendemain, est la dernière des missions espagnoles sur les bords du Marañon. Les Indiens, qui y étaient réunis, appartenaient à des nations différentes et n'étaient pas tous chrétiens. Ils portaient encore des ornements d'os d'animaux et de poissons passés dans les narines et dans les lèvres, et leurs joues criblées de trous servaient d'étui à des plumes d'oiseaux de toute couleur.

Saint-Paul est la première mission des Portugais. Là, le fleuve n'a pas moins de neuf cents toises, et il s'y élève souvent des tempêtes furieuses. Le voyageur fut agréablement surpris de voir les femmes indiennes porter des chemises de toile et posséder des coffres à serrure, des clefs de fer, des aiguilles, des miroirs, des ciseaux et d'autres ustensiles d'Europe que ces sauvages se procurent au Para, lorsqu'ils y vont porter leur récolte de cacao. Leurs canots sont bien plus commodes que ceux dont se servent les Indiens des possessions espagnoles. Ce sont de vrais petits brigantins de soixante pieds de long sur sept de large, que manœuvrent quarante rameurs.

De Saint-Paul à Coari se jettent dans l'Amazone de grandes et belles rivières appelées Yutay, Yuruca, Tefé, Coari, sur la rive méridionale, Putumayo, Yupura, qui viennent du nord. Sur les bords de cette dernière rivière habitaient encore des peuplades anthropophages. C'est là qu'avait été plantée, le 26 août 1639, par Texeira, une borne qui devait servir de frontière. Jusqu'en cet endroit, on s'était servi de la langue du Pérou pour communiquer avec les Indiens; il fallut dès lors employer celle du Brésil, qui est en usage dans toutes les missions portugaises.

La rivière de Purus, le Rio-Negro, peuplé de missions portugaises sous la direction de religieux du Mont-Carmel, et qui met en communication l'Orénoque avec l'Amazone, furent successivement reconnus. Les premiers éclaircissements sérieux sur cette grave question de géographie sont dus aux travaux de La Condamine et à sa critique sagace des voyages des missionnaires qui l'avaient précédé. C'est dans ces parages qu'avaient été placés le lac Doré de Parimé et la ville imaginaire de Manoa-del-Dorado. C'est la patrie des Indiens Manaos, qui ont si longtemps résisté aux armes portugaises.

L'embouchure du rio de la Madera,—ainsi nommé de la grande quantité de bois qu'il charrie,—le fort de Pauxis, au delà duquel le Marañon prend le nom d'Amazone et où la marée commence à se faire sentir, bien qu'on soit encore éloigné de la mer de plus de deux cents lieues, la forteresse de Topayos, à l'embouchure d'une rivière qui descend des mines du Brésil et sur les bords de laquelle habitent les Tupinambas, furent successivement dépassés.

Ce ne fut qu'au mois de septembre qu'on aperçut des montagnes dans le nord,—spectacle nouveau, car, depuis deux mois, La Condamine naviguait sans avoir vu le moindre coteau. C'étaient les premiers contreforts de la chaîne de la Guyane.

Le 6 septembre, en face du fort de Paru, on quitta l'Amazone pour entrer, par un canal naturel, dans la rivière de Xingu, que le père d'Acunha appelle Paramaribo. On gagna ensuite le fort de Curupa et, enfin, Para, grande ville aux rues droites, aux maisons bâties en pierres et en moellons. La Condamine, qui, pour terminer sa carte, tenait à visiter l'embouchure de l'Amazone, s'embarqua pour Cayenne, où il arriva le 26 février 1744.

Cet immense voyage avait eu des résultats considérables. Pour la première fois le cours des Amazones était établi d'une manière vraiment scientifique; on pouvait pressentir la communication de l'Orénoque avec ce fleuve; enfin, La Condamine rapportait une foule d'observations intéressantes touchant l'histoire naturelle, la physique, l'astronomie et cette science nouvelle qui tendait à se constituer, l'anthropologie.

Nous devons raconter maintenant les voyages d'un des savants qui comprirent le mieux les rapports de la géographie avec les autres sciences physiques, Alexandre de Humboldt. A lui revient la gloire d'avoir entraîné les voyageurs dans cette voie féconde.

Né en 1769, à Berlin, Humboldt eut pour premier instituteur Campe, l'éditeur bien connu de plusieurs relations de voyage. Doué d'un goût très vif pour la botanique, Humboldt se lia, à l'université de Göttingue, avec Forster le fils, qui venait d'accomplir le tour du monde à la suite du capitaine Cook.

Cette liaison, et particulièrement les récits enthousiastes de Forster, contribuèrent vraisemblablement à faire naître chez Humboldt la passion des voyages. Il mène de front l'étude de la géologie, de la botanique, de la chimie, de l'électricité animale, et, pour se perfectionner dans ces différentes sciences, il voyage en Angleterre, en Hollande, en Italie et en Suisse. En 1797, après la mort de sa mère, qui s'était opposée à ses voyages hors d'Europe, il vient à Paris, où il fait la connaissance d'Aimé Bonpland, jeune botaniste avec lequel il forma aussitôt plusieurs projets d'explorations.

Il était convenu que Humboldt accompagnerait le capitaine Baudin; mais les retards auxquels fut soumis le départ de cette expédition lassèrent sa patience, et il se rendit à Marseille dans l'intention d'aller retrouver l'armée française en Égypte. Pendant deux mois entiers, il attendit le départ d'une frégate qui devait conduire le consul suédois à Alger; puis, fatigué de tous ces délais, il partit pour l'Espagne, avec son ami Bonpland, dans l'espoir d'obtenir la permission de visiter les possessions espagnoles d'Amérique.

Ce n'était pas chose facile; mais Humboldt était doué d'une rare persévérance, il avait de belles connaissances, de chaudes recommandations, et il possédait déjà une certaine notoriété. Aussi fut-il, malgré la très vive répugnance du gouvernement, autorisé à explorer ces colonies et à y faire toutes les observations astronomiques et géodésiques qu'il voudrait.

Les deux amis partirent de la Corogne le 5 juin 1799, et, treize jours après, ils atteignirent les Canaries. Pour des naturalistes, débarquer à Ténériffe sans faire l'ascension du pic, c'eût été manquer à tous leurs devoirs.

> «Presque tous les naturalistes, dit Humboldt dans une lettre à La Metterie, qui (comme moi) sont passés aux Indes, n'ont eu le loisir que d'aller au pied de ce colosse volcanique et d'admirer les jardins délicieux du port de l'Orotava. J'ai eu le bonheur que notre frégate, *le Pizarro*, s'arrêta pendant six jours. J'ai examiné en détail les couches dont le pic de Teyde est construit.... Nous dormîmes, au clair de la lune, à 1200 toises de hauteur. La nuit à deux heures, nous nous mîmes en marche vers la cime, où, malgré le vent violent, la chaleur du sol qui brûlait nos bottes, et malgré le froid perçant, nous arrivâmes à huit heures. Je ne vous dirai rien de ce spectacle majestueux, des îles volcaniques de Lancerote, Canarie, Gomère, que l'on voit à ses pieds; de ce désert de vingt lieues carrées couvert de pierres ponces et de laves, sans insectes, sans oiseaux; désert qui nous sépare de ces bois touffus de lauriers et de bruyères, de ces vignobles ornés de palmiers, de bananiers et d'arbres de dragon dont les racines sont baignées par les flots.... Nous sommes entrés jusque dans le cratère même, qui n'a que 40 à 60 pieds de profondeur. La cime est à 1904 toises au-dessus du niveau de la mer, tel que Borda

l'a trouvé par une opération géométrique très exacte..... Le cratère du pic, c'est-à-dire celui de la cime, ne jette, depuis des siècles, plus de laves (celles-ci ne sortent que des flancs). Mais le cratère produit une énorme quantité de soufre et de sulfate de fer.»

Au mois de juillet, Humboldt et Bonpland arrivèrent à Cumana, dans cette partie de l'Amérique du Sud connue sous le nom de Terre-Ferme. Ils y passèrent d'abord quelques semaines à examiner les traces du grand tremblement de terre de 1797. Ils fixèrent ensuite la position de Cumana, placée, sur toutes les cartes, d'un demi-degré trop au sud,—ce qu'il fallait attribuer à ce que le courant qui porte au nord près de la Trinité a trompé tous les navigateurs. Au mois de décembre 1799, Humboldt écrivait de Caracas à l'astronome Lalande:

> «Je viens de finir un voyage infiniment intéressant dans l'intérieur du Para, dans la Cordillère de Cocolar, Tumeri, Guiri; j'ai eu deux ou trois mules chargées d'instruments, de plantes sèches, etc. Nous avons pénétré dans les missions des capucins, qui n'avaient été visitées par aucun naturaliste; nous avons découvert un grand nombre de végétaux, principalement de nouveaux genres de palmiers, et nous sommes sur le point de partir pour l'Orinoco, pour nous enfoncer, de là, peut-être jusqu'à San-Carlos du Rio-Negro, au delà de l'équateur.... Nous avons séché plus de 1600 plantes et décrit plus de 500 oiseaux, ramassé des coquilles et des insectes; j'ai fait une cinquantaine de dessins. Je crois qu'en considérant les chaleurs brûlantes de cette zone, vous penserez que nous avons beaucoup travaillé en quatre mois.»

Pendant cette première course, Humboldt avait visité les missions des Indiens Chaymas et Guaraunos. Il avait grimpé sur la cime du Tumiriquiri et était descendu dans la grotte du Guacharo, «caverne immense et habitation de milliers d'oiseaux de nuit, dont la graisse donne l'huile de Guacharo. Son entrée est véritablement majestueuse, ornée et couronnée de la végétation la plus luxuriante. Il en sort une rivière considérable, et son intérieur retentit du chant lugubre des oiseaux. C'est l'Achéron des Indiens Chaymas, car selon la mythologie de ces peuples et des Indiens de l'Orénoque, l'âme des défunts entre dans cette caverne. Descendre le Guacharo signifie mourir, dans leur langue.

> «Les Indiens entrent dans la *cueva* du Guacharo une fois chaque année, vers le milieu de l'été, armés de perches, à l'aide desquelles ils détruisent la plus grande partie des nids. A cette saison, plusieurs milliers d'oiseaux périssent ainsi de mort violente, et les vieux guacharos, comme s'ils voulaient défendre leurs couvées, planent au-dessus des têtes des Indiens en poussant des cris horribles. Les

petits qui tombent à terre sont ouverts sur le lieu même. Leur péritoine est revêtu d'une épaisse couche de graisse qui s'étend depuis l'abdomen jusqu'à l'anus, formant ainsi une sorte de coussin entre les jambes des oiseaux. A l'époque appelée à Caripe la moisson de l'huile, les Indiens bâtissent à l'entrée et même sous les vestibules de la caverne, des huttes de feuilles de palmier, puis, allumant alors des feux de broussailles, ils font fondre dans des pots d'argile la graisse des jeunes oiseaux qu'ils viennent de tuer. Cette graisse, connue sous le nom de beurre ou d'huile de Guacharo, est à demi liquide, transparente, inodore, et si pure qu'on peut la conserver une année sans qu'elle rancisse.»

Puis Humboldt continue en disant: «Nous avons passé une quinzaine de jours dans la vallée de Caripe, située sur une hauteur de neuf cent cinquante-deux vares castillanes au-dessus du niveau de la mer et habitée par des Indiens nus. Nous y vîmes des singes noirs avec des barbes rousses; nous eûmes la satisfaction d'être traités avec la plus extrême bienveillance par les pères capucins du couvent et les missionnaires qui vivent avec les Indiens quelque peu civilisés.»

De la vallée de Caripe, les deux voyageurs regagnèrent Cumana par les montagnes de Santa-Maria et les missions de Catuaro, et, le 21 novembre, ils arrivaient par mer à Caracas, ville qui, située au milieu d'une vallée fertile en cacao, coton et café, offre le climat de l'Europe.

Humboldt profita de son séjour à Caracas pour étudier la lumière des étoiles du sud, car il s'était aperçu que plusieurs, notamment dans la Grue, l'Autel, le Toucan, les Pieds du Centaure, paraissaient avoir changé depuis La Caille.

En même temps, il mettait en ordre ses collections, en expédiait une partie en Europe et se livrait à un examen approfondi des roches, afin d'étudier la construction du globe dans cette partie du monde.

Après avoir exploré les environs de Caracas et fait l'ascension de la *Silla*, ou Selle, qu'aucun habitant de la ville n'avait encore escaladée jusqu'au faîte, bien qu'elle fût toute voisine de la ville, Humboldt et Bonpland gagnèrent Valencia, en suivant les bords d'un lac appelé Tacarigua par les Indiens, et qui dépasse en étendue le lac de Neufchâtel en Suisse. Rien ne peut donner une idée de la richesse et de la diversité de la végétation. Mais ce ne sont pas seulement ses beautés pittoresques et romantiques qui prêtent de l'intérêt à ce lac. Le problème de la diminution graduelle de ses eaux était fait pour appeler l'attention de Humboldt, qui attribue cette décroissance à une exploitation inconsidérée des forêts et par conséquent à l'épuisement des sources.

C'est près de là que Humboldt put se convaincre de la réalité des récits qui lui avaient été faits au sujet d'un arbre singulier, *el palo de la vaca*, l'arbre de la vache, qui fournit, au moyen d'incisions qu'on pratique dans son tronc, un lait balsamique très nourrissant.

La partie difficile du voyage commençait à Porto-Cabello, à l'ouverture des «llanos», plaines d'une uniformité absolue qui s'étendent entre les collines de la côte et la vallée de l'Orénoque.

> «Je ne sais pas, dit Humboldt, si le premier aspect des «llanos» excite moins d'étonnement que celui des Andes.»

Rien, en effet, n'est plus frappant que cette mer d'herbes sur laquelle s'élèvent continuellement des tourbillons de poussière sans qu'on sente le moindre souffle d'air. Au milieu de cette plaine immense, à Calabozo, Humboldt essaya pour la première fois la puissance des gymnotes, anguilles électriques qu'on rencontre à chaque pas dans tous les affluents de l'Orénoque. Les Indiens, qui craignaient de s'exposer à la décharge électrique, proposèrent de faire entrer quelques chevaux dans le marais où se tenaient les gymnotes.

> «Le bruit extraordinaire causé par les sabots des chevaux, dit Humboldt, fait sortir les gymnotes de la vase et les provoque au combat. Ces anguilles jaunâtres et livides, ressemblant à des serpents, nagent à la surface de l'eau et se pressent sous le ventre des quadrupèdes qui viennent troubler leur tranquillité. La lutte qui s'engage entre des animaux d'une organisation si différente, offre un spectacle frappant. Les Indiens, armés de harpons et de longues cannes, entourent l'étang de tous côtés et montent même dans les arbres dont les branches s'étendent horizontalement sur la surface de l'eau. Leurs cris sauvages et leurs longs bâtons empêchent les chevaux de prendre la fuite et de regagner les rives de l'étang. Les anguilles, étourdies par le bruit, se défendent au moyen des décharges répétées de leurs batteries électriques. Pendant longtemps, elles semblent victorieuses; quelques chevaux succombent à la violence de ces secousses qu'ils reçoivent de tous côtés dans les organes les plus essentiels de la vie, et, étourdis à leur tour par la force et le nombre de ces secousses, ils s'évanouissent et disparaissent sous les eaux.

> «D'autres, haletants, la crinière hérissée, les yeux hagards et exprimant la plus vive douleur, cherchent à s'enfuir loin du champ de bataille; mais les Indiens les repoussent impitoyablement au milieu de l'eau. Ceux, en très petit nombre, qui parviennent à tromper la vigilance active des pêcheurs, regagnent le rivage, s'abattent à chaque pas et vont s'étendre sur le sable, épuisés de

fatigue, tous leurs membres étant engourdis par les secousses électriques des gymnotes....

Indiens Omaguas.

«Je ne me rappelle pas avoir jamais reçu de la décharge d'une bouteille de Leyde une commotion plus épouvantable que celle que j'éprouvai en posant imprudemment mon pied sur une gymnote qui venait de sortir de l'eau.»

La position astronomique de Calabozo une fois déterminée, Humboldt et Bonpland reprirent leur route pour l'Orénoque. L'Uritucu, aux crocodiles féroces et nombreux, l'Apure, un des affluents de l'Orénoque, dont les bords sont couverts de cette végétation plantureuse et luxuriante qu'on ne trouve que sous les tropiques, furent successivement traversés ou descendus. Les rives de ce dernier cours d'eau étaient bordées d'un épais taillis, dans lequel étaient percées de place en place des arcades qui permettaient aux pécaris, aux tigres et aux autres animaux sauvages ou féroces de venir s'abreuver. Lorsque la nuit étend son voile sur la forêt, celle-ci, qui a semblé jusqu'alors inhabitée, retentit aussitôt des rugissements, des cris ou des chants des bêtes fauves et des oiseaux qui semblent lutter à qui fera le plus de bruit.

Au milieu de ces arbres gigantesques.

Si l'Uritucu a ses audacieux crocodiles, l'Apure possède de plus un petit poisson, le «carabito», qui s'attaque avec une telle frénésie aux baigneurs, qu'il leur enlève souvent des morceaux de chair relativement considérables. Ce poisson, qui n'a pourtant que quatre à cinq pouces de long, est plus redoutable que le plus gros des crocodiles. Aussi nul Indien ne se risque-t-il à se plonger dans les eaux qu'il fréquente, malgré le plaisir qu'ils éprouvent à se baigner et la nécessité qu'il y a pour eux de rafraîchir leur peau constamment piquée par les moustiques et les fourmis.

L'Orénoque fut ensuite descendu par les voyageurs jusqu'au Temi, réuni par un portage de peu d'étendue au Cano-Pimichin, affluent du Rio-Negro.

Le Temi inonde souvent au loin les forêts de ses rives. Aussi les Indiens pratiquent-ils à travers les arbres des sentiers aquatiques d'un ou deux mètres de large. Rien n'est curieux, rien n'est imposant comme de naviguer au milieu de ces arbres gigantesques, sous ces dômes de feuillage. Là, à trois ou quatre cents lieues dans l'intérieur des terres, on rencontre des bandes de dauphins d'eau douce qui lancent ces jets d'eau et d'air comprimé auxquels ils doivent le nom de souffleurs.

Quatre jours furent nécessaires pour porter les canots du Temi au Cano-Pimichin, et il fallut s'ouvrir un chemin à coups de machète.

Le Pimichin tombe dans le Rio-Negro, qui est lui-même un affluent des Amazones.

Humboldt et Bonpland descendirent la rivière Noire jusqu'à San-Carlos, et remontèrent le Casiquiare, bras puissant de l'Orénoque, qui fait communiquer ce dernier avec le Rio-Negro. Les rives du Casiquiare sont habitées par les Ydapaminores, qui ne mangent que des fourmis séchées à la fumée.

Enfin, les voyageurs remontèrent l'Orénoque jusqu'auprès de ses sources, au pied du volcan de Duida, où les arrêta la férocité des Guaharibos et des Indiens Guaicas, habiles tireurs d'arc. C'est en cet endroit qu'on trouve la fameuse lagune de l'El Dorado, sur laquelle se mirent quelques petits îlots de talc.

Ainsi donc était définitivement résolu le problème de la jonction de l'Orénoque et du Marañon, jonction qui se fait à la frontière des possessions espagnoles et portugaises à deux degrés au-dessus de l'équateur.

Les deux voyageurs se laissèrent alors emporter à la force du courant de l'Orénoque, qui leur fit franchir plus de cinq cents lieues en moins de vingt-six jours, s'arrêtèrent pendant trois semaines à Angostura pour laisser passer les grandes chaleurs et l'époque des fièvres, puis regagnèrent Cumana, au mois d'octobre 1800.

> «Ma santé, dit Humboldt, a résisté aux fatigues d'un voyage de plus de treize cents lieues, mais mon pauvre compagnon Bonpland a été pris, aussitôt son retour, d'une fièvre accompagnée de vomissements, dont il eut grand'peine à guérir. Il fallait un tempérament d'une vigueur exceptionnelle pour résister aux

fatigues, aux privations, aux préoccupations de tout genre qui assaillent les voyageurs dans ces contrées meurtrières. Être entouré continuellement de tigres et de crocodiles féroces, avoir le corps meurtri par les piqûres de formidables mosquitos ou de fourmis, n'avoir pendant trois mois d'autres aliments que de l'eau, des bananes, du poisson et du manioc, traverser le pays des Otomaques, qui mangent de la terre, descendre sous l'équateur les bords du Casiquiare, où pendant cent trente lieues de chemin on ne voit pas une âme humaine, le nombre n'est pas grand de ceux qui peuvent surmonter ces fatigues et ces périls, mais encore moins nombreux sont ceux qui, sortis victorieux de la lutte, ont assez de courage et de force pour l'affronter de nouveau.»

Nous avons vu quelle importante découverte géographique avait récompensé la ténacité des explorateurs, qui venaient de parcourir tout le pays situé au nord de l'Amazone, entre le Popayan et les montagnes de la Guyane française. Les résultats obtenus dans toutes les autres sciences n'étaient pas moins nombreux et moins nouveaux.

Humboldt avait constaté que, chez les Indiens du haut Orénoque et du Rio-Negro, il existe des peuplades extraordinairement blanches, qui constituent une race très différente de celles de la côte. En même temps, il avait observé la tribu si curieuse des Otomaques.

«Cette nation, dit Humboldt, hideuse par les peintures qui défigurent son corps, mange, lorsque l'Orénoque est très haut et que l'on n'y trouve plus de tortues, pendant trois mois, rien ou presque rien que de la terre glaise. Il y a des individus qui mangent jusqu'à une livre et demie de terre par jour. Il y a des moines qui ont prétendu qu'ils mêlaient la terre avec le gras de la queue du crocodile; mais cela est très faux. Nous avons trouvé chez les Otomaques des provisions de terre pure qu'ils mangent; ils ne lui donnent d'autre préparation que de la brûler légèrement et de l'humecter.»

Parmi les plus curieuses découvertes que Humboldt avait encore faites, il faut citer celles du «curare», ce poison si violent qu'il avait vu fabriquer chez les Indiens Catarapeni et Maquiritares, et dont il envoyait un échantillon à l'Institut, et le «dapiche», qui est un état de la gomme élastique jusqu'alors inconnu. C'est la gomme qui s'est échappée naturellement des racines des deux arbres, le «jacio» et le «cucurma», et qui s'est séchée dans la terre.

Ce premier voyage de Humboldt finit par l'exploration des provinces méridionales de Saint-Domingue et de la Jamaïque, et par un séjour à Cuba, où les deux voyageurs tentèrent différentes expériences pour améliorer la fabrication du sucre, levèrent le plan des côtes de l'île et firent des observations astronomiques.

Ces travaux furent interrompus par l'annonce du départ du capitaine Baudin, qui devait, disait-on, doubler le cap Horn et reconnaître les côtes du Chili et du Pérou. Humboldt, qui avait promis de rejoindre l'expédition, partit aussitôt de Cuba pour traverser l'Amérique méridionale et se trouver sur les côtes du Pérou lors de l'arrivée du navigateur français. Ce fut seulement à Quito que Humboldt apprit que Baudin devait, au contraire, entrer dans le Pacifique, en doublant le cap de Bonne-Espérance. Il n'en est pas moins vrai que toutes les actions du voyageur avaient été subordonnées au désir de se trouver à époque fixe dans les parages où il croyait pouvait rencontrer Baudin.

Au mois de mars 1801, Humboldt, accompagné du fidèle Bonpland, débarqua à Carthagène, d'où il se proposait de gagner Santa-Fé-de-Bogota, puis les plaines élevées de Quito. Les deux voyageurs résidèrent tout d'abord, afin d'éviter les chaleurs, au beau village de Turbaco, sur les hauteurs qui dominent la côte, et s'occupèrent de préparer leur voyage. Pendant une de leurs courses dans les environs, ils visitèrent une région extrêmement curieuse, dont leur avaient souvent parlé leurs guides indiens, et qu'on appelle les *Volcanitos*.

C'est un canton marécageux, situé au milieu d'une forêt de palmiers et d'arbres «tolu», à deux milles environ à l'est de Turbaco. Une légende, qui court le pays, veut que tout ce pays eût été embrasé autrefois; mais un saint aurait éteint ce feu en jetant simplement dessus quelques gouttes d'eau bénite.

Humboldt trouva au milieu d'une vaste plaine une vingtaine de cônes d'une argile grisâtre, hauts de vingt-cinq pieds environ, dont l'orifice, au sommet, était rempli d'eau. Lorsqu'on s'en approche, on entend à intervalles réguliers un son creux, et, quelques minutes après, on voit s'échapper une forte quantité de gaz. Ces cônes sont, au dire des Indiens, dans le même état depuis nombre d'années.

Humboldt reconnut que le gaz qui se dégage de ces petits volcans est un azote beaucoup plus pur que celui qu'on pouvait se procurer jusqu'alors dans les laboratoires de chimie.

Santa-Fé est située dans une vallée élevée de huit mille six cents pieds au-dessus de la mer, qui est de tous côtés enfermée par de hautes montagnes, et semble avoir été autrefois un lac considérable. Le Rio-Bogota, qui rassemble toutes les eaux de cette vallée, s'est frayé un passage au sud-ouest de Santa-Fé et près de la ferme de Tequendama; puis, quittant la plaine par un étroit canal, il passe dans le bassin de la Magdalena. Il en résulte que, si l'on bouchait ce passage, toute la plaine de Bogota serait inondée, et le grand lac, qui existait autrefois, serait reconstitué. De même qu'il existe dans les Pyrénées une légende sur la brèche de Roland, de même les Indiens racontent qu'un de leurs héros, Bochica, fendit les rochers qui bouchaient le passage et desséa la vallée de Bogota. Après quoi, content de son œuvre, il se retira dans la sainte ville d'Eraca, où il vécut deux mille ans en faisant pénitence et en s'imposant les privations les plus rigoureuses.

La cataracte de Tequendama, sans être la plus grande du globe, n'en offre pas moins un spectacle grandiose. La rivière, grossie de toutes les eaux de la vallée, a encore cent soixante-dix pieds de large à peu de distance au-dessus de sa chute; mais, au moment où elle s'engouffre dans la crevasse, qui paraît avoir été formée par un tremblement de terre, sa largeur n'excède pas quarante pieds. La profondeur de l'abîme, où se précipite le Rio-Bogota, n'est pas inférieure à six cents pieds. Au-dessus de cette chute prodigieuse, s'élève constamment un nuage épais de vapeur, qui retombe presque aussitôt et contribue puissamment, dit-on, à la fertilité de la vallée.

Rien de plus frappant que le contraste entre la vallée de cette rivière et celle de la Magdalena. En haut, le climat et les productions de l'Europe, le blé, les chênes et les arbres de nos contrées; en bas, les palmiers, la canne à sucre et tous les végétaux du tropique.

Une des curiosités naturelles les plus intéressantes que nos voyageurs aient rencontrées sur leur route est le pont d'Icononzo, que MM. de Humboldt et Bonpland passèrent au mois de septembre 1801. Au fond d'une de ces gorges, de ces «cañons» si profondément encaissés qu'on ne rencontre que dans les Andes, un petit ruisseau, le rio de Suma-Paz, s'est frayé un chemin, par une étroite crevasse. Il serait à peu près impossible de le traverser, si la nature n'avait pris soin d'y disposer, l'un au-dessus de l'autre, deux ponts, qui sont à juste titre considérés comme les merveilles de la contrée.

Trois blocs de roches, séparés d'une des montagnes par le tremblement de terre qui produisit cette faille gigantesque, sont tombés de telle façon qu'ils se soutiennent mutuellement et forment une arche naturelle, à laquelle on parvient par un étroit sentier longeant le précipice. Au milieu de ce pont est percée une large ouverture, par laquelle on découvre la profondeur presque insondable de l'abîme, au fond duquel roule le torrent, avec un bruit effroyable, au milieu des cris incessants des oiseaux qui volent par milliers. A soixante pieds au-dessus de ce pont s'en trouve un second de cinquante pieds de long sur quarante de large et dont l'épaisseur au milieu ne dépasse pas huit pieds. Les naturels ont établi sur son bord, en guise de parapet, une faible balustrade de roseaux, et, de là, le voyageur peut apercevoir la scène majestueuse qui se déroule sous ses pieds.

Les pluies et les difficultés de la route avaient rendu extrêmement pénible la route jusqu'à Quito. Cependant, Humboldt et Bonpland ne s'y arrêtèrent que le temps strictement nécessaire pour se reposer; puis, ils regagnèrent la vallée de la Magdalena et les magnifiques forêts qui tapissent les flancs du Quindiu, dans les Andes centrales.

Le passage de cette montagne est considéré comme l'un des plus difficiles de la chaîne. Dans le moment de la saison le plus favorable, il ne faut pas moins d'une douzaine de jours pour traverser ses forêts, où l'on ne rencontre pas un homme, où l'on ne peut trouver de quoi se nourrir. Le point culminant s'élève de douze mille pieds au-dessus du niveau de la mer, et le sentier qu'il faut suivre n'a souvent qu'un pied de largeur. On passe généralement cet endroit assis et lié sur une chaise, que les Indiens Cargueros portent sur leur dos à la façon d'un crochet.

> «Nous préférâmes aller à pied, dit Humboldt dans une lettre à son frère, et, le temps étant très beau, nous ne passâmes que dix-sept jours dans ces solitudes où l'on ne trouve aucune trace qu'elles aient jamais été habitées. On y dort dans des cabanes formées de feuilles d'héliconia, que l'on porte tout exprès avec soi. A la descente occidentale des Andes, il y a des marais dans lesquels on enfonce jusqu'aux genoux. Le temps avait changé, il pleuvait à verse les derniers jours; nos bottes nous pourrirent aux jambes, et nous arrivâmes les pieds nus et couverts de meurtrissures à Carthago, mais enrichis d'une belle collection de nouvelles plantes.

> «De Carthago, nous allâmes à Popayan par Buga, en traversant la belle vallée de la rivière Cauca et ayant toujours à nos côtés la montagne de Choca et les mines de platine qui s'y trouvent.

> «Nous restâmes le mois de novembre de l'année 1801 à Popayan, et nous y allâmes visiter les montagnes basaltiques de Julusuito, les bouches du volcan de Puracé, qui, avec un bruit effrayant, dégagent des vapeurs d'eau hydro-sulfureuse et les granites porphyritiques de Pisché....

> «La plus grande difficulté nous resta à vaincre pour venir de Popayan à Quito. Il fallut passer les Paramos de Pasto, et cela dans la saison des pluies, qui avait commencé en attendant. On nomme «paramo», dans les Andes, tout endroit où, à la hauteur de 1700 à 2000 toises, la végétation cesse et où l'on sent un froid qui pénètre les os. Pour éviter les chaleurs de la vallée de Patia, où l'on prend en une seule nuit des fièvres qui durent trois ou quatre mois et qui sont connues sous le nom de *calenturas de Patia*, nous passâmes au sommet de la Cordillère par des précipices affreux, pour aller de Popayan à Almager, et de là à Pasto, situé au pied d'un volcan terrible...»

Toute la province de Pasto est un plateau gelé, presque au-dessus du point où la végétation peut durer, et entouré de volcans et de soufrières qui dégagent continuellement des tourbillons de fumée. Les habitants n'ont pour se nourrir que la patate, et, si elle leur manque, ils sont réduits à se repaître d'un petit arbre appelé «achupalla», que les ours des Andes leur disputent. Après avoir été mouillés nuit et jour pendant deux mois, après avoir failli se noyer près de la ville d'Ibarra par suite d'une crue subite accompagnée de tremblement de terre, Humboldt et Bonpland arrivèrent, le 6 janvier 1802, à Quito, où le marquis de Selva-Alegre leur offrit une hospitalité cordiale et splendide.

La ville de Quito est belle; mais le froid très vif et le voisinage des montagnes pelées qui l'entourent en rendent le séjour très triste. Depuis le grand tremblement de terre du 4 février 1797, la température s'était considérablement refroidie, et Bouguer, qui constatait à Quito une température constante de 15 à 16°, eût été étonné de la voir à 4-10° de Réaumur. Le Cotopaxi et le Pichincha, l'Antisana et l'Ilinaça, ces bouches différentes d'un même foyer plutonien, furent examinés en détail par les deux voyageurs, qui demeurèrent quinze jours auprès de chacun d'eux.

Deux fois, Humboldt parvint au bord du cratère du Pichincha, que personne, sauf La Condamine, n'avait encore vu.

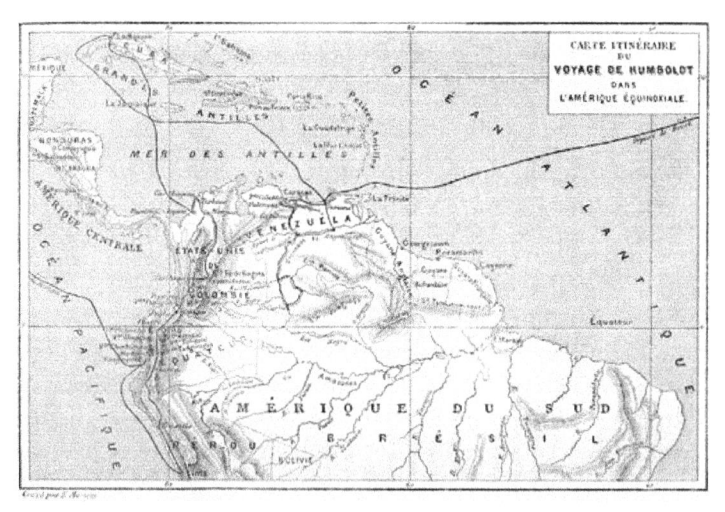

CARTE ITINÉRAIRE DU **VOYAGE DE HUMBOLDT**
DANS L'AMÉRIQUE ÉQUINOXIALE.

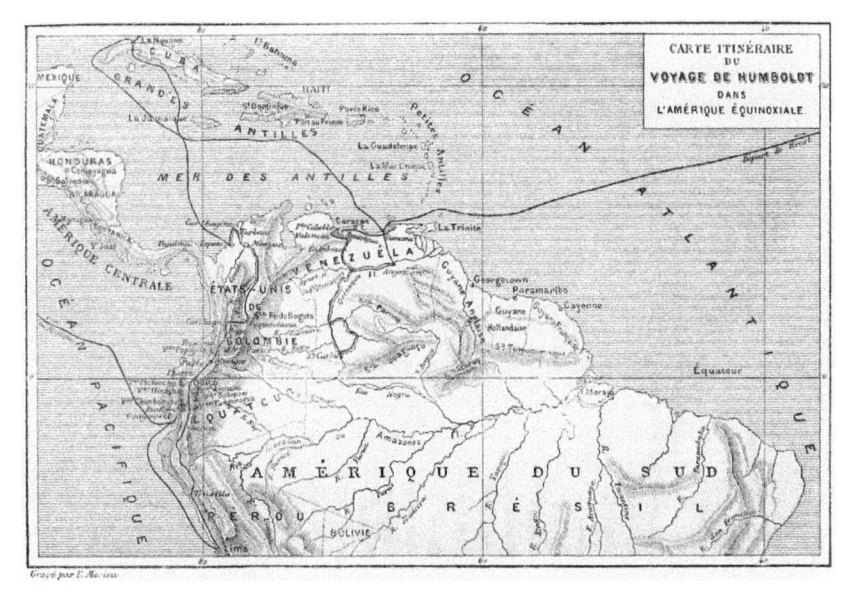

## CARTE ITINÉRAIRE DU **VOYAGE DE HUMBOLDT** DANS L'AMÉRIQUE ÉQUINOXIALE.

«Je fis mon premier voyage, dit-il, seul avec un Indien. Comme La Condamine s'était approché du cratère par la partie basse de son bord, couverte de neige, c'est là que, en suivant ses traces, je fis ma première tentative. Mais nous manquâmes périr. L'Indien tomba jusqu'à la poitrine dans une crevasse, et nous vîmes avec horreur que nous avions marché sur un pont de neige glacée, car, à quelques pas de nous, il y avait des trous par lesquels le jour donnait. Nous nous trouvions donc, sans le savoir, sur des voûtes qui tiennent au cratère même. Effrayé, mais non pas découragé, je changeai de projet. De l'enceinte du cratère sortent, en s'élançant, pour ainsi dire, sur l'abîme, trois pics, trois rochers, qui ne sont pas couverts de neige, parce que les vapeurs qu'exhale la bouche du volcan la fondent sans cesse. Je montai sur un de ces rochers, et je trouvai à son sommet une pierre, qui, étant soutenue par un côté seulement et minée par-dessous, s'avançait en forme de balcon sur le précipice. Mais cette pierre n'a qu'environ douze pieds de longueur sur six de largeur, et est fortement agitée par des secousses fréquentes de tremblements de terre, dont nous comptâmes dix-huit en moins de trente minutes. Pour bien examiner le fond du cratère, nous nous couchâmes sur le ventre, et je ne crois pas que l'imagination puisse se figurer quelque chose de plus triste, de plus lugubre et de plus effrayant que ce que nous vîmes alors. La bouche du volcan forme un trou circulaire de près d'une lieue de circonférence, dont les bords, taillés à pic, sont couverts de neige par en haut. L'intérieur est d'un noir foncé; mais le gouffre est si immense, que l'on distingue la cime de plusieurs montagnes qui y sont placées; leur sommet semblait être à trois cents toises au-dessous de nous; jugez donc où doit se trouver leur base!

Sur le volcan d'Antisana, Humboldt s'éleva jusqu'à deux mille sept cent soixante-treize toises; mais le sang qui jaillissait des lèvres, des yeux et des gencives des voyageurs les empêcha de monter plus haut. Quant au Cotopaxi, il leur fut impossible de parvenir à la bouche de son cratère.

Le 9 juin 1802, Humboldt, toujours accompagné de Bonpland, partit de Quito pour aller examiner le Chimboraço et le Tunguragua. Ils parvinrent à s'approcher jusqu'à deux cent cinquante toises de la cime du premier de ces volcans. Les mêmes accidents que sur l'Antisana les forcèrent à rétrograder. Quant au Tunguragua, son sommet s'est écroulé pendant le tremblement de terre de 1797, et sa hauteur, estimée par La Condamine être de deux mille six cent vingt toises, ne fut plus trouvée par Humboldt que de deux mille cinq cent trente et une.

De Quito, les voyageurs se rendirent à la rivière des Amazones, en passant par Lactacunga, Hambato et Rio-Bamba, pays dévasté par le tremblement de terre de 1797, et où avaient été engloutis sous l'eau et la boue plus de quarante mille habitants. En descendant les Andes, Humboldt et ses compagnons purent admirer les ruines de la chaussée de Yega, qui va de Cusco à Assuay, appelée le chemin de l'Inca. Elle était entièrement construite de pierres de taille et très bien alignée. On aurait dit un des plus beaux chemins romains. Dans les mêmes environs, se trouvent les ruines du palais de l'Inca Tupayupangi, dont La Condamine a donné la description dans les *Mémoires de l'Académie de Berlin*.

Après dix jours de séjour à Cuenca, Humboldt gagna le district de Jaen, leva la carte du Marañon, jusqu'au Rio-Napo, et combla, grâce aux observations astronomiques qu'il put faire, le *desideratum* que présentait la carte levée par La Condamine. Le 23 octobre 1802, Humboldt faisait son entrée à Lima, où il put observer avec succès le passage de Mercure.

Après un séjour d'un mois dans cette capitale, il partit pour Guyaquil, d'où il se rendit par mer à Acapulco, dans la Nouvelle-Espagne.

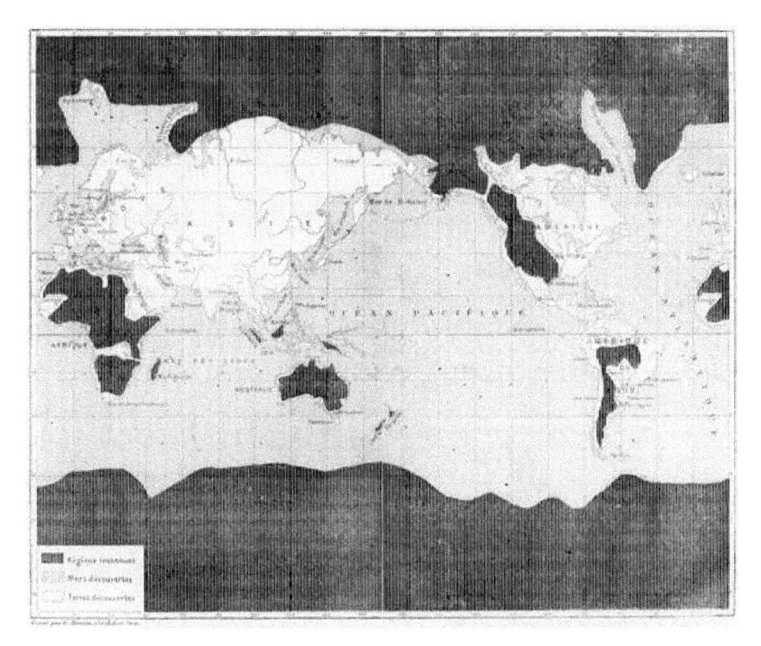

Monde connu et inconnu a la fin du XVIIIe siecle.

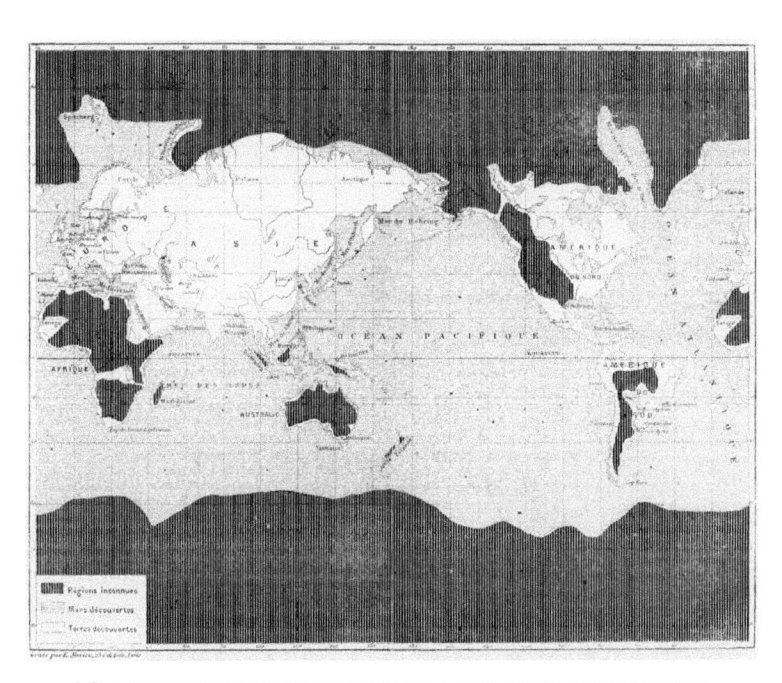

Monde connu et inconnu a la fin du XVIIIe siecle.

- 463 -

La masse prodigieuse de notes que Humboldt recueillit pendant l'année qu'il résida dans ce pays, et qui le mirent à même de publier son *Essai sur la Nouvelle-Espagne*, suffirait à prouver, s'il en était besoin, après ce que nous avons dit de ses courses antérieures, quelle était sa passion de s'instruire, quelles étaient son indomptable énergie et sa prodigieuse faculté de travail.

Tout à la fois, il s'occupait des antiquités et de l'histoire du Mexique; il étudiait le caractère, les mœurs et la langue des habitants; en même temps, il faisait des observations d'histoire naturelle, de physique, de chimie, d'astronomie et de géographie. Cette universalité est véritablement merveilleuse.

Les mines de Tasco, de Moran, de Guanajuato, qui produisent plusieurs millions de piastres par an, attirent tout d'abord l'attention de Humboldt, dont les premières études avaient porté sur la géologie. Puis il observe le volcan de Jerullo, qui, le 29 septembre 1759, au milieu d'une plaine immense, à trente-six lieues de la mer, à plus de quarante lieues de tout foyer volcanique, avait jailli de la terre et formé une montagne de cendres et de scories haute de dix-sept cents pieds.

A Mexico, les deux voyageurs trouvèrent toutes les ressources nécessaires pour mettre en ordre les collections immenses qu'ils avaient réunies, pour classer et coordonner leurs observations, pour préparer l'atlas géologique qu'ils allaient publier.

Enfin, au mois de janvier 1804, ils quittèrent cette ville afin de reconnaître le versant oriental des Cordillères et mesurer les deux volcans gigantesques de Puebla.

Humboldt, après cette dernière exploration, descendit à la Vera-Cruz, fut assez heureux pour échapper à la fièvre jaune qui dévastait la contrée, gagna la Havane, où il avait, en 1800, déposé la meilleure partie de ses collections, consacra quelques semaines, à Philadelphie, à l'étude nécessairement sommaire de la constitution politique des États-Unis, et revint en Europe au mois d'août 1804.

Les résultats des voyages de Humboldt étaient tels, qu'on peut dire qu'il est le véritable découvreur de l'Amérique équinoxiale. Avant lui, on exploitait cette terre sans la connaître, et quantité des innombrables richesses qu'elle produit étaient absolument ignorées. Il faut le proclamer hautement, jamais voyageur n'avait fait accomplir un tel pas à la géographie physique et à toutes les sciences qui en sont voisines. Humboldt est le type accompli du voyageur.

## FIN DES GRANDS NAVIGATEURS DU XVIII<sup>e</sup> SIÈCLE